呼和浩特经济统计年鉴

HOHHOT ECONOMIC STATISTICAL YEARBOOK

2009

（总第十八期）

呼和浩特市统计局　编

（京）新登字041号

图书在版编目（CIP）数据
呼和浩特经济统计年鉴．2009 ／ 呼和浩特市统计局编．
——北京 ：中国统计出版社，2010.10

ISBN 978-7-5037-6098-3

Ⅰ．①呼…　Ⅱ．①呼…　Ⅲ．①地区经济－统计资料－呼和浩特市－2009－年鉴
Ⅳ．①F127.261-54

中国版本图书馆CIP数据核字(2010)第189343号

呼和浩特经济统计年鉴-2009
作者／ 呼和浩特市统计局

责任编辑／ 佘竞雄
责任校对／ 综合科
封面设计／ 综合科
出版发行／ 中国统计出版社
通信地址／ 北京市丰台区西三环南路甲6号　中国统计出版社
邮　　编／ 100073
电　　话／ (010)63376907
E mail ／ yearbook@gj.stats.cn
印　　刷／ 郑州友联印刷有限公司
经　　销／ 新华书店
开　　本／ 880×1230 毫米　1/16
字　　数／ 1270.308千字
印　　张／ 29
印　　数／ 1-1000册
版　　别／ 2010 年 10 月第 1 版
版　　次／ 2010 年 10 月第 1 次印刷
书　　号／ ISBN 978-7-5037-6098-3
定　　价／ 300.00元

编 辑 说 明

《呼和浩特经济统计年鉴—2009》是一部具有地方特色的系列性的综合信息资料工具书。本书运用大量的统计数据和文字，全面、系统、翔实地反映了2008年呼和浩特市经济、社会发展状况。

本《年鉴》共分四部分：特载、统计资料、法规与规章和社会经济大事记。统计资料由二十一部分组成：行政区划和自然概况、综合、国民经济核算、人口、劳动力和职工工资、固定资产投资、财政税收、物价、人民生活、城市概况、农业、工业、能源消费、建筑业、运输邮电业、批发零售贸易和餐饮业、对外贸易和旅游业、金融保险、教育科技及文化事业、体育卫生及其他事业、旗县区统计资料及附录。每部分统计资料之后都附有主要统计指标解释。

《年鉴》中特载、法规与规章、社会经济大事记三部分由市有关部门提供；统计资料来自依据普查资料调整后的政府统计部门和业务部门年度统计数据。《年鉴》中综合部分的价值量指标除说明外均为当年价格，国民经济核算指标、工、农业增加值增长速度按可比价格计算。人口部分，所有数据均为公安部门提供的户籍人口数。全市常住人口数据2008年底为267.21万人。对外贸易部分的数据取自海关部门。旗、县、区部分的工业、社会消费品零售总额、建筑业的相关指标，都按在地范围统计；固定资产投资，其中按国民经济行业分的投资规模及个数、新增固定资产、财务拨款和房屋建筑面积及价值表中均不含房地产开发；在岗职工人数和工资的相关指标都按区属范围统计。本《年鉴》历史资料，对个别数据按第二次经济普查结果进行了调整，若与往年数据不一致，概以本《年鉴》为准。部分统计资料的总计数或相对数由于单位取舍不同而产生的计算误差均未做机械调整。《年鉴》中使用的符号："空格"表示没有此项数据、数据不详或数据为零；"…"表示数据不足最小计量单位；"#"表示其中项。

《呼和浩特经济统计年鉴—2009》在编辑过程中，得到了有关部门和单位的大力支持与协助，在此谨致谢意。

《呼和浩特经济统计年鉴》

编辑部2010年9月

内蒙古大唐国际托克托发电有限责任公司

集控室

1、2#机全景

一、托电公司基本情况

内蒙古大唐国际托克托发电有限责任公司（以下简称公司）于1995年11月在呼和浩特市组建成立。公司资本金由大唐国际发电股份有限公司、北京能源投资（集团）有限公司和内蒙古蒙电华能热电股份有限公司三家股东分别以60%、25%、15%的比例出资注入。公司按照现代企业制度的要求运营，负责托克托电厂的建设、经营和债务偿还。

公司的奋斗目标是"建精品、创一流、站排头"。为实现这一奋斗目标，我们在工程建设及生产管理上积极推行先进的管理手段和方法，狠抓安全文明、质量、工期、造价控制，实施集控运行、点检定修，全面打造数字托电、环保托电、效率托电的三大品牌，努力追求优质高速、安全文明、高效率和高效益，全面信息化和规范廉洁的五大特色，力争把托电建设成为综合速度最快、综合效益最好、亚洲规模最大的火力发电公司。

公司内设9部1处1室，分别为：总经理工作部、财务部、人力资源部、政治工作部、物资供应部、燃料管理部、设备部、发电部、安全监察部、扩建工程处及粉煤灰综合利用办公室。目前公司有员工481人。

二、托电工程简况

托克托电厂是国家"十五"期间重点建设项目，也是国家"西部大开发"和"西电东送"的重点工程，厂址位于呼和浩特市南约70km的托克托县境内，西南距黄河取水口12km，南距准格尔大型煤田50km，电厂水源取用黄河水及部分地下水；电厂用煤主要由准格尔煤矿供应，经过丰准铁路通过电厂自建的铁路专用线运输到厂；电厂接入系统以500KV输电线路经安定和霸州开闭所接入京津唐电网。托电规划容量为8台600MW火电机组，分四期建设每期2台600MW火电机组。

（一）一期工程情况

一期工程安装两台600MW亚临界一次中间再热凝汽式机组，该工程是世行贷款项目，其中汽机岛和锅炉岛分别为日本伊藤忠商事株式会社和哈尔滨电站工程有限公司提供。一期工程1994年完成项目建议书的批复，2000年开工报告通过国务院审批，2000年8月1日基础开挖。2003年6月9日1#机组正式投产；同年7月29日2#机组正式投产。一期工程1#、2#机组的提前投产发电为2003年北京迎峰度夏、稳定用电市场做出了巨大贡献，并受到了国家计委、华北电管局及华北电网的高度表扬。同时，一期工程的投产在国内和华北电力系统创造了三个第一：一是从2#机组第一次点火到移交生产时间小于90天，创华北地区同类机组最高水平；二是#2机组整套启动到移交生产为28天，是华北地区300MW以上机组最高水平；三是创造了2台600MW机组投产间隔时间不超过2个月的国内记录。托电一期工程计划总投资60.7亿元,通过严格控制工程造价，实际完成投资52.67亿元，为国家节省资金达8亿多元。

（二）二期工程情况

托电二期工程安装两台600MW亚临界中间再热凝汽式机组，计划投资40.71亿元，实际投资完成35.1亿元（包括脱硫工程）。工程于2002年5月1日基础开挖；通过招投标，确定锅炉制造厂家为北京巴威公司，汽轮机制造厂家为东方汽轮机厂，发电机制造厂家为东方电机股份有限公司。二期3#、4#机组于2004年7月14日和9月14日分别投产发电，并创造了全国三个第一，即2X60万机组工期最短，从吊钢架到投产仅用20.5个月；造价最低，最终造价仅为32.9亿元（不包括脱硫工程），单位千瓦造价为2741元；试运期最短，从并网到168小时试运结束仅用15天。二期两台机组去年双投为进一步缓解北京地区2004年夏季大负荷期间的用电紧张局面再次做出了突出贡献，受到了社会各界的一致肯定。

（三）三期工程情况

托电三期工程安装两台600MW空冷脱硫机组，计划总资金约48.85亿元，预计总投资约42亿。工程于2003年8月1日正式开工。通过招投标，确定锅炉制造厂家为东方锅炉厂，汽轮机制造厂家为东方汽轮机厂，发电机制造厂家为东方电机股份有限公司。三期5#、6#机组分别于2005年9月28日和11月22日投产发电，分别较年初我们与大唐国际签订的责任状工期提前1月。托电连续三年每年投产两台600MW机组的发展速度在中国电力史上可以说是史无前例。

总之，在公司董事会的领导下，在上级公司和地方各级政府的大力支持下，托克托发电公司将继续坚定不移地坚持"三个不动摇"，即坚持"建精品、创一流、站排头"的奋斗目标不动摇；坚持建设亚洲第一大发电厂不动摇；坚持发展托电，回报社会不动摇。按照董事会的工作布署，团结拼搏、开拓进取、狠抓落实、加强管理，全面完成年度各项工作任务，争取把托电公司早日建设成为真正的一流发电公司！

呼和浩特绕城高速公路简介

呼市交通局云根亮局长（右三）、副局长陈岗（右二）、建管办主任张雪峰（左一）、副主任兼总监张还在（左三）、征拆办主任张志超（右一）现场办公

呼和浩特绕城高速公路起点位于罗家营互通东约5公里的脑包村东侧，终点在呼包高速公路白石头沟大桥东347米处与高速公路相接。路线途经行政区划，分属呼和浩特市的新城区、赛罕区、玉泉区和土默特左旗，主线全长57.894公里，设计车速100公里/小时。

呼和浩特绕城高速公路是丹（东）拉（萨）国道主干线的重要组成部分，也是国家规划的西部地区阿荣旗至北海省际通道的一部分，是自治区首府呼和浩特周围的环行快速大通道，本项目的贯通，将使自治区路网间的转换更加便捷，对呼和浩特区域道路网起到很大的优化作用。对强化自治区首府的交通枢纽功能，完善呼和浩特交通体系，疏导和分流过境车辆，缓解呼和浩特市区的交通压力，加快呼和浩特向现代化首府城市迈进的建设步伐，保持经济持续稳定发展都将起到重要的作用。

2008年12月10日呼和浩特绕城高速公路举行了通车试运行剪彩。

呼和浩特市科技信息中心

呼和浩特市科技信息中心为呼和浩特市科技局属二级单位，承担计算机应用项目的开发研究，提供计算机服务，举办各类计算机培训班。负责"呼和浩特科技信息网（www.hhsti.com）和呼和浩特市公共科技信息服务平台（www.hhpss.com）"的管理和运行。我中心下设以下机构提供服务：

12396专家解答问题

12396信息化基地

科技查新中心拥有万方数据库、维普数据库、专利数据库，国研网数据库及自建数据库，满足科技成果、专利、科技文献、报刊科技新闻、产品数据、学术和学位论文及政策研究等数据查询；提供各种文献、数据等方面的检索服务，为科研立项，新产品鉴定等提供查新报告，并提供专题文献咨询。

联系人：向迎　联系电话：0471-6264860

科技咨询服务中心负责各类与科技有关的有形、无形资产的评估；科技项目招投标的相关业务工作；高新技术企业、工程研究中心、高新科技园(区)评价、评估；科技成果评价、评估；为中小企业开展技术开发及产业化项目的可行性研究，编制科技投资项目的可行性研究报告和项目商业计划书；为申报国家各类科技计划的项目，提供项目策划，编制项目申报材料及可行性研究报告。

联系人：郭鑫；联系电话：0471-6264860

科技培训中心以网络多媒体教学系统，完善的机房及设备开展各类计算机培训。

联系人：武鹏飞；联系电话：0471-6264860

星火科技12396服务中心是由国家科技部在全国统一号码，自治区，市，县三级联动，计算机网络技术和电话技术相结合面向农民的免费农技服务热线。拨打12396电话在接通之后，可以选择两种服务方式：1、自动语音应答功能24小时开通；2、人工坐席解答系统由专家在工作时间解答疑难问题。

联系人：郭鑫；联系电话：0471-12396

培训中心机房

培训中心机房

培训中心机房

内蒙古银安科技

第二代居民身份证阅读器001

警务通800

银安通800

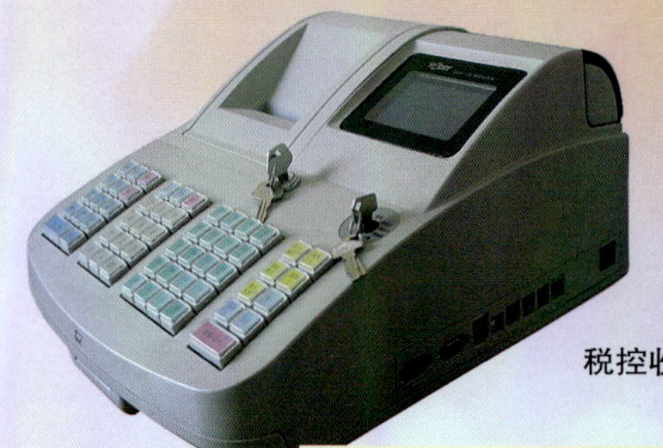
税控收款机

内蒙古名牌产品证书

根据《内蒙古自治区质量奖评审管理办法》，特授予内蒙古银安科技开发有限责任公司 生产的 第二代居民身份证阅读器 为

内蒙古名牌产品

有效期：2007年9月到2010年9月

内蒙古自治区人民政府

2007年9月

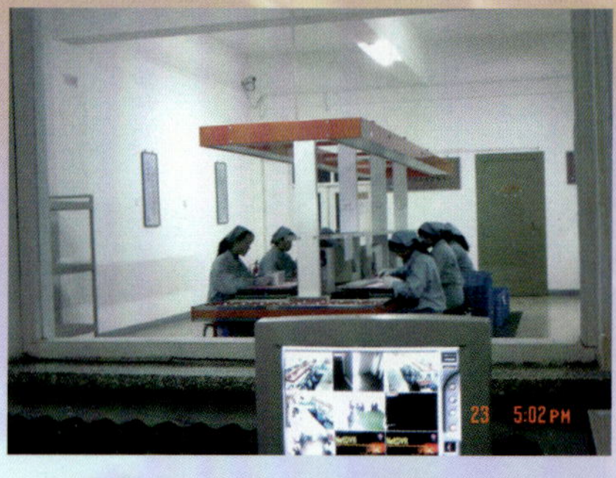
保密车间生产线

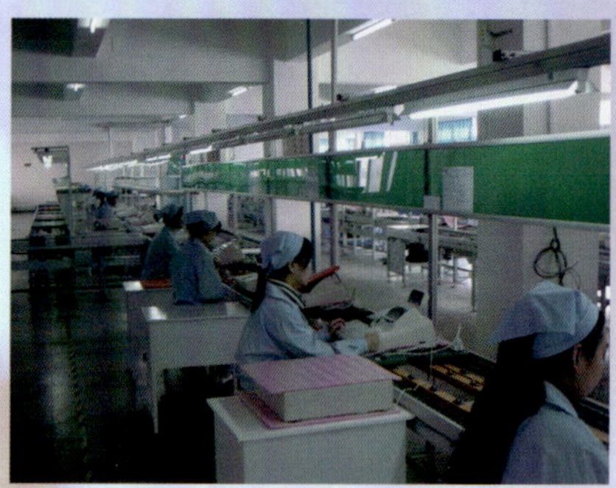
组装车间生产线

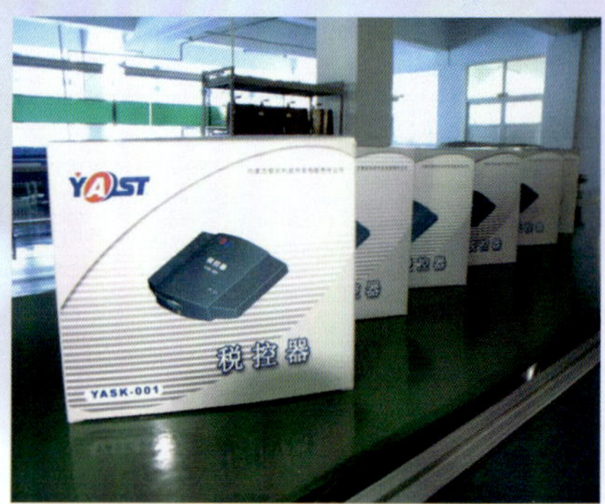

税控收款器

插件车间（皮带线）

SMT车间（贴片机）

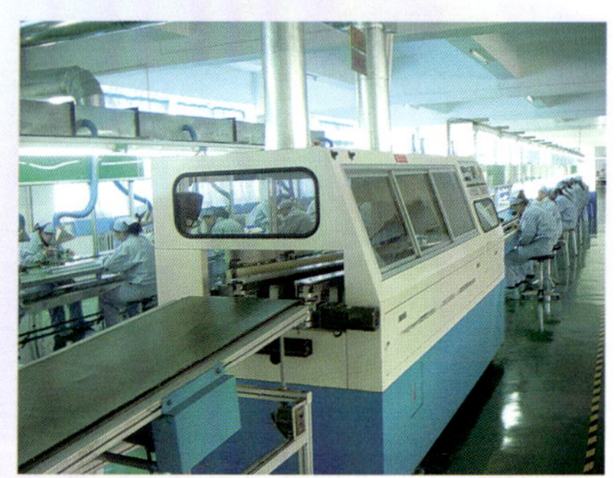
插件车间（无铅波峰焊机）

中国移动通信集团
内蒙古有限公司呼和浩特分公司

总经理　黄利奎

呼和浩特移动通信分公司隶属于中国移动通信集团内蒙古有限公司，是内蒙古有限公司的下属分公司，运营体制为分公司建制，于2004年7月1日伴随内蒙古移动成功上市，是北京2008年奥运会合作伙伴之一。截止2007年底，市区网络覆盖率已达99.96%；三星级以上酒店覆盖率超过99.75%，各旅游景区、高速公路、大型公共场所、商业小区等均实现了无缝覆盖。同时拥有完善的经营服务网络和业务支撑系统。目前拥有自办移动手机卖场13家，自有营业厅、合作营业厅已经遍布呼市主要商贸集中区、单位密集区、居民区以及各乡镇，并拥有飞机场、火车站、内蒙古医院、内蒙古医学院四个“全球通VIP俱乐部”以及一个“全球通VIP俱乐部商务会所”。

呼和浩特移动通信分公司拥有“全球通”、“动感地带”、“神州行”三大著名品牌和MAS、ADC等集团产品，网号134、135、136、137、138、139、150、151、158、159家喻户晓。业务经营范围涉及移动话音业务、数据业务以及多媒体业务。现在，公司不但为广大客户提供移动话音服务，还可提供手机证券、彩票投注、随e行、手机导航、飞信、彩铃等多种增值业务。

展望未来，呼和浩特移动通信分公司秉承“正德厚生、臻于至善”的核心价值观，将为首府经济建设持续、快速、稳步发展，共创和谐社会做出应有的贡献。

地址：新城区呼伦南路5号。

晨　会

集团信息化业务演示

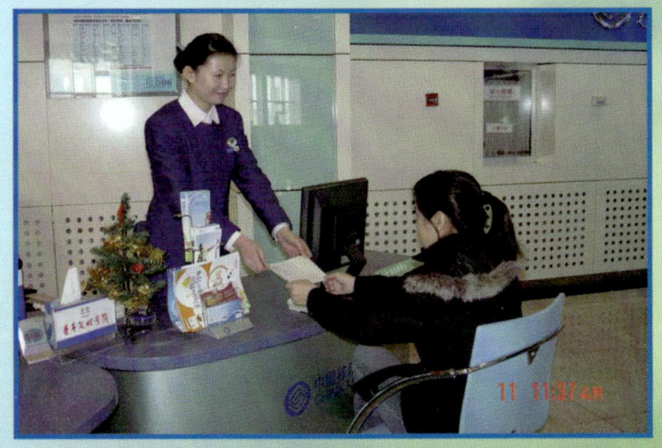
微笑服务

应急通信车保障奥运会

中国华融资产管理公司呼和浩特办事处

中国华融资产管理公司总裁丁仲篪到呼和浩特办事处检查指导工作

中国华融资产管理公司呼和浩特办事处，是中国华融资产管理公司在内蒙古自治区设立的分支机构，于2000年初筹建，同年4月26日挂牌成立，主要任务是收购、管理和处置金融机构的不良资产。

办事处现内部设有综合管理部、经营管理部、合规审查部和业务一、二、三、四、五部等八个职能部室。另设有业务审查、资产评估审查、财务审查、内部控制与风险管理四个专门委员会。

现有职员62人，其中：长期用工40人，短期从业人员22人。

2000年，我办首次收购工商银行内蒙古分行剥离的政策性不良资产1128户、金额83.03亿元，其中债转股11户，金额36.63亿元。划转表外利息10.3亿元。2005年，工行二次剥离财政部委托收购工行内蒙分行损失类资产。这次，我办共接收工行内蒙古分行损失类贷款和非信贷风险资产2550户金额52.43亿元。

经过近8年资产处置，剩余政策性和财政委托不良债权资产全部处置结束。

总经理陈胜与总经理助理张新军签订2008年商业化收入目标责任状

办事处对收购的不良贷款承继债权，依法合规行使债权主体权利，综合运用出售、置换、资产重组、债转股、证券化等方法对贷款及其抵押物进行处置；对债务人提供管理咨询、收购兼并、分立重组、等方面的服务，最大限度回收资产，减少损失，同时有效地支持了企业包括国有金融企业改革，为自治区经济发展做出了积极贡献。

根据国家对四家资产管理公司的发展政策取向，随着政策性资产处置任务的逐步完成，顺应向商业化转型的新形势，华融公司2006年就开始积极稳妥地进行了商业化转型的准备工作。完成了公司战略转型发展规划的研究论证工作，确定了通过财务重组、业务平台建设和充分运用办事处的机构网络，更好地发挥公司在资产市场、资本市场和融资市场上的金融服务功能和中介作用，努力发展成为以资产经营管理为主业，以投行业务为特色，以证券、金融租赁、信托、基金、担保、期货等金融业务为依托，推进经营综合化、业务多元化、组织集团化、制度现代化，建立在国内外有较强竞争力和影响力的现代金融控股集团的战略目标。公司商业化业务平台建设稳步推进，华融租赁股份公司已步入了良性发展轨道，业务规模和质量效益明显提高；引进战略投资者，与德意志银行、美国国际集团和国际金融公司合资组建了融德资产管理有限公司，各项经营活动稳步推进；华融证券公司工作进展顺利；委托业务和投资业务取得积极进展；担保和信托等业务平台正在筹备和搭建之中。

党委书记、总经理陈胜（中）在办事处2008年工作会议上讲话

政策性及非政策性不良债权资产处置结束后，我办下一步的指导思想是认真学习贯彻十七大精神，以科学发展观为指导，以公司和公司业务发展平台为依托，积极推进办事处商业化转型，使办事处成为公司在内蒙古自治区开拓发展业务的一个重要分支机构，全力扩大业务经营规模，提高经营效益，继续为内蒙古经济建设作出应有的贡献。

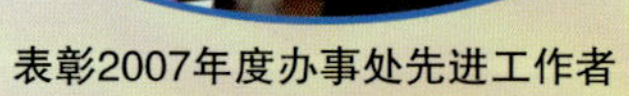

表彰2007年度办事处先进工作者

学习和实践科学发展观
不断开创机构编制工作新局面

呼和浩特市机构编制委员会办公室是市机构编制委员会的常设办事机构，既是市委的工作部门，又是政府的工作部门，列市委机构序列，是市委、政府行政管理、机构改革和机构编制管理的主管部门，主要职能是贯彻执行中央、自治区关于行政管理体制和机构改革、机构编制管理方针、政策、法律、法规，研究拟定呼和浩特市行政管理体制和机构改革及机构编制管理的政策、法规、条例、办法并监督实施；统一管理呼和浩特市党政机关、人大、政协、法院、检察院、各民主党派、人民团体机关及事业单位的机构编制。内设综合处、机关编制处、事业编制处、监察处、法人登记处。

市编委办主任　张红霞

市编委办副主任　李建新

机构编制工作和机构改革是社会主义民主政治建设的重要方面，是建设和完善行政体制的主要手段，是政府管理的有机组成部分。改革开放三十年来，我市机构编制工作走过了不平凡的历程。为了建立行为规范、运转协调、公正透明、廉洁高效的行政管理体制，市委、政府进行了长期的探索和不懈的努力，根据经济和社会发展的需要，多次对政府机构进行精简和改革，以规范政府行为，推进依法行政，转变工作作风，提高行政效率，树立起精干、务实、高效的良好形象。

一、转变职能取得了实质性的突破

转变政府职能就是要改变传统的政府管理经济的方式，由于历史条件的制约和宏观环境的限制，一些深层次的矛盾和问题一时得不到根本解决。改革开放以来，我市始终把转变政府职能作为解决政府管理体制中诸多矛盾和问题的根本环节来抓，解除政府与国有企业的隶属关系。将市机械工业局等六个工业经济专业管理部门撤销，不再保留商业、物资管理部门；政府部门不再直接管理企业，切实落实企业经营自主权；政府机关不再办经济实体，已办的全部脱钩；政府部门不再承担属于市场调节的职能，弱化对经济的微观管理职能。政府集中精力抓好经济社会发展规划、社会管理、公共服务、维护社会公平正义等。

在政事、政社分开方面也取得了实质性的进展。撤销了部分承担政府职能的事业机构，较好地解决了政府职能“体外循环”的问题，把政府机关的一些辅助性、技术性、服务性职责交给事业单位承担，并调整了部分事业单位的隶属关系和职责，加快了机关后勤服务社会化进程；将政府部门全揽的应由社会自我管理和调节的社会事务转给社会中介组织，社会中介组织与政府主管部门脱钩，逐步成为相对独立的法人主体。

编办领导班子研究工作

二、政府职能配置更加趋于合理

按照建立社会主义市场经济体制的要求和“三个有利于”的原则，为了有效地克服部门权力利益化倾向，按照责权一致和“一件事情一个部门管理”的原则，将相同和相近的职能交给一个部门来承担，有效地克服了多头管理，政出多门的弊端，使一些长期存在的职能交叉重复和相互扯皮的问题得到了解决，在合理配置各部门职能的同时，进一步合理划分了市与各旗县区的事权关系，理顺了政府部门和党委部门的职能关系，理顺了政府部门间的职责权限和职责分工。

全市机构编制工作会议

三、政府组织结构进一步完善和协调

改革开放以来，进行了五次机构改革，按照改革的要求，对政府机构的结构、组成及类别进行了大幅度的调整，加强了综合经济部门和执法监管部门，减少和撤销专业经济部门，适当调整社会服务管理部门，对业务单一的机构进行合并，政府机构由最多时的62个减为现在的34个，精简45%。按照精简、统一、效能的原则，统筹考虑、综合设置部门内设机构，尽力减少内部服务机构和单一专业性机构及以阶段性工作为主机构的设置数量，裁并职能交叉、重复的机构，归并职能相同或相近的机构，并对派驻机构和工作机构、离退休人员工作机构进行了调整规范。经精简和调整，内设机构由原来503个减为339个，精简20.6%。人员编制精简23.42%，处级领导职数精简26.1%，科级领导职数精简21.9%。

四、事业单位改革的方向更加明确

事业单位是国民经济和社会发展的重要力量，为我市的社会稳定和现代化建设做出了重要贡献。但随着经济和社会的发展，事业单位政事不分、事企不分、管办不分、活力不足、布局结构不尽合理、投资单一等问题逐渐暴露。我市高度重视事业单位改革，在加快城市基础建设，推动经济进一步增长，建设现代化首府城市的同时，不断深化事业单位改革。重点是加快事业单位分类改革，通过“撤、并、减、转”等方式，进一步调整优化事业单位机构，强化行业管理，推进科技进步，促进了我市各项事业又快又好发展。

五、机构编制管理制度不断健全

长期以来，在机构编制管理工作中，由于机构编制法规不健全，没有建立完整的机构编制法规体系，不但给机构编制管理带来困难，而在机构改革中始终没有跳出“精简—膨胀—再精简—再膨胀”的怪圈。我市认真总结长期以来在机构编制管理方面的经验教训，坚持从实际出发的原则，制定了《呼和浩特市机关事业单位机构编制管理暂行规定》、《呼和浩特市事业单位新进人员管理暂行办法》、《呼和浩特市机构编制委员会议事规则》等制度，提高了干部的编制意识，促进了机构编制管理的规范化、法制化，真正使机构编制管理工作有章可循、有法可依。

全市机构编制会议上表彰先进集体个人

全市机构编制先进集体个人和市领导合影

呼和浩特市国家税务局

呼和浩特市国家税务局党组书记、局长　李元存

上级领导视察指导呼市国税工作

呼和浩特市国家税务局领导与企业代表座谈

呼和浩特市国家税务局开放阅览室开展丰富多彩的职工文化活动

呼和浩特市国家税务局党组成员和机关全体干部深入学习廉政规定

呼和浩特市国税局成功举办"倡廉杯"演讲比赛

向企业赠送税法图书宣传税收政策

呼和浩特市国家税务局全体党员干部在乌兰夫纪念馆开展党的教育活动

呼和浩特市环境保护局

呼和浩特市环境保护局局长 郭召来

生命之水公众参与系列活动启动仪式

环保局领导深入企业调研

万人签名为环保

局长郭召来深入企业调研

呼和浩特市农村环境保护暨"创模"工作座谈会

呼和浩特市旅游业发展基本情况

近年来，在市委、市政府的高度重视下，在旅游战线广大干部职工的不懈努力下，我市的旅游业实现了又好又快的发展。旅游市场持续增长，旅游消费稳步扩大，旅游人数、旅游收入、旅游项目投资分别由2003年的200万人次、24亿元、8亿元增长到2007年的622万人次，93亿元，106亿元，三项指标连续四年居自治区各盟市首位。旅游业收入占全市GDP的8%，旅游业正在成为国民经济的重要产业。

作为自治区的政治、经济、文化和旅游中心，我市共有旅游从业人员近8.6万人；旅游景区38家，其中A级景区14家，国家工农业旅游示范点3家；国家文物保护单位7家；现有宾馆、饭店近750家，客房数约2.6万间，床位数约7万张，其中：星级饭店34家，客房数3996间，床位6974张；10余家待评的高星级饭店（如：锦江国际大酒店、香格里拉大酒店、内蒙古国际大酒店等）；700多家社会宾馆、旅店。现有旅行社166家，其中国际旅行社19家，组团社9家；持证导游员2680名；大型旅游车队7家，车辆221台。

呼和浩特旅游资源独特，产品丰富多样，已经形成了一个中心、三大特色、五大系列、六条精品线路的旅游业发展基本格局。一个中心就是“旅游区域中心”。便捷的交通、完备的旅游基础设施，不仅使呼和浩特成为自治区的政治、经济、文化中心，而且成为自治区最大的旅游区域中心和集散中心。三大特色是草原民族风情旅游特色，召庙历史文化旅游特色，商务、节庆、会展旅游特色。五大系列是休闲度假系列、农家乐旅游系列、工业旅游系列、冰雪旅游系列、红色旅游系列。大青山太伟高尔夫度假村、白石生态旅游区、乌素图国家森林公园、小井生态旅游度假区形成了我市独具魅力的大青山休闲度假旅游带。成吉思汗文化休闲街、赛罕区文化娱乐广场、大青山野生动物园、阿尔泰游乐场、南湖湿地公园，形成了我市最具发展潜力的城市文化休闲、娱乐区。武川县五道沟农家乐示范村、和林县姑子板农家乐示范村、托县葡萄沟一溜湾农家乐旅游区是我市三大农家乐重点发展区。伊利、蒙牛两大中国乳业领军集团大力发展工业旅游，形成了我市集参观、游览、文化体验于一体的两大工业旅游园区。乌素图北极光滑雪场、太伟滑雪场建成并投入使用，呼和浩特首届国际冰雪节的举办，为解决我市淡旺季差异明显的问题做出积极的尝试。乌兰夫纪念馆、乌兰夫故居、大青山抗日根据地，经过大规模修缮建设，已经成为全国百家红色旅游经典景区、全区重点爱国主义教育基地。六条精品线路是呼和浩特东线、南线、西线、北线、市区内线路、黄河旅游线六条精品旅游线路，可以为市民和广大游客日益增长的多层次旅游需求，提供多元化服务。

乳都标志

伊斯兰风情街

今后一个时期,我市旅游业总的发展思路是：坚持“一个方针”、围绕“两个目标”、抓好“三项基本任务”。坚持“一个方针”，就是全面落实科学发展观，以人为本、改革创新、转变增长方式，实现旅游业全面协调、可持续发展。围绕“两个目标”：一是要把旅游业培育成为第三产业的支柱产业，为构建和谐首府做出更大贡献；二是要抓好旅游业发展的基础性工作，为争创“中国最佳旅游城市”、“最佳旅游目的地城市”夯实基础。抓好“三项基本任务”。即第一全面提升旅游产业整体形象，充分利用“天堂草原·魅力青城”造景造势，大力推进以“草原之都”为主题的旅游城市形象建设工程;第二加快完善旅游产业体系，不断丰富草原民族风情、历史人文、沙漠、商务节会等特色鲜明的旅游产品；积极发展休闲娱乐、工业旅游、农家乐旅游、红色旅游、冰雪旅游等系列旅游产品，活跃客源市场，扩大旅游消费；第三发挥旅游产业综合服务功能，完善基础设施建设，优化旅游发展环境，惠及民生，扩大旅游就业，推动酒店、餐饮、娱乐、购物等相关产业快速发展，形成特点突出，结构合理，体制完善的旅游业发展新格局。到2015年，全市实现旅游人数1600万人次，旅游收入260亿元，旅游从业人员50万人次，进入27个省会城市旅游业发展中上水平。

乌兰夫纪念馆

黄河老牛湾

大青山

席力图召

昭君博物院

呼和浩特市体育局

呼和浩特体育场

体育局局长 阎广华

自治区政府副主席任亚平、自治区政协主席陈光林，呼和浩特市市委书记韩志然启动2008奥运会内蒙古火炬接力仪式

火炬交接

全民健身运动

全民参与长跑运动

内蒙古广电网络呼和浩特分公司

内蒙广电局局长刘永欣视察呼和浩特分公司客服中心

内蒙古广电网络呼和浩特分公司外景

随着全国广播电视系统改革的风起云涌、不断深入，在集约化经营、市场化运作、集团化发展的战略思路指导下，内蒙古广播电影电视局大力推进有线电视网络的结构调整，在全自治区实施有线网络资产的整合重组，以内蒙古广播电视信息网络公司为龙头，构架起覆盖全区、上下贯通、广电网络一体化的格局，从而奠定了产业化发展的规模。呼和浩特分公司在这样崭新的背景下应运而生。

作为内蒙古广电信息网络公司的一级分公司，呼和浩特分公司承担着首府地区有线电视网络的全面管理和运营；对城市网络经济的发展和人民群众生产生活的需求，肩负有重要的责任和崇高的使命。公司现拥有客户30万户。在进行数字电视整体转换后，广大客户可以收看到清晰高质的80套数字电视节目（其中有18套付费节目做为基本节目赠送给整转客户）、10套数字广播节目、32套数字电视付费节目；及影视点播（VOD）、信息时空、阳光政务、股票行情等公共信息服务，以满足人们日益增长的文化休闲需求。同时，呼和浩特分公司还负责传输全区公安系统3级－－4级网点85个，市区道路交警监控网点188个，安全厅网点8个，大中专院校网点24个，教育网点88个，工商、税务网点56个等一系列专网业务。

呼和浩特分公司有着内蒙古广电队伍的优良传统，因为它是内蒙古、呼和浩特两个有线电视台力量的整合凝聚。在230多名员工中，大专以上学历者占到70%以上，具有18名高级职称、42名中级职称的人才结构，从工程技术到经营管理都具备丰富的专业知识与长期的实践工作经验。

在硬件方面，呼和浩特分公司拥有先进精良的技术设备，具备了高科技企业的素质。经过几年的发展，公司光缆网覆盖半径达到全部市区及所辖的5个旗县，光缆网络达到735公里。从2002年起，呼和浩特分公司对全市的城域网投入了大量的资金进行了大规模的升级改造，目前，市区现有网络均为环型结构的HFC网，网络带宽为750MHZ，具备稳定传输数字电视信号的硬件条件。按照“总体规划、分期建设、平滑升级、滚动发展”的网络建设原则，呼和浩特分公司正在积极进行双向接入网的改造工程，广大用户在家里共享宽带互联网的信息、点播电视节目、建立家庭影院的梦想，即将于2009年变为现实。

作为首府城市唯一的有线电视网络运营商，呼和浩特分公司将以“市场第一、用户第一”为企业宗旨，与时俱进、勇于创新，用辛勤汗水编织有线网络工程，用聪明才智铺就信息高速公路，努力造福青城人民，推动内蒙古广电信息网络产业做大、做强。

营业厅业务展示屏

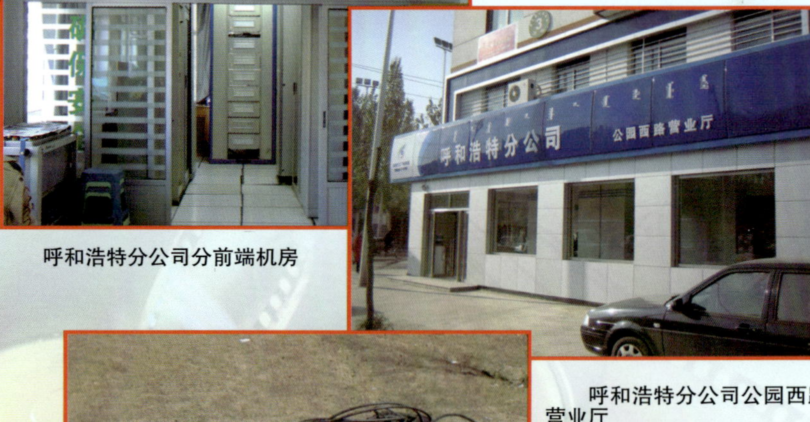

呼和浩特分公司分前端机房

呼和浩特分公司公园西路营业厅

户外抢修

光缆熔接

玉泉区概况

玉泉区党政办公大楼

玉泉区位于呼和浩特市西南，是一座有着400多年悠久历史的文化名城。全区面积258平方公里，辖一镇八个街道办事处，人口31万，是一个以蒙古族为主体的由25个民族组成的多民族市辖区。玉泉区交通条件便利，名胜古迹众多，地理位置优越，气候环境怡人，大、小黑河流经全区，209国道、呼大高速、呼准铁路穿区而过，大召寺、五塔寺、席力图召、观音庙、宝尔汗佛塔、昭君文化博物院、蒙古风情园、南湖湿地公园等旅游景点分布其中。

广袤平整的土地、丰富多样的资源、独特优越的区位环境为玉泉区提供了广阔的发展空间和无限的发展机遇。过去几年中，玉泉区在几任领导的带领下，以“三带、两园、一区”为发展框架，以“工贸旅游文化强区”为建设目标，解放思想，深化改革，扎实工作，锐意进取，经济社会发展取得了长足的进步。特别是2007年，全区各项事业取得了显著成绩，综合实力明显增强，地区生产总值和财政收入分别突破100亿元和20亿元大关，比上年增长24.1%、30.0%。全区规模以上工业增加值达到21.47亿元，较上年增长33.4%；固定资产投资达到56.99亿元，比上年增长24.7%；城镇居民人均可支配收入达到14860元，比上年增长16.1%；农民人均纯收入达到7704元，比上年增长13.1%,综合经济实力跃居呼和浩特市前列。以园区为载体的工业经济发展迅猛，冀东水泥、阜丰科技、一汽、力帆、京能热电等一些大企业、大集团纷纷投资建厂，机械制造、生物发酵、新型建材、纺织服装、制药等五大产业集群正在逐步形成；以旧城区改造和城中村改造为重点的城市建设硕果累累，大召区块、养鱼池区块、钰景花园、汇豪天下等一大批旧城区改造项目相继开工建设，碱滩、西水磨、南茶坊等13个城中村改造项目先后开始实施，融合浓郁民族历史特色的蒙古族建筑文化景观街的建成，使玉泉区的城市建设品位大幅提升；以商贸旅游为主要内容的第三产业发展迅速，美通首府无公害物流园、洪兴物流园区、北方药都和开泰水产肉食品交易市场等商贸物流项目，构筑起了呼和浩特市南部规模最大、品种最全、专业化程度最高的商贸物流集散带，大召寺、五塔寺、席力图召、昭君文化博物院、蒙古风情园、南湖湿地公园等旅游景点的扩建修缮，打造出了呼和浩特市第一条黄金旅游带。

现在的玉泉区，已是旧貌焕新颜，在全区各族儿女的共同努力下，玉泉区以建设“工贸旅游强区”为总体目标的发展战略正在逐步实现，蓬勃向上的玉泉区已成为塞外草原上一颗璀璨的明珠。

汇豪家园

建设过程中的大召寺

呼和浩特市公安局强制隔离戒毒所

呼市公安局戒毒所所长 卡 腾

呼和浩特市公安局强制隔离戒毒所隶属于呼和浩特市公安局监管支队，现有干警31人,行政编制为正科级。设有所长、教导员、副所长等5名所领导，下设三个中队。

我所成立于1997年4月，2004年9月，在各级的共同努力下，筹资四百万元，新建占地面积1万2千多平方米、建筑面积5000多平方米的现代化戒毒所，设有强制戒室32间、自愿戒室5间，设有医务治疗中心，中心设抢救室2间、药品管理室2间、诊断室1间、脱毒治疗室4间。每间戒室21平方米，设计容量230人，属中型强制戒毒所。建所至今已收治戒毒人员5000余人。

几年来，无重大责任事故，实现了民警无违纪和监管无事故的目标，多人立功受奖。1999年被玉泉区委、区政府命名《文明单位》、2001年3月被市委、市政府命名《市级文明单位》、2006年3月被公安部评为全国《一级强制戒毒所》、2006年4月被国家禁毒委员会办公室、公安部监所管理局、中国疾病预防控制中心性病艾滋病预防控制中心联合评为《全国强制戒毒所艾滋病防治知识竞赛优胜单位》、2006年6月，被玉泉区委、区政府命名《禁毒教育基地》。

戒毒工作作为一项综合性的治理工程，任重而道远。我所有一支甘于清贫、默默工作、无私奉献的禁毒队伍，大家怀有一颗共同的心，相信在各级的正确领导下，走出一条戒除毒瘾、消除毒害的成功之路。

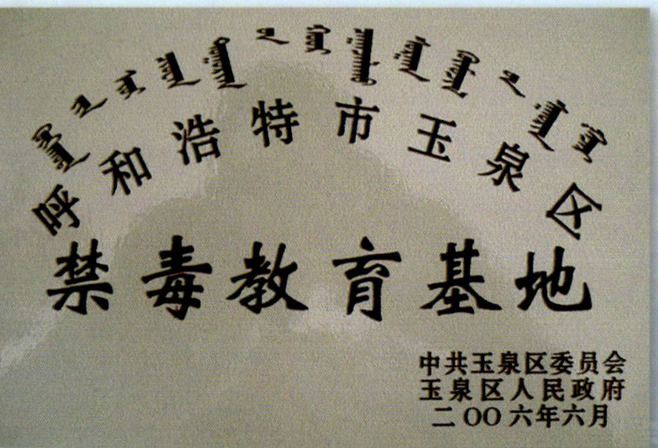

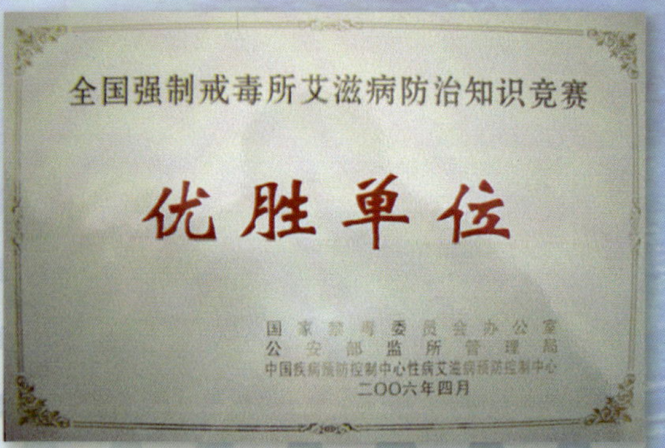

稳步发展的呼和浩特商务事业

呼和浩特市商务局

呼和浩特市商务局于2004年9月正式组建，其主要职责：现有干部职工58人，内设办公室、人事教育科、监察室、综合规划科、对外贸易发展科、世界贸易组织科（口岸办）、对外贸易管理科、科技机电进出口科、市场体系建设科、商业改革发展科、市场运行调节科、定点行业管理办公室、外国投资管理科、国外经济合作科和商务信息中心等15个科室（中心）。

呼和浩特市商务局在市委、市政府的正确领导下，以科学发展观统揽商务发展全局，以保障市场供应、促进消费、扩大内需为重点，加强市场监控和建设，改善消费环境，拓展消费领域，提升消费结构；以稳步发展外向型经济为目标，用好用足国家政策，调整进出口商品结构，推进国际经济合作，实现了商务工作持续、健康、快速发展，为拉动全市经济增长做出了贡献。

商贸流通市场繁荣活跃。2007年，全市社会消费品零售总额实现 430.8亿元，增长19.34 %，占全区比重22.62%，其中批发零售和住宿餐饮达到426.53亿元，增长19.46%，对我市第三产业增长的贡献率达到28.5%。

商品市场体系日趋完善。随着民族集团、天元商厦、维多利商厦、新世纪广场、王府井百货、首府广场、苏宁电器等一大批现代化商贸企业的建设和引进，使我市市场体系逐渐完善。形成了农副产品、粮油、服装、建材、农机、机动车交易、电器等专业市场。目前，全市商业、餐饮服务业网点达到近6万个，各类市场280多处，大中型批发企业近80家，限上餐饮企业130多家。与此同时，“万村千乡市场工程”在我市6个旗县区深入实施，已新建、改造农家店300多家，商品市场体系建设得到进一步加强。

对外贸易稳步发展。2007年，全市外贸进出口总额实现9.4亿美元，占全区比重12.14%，其中出口完成6.36亿美元，占全区比重21.59%。全市具有进出口实绩的企业达到255家，年出口额在千万美元以上的企业为12家，与世界约130个国家和地区建立了贸易关系，对外贸易对我市GDP增长的贡献率达到7%。

外商投资规模不断扩大。近五年间，共批准设立外商投资企业196 家，利用外资实际到位资金累计达12亿美元。外商投资领域和结构发生明显变化，目前，外商投资项目涉及能源、交通、冶金、化工、建材等行业，包括轻工、食品、纺织、医药、农牧业领域，并开始逐步向商业、金融、服务业等行业和领域转移。外资来源趋于广泛，到2007年，分别有港澳台、日本、美国、加拿大、印尼、韩国、蒙古、德国、俄罗斯、丹麦、瑞典、英属维尔京群岛、挪威、新加坡、荷兰、澳大利亚、马来西亚、毛里求斯等30多个国家和地区的客商在我市投资置业，为我市经济发展起到了积极的促进作用。

“走出去”战略进展顺利。近年来，我市国际经济合作工作呈现出良好的发展态势，实现了由无到有、由慢到快的历史性转变。目前，华蒙金河、仕奇、奈伦、众环、民族集团、伊利、蒙牛等企业在国（境）外均设立了对外机构或销售网点等，同时，企业在境外投资项目进展顺利，2007年对外投资额达到1300万美元，国外经济合作和“走出去”工作取得了新的突破。

内蒙古革命烈士陵园基本情况

一、基本概况

内蒙古革命烈士陵园(呼和浩特大青山革命公墓管理处)，地处大青山脚下，位于内蒙古自治区首府呼和浩特市北二环路中段，占地面积达200亩,是自治区规模最大，最具有政治影响力的革命烈士陵园（革命公墓），也是全区各族各界人民群众缅怀凭吊革命先烈和进行革命传统教育、爱国主义教育的重要场所。

内蒙古革命烈士陵园始建于一九六三年，期间因“文革”一度中断建设，于一九七三年恢复重建，一九八零年清明节正式对外开放使用。一九八七年原国家副主席乌兰夫同志题名“内蒙古革命烈士陵园”。一九九五年和二00五年分别被国家民政部和中宣部命名为全国爱国主义教育示范基地；二00一年六月被国务院批准命名为“全国重点烈士纪念建筑物保护单位”。

内蒙古革命烈士陵园现存放有各个革命历史时期的革命烈士共242名，有大革命时期牺牲的革命烈士荣耀先、多松年、李裕智等先驱革命者，也有抗日战争、解放战争牺牲的老红军、老八路、老党员、抗日将领、民族英雄等，还有在社会主义建设中去世的革命先辈、老红军、老干部、劳动模范、人大代表、政协委员、高中级知识分子的骨灰6500多具。

二、人员概况

我园现有干部职工60人，其中女职工20人；有离退休干部职工27人，其中离退干部2人；有党员52人，其中在职党员41人；有少数民族职工10人，占职工总数的16%，大专以上文化程度21人，占职工总数的33.8%.

三、革命传统教育，爱国主义教育基地建设

为了更加生动广泛地再现和反映革命烈士英勇奋斗的革命事迹，多年来，我们走访革命老区、烈士曾经生活和战斗过的地方，对有关烈士的生平事迹、资料进行了不懈努力的收集、整理，撰写了约20万余字的图片资料，录制了多松年、荣耀先、李裕智等10名我区著名烈士生平事迹录音带，修建了421平方米的“内蒙古革命斗争史暨革命前辈生平陈列馆”。

2003年在市委、政府及市民政局的大力支持下，筹资270万元，建成了11000平方米的纪念广场、革命烈士纪念碑和大理石烈士魂名录碑，并在纪念碑两侧的广场上雕塑了原国家副主席乌兰夫同志的半身铜像和多松年、李裕智、贾力更、刘洪雄、高凤英五大著名烈士的汉白玉雕像。2005年又多方筹集资金维修了吊唁大厅、硬化了4000平方米吊唁大厅广场和纪念碑广场周边2474平方米的水泥路面。

2006年，陵园在国家民政部和自治区民政厅的关注下，投资125万元，重新布展内蒙古革命斗争史暨革命前辈生平陈列馆,布展方案于2006年12月市委宣传部批复，2007年3月18日开始施工布展。陈展以内蒙古近代革命史脉络及历史事件为主线，以历史图片、历史文物为主体，结合大量绘画、雕塑、复原景观等辅助展品，配以智控显示屏、自动音乐解说播放系统等现代高科技展示手段，在有限的空间中再现真实的历史篇章。为全区各族人民祭奠先烈忠魂，深入持久地进行爱国主义教育，提供更加丰富、鲜活地教育内容。9月27日由市政府主持举行了隆重的开馆仪式，并免费向公众开放。

内蒙古革命烈士陵园不仅成为我区各族人民群众褒扬革命烈士，进行传统教育和爱国主义教育极为重要的场所，而且也为广大青少年学习革命史、成长教育，提供了一个更为鲜活地、更加生动地革命传统和爱国主义教育阵地，起到了缅怀先烈，褒扬烈士、继承传统，教育后人的示范作用。每年有近20万人次前来瞻仰祭奠，进行扫墓活动。建园以来，我们共接待前来缅怀凭吊革命先烈的各族各界人士约500万人次接受革命传统和爱国主义教育。

四、陵园基本建设概况

一是建园以来，我们始终坚持褒扬烈士，教育群众的宗旨，认真贯彻民政工作“以民为本、为民解困、为民服务”的核心理念。本着“以实业养事业，以园养园”的发展思路，积极努力，开拓进取，因地制宜开辟经济创收渠道，有力地推动了陵园的基本建设。先后被自治区、呼市两级评为“精神文明单位”、“庭院绿化达标单位”，被市委命名为“全市党的基层组织先进单位”，连续多年被评为呼市民政系统“先进基层党组织”和“实绩突出单位”。

二是本着建设花园式、公园化陵园的原则，以不断提升陵园文化内涵，创建绿色环境的发展思路，狠抓了陵园绿化美化工作。历经数十年，全体职工用辛勤劳动的汗水，已经把建园初期杂草丛生，遍地乱石、高低不平的乱石滩，平整出高低错落有秩，规划有序合理的绿化种植场地，清理出乱石、杂土及工程的废弃物2300多立方米，铺设修建了地下浇灌水管1200多米，种植花草、树木，绿化、硬化覆盖面积达90%以上。目前，陵园内种植有松、柏、云杉等2000多棵，都已成林。种植花灌木200多墩，松柏、侧柏景观树墙1000多米，铺设草坪4000多平方米，每年种植花卉达10多个品种，面积达5000多平方米。此外，已硬化的路面达30000多平方米，园内环行水泥路1000多米。2007年9月完成了9000平方米的园内环形路和篮球场新铺沥青路面工程。改变了过去坑洼不平失修的水泥路面，进出陵园的车辆和行人更加方便，硬化路面环境更加美观整洁。

三是不断改善业务接待办公条件。为了彻底改变内蒙古革命烈士陵园几十年陈旧的平房办公条件，2007年5月经市发改委批准立项，自筹资金200多万元，新建了1400平米的两层业务接待办公楼及附属设施，于9月底正式交付使用。宽敞明亮的业务接待办公楼使陵园对外窗口接待服务工作更加便利，方便了社会各界人士前来办理各种业务服务。2007年全年新增固定资产570万元。为了满足逐年递增的社会各界祭奠群众的需求,陵园投资800多万元,于2008年6月开始改建占地面积2400平方米,刻有十二属相雕塑的环保型的祭奠园,九月份竣工投入使用。2008年7月开始扩建占地面积4280平方米的殡葬用品市场，9000平方米的停车广场，2009年6月底前竣工投入使用。

总之，内蒙古革命烈士陵园的各项事业建设，继续朝着绿化更加精美，环境更加怡人，教育基地更加稳固扎实，教育内容更具历史真实性与现代化展示手段相结合的方向发展。但是，陵园今后的发展与建设，还存在很多问题。例如：烈士褒扬、纪念建筑物的维护、陈列馆维护保障资金及绿化资金的落实，还需上级有关部门从加强革命传统、爱国主义教育基地建设的高度，重视革命烈士陵园的建设。建议从法规、条例制定上依法来保障烈士陵园的建设和发展。各级宣传部门和新闻媒体应加大力度，重点宣传革命烈士陵园的重要功能，提高社会的知名度和影响力，弘扬革命烈士英勇顽强的革命精神、民族精神和爱国主义精神，这样才能进一步发挥烈士纪念建筑物在全社会爱国主义教育中的特殊作用。

今后，我们将继续按照国家民政部、自治区民政厅和呼市民政局关于褒扬烈士、教育群众的宗旨，建设花园式、公园化的革命烈士陵园，继续深化改革，锐意创新，以科学、规范的管理，优质高效的服务，守护好烈士的忠骨，相伴与烈士的忠魂。

呼和浩特市军队离退休干部第二修养所

丰富多彩的文化生活

我所1988年建所以来,在邓小平理论和"三个代表"重要思想指导下,大力弘扬求真务实精神,牢固树立全心全意军队离退休干部服务的思想,坚持以人为本,创新思维,在实践中探索,在探索中前进,历经20年的风雨洗礼，各项事业蓬勃发展，取得了可喜的成绩。

特别是近十年来，我所在完成好服务管理工作的同时，集中主要精力进行基础设施的新建、改建、扩建和院落环境治理。为改善军休干部生活条件，提高军休干部生活质量，办了诸多实事、好事，赢得了休干的信赖，维护了干休所的团结、稳定、和谐和发展。

1、投资220万元，新建了综合服务楼，改善了休干活动条件。并将部分房屋出租，增加了干休所的预算外收入，提高了工休人员的福利待遇。

2、花大力气拆除了自建的凉房、煤仓、围栏等建筑物160多间。清了多年积存的杂草和垃圾，使休干房前屋后的环境得了大的改观。

3、筹集资金77万元，对院内的路面进行了清挖、平整，铺垫，修成了水泥路面，方便了休干出行。

4、与市政府有关部门多次协商，投入资金50万元，将天然煤气管道引入休干家中，使休干告别了搬运煤气罐的历史，极大地方便了休干的生活。

5、投资80万元，使用最新材料对休干住宅楼和办公楼楼顶进行彻底翻修。

6、投资110万元，对地下供暖和地下自来水管道进行了全部更换，这样既杜绝了管道渗漏造成的浪费，又确保了休干正常取暖和生活用水。

7、向市政府申请洗澡专项经费28万元，为休干安装了洗澡热水器。

8、投入20多万元为休干安装了单元防盗、程控电话、改造了电网。

此外，我们在院内栽植了松树、丁香树、槐树等树种。铺设了草坪，修建了花池，种植了花草，摆放花盆。安装了夜景灯，制作了橱窗、风景画、宣传栏等，增添了院内景色。

现在所内环境优美，景色怡人，所兴人和，团结文明。今年被国家民政部授予“和谐军休家园”荣誉称号。

环境优美景色怡人

呼和浩特市卫生局

领导关怀

基层调研

防控灭菌

呼和浩特市卫生局是主管卫生工作的呼市人民政府工作部门，主要职责是：贯彻执行国家、自治区关于卫生工作的方针、政策和法律、法规并监督实施；研究拟定全市卫生工作的有关政策、法规、条例、标准及规章制度，并组织实施。研究制定呼市卫生事业发展的总体规划、年度计划和战略目标，组织实施国家技术规范和标准，制订我市有关规范和标准并组织实施。研究制定全市农村卫生、妇幼卫生工作规划和政策措施，指导初级卫生保健规划和母婴保健专项技术的实施，贯彻预防为主方针，开展全民健康教育；制订对人群健康危害严重疾病的防治规划；组织对重大疾病的综合防治。研究指导全市医疗机构改革，制订相关执业标准、医疗质量和服务规范并监督实施。

呼市卫生局有市第一医院、口腔医院等直属单位17个，在职职工2283人，连续多年被市委评为目标考核成绩突出单位，并取得“全区防治非典型肺炎工作先进基层党组织”、“自治区抗击非典先进集体”、“全国卫生监督先进集体”等荣誉称号。

基层医疗基础设施建设启动

东河水系景观

活力赛罕 魅力首区

——美丽富饶的呼和浩特市赛罕区

赛罕区位于呼和浩特市城区东南，是首府新型城区。全区总面积1025.2平方公里，其中城区面积14.5平方公里。全区总人口57.2万人，常住人口38.3万人，其中城镇人口23.6万人，农业人口14.7万人。辖6个乡镇、5个街道办事处、124个行政村、59个社区居委会。是一个以蒙古族为主体、汉族占多数的多民族聚居区。辖区内交通便利，自治区党政机关、高等院校、科研院所集中，是自治区科技、教育、文化的聚集区和行政中心区。

全区综合实力明显增强。2007年，全区地区生产总值达到184亿元，同比增长16.7%，财政收入达到24.5368亿元，同比增长27%，农民人均纯收入达到7385元，同比增长13%。城镇居民人均可支配收入达到17847元，同比增长24.9%。社会消费品零售总额达到63.8亿元，同比增长21.6%。全年招商引资实际到位资金完成45.59亿元，同比增长12%；固定资产投资共完成88.8亿元，同比增长24.2%。全区33家规模以上工业企业现价产值完成77.5亿元，同比增长3%，产销率达到98%。

以菜奶业为主的第一产业取得新成绩。依托首府市场，我区大力发展蔬菜种植业和奶牛养殖业。2007年，全区菜田面积达5万亩，保护地面积达6000亩。共开发新菜田6500亩，新建蔬菜保护地3027亩，其中新建厚墙体温室1913亩。无公害蔬菜年商品量达3亿多公斤。累计建成标准化奶牛养殖小区13个，综合服务站5

服务业发展强劲

蔬菜保护地建设已成规模

村民领到社保金

东瓦窑菜市场（蔬菜市场供应充足）

个，奶牛存栏数达18万头，鲜奶产量达70万吨，是中国乳都重要的奶源基地。

以开发区为载体的工业经济发展取得新突破。金桥开发区基础设施建设进一步完善，以金桥热电厂、天野化工、中石油呼和浩特石化公司、蒙昆烟草、神舟硅业为代表的新型工业体系逐步形成，扩建、改建和技术改造投资与新建投资项目全面增长。金桥开发区已具备了承载300—400亿元大型项目建设的能力，成为自治区20家重点开发区之一。

赛罕区先后荣获“全国先进文化区（县）”、“全国科技进步示范区”、“全国双拥模范区”、“全国残疾人工作先进区”等多项荣誉称号，开创了跨越式发展的新局面，成为自治区区域经济最具活力、最具生机的地区之一。

现代化工业基地

首府重要奶源基地

托克托县 打造全区第一经济强县

黄河分界碑

托克托县隶属内蒙古自治区首府呼和浩特市，位于自治区中部、大青山南麓、黄河上中游分界处北岸的土默川平原上。南北直距54.5公里，东西直距42公里，总面积1416.8平方公里，辖5镇，13个居委会，120个村委会，总人口20万人，境内居住着蒙、汉、回、满等24个民族。全县地势为东南高而西北和西南低。托克托县地处呼、包、鄂“金三角”腹地，交通便利，呼大公路、呼准铁路、呼城高速公路贯穿全县南北，现已形成“五纵四横一环线”的交通网络。黄河流经县境37.5公里，充足优质的水源可满足县内工农业生产和生活用水的需要。

新世纪之初，托县紧紧抓住国家西部大开发的历史机遇，引进建设了大唐托电项目。经过6年的建设，大唐托电8×60万千瓦机组分四期全部建成发电；园区2×30万千瓦机组自备电厂也相继投产；大唐托电五期也在积极的筹备，到“十一五”期末，托县电力装机容量将达到660万千瓦，成为亚洲最大的火力发电基地。

随着托电的投产发电，托县县委、政府从全局发展的高度出发，积极谋划建设托克托工业园区，经过四年多努力，园区累计投入资金12.4亿元用于基础设施建设，已完成开发面积12平方公里，道路、供电、供水、通讯、排污、生活服务等基础设施实现了配套完善。托县在工业园区的开发建设中，坚持循环经济的发展理念，围绕玉米加工、高铝粉煤灰综合利用、多晶硅等项目打造循环经济产业链，目前已初具规模，被评为全区首批循环经济示范园区。园区累计引进项目40多项，已正式开工并陆续投产的企业有24家，总投资298.8亿元，园区已形成电力、生物制药、冶金、硅材料、航天生物五大支柱产业。托克托工业园区的产业集聚效应已日益明显。

2007年，托县经济社会各项事业快速发展。全县地区生产总值完成112亿元,较上年增长22.3%，比2000年纯增99.27亿元，是改革开放1978年的526倍。人均GDP达到56143元，比2000年纯增49329元，是1978年的401倍。财政收入完成17.35亿元，较上年增长16.5%，比2000年增加了16.61亿元，是1978年的796倍。其中地方财政收入完成8.3878亿元，较上年增长16.0%。城镇居民人均可支配收入实现13294元，较上年增长21.1%，比2000年增加了9614元。农民人均纯收入实现6353元，较上年增长15.2%，比2000年增加了3625元，是1978年的43.8倍。2007年，托克托县位列全区工业十强旗县（市、区）第八。在第七届全国县域经济基本竞争力评价中，跃居西部百强县（市）第9位。在第三届全国中小城市可持续发展评价中，跻身全国中小城市综合实力百强县第70位。

2007年，工业园区电力总装机容量已达到540万千瓦，生物发酵总容积已突破2万立方米。完成固定资产投资22.5亿元，工业总产值完成110亿元，工业增加值完成74.1亿元，上缴税金10.75亿元，对全县财政贡献达13.66亿元，贡献率为78.7%。工业园区位列内蒙古工业十强开发区第二，大唐托电被评为内蒙古工业二十强企业之一。

托克托工业园区的远景目标是：通过几年的努力将园区建设成为科技含量高、综合效益好、建设速度快、资源得到充分利用的新型工业园区。到“十一五”期末，园区工业总产值将突破300亿元，力争达到400亿元；财政收入突破20亿元，力争达到30亿元，成为内蒙古自治区第一工业园区。

托克托县今后五年的奋斗目标是：到2012年，全县地区生产总值达到450亿元，年均递增34.3%；人均GDP达到30000美元。财政收入达到55亿元（新口径），年均递增26.5%。城镇居民人均可支配收入达到31400元，年均递增20.4%。农民人均纯收入达到13100元，年均递增16%。招商引资累计完成400亿元。单位生产总值能耗年均下降5%，人口自然增长率控制在10‰以内，城镇登记失业率控制在3%以内。努力跻身于全国县域经济百强县行列，把托克托县建设成为经济繁荣、环境优美、社会稳定、人民富裕、和谐发展的首府卫星城市。

东胜卫故城城墙

龙王庙

大唐托克托电厂

喜获丰收

呼和浩特市邮政局

全市邮政局工作会议

呼和浩特市邮政局全部从业人员2065人，其中在岗职工998人，劳务工1010人，聘用工43人，非全日制14人。总资产达到1.37亿元。市局领导班子5人，下设1室5部，4个生产辅助单位，生产经营机构18个。全市有营业网点134处，其中市区81处，农村53处。局所总数中电子化支局85处，开办邮政储蓄网点81处，开办异地通存通兑网点81处。市内投递段道262条。农村投递路线106条，城市、农村投递及邮路总长度20144单程公里，农村服务“三农”代办点280个，各类邮运汽车241辆。

2007年,是呼市邮政各项工作取得全面进步的一年。在自治区邮政公司和市委、市政府的正确领导下，认真学习贯彻党的十七大精神，全面落实科学发展观，紧紧围绕“二次创业”战略工程，进一步提高决策的执行力，坚持求真务实，加快发展，为推进我市邮政又好又快发展迈出了坚实的一步。全市邮政各项工作呈现出持续、健康发展的态势。2007年全市邮政实现业务收入19320万元，较上年增长12.49%；收支差额完成2252万元，完成调整后预算目标100%；劳动生产率达到9.45万元/人；全面完成区公司下达的各项通信质量指标；用户满意度达到90.84分。

在改革发展、屡创佳绩的呼市邮政局，继先后获得自治区级文明单位、内蒙古自治区诚信单位、全区文明行业示范点、中国企业诚信经营示范单位等多种殊荣之后，分别荣获2007年度全国通信行业“用户满意企业”称号和2007年度全区“用户满意企业”称号。市局领导班子连续四年荣获全市实绩突出领导班子。进入2008年4月，荣获“全区五一劳动奖章”。

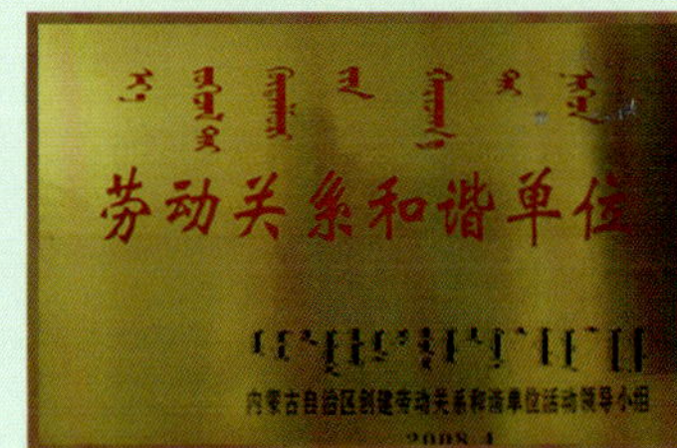

呼和浩特市民政局

局长 张俊江

张俊江局长在和林县深入低保户家庭调研

儿童福利院奠基仪式

目　　录

第一部分　特　　载

第二部分　统计资料

行政区划和自然概况

综　　合

国民经济核算

人　　口

劳动力和职工工资

固定资产投资

财政税收

物　价

人民生活

城市概况

农 业

工 业

能源消费

建 筑 业

运输、邮电业

批发零售贸易和餐饮业

对外贸易和旅游业

金融、信贷、保险

教育、科技及文化事业

体育、卫生及其他事业

旗、县、区统计资料

第三部分　法规与规章

第四部分　社会经济大事记

CONTENTS

第一部分　特　　载

政府工作报告

——2009年2月14日在呼和浩特市第十三届人民代表大会第二次会议上

呼和浩特市市长　汤爱军

各位代表：

现在，我代表市人民政府向大会报告工作，请予以审议，并请各位政协委员和列席会议的同志们提出意见。

一、2008年工作回顾

2008年，是呼和浩特市发展进程中极不平凡的一年，是我们应对严峻挑战，在危机中抢抓机遇、在逆境中奋勇前进的一年。一年来，我们在自治区党委、政府和市委的正确领导下，团结带领全市各族人民，坚持以邓小平理论和"三个代表"重要思想为指导，深入贯彻落实科学发展观，攻坚克难，扎实工作，我市的各项事业取得新的成就。全市地区生产总值完成1316.4亿元,同比增长13.6%(现价增长20%)，其中三次产业增加值分别完成75.2亿元、501.9亿元和739.3亿元，分别增长7.8%、12.2%和15.1%。三次产业结构调整为5.7:38.1:56.2。完成地方财政总收入158.3亿元（新口径），增长32.4%。固定资产投资640.5亿元,增长10%。社会消费品零售总额533.2亿元,增长23.8%。城镇居民人均可支配收入和农民人均纯收入分别达20267元和7051元，增长19.8%和15.2%。居民消费价格总水平上涨4.6%。城镇登记失业率控制在3.85%。预计万元GDP综合能耗下降5.1%。

一年来，我们所做的工作主要是：

（一）大力促进经济发展。我们按照统筹城乡发展的要求，较大幅度地增加了"三农"投入，着力强化农业基础地位。粮食生产获得大丰收，产量达134.8万吨，比上年增加24.8万吨，创历史新高。设施农业发展加快，新增设施农业面积12005亩，其中蔬菜保护地10180亩，地产蔬菜自给率达到62%。中棚马铃薯试点取得明显成效。积极应对三鹿奶粉事件影响，奶牛养殖业得到稳定和发展。年底奶牛存栏90.9万头，比上年增加6.6万头；牛奶产量390万吨，增加20万吨。肉羊存栏达到258万只，增加8万只。全市农业综合机械化水平达到59.8%。农村交通、水利、电力、通信等基础设施建设得到加强，农民生产生活条件继续改善。扶贫开发工作取得新进展，又有3.3万人解决了温饱问题。

我们坚持走新型工业化道路，把发展非矿产资源依赖型和高科技产业作为主攻方向，着力提升新型工业化发展水平。实施1000万元以上工业重点项目97个，全市完成工业投资181.9亿元，同比增长7.6%。伊利新工业园、蒙牛阿拉福兹奶粉、蒙丰特钢、利乐包装、神舟多晶硅、中燃焦化甲醇一体化等一批项目建成投产；大陆产业多晶硅、丹麦维斯塔斯风机制造、中海油聚甲醛、力帆汽车部件、大唐国际再生资源硅铝钛合金、丰泰发电厂扩建等重大项目建设顺利推进。名优企业的带动作用进一步发挥，开发区和工业园区建设得到加强。中小企业稳步发展。全市规模以上工业增加值达到330.1亿元，同比增长11.2%，我市的工业经济实力明显增强。

我们把服务业作为首府最大的优势产业，坚持与工业"双轮驱动"，着力推动服务业加快发展。现代物流和传统服务业发展迅速，金山铁通、华美汽配城等物流项目建设积极推进，维多利商业广场等一批新的商场、超市建成开业，"万村千乡"市场建设工程取得新进展，开工建设保全庄蔬菜集贸批发市场等一批规模较大、辐射力较强的农产品市场，城乡消费市场供销两旺，消费对经济增长的拉动作用进一步增强。金融、旅游、会展、中介、文体等现代服务业均呈现较快发展势头。继成功引进交通、华夏、招商、浦发、中信5家股份制商业银行后，又新引进渣打村镇银行和7家保险公司，邮政储蓄银行挂牌运营，金融服务体系进一步完善。12月末，全市金融机构人民币各项存、贷款余额分别达1649.8亿元和1458.6亿元，同比增长29.2%和29.4%，分别占全区的26%和32.2%。昭君博物院、蒙牛工业园成为国家4A级旅游景区，结束了我市没有4A级旅游景区的历史。全市旅游接待人数达800万人次，实现旅游收入122亿元，分别比上年增长28.6%和30.6%。机场旅客、货物折算吞吐量超过200万人次，达到227万人次。公路客运、货运周转量分别比上年增长21.1%和16.7%。2008年我市服务业总量继续保持全区首位。

（二）着力转变发展方式。我们高度重视科技进步。设立重大科技专项资金，安排重大科技专项26项。获得11项自治区科技进步奖。蒙牛塞科星公司重编程的特殊发育阶段干细胞系和新的奶牛性控精液生产技术工艺，大唐国际再生资源公司利用高铝粉煤灰生产氧化铝联产活性硅酸钙项目取得重大突破，成为具有国际领先水平的自主知识产权，后两项在我市已得到推广和应用。全国动物疫苗行业唯一国家工程实验室落户我市金宇集团。9家企业建成自治区企业重点实验室或技术研发中心，17家企业建成市级技术研发中心。全市专利申请量达966件，占全区的43%。深入实施“科教兴市”、“人才强市”战略，开辟“绿色通道”，为11家用人单位引进86名高层次人才。高度重视资源节约和环境保护。退耕还林、天然林保护、三北四期等各项生态工程加快推进，完成林业生态建设面积86.3万亩。落实最严格的耕地保护政策，全市耕地实现了总量不减少、质量不降低目标。采取坚决措施，封闭241眼单位自备井。加大节能减排工作力度，严格制止高耗能、高排放和重复建设项目的引进，大力推行强制清洁生产，积极开展循环经济试点，拆并小锅炉、推广清洁能源等工作进展顺利。全年市区空气质量优良天数达到341天，比上年增加10天，其中优的天数120天，增加58天。创建国家环保模范城市和国家森林城市的各项指标基本达到国家要求。

（三）进一步加强城乡建设和管理。我们高起点谋划新一轮城乡建设，完成了《呼和浩特市城乡总体规划》的修编论证，编制了以“一核双圈”为发展战略的总体规划、住房建设规划和一批控制性详细规划。规划管理得到切实加强。基础设施建设力度进一步加大。绕城高速公路建成通车，国道109线清水河至大饭铺一级一幅公路建设加快推进，呼武路复线正式开工。乡村公路建设进一步加强，新建通乡公路106公里、通村公路337公里。新建和改造城区道路32条，其中19条年内完工；改造小街巷33条。建成公主府、章盖营污水处理厂，城区污水处理能力大幅度提高。城市供热、供气、给排水、垃圾处理等工程建设取得新的进展。城市公共交通事业发展步伐进一步加快。加速推进各类城市功能区建设，城市综合服务功能进一步完善。加强房地产市场调控。全年新开工建设住宅374万平米，其中90平米以下户型占71%。配建1656套廉租房，年内已完工766套。新建经济适用住房132万平米，占住宅新开工总量的28.3%。城中村改造加快推进。城市绿化美化亮化力度进一步加大。乌素图生态开发区大型建设项目正式启动，新建一批园林绿地，新增绿地324.9万平米，市区建成区绿化覆盖率达到35%。环卫基础设施建设得到加强，市容环境卫生综合整治力度进一步加大。小城镇建设加快推进。大力开展查处违法占地工作，拆除违法建筑52.5万平米，整治违法用地初见成效。

（四）积极推进改革开放。农村综合改革得到巩固。基本完成农村义务教育债务化解工作，累计化解债务2.4亿元。财政转移支付制度进一步完善。争取中央和自治区财政转移支付资金56578万元，切实加大了对各旗县区特别是贫困旗县的转移支付力度。在旗县区全面推进国库集中支付制度改革。“收支两条线”、政府采购等制度得到完善。事业单位岗位设置工作全面推开，新录用人员全部采取公开招考，实行聘用制和养老保险制度。农村信用社改革和呼市商业银行增资扩股顺利推进。小额贷款公司试点取得明显进展，已有29家获得批准，4家正式营业。民营经济快速发展。生产要素市场化程度进一步提高。招商引资工作成效显著，实施3000万元以上招商引资项目279个，其中亿元以上187个。引进国内外资金445亿元，增长15%，其中实际利用外资7.07亿美元，增长16.6%。积极发展对外贸易，完成进出口贸易额9亿美元。

（五）全面加强以改善民生为重点的社会建设。我们以落实市委、市政府《关于进一步改善民生切实解决涉及人民群众切身利益问题的若干意见》和市政府承诺的为民办实事项目为重点，加快发展社会事业，积极解决涉及人民群众切身利益的问题。全市财政在教育、卫生、文化、体育、民政、就业、社保等社会事业方面共投入39亿元，比上年增长23%。**教育方面：**2007年开工的15所重点学校新建扩建项目除一所正在扫尾外，其余全部投入使用，增加262个教学班。市四区对23所中小学和幼儿园进行了改扩建，“上学难”现象初步缓解。各旗县撤点并校工作取得成效，极大改善了农村中小学办学条件。较大幅度地增加了中小学公用经费，提高了中小学校班主任津贴。在全市公开招考611名教师，师资队伍建设得到进一步加强。义务教育阶段蒙语授课寄宿生生活补助，职业类别学校学生助学金补助及3%优秀学生享受奖学金等各项政策全部落实。投入240万元扶助民办学校和补贴民办教师社会保险。积极促进教育公平，6.8万名外来人口子女入学享受与本市居民子女同等待遇。我市在抓教育投入和硬件建设的同时更注重教育教学质量的提升，2008年中考水平整体提高，高考录取率在全区继续保持领先。**卫生方面：** 2005年开始实施的66所乡镇卫生院建设项目全部完工。大力推进城市社区卫生服务中心建设，全市建立30个社区卫生服务中心，居民医疗覆盖率达85%。农村卫生“三级服务网”和城市卫生“两级服务网”基本形成。疾病预防控制能力进一步提高。120急救网络覆盖全市城乡。食品安全管理工作稳步推进。人口和计划生育事业取得新进展，低生育水平保持稳定。**文化和体育方面：**成功举办了第九届昭君文化节、第六届国际民间艺术节、第十届中国老年合唱节等大型文化活动。土左旗脑阁、和林县剪纸、武川县爬山调入选国家级第二批非物质文化遗产名录。实施文化惠民工程，为30个乡村进行免费送戏和放映电影。广播电视无线覆盖工程扎实推进。以“全民健身与奥运同行”为主题的各类群众性体育活动蓬勃开展。精神文明建设得到进一步加强，社会文明程度进一步提高。**就业方面：** 全年城镇新增就业3.68万人，农村富余劳动力转移就业3.08万人，保持了就业局势的稳定。共完成各类职业技能培训5.7万人，9个旗县区就业培训基地均已正常开展培训工作。全市近3万灵活就业4050人员享受了社会保险补贴，6722人享受了税费减免政策。**社会保**

障方面：城镇职工基本养老保险参保人数达35.7万人，比上年增加1.6万人，失业、医疗、工伤、生育等各项社会保险覆盖面进一步扩大，征收保费总额22.9亿元，做到了及时足额发放。新型农村合作医疗制度全面建立，参合农民达到90.2万人，参合率95.1%。全年参合报销住院医疗费5595万元，门诊报销医疗费514万元，受益者31万多人。企业退休人员基本养老金标准、环卫工人工资、城乡居民最低生活保障金标准、农村五保户供养标准均进一步提高，25.4万人受益。市四区70岁以上无社保老人生活补助政策得到全面落实。社会福利、优抚安置、双拥、慈善和残疾人事业取得新进展。**社会管理方面：**充分发挥社区建设在社会管理中的基础作用，合理调整社区布局和规模，着力改善社区办公条件，全市投入4100万元新建80个社区办公用房，193个社区全部实现联网，公开招考195名大学生充实社区工作队伍，并较大幅度增加了社区办公经费。加强安全生产监管工作，全市安全生产形势保持稳定。狠抓社会治安防控体系建设，依法打击各类犯罪活动，有效维护了社会稳定。着力解决供暖问题，基本保证了群众温暖过冬。强化信访工作，着力维护人民群众合法权益。高度重视市长热线、市长网上信箱以及12319城建服务热线等的受理工作，认真解决群众合理诉求，一大批群众反映的热点难点问题得到解决。民族工作取得新的成绩，平等团结互助和谐的社会主义民族关系得到进一步巩固和发展。

（六）努力加强政府自身建设。各级政府自觉接受同级人民代表大会及其常委会的监督，主动接受人民政协的民主监督，接受新闻媒体和社会各界的监督，认真听取民主党派、工商联、无党派人士和人民团体意见。市十三届人大一次会议主席团交付政府组织实施的5件议案基本落实，市人大代表提出的196件建议以及市政协委员提交的483件提案均予以认真办理和答复。政府立法工作进一步加强，颁布8个政府规章，向市人大常委会提请审议3件地方性法规草案。深入开展“转变政府职能、优化发展环境、建设服务型政府”工作，大力推进行政审批制度改革，行政许可、非行政许可审批事项由496项减少到235项，除少数事项因涉密等原因不宜进入大厅外，36个职能部门、202个事项进驻新政务服务大厅集中办理。深入推进政务公开特别是政府信息公开，加强了电子政务建设。监察、审计等专门监督工作力度加大。公务员队伍建设和管理进一步加强。坚持不懈地开展反腐败斗争和加强政风建设，取得了一定的成效。

宗教、外事、侨务、人防、地震、防汛、消防、气象、档案、红十字会、关心下一代等各项事业都取得了新的成绩。

各位代表！在过去不平凡的一年里，面对急剧变化的国内外形势和突发事件，全市各级政府和各族干部群众都经受了重大考验，为保发展、保稳定付出极大努力：三鹿奶粉事件的发生，一度给我市奶业带来严重危机。我们坚决贯彻中央和自治区的决策部署，本着对奶农、对群众、对社会、对企业高度负责的精神，在整顿奶站、补贴奶农和扶持奶企等方面采取了一系列果断有力的措施，苦战40多天，稳定了奶业生产形势，并使两大乳品加工企业市场销售较快回升。针对三季度以来国际金融危机不断蔓延和扩散、经济运行环境发生重大变化的形势，我们迅速行动，积极应对，紧紧抓住中央扩大内需的有利时机，积极争取国家支持，使基础设施、社会事业和节能减排等领域的一批项目得到了落实。同时，进一步优化产业结构，发挥高科技产业和服务业优势，使我市经济继续保持平稳较快的发展势头。在全力办好自己事情的同时，牢固树立大局意识，积极为国家分忧解难。特别是汶川大地震发生后，市委、市政府在第一时间组织开展援助行动。从城市到农村，从机关到企业，从干部到群众，都积极行动起来，大力发扬“一方有难、八方支援”精神，全力为灾区提供援助，累计捐赠款物折合人民币1.4亿元。我们还非常圆满地完成了国家和自治区交办的“奥运火炬”和“残奥会火炬”传递任务，并全力做好各项保障工作，为北京奥运会成功举办做出了积极贡献。

各位代表！过去一年取得的成绩来之不易。这是自治区党委、政府和市委正确领导的结果，是全市广大干部群众齐心协力、顽强拼搏的结果，也是社会各界大力支持和帮助的结果。我代表市人民政府，向全市人民，向所有关心支持呼和浩特市发展的同志们、朋友们，表示诚挚的感谢和崇高的敬意！

我们也清醒地认识到，经济社会发展和政府工作中还存在不少问题，国内外形势发展变化使我们面临诸多新的挑战。一是经济下行压力较大。受国际金融危机及突发事件影响，我市经济增速明显回落，特别是固定资产投资增速放缓，工业增速减慢，企业利润下滑，部分行业和企业生产经营遇到较大困难。二是产业发展水平还比较低。农业基础仍较薄弱，现代农业仅处于起步阶段，农村生产生活条件仍较落后。工业中的高端制造业不多，自主创新能力不强，产业集群化程度较低，竞争力和抗风险能力较弱，与先进地区相比还存在不小差距。服务业发展水平也需要进一步提高。全市综合经济实力总体上还不强。三是城乡建设水平还不够高。尽管近几年城市面貌发生了显著变化，但与先进城市相比，我市的规划、建设和管理水平还存在明显差距。一些地方的无序开发、违章建设现象仍较严重。四是不少涉及群众切身利益的问题还没解决好。城乡居民收入总体上还不高，且城乡差距较大，部分群众生活还很困难。住房、社保、教育、卫生、产品质量安全、社会治安、社区管理等方面，还存在不少突出问题。特别是部分企业停工限产给就业市场带来较大冲击，大中专毕业生、返乡农民工就业压力增大，就业形势较为严峻。五是政府自身建设与人民群众的期望还有一定差距。一些部门和地方工作人员的服务意识不强，行政效率较低，工作作风不实，形式主义、官僚主义、铺张浪费、为政不廉等问题不同程度地存在。对这些问题，我们必须高度重视，在今年和今后的工作中着力加以解决。

二、2009年工作部署

2009年可能是新世纪以来经济发展最为困难的一年。当前国际金融危机尚未见底，对实体经济的影响进一步加深，全球经济增长明显放缓，国际经济环境对我国的不利影响加重。在当前的大背景下，我市的经济发展也面临着复杂和严峻的形势，一些深层次矛盾更加凸显。但同时，我们也必须充分认识所面临的诸多积极因素：我国经济发展的基本面和发展趋势没有改变；国家把保增长作为今年经济工作首要任务，出台了扩大内需的一系列强有力措施，政策效应正在逐步显现；国内外企业重组和产业转移步伐加快，有利于我市承接先进生产力转移；危机形成的倒逼机制，有利于我们加快产业升级和结构调整；改革开放30年来特别是进入新世纪以来，我市经济社会持续快速发展，综合实力明显增强，人均地区生产总值达7258美元，经济结构日趋合理；我市正处于工业化、城镇化加速发展时期，打造“一核双圈”，加快推进城乡一体化，将是我市经济社会在较长时期内又好又快发展最强大最持久的动力。

正确分析形势，目的在于正视困难，统一认识，坚定信心，把握主动，这是做好今年政府工作的关键。有信心就有迎接挑战、战胜困难的力量，就能把广大干部和群众的积极性、主动性、创造性充分调动起来，就能把投资者的投资热情焕发出来。为此，我们必须坚定信心和决心，不被任何困难所吓倒，化压力为动力，化挑战为机遇，化危机为转机，全力保持经济社会的良好发展势头。

今年政府工作的总体要求是：全面贯彻党的十七大、十七届三中全会和中央、自治区经济工作会议以及市委十届七次全委会议精神，以邓小平理论和“三个代表”重要思想为指导，深入贯彻落实科学发展观，紧紧围绕打造“一核双圈”、推进城乡一体化，力保全市经济平稳较快发展，着力扩大内需，着力转变发展方式，着力深化改革开放，着力保障和改善民生，着力维护社会稳定，全面推进各项社会建设，推动全市经济社会又好又快发展。

经济社会发展的主要预期目标是：生产总值达到1515亿元，增长15%；规模以上工业增加值达到395亿元，增长18%；地方财政总收入182亿元，增长15%；固定资产投资735亿元，增长15%；社会消费品零售总额640亿元，增长20%；引进国内外资金480亿元，增长8%，其中实际利用外资7.6亿美元，增长7%；城镇居民人均可支配收入和农民人均纯收入分别达到22600元和7900元，均增长12%；城镇登记失业率控制在4.1%以内；人口自然增长率控制在7.58‰以内；万元GDP综合能耗下降5.22%，化学需氧量和二氧化硫排放量分别控制在2.7万吨和9.4万吨以内。

我们对今年经济增长的预期，是对各种有利和不利因素进行综合分析、对新的经济增长点进行认真测算后作出的安排，经过努力是可以实现的。实现这些目标，也是我们衔接和完成“十一五”规划的需要，是保就业、保民生、保稳定的需要。在实际工作中，我们要着力抓好以下九个方面：

（一）全面落实扩大内需政策，扩大固定资产投资规模和消费需求

继续抓好国家投资的争取和落实工作。要按照中央投资重点投向“三农”、保障性住房、公路等基础设施、节能减排、自主创新、产业升级和社会事业等领域的导向，继续精心准备项目，抓住各种机遇，争取更多投资。千方百计落实市、县两级配套资金，落实环境评价、土地供应等各项建设条件，确保项目顺利推进，尽快形成有效投资拉动。切实抓好项目监管，防止出现质量低劣工程，确保投资效益。

大力引导和扩大社会投资。抓住当前建设成本低、国家相关优惠政策支持力度大的大好时机，着力抓好招商引资，充分调动本地企业投资积极性，千方百计上一批符合国家产业政策和环保要求，并有利于优化我市经济结构、有利于增强我市发展后劲的项目。对投资规模大、科技水平高、带动力强的项目，在政策上给予更多的支持。健全招商引资高效服务责任制和项目建设高效推进机制。深化政银合作，加强银企对接，积极引导金融机构合理扩大信贷规模，支持项目建设。

努力扩大消费需求。把搞活流通作为促进消费、扩大内需的重要切入点来抓。新建和改造一批“农家店”、农村商品配送中心和农畜产品批发市场，搞活农产品流通。落实“家电下乡”政策，确保补贴及时足额到位。完善城市社区便民服务设施，加大对农贸市场的建设和监管力度，满足居民便利消费、放心消费的需要。积极推进消费升级，在促进餐饮、购物、住宿等传统服务业消费的同时，进一步提高档次，引导中高档消费，并大力拓展教育培训、家政服务、文化娱乐、体育健身、休闲旅游等消费领域，满足不同人群的各种消费需求。

（二）加快发展现代农业，推进农村改革发展

今年，我们要抓住中央对“三农”采取更大倾斜政策的机遇，配套完善我市各项支农强农措施，努力增加农民收入，全面推进新农村建设。市本级财政安排农牧林水专项资金17907万元，比上年增长39%。

加快推进现代农牧业产业体系建设。一是全力推动奶业振兴。加快推进奶牛养殖业规模化、标准化，改善饲养环境，提高养殖水平。积极推广“奶联社”饲养模式，年内新建各类奶牛小区40处，全市优质奶牛达到100万头左右，鲜奶产量达到420万吨。全面完成对饲料生产企业、奶站和生鲜乳运输环节的治理整顿任务，进一步完善奶源质量管理长效机制。二要稳定粮食生产。粮食播种面积稳定在490万亩左右。要优化品种结构，提高单产水平，提高粮食综合

生产能力。三要大力发展设施农业。继续落实好设施农业建设各项补贴政策，促进蔬菜和马铃薯形成更大规模的产业优势。四要继续扩大肉羊养殖规模，全市肉羊饲养量达到350万只以上。

加强农业和农村基础设施建设。抓好麻地壕、哈素海、大黑河三大灌区续建配套与节水改造工程和6个病险水库除险加固工程建设，纯增有效灌溉面积4万亩、节水灌溉面积20万亩以上。以道路硬化、村庄绿化、环境净化与改水、改灶、改厕、改圈为重点，大力改善农村生产生活环境。年内要再解决5万人、6万头（只）牲畜的安全饮水问题，新增2.5万沼气用户。

继续推进农牧业产业化经营。大力支持加工型农牧业产业化龙头企业健康快速发展，加快培育流通型、服务型龙头企业做大做强，使之成为农村经济的市场主体。大力提高农业机械化水平，突出抓好农业科技示范和推广工作。切实加强动物防疫、良种繁育和饲料质量安全体系建设。完善农牧业信息收集和发布制度。

多渠道促进农民增收。认真落实国家粮食直补、良种补贴、农机具购置补贴、农资综合补贴、能繁母猪补贴、奶牛与生猪规模养殖小区建设补贴等各项惠农政策，增加农民补贴收入。拓展农民就业增收空间，扩大农业产业链、农村基础设施建设以及农村二三产业的就业容量。进一步改善农民进城就业环境，将进城务工农民纳入公共就业服务范围，享受免费职业介绍、就业培训、政策咨询等服务。加大扶贫开发力度，实施好26个整村推进扶贫项目，稳定解决3万贫困人口的温饱问题。加强对农村劳动力的全面培训，提高农民综合素质，培养造就新型农民。

深入推进农村改革。稳定和完善农村基本经营制度。坚持依法自愿有偿原则，从奶牛养殖小区和蔬菜保护地建设入手，每个旗县抓1—2个试点，开展好农村土地流转和农民合作组织建设示范工作。推进集体林权制度改革，明晰林地产权，确立农民的经营主体地位。加快农村信用社改革，推进村镇银行、资金互助社等新型农村金融机构试点工作，规范和引导民间借贷行为。健全和完善政策性农牧业保险制度，建立风险分散机制。

（三）坚持以项目建设为重点，加快推进新型工业化进程

继续把发展非矿产资源依赖型和高科技型产业作为主攻方向，着力提升乳业、电力、电子信息、生物制药、冶金化工、装备制造等优势特色产业的发展水平，加快发展新能源、新材料产业，切实强化工业经济对全市经济的支撑带动作用。

抓好工业项目建设。全力推进40个1000万元以上续建项目和32个已落实的新项目建设，及时协调解决项目建设中的各类问题，力争早日建成，早日达产达效。突出抓好中石油500万吨炼油扩能改造、中海油聚甲醛及大型煤气化、南京大陆多晶硅、神舟硅业二期、天津中环单晶硅太阳能硅片、丹麦维斯塔斯风电设备制造、航天六院风电设备制造、武川风力发电、大青山抽水蓄能电站、丰泰发电厂扩建、托电五期、和林电厂、大唐国际再生资源硅铝钛合金、西姆莱斯特种钢及石油专用管制造、魔力丹诺金属钼深加工、山东鲁阳陶瓷纤维、燕京啤酒扩能搬迁改造、中粮可口可乐等大项目建设，充分发挥大项目的骨干带动作用。按照多元化、长链条、集群化发展模式，围绕优势特色产业发展壮大和优化升级，着力新引进实施一批“两高”（高附加值、高科技含量）、“两无”（无污染、无矿产资源依赖）、“一优”（优质产品）、“一特”（特色产业）、“一专”（专业化协作程度高）的项目。年内完成工业固定资产投资220亿元以上，同比增长20%以上。

加大对企业的帮扶力度。面对工业企业发展遇到的特殊困难，要加强对工业经济运行的组织、调度和协调，及时解决运行中的突出矛盾和问题，确保工业经济平稳较快发展。一要落实减免税费、电力多边交易和劳动保障等政策措施，帮助企业减轻负担、降低成本。二要加大信用担保工作力度，积极引导商业银行加大对企业的信贷支持力度。三要采取各种措施帮助产品有销路且符合国家产业政策和环保要求的停产半停产企业尽快恢复正常生产。

加快推进企业技术进步。坚持把技术创新作为提升产业核心竞争力的根本措施来抓，继续实施重大科技专项资金补助政策，鼓励企业在乳业、生物技术、新材料、风力发电及节能环保等领域实施技术攻关，力争取得技术突破。引导企业在自主创新成果产业化，创建国家和自治区工程技术研发中心、重点实验室、博士后工作站及市级技术研发中心等方面加大投入，促进成果转化。进一步加大对发明专利的政策性引导力度，培育和扶持科技型企业发展。抓住呼包鄂地区成为首个国家信息化和工业化融合创新试验区的机遇，支持企业用信息技术改造传统产业，加强信息技术在我市优势产业中的应用，推动经济发展方式转变。

继续抓好工业园区建设。引导和支持工业园区进一步完善基础设施，提高承载能力，改善发展条件，形成新的优势。加强园区产业布局引导，切实按照《呼和浩特市“一核双圈”总体规划纲要》中明确的各园区的产业定位确定发展目标和项目建设，努力使各园区形成特色鲜明、优势互补、具有循环经济特点、各类设施统筹完善的新型工业化园区。

加快发展中小企业。以实施“一个产业带动百户中小企业”和“一个园区带动百户中小企业”工程为主要抓手，进一步放宽政策，改善服务，大力推进中小企业发展。优选一批与我市主导产业关联度高、产品配套性强、具有“精、尖、特、新”特点的中小企业，通过贷款贴息、贷款担保、科技专项资金补贴等方式予以扶持，使中小企业在经济发展中不可替代的作用得到更充分发挥。

（四）把发展服务业放在更加突出位置，加快建立充满活力的服务业体系

大力发展现代物流业。按照建设

国家向北开放重要国际物流节点城市的目标，围绕建设“两带”（沿京包铁路及高速公路物流带，沿准东铁路、呼准铁路和省道 103 公路物流带）、“两区”（白塔和金山物流园区）“七中心”（美通、呼运、金桥、恒诺以及和林、武川、清水河七个物流中心）和“多网点”的规划布局，加快推动物流重点项目建设，大力引导和支持各物流企业做大做强，提升专业化、社会化服务水平，努力引进新的大型物流企业，增强我市物流业的辐射力和带动力。

大力发展旅游业。按照打造“京津夏都”的目标和建设三大旅游带（沿大青山旅游带、历史文化旅游带、沿黄河旅游带）的总体思路，深入推进各类景区景点、城市景观和道路标识等基础设施和服务设施建设，加快创建更多的高 A 级旅游区，开发精品旅游线路，积极发展新型业态旅游产品，推进旅游产品战略升级。加快推进乌素图生态旅游开发区、呼和浩特黄河大峡谷旅游区等项目建设，尽快形成特色旅游新亮点。加大旅游宣传促销力度，不断提升我市 “草原都市”、“草原天堂”、“魅力青城”的旅游形象。加强旅游从业人员队伍建设，提高旅游服务质量。充分发挥我市作为全区重要旅游集散地和区域性商贸流通中心的优势，完善各类商业和休闲娱乐旅游设施，满足游客消费需求。

大力发展金融业。积极抓好民生、光大、兴业、渣打等银行省级分行的引进工作，大力支持各类商业银行发展壮大。全力支持市商业银行通过增资扩股，吸收多元投资，尽快做大做强，成为内蒙古区域性银行。进一步推进农村信用社改革，大力发展小额贷款公司和村镇银行，拓宽农牧民、个体工商户和中小企业融资渠道。继续加大中小企业信用担保体系建设力度。加快组建全区第一家法人保险公司，积极推进证券、信托、基金等产业快速发展，进一步提升全区金融中心的地位。

大力提升传统服务业发展水平。进一步抓好以中山路、新华大街为核心的城市商业中心建设，搞好以人口居住区、住宅新区为中心的新商圈开发，规划实施一批新的商业服务项目，不断完善和提升城市商业功能。积极培育大型流通企业集团，鼓励企业发展连锁经营和电子商务等现代流通方式，支持流通企业做大做强。全面发展广告、会展、文体、信息、中介以及社区、家政、社会化养老等服务业。紧紧围绕为新农村建设服务，加快发展农村服务业。尽快完善服务业发展的扶持政策，形成鼓励服务业发展的市场环境。

（五）围绕“十年巨变”目标，深入推进城市改造建设

进一步强化规划的龙头作用。按照建设区域性中心城市的目标，牢固树立“规划立市、规划是城市第一资源”的观念，高起点制定和完善城市核心区、组团式发展区和卫星城“三个圈层”建设的各类规划，严格用规划指导城乡建设。重点修编完成城乡总体规划，完善“一核双圈”总体规划，编制 60 平方公里控制性详细规划。进一步增强规划意识，强化规划管理。

加快构建城乡一体化道路交通体系。重点抓好呼武一级公路复线、国道 109 东西线一级公路、国道 209 和林至清水河一级公路、金桥开发区至和林盛乐园区一级公路、西二环至金山开发区一级公路等项目建设，争取建设国道 109 线十七沟至大饭铺高速公路，加快构筑“一核双圈”骨干道路网络。深入推进乡村公路建设，实施 36 个乡村公路建设项目，新建和改建通乡公路 108 公里、通村公路 292 公里以上。

进一步加大城市基础设施建设力度。按照建设大城市交通网络的要求，继续大规模开展城市道路、桥梁的建设与改造。加快推进城市供水管网建设、污水管网改造及环城河治理等工程。抓好光明、巴彦、范家营等热源厂建设，进一步加大供热管网改造和小锅炉房拆并整合力度，不断增强城市集中供热保障能力。积极推行供暖分户计量收费，新建建筑必须安装分户供暖计量器具，同时切实加大对既有建筑的分户供暖改造力度。新建天然气加气站 3—4 个，铺设天然气配气管网 30 公里，新增天然气用户 4 万户。继续推进城乡电网改造工程。所有市政基础设施的建设与改造，必须通盘考虑，科学规划，合理实施，避免城市道路随意开挖。加强市政基础设施维护工作，确保基础设施的安全和正常使用。

继续完善城市功能。开工建设呼和浩特文化产业园、民族文化大厦、群众艺术馆、青少年文化宫、大盛魁文化创意产业园、满族风情餐饮城、乒网中心和规划展览馆，争取建设呼和浩特游泳馆。坚持突出品位，体现特色，努力实施更多的功能性建设项目。加快推进旧城区和城中村改造，年内争取基本完成规划区内旧城区和城中村的改造任务。要高度重视小城镇建设，坚持“科学规划，适度集中，突出重点，兼顾其它”的原则，优先搞好各旗县区城关镇和重点镇建设，进而发挥好这些镇的辐射带动作用，尽快形成“一核双圈”城镇群科学合理的功能布局。开好全市两个文明建设经验交流会暨土左旗、托克托县现场会，以会促创，促进各旗县区各项建设事业加快发展。

促进房地产业稳定健康发展。切实加大保障性住房建设力度。继续优化商品房供应结构，进一步形成能够满足不同消费群体需求的住房供应市场。深入落实国家、自治区和我市出台的一系列促进住房消费政策措施，降低相关税费，激活有效需求，扩大成交量，努力促进商品房市场尽快回升，实现正常增长。

（六）更加重视节能环保，全力创建国家森林城市、环保模范城市和卫生城市

今年是创建国家森林城市和环保模范城市的关键一年。根据创建环保模范城要求，我们必须同时创建国家卫生城市。要紧紧围绕“三城同创”目标，加大工作力度，提升工作质量，为国家验收做好充分准备。

扎实推进生态环境建设与资源保护。继续大力抓好京津风沙源治理、退耕还林、天然林保护、三北四

期等生态重点工程，完成林业生态建设面积80万亩以上。切实加大城镇、乡村、公路、渠道等薄弱环节的绿化力度。进一步强化生态管护，增加36万亩生态保护面积，完成36万亩林地围封任务。严格保护耕地，提高土地节约集约利用水平。认真开展水土保持治理工作。切实做好饮用水源地保护工作。加强矿产资源管理，继续整顿和规范矿产资源开发秩序。积极推动资源综合利用工作。

大力开展城市园林绿化建设。在继续抓好成吉思汗公园、南湖湿地公园、大青山野生动物园、扎达盖公园、植物园等续建项目的同时，新建大黑河公园、八拜湖湿地公园和16处绿地。加快推进园林绿地建设向城郊结合部延伸，力争每个城区在城郊结合部新建一座生态公园。全力抓好市区河道治理，完成“水环”建设和绿化任务。

加大节能减排工作力度。切实落实节能减排工作责任制。新上项目必须进行能源消耗审核和环境影响评价，不符合节能环保标准的不准开工建设，现有企业经整改仍达不到标准的要依法关闭，坚决淘汰落后生产能力。大力发展循环经济和清洁生产，抓好托克托县工业园区循环经济试点工作。搬迁东郊垃圾处理厂，扩建西郊垃圾处理厂，确保年内投入使用。全力推进各旗县区和工业园区污水处理项目建设，确保污水处理率达标。在全社会大力倡导节约、环保、文明的生产方式和消费方式。

着力提升城市管理水平。加大环卫设施投入，实施一批压缩式垃圾转运站的建设和改造工程。逐步推进道路清扫作业机械化。狠抓城中村、城乡结合部、出入城口、背街小巷、旧小区等薄弱部位的环境卫生整治工作，消除卫生死角。新建、改造20座高标准水冲式厕所，解决市民如厕难的问题。全民动员，大力开展爱国卫生运动，实施“清洁青城、美化家园”行动。继续大力整治流动摊贩、店外作业、占道经营、车辆乱停乱放等问题。加大宣传教育力度，引导城乡居民自觉告别不文明行为。按照“整洁、大气、高品位”的要求，以中山路和新华大街为重点，进一步规范户外广告牌匾的设置。要继续强化土地管理，大力整顿建设市场秩序，加大对城中村、城边村的监管力度和对违法建筑的拆除力度，坚决取缔违法用地和违规建设。积极推进城市管理体制改革，探索建立长效管理机制，推动城市管理由粗放型向精细化转变，为城市的长远发展、科学发展、高品位发展负责。

（七）深化改革开放，增强经济社会发展的动力和活力

继续抓好重点领域的改革。推进财政管理体制改革。按照基本公共服务均等化的要求，扩大公共财政覆盖农村的范围和领域，建立市级财政转移支付制度。加快完善城乡一体的就业服务、社保接续等综合配套政策。巩固企业改革成果，引导企业完善法人治理结构，建立规范的现代企业制度。充分利用资本市场，积极支持企业上市。以转换用人机制、搞活用人制度为重点，稳步推进事业单位人事制度改革。

更加重视民营经济发展。切实落实平等准入、公平待遇政策，引导和支持民营经济创业投资，做大做强。积极推进行政事业单位经营性项目的企业化改制，鼓励民营资本投资入股。认真落实国家支持个体工商户发展的各项优惠政策，积极支持商会、异地商会、同业商会等社会中介组织的发展，继续在全社会大力营造亲商、安商、富商的氛围，为各类民营经济的发展创造更加宽松的环境和有利条件。

深入推进对外对内开放。落实国家出口退税政策，进一步优化进出口产品结构，促进对外贸易稳定增长。充分发挥呼和浩特出口加工区的作用，用足用好各项优惠政策，积极推进综合保税区建设。重点加强与长三角、珠三角和环渤海地区的经济技术合作，承接先进生产力转移。加强与国内外大企业的沟通与协作，积极引进符合国家产业政策、带动力强、科技水平高的大项目、大企业和有利于扩大就业、开展配套加工、延伸产业链的中小企业。继续支持有条件的企业“走出去”，不断提高对外开放水平。

（八）进一步加强社会建设，着力保障和改善民生

坚持优先发展教育。全面落实城乡教育经费“三个增长”机制。围绕城乡人民群众“上好学”的期盼，启动新一轮学校改造建设工程，促进我市基础教育结构更加合理，职业教育特色更加鲜明，高等教育更有活力。按照校企合作、工学交替的教育教学模式，打造符合地方经济发展要求的实训实习基地，搭建校企融合的就业平台。高度重视民族教育，着力提升民族教育质量。鼓励和支持民办教育规范、健康发展。高度重视学前教育，切实关心特殊教育。要确保外来务工人员子女入学，并享受与本市居民子女同等待遇。全面落实国务院义务教育学校绩效工资制度，确保义务教育教师平均工资不低于当地公务员平均工资水平。大力抓好人才工作，特别要做好高层次人才的培养、引进和使用工作。创新人才工作体制机制，激发各类人才的创造活力和创业热情。

推进卫生事业发展。进一步巩固完善新型农村合作医疗制度和城镇居民医疗保险制度，在完善农村“三级卫生服务网”和城市“两级卫生服务网”建设的基础上，建立并实现卫生服务一体化管理模式。加强卫生医疗管理，提升医疗服务水平。完善公共卫生服务体系，搞好重大疾病防治，有效应对突发公共卫生事件。落实好计划免疫工作，加强妇幼保健工作，推进中蒙医药事业的发展。着力抓好市第一医院、口腔医院、妇幼保健院、传染病医院、中蒙医院等建设项目和旗县医疗机构建设项目。坚持公共医疗卫生的公益性质，积极开展公立医疗机构改革试点工作。加强医疗服务管理，努力为群众提供安全、有效、方便、价廉的医疗服务。加强人口和计划生育工作，稳定低生育水平。实施出生缺陷干预工程，推进优生优育。进一步完善人口和计划生育利益导向政策。

加快发展文化体育事业。大力加强社会主义核心价值体系建设，抓好

理想信念教育特别是未成年人的思想道德教育，深入开展文明创建活动。继续实施文化精品工程，着力打造一批富有鲜明地方特色的文化精品。办好第十届昭君文化节、第七届国际民间艺术节、第三届中国民族商品交易会和全国少儿合唱节。进一步加大文化惠民力度。加强文物保护。着力促进广播电视事业发展，重点实施好广播电视农村地区无线覆盖和直播卫星工程。积极发展新闻出版、文学艺术事业。大力开展全民健身运动。举办好全市第二届运动会，积极备战全区第十二届运动会，承办好各级各类体育赛事。加快发展体育产业。

全力稳定就业局势。全面落实降低城镇职工基本医疗保险、失业保险、工伤保险、生育保险费率以及困难企业缓交社会保险费等减轻企业负担、稳定就业局势的各项政策措施，鼓励困难企业不裁员或少裁员，千方百计稳定就业岗位。鼓励全民创业，放宽高校毕业生、失业人员、返乡农民工创业的市场准入条件，加大扶持力度，努力为创业者提供良好的环境。鼓励高校毕业生到农村基层工作。进一步健全就业援助制度，对大龄、残疾、低保对象和连续失业一年以上人员以及零就业家庭人员全面落实税费减免、小额贷款、免费培训、免费鉴定和公益性岗位优先安置等扶持政策。加强失业调控和预警。

完善社会保障体系。做好社会保险扩面和基金征缴工作。重点扩大民营经济组织就业人员、城镇灵活就业人员、农民工参加社会保险。进一步扩大城镇居民医疗保险覆盖面。抓好农村养老保险试点工作。健全社会救助体系，进一步提高困难群体的生活保障水平。认真落实贫困家庭大学生教育救助政策，确保每一名贫困家庭学生不因家庭贫困而辍学。做好城乡医疗救助工作。落实好低保家庭冬季取暖补贴政策。提高重点优抚对象的基本生活补助标准。积极发展社会福利事业，抓好社会福利院和流浪未成年人救助保护中心建设。鼓励和支持慈善事业发展。切实保障妇女、儿童、老年人和残疾人的权益。

强化社会管理。加强公安队伍建设，完善社会治安防控体系，建立健全经常性严打工作机制，依法防范和打击各类刑事犯罪活动，特别要加大对“两抢一盗”、入室盗窃等犯罪行为的打击力度，确保社会治安大局稳定，使人民群众安全感不断增强。深入实施向社区和农村倾斜警务战略，着力构建和谐警民关系。进一步加强食品药品安全监管工作，不断强化我市规范管理的手段和机制，坚决杜绝不合格产品进入市场。着力抓好安全生产工作，加大源头治理力度，遏制重特大安全事故发生。健全突发公共事件应急体系，做好人防、地震、气象等防灾减灾工作，推进建立完善的军地联合应急机制，提高预防和处置突发公共事件能力。认真落实民族政策，促进各民族共同团结进步、共同繁荣发展。全面贯彻党的宗教工作方针，充分发挥宗教界人士和信教群众在经济社会发展中的积极作用。继续抓好双拥工作，落实好复转军人安置政策，加大对驻呼部队建设的支持力度，巩固和发展军政军民团结，争创全国双拥模范城“七连冠”。加强信访工作，以解决问题为根本，着力化解矛盾。进一步抓好市长热线、网上信箱、12319 城建服务热线等群众诉求的受理工作，认真解决好群众反映的突出问题。

全力抓好 8 件实事。一是大力开发就业岗位，减轻就业压力。通过加快发展经济特别是就业容量大的民营经济和中小企业，以及增加公益性岗位等措施，年内城镇新增就业 3.5 万人。二是采取各种措施提高城乡居民收入水平。将企业退休人员养老金提高 10%以上。为环卫一线清扫保洁作业人员每月增加 200 元绩效浮动工资。进一步提高城乡低保标准，市四区城市低保标准由每月 260 元提高到 300 元，旗县城镇低保标准每月统一提高到 200 元，农村低保标准由每年 1200 元提高到 1400 元。五保户集中供养标准由每年 1500 元提高到 1800 元，分散供养标准由每年 1200 元提高到 1500 元。认真落实国家支农惠农政策以及公务员和事业单位工作人员津贴补贴政策，建立企业职工工资正常增长机制和农民工工资保障机制，多渠道增加城乡居民收入。三是提高职工和城镇居民医疗保险参保人员的住院报销比例，减少参保人员个人医疗负担。四是抓好保障性住房建设。经济适用住房规模达到新开工房屋面积的 20%；建设或购买 3482 套廉租房，使符合条件的城镇低保家庭全部住上廉租房。五是实施 17 所中小学教学楼建设项目和农村中小学寄宿制工程建设，全面加强教师队伍建设，着力提高教学质量，加快解决“上好学”问题。六是着力解决交通拥堵问题。坚持优先发展公共交通，年内新增 100 台公交车，新开 5 条、延伸改造 8 条公交线路，新建 4 个公交场站。合理调整公交站点，提高公交营运调度水平。加大城区道路的建设与改造力度，年内新建续建 28 条城区道路，城区道路与二环路连接线全部打通，同时改造 19 条小街巷，开工建设 4 座跨河桥与立交桥、5 座地下人行通道，对 16 个交通“瓶颈”路口实施展宽改造。加大停车场建设力度，提高停车场使用效率。深挖管理潜力，着力提高交通管理水平，努力向管理要畅通。通过多措并举，年内力争使城市核心区交通拥堵现象得到明显缓解。七是着力提高住宅小区物业管理水平，重点加大无物业管理小区的工作力度，加快消除无物业管理小区。八是进一步加强社区建设。新建 4 个区级市民服务中心，在 5 个旗县新建 10 个社区服务（活动）中心、10 个乡镇公共服务中心。加快推进社区网站建设，市四区社区全部建立信息管理系统。拓展社区服务领域，提高社区服务质量，满足居民多层次多样化社区服务需求。

（九）以建设服务型政府为目标，不断加强政府自身建设

为有效应对国际国内复杂多变的形势，全面完成今年各项工作任务，我们必须不断加强政府自身建设。

坚持依法行政。继续深入贯彻国务院《全面推进依法行政实施纲要》，

严格依照法定权限和程序行使权力、履行职责。认真执行市人大及其常委会的决议、决定，自觉报告工作和接受监督，支持市政协履行政治协商、民主监督和参政议政职能。认真听取民主党派、工商联、无党派人士和各人民团体的意见。健全群众参与、专家咨询和政府决策相结合的决策机制，提高科学决策、民主决策水平。积极支持法、检两院的工作，切实保证审判机关、检察机关依法独立行使审判权、检察权。深入开展普法教育，做好行政复议、法律服务和法律援助工作。

加快转变职能。在加强和改善经济调节、市场监管的同时，更加注重社会管理和公共服务，维护社会公正和社会秩序。继续深入开展“转变政府职能、优化发展环境、建设服务型政府”活动，切实发挥好新政务服务大厅和电子政务网络的作用，全力打造优质、高效、便捷的服务环境。各级政府和政府工作人员都要进一步强化服务意识，增强服务理念，真心实意为人民群众服务，为经济社会又好又快发展服务。

强化行政监督。加强政府层级监督，充分发挥监察、审计等专门监督的作用，自觉接受社会各方面的监督。进一步加大对重点领域、重点部门、重点资金、重点项目的审计监督力度。认真执行行政问责制度，坚决纠正有令不行、有禁不止现象。进一步加强对公务员的教育与管理。加强行政执法监督，促进严格执法、公正执法、文明执法。大力推进政务公开，完善政府信息公开制度，提高政府工作的透明度，保障公民的知情权、参与权和监督权。

加强廉政建设。深入开展廉政建设和反腐败斗争，严肃查处各种违纪违法行为，坚决纠正损害群众利益的突出问题和行业不正之风。加大对国家扩大内需各项政策落实情况的监督检查力度，确保政策落实到位。大力弘扬艰苦奋斗作风，坚决制止铺张浪费。严格控制出国出访，严格控制无实质内容的国内考察，严格控制领导干部超标准配置公务车辆，严格控制机关办公楼和培训服务中心等建设项目，勤俭办一切事情。

各位代表！当前，我市正处在发展的关键时期，困难和挑战考验着我们，责任和使命激励着我们。让我们更加紧密地团结在以胡锦涛同志为总书记的党中央周围，在自治区党委、政府和市委的领导下，高举中国特色社会主义伟大旗帜，以邓小平理论和“三个代表”重要思想为指导，深入贯彻落实科学发展观，坚定信心，迎难而上，齐心协力，奋力拼搏，努力开创我市改革开放和现代化建设事业的新局面，以优异成绩迎接新中国成立60周年！

呼和浩特市人民代表大会常务委员会工作报告

——2009年2月16日在呼和浩特市第十三届人民代表大会第二次会议上

呼和浩特市人大常委会主任　吴一微

各位代表：

现在，我代表市人大常委会，向大会报告一年来的工作，请予审议。

2008年是我国实行改革开放30周年，也是党和国家事业发展进程中很不平凡的一年，是市十三届人大常委会履职的开局之年，也是继续推动首府经济社会又好又快发展的一年。一年来，常委会高举中国特色社会主义伟大旗帜，坚持党的领导、人民当家作主和依法治国的有机统一，把发展社会主义民主政治作为首要职责，把改善民生、切实维护和实现人民群众的根本利益作为履职的出发点和落脚点，认真履行宪法和法律赋予的职权，各项工作取得了新进展。2008年，面对国内外经济形势变化带来的不利影响，在市委领导下，全市各族人民同心同德、顽强拼搏，经济社会等各项事业取得了全面进步。常委会积极发挥地方国家权力机关的作用，为促进我市经济继续保持平稳较快发展，推动现代化和谐首府建设迈向新阶段作出了贡献。

一、把握新形势下人大工作的历史使命，科学谋划五年工作

市十三届人大常委会任期的五年，是我市全面建设小康社会的关键时期。我市跳出西部找差距，瞄准东部谋发展，把发展战略由“向西看”转变为“向东看”，由参与西部区域性竞争转变为参与全国性竞争，确定了瞄准一个目标、调整二元结构、提升三次产业层次、建设四个具有的首府城市，打造“一核双圈”，推进城乡一体化，实现全面小康和现代化和谐首府的总体目标。新的历史起点，新的目标任务，对坚持和完善人民代表大会制度、加强和改进人大工作提出了新的更高的要求。换届伊始，深入学习领会党的十七大精神，研究和分析新的形势和要求、及时安排当年工作、科学谋划未来五年的发展目标和工作重心、落实科学发展观是摆在常委会面前的首要任务。

在上一届人大常委会探索编制工作纲要的基础上，常委会总结实践经验，从人大工作的规律和特点出发，以深入落实党的十七大精神和推动科学发展、促进社会和谐为主线，以积极发挥人大优势和作用为落脚点，研究制定了新一届人大常委会工作纲要，明确了本届人大常委会五年工作的指导思想、工作原则、工作目标、主要任务和实施要求。常委会还按照完善中国特色社会主义法律体系和提高立法质量的总体要求，从我市实际需要出发，坚持以人为本、立法为民，制定了五年立法规划。纲要和规划的制定，对于统一思想，提高认识，宏观把握一届常委会的工作，增强工作的计划性、前瞻性和指导性具有重要意义。

常委会认真研究、合理安排当年工作，确定 2008 年的工作思路和重点为：以纪念改革开放 30 周年为契机，紧扣科学发展这条主线，全面规划部署五年工作；以培训工作为切入点，完善运行机制，提升工作理念，为本届常委会开好局、起好步奠定坚实基础。

围绕市委中心工作和全市工作大局、改革发展稳定中的热点和难点问题、关系群众切身利益的问题，2008 年常委会共确定了 60 项履职工作。

这些任务中，既有关于督促落实民生 63 项任务、城乡救助体系建设、交通拥堵治理、社保基金征管、义务教育、蔬菜基地和市场建设等民生方面的议题，也有关于推动工业结构调整、计划财政执行、欠发达地区发展、特色旅游建设等经济发展方面的议题，还有关于促进机动车排气污染治理、土地资源合理利用、饮用水源地保护、园林绿地建设与保护等生态文明建设方面的议题，具有很强的针对性。一年来，常委会在实施全年计划中，认真研究和细化每一项工作，不满足于简单地、常规性地完成任务，而是以更加科学、理性的态度研究解决工作中遇到的难点问题，更加自觉地着眼大局，服从和服务于大局，体现最广大人民的意愿。回顾一年来的工作，常委会组成人员和机关工作人员普遍感到，2008 年工作任务十分繁重，工作节奏进一步加快，工作质量有了新的提高，全社会的人大意识普遍增强。

二、以人为本、立法为民，提高地方立法质量

常委会始终把加强地方立法工作、提高立法质量摆在重要位置，坚持立法为民，努力为推动科学发展、构建和谐社会提供法制保障。

常委会根据首府改革发展的需要，审议了城市机动车排气污染防治条例、饮用水源地保护条例、社会力量办学管理办法。受全国人大常委会委托，对残疾人保障、国有资产管理、社会保险、专利、邮政、防震减灾等方面的法律草案提出了修改意见和建议。配合自治区人大常委会，围绕人口与计划生育、规范性文件备案审查、全民健身等方面开展了立法调研。对改革开放 30 年来市人大及其常委会立法工作开展了回顾宣传。

常委会坚持法制统一，质量为先，立法工作更趋于理性、成熟。一是市人大专门委员会提前介入法规起草工作，与起草部门密切配合，有针对性地开展立法调研，及早发现立法中的焦点和难点问题，进行深入研究和科学论证；二是常委会发挥统一审议机制作用，以人为本，统筹兼顾，妥善处理立法与改革、政府与市场、权力与权利、处罚与引导等重要关系，更好地促进我市全面协调可持续发展；三是建立健全立法工作机制和法制学习制度，坚持法律咨询顾问制度，研究制定了法制委统一审议工作规程、法规公布与宣传工作规定，起草了立法计划编制办法，为进一步提高审议质量提供了制度保障。四是为了从源头上把好质量关，在编制 2009 年立法计划时，借鉴外地经验，推行立项调研论证工作，增强了立项的科学性、民主性。

三、围绕中心、突出重点，增强监督实效

常委会认真贯彻落实监督法，围绕中心、突出重点、讲求实效，不断加大监督力度。年内开展了 6 项执法检查，为历年来执法检查数量最多的一年。听取和审议了 21 项专项工作报告，开展了 6 次专项工作测评，配合全国人大常委会，以及受自治区人大常委会委托开展了 9 项执法检查，促进了法律法规的有效实施和“一府两院”依法行政、公正司法。

为了保证我市经济又好又快发展，常委会加强了对宏观经济运行的监督。常委会加大了对计划、财政执行情况的审查监督力度，深入开展了部门预算审查工作，逐步由偏重于程序性履行法定审查监督向多层次、全方位实质性审查监督的新转变。在听取审议政府相关报告后，常委会建议政府抓住贯彻落实中央宏观调控政策的新机遇，推进经济结构调整和发展方式转变，提高经济质量和效益，培育新的经济增长点，增强发展的潜力和后劲，加大对教育、科技、农业的资金投入。在检查市旅游管理条例执行情况、听取审议了政府有关报告后，常委会就加大挖掘历史文化的力度、突出民族与草原特色、打造旅游品牌、提升我市旅游业发展整体水平，向政府提出了审议意见。就我市突出工业结构调整、促进工业又好又快发展情况，常委会听取审议了政府有关报告，建议进一步加强和改善宏观调控，继续优化产业结构，尽快解决开发区管理体制和运行机制中的矛盾和问题，加大对中小企业的扶持力度。常委会听取和审议了政府关于加快我市欠发达地区经济社会发展的议案办理情况的报告，建议政府把欠发达地区的发展置于全市发展大局中谋划，坚持统筹兼顾，加大政策优惠和资金投入，在治理生态环境、扶持特色产业、加强基础设施建设、发展各项社会事业和改善民生等方面不断加大力度，努力增强其自身造血功能，促进区域协调发展。

常委会把加快推进以改善民生为重点的社会建设作为人大工作的重要内容。十七大闭幕不久，胡锦涛总书记在我区视察时发表重要讲话，强调民生问题事关人民幸福安康，事关社会和谐。市委十届四次全委会通过了《关于进一步改善民生、切实解决涉及人民群众切身利益问题的若干意见》，在就业、医疗、教育、社会保障等方面提出了 63 项改善民生的措施。常委会积极响应，及时研究、制定支持和促进政府落实这项中心工作的方案。政府落实民生任务贯穿全年，人大督办民生工作也贯穿了全年。经过努力，各项民生任务进展顺利，成效显著。通过对劳动法开展执法检查和听取审议政府关于建立完善的基本养老、失业、基本医疗、工伤和生育等社会保险体系工作情况的报告，常委会连续第二年对我市社保基金问题进行监督。政府整改工作与人大执法检查同步进行，基本理顺了社保基金征缴体制，推进了社保基金保值增值、征缴基数核定、统一征缴等问题的解决。为进一步推进我市教育事业的持续、健康发展，常委会对义务教育法开展了执法检查，听取审议了政府关于义务教育工作情况及义务教育附加费、义务教育生均公用经费拨付与使用情况的报告，建议政府在基本解决中小学基础设施建设的基础上，把进一步完善和落实义务教育保障机制、加强教育管理等软件建设摆在突出位置，不断提升义务教育的质量和水平。针对城市道路交通拥堵问题，常委会开展了道路交通安全法执法检查，听取审议了政府关于改善城区道路交通拥堵工作的报告。政府相关部门制定了城市核心区交通综合改善规划，采取多项有力的整治措施，把改善道路交通状况提上了政府工作日程。在听取审议了政府有关城乡救助体系建设情况的报告后，常委会就完善救助制度、对欠发达旗县加大市级财政匹配资金比重、保证敬老院经费支出等，向政府提出审议意见。常委会连续第四年监督蔬菜问题，针对目前蔬菜基地建设步伐加快，但蔬菜市场体系不完善的问题，建议政府尽快建成布局合理的蔬菜市场体系，建立蔬菜生产风险基金，着力加强蔬菜生产标准体系化建设，做好品种、质量指导和科技服务。常委会听取审议了市人民检察院关于信息化建设工作情况的报告，建议各级政府继续加大对检察机关信息化建设的支持，建议检察机关加强技术队伍建设和对基层院的业务指导，全面深入推进全市检察机关业务、队伍、信息化三位一体机制建设。

积极推进生态文明建设，保障资源环境的可持续发展。常委会连续两届对关于建设节水型城市的决定实施情况进行跟踪监督，在市委的领导和有力支持下，政府出台了对自备井停收水资源费、统一按公共供水价格收费等措施，整合机构体制，彻底改变多龙治水局面，节水工作取得了实质性进展。切实保护耕地，大力促进节约集约用地，是我国的基本国策，也是关系全市可持续发展的大计。常委会对我市土地管理法律法规实施情况和土地使用以及违法案件查处工作情况进行了执法检查，建议政府进一步加大土地开发利用的督查力度，严肃责任追究制度，认真研究解决“未批先用”、“未批先建”、农村宅基地长期冻结等问题，促进土地资源的合理配置和可持续利用。常委会听取审议了政府对“关于加强城市园林绿地保护和建设的议案”办理情况的报告，建议政府加强绿化管理，严格实行绿线保护制度，加强宣传教育，提高绿地保护意识，营造全社会爱护园林绿地的良好氛围。

根据监督法和立法法的规定，常委会初步开展了规范性文件备案工作，备案市政府、各旗县区人大常委会规范性文件 28 件，向自治区人大常委会报送备案 2 件。常委会坚持把人大信访工作作为联系人民群众、了解社情民意、开展监督的重要渠道，认真办理群众来信，热情接待群众来访。一年来，接待群众来访 123 人次，办理群众来信 86 件，办理全国人大、自治区人大常委会交办的信访事项 61 件，督促解决了一些涉及群众切身利益的问题，为维护北京奥运会和残奥会期间社会稳定，建设和谐首府做出了贡献。

四、加强代表工作，服务代表履职，发挥代表作用

常委会认真贯彻落实中发[2005]9 号文件精神，把做好代表工作作为一项基础性工作，积极为代表依法履职提供服务,创造条件。

依法加强对代表议案、建议的督办工作。市十三届人大一次会议主席团确定议案 17 件，其中 12 件交由市人大有关专门委员会办理，5 件交由政府实施，确定建议 201 件，其中交由政府及有关部门办理的 196 件，交由市总工会等有关组织办理的 5 件。一年来，常委会组织有关部门深入调研，广泛听取意见，积极办理和督办各项议案、建议。总的来看，代表议案、建议的提出和办理质量有了较大提高，代表对议案、建议办理的满意率进一步提升。一是代表提出的议案、建议质量明显提高，针对性和可操作性强。不少议案、建议内容清晰、明确，有的还提出了具体解决方案；二是政府加强协调，办理能力和水平有新的提高；三是常委会更加重视议案、建议督办工作，把有关议题与听取审议相关专项工作报告相结合，列入常委会会议审议的范围，强化了议案督办力度；四是市委把议案、建议办理结果列入对领导班子的实绩考核，办理力度加大，促进了议案、建议的落实。常委会对办理代表议案、建议的优秀单位和个人进行了表彰。

不断改进闭会期间代表活动方式。常委会坚持组成人员联系代表制度，坚持邀请市人大代表列席常委会会议制度，努力为代表知情知政创造条件。加强对闭会期间代表活动的组织服务工作，为代表活动搭建平台。2008 年 7 月，常委会组织市人大代表围绕实施“一核双圈”、廉租住房使用和管理情况、发展设施避灾农业、“城中村”改造、蔬菜基地建设与保护等 9 个专题开展了集中专题调研活动，提出了近 60 项意见和建议。常委会会议专门听取和审议了代表专题调研情况的报告。这次调研活动，代表的参与率高，调研报告质量高，实效性较强，不仅丰富和深化了闭会期间代表活动的内容，也为代表提出高质量的议案及建议、批评和意见奠定了基础。常委会结合换届第一年的实际，把开展代表届初培训作为一项重要任务，举办了各种形式的培训班，全年培训近 500 人次，对于人大代表尽快进入角色、增强履职能力、提高工作水平起到了积极作用。

五、着眼大局，依法履职，做好

重大事项决定与人事任免工作

常委会围绕市委中心工作，及时研究、讨论改革发展稳定中的重大问题，认真行使重大事项决定权，发挥国家权力机关在保障地方长远发展和大局利益中的作用。根据市委的要求，常委会做出了加强城市规划区绿地保护和保护具有历史文化价值建筑与街区的两个决定。

为进一步加强城市绿化建设与管理，改变无序开发、随意侵占绿地的现象，常委会作出决定，要求各级政府在制定城市建设整体规划时要为城市绿地、绿化留足空间，要划定绿地保护范围，设立绿地保护标识。要求对已建成的公共绿地、风景林地、防护绿地、行道树及干道绿化带进行保护。规定任何单位和个人都不得擅自改变已建成或规划预留绿地的性质和面积。为了进一步加强历史文化建设和管理，常委会做出决定，要求各级政府加大对具有历史文化价值建筑与街区的保护，建立健全保护管理责任制，明确责任主体，实行属地管理。设立具有历史文化价值建筑与街区专项保护资金，专款专用。对在城乡建设过程中造成具有历史文化阶段价值的建筑与街区损毁的要追究责任，要奖励保护具有历史文化价值建筑与街区的先进典型。两个决定要求政府分批逐年提出保护目录，并向社会公布，接受公众监督。两个决定的制定把专门委员会调研与政府部门起草结合起来，是人大围绕党的中心工作、立足全市长远利益、推进经济社会可持续发展的重要举措。

常委会认真行使宪法和法律赋予的职权，坚持党管干部原则与人大依法任免干部相统一的原则，坚持民主集中制，充分发扬民主，严格按照法定程序任免国家干部。一年来，决定任命政府组成部门负责人 37 人，决定免去 4 人；任免市人大常委会机关工作人员 16 人，接受辞去市十三届人大常委会委员职务 1 人；任免司法机关工作人员 62 人，批准任命 9 人，为全市经济社会发展提供了政治和组织保证。常委会坚持对拟任命干部任前法律考试，提升被任命人员的法治意识。2008 年 3 月，常委会通过市属三大媒体对常委会决定任命的新一届政府组成人员进行了任职访谈，展示了政府组成部门负责人的形象，增强了被任命人员的公仆意识、法律意识和人大意识。

六、加强自身建设，不断提高常委会履职能力和机关服务水平

常委会始终注重地方国家权力机关组成人员及机关干部队伍的自身建设。一是加强思想政治建设。按照中央的部署和市委的要求，认真落实各项学习制度，组织学习党的十七大以来中央、自治区党委和市委的各项决策精神，举办常委会组成人员培训班和两级人大机关工作人员政务培训班，组织法制讲座和专题讲座。通过学习教育活动，不断增强常委会组成人员和机关工作人员的责任感和使命感，常委会履职能力和机关服务水平有了新的提高。二是加强制度建设。把完善和规范工作制度作为提高履职能力、保障依法履职的重要内容。通过修订常委会组成人员守则，对新一届常委会组成人员的履职行为提出了更高的要求。根据新形势新任务的要求，全年共制定、修订近 40 项工作制度。三是加强作风建设。常委会以密切与人民群众的联系为重点，认真组织开展调研工作，做好常委会会议的基础性工作，不断提高常委会会议的审议质量。一年来，常委会针对我市改革发展中立法、执法、司法及人大工作中遇到的一些问题，组织开展了近百项调研，在分析和研究的基础上，提出了意见和建议，有不少得到了市委、政府主要领导的重视，推动了相关问题的解决。常委会充分发挥专门委员会和工作委员会的独立性和专业优势，在研究立法监督计划、拟定常委会审议议题和办理有关议案等方面，组织各委员会进行连续、深入的调查研究，不断推进常委会决策的民主化、科学化；四是加强机关队伍建设。以提高集体参谋助手和服务班子水平为目标，始终加强机关各项建设。在过去的这个特殊年份里，常委会以高度的自觉性组织、引导全市人大代表和机关干部参与了抗震救灾捐款捐物等活动。常委会重视宣传工作，先后召开了全市人大宣传工作座谈会和宣传工作会议，制定了加强和改进宣传工作的意见、新闻宣传工作办法，对宣传人民代表大会制度、民主法制建设和人大工作的先进单位、先进个人和“人大新闻奖”获得者进行了表彰，推动人大宣传工作不断迈上新台阶。重视扶贫工作，常委会积极协调项目，落实资金，尽快帮助贫困群众脱贫致富。重视作风建设，加强调查研究，增强服务意识，提高工作效能，推动常委会文化建设和基础建设，牢固树立了国家权力机关、代表机关和民主法制建设工作机关的良好形象，常委会组成人员和机关工作人员的政治意识、群众意识、服务意识有了新的提高，为确保党的方针政策和市委重大决策在人大工作中贯彻落实奠定了良好基础。

回顾一年来的工作，常委会着眼于党和国家工作大局和市委中心工作，深入研究全市改革发展中的突出问题，在提高立法质量、增强监督实效、服务代表履职、决定重大事项、深化调查研究等方面有了新的进展，进一步提升了配合党委推动中心工作的能力。一年来，我们深切感受到，常委会所取得的每一项成绩，都是市委正确领导、全体市人大代表共同努力、常委会组成人员和机关工作人员辛勤劳动的结果。同时，也是自治区人大常委会的指导，各旗县区人大常委会的积极配合、全市各族人民和各级人大代表、各级国家机关、驻呼解放军、武警官兵的支持分不开的。在此，我谨代表市人大常委会，大家表示衷心的感谢和崇高的敬意！

在肯定成绩的同时，我们也清晰地认识到，常委会的工作还存在不足，主要表现在：立法的体制机制有待于进一步完善，特别是在扩大立法公开性和深入宣传、贯彻法律法规方面还需要努力；监督实效还需进一步增强，在审议意见的针对性和督促落实方面仍需要下功夫；代表工作需要不断改进，代表议案、建议的督办机制需要进一步完善；常委会自身建设有待进一步加强，常委会工作的公开度还需要深化。我们要高度重视这些问题，采取更加有效的措施，认真加以解决。

各位代表，2009年是新中国成立60周年和地方人大常委会设立30周年，是我市开展深入学习实践科学发展观活动、推进“十一五”规划实施的重要一年。改革发展面临新的机遇和挑战，经济形势仍然十分严峻，做好今年的工作，确保经济平稳较快增长，推动社会和谐发展，意义重大。常委会要全面贯彻中央、自治区党委和市委决策精神，充分履行好人大各项职能，坚持改革开放的正确方向，着力构建充满活力、富有效率、更加开放、有利于科学发展的体制机制。坚持抓好发展这个党执政兴国的第一要务，更好地动员全市人民共谋发展、发展成果由人民共享，为我市保增长、扩内需、调结构、促改革、惠民生，保持首府经济社会平稳较快发展做出贡献。

一、推进地方立法工作，提高立法的质量

要坚持以人为本，紧紧围绕我市全面协调可持续发展，把解决人民群众最关心、最直接、最现实的利益问题作为立法的出发点，认真实施五年立法规划，进一步推进立法的科学化、民主化，切实提高立法质量。根据我市实际需要，常委会拟制定城乡规划条例、基本菜田保护条例、残疾人保障条例，修订社会力量办学管理办法、市容环境卫生管理条例，废止城镇集贸市场管理条例，就全民国防教育、体育工作、中小学寄宿制、装饰工程质量检验管理、矿产资源管理、气象等方面开展立法调研。

在立法工作中，要继续完善立法工作机制，把好立法质量关。按照立法法和市人大常委会关于进一步改进立法工作、提高立法质量的意见要求，坚持民主立法、开门立法，不断拓展人民群众参与立法的途径。深化对立法项目的前期调研、论证，使法规项目充分满足我市经济社会发展的需要。研究改进立法起草机制，增强法规草案的针对性和可操作性。加强统一审议，进一步提高法规审议水平。

二、加大监督工作力度，不断增强监督实效

把监督工作放在重要位置，紧紧围绕我市保增长目标、“三农”工作、民生工作和“十一五”规划的实施，以及社会普遍关注、人民群众普遍关心的热点、难点问题，综合运用法定监督形式，促进“一府两院”依法行政、公正司法、确保权力正确行使，维护好广大人民群众的合法利益。今年，常委会拟就治安管理处罚法、社会治安综合治理条例、义务教育法、种子法、自治区农作物种子条例开展执法检查。拟就法律援助、民事案件执行、“十一五”规划中期评估、促进就业和再就业、科技工作、少数民族聚居村人畜饮水问题、计划预算等听取和审议“一府两院“专项工作报告。

在监督工作中，要继续深入贯彻监督法，完善监督机制，进一步增强监督实效。围绕全市工作大局，突出监督重点，配合市委推动中心工作，支持和促进“一府两院”依法行政、公正司法，完善审议意见的提出和督办落实机制，增强人大监督工作的公开性和实效性。

三、发挥代表主体作用，增强代表工作活力

充分发挥代表作用，建立健全代表依法履行职责的各项工作具体制度，进一步增强代表工作的实效。认真贯彻落实中发[这 2005]9 号文件精神，尊重代表主体地位，强化为代表服务的意识，充分发挥常委会机关作为人大代表的集体参谋助手作用。制定代表工作要点，提高为代表履职服务的水平。坚持常委会组成人员联系代表制度和代表列席常委会会议制度，拓宽和规范代表联系群众的途径，强化人民群众对代表履行职务的监督。

在代表工作中，要继续完善代表专题调研活动的组织服务，推进专题调研成果的转化。就我市公共服务中心工作情况组织开展代表专题视察。继续推进代表议案、建议、批评和意见的办理工作，落实承办单位与代表“两见面”，加大对“一府两院”承办代表建议的监督检查力度，进一步提高议案、建议办理质量。继续做好代表培训工作，不断提高代表履职能力和水平。

四、加强自身建设，增强依法履职能力

以增强常委会组成人员履职议政能力为重点，加强常委会政治思想建设、组织建设、制度建设、牢固树立党的观念、政治观念、大局观念、群众观念和法制观念。要抓住深入学习实践科学发展观活动的契机，围绕党员干部受教育、科学发展上水平、人民群众得实惠的总要求，立足工作实际，进一步明确方向、理清思路、制定措施、完善机制，努力实现提高思想认识、解决突出问题、创新体制机制、促进科学发展的目标。继续深化调查研究，密切联系群众，进一步提高常委会审议质量。结合地方人大常委会设立30周年纪念活动，认真总结改革发展特别是民主法制建设经验，不断提高发展社会主义民主政治的能力。

要以与时俱进的精神不断推进常委会的自身建设和机关建设，建立健全各个层面的工作制度，加强信息化建设，不断提高机关的管理水平和工作效率。要发挥好机关党组织的战半保垒作用和党员的先锋模范作用，建设一支政治坚定、业务精通、务实高效、作风过硬、团结协作，勤政廉政的高素质干部队伍。

各位代表，回首波澜壮阔的改革开放进程，作为我国根本政治制度的人民代表大会制度，有力地推进了当代中国的法治进程，保证了人民当家做主，展示了社会主义民主政治强大的生命力，成为中国社会主义政治文明的重要制度载体。在新的历史起点上，人民代表大会制度的发展前景更加广阔。面对建设社会主义法治国家、发展社会主义政治文明的时代任务，我们要始终坚持党的领导、人民当家作主和依法治国有机统一，坚持和完善人民代表大会制度，继续解放思想，坚持改革开放，推动科学发展，促进社会和谐，团结奋进、求实创新，为加快首府现代化进程，实现建设小康社会宏伟目标做出新的更大的贡献！

中国人民政治协商会议第十一届呼和浩特市委员会常务委员会工作报告

——在政协呼和浩特市第十一届委员会第二次会议上

（2009年2月13日）

张彭慧

各位委员：

我受政协呼和浩特市第十一届委员会常务委员会的委托，向大会作工作报告，请予审议。

一、过去一年工作的回顾

2008年是政协呼和浩特市第十一届委员会的开局之年，也是首府克服困难，应对挑战，取得显著成绩的一年。在市委的领导下，我市认真贯彻党的十七大及十七届二中、三中全会精神，坚持以邓小平理论和“三个代表”重要思想为指导，深入贯彻落实科学发展观，全市上下团结奋斗，积极进取，使首府经济社会继续保持了又好又快的发展势头，各项事业取得了新的成就。全市地区生产总值完成1316.4亿元，同比增长13.6%；地方财政总收入158.3亿元，增长32.4%；城镇居民人均可支配收入20267元，增长19.8%；农民人均纯收入7051元，增长15.2%。一年来，市政协常委会在市委的正确领导和自治区政协的认真指导下，在市政府和社会各方面的大力支持、密切配合下，深入贯彻落实《中共中央关于加强人民政协工作的意见》，牢牢把握团结和民主两大主题，坚持把促进发展作为履行职能的第一要务，紧紧围绕建设现代化和谐首府这一战略目标，把促进发展、关注民生、推动和谐作为履行职能的着力点，进一步提高了政治协商、民主监督、参政议政的质量和水平，推动了政协事业的新发展，为促进我市经济建设、政治建设、文化建设和社会建设，实现首府经济社会又好又快发展，作出了新的贡献。

（一）把促进发展作为履行职能的第一要务，努力为经济社会又好又快发展建言献策

常委会紧密结合全市工作实际，抓住经济社会发展的重点领域和关键环节，发挥政协的独特优势，深入调查研究，积极建言献策。十一届一次会议期间，委员们围绕提升制造业和现代服务业水平、加快发展旅游业、加强奶牛基地和肉羊基地建设、农村科技队伍建设以及推动教育事业发展等问题进行了深入的协商，提出了一些针对性、操作性较强的建议。

根据市委关于“大力发展面向生产的服务业，优先发展物流业和金融业”的部署，市政协组织委员开展了现代物流业发展情况的专题调研，会同有关部门的同志、部分专家学者召开了现代物流业发展研讨会。为了促进全市职业教育的发展，组织委员开展了关于职业教育发展情况的专题调研，并就这两个专题提出了具体的意见和建议。7月份，市政协常委会围绕我市现代物流业发展和职业教育发展组织召开了专题协商会，市政府分管副市长和有关部门负责同志认真参加了协商。为了推动首府加快建设资源节约型、环境友好型社会，市政协组织开展了我市创建国家环保模范城市视察活动和创建国家森林城市专题调研活动。10月份，常委会议就这两项内容进行了专题协商，提出了切实可行的建议。市委、市政府对政协常委会提出的这些意见建议高度重视，主要领导和分管领导对一些意见建议作了重要批示，有关部门认真进行了研究落实。

此外，常委会还组织委员通过视察活动、提案、社情民意信息等形式为促进首府又好又快发展积极建言献策。关于企业发展和技术创新、畜牧业发展等视察活动以及借奥运东风加快旅游业发展、加快实施工业脱硫废渣在农业改土中循环利用、促进奶业持续健康发展等提案和社情民意信息均为推动全市经济社会又好又快发展提出了具体建议，有关部门积极研究，部分建议已经被采纳，并在推动有关工作中发挥了重要作用。

（二）高度关注民生，积极促进涉及群众切身利益问题的解决

2008年，市政协常委会围绕市委、市政府《关于进一步改善民生切实解决涉及人民群众切身利益问题的若干意见》的贯彻落实，坚持把民生问题作为政治协商的重要议题、民主监督的重要内容、参政议政的重要任务，把群众最关心、最迫切要求解决的问题作为关注的重点，努力促进民生的改善。

通过专题调研，努力为解决民生问题献计献策。去年围绕应对人口老龄化问题这一课题，组织开展了老年公寓建设和发展情况的专题调研；围绕促进中小学生健康成长，组织开展了中小学生心理健康教育专题调研活动；围绕为稳定低生育水平提供基础保障的技术服务，组织开展了人口和计划生育服务管理体系标准化、规范化建设专题调研，这些调研成果提

交市政协常委会议或主席会议进行协商后，向市委、市政府提出建议，促进了相关工作。市政协还就农村最低生活保障、农村医疗保险和农村养老保险三项制度建设和实施情况进行了调研；围绕建立农民增收的长效机制，与市属九个旗县区政协联合开展了农民增收问题的专题调研，并提出了具体建议，受到了有关方面的关注。

通过社情民意信息，努力为党委、政府解决民生问题提供参考。建议强化对医疗废弃物的管理、治理餐饮业环境污染、普及交通安全教育、学校调整作息时间保证孩子的睡眠时间、哈素海泄洪存在安全隐患、规范夜间烧烤市场等一批群众关心的问题被反映上来，为市委、市政府解决民生问题提供了参考。

通过委员视察、主席接待委员日等活动，努力促进民生问题的解决。组织开展了全市城镇居民医疗保险建立和完善情况等视察活动，推动了相关问题的解决。委员们还就抑制物价过快上涨、提高数字电视服务质量、提高环卫工人工资、在中小学附近增加公交车次等问题提出建议，对促进一些群众关心问题的解决发挥了重要作用。去年还举行了9次主席接待委员日活动，议题涉及农产品市场建设、发展城市公共交通、污水处理等问题。这些问题通过市政协领导、委员、有关部门负责人面对面交流，共同研究、探讨解决办法，促进了民生的改善。

（三）充分发挥政协的特点和优势，积极推动和谐首府建设

人民政协广泛联系着各党派、各团体、各阶层、各民族以及不同宗教信仰的群众，这一独特优势决定了政协在构建和谐社会中能够发挥重要作用。在履行职能的过程中，常委会高度重视协助市委、市政府做好释疑解惑、化解矛盾、理顺情绪、凝聚人心的工作，努力增进社会各阶层、各方面及各种不同利益群体之间的团结与和谐。

加强与各民主党派、工商联的联系。坚持定期向市各民主党派、工商联组织通报工作情况，定期组织各民主党派、工商联召开座谈会或联谊会，听取他们对市政协工作乃至全市工作的意见、建议，及时了解有关情况，帮助解决存在的问题，增强团结与合作。

充分发挥界别联系社会各界的桥梁和纽带作用。安排界别小组推荐委员进行大会发言，举行市党政领导与各界别委员代表座谈会，组织同一界别委员撰写集体提案。通过界别反映他们所联系群众的利益诉求，努力使各界别的利益得到充分表达，并在此基础上统筹协调，把社会各方面的力量最大程度地凝聚起来，为构建现代化和谐首府扩大了群众基础。

高度重视民族、宗教工作。组织开展了全市民族学校蒙古语授课情况的专题调研，提出了在对外交往接待中应准确、规范地表现和使用蒙古族民俗礼仪等提案，及时反映民族政策执行中存在的问题，提出意见、建议，推动党和国家民族政策的落实。组织全市宗教界中心学习组成员定期举行学习会，学习党的宗教政策，组织开展了宗教管理队伍建设情况的专题调研，努力促进宗教界的团结稳定。

（四）围绕履行政协职能，进一步发挥提案工作的重要作用

坚持“围绕中心、服务大局、提高质量、讲求实效”的提案工作方针，努力在提高提案自身质量、办理质量和服务质量上下功夫。市政协十一届一次会议以来，共收到提案537件，立案508件。坚持和完善主席会议成员督办重点提案制度。经协商，市政府办公厅专门下发了文件，明确了牵头办理重点提案的市政府领导和具体办理部门，形成了政府领导领办、政协领导督办、相关部门具体办理的提案办理机制，推动了提案办理质量的进一步提高。在提案办理工作中，通过专项调研、专门视察、现场协商督办等形式，加大督办力度。全年共组织召开了16次提案协商办理座谈会，涉及提案437件，参与提案协商办理的委员308人次。关于建议市政府加宽八中桥或平行再建一座桥的提案，经过督办，市建委已经落实。关于煤炭价格上涨给供暖带来难题的提案，引起了市政府的高度重视，责成市发改委、财政局邀请人大代表、政协委员专门开展调研，拟定对策，促进了冬季供暖问题的解决。关于提高新型农村合作医疗水平、增加乡镇医疗卫生设施投入、加快发展我市职业教育构建校企合作、工学结合平台等方面的提案，市政府及有关部门积极采取措施，使提案所提建议得到较好落实，推动了有关工作。

（五）加强制度化、规范化、程序化建设，不断提高履行职能的质量和水平

一年来，市政协常委会在建立健全相关制度、推进履行职能的“三化”方面加强探索和实践，以推动履行职能水平的不断提升。

在政治协商的内容和形式方面加强研究和探索，提高协商议政的质量。坚持和完善“全体会议总体协商、常委会议专题协商、主席会议重点协商、专委会对口协商”的协商议政格局，努力推进政治协商的制度化、规范化、程序化。通过精心准备大会发言、组织各界别委员代表与市党政领导座谈、年初统筹安排全年协商议题等措施，促进了总体协商质量的进一步提高。专题协商重视邀请市党政领导和相关部门负责人到会直接参与协商，取得了较好的效果。重点协商主要在科学选题和加强调研两方面进行了努力，协商特点更加突出。对口协商方面各专委会加强了与市党政对口部门的联系，提高了协商活动的质量。

积极探索民主监督的有效形式，增强民主监督的效果。首先是寓民主监督于委员视察之中，年内组织开展的十余次视察活动，分别就全市经济社会发展中的一些具体问题向有关部门提出了意见、建议。其次是经市委同意，开展了民主评议政府部门工作。在创新民主监督形式方面进行了有益的探索，扩大了委员的知情面，调动了委员履行职责的积极性，促进了被评议单位改进工作、提高效率。再次是推荐31位委员分别担任了一些部门、单位的特邀监督员，组织委员参与有关部门组织的执法检查、行风评议、各类听证会等专项活动，强化民主监督的作用。

加强社情民意信息和专题调研的制度化、规范化、程序化建设，强

化参政议政职能。在反映社情民意信息方面，协商市委、市政府办公厅专门下发了《关于做好办理政协社情民意信息工作的通知》，专门召开了全市政协反映社情民意信息工作会议，规范了社情民意信息收集、编报、跟踪和反馈的方法和程序，使反映社情民意信息的工作机制不断完善。去年共收集社情民意信息 484 条，《关于进一步提高环卫工人工资待遇的建议》、《关于加快荒山绿化步伐的建议》等信息引起市委、市政府领导的重视，批示有关部门认真研究落实。在专题调研方面，重点在 4 个方面作了努力：即在科学选题方面下功夫，在求实求深方面下功夫，在加强研究论证方面下功夫，在调研成果的转化方面下功夫。经过努力，年内开展的专题调研质量进一步提高，在促进有关工作方面发挥了重要作用。

（六）全面加强自身建设，为推进政协工作提供有力的组织保证

紧密联系不断发展的政协工作实际，按照促进党派合作、体现界别特点、发挥委员主体作用、加强机关建设“四位一体”的要求，全面推进自身建设。

加强学习，进一步增强做好人民政协工作的责任感和使命感。常委会通过理论中心组学习会、专题讲座、编印《学习参考资料》等形式，组织广大政协委员和机关干部认真学习了胡锦涛总书记在十七届二中全会和全国“两会”中共党员领导干部会议上的重要讲话精神，深入领会十七大以来中共中央对人民政协工作的新要求。通过举行委员培训会的形式，组织全体委员认真学习了人民政协理论，深入研究探讨了做好新形势下政协工作的有关问题。同时，要求政协委员和机关干部把加强学习作为一项重要而紧迫的任务，努力学习经济、管理、科技、法律等方面的知识，拓宽知识面，不断提高履行职能的能力和水平。

注重发挥民主党派、无党派人士的作用，努力为他们参政议政创造条件。年内各次常委会议均邀请我市各民主党派秘书长列席。专题调研、视察等活动，注意吸收民主党派、无党派人士委员参加，力争搭建更多的平台，努力为民主党派和无党派人士参政议政创造条件，进一步发挥他们的作用。

切实发挥专委会联系界别的纽带作用，突出界别特色。要求各专委会按界别组织委员开展专项视察、专题调研等活动，不断探索突出界别特色的方法和途径，整合界别的资源优势，发挥界别的专业特点，努力使意见建议更具专业性和科学性。

进一步发挥政协委员的主体作用。不断探索委员履行职责的新形式、新途径。建立了市政协委员活动中心，为政协委员履行职责、开展活动提供了新的平台。通过对 167 位委员的走访，积极帮助委员解决履行职责中遇到的困难和问题。加强市政协网站建设，努力为政协委员参政议政提供更好的服务。

加强政协机关建设。大力倡导学习、思考、研究之风，积极支持政协机关干部参加学习培训，促进学习的经常化，努力建设学习型组织。强化政治意识、全局意识、创新意识和服务意识，努力营造风清气正、团结进取的机关风气，进一步增强市政协机关的凝聚力，为政协工作的开展提供有力的组织保证。

四川汶川地震发生之后，政协委员心系灾区群众，积极伸出援助之手。有的委员主动请缨，积极要求到救灾第一线。据不完全统计，市政协委员和全体机关工作人员共向地震灾区捐款、捐物约合人民币 840 余万元。体现了全市政协委员和政协工作者胸怀全局、心系群众、无私奉献的时代精神。

高度重视理论研究和宣传工作。成立了市政协理论研究会，推动了政协理论研究工作的深入开展。与《呼和浩特日报》、《内蒙古商报》联合开设了“呼和浩特市政协委员谈改革开放 30 年”、“人大代表、政协委员论坛”，共刊登了市政协委员畅谈改革开放 30 年发展变化的 30 篇纪念文章。全年共在各类新闻媒体发稿 369 篇（次），其中《人民政协报》刊登 15 篇，扩大了市政协的影响，为履行政协职能营造了良好的舆论氛围。

加强文史资料工作。制定了《文史资料征编出版 2008——2012 年工作规划》，向社会各界广泛征集新中国成立后我市经济社会发展的有关资料。编撰了呼和浩特文史资料第十六辑《百年历程：归绥师范学堂——呼和浩特职业学院》。完成了自治区政协交办的专题史料征集任务。

加强对外联谊交往，全年共接待区内外政协考察团（组）150 多批，加强了与兄弟地区的联系。积极配合自治区政协在我市开展调研、视察等活动，加强了对旗县区政协工作的指导，进一步密切了上下级政协之间的联系。老委员联谊会和其他方面的工作也取得了新的进展。

各位委员、各位同志，2008 年常委会工作所取得的成绩，是坚持以邓小平理论、“三个代表”重要思想为指导、深入贯彻落实科学发展观的结果，是中共呼和浩特市委正确领导、市人民政府大力支持的结果，是各民主党派、工商联、人民团体和广大政协委员团结奋斗、共同努力的结果，也是与市有关部门和单位、与社会各界的积极支持和配合分不开的。在此，我代表政协呼和浩特市第十一届委员会常务委员会，向为全市政协事业的发展付出努力的市政协各参加单位、全体政协委员和政协工作者，向所有关心、支持市政协工作的各位领导和同志们表示崇高的敬意和衷心的感谢！

2008 年全市政协工作虽然取得了较好的成绩，但我们也清醒地认识到，与新形势、新任务的要求和广大委员的期望相比，市政协的工作仍然存在一些问题。主要表现在：履行职能的“三化”建设还需进一步加强，委员的主体作用还有待进一步发挥，提案、专题调研、反映社情民意信息的质量还需进一步提高。这些都需要我们在今后的工作中认真研究和解决。

二、2009 年的主要工作

各位委员，人民政协事业是中国特色社会主义事业的重要组成部分。中共十七大、十七届二中全会和胡锦涛总书记的一系列重要讲话对人民政协工作提出了新的更高的要求，人民政协任重而道远。当前，我国正处在经济社会发展的关键时期，我们面临着世界金融危机的严峻形势，挑战

和机遇并存。2009 年将要迎来建国 60 周年和人民政协成立 60 周年，也是本届市政协承前启后的重要一年。做好今年的政协工作，意义重大。新的一年全市政协工作的总体要求是：**高举中国特色社会主义伟大旗帜，以邓小平理论和"三个代表"重要思想为指导，深入贯彻落实科学发展观，牢牢把握团结和民主两大主题，坚持以科学发展观统领政协工作，坚持把促进发展作为履行职能的第一要务，围绕我市打造"一核双圈"、推进城乡一体化，保持全市经济平稳较快发展，着力保障和改善民生，推进首府经济建设、政治建设、文化建设、社会建设，认真搞好政治协商，积极推进民主监督，深入开展参政议政，推进履行职能的制度化、规范化、程序化建设，推进政协事业的新发展，努力为实现我市经济社会又好又快发展，构建现代化和谐首府作出新的更大的贡献。**

（一）深入开展学习实践科学发展观活动，推动政协工作的创新和发展

全体政协委员和政协工作者要充分认识开展深入学习实践科学发展观活动的重要意义，通过学习实践活动，深刻领会科学发展观的科学内涵和精神实质，努力用马克思主义中国化的最新理论成果武装头脑，不断增进各党派、各团体和各族各界人士的共识。要通过学习实践活动，切实把思想和行动统一到科学发展观的要求上来，把力量凝聚到中央、自治区党委和市委的各项战略部署上来，进一步增强机遇意识、发展意识、大局意识和忧患意识，增强责任感和使命感,努力为推进全市经济社会又好又快发展贡献力量。要把以科学发展观统领政协工作作为活动主题，切实解决制约和影响政协工作的突出问题。通过组织委员视察、调研、座谈和举办报告会、专题讲座等形式，提高学习的针对性，使学习的过程成为沟通思想的过程，成为增进共识的过程，成为知情出力的过程。要注意把学习科学发展观与学习人民政协理论结合起来，与学习市场经济理论、法律知识、现代科学知识结合起来，与履行政协职能的实践有机结合起来，进一步提高开创政协工作新局面的能力和水平，推动政协工作不断创新、不断发展。

（二）深入贯彻《中共中央关于加强人民政协工作的意见》，继续推进履行职能的制度化、规范化、程序化

要把深入贯彻《中共中央关于加强人民政协工作的意见》作为推动政协各项工作的强大动力，重点在健全和完善政治协商、民主监督、参政议政的"三化"方面下功夫，在提高履行职能的实效和水平方面下功夫。政治协商方面，要积极推动政治协商纳入党政决策程序，进一步规范协商内容，丰富协商形式，完善协商程序。民主监督方面，要以完善民主监督机制为重点，在知情、沟通、反馈等环节上健全制度。继续探索民主监督的有效途径，注意选好民主监督的角度，把握好民主监督的尺度，提高民主监督的质量和成效。在总结去年民主评议工作的基础上，继续深入开展好民主评议政府部门工作，促进政府部门提高效率，改进作风。在参政议政方面，要以充实内容、拓展形式、提高实效为重点，在健全参政议政成果转化和跟踪落实机制上加强研究和探索，推动政协经常性工作更加深入、更加有效。要进一步完善委员保障机制、激励机制和约束机制，调动和发挥委员参政议政的积极性，尊重和依法保护委员的各项民主权利，保障委员更好地行使职责、发挥作用。要推进机关各部门协调服务机制的规范化建设，提高运行效率，努力使政协工作更加规范有序，更加富有成效。

（三）坚持促进发展这个第一要务，努力为首府经济平稳较快发展建言献策

按照中央经济工作会议提出的把保持经济平稳较快发展作为 2009 年经济工作的首要任务，着力在保增长上下功夫的总体要求，认真落实市委十届七次全委会议的工作部署，坚持把促进我市经济平稳较快发展作为今年常委会工作的首要任务。在当前国际形势深刻变化特别是国际金融危机不断扩散和蔓延的情况下，我们要更加自觉、更加坚定地牢牢扭住经济建设这个中心，紧紧围绕应对国际金融危机、保持经济平稳较快发展，围绕"着力打造'一核双圈'，推进城乡一体化进程"的部署，选择具有全局性、战略性、前瞻性的重大课题，组织广大委员和有关专家学者，认真搞好专题调研和协商议政活动，深入分析研究制约我市经济发展的重要问题和当前经济发展中遇到的困难，提出解决问题的对策，建有据之言，献务实之策，为党委政府决策多提供一些有重要参考价值的意见和建议。

（四）关注社会和谐与稳定，努力为构建和谐首府贡献力量

人民政协的性质和特点决定了他在促进社会和谐中的不可替代的作用。随着国际金融危机的蔓延和国内经济社会的发展，一些不确定、不稳定的因素将会明显增多，一些新情况、新问题将会不断出现，促进团结、保持稳定显得尤为重要。市政协要把促进涉及群众切身利益的民生问题的解决作为履职的重要内容，坚持以人为本，关注民生、保障民生、改善民生。围绕扩大就业、收入分配、社会保障、医疗卫生、文化教育、住有所居等群众最关心的问题，通过调研、视察、提案、信息等形式，多建利民之言，多谋利民之策，多办利民之事，为促进人民群众最关心、最直接、最现实的利益问题的解决多做工作。要充分发挥政协组织协调关系、汇集力量、服务大局的作用，加强同各民主党派、人民团体的联系与合作，积极做好民族宗教工作，促进政党关系、民族关系、宗教关系、阶层关系的和谐。要继续高举大团结、大联合的旗帜，把加强团结贯穿于履行职能的各个环节，做好理顺情绪、化解矛盾、凝聚人心的工作。通过积极有效的工作，把各党派、各团体、各民族、各阶层人士团结起来，为维护改革发展稳定的大局，促进首府和谐稳定作出新的贡献。

（五）进一步加强自身建设，不断提高履行职能的能力和水平

进一步发挥各民主党派和无党派人士的作用，通过大会发言、提案、座谈、反映社情民意信息和联合开展调研、视察等方式，支持他们参与全

市大政方针的协商讨论和政协履行职能的各项活动。继续加强界别活动的探索，不断丰富内容、创新形式，努力扩大市政协各界别广泛、积极、有序的政治参与，充分体现和发挥人民政协的界别特色。继续加强委员队伍建设，进一步提高委员履行职责的能力和水平。通过组织委员开展丰富多彩的活动，努力为委员知情明政和发挥作用提供更多载体，创造更加便利的条件，使广大委员履行职责的主体作用得到进一步发挥。继续加强专委会建设，不断增强专委会创新工作的能力，努力使专委会在政协履行职能中的基础性作用得到充分发挥。继续加强政协机关建设，要通过学习、培训、交流、培养锻炼等形式，进一步提高政协机关工作人员的素质，努力造就一支政治坚定、作风优良、学识丰富、业务熟练的高素质政协干部队伍。要完善政协履行职能的各项工作制度，不断提高机关工作效率和工作水平，保证机关工作协调统一、规范有序、优质高效运行，为政协履行职能和委员发挥作用提供良好的服务，切实把市政协机关建设成为政协委员之家、基层政协之家、各族各界人士之家。

（六）开展人民政协成立 60 周年纪念活动,进一步推动政协事业的新发展

2009 年是中华人民共和国成立 60 周年，也是人民政协成立 60 周年。要组织开展一系列纪念活动，加强对人民政协的宣传，使全市上下进一步提高对我国基本政治制度和人民政协性质、地位、作用的认识，积极支持政协履行职能，为加强人民政协工作营造更好的氛围。要开展好政协理论研究工作，努力为全市政协事业的发展提供更加有力的理论指导。全体委员要加强对政协理论和相关知识的学习，进一步增强责任感和使命感，不断提高履行职责的能力和水平。要进一步做好提案工作、反映社情民意工作、文史资料征编工作、新闻宣传工作等履行职能的经常性工作，促进政协工作整体水平的提高。在新的一年里，努力实现政协工作有新的发展，履行职能有新的探索，发挥作用有新的成效，以新的成绩迎接中华人民共和国成立 60 周年和人民政协成立 60 周年！

各位委员、各位同志，新的一年里，继续保持我市经济社会又好又快发展需要全市各族干部群众齐心协力、共同奋斗，需要政协组织和政协委员作出不懈努力。让我们更加紧密地团结在以胡锦涛同志为总书记的中共中央周围，高举中国特色社会主义伟大旗帜，以邓小平理论和“三个代表”重要思想为指导，深入贯彻落实科学发展观，在中共呼和浩特市委的领导下，团结一心，开拓进取，求真务实，扎实工作，进一步开创全市政协工作新局面，为实现我市经济社会又好又快发展、构建现代化和谐首府作出新的更大的贡献！

关于呼和浩特市 2008 年国民经济和社会发展计划执行情况与 2009 年国民经济和社会发展计划草案的报告

——2009 年 2 月 14 日在呼和浩特市第十三届人民代表大会第二次会议上

呼和浩特市发展和改革委员会

各位代表：

受市人民政府委托，现将我市 2008 年国民经济和社会发展计划执行情况与 2009 年国民经济和社会发展计划草案的报告提请大会审议，并请各位政协委员和列席会议的同志们提出建议。

一、2008 年国民经济和社会发展计划执行情况

2008 年，按照市委、市政府统一部署，全市紧紧围绕市十三届人大一次会议审议通过的国民经济和社会发展计划，认真贯彻落实科学发展观，主动顺应国家宏观政策形势，积极调整优化产业结构，加快转变发展方式，着力改善人民生活，全市经济社会继续保持了平稳较快的发展态势，部分指标超额完成年初计划。2008 年，全市经济社会发展主要指标执行情况：

——地区生产总值完成 1316.4 亿元，完成市人大常委会审议通过的调整计划，同比增长 13.6%（现价增速 20%）。

——规模以上工业增加值完成 330.1 亿元，完成市人大审议通过年初计划的 85%，同比增长 11.2%。

——地方财政总收入累计完成 158.3 亿元，完成市人大审议通过年初计划的 105.5%，同比增长 32.4%。

——社会消费品零售总额完成 533.2 亿元，完成市人大审议通过年初计划的 109%，同比增长 23.8%。

——固定资产投资完成 640.5 亿元，完成市人大审议通过年初计划的 94%，增长 10%。

——引进国内外资金完成445亿元，增长15%,其中,实际利用外资完成7.07亿美元，增长16.6%，完成市人大审议通过的年初计划。

——城镇居民人均可支配收入达20267元，完成市人大审议通过年初计划的104%，增长19.8%。

——农民人均纯收入达7051元，完成市人大审议通过年初计划的102%，增长15.2%。

——居民消费价格累计上涨4.6%。

——城镇登记失业率为3.85%，控制在年初市人大审议通过4%的预期目标之内。

——单位地区生产总值能耗预计为1.65吨标准煤/万元，同比下降5.1%；二氧化硫排放量、化学需氧量排放量可控制在年初预期目标之内。

从2008年各项经济社会主要指标执行总体情况看，全市经济社会发展继续呈现增长较快、价格回稳、结构优化、民生改善的良好发展格局，主要表现在：

(一)农业基础地位进一步巩固。2008年，全市继续贯彻落实国家、自治区关于支农、扶农、助农各项政策措施，在加大资金投入、调整优化种养结构特别是加强马铃薯中棚、蔬菜种植、加快奶牛、肉羊养殖等方面进一步加大了工作力度。2008年，全市农作物总播面积661.79万亩，其中，粮食播种面积525.03万亩，全年粮食总产量134.8万吨，创历史最好水平。设施农业成效明显，1500亩马铃薯中棚种植示范工程取得实质性成果。新开发基本菜田2.66万亩，其中，建成蔬菜保护地10180亩，成为近年来蔬菜保护地建设力度最大的一年。奶牛、肉羊养殖继续保持稳步发展。全年奶牛存栏90.9万头，鲜奶产量390万吨，较上年增加20万吨；新建奶牛养殖小区36处。肉羊存栏258万只，较上年增加8万只。农村安全饮水工程进展顺利，全年实施安全饮水工程21项，共解决7.36万人、9.43万头（只）牲畜的安全饮水问题。支农惠农资金投入力度进一步加大。2008年，国家、自治区和我市共投入支农惠农资金4.98亿元，有力的促进了农业增产、农民增收。

(二)工业结构调整成效明显。2008年，全市继续加快新型工业化进程，工业产业结构优化升级步伐明显加快，产业集聚效应进一步增强。一是以新能源、新材料、新技术为主的工业重点项目引进建设工作成效明显。2008年相继引进了内蒙古明阳风电技术有限公司风力发电总装及叶片生产项目、丹麦维斯塔斯集团风机制造项目、天津中环电子单晶硅生产项目、山东鲁阳陶瓷纤维生产项目、航天七院液压支架生产项目等一批重点建设项目，为我市下一步发展壮大新兴产业奠定了基础。特别是天津中环电子单晶硅生产项目的引进将为我市延伸硅产业链、逐步把我市打造成国内最大的硅材料和光伏材料基地奠定了基础。中海油天野化工6万吨聚甲醛项目、日处理鲜奶1200吨伊利工业园金海奶粉生产项目、年处理鲜奶13万吨蒙牛阿拉奶粉生产项目等一批工业重点建设项目建成投产，清水河焦化甲醇一体化项目完成试车工作，并已具备投产条件。二是产业结构内部调整步伐加快。2008年我市在全力争取金桥热电厂2×30万千瓦、托电四期2×60万千瓦热电机组建设项目获得国家正式核准的同时，积极大力引进风能、太阳能、生物质能等可再生能源项目，目前，中国风电公司、国电华北电力公司等六家公司在武川县的风能资源配置获自治区批复，其中中国华能集团李汉梁4.95万千瓦风电场项目已开工建设。和林柠条生物质能发电项目正在加紧建设。这些项目的获批和建设将在进一步改善和优化我市产业结构的进程中发挥积极的推动作用。

(三)服务业发展势头良好。2008年，全市服务业发展步伐继续加快，全年第三产业完成增加值739.3亿元，占到全市经济总量的56.2%，对整体经济的支撑作用进一步增强。服务业总量保持增长的同时，现代物流、金融、旅游、文化等服务业重点发展行业继续稳步推进。在现代物流业发展方面。白塔国际物流园区启动工作已经开始，金山综合物流园区核心项目铁通物流园区二期项目正在办理前期手续。在金融业发展方面。渣打银行在和林县开设的村镇银行实现成功入驻，分行入驻前期工作正在进行。春华水务10亿元企业债券发行工作进展顺利，并已上报国家等待批复。小额贷款公司试点工作稳步推进，2008年，全市29家公司获自治区批准筹建，注册资本总额共计20.27亿元。在旅游业发展方面。昭君博物院、蒙牛工业园建成国家4A级旅游景区，结束了我市没有4A级旅游景区的历史。全市着力打造的17万亩大青山旅游开发建设项目2008年建设重点2万亩乌素图生态度假区工程各功能区设计工作已经完成，10万亩高山森林草甸草原景观区围栏工程已部分完工。在文化创意产业方面，目前，玉泉区大盛魁文化创意产业园区投资主体已经明确。此外，城乡商贸流通服务体系建设进一步加强，与居民生活密切相关的农产品批发市场建设取得积极进展。2008年，赛罕区保全庄农产品批发市场、福胜农产品批发市场均开工建设、进展顺利。

(四)节能减排取得积极进展。2008年，我市在淘汰落后产能、加快节能减排重点工程建设、加强监管等方面进一步加大了工作力度。初步测算，2008年，单位GDP能耗预计为1.65吨标准煤/万元，同比下降5.1%；二氧化硫排放量、化学需氧量排放量可控制在年初预期目标之内。从节能方面看，2008年共淘汰钢铁落后产能37.7万吨、淘汰水泥落后产能45万吨、淘汰铁合金落后产能2.6万吨、淘汰电石落后产能4万吨、淘汰酒精落后产能0.5万吨、淘汰造纸落后产能0.1万吨，圆满完成自治区下达我市计划任务。从减排方面看，全市已基本完成现有火电机组的脱硫改造任务。按照年初总体安排，新建公主府污水处理厂、章盖营污水处理厂已投入试运行。同时，超额完成年初锅炉拆并、改造及限期整治计划，全年共拆并锅炉 62 台、拆除改造茶浴炉 152 台、限期整治锅炉 44 台。从加强监管方面看，2008 年全市新装污染源在线监测设备 10 台（套），新增在线设备与平台联网企业 4 家；共完成石药集团、蒙牛公司、天野化工、冀东水泥等 7 家企业强制清洁生产的审核工作，超额完成自治区年初下达计划。

（五）经济运行质量稳步提高。2008 年，受国际金融危机持续蔓延和三鹿奶粉突发事件影响，全市经济增速有所放缓，但经济运行质量继续稳步提高。一是财政收入快速增长。2008 年，全市地方财政总收入累计完成 158.3 亿元，同比增长 32.4%，其中，一般预算收入累计完成 82.2 亿元，同比增长 54.16%。二是城乡居民收入稳步提高。2008 年，随着市委、市政府出台的《关于进一步改善民生切实解决涉及人民群众切身利益问题的若干意见》(以下简称改善民生“63 条意见”）政策的逐步落实，加之国家、自治区及我市各项支农、惠农政策及补贴资金力度的不断加大，特别是我市在积极调整优化产业结构、转变农业发展方式过程中对于奶牛养殖、生猪繁育、肉羊改良、蔬菜生产、马铃薯种植等方面支持力度的进一步加大，有效地促进了城乡居民收入的稳步提高。全年城镇居民人均可支配收入、农民人均纯收入可分别达到 20267 元和 7051 元，分别增长 19.8%和 15.2%。三是居民消费价格涨幅逐渐回稳。针对 2008 年年初物价持续过快上涨的实际，全市积极采取价格临时干预、着力加强价格监管、严厉打击价格违法行为等一系列政策措施，使物价过快上涨的势头得到有效遏制，物价涨幅由 2008 年最高月份的累计上涨 7.4%降到了年底的 4.6%，下降了 2.8 个百分点，在全国 36 个大中城市中位居第 31 位，属物价涨幅相对较小城市。

（六）投资消费双轮驱动作用明显。2008 年全市消费需求继续保持活跃，全年社会消费品零售总额完成 533.2 亿元，增长 23.8%。但投资需求相对放缓，2008 年由于前期受从紧货币政策等因素影响，全市投资增长总体呈现前低后高的阶段性特点。从资金投向看，三农投入继续成为国家支持的重点，投资额年均增速在 50%以上。从投资总量看，第三产业投资继续成为拉动全市固定资产投资增长的主要力量，全年第三产业完成投资 430.3 亿元，同比增长 8.7%，占全市投资完成总额的 67.2%。从投资项目建设情况看，年初确定的重点建设项目进展有序。呼市绕城高速公路已于年内建成通车；国道 109 线清水河至大饭铺一级公路年内完成投资 1.37 亿元，占项目全部投资额的近三分之一；呼武复线公路项目前期工作稳步推进，目前正在办理相关手续。铁路东客站建设工作进展顺利。

（七）城市基础设施建设进一步加强。围绕首府城市建设“十年巨变”的总体要求，2008 年，我市在市政基础设施、城市园林绿化、公用事业建设等方面进一步加大了工作和资金投入力度。全年新建、续建道路桥梁及改造小街巷共完成投资 2.54 亿元，完成道路总铺装面积 43.52 万平方米。成吉思汗公园、大青山旅游开发区景观路新建工程开始启动实施，青城公园 11 万平方米湖底防渗工程和湖岸改造工程建设任务于年内完成。经过一年的植树种草绿化美化，全市建成区绿化覆盖率达到 35%，较上年增长 1.2 个百分点。热源厂建设工作稳步推进，目前范家营热源厂设计和“三通一平”工作、巴彦热源厂设备采购前期工作、光明热源厂后续部分建设任务已经完成。东区集中供热金桥热源厂厂址变更各项前期工作基本完成，金桥热网工程已完成项目总投资的 35%。城市燃气普及进程进一步加快，燃气普及率稳步提高。2008 年在新增燃气用户 3.2 万户的基础上，对 3.3 万户人工煤气用户进行了天然气置换，对 2944 户液化气用户进行了液化气改造，并完成了 33 公里燃气管道的铺设任务，使全市城市燃气普及率达到 90.03%。城市公交服务能力进一步增强，全年共新增公交车辆 156 台，新开线路 8 条，进一步方便了百姓出行。随着节能减排和环保措施的逐步落实，城市居住环境质量进一步改善。全市好于二级以上空气质量天数达 341 天，较 2007 增加 10 天，在北方 15 个省会城市中位居第一。

（八）民生事业发展步伐加快。2008 年，全市各级党委、政府认真落实市委、市政府关于改善民生“63 条意见”，进一步加强了民生事业的资金投入力度，全市民生事业发展步伐明显加快。在强化社会保障方面，我市各级劳动和社会保障部门逐步加大各类社会保险核定扩面力度，扩大社会保险参保范围。2008 年，全市参加基本养老保险、基本医疗保险、失业保险、工伤保险和生育保险的人数分别达到 35.72 万人、37.65 万人、35.43 万人、25.63 万人和 19.77 万人，分别完成年初计划任务的 100.06%、100.14%、100.09%、100.03% 和 100.09%。城市、农村低保覆盖面进一步扩大，2008 年，城市低保保障人数达 74878 人，较上年增加 10954 人，农村低保保障人数达 75997 人，较上年增加 16267 人，分别完成年初计划任务的 104%和 106%。在不断扩大社会保障覆盖面的同时，年初确定的提高保障标准计划全部得到落实。在促进就业方面，全市认真落实各项就业扶持政策，全年共新增就业岗位 3.68 万个；认定“零就业家庭”160 户，实现了有就业能力和有就业愿望的“零就业家庭”至少一人实现就业的目标。在教育方面，圆满完成了 15 所中小学校重点项目建设后续工作，继续实施了农村寄宿制学校建设工程，为我市 4 个国贫县进行农村初中校舍改造工程争取国家投资 4038 万元。同时，优先发展民族教育，积极推进职业教育，使义务教育阶段蒙语授课寄宿生全部享受到生活补助，职业类别学校学生全部拿到了助学金补助。在卫生方面，继续加大了对医疗卫生服务基础设施建设的投入力度，用于改善居民就医条件，全年共投入 1295 万元用于加快推进乡镇卫生院基础设施建设。同时，医疗卫生基础设施重点建设项目进展顺利，目前，市第二医院艾滋病病房楼建设项目可行性研究报告已获批复；市第一医院和口腔医院门诊、住院大楼已全部封顶。在保障性住房建设方面，年初计划新（配）建的 1656 套廉租住房全部开工建设。2008 年经济适用住房新开工面积为 132 万平方米，已达到经济适用住房新开工面积占当年住宅新开工总量 25%的要求。

在充分肯定成绩的同时，我们也要清醒地认识到我市经济和社会发展中存在的一些困难和问题。一是由于受国际金融危机及三鹿奶粉突发事件影响，2008 年以来我市工业和固定资产投资增速有所放缓。二是近年来虽然农民增收速度明显加快，但城乡居民收入差距仍在继续扩大。三是产业发展层级有待进一步提高，企业科技创新和自主研发能力需不断加强。四是经济社会协调发展的能力仍需加强，部分关系百姓切身利益的民生问题还比较突出。对于这些问题，还需我们认真研究，逐步加以解决。

此外，2008 年部分经济社会指标未完成年初计划。初步统计，年初人代会审议通过的主要经济社会指标中规模以上工业增加值、固定资产投资未完成年初计划。其中：

规模以上工业增加值完成 330.1 亿元，未完成年初 390 亿元计划，主要原因：一是 2008 年前期受原材料成本不断上涨的影响，部分企业出现经营困难。二是受三鹿奶粉突发事件影响，乳品加工企业效益明显下滑。三是受国际金融危机导致的国内外市场需求下降的影响，我市冶金化工企业产品利润大幅缩水，部分生产企业被迫限产或停产检修。一些产品出口企业由于订单减少而产量下降。

固定资产投资完成 640.5 亿元，未完成年初 680 亿元计划，主要原因：一是由于国家进一步加大了对拟新开工项目的严格审批力度，致使一些项目前期工作进展缓慢，未能按期开工，导致项目开工量减少。二是受 2008 年前期国家从紧货币政策影响，部分项目由于资金短缺、贷款难等问题放缓了建设进度。三是拆迁难度明显加大，影响了项目落地进程。

二、2009 年国民经济和社会发展主要任务及工作措施

2009 年是全面贯彻落实党的十七届三中全会精神的第一年，也是确保“十一五”规划目标任务顺利实现的关键一年，但同时也是国际金融危机进一步向实体经济蔓延、经济下行压力逐步加大、我市经济发展面临更多困难和挑战的一年。为了认真贯彻落实好中央“保增长、扩内需、调结构”等一系列政策调控措施，努力实现经济平稳较快增长，按照中央、自治区经济工作会议精神和市委十届七次全委会有关工作部署，2009 年我市经济社会发展主要预期目标是：

地区生产总值增长 15%，达到 1515 亿元。规模以上工业增加值增长 18%，达到 395 亿元。财政收入增长 15%，达到 182 亿元。引进国内外资金增长 8%，达到 480 亿元，其中，实际利用外资增长 7%，达到 7.6 亿美元。固定资产投资增长 15%，达到 735 亿元。社会消费品零售总额增长 20%，达到 640 亿元。城镇居民人均可支配收入增长 12%，达到 22600 元;农民人均纯收入增长 12%，达到 7900 元。城镇登记失业率控制在 4.1%以内，人口自然增长率控制在 7.58‰以内，居民消费价格指数控制在 4%以内。万元 GDP 综合能耗下降 5.22%。化学需氧量(COD)排放量和二氧化硫(SO2)排放量分别控制在 2.7 万吨和 9.4 万吨以内。

2009 年国民经济和社会发展的主要任务和工作措施：

(一) 以扩大内需为契机，切实加强基础设施建设。按照国家扩大内需、促进经济增长十条措施的有关要求，紧紧抓住国家进行宏观调控，实行积极财政政策和适度宽松货币政策的有利时机，以中央政策导向和资金投向为着力点，进一步加强农业、交通、城建等基础设施建设，保持固定资产投资适度增长。

在农村基础设施建设方面，一是继续加强蔬菜、马铃薯基地建设和标准化奶牛养殖小区建设，重点做好 2009 年新增蔬菜种植面积 1 万亩、新增马铃薯中棚种植面积 8500 亩和新建、扩建标准化奶牛养殖小区 78 处的建设工作，力争全年粮食总产量稳定在 130 万吨；蔬菜产量达到 68 万吨，较 2008 年新增 10 万吨；鲜奶产量达到 420 万吨，较 2008 年新增 30 万吨。二是继续改善农村生活条件。重点抓好农村安全饮水工程建设，年内解决 5 万人、6 万头（只）牲畜的安全饮水问题。加大农村沼气工程实施力度，开工建设农村民用沼气工程 12250 户、规模化养殖厂大中型沼气工程 21 处、养殖小区和联户沼气工程 44 处、乡村级沼气服务网点 74 处。开工建设通乡油路 108 公里、通村公路 292 公里，力争实施“整村推进”扶贫的重点村达到 26 个。三是加快农田水利基本建设。随着国家巩固退耕还林成果项目的实施，进一步加强基本口粮田建设。继续推进大黑河、麻地壕灌区续建配套与节水改造工程等农区重点水利建设工程，力争年内纯增有效灌溉面积 5 万亩，纯增节水灌溉面积 20 万亩。

在城镇基础设施建设方面，重点按照城市建设“十年巨变”工作方案的总体要求，继续抓好巴彦热源厂等城市集中供热项目和既有供热管网改造工程的建设工作。继续加快燃气普及进程，全年新增天然气加气站 3—4 座，铺设天然气配气管网 30 公里。加快实施“城中村”改造工程，力争 2009 年基本完成旧城区和二环路以内城中村改造建设任务。

在交通基础设施建设方面，着力构筑城乡一体化道路交通网络，加快推进“一核双圈”建设进程。重点抓好铁路增建第二双线工程和大包电气化改造项目建设工作，加快呼武一级公路建设进程，力争国道 109 东西线工程完工和清水河县十七沟至大饭铺高速公路开工建设。

(二) 以重大项目的引进建设为抓手，全力加强产业结构优化调整。在做大做强优势特色产业的同时，按照产业升级、产业延伸和有利于增强发展后劲的要求，通过加强重大项目的引进、建设与管理，进一步优化我市产业发展层级，提升我市经济发展水平。

工业方面，着力推动产业延伸升级。冶金化工业重点抓好中石油炼油厂 500 万吨扩能改造项目的核准和中海油天野化工粉煤气化项目的开工建设及清水河焦化甲醇一体化项目的达产达效工作。机械制造业重点抓好一汽亿阳重型车组装项目、内蒙古恒鑫铁塔 3 万吨镀锌铁塔生产线及配套设施项目的生产和航天七院矿用液压支架的引进建设工作。努力做好风机制造项目的生产建设工作，重点抓好广东明阳风电公司 500 套风机设备制造项目和维斯塔斯集团公司一期年产 800 台风力发电机组生产项目的建成投产工作。电力产业继续努力做好金山电厂、丰泰电厂、和林电厂的上报核准工作，并力争 2009 年 30 万千瓦风电装机和中国神舟 5MW 太阳能发电示范项目开工建设。乳业在抓好恢复现有生产能力的同时，重点抓好蒙牛阿拉乳制品有限公司奶粉干燥塔建设项目和金山伊利乳业有限责任公司奶粉项目的达产达效工作。在硅产业方面重点抓好神舟硅业、大陆集团两个多晶硅项目的建成投产和天津中环单晶硅项目的引进建设工作，为把我市打造成全国知名的太阳能光伏材料产业基地奠定扎实基础。

服务业方面，努力提升服务业整体发展水平，充分发挥服务业拉动内需、促进消费、增加就业的积极作用。一是积极推进重点物流园区建设。在继续抓好金山铁通物流园区等重点园区建设的同时，进一步加大对美通、呼运、中储等现有物流企业的支持力度和现有物流资源的整合力度，并通过积极引进国内外知名物流企业，提高我市物流业在环渤海区域的竞争力。二是继续加快金融服务体系建设。在渣打银行成功入驻和林设立村镇银行的基础上，积极做好渣打银行在我市设立分行和民生银行、深圳发展银行、兴业银行、广东发展银行的引进工作。三是继续大力发展草原旅游业和文化创意产业。旅游业重点抓好大青山乌素图生态旅游区等项目的建设进度，加快旅游资源整合力度，打造旅游精品线路和精品景区。文化创意产业继续抓好大盛魁文化创意产业园有关建设工作。此外，继续推进中小企业融资服务平台建设，发展面向中小企业的小额贷款公司，通过加大对中小企业信贷支持力度，积极扶持中小企业发展，发挥中小企业吸纳就业、缓解就业压力的主渠道作用。同时，继续加快农产品市场服务体系建设，积极支持农民经纪人、农村专业技术协会等农村生产经营服务组织创新服务方式、丰富服务内容，进一步加快面向三农服务业的发展进程。

（三）以推进节能减排重点工程建设为着力点，进一步加强生态环保建设。充分利用国家加大节能减排和生态环保建设投入力度的良好机遇，全力加快我市节能减排重点工程建设进度，为实现我市“十一五”节能减排目标奠定基础。一是继续加强城市污水垃圾处理设施及配套管网建设。重点加快辛辛板污水处理厂、如意白塔污水处理厂、和林县城关镇、托县城关镇、土左旗察素旗镇、金山污水处理厂和西郊垃圾处理厂建设进度，努力推进金桥开发区、裕隆园区、武川可镇和清水河污水处理厂的审批进程，促其尽快开工建设。二是加快资源综合利用项目建设。重点抓好内蒙古冀东水泥二期工程带余热发电项目、内蒙古天皓水泥带余热发电项目及内蒙古大唐国际再生资源公司利用粉煤灰提取铝硅钛合金项目的建设工作。三是加大淘汰落后产能工作力度。重点加快淘汰“两高”产业和落后工艺、技术、装备及产品，为优势产业和高新技术产业发展腾出空间。四是继续加强重点生态工程建设。主要抓好天然林保护、“三北”防护林建设、巩固退耕还林成果和黄河流域综合治理等工程建设。

（四）以继续保持消费对经济的有效拉动为前提，努力提高城乡居民收入水平。抓住国家出台一系列扩大消费需求政策措施的有利时机，多渠道提高城乡居民收入水平。一是努力增加城乡居民收入。建立农资价格上涨与提高农资综合直补联动机制，增加农资综合直补。继续贯彻落实国务院关于进一步扩大良种补贴、农机具补贴范围、促进奶业持续健康发展和支持“家电下乡”等一系列扶农、助农政策措施，以推进农业增产农民增收，拉动农村消费需求。积极创造条件，努力提高机关企事业单位工资水平，确保我市企业最低工资标准与经济增长同步，确保我市最低工资水平略高于自治区同期标准。二是积极扩大社会就业。全面落实各项就业扶持政策，多渠道增加就业岗位，切实加强就业技能培训，提高失业人员就业能力。2009 年，力争全年城镇新增就业 3.5 万人。三是进一步提高社会保障水平。全面推行城镇居民基本医疗保险制度，继续提高新型农村合作医疗参合率和城乡低保保障标准、农村五保供养标准及优抚对象补助标准。2009 年，力争市四区城市低保标准由每月每人 260 元提高到每月每人 300 元；旗县城市低保标准在现有标准基础上，每月每人提高到 200 元；农村低保标准由每年每人 1200 元提高到每年每人 1400 元。力争农村五保集中供养标准由每年每人 1500 元提高到每年每人 1800 元，分散供养标准由每年每人 1200 元提高到每年每人 1500 元。继续扩大社会保险覆盖面，按照国家、自治区要求抓好农村养老保险试点工作。大力实施保障性安居工程建设，进一步提高居民住房保障水平，2009 年建设廉租房 3482 套，经济适用住房建设规模达到新开工房屋建设面积的 20%。

（五）以提高社会公共服务均等化水平为目标，继续加快民生事业发展。按照市委、市政府改善民生“63 意见”的文件精神，2009 年我市将继续全力扶持并积极推动民生事业发展。在教育事业发展方面，继续加大市本级投资支持力度，重点抓好城区17所中小学及市直学校新建、扩建和校舍改建等项目的建设工作。在卫生事业方面，继续实施好市妇幼保健院、市医院、市口腔医院、市结核病防治所、市中蒙医院、市第二医院艾滋病房楼以及第三医院的异地搬迁、改造及扩建工作。加快推进社区卫生服务设施建设，2009年新建3个社区卫生服务中心，使社区卫生服务城区人口覆盖率达到85%以上。加强乡镇卫生院建设，在完成2008年乡镇卫生院基础设施建设任务的基础上，2009年底完成全市75%乡镇卫生院设备安装任务。在发展城乡文化事业方面，加快建设呼和浩特传媒大厦，继续完善农村文化服务设施，在加强九个旗县区两馆建设的同时，做好53所乡镇文化站新建工作。

（六）以解决体制机制方面存在的突出问题为切入点，进一步加快改革开放步伐。按照中央、自治区经济工作会议的有关部署，2009年我市将继续着力深化改革、扩大开放。一是继续深化国有企业改革，在积极推进垄断行业和市政公用事业单位改革的同时，努力做好已改制企业职工的妥善安置工作。二是积极推进行政事业性收费改革。根据国家已经出台的行政事业性收费改革政策，对全市行政事业性收费项目进行清理。三是认真落实国家成品油价税费改革政策，做好成品油税费和价格形成机制改革的相关工作。在落实好国家价格改革相关政策的同时，继续密切关注民生价格波动，做好民生价格监测工作。四是继续扩大对内外开放。力争全年引进国内外资金达到480亿元，实际利用外资达到7.6亿美元。

（七）做好“十一五”规划实施中期评估工作，启动“十二五”规划编制工作。认真组织开展“十一五”规划《纲要》实施中期评估工作，并在对《纲要》实施总体进展情况进行实地调研、跟踪分析的基础上提出《<呼和浩特市国民经济和社会发展第十一个五年规划纲要>实施中期评估报告》，以增强《纲要》对后两年规划实施的指导作用。“十二五”规划是党的十七大后编制的第一个中长期规划，也是在国际国内经济形势复杂多变的背景下编制的发展规划。科学地编制好“十二五”规划，对于我市在复杂经济形势下继续保持平稳较快增长至关重要。2009年，我市将开始启动“十二五”规划编制各项准备工作，重点开展前期研究工作，做好重大课题调研工作，为提出“十二五”发展规划基本思路、编制“十二五”发展规划奠定基础。

各位代表，面对复杂多变的国际国内经济形势，继续保持经济平稳较快增长，我们肩负的任务将会很重，让我们在市委、市政府的正确领导下，坚定不移地贯彻落实科学发展观，自觉接受人大、政协监督，主动抢抓机遇，积极应对挑战，为圆满完成2009年各项目标任务做出新的更大的贡献。

关于呼和浩特市2008年财政预算执行情况和2009年市本级财政预算草案的报告

——2009年2月14日在呼和浩特市第十三届人民代表大会第二次会议上

呼和浩特市财政局

各位代表：

受市人民政府的委托，现将我市2008年预算执行情况和2009年市本级财政预算草案的报告提交本次人民代表大会审议，并请市政协各位委员和列席会议的同志们提出意见。

一、2008年全市财政预算执行情况

2008年，全市财政工作紧紧围绕市委部署，认真落实科学发展观,使我市现代化建设取得显著成就,和谐首府建设迈出新的步伐,圆满完成了市十三届人大一次会议批准的预算任务。

（一）2008年预算收支情况

按新口径统计(不包括基金收入)，2008年全市财政总收入完成158.3亿元，完成预算150亿元的105.5%，比上年同期增加38.7亿元，增长32.4%（分项目执行情况详见附表）。其中：市本级财政总收入完成23.2亿元，比上年增长95.8%。

2008年全市财政总支出完成133亿元，比上年同期增加32.6亿元，增长32.4%（分项目执行情况详见附表）。其中：市本级财政总支出完成60.4亿元，比上年增长41.8%。

以上数据是根据财政、税务12月报表数，决算数经上级财政审批后，依照相关规定向人大常委会做具体汇报。

（二）2008年全市预算执行和财政运行主要情况

1、市财政支持城市建设和经济发展的力度加大

为加强城市建设和经济发展步伐，财政积极筹集资金，按照十年巨变发展蓝图的建设要求，加强了城市基础设施的投资力度。投入20177万元改造排水管网和供热等城市基础

设施建设，投入22275万元加强城乡道路建设，投入火车东客站建设资金2000万元，投入园林绿化建设资金3060万元，投入3000万元迁建市医院。与此同时财政对经济建设的支持力度继续加大，三鹿奶粉事件后，我市积极应对，暂借伊利蒙牛各6000万元，支持其收购牛奶，解决暂时经营困难。利用国有资产收益拨付金创投资控股有限公司66000万元，增加其注册资本；兑现优惠政策3亿元；拨付国有企业转制资金5000万元,支持我市国有企业转制；积极清偿政府历年欠债，共偿还各种贷款本息和工程欠债等债务4.3亿元。

2、坚持以人为本，大力投入民生工程

认真贯彻市委政府关于进一步改善民生,解决涉及人民群众切身利益的“63条意见”以及政府承办的12件实事，各级财政部门加大投入力度，保证了各项民生工程顺利实施。

——加强教育投入，促进教育事业发展。一是积极贯彻义务教育保障机制。认真落实中央关于基础教育财政扶助政策，下达免杂费及提高城乡公用经费补助资金7078万元，将义务教育阶段学校公用经费补助标准提高到农村小学学生265元/年，初中学生295元/年，城镇小学学生280元/年，初中学生410元/年，市区学生小学300元/年，初中学生500元/年；全市免杂费和免费提供课本的覆盖率达到了现有全市全部286423名义教阶段学生；提高贫困家庭寄宿生生活补助标准，小学学生提高到500元/年，初中学生提高到750元/年，受益学生扩大到57992人，财政共拨付3106万元；及时下达蒙语寄宿生生活补助704万元，每名蒙语寄宿生补助标准达到小学1080元/年，初中1350元/年。二是积极落实大中专学生教育资助政策。拨付中等职业学校助学金3697万元，拨付高等职业学生助学金628万元，拨付高等学校学生奖学金和励志奖学金62万元；为确保贫困家庭子女享有平等接受教育的机会，对1491名贫困大学生入学进行资助，市县两级财政共拨付341万元。三是继续加强重点学校建设，市财政下达重点学校建设资金2700万元，下达职业学校试训基地设备资金865万元，下达义务教育学校维修费补助2285万元。四是积极化解农村义务教育债务，全市共化解债务24356万元，争取自治区奖补资金11761万元，对于农村义务教育的健康发展起到积极作用。

——加强社保投入，促进社会和谐。一是加强社会保障体系建设，提高城市和农村低保标准，城市低保标准提高到每人260元/月，农村提高到每人1200元/年，为此市县两级共拨付资金7793万元，使144632名城市低保和农村低保对象受益；二是市财政投入3155万元，用于实施再就业补助；三是提高农村五保对象的供养标准，人均提高200元/年，为此市县两级财政拨付资金780万元，使5770名农村五保户享受到政府的温暖；四是提高医疗救助水平，市县两级财政共拨付资金710万元，解决人民群众看病难的问题；五是提高老年人保障水平，按照70岁以上无社保老人财政给予每人100元/月，市县两级财政共拨付927万元，体现了党的“老有所养”的政策关怀；六是加快儿童福利院、社会福利院以及流浪未成年人救助中心建设。市财政共拨付资金1300万元；七是完善和落实因基本生活价格上涨对低收入群体的补助，市本级财政拨付资金195万元。

——继续加大对“三农”投入力度。财政继续加强对“三农”投入，一是推进蔬菜保护地建设，促进菜农增收。市财政拨付蔬菜保护地建设资金4110万元，全年建成蔬菜保护地10180亩。二是为促进奶农增收，市财政拨付350万元，建成大型奶牛场25个，“三鹿奶粉”事件发生后，市财政拨付奶农补贴4900万元，支持奶农生产。三是实施对中棚马铃薯进行补贴，全年市县两级财政共拨付资金3200万元，建成中棚1500亩。四是继续执行以农民粮食生产的补助政策，共拨付农机具补贴900万元、粮种补贴1180万元，发放粮食直补资金21592万元。

——加强医疗卫生投入，提高城乡医疗卫生保障水平。一是市县两级财政共安排980万元用于社区卫生服务中心建设，到年底全市已建成卫生服务中心30所。二是实施新型农村合作医疗，完善农民医疗保障制度，市县两级财政共安排1902万元，使全市901968名农民享受到这一政策带来的利益。三是加大农村卫生院卫生室建设，市县两级财政共拨付571万元，建成卫生院卫生室26所，为广大农民群众看病提供了方便条件。

——建设廉租房，解决低收入群体住房难问题。财政积极筹措资金解决低收入群体住房难的问题。一是市本级财政安排4000万元廉租房建设资金，全市新建廉租房1656套，年内已完工766套。二是为人均居住面积不足10平方米的低保家庭发放廉租住房租赁补贴资金3533万元。

——投入公共设施，改善公共服务水平。扩大公共交通服务网络，市财政拨付公交公司2100万元，增加了8条线路，新增了156台公交车；完善城镇居民文化服务设施，市财政投入20万元，新增图书3万册；开展社区文化活动，市财政拨付20万元，开展社区文化服务活动200场；为保证社区活动经费，每个社区每年安排2万元工作经费，市区两级财政共拨付319万元；市财政还投入了1050万元，改善社区办公设施条件；开展文化下乡活动，财政拨付资金150万元，保证了乡村电影演出2000场，文化戏曲演出60场；财政支持举办了昭君节、国际民间艺术节、广场消夏文化活动等大型活动；市本级安排310万元，实施了“广播电视村村通”工程。

——兑现公务员事业单位人员津补贴，提高干群收入水平。2008年提高了市级单位干部职工的津补贴收入，行政及事业单位在职职工人均每月提高补贴300元，离退休人员平均增加240元和180元；增加环卫工人工资120元，个人住房公积金从6%提高到12%。旗县区也根据各自情况，相应提高了干部职工津补贴水平及与个人相关的待遇。

3、财政改革稳步推进

——深化部门预算改革。制定了《2008年市本级预算编制办法》和《2008年市本级预算执行管理办法》，根据我市预算单位实际情况，提高了公务费分类分档标准。首次将单位预算外和其他资金收入纳入了预算管理，强化综合预算管理，加强部门预算执行力度，进一步增强预算的刚性约束。

——完善国库集中支付制度。制定完善了国库支付程序，简化拨款环节，严格按照国库直接支付范围对生产建设、服务及采购项目实行直接支付，加强了监督制约机制。制定下发了《关于基本养老保险费管理问题的通知》，建立了商业银行、社保部门、税务部门定期对账制度。加强了账户管理，规范银行账户开设、撤销的审批备案制度。

——加强非税收入管理。制定下发了《关于在全市范围内开展财政票据检查工作的通知》，严格票据审验工作。试用新的非税收入收缴系统，提高缴费效率。规范了应纳入预算管理的非税收入项目。清缴应纳入财政国有资产收益，实现应收尽收，全市非税收入全年达到197615万元。

——完善政府采购管理。制定了《呼和浩特市政府采购管理暂行办法》、《2008年政府采购货物采购工作程序》、《2008年集中采购目录和限额标准》等制度，完善了评标决标机制，将限额以下工程类项目纳入了采购管理范围，加强对集中采购项目的监管力度，推进协议供货的规范化管理，扩大了采购规模，年内政府采购资金达到63439万元，综合节约率达到9%。

——继续开展重点保障工作。制定下发了《市本级财政集中管理重点保障管理办法》，对纳入保障范围的公务用车保险、燃油、维修及城市路灯电费实行了重点保障，重点保障资金达到3650万元，节约资金达到25 9万元。保障了市重点部门及公安等部门的公车日常耗油及维修保险的需要，保证了城市路灯照明的用电资金需要，有效地节约了行政成本，同时提高了工作效率。

——完善市级与旗县区财政管理体制。对涉及应由市本级和旗县区财政共同承担的项目资金，统一了上下级财政负担比例，对困难旗县实行了倾斜政策，努力保持全市各地财政的均衡负担。

4、财政监督和管理工作得到强化

一是开展了财政支出绩效评价工作。对无规定疫病区建设项目和文艺演出电影放映下乡项目资金实施情况开展了绩效评价，取得了较好的成果，并且探索出了财政投资绩效评价的经验和办法，为进一步开展更大范围的绩效评价奠定了基础。二是开展了对重点单位的监督检查工作。对一些重点单位、重点企业财政资金运行情况进行了检查，对学校收费情况进行了检查，通过检查理顺了财政管理关系，对于促进财政资金合理使用起到了较好的作用。三是开展了预算单位银行账户的清查工作。对市本级所有行政事业单位开设的银行账户进行了清查，并对违规开设账户进行了清理。四是加强投资评审工作。对210个报审值为78394万元的工程项目进行评审，审定值为56550万元，审减金额21874万元，审减率达到27.9%，有效提高了财政资金的效益性。

5、国有资产管理得到加强

加强行政事业单位资产管理工作，草拟了《呼和浩特市行政事业单位资产管理暂行办法》，在全市范围内开展了行政事业单位资产清查工作，共核实市本级371家行政事业单位资产，清查值415950万元。进一步摸清了家底，发现了存在的问题，为下一步加强资产管理工作奠定了基础。加强了对房屋和车辆的管理，对车辆实行资源的优化配置，单位购置车辆实行以旧抵新。

加强对企业国有资产的监管，按照《呼和浩特市企业国有资本与财务管理办法》，开展了对市直属公司的财务调研，加强了对国有企业资产的评估、产权登记和资产处置的审定工作，积极促进企业转制，推进企业产权有序流动。

（三）预算超收收入的安排和使用情况

超收收入主要用于政府优惠政策兑现及消化财政暂付款等项目，具体情况由市财政依照相关规定向市人大常委会进行汇报。

（四）向下级财政转移支付情况

中央和自治区财政对旗县区转移支付56578万元。其中：财力性转移支付49141万元，包括：一般性转移支付31855万元，激励性转移支付17306万元，主要优先用于保障行政事业单位职工工资发放、机构正常运转、落实自治区制定的乡镇最低公用经费保障标准，支持“三农”等。专项转移支付7417万元，包括：教育支出7013万元，主要用于农村义务教育、城镇低保家庭免除学杂费、补助寄宿生生活费；军转干部安置补助404万元，专项用于军转干部生活困难补助。

（五）本级人民代表大会关于批准预算决议的执行情况

2008年，财政部门认真贯彻执行市十三届人大一次会议批准的预算，市本级预算内支出完成603732万元，比上年增长41.8%。其中：本级人代会批准的预算支出275736万元，已全部执行。具体情况是：

——一般公共服务支出56756万元，人大批准的31095万元预算已全部执行完毕。主要用于市委、政府、人大、政协、民主党派及行使一般公共服务职能的人员经费、公用经费、专项业务费等事务性支出。

——国防支出4100万元,人大批准的2802万元预算已全部执行完毕，全部用于人防工程建设。

——公共安全支出44065万元，人大批准的29348万元预算已全部执行完毕。主要用于公、检、法人员经费、办案经费和武警、消防、交警建设经费以及重点保障、综合治理、普法经费等。

——教育支出33706万元，人大批准的28455万元预算已全部执行完毕。主要用于人员经费、市区重点学校建设和旗县区重点教育工程补助、职业教育经费、农村义务教育保障机制市本级配套经费等。

——科技支出8240万元，人大批准的4250万元预算已全部执行完毕。主要用于基础研究和科技应用开发经费等。

——文化体育与传媒支出14463万元，人大批准的5221万元预算已全部执行完毕。主要用于人员经费、迎庆文艺演出经费、文物普查、文化下乡、广播电视支出等。

——社会保障与就业支出80840万元，人大批准的37897万元预算已全部执行完毕。主要用于行政事业单位离退休人员工资、低保补助、再就业担保资金和其他社会保障及民政福利事业支出等。

——医疗卫生支出21391万元，人大批准的16241万元预算已全部执行完毕。主要用于行政事业单位医疗保险、医疗机构设备购置和建设经费、离休及伤残人员医疗费等。

——环境保护支出25479万元，人大批准的3017万元预算已全部执行完毕。主要用于排污费支出、环境监测设备购置等。

——城乡社区事务支出101387万元，人大批准的30328万元预算已全部执行完毕。主要用于重点工程项目建设、道路园林维护、路灯电费、供热配套费、公共交通事业补贴等。

——农林水事务支出91238万元，人大批准的10700万元预算已全部执行完毕。主要用于蔬菜保护地建设、农牧林产业化发展、农业综合开发、马铃薯种植、奶牛繁育示范基地建设、无规定疫病区建设等。

——交通运输支出8720万元，人大批准的362万元预算已全部执行完毕。主要用于城乡公路工程建设及公路维护等。

——工商业金融等事务支出89766万元，人大批准的1279万元预算已全部执行完毕。主要用于旅游、对外贸易、粮食、安全生产等项支出。

——其他支出23511万元，人大批准预算74743万元主要是因为预算安排的住房公积金支出、新职工住房补贴支出、预留调资款、政府采购经费等项目，在具体执行过程中都要落实到有关类款中，从而增加相关类款支出数额而减少其他支出款数额。

上述类款市本级支出超过年初确定的预算指标主要是由于上级下达专项和各类转移支付补助、年终超收以及从其他支出类款中分解的支出数额增加所致。

（六）上级财政补助资金的安排和使用情况

2008年，上级财政下达我市补助资金23亿元。市财政已下达旗县区10亿元，市本级执行13亿元。下达到旗县区的补助资金主要包括农林水项目资金和医疗卫生、低保补助等专项资金。市本级执行的主要是城市低保补助、农业产业化基金、城乡社区公共设施建设以及迎庆文化活动、文艺演出等专项经费。

总之，一年来经过全市财税干部的共同努力，我市财政收支总体运行情况良好，财政工作取得了新成绩，管理水平得到有效提高。但是目前财政运行中还存在一些问题需要引起我们的重视。一是受宏观经济以及三鹿奶粉事件等突发事件的影响，我市部分企业遇到经营和销售困难，对税收收入产生一定影响，而且这种影响在2009年将会继续延续。二是部分旗县经济发展缓慢，新增税源增长不足，制约了地区财政收入的增长。三是受地区经济发展水平的影响,财政支出水平表现出不平衡性，这些问题已引起市政府的高度重视,将认真予以研究,采取有力措施,努力加以解决。

二、2009年市本级预算草案

综合分析影响2009年经济形势和财政收支的各种因素，预计2009年财政收支矛盾比较紧张，必须审时度势，未雨绸缪，科学合理编制2009年预算。2009年全市财政收支预算安排的总体要求是：以邓小平理论和“三个代表”重要思想为指导，深入贯彻落实科学发展观，全面贯彻党的十七大、十七届三中全会和中央、自治区经济工作会议精神，按照中央实施积极财政政策的有关要求，紧紧围绕市委、市政府确定的工作基本思路和重点工作目标，大力支持经济平稳较快发展；坚持开源节流、增收节支、统筹兼顾、留有余地的方针，加强财政收入征管，提升收入质量，增加可用财力，调整优化财政支出结构，保持公用经费零增长、保运转，落实国家扩大内需投入配套资金，压缩会议费、车辆购置、出国及一般性考察等一般性支出，加大对“三农”、教育、社保等重点支出，继续切实保障和改善民生；完善专项转移支付制度，支持旗县区人员补贴政策的兑现，缩小旗县区之间及旗县区与市级之间的差距，支持“一核双圈”、城关镇建设，支持贫困县经济发展；继续坚持“规范运行、和谐管理”的理财理念，依法理财，完善预算管理制度，加强财政科学化、精细化管理，提高财政管理绩效。

（一）全市地方财政总收入预算安排情况

2009年地方财政总收入考虑地区生产总值预期增长、国际金融危机对我市经济发展的影响、三鹿奶粉事件对我市两大乳品企业的影响以及国家税收政策调整等因素，安排182亿元，比2008年完成数增长15%。其中：安排税收收入168亿元，非税收入14亿元。税收收入中：国税部门组织的税收收入安排85.5亿元，增长20%；地税部门组织的税收收入安排82.5亿元，增长22%。

（二）市本级财力构成情况

用于安排市本级支出预算的财力收入分两部分：一部分是地方预算内一般预算财力；一部分是部门执收的预算外收入。

根据上述提出的2009年分部门预算收入任务和收入结构，市四区和开发区收入预算情况，市本级非税收入安排情况以及自治区下达的税收返还、转移支付补助、固定的补助收入及各项上解等因素测算可用财力，2009年市本级财政预算内一般预算财力安排412694万元，比2008年预算增加136958万元，增长49.7%。具体构成是：

1、市本级税收收入形成的财力为48115万元，比2008年预算增加9207万元。

2、市本级非税收入形成的财力为110000万元，比2008年预算增加71965万元。其中：

（1）专项收入财力为11515万元，比2008年预算增加800万元。专项收入中：教育费附加安排8000万元；排污费安排2800万元，增加800万元；水资源费安排600万元；探矿权、采矿权使用费及价款收入安排115万元，与上年持平。专项收入均属列收列支项目。

（2）其他非税收入构成的财力为98485万元，比2008年预算增加71165万元。其中：城发公司受政府委托收取的供热配套费收入为5000万元，与上年持平；人防经费收入安排4500万元，增加1700万元；国有资本经营收入及非经营性国有资产收入共安排41053万元；规划部门收取的城市配套费及其他执收执法部门收取的纳入预算内管理的行政事业性收费、罚没收入等财力为 47932 万元。

3、市四区及开发区按财税体制应上解市本级财力为 190248 万元，比 2008 年预算增加 24393 万元。

4、一般预算内转移性收支财力为 64331 万元，比 2008 年预算增加 31393 万元。

全市一般预算内转移性收入财力为 291480 万元，下达各旗县区一般预算内转移性收入财力为 198364 万元，市本级一般预算内转移性收入财力为 93116 万元。

全市一般预算内转移性支出为 39088 万元，各旗县区一般预算内转移性支出为 10303 万元，市本级一般预算内转移性支出 28785 万元。

市本级一般预算内转移性收入与支出相抵后，可用财力为 64331 万元。

除预算内一般预算财力外，市本级部门执收和使用的预算外资金安排 55463 万元。

（三）市本级地方财政支出预算具体安排情况

1、预算编制的原则

根据国务院和自治区关于编制 2009 年预算的指导思想、编制原则及 2009 年全市财政收支预算安排的总体要求，确定市本级支出预算编制原则：

（1）依法依规和量入为出原则。支出预算编制要符合《预算法》和其他法律、法规，体现国家方针政策，体现市委、市政府决策。同时，坚持量入为出、收支平衡。在可用财力范围内，要确保法定增长的要求，保障市委常委会、市政府常务会议研究确定要求列入预算的项目。对有关法律、法规规定的支农、教育、科技、计划生育、科普等经费均予以了较大幅度的增加。

（2）部门综合预算和零基预算原则。对部门的基本支出预算和项目支出预算要以预算内资金与预算外收入统筹安排，实行部门综合预算管理。同时，对属于上年度一次性支出下年度不再延续执行的项目予以剔除。为了压缩会议费及车辆购置费，政府采购经费由上年 4000 万元核减为 2000 万元。

（3）项目预算和零增长原则。部门支出预算分为基本支出、公共项目支出和生产发展类项目支出，对各类预算资金，都要细化到具体的项目，逐步向精细化预算、绩效预算过渡，以提高预算编制的规范化、科学化和透明度，为支出预算的最终有效执行提供坚实的基础。在安排支出预算时，除人员经费正常增加及政策性增支外,单位公用经费不予增加,对因新增人员按分类分档定额标准测算的公用经费超出 2008 年部分,优先安排公共事业发展经费。同时，因财力不足以及预测的专项收入有限，在安排项目支出预算时，除政策性调整、法定要求按比例增长的项目之外，原则上都实行零增长。

（4）重点支出保障原则。在预算财力范围内，要优化支出结构，着力保运转、保配套、保民生，要重点保障行政事业单位正常运转、增加个人津补贴、公共事务经费，贯彻国家出台扩大内需政策措施，落实扩大内需投入的配套资金，全力争取上级专项投入。继续加大对民生工程的投入。安排偿债资金及企业转制资金，解决好政府债务及遗留问题。

（5）建立预算稳定调节基金和对旗县区转移支付原则。考虑到预算执行中存在的不确定因素，为了保证市本级预算平稳运行，促进全市经济社会协调发展，根据财力情况安排预算稳定调节基金。同时，为了帮助解决旗县区个人补贴政策兑现，缩小旗县区之间及旗县区与市级之间个人补贴政策执行差距，安排对旗县区的财力转移支付资金。

2、具体安排情况

根据 2009 年市本级支出预算财力 468157 万元的总量，再按照市本级财政预算编制原则、编制内容及编制标准，市本级支出预算安排情况是：

（1）基本支出预算安排共计为 145401 万元。基本支出预算包括人员经费、公用经费和部门发挥基本职能经费。其中：一般预算内财力安排的基本支出预算 135883 万元，比 2008 年预算增加 25748 万元；预算外收入安排的基本支出 9518 万元。基本支出预算安排对以下新增因素均予以了考虑：一是新增财政供养人员增加经费；二是工资套改、公务员津补贴、事业单位人员增资纳入预算编制以及正常工资晋升、调资；三是人员工资增加使相应以此为基数计提的社会保险、住房公积金增加。

（2）公共项目支出预算和生产发展类项目支出预算安排合计为 322756 万元。其中：用一般预算内财力安排的公共项目支出和生产发展类项目支出预算合计为 276811 万元，比 2008 年预算增加 111659 万元；用执收部门收取的预算外收入安排的公共项目支出和生产发展类项目支出预算合计为 45945 万元。

按政府收支分类的功能科目划分，各类支出安排情况如下：

——基本公共管理与服务安排 36385 万元。按收入来源分：预算内资金安排 34284 万元，预算外资金安排 2101 万元。按支出类分：基本支出 14125 万元，公共及生产发展类项目支出 22179 万元。主要用于市委、人大、政府、政协、各民主党派及其所属一般公共服务职能的各项经费支出。其中：计划生育事业费安排 1468 万元，比 2008 年增加 168 万元，达到了有关政策规定对计生事业费预算安排的要求；企业军转干部解困资金安排 729 万元；基建审价费安排 1000 万元；民族工作经费安排 512 万元，增加 78 万元；市直企业离休干部特需费、公用经费和取暖费安排 175 万元；新增安排修编城市地价及第二次土地调查经费 800 万元及征地区片综合地价经费 80 万元。

——国防支出 4500 万元，比 2008 年增加 1700 万元。主要是预算内资金安排的公共项目支出，是根据人防易地建设费收入相应安排的人防工程建设支出。

——公共安全支出安排 39043 万元。按收入来源分：预算内资金安排 38764 万元，比 2008 年预算增加 9416 万元，增长 32.08%；预算外资金安排 279 万元。按支出类分：基本支出 27128 万元，公共及生产发展类项目支出 11915 万元。主要项目包括公安、交警、法检两院办案及建设经费、公共保障经费及普法经费等，其中：根据诉讼费收入情况安排中级法院办案经费800万元，增加190万元；新增安排危险化学品应急救援专用设备购置经费400万元；消防器材购置经费200万元；新建消防队建设前期费、消防车辆及器材购置费400万元；公安局三基工程建设资金500万元；新增安排警备区、预备役高炮团及八十八团建设资金200万元。

——教育支出安排56771万元。按收入来源分：预算内资金安排34145万元，比2008年预算增加5690万元，增长20%；预算外资金安排22627万元。按支出类分：基本支出22886万元，公共及生产发展类项目支出33885万元。预算安排达到了《教育法》中教育投入增幅高于财政经常性收入增长幅度的要求。项目经费中教育费附加安排8000万元，教育事业费2000万元；同时，农村义务教育保障机制经费按政策要求予以了保障。

——科学技术支出安排6220万元。均为预算内资金安排，比2008年预算增加1970万元，增长46.35%。按支出类分：基本支出347万元，公共及生产发展类项目支出5873万元。预算内资金安排的科技经费达到了国家科技进步考核指标的要求，同时达到了《科技进步法》中科技投入增幅高于经常性收入增长幅度的要求。科技经费的增加主要是用于支持我市大中型企业生产技术的自主研发和科研成果的转化推广。其中科技局分配管理的项目经费安排1000万元；科普经费安排80万元，增加30万元。

——文化体育与传媒支出安排13339万元。按收入来源分：预算内资金安排7860万元，比2008年预算增加2639万元，增长50.55%；预算外资金安排5479万元。按支出类分：基本支出7394万元，公共及生产发展类项目支出5945万元。主要项目包括村村通维护经费32万元；农牧民电影放映经费36万元，增加6万元；春节元宵文化庙会活动经费安排50万元，增加27万元；新增安排传媒大厦建设经费1000万元、20户以上自然村通广播电视设备配套经费312万元、奶业宣传经费30万元、电子图书网络经费20万元等项目。

——社会保障与就业支出安排54044万元。按收入来源分：预算内资金安排50341万元，比2008年预算增加12444万元，增长32.84%；预算外资金安排3702万元。按支出类分：基本支出26986万元，公共及生产发展类项目支出27058万元。主要项目包括：城市低保市级匹配资金安排3788万元；农村低保市级匹配资金安排2133万元，增加463万元；预留提高低保补助标准市级匹配资金安排2395万元；城市低保家庭冬季取暖补贴资金安排2000万元，增加952万元；城市低保教育救助资金安排280万元；城市和农村低保医疗救助资金安排733万元，增加23万元；五保户供养资金安排597万元，增加176万元；城镇居民医疗保险安排600万元，增加100万元；公益性岗位补贴经费安排3808万元，增加2808万元；社区办公经费安排97万元、4050人员工伤保险100万元，增加15万元；社会救济资金安排116万元，增加76万元，新增安排企业退休人员冬季采暖补助3616万元、社会福利园建设经费800万元、殡葬管理费5万元，继续安排再就业担保资金等项目。

——医疗卫生支出安排20910万元。按收入来源分：预算内资金安排20012万元，比2008年预算增加3771万元，增长23.22%；预算外资金安排898万元。按支出类分：基本支出11807万元，公共及生产发展类项目支出9103万元。主要项目包括：政府购买社区公共卫生服务机构补助经费安排280万元；军休干部医疗费492万元，增加95万元；农村新型合作医疗配套经费912万元，增加412万元；离休和伤残人员医疗费1623万元；创卫经费安排100万元，增加90万元；食品安全检查经费安排50万元，增加40万元；新增安排呼市第一医院建设及搬迁费3000万元；福利院院民医疗费等项目经费均得到了保障。

——环境保护支出安排3958万元。预算内资金安排3939万元，比2008年预算增加922万元，增长30.56%。预算外资金安排19万元。按支出类分：基本支出1017万元，公共及生产发展类项目支出2941万元。主要是用排污费安排的用于环境污染治理、环境执法能力建设、环境生态监测及环境保护宣传等支出。

——城乡社区事务支出安排53934万元。按收入来源分：预算内资金安排40670万元，比2008年预算增加10342万元，增长34.10%；预算外资金安排13263万元。按支出类分：基本支出11373万元，公共及生产发展类项目支出42561万元。主要项目包括：公共交通事业补贴安排1000万元；城市路灯电费公共保障资金安排4700万元；市容保洁经费安排1956万元，市容设施购置经费安排600万元；按照城发公司收取的配套费依规安排用于集中供热管网建设经费5000万元；新增安排城市维护费4000万元、廉租住房建设资金6000万元、地下管线信息系统更新项目经费600万元、市辖旗县规划地形图测绘费200万元、控制性规划经费430万元、GPS参考站建设经费50万元、1：1000地形图数据经费50万元。

——农林水事务支出安排17907万元。按收入来源分：预算内资金安排14869万元，比2008年预算增加4169万元，增长39%；预算外资金安排3038万元。按支出类分：基本支出9973万元，公共及生产发展类项目支出7933万元。主要用于马铃薯种植、肉羊养殖、农牧林产业化发展、农业综合开发、奶牛养殖基地建设、牲畜疫病防治和扶贫开发等项目。预算安排达到了《农业法》中农业投入增幅高于经常性收入增长幅度的要求。支农生产资金安排4700万元，其中：马铃薯种植、肉羊养殖共安排1324万元；水资源费根据其收入相应安排支出600万元，用供水设施建设费专项安排偿还引黄入呼供水工程贷款1600万元。

——交通运输支出安排6016万元。按收入来源分：预算内资金安排2451万元；预算外资金安排3565万元。按支出类分：基本支出2985万元，公共及生产发展类项目支出3031万元。

——采掘电力信息等事务支出安排313万元。均为预算内收入安排。按支出类分：基本支出283万元，公共及生产发展类项目支出 30 万元。

——粮油物资储备及金融监管等事务支出安排 862 万元。均为预算内收入安排。按支出类分：基本支出 692 万元，公共及生产发展类项目支出 170 万元。主要用于安排旅游促销宣传经费 150 万元，增加 50 万元；新增安排金融办招商引资经费 10 万元。

——其他支出安排 153956 万元。其中：预算内资金安排 153465 万元，比 2008 年预算增加 78721 万元；预算外资金安排 492 万元。按支出内容分：基本支出安排 8406 万元，公共及生产发展类项目支出安排 145630 万元。主要包括：预留增人增资、工资晋级以增加津补贴等资金 22993 万元，增加 8993 万元；政府债务还本付息资金安排 31148 万元；政府采购资金安排 2000 万元；住房货币化补贴安排 2000 万元；基本建设支出安排 3500 万元，增加 1000 万元；根据《预算法》的规定安排预备费 7000 万元，占预算支出的 1.7%。

为了保障市本级预算平稳运行，安排预算稳定调节资金 4000 万元。

对旗县区财政供养人员包括义务教育教师个人补贴政策兑现转移支付资金、以及打造“一核双圈”、支持城关镇建设、“两个文明”现场会、对贫困县的财力补助资金共计安排 10000 万元。

根据执收执法单位预计收入完成情况，安排执收执法单位成本性支出及办案经费 6600 万元；同时为了兑现自治区政府关于对金融机构中高管人员个人所得税政策，以及市政府关于税收及非税收入优惠政策，安排政策兑现资金 28994 万元。

安排国有资本金投入资金 21853 万元。

——列入基金的支出项目有：消化企业转制遗留问题 5000 万元，社区建设资金 1000 万元，基本建设经费 3500 万元(加上一般预算支出安排的基本建设经费 3500 万元共计安排 7000 万元)，中小企业担保资金 300 万元，民族商品交易会 200 万元，教育经费安排 3000 万元，偿债资金安排 7000 万元。列入基金的支出项目共计 20000 万元。

三、增强信心，脚踏实地，确保完成 2009 年财政预算任务

（一）支持经济平稳快速发展

一是要抓住国家实施积极财政政策和适度宽松货币政策以及出台扩大内需十项措施等历史机遇，大力支持国家投资和招商引资项目的建设工作，巩固现有财源，培育后续财源，促进财政收入稳定增长。二是改善宏观经济环境，强化对外服务管理，积极发挥财政职能，引导和扶持中小企业加大科技投入，增强自主创新能力，促进企业增产增效，不断培育我市经济及财源发展的后劲。三是积极支持和配合有关部门、旗县区及项目企业争取中央及自治区安排的投资项目资金，弥补我市财力不足的困难，为经济建设服务。四是依法加强收入征管，促进财政收入增收。推进财税库银税收收入电子缴库横向联网，提高税收征管技术水平。各级政府及财税部门要做好增值税转型、资源税改革、企业所得税缴库办法调整等税收政策变化的分析研究，杜绝跑冒滴漏；按照国家政策，清理已取消的各项收费，对未取消收费要进一步规范管理，应纳入预算管理的全部纳入预算管理。同时，要想方设法培植新财源，弥补能源价格回落产生的不利影响，增强财政可持续发展能力。

（二）调整财政支出结构，保证民生和社会公共事业发展需求

贯彻党的十七大及十七届三中全会精神，围绕我市打造“一核双圈”，进一步推进首府城乡一体化建设，调整财政支出结构，加快公共财政体系建设。一是继续加大基础设施、各类场馆和配套设施建设以及城中村建设改造投入力度，确保“十年巨变”各项重点工程顺利推进，进一步完善和提升城市综合服务功能。二是继续落实好改善民生工程，加大民生工程投入力度。重点要加大教育、社会保障、低收入家庭补贴救助、城乡医疗卫生、廉租房和经济适用住房为主的保障性住房建设等涉及人民群众切身利益问题的投入力度。三是继续加大“三农”投入，加强农业基础设施建设，加快农业科技创新，推进农业结构战略性调整，促进新型农业社会化服务体系建设。继续兑现好国家对农民的补贴政策，调动农民发展生产的积极性。同时，加大农村扶贫开发力度，深化农村综合改革，继续化解农村义务教育债务。四是积极兑现国家、自治区和市政府出台的调资政策和各项对低收入人群的增收政策。同时，研究建立县乡基本财力保障机制，完善专项转移支付制度，支持旗县区加快兑现涉及个人补贴政策，缩小旗县区之间及旗县区与市级之间的差距，促进社会和谐发展。五是构建公共财政，强化财政对公共事业的保障力度，扩大财政公共保障范围，提升政府公共服务水平及突发事件应急能力，促进社会事业全面健康发展。六是严格控制单位一般性支出的增长，压缩会议、政府采购、出国、车辆购置等经费支出。

（三）以科学发展观统领财政工作，规范运行、和谐管理，保障年度预算圆满完成

一是规范运行，强化征管，确保预算任务圆满完成。要加强财税监管，杜绝跑冒滴漏，确保完成财政收入任务。同时，要严格按照国家和自治区有关政策执行预算，并根据我市实际制定和完善预算执行管理办法，确保年度预算高效执行。并要配合市人大作好对试点部门的部门预算重点审查工作，提高部门预算执行效率。二是继续完善财政管理制度，进一步提升财政管理水平。要不断完善部门预算编制及国库支付制度。完善政府采购管理监督体系，积极推进政府采购工作。继续加强非税收入管理，完善非税收入管理和制度建设，指导旗县区开展非税收入管理软件上线工作。要切实加强行政事业单位国有资产管理，强化资产配置、使用、处置等环节的监管，理清和完善行政事业单位国有资产账务，逐步将行政事业单位资产管理纳入科学化、规范化和信息化的轨道。加强对国有企业国有资本经营的监督管理，确保国有资本经营收益应收尽收，防止财政收入的流失。要加强政府债务的规范管理，努力压缩旧债，严格举债程序，防范财政风险。重点加强对已明确预期绩效的预算项目资金的使用开展绩效考评，同时加大对财政投入大、

社会影响面广的专项资金使用管理情况的检查，维护财经纪律。同时，要加强会计监督，提高财会人员执业素质，杜绝“假户、假账”及违规财务行为的发生。三是改善服务水平，提高服务效率。要不断改善服务方式，加强财政部门自身建设。继续推进金财工程建设，不断改进和完善财政一体化软件综合管理信息系统的建设，在规范财政运行、节约行政运行成本的同时，提高服务效率。

各位代表，2009 年面对全球金融危机对宏观经济影响的不断蔓延，面对有关财税政策及突发事件对我市经济发展的不利影响，我们一定要切实贯彻党的十七大及十七届三中全会精神，贯彻落实国家宏观经济政策，坚持科学发展观，增强信心，踏实工作，采取有力措施，确保全年各项财政工作圆满完成，推动全市经济稳定快速发展。

呼和浩特市
2008 年国民经济和社会发展统计公报

呼和浩特市统计局

（2009 年 3 月 18 日）

2008 年，全市各族群众在市委、市政府的正确领导下，面对复杂多变的经济形势，认真贯彻落实中央“保增长、控通涨”的方针、政策，紧紧围绕市委、市政府确定的发展思路和奋斗目标，进一步解放思想、扎实工作、开拓进取，国民经济继续保持了较快增长的发展势头。

一、综　合

2008 年全市完成地区生产总值 1403.67 亿元，按可比价格计算，比上年增长 14.1%。其中，第一产业 75.16 亿元，同比增长 7.8 %；第二产业 506.41 亿元，同比增长 13.2%；第三产业 822.10 亿元，同比增长 15.2%。三次产业的比重为 5.4:36.1:58.5。人均地区生产总值 52897 元，同比增长 12.6%。

全年城市居民消费价格总水平比上年上涨 4.6 %。分项目看，食品、烟酒及用品、家庭设备用品及维修服务、医疗保健和个人用品、居住分别比上年上涨 15.1%、2.6%、0.2%、1.8% 和 5.2%，衣着、交通和通信、娱乐教育文化用品及服务均比上年有所下降，分别下降 3.7%、4.3%和 3.6%；农村生活消费品价格总水平比上年上涨 9.6%，分项目看，食品、衣着、家庭设备及用品、医疗保健、交通类、文教娱乐用品、服务项目和住房分别比上年上涨 14.6%、4.9%、10.4%、1.7%、0.3%、7.8%、2.9%和 17.5%。房屋销售价格比去年上涨 1.2%;农业生产资料价格总水平比上年上涨 18.5%。

年末全市城镇单位从业人员 30.24 万人，比上年末增加 0.31 万人。其中，国有单位从业人员 20.62 万人，增加 0.39 万人；城镇集体单位从业人员 1.02 万人，减少 0.1 万人；其他各种经济类型从业人员 8.60 万人，增加 0.02 万人。全年城镇新增就业人员 36810 人，安排下岗失业人员 21681 人，其中，安排就业困难对象再就业 5028 人。城镇登记失业率控制在 3.85%。

全年地方财政收入实现 158.3 亿元，比上年增长 32.4%。其中，地方财政一般预算收入 82.2 亿元，增长 54.2%。全年财政支出 133.1 亿元，比上年增长 32.3%。重点加大了农林水事务、环境保护、科学技术等方面的支出，与上年同期相比，上述三项支出分别增长 1.2 倍、1.2 倍和 1.1 倍。

二、农　业

全年农作物播种面积 441.4 千公顷，比上年增长 1.4%，其中粮食播种面积 316.4 千公顷，基本与上年持平。全年粮食产量再创新高，达 119.4 万吨，比上年增长 11.2%。在粮食作物中，玉米播种面积 130.1 千公顷，增长 5.3%，产量 81.80 万吨，增长 7.7%；马铃薯播种面积 97.09 千公顷，增长 12.8%，产量 24.79 万吨，增长 47.6%；油料播种面积 53.49 千公顷，增长 69.3%；产量 6.23 万吨，增长 87.1%。

全市年末家畜存栏 245.27 万头（只），比上年增长 14.5%。其中，大畜存栏 79.65 万头，比上年增长 6.3%，在大畜牲畜中，奶牛存栏头数 69.98 万头，比上年增加 9.4%，占大畜的比重为 87.9%，比上年提高 2.5 个百分点；小畜存栏 137.27 万只，比上年增长 13.8%；生猪存栏 28.35 万头，比上年增长 51.7%。全年肉类总产量 8.08 万吨，比上年增长 15.4%；鲜奶产量 305.02 万吨，增长 4.1%；禽蛋产量 2.01 万吨，增长 16.4%。

全年荒山荒(沙)造林面积达 62.0 千公顷，其中，人工造林 30.7 千公顷，无林地和疏林地新封 29.3 千公顷。年末实有封山育林　面积 135.9 千公顷，零星（四旁）植树 261 万株。当年苗木产量 4330 万株。

年末全市农牧业机械总动力达 184.68 万千瓦，比上年增长 8.1%，机耕地面积 438.8 万亩，增长 8.7%，化肥施用量（折纯）91840 吨，比上年增长 6.6%。农村用电量 29555 万千瓦时，增长 2.1%。

三、工　业

全市全部工业实现增加值 418.46 亿元，比上年增长 13.0%，其中，规模以上工业企业实现增加值 330.1 亿元，增长 11.2%。

在规模以上工业企业中，从经济类型看，国有企业实现增加值 28.76 亿元，增长 16.0%；集体企业实现增加值 0.43 亿元，增长 29.0%；股份制企业实现增加值 218.5 亿元，增长 9.0%；外商及港澳台投资企业实现增加值 82.2 亿元，增长 14.0%；其它经济类型企业实现增加值 0.16 亿元，下降 38.0%。从轻重工业看，轻工业增加值 161.16 亿元，增长 7.0%；重工业增加值 168.97 亿元，增长 15.0%。从行业看，食品、电子信息、生物制药、冶金化工、电力和机械制造六大支柱产业共实现增加值 225.80 亿元，占规模以上工业增加值的 68.4%。

全市 300 家规模以上工业企业实现主营业务收入 870.28 亿元，比上年增长 12.9%；实现利税 72.48 亿元，比上年下降 25.1%；盈亏相抵后实现利润总额 27.46 亿元，比上年下降 49.2%。

四、固定资产投资

全市城乡 50 万元以上固定资产投资完成 640.5 亿元，比上年增长 10.0%。从投资主体看，国有经济单位投资 251.84 亿元，增长 2.7%；非国有经济单位投资 388.62 亿元，增长 15.3%。从项目隶属关系分，地方项目完成投资 570.41 亿元，增长 5.2%；中央项目完成投资 70.05 亿元，增长 74.0%。从产业结构看，第一产业投资 24.6 亿元，比上年同期增长 63.2%；第二产业投资 185.5 亿元，增长 8.3%，其中：工业投资 181.9 亿元，增长 7.6%；第三产业投资 430.3 亿元，增长 8.7%。

房地产完成投资 177.1 亿元，比上年增长 36.4%。商品房施工面积 1787.12 万平方米，增长 14.0%；商品房销售额 90.45 亿元，增长 54.2%。

五、国内贸易和对外经济

全年实现社会消费品零售总额 533.9 亿元，比上年增长 24.9 %。分地区看，市、县和县以下零售额分别为 498.5 亿元、37.1 亿元和 18.3 亿元，分别增长 26.0%、18.5%和 12.6%。分行业看，批发零售业实现零售额 475.8 亿元，增长 42.0%；住宿和餐饮业实现零售额 74.2 亿元，下降 28.6%；其他行业实现零售额 4.4 亿元，增长 0.7%。从限额以上批零企业销售类值看，文化、家用电器和音像器材及汽车等消费热点继续升温。其中，文化办公用品类实现零售额 3.36 亿元，增长 24.3%；书报杂志类实现零售额 0.92 亿元，增长 26.0%；家用电器和音像器材实现零售额 12.06 亿元，增长 23.7%；汽车类实现零售额 43.66 亿元，增长 27.4%。

外贸进出口略有下降。今年以来受国家宏观调控影响，我市玉米出口配额减少，对出口影响较大。全年海关进出口总额达 8.97 亿美元，比上年下降 4.3%。其中：出口总额 4.90 亿美元，下降 22.7%；进口总额 4.06 亿美元，增长 34.0%。

全年引进外方资金 70744 万美元，比上年增长 17.3%。引进区外资金 220.3 亿元，引进区内资金 175.8 亿元，分别比上年增长 10.1% 和 24.3%。

六、交通和邮电

全年公路货运量 8944 万吨，增长 21.6%，公路货运周转量 115.84 亿吨公里，增长 21.1 %；公路客运量 4488 万人，增长 16.8%，公路客运周转量 49.48 亿人公里，增长 16.7%。

全年邮电业务总量 63.4 亿元，比上年增长 23.9 %。其中，邮政业务总量 1.8 亿元，下降 10.7%；电信业务总量 61.6 亿元，增长 25.3%。本地网固定电话用户 78.93 万户，其中城市电话用户 74.49 万户，乡村电话用户 4.44 万户；年末移动电话 161.45 万户，年末全市固定及移动电话用户总数达 240.38 万户，比上年末增加 20.78 万户。全市互联网络用户 26.33 万户，比上年末增加 3.13 万户。

七、金融和保险业

年末全市金融机构各项存款余额 1649.8 亿元，同比增长 29.2%。其中企业存款 583.3 亿元，同比增长 47.0%；城乡居民储蓄存款余额 640.6 亿元，同比增长 26.4% 。金融机构贷款余额 1458.6 亿元，同比增长 29.4%。从贷款投向看，短期贷款 358.2 亿元，同比增长 38.6%；中长期贷款 1042.5 亿元，同比增长 23.5%。金融机构的现金收入 2995.0 亿元，同比增长 12.4%；现金支出 2924.0 亿元，同比增长 12.0%，收支相抵，货币净回笼 71.0 亿元。

全市保费收入 24.9 亿元，比上年增长 43.9%。其中，人寿险保费收入 16.5 亿元，增长 52.6%；财产险保费收入 8.4 亿元，增长 29.4%。全市保险业务赔款与给付支出 7.17 亿元，比上年增长 27.5%。其中，人寿险保险业务赔款支出 3.28 亿元，增长 26.1%；财产险保险业务赔款支出 3.89 亿元，增长 28.7%.

八、科学技术和教育

2008 年全市高度重视科技进步，科技运用技术与开发经费达 3895 万元，年内专利申请量 966 件，授权专利 500 多件。安排重大科技专项资金 2895 万元，重大科技专项 26 项。获得国家及自治区支持资金 2094 万元，科技项目 55 项。年内签订各类技术合同 63 项，合同成交额达 34883.22 万元。

年末全市共有普通高校 21 所、成人高校 1 所、中等职业技术学校 55 所、普通中学 126 所、小学 539 所、幼儿园 131 所。年内普通高校招收学生 6.2 万人，比上年增长 10.3%，毕业学生 4.3 万人，增长 6.1 %，年末在校学生 18.4 万人，增长 11.8 %。普通中学招收学生 5.3 万人，比上年增长 2.9%，毕业学生 4.8 万人，增长 1.1%，年末在校学生 15.4 万人，增长 0.7 %。中等职业技术学校招收学生 2.3 万人，比上年增长 8.1 %，毕业学生 1.5 万人，增长 11.6 %，年末在校学生 5.9 万人，增长 11.7 %。小学招收学生 3.1 万人，比上年下降 0.9 %，毕业学生 3.3 万人，下降 3.7 %，年末小学在校学生 18.3 万人，下降 1.8%。小学学龄儿童入学率达 99.9%。年末在园幼儿人数为 3.0 万人，比上年下降 1.6%。

九、文化、卫生和体育

全市共拥有艺术表演团体 13 个，文化馆 8 个，公共图书馆 10 个，博物馆 3 个，广播电台 2 座，广播综合人口覆盖率 96.6 %，另外，全市还有电视台 2 座，有线电视用户 29.7 万户，电视综合人口覆盖率 93.5%。

年末全市共有各类卫生机构 896 个。其中医院 62 个。医院拥有病床 9396 张。全市共有专业卫生技术人员 13890 人，其中，执业医师及助理执业医师 6211 人。

全市有体育场 10 个，体育馆 7 个，游泳池 20 个。

十、环境保护

年末全市环境保护系统共有职工　262 人，环境监测人员 73 人。全市有自然保护区 7 个，面积达 266.85 平方公里。已建成的生态示范区 2 个，面积达 50 平方公里。年内完成环境污染治理项目 35 个，投资 7721.6 万元。全年城区空气质量优良天数达到　天，饮用水源地水质 24 项，指标监测合格率 100%，城市环境综合整治定量考核成绩再次名列全区第一。

十一、人口与人民生活和社会保障

据公安年报，年末全市总人口 224.3 万人（户籍人口，下同），比上年末增长 1.6%。其中，非农业人口 105.5 万人，增长 2.3%；市区人口 116.7 万人，增长 2.1%；少数民族人口 28.9 万人，增长 2.4%。人口出生率 11.4‰，死亡率 2.6‰，自然增长率 8.8‰。人口迁入率 19.7‰，人口迁出率 10.1‰，机械增长率 9.5‰。

全年在岗职工工资总额 93.73 亿元，比上年增长 16.1%。其中，国有单位在岗职工工资总额 73.46 亿元，增长 16.8%；集体单位在岗职工工资总额 2.31 亿元，增长 24.9%；其他单位在岗职工工资总额 17.96 亿元，增长 12.6%。全年在岗职工平均工资 30872 元，增长 15.5%。

城镇居民人均可支配收入达 20267 元，比上年增长 19.8 %。农村居民人均纯收入 7051 元，增长 15.2%。在收入增长的同时，居民的消费水平不断提高，消费层次进一步提升。城镇居民人均消费性支出 13145 元，增长 15.0%。农民人均生活消费性支出 3756 元，增长 15.0%。

年末全市参加基本养老保险人数 35.72 万人，比上年末增加 1.57 万人；参加失业保险职工 35.68 万人，比上年末增加 1.98 万人。全年参加基本医疗保险 37.65 万人，比上年末增加 1.55 万人；工伤保险 25.63 万人，比上年末增加 1.38 万人；生育保险 19.77 万人，比上年末增加 0.22 万人。

城镇居民享受最低生活保障人数 7.49 万人，发放低保资金 1.77 亿元；农村居民享受最低生活保障人数 7.59 万人，发放低保资金 0.7 亿元。

内蒙古自治区
2008 年国民经济和社会发展统计公报

内蒙古自治区统计局

（2009 年 2 月 26 日）

2008 年，全区各族人民在自治区党委、政府的正确领导下，以邓小平理论和“三个代表”重要思想为指导，深入学习实践科学发展观，努力构建社会主义和谐社会。在国际金融危机不断加剧的形势下，自治区各地沉着应对，认真贯彻执行国家出台的扩大内需的政策措施，努力变挑战为机遇，国民经济呈现增长较快、物价涨幅回落、民生状况改善、结构优化、社会和谐稳定的良好态势，社会各项事业全面进步。

一、综　合

初步核算，全年生产总值 7761.8 亿元，按可比价格计算，比上年增长 17.2%。其中，第一产业增加值 906.98 亿元，增长 7.5%；第二产业增加值 4271.03 亿元，增长 20.5%；第三产业增加值 2583.79 亿元，增长 15.5%。第一产业对经济增长的贡献率为 5%，第二产业对经济增长的贡献率为 61.4%，第三产业对经济增长的贡献率为 33.6%。全区生产总值中一、二、三次产业比例由上年的 12.5：51.8：

35.7 调整为 11.7：55.0：33.3。按常住人口计算，全年人均生产总值 32214 元，比上年增长 16.7%，按年平均汇率折算达 4638 美元。

全年居民消费价格总水平比上年上涨 5.7%。其中，食品类价格上涨 14.7%，居住类价格上涨 6.3%，其它消费品和服务类价格均略有上涨或保持稳定。工业品出厂价格和原材料、燃料及动力购进价格分别比上年上涨 12.5%和 11.7%，固定资产投资价格上涨 8.1%，农产品生产价格上涨 11%。

年末全区就业人员 1103.07 万人，比上年末增加 21.54 万人，增长 2%。其中，城镇单位就业人员 414.68 万人，比上年末增加 31.19 万人，增长 8.1%。全年领取再就业优惠证的下岗失业人员再就业 14.38 万人，比上年减少 0.92 万人。年末城镇登记失业率为 4.1%，比上年末提高 0.1 个百分点。

全年完成地方财政总收入 1107.31 亿元，其中地方财政一般预算收入 650.64 亿元，分别比上年增长 32.5%和 32.1%。全年地方财政支出 1455.48 亿元，比上年增长 34.5%。其中，社会保障和就业支出 191.82 亿元，比上年增长 26.2%；医疗卫生支出 59.46 亿元，增长 35.5%；教育支出 205.84 亿元，增长 34%。

国民经济和社会发展中存在的主要问题是：经济结构性矛盾依然突出，产业结构调整步伐和升级步伐相对滞后；受需求萎缩和部分产品价格大幅下降的影响，经济增长下行压力增大，亏损企业数量有所增加，亏损企业亏损情况较为严重；受自治区产业结构趋于重型化的制约，能源消耗水平依然偏高；城乡居民收入增长与经济增长的协调性仍需加强；就业形势相对比较严峻等。

二、农 业

全年农作物种植面积 686.08 万公顷，比上年增加 9.93 万公顷。其中，粮食作物种植面积 525.45 万公顷，比上年增加 15.27 万公顷。全年粮食总产量 2130.23 万吨，创历史最高水平，比上年增产 319.16 万吨，增长 17.6%。其中，玉米、大豆和薯类产量分别增长 21.5%、23.8%和 26.4%。全年油料产量 117.54 万吨，增长 48%；甜菜产量 170.04 万吨，增长 43.4%；蔬菜产量 1360.84 万吨，增长 6.5%；水果（含果用瓜）产量 238.16 万吨，增长 15.4%。

牧业年度全区牲畜存栏头数达 10677.2 万头（只），比上年同期下降 1.6%；牲畜总增 6162.89 万头（只），牲畜总增率达 55.8%。牧业年度良种及改良种牲畜总头数 9965.47 万头(只)，比重为 93.3%，比上年同期下降 0.11 个百分点。全年肉类总产量 219.37 万吨，比上年增长 6.3%；牛奶产量 912.2 万吨，增长 0.3%；山羊绒产量 6890 吨，增长 3%；禽蛋产量 45.5 万吨，增长 9.1%；水产品产量 9.82 万吨，增长 4.9%。

林业全年完成营造林面积 71.86 万公顷，造林成活率达 85%。其中，人工造林 37.73 万公顷，飞播造林 5.74 万公顷，封山育林 28.39 万公顷。全年完成退耕还林和荒山荒地造林面积 15.5 万公顷，完成天然林资源保护工程造林面积 11.9 万公顷，完成京津风沙源治理工程造林面积 20.21 万公顷，完成“三北”防护林四期工程造林面积 7.22 万公顷，幼林抚育（作业）面积 70.73 万公顷。年末全区森林面积 2050.67 万公顷，森林覆盖率达 17.57%。林业系统自然保护区个数达到 132 个，保护区面积 944.02 万公顷，被保护的物种达到 3430 种。全年实现林业产业产值 199 亿元，其中营林产值 86 亿元。林业产业增加值 105 亿元。

年末全区农牧业机械总动力 2779.44 万千瓦，比上年增长 25.8%；机耕地面积 523.33 万公顷，增长 0.9%；机电井数量 39.31 万眼，增长 2.1 %；年内新增农田有效灌溉面积 7.64 万公顷，新增节水灌溉面积 21.54 万公顷，分别比上年增长 11.5%和 17.6%；全年农村牧区用电量 36.50 亿千瓦时，增长 7%；化肥施用量（折纯）154.10 万吨，增长 10.1%。全年综合治理水土流失面积 1024.78 万公顷，比上年增长 3.5%。

三、工业和建筑业

全年全部工业增加值 3798.6 亿元，比上年增长 23.1%。其中，规模以上工业企业完成增加值 3450.25 亿元，比上年增长 24.5%。在规模以上工业企业中，国有企业增加值增长 15.5%，集体企业增加值增长 44.9%，股份合作企业增加值增长 15.7%，股份制企业增加值增长 25.6%，外商及港澳台投资企业增加值增长 16.2%，其它经济类型企业增加值增长 90.2%。在规模以上工业企业中，轻工业增加值 619.82 亿元，增长 15.1%；重工业增加值 2830.43 亿元，增长 26.9%。

全年规模以上工业新产品产值 83.3 亿元，比上年增长 6.5%；出口交货值 217.69 亿元，比上年增长 15.9%。能源、冶金、化工、装备制造、农畜产品加工业和高新技术六大优势特色产业增加值占 90%以上，成为拉动工业生产快速增长的主要动力。原煤、发电量、粗钢和钢材产量分别比上年增长 30.2%、11.5%、18.6%和 16.2%，载货汽车增长 58.9%，其他主要工业产品产量均有不同程度增长。

2008 年 1-11 月，全区规模以上工业企业主营业务收入 7503.88 亿元，比上年同期增长 43.3%；实现利润 614.68 亿元，比上年同期增长 40.7%。其中，国有及国有控股企业实现利润 232.39 亿元，同比增长 28.5%；规模以上工业亏损企业亏损额 57.74 亿元，同比增长 1.5 倍。全年规模以上工业企业产品销售率 97.2%，比上年下降 0.2 个百分点。

全年建筑业增加值 472.43 亿元，比上年增长 3.7%。全区具有建筑业资质等级的建筑施工企业 778 个，比上年增加 30 个；施工企业房屋建筑施工面积 5168.79 万平方米，比上年增长 4.5%；竣工房屋面积 2984.98 万平方米，增长 1.9%；房屋建筑竣工率 57.8%。全年具有建筑业资质等级的建筑企业实现利润 42.59 亿元，比上年增长 26%；实现税金 28.25 亿元，比上年下降 1.4%。

四、固定资产投资

全年全社会固定资产投资总额 5596.45 亿元，比上年增长 27.1%，增幅比上年回落 2.2 个百分点。其中，城乡 50 万元以上项目完成固定资产投资 5516.04 亿元，增长 27.4%。从投资主体看，国有经济单位投资 2115.29 亿元，增长 22.3%；集体单位投资 64.32 亿元，增长 34.2%；个体投资 100.7 亿元，增长 13.9%；其他经济类型单位投资 3316.14 亿元，增长 30.6%。按项目隶属关系分，地方项目完成投资 4791.31 亿元，增长 22.9%；中央项目完成投资 805.14 亿元，增长 58.7%。

在全区固定资产投资中，第一产业投资 251.5 亿元，增长 67%；第二产业投资 2916.9 亿元，增长 30.1%；其中，工业投资 2881.76 亿元，增长 29.8%；第三产业投资 2428.05 亿元，增长 20.7%。从城乡看，城镇固定资产投资 5448.91 亿元，比上年增长 27.1%；全年房地产开发投资 736.08 亿元，比上年增长 47%；其中，经济适用房投资 69.16 亿元，增长 1 倍；农村固定资产投资 147.54 亿元，增长 25.2%；其中，非农户投资 67.13 亿元，增长 55.6%。从主要行业投资看，农林牧渔业投资 251.50 亿元，增长 67%；电力、燃气及水的生产和供应业投资 753.7 亿元，增长 12.3%；交通运输、仓储及邮政业投资 543.68 亿元，增长 4%；水利、环境和公共设施管理业投资 413.75 亿元，增长 20%。

全年新开工项目 8189 个，在建项目投资总规模 12206.80 亿元，分别比上年增长 8.1%和 23.1%。在全区城乡 50 万元以上项目固定资产投资中，全部建成投产项目 6756 个，项目建成投产率 68.2%；新增固定资产 2873.49 亿元，固定资产交付使用率 52.1%。新增主要生产能力有：水泥 458 万吨，发电机组容量 922.3 万千瓦。城镇住宅施工面积 6902.39 万平方米，比上年增长 25.5%；城镇住宅竣工面积 1932.03 万平方米，比上年下降 16.2%；其中，经济适用房 129.89 万平方米，下降 5.4%。商品房竣工面积 1694.07 万平方米，比上年下降 7.6%；商品房销售面积 2141.01 万平方米，增长 2.6%；农村牧区竣工住宅面积 621 万平方米，增长 4.2%。

五、国内贸易

全年社会消费品零售总额 2363.33 亿元，比上年增长 24.1%，高于上年 4.7 个百分点。分城乡看，城市消费品零售额 1626.92 亿元，增长 25%；县的消费品零售额 464.73 亿元，增长 23%；县以下消费品零售额 271.68 亿元，增长 21%。分行业看，批发零售贸易业零售额 1849.13 亿元，增长 23.4%；住宿和餐饮业零售额 462.16 亿元，增长 27.7%；其他行业零售额 52.04 亿元，增长 19.1%。

消费品市场呈现两大亮点：一是消费结构呈现积极变化，汽车、居住、家庭装饰等消费不断扩大，汽车类零售额增长 28.8%；家电和通讯类消费品升级步伐加快，家用电器和音像器材类增长 19.8%。二是自治区作为国家“家电下乡”的试点省区市之一，有力带动了全区农村牧区的消费市场。全年县及县以下实现零售额比上年增长 22.3%，比上年加快 5.1 个百分点。

六、对外经济

全年海关进出口总额 89.33 亿美元，比上年增长 15.4%。其中，出口总额 35.79 亿美元，增长 21.6%；进口总额 53.54 亿美元，增长 11.6%。从主要贸易方式看，一般贸易进出口额达 48.67 亿美元，占 54.5%，比上年增长 12.1%；边境小额贸易进出口额达 34.99 亿美元，占 39.2%，比上年增长 16.5%。

全年新批准外商直接投资企业 125 家，实际利用外商直接投资 26.51 亿美元，比上年增长 23.4%。年内全区在工商部门注册的“三资”企业 923 家。

全年共签订国外工程承包、劳务合作及境外投资协议合同金额 1.82 亿美元，完成营业额 7110 万美元。

七、交通、邮电和旅游业

全年各种运输方式完成货运量 132227.72 万吨，比上年增长 28.5%。其中，铁路 37464.64 万吨，增长 26.5%；公路 94762 万吨，增长 29.3%；民航 1.08 万吨，下降 39.7%。全年各种运输方式完成货物周转量 2558.67 亿吨公里，比上年增长 20.6%。其中，铁路 1901.67 亿吨公里，增长 16.7%；公路 656.9 亿吨公里，增长 33.5%；民航 0.1 亿吨公里，与上年持平。全年各种运输方式完成客运量 44847.08 万人，增长 15.6%。其中，铁路 3898.44 万人，增长 11.7 %；公路 40773 万人，增长 16.4%；民航 175.64 万人，下降 30.5%。全年各种运输方式完成旅客周转量 431.95 亿人公里，比上年增长 14.5%。其中，铁路 154.77 亿人公里，增长 14.9%；公路 260.16 亿人公里，增长 18.5%；民航 17.02 亿人公里，下降 25.6%。年末民用汽车保有量 169.99 万辆，比上年增长 15.2%。其中，私人轿车保有量 62.52 万辆，增长 30.8%。

全年邮电业务总量（2000 年不变价）455.88 亿元，比上年增长 22.3%。其中，电信业务总量 444 亿元，增长 21.6%；邮政业务总量 11.88 亿元，增长 10.3%。年末（本地电话）局用交换机总容量 729 万门，下降 3.1%。年末本地网固定电话用户 462 万户，下降 12%。其中，城市电话用户 388 万户，下降 5.6%；乡村电话用户 74 万户，下降 35.1%。年末移动电话用户 1344 万户，增长 28.4%。年末全区固定及移动电话用户总数达到 1806 万户，比上年末增加 234 万户。全区电话普及率（包括固定和移动电话）达到 75.41 部/百人，增长 14.5%。年末全区互联网络用户 136 万户，下降 3.5%。

全年实现旅游总收入 468.85 亿元，比上年增长 20%。其中接待入境旅游人数 154.93 万人次，增长 3.7%；旅游外汇收入 5.77 亿美元，增长 5.9%。国内旅游人数 3198.68 万人次，比上年增长 10%；国内旅游收入 429.5 亿元，增长 22.4%。

八、金融、证券和保险业

年末全区金融机构各项人民币存款余额 6341.03 亿元，比上年末增加 1387.12 亿元，增长 28%。其中，企业存款余额 1752.62 亿元，比上年末增加 387.82 亿元，增长 28.4%；储蓄存款余额 3211.66 亿元，比上年末增加 669.74 亿元，增长 26.4%。年末全区金融机构各项人民币贷款余额 4527.86 亿元，比上年末增加 878.70 亿元，增长 23.3%。其中，短期贷款余额 1776.29 亿元，比上年末增加 308.06 亿元，增长 20.2%；中长期贷款余额 2589.72 亿元，比上年末增加 534.27 亿元，增长 25.3%；个人消费贷款余额 256.86 亿元，比上年末增加 72.98 亿元，增长 37.6%。全区金融机构现金收入 18905.61 亿元，现金支出 19152.98 亿元，均比上年增长 6.7%；收支相抵，货币净投放 247.37 亿元，比上年增长 4.6%。

2008 年末，全区证券公司开户数已达 47.1 万户，比上年末增加 7.93 万户，增长 20.2%；受股市震荡调整等因素影响，证券交易额为 2528 亿元，比上年下降 33.3%。

全年保险业实现保费收入 141.35 亿元，比上年增长 44.6%，比上年提高 8.7 个百分点。其中，财产险实现保费收入 53.59 亿元，增长 43.5%；人身险实现保费收入 87.75 亿元，增长 45.3%。全年保险业赔款与给付支出 43.52 亿元，增长 35.1%。其中，财产险赔款 26.52 亿元，增长 37.3%；人身险赔付 17 亿元，增长 31.8%。

九、教育和科学技术

年末全区共有普通高等学校 39 所，比上年增加 3 所；全年招收学生 10.71 万人，比上年增长 8.1%；年末在校学生 31.67 万人，比上年末增长 11.5%，其中，少数民族在校学生 9.81 万人，在少数民族在校学生中有蒙古族 8.63 万人，分别增长 14.5%和 23.4%；全年毕业学生 7.36 万人，增长 10.1%。年末全区有研究生培养单位 9 个，全年招收研究生 3784 人，比上年增长 7%；年末在校研究生 10722 人，比上年末增长 8.4%，其中，少数民族在校研究生 3831 人，在少数民族在校研究生中有蒙古族研究生 3382 人，分别增长 14.1%和 11.6%。年末有中等职业教育学校 300 所，比上年增加 24 所；招收学生 10.63 万人，比上年下降 6.8%；年末在校学生 26.93 万人，比上年末增长 1.6%，其中，少数民族在校学生 4.79 万人，增长 1.6%；全年毕业学生 7.49 万人，增长 20.6%。年末有普通高中 324 所，全年招收学生 18.16 万人，比上年下降 2.3%；年末在校学生 54.11 万人，比上年末下降 3.6%，其中，少数民族学生 14.59 万人，少数民族学生中有蒙古族学生 12.48 万人；全年毕业学生 18.76 万人，增长 10.3%。年末有普通初中 990 所，全年招收学生 27.25 万人，比上年增长 8.4%；年末在校学生 87.54 万人，比上年末下降 7%，其中，少数民族学生 21.13 万人，少数民族学生中有蒙古族学生 18.37 万人；全年毕业学生 31.13 万人，比上年下降 3.4%。全区初中阶段毛入学率 99.85%，比上年提高 5.7 个百分点。年末有小学 3605 所，全年招收学生 25.02 万人，比上年下降 3.8%；年末在校学生 155.27 万人，比上年末下降 2%；年末毕业学生 27.21 万人，比上年增长 8.2%。全年小学适龄儿童入学率 99.73%，基本与上年持平。全区幼儿园在园幼儿 30.69 万人，比上年增长 5.7%。

全年共取得重大科技成果 237 项，其中，基础理论成果 36 项，应用技术成果 199 项，软科学成果 2 项。全年专利申请 2221 项，授权专利 1328 项，分别比上年增长 10.2%和 1.1%；年内签订各类技术合同 1068 项，技术合同成交金额 9.4 亿元。其中向区外输出技术成交金额 1.8 亿元。

年末全区拥有产品质量检验机构 680 个，比上年增加 131 个。其中国家检测中心 3 个。

十、文化、卫生和体育

年末全区有艺术事业机构 148 个，从业人员 5767 人，分别比上年增长 0.7%和 2.2%；艺术表演团体 109 个，其中乌兰牧骑 68 个。年末全区有电影事业机构 912 个，从业人员 3679 人；全年生产故事片 3 部，制作蒙语译制片 32 部。年末拥有各类电影放映单位 810 个。拥有文化馆 102 座，公共图书馆 113 座，博物馆 37 座，档案馆 140 座，已开放各类档案 160 万卷。年末全区拥有广播电台 13 座，中短波广播发射台和转播台 57 座，广播人口覆盖率 94.05%，比上年提高 1.07 个百分点；拥有电视台 14 座，一千瓦以上电视发射台和转播台 92 座，电视人口覆盖率 92.72%，比上年提高 1.28 个百分点；年末全区有线电视用户 282.91 万户，比上年增长 8.6%。自治区和盟市两级全年出版报纸 34976 万份，其中蒙文版 1547 万份；出版各类期刊 1426 万册，其中蒙文版 134 万册；出版图书 7140.47 万册，其中蒙文版 934 万册。

年末全区共有卫生机构 7966 个，比上年增加 113 个。其中，医院 479 个，农村牧区卫生院 1325 个，疾病预防控制机构 140 个，妇幼卫生机构 114 个，专科疾病防治院（所）54 个。年末全区医疗卫生单位拥有病床 7.4 万张，比上年增长 0.2%。其中，医院拥有病床 5.26 万张，乡镇卫生院拥有病床 1.31 万张，妇幼卫生机构拥有病床 0.24 万张。年末全区拥有卫生技术人员 10.62 万人。其中，医院拥有 5.84 万人，乡镇卫生院拥有 1.72 万人，疾病预防控制机构拥有 0.57 万人，妇幼卫生机构拥有 0.47 万人；执业医师、助理医师 4.9 万人，注册护士 3.12 万人，均比上年有所增加。农村牧区卫生事业不断加强，拥有农村牧区村级卫生室 1.56 万个，拥有乡村医生和卫生员 1.67 万人，分别比上年增长 3.8%和 1.9%。年内开展新型农村合作医疗试点的旗县达到 95 个，覆盖农村牧区人口 1434.4 万人，其中，实际参加农村合作医疗的农牧民 1180 万人，比上年增长 6.5%。

年内全区体育健儿在国内外重大竞赛中获奖牌 1448 枚。其中，国外获奖牌 14 枚。张小平获得北京奥运会拳击比赛冠军，实现了自治区在奥运会历史上奖牌零的突破。国内获奖牌 1434 枚，破自治区记录 3 项。

十一、环境保护

全区确定的自然保护区 196 个，比上年增加 4 个。其中，国家级自然保护区 23 个，自治区级自然保护区 60 个。自然保护区面积 1386.33 万公顷，其中国家级自然保护区面积 387.52 万公顷。全区拥有生态示范区 25 个。年末全区环境保护系统拥有职工 5205 人，比上年末增长 17.5%；年末全区拥有各级环境监测站 97 个，环境监测人员 1362 人。全区监测的 15 个城市空气质量达到二级标准的 10 个，达到三级标准的 5 个。

十二、人口、人民生活和社会保障

全年出生人口 23.63 万人，人口出生率 9.81‰；死亡人口 13.34 万人，人口死亡率 5.54‰；人口自然增长率 4.27‰，比上年下降 0.21 个千分点。年末全区常住人口 2413.73 万人，比上年增加 8.67 万人，其中少数民族人口 533.68 万人，在少数民族人口中有蒙古族人口 436.47 万人。城镇人口 1248.26 万人，比上年增长 3.5%，占全区总人口的比重 51.7%；乡村人口 1165.47 万人，比上年下降 2.8%，占全区总人口的比重 48.3%。男性人口 1240.18 万人，女性人口 1173.55 万人。在总人口中，65 岁及以上老年人口达 176.68 万人，占全区总人口的比重为 7.32%，比上年提高 0.2 个百分点。

全年城镇居民人均可支配收入 14431 元，比上年增加 2053 元，增长 16.6%，扣除价格因素实际增长 10.6%。其中，人均财产性收入 324.67 元，人均转移性收入 3030.7 元，分别增长 6.8%和 29.8%。城镇居民人均消费性支出 10827.04 元，增长 16.7%。城镇居民家庭恩格尔系数为 32.8%，比上年上升 2.4 个百分点。全年农牧民人均纯收入 4656 元，比上年增加 703 元，增长 17.8%，扣除价格因素实际增长 11%。其中，人均工资性收入 806.48 元，增长 12.5%；人均家庭经营性收入 3218.01 元，增长 15.5%；人均转移性和财产性收入 631.69 元，增长 40.3%。农牧民人均生活消费支出 3618 元，增长 11.1%。农村牧区居民家庭恩格尔系数为 41%，比上年上升 1.7 个百分点。城乡居民每百户主要耐用品拥有量均有不同程度增长。

年末全区参加基本养老保险人数 389.47 万人，比上年增长 5%；参加失业保险职工 225.5 万人，领取失业保险金人数为 7.7 万人；全年参加基本养老保险的离退休人员 102.94 万人，比上年增长 6.6%；养老金社会发放率达到 100%；全年参加基本医疗保险人数 373.7 万人，比上年增长 6%；全年有 265.06 万职工和 108.64 万退休人员参加了基本医疗保险，分别比上年增长 6.6%和 4.6%。全年共有 198.85 万人得到国家最低生活保障救济，比上年增加 28 万人。

年末全区各类社会福利院床位 2.52 万张，比上年增长 2.1%，收养 1.92 万人，增长 2.5%；年末全区城镇建立各种社区服务设施 5109 个，比上年增加 74 个。其中社区服务中心 492 个，比上年增加 51 个。全年筹集社会福利资金 5.07 亿元，销售社会福利彩票 16.53 亿元，分别比上年增长 31.2%和 49.6%；接受社会捐赠 41802 万元。

注：本公报为初步统计数，生产总值及分产业增加值绝对数按现价计算，增长速度按可比价格计算。

中华人民共和国
2008 年国民经济和社会发展统计公报

中华人民共和国国家统计局

（2009 年 2 月 26 日）

2008 年，全国各族人民在党中央、国务院的领导下，以邓小平理论和“三个代表”重要思想为指导，深入贯彻落实科学发展观，万众一心，顽强拼搏，努力克服历史罕见的特大自然灾害和国际金融危机冲击的不利影响，国民经济保持较快发展，各项社会事业取得新的进步。

一、综　合

初步核算，全年国内生产总值 300670 亿元，比上年增长 9.0%。分产业看，第一产业增加值 34000 亿元，增长 5.5%；第二产业增加值 146183 亿元，增长 9.3%；第三产业增加值 120487 亿元，增长 9.5%。第一产业增加值占国内生产总值的比重为 11.3%，比上年上升 0.2 个百分点；第二产业增加值比重为 48.6%，上升 0.1 个百分点；第三产业增加值比重为 40.1%，下降 0.3 个百分点。

居民消费价格比上年上涨 5.9%，其中食品价格上涨 14.3%。固定资产投资价格上涨 8.9%。工业品出厂价格上涨 6.9%，其中生产资料价格上涨

7.7%，生活资料价格上涨 4.1%。原材料、燃料、动力购进价格上涨 10.5%。农产品生产价格上涨 14.1%。农业生产资料价格上涨 20.3%。70 个大中城市房屋销售价格上涨 6.5%，其中新建住宅价格上涨 7.1%，二手住宅价格上涨 6.2%；房屋租赁价格上涨 1.4%。

年末全国就业人员 77480 万人，比上年末增加 490 万人。其中城镇就业人员 30210 万人，净增加 860 万人，新增加 1113 万人。年末城镇登记失业率为 4.2%，比上年末上升 0.2 个百分点。

年末国家外汇储备 19460 亿美元，比上年末增加 4178 亿美元。年末人民币汇率为 1 美元兑 6.8346 元人民币，比上年末升值 6.9%。

全年税收收入 57862 亿元（不包括关税、耕地占用税和契税），比上年增加 8413 亿元，增长 17.0%。

二、农　业

全年粮食种植面积 10670 万公顷，比上年增加 106 万公顷；棉花种植面积 576 万公顷，减少 17 万公顷；油料种植面积 1271 万公顷，增加 139 万公顷；糖料种植面积 193 万公顷，增加 13 万公顷。

全年粮食产量 52850 万吨，比上年增加 2690 万吨，增产 5.4%。其中，夏粮产量 12041 万吨，增产 2.6%；早稻产量 3158 万吨，与上年基本持平；秋粮产量 37651 万吨，增产 6.7%。

全年棉花产量 750 万吨，比上年减产 1.6%。油料产量 2950 万吨，增产 14.8%。糖料产量 13000 万吨，增产 6.7%。烤烟产量 260 万吨，增产 19.6%。茶叶产量 124 万吨，增产 6.4%。

全年肉类总产量 7269 万吨，比上年增长 5.9%。其中，猪肉产量 4615 万吨，增长 7.6%；牛肉产量 610 万吨，下降 0.5%；羊肉产量 376 万吨，下降 1.8%。生猪年末存栏 46264 万头，增长 5.2%；生猪出栏 60960 万头，增长 7.9%。牛奶产量 3651 万吨，增长 3.6%；禽蛋产量 2638 万吨，增长 4.3%。

全年水产品产量 4895 万吨，增长 3.1%。其中，养殖水产品产量 3426 万吨，增长 4.5%；捕捞水产品产量 1469 万吨，与上年持平。

全年木材产量 7894 万立方米，增长 13.2%。

全年新增有效灌溉面积 117.9 万公顷，新增节水灌溉面积 139.0 万公顷。

三、工业和建筑业

全年全部工业增加值 129112 亿元，比上年增长 9.5%。规模以上工业增加值增长 12.9%，其中国有及国有控股企业增长 9.1%；集体企业增长 8.1%，股份制企业增长 15.0%，外商及港澳台商投资企业增长 9.9%；私营企业增长 20.4%。分轻重工业看，轻工业增长 12.3%，重工业增长 13.2%。

全年规模以上工业中，煤炭开采和洗选业增加值比上年增长 19.1%，石油和天然气开采业增长 6.1%，文教体育用品制造业增长 18.2%，燃气生产和供应业增长 26.8%，农副食品加工业增长 15.0%，通用设备制造业增长 16.9%，交通运输设备制造业增长 15.2%，通信设备、计算机及其他电子设备制造业增长 12.0%，电气机械及器材制造业增长 18.1%，化学纤维制造业增长 2.2%。6 大高耗能行业比上年增长 10.0%，其中，非金属矿物制品业增长 16.9%，黑色金属冶炼及压延加工业增长 8.2%，化学原料及化学制品制造业增长 10.0%，有色金属冶炼及压延加工业增长 12.3%，电力热力的生产和供应业增长 8.6%，石油加工炼焦及核燃料加工业增长 4.3%。高技术制造业增加值比上年增长 14.0%。

1-11 月全国规模以上工业企业累计实现利润 24066 亿元，比上年同期增长 4.9%。

全年全社会建筑业实现增加值 17071 亿元，比上年增长 7.1%。全国具有资质等级的总承包和专业承包建筑业企业实现利润 1756 亿元，增长 12.5%，其中国有及国有控股企业 509 亿元，增长 21.8%；上缴税金 2058 亿元，增长 20.0%，其中国有及国有控股企业 771 亿元，增长 24.7%。

四、固定资产投资

全年全社会固定资产投资 172291 亿元，比上年增长 25.5%。分城乡看，城镇投资 148167 亿元，增长 26.1%；农村投资 24124 亿元，增长 21.5%。分地区看，东部地区投资 87412 亿元，比上年增长 20.9%；中部地区投资 45384 亿元，增长 32.6%；西部地区投资 35839 亿元，增长 26.9%。

在城镇投资中，第一产业投资 2256 亿元，比上年增长 54.5%；第二产业投资 65036 亿元，增长 28.0%；第三产业投资 80875 亿元，增长 24.1%。

全年房地产开发投资 30580 亿元，比上年增长 20.9%。其中，东部地区 18325 亿元，增长 17.1%；中部地区 6287 亿元，增长 31.7%；西部地区 5967 亿元，增长 22.7%。按工程用途分，商品住宅投资 22081 亿元，增长 22.6%；办公楼投资 1112 亿元，增长 7.4%；商业营业用房投资 3200 亿元，增长 14.9%。

五、国内贸易

全年社会消费品零售总额 108488 亿元，比上年增长 21.6%。分地域看，城市消费品零售额 73735 亿元，增长 22.1%；县及县以下消费品零售额 34753 亿元，增长 20.7%。分行业看，批发和零售业零售额 91199 亿元，增长 21.5%；住宿和餐饮业零售额 15404 亿元，增长 24.7%；其他行业零售额 1885 亿元，增长 3.7%。

在限额以上批发和零售业零售额中，粮油类零售额比上年增长 22.7%，肉禽蛋类增长 22.3%，服装类增长 25.9%，汽车类增长 25.3%，石油及制品类增长 39.9%，日用品类增长 17.1%，文化办公用品类增长 17.9%，通讯器材类增长 1.4%，家用电器和音像器材类增长 14.2%，建筑及装潢材料类下降 12.0%，家具类增长 22.6%，化妆品类增长 22.1%，金银珠宝类增长 38.6%，中西药品类增长 14.8%。

六、对外经济

全年货物进出口总额 25616 亿美元，比上年增长 17.8%。其中，货物出口 14285 亿美元，增长 17.2%；货物进口 11331 亿美元，增长 18.5%。进出口差额（出口减进口）2955 亿美元，比上年增加 328 亿美元。

全年非金融领域新批外商直接投资企业 27514 家，比上年减少

27.3%。实际使用外商直接投资金额924亿美元，增长23.6%。其中，制造业占54.0%；房地产业占20.1%；租赁和商务服务业占5.5%；批发和零售业占4.8%；交通运输、仓储和邮政业占3.1%。

全年非金融领域对外直接投资额407亿美元，比上年增长63.6%。

全年对外承包工程完成营业额566亿美元，比上年增长39.4%；对外劳务合作完成营业额81亿美元，增长19.1%。

七、交通、邮电和旅游

全年交通运输、仓储和邮政业增加值16590亿元，比上年增长7.6%。

全年规模以上港口完成货物吞吐量58.7亿吨，比上年增长11.5%，其中外贸货物吞吐量19.2亿吨，增长7.0%。港口集装箱吞吐量12835万标准箱，增长12.2%。

年末全国民用汽车保有量达到6467万辆（包括三轮汽车和低速货车1492万辆），比上年末增长13.5%，其中私人汽车保有量4173万辆，增长18.1%。民用轿车保有量2438万辆，增长24.5%，其中私人轿车1947万辆，增长28.0%。

全年完成邮电业务总量23841亿元，比上年增长20.7%。其中，邮政业务总量1402亿元，增长15.5%；电信业务总量22440亿元，增长21.0%。全年减少局用交换机156万门，总容量5.1亿门。固定电话年末用户34081万户。其中，城市电话用户23200万户，农村电话用户10881万户。新增移动电话用户9392万户，年末达到64123万户。年末全国固定及移动电话用户总数达到98204万户，比上年末增加6909万户。电话普及率达到74.3部/百人。互联网上网人数3.0亿人，其中宽带上网人数2.7亿人。

全年入境旅游人数13003万人次，比上年下降1.4%。其中，外国人2433万人次，下降6.8%；香港、澳门和台湾同胞10570万人次，下降0.1%。在入境旅游者中，过夜旅游者5305万人次，下降3.1%。国际旅游外汇收入408亿美元，下降2.6%。国内居民出境人数达4584万人次，增长11.9%。其中因私出境4013万人次，增长14.9%，占出境人数的87.5%。国内出游人数达17.1亿人次，增长6.3%；国内旅游收入8749亿元，增长12.6%。

八、金　融

年末广义货币供应量（M2）余额为47.5万亿元，比上年末增长17.8%；狭义货币供应量（M1）余额为16.6万亿元，增长9.1%；流通中现金（M0）余额为3.4万亿元，增长12.7%。年末全部金融机构本外币各项存款余额47.8万亿元，增长19.3%；全部金融机构本外币各项贷款余额32.0万亿元，增长17.9%。

全年农村金融合作机构（农村信用社、农村合作银行、农村商业银行）人民币贷款余额3.7万亿元，比年初增加5908亿元。全部金融机构人民币消费贷款余额3.7万亿元，增加4609亿元。其中个人短期消费贷款余额0.4万亿元，增加1035亿元；个人中长期消费贷款余额3.3万亿元，增加3575亿元。

全年上市公司通过境内市场累计筹资3396亿元，比上年减少3947亿元。其中，首次公开发行A股75只，筹资1066亿元，减少3487亿元；A股再筹资（包括配股、公开增发、非公开增发、认股权证）筹资1332亿元，减少1046亿元；上市公司通过发行可转债、可分离债、公司债筹资998亿元，增加587亿元。

全年企业共发行债券20520亿元，比上年增加3437亿元。其中，金融债券11797亿元，减少116亿元；企业（公司）债券2655亿元，增加834亿元；短期融资券4332亿元，增加982亿元；中期票据1737亿元，增加1737亿元。

全年保险公司原保险保费收入9784亿元，比上年增长39.1%，其中寿险业务原保险保费收入6658亿元；健康险和意外伤害险业务原保险保费收入789亿元；财产险业务原保险保费收入2337亿元。支付各类赔款及给付2971亿元，其中寿险业务给付1315亿元；健康险和意外伤害险赔款及给付238亿元；财产险业务赔款1418亿元。

九、教育和科学技术

全年研究生教育招生44.6万人，在学研究生128.3万人，毕业生34.5万人。普通高等教育招生607.7万人，在校生2021.0万人，毕业生512.0万人。各类中等职业教育招生810.0万人，在校生2056.3万人，毕业生570.6万人。全国普通高中招生837.0万人，在校生2476.3万人，毕业生836.1万人。全国初中招生1856.2万人，在校生5574.2万人，毕业生1862.9万人。普通小学招生1695.7万人，在校生10331.5万人，毕业生1865.0万人。特殊教育招生6.2万人，在校生41.7万人。幼儿园在园幼儿2475.0万人。

全年研究与试验发展（R&D）经费支出4570亿元，比上年增长23.2%，占国内生产总值的1.52%，其中基础研究经费200亿元。全年国家安排了922项科技支撑计划课题，1205项“863”计划课题。新建国家工程研究中心7个，国家工程实验室51个。国家认定企业技术中心达到575家。省级企业技术中心达到4886家。全年受理国内外专利申请82.8万件，其中国内申请71.7万件，占86.6%。受理国内外发明专利申请29.0万件，其中国内申请19.5万件，占67.1%。全年授予专利权41.2万件，其中国内授权35.2万件，占85.5%。授予发明专利权9.4万件，其中国内授权4.7万件，占49.7%。截至2008年底，有效专利119.5万件，其中国内有效专利92.5万件，占77.4%；有效发明专利33.7万件，其中国内有效发明专利12.8万件，占37.9%。全年共签订技术合同22.6万项，技术合同成交金额2665亿元，比上年增长19.7%。全年成功发射卫星11次，“神舟七号”载人航天飞行圆满成功。

年末全国共有产品检测实验室24300个，其中国家检测中心376个。全国现有产品质量、体系认证机构170个，已累计完成对3.8万个企业的产品认证。全国共有法定计量技术机构3701个，全年强制检定计量器具4190万台（件）。全年制定、修订国家标准6373项，其中新制定2714项。全国共有地震台站1314个，地震遥测台网31个。全国共有海洋观测站67个、海洋监测站位9200多个。测绘部门公开出版地图1834种，测绘图书309种。

十、文化、卫生和体育

年末全国共有艺术表演团体2575个，文化馆3171个，公共图书馆2825个，博物馆1798个。广播电台257座，电视台277座，广播电视台2069座，教育台45个。有线电视用户16342万户，有线数字电视用户4503万户。年末广播节目综合人口覆盖率为96.0%；电视节目综合人口覆盖率为97.0%。全年生产故事影片406部，科教、纪录、动画和特种影片73部。出版各类报纸445亿份，各类期刊30亿册，图书69亿册（张）。年末全国共有档案馆3987个，已开放各类档案7267万卷（件）。

年末全国共有卫生机构30.0万个，其中医院、卫生院6.0万个，社区卫生服务中心（站）2.8万个，妇幼保健院（所、站）3020个，专科疾病防治院（所、站）1344个，疾病预防控制中心（防疫站）3560个，卫生监督所（中心）2591个。卫生技术人员492万人，其中执业医师和执业助理医师205万人，注册护士162万人。医院和卫生院床位369万张。乡镇卫生院3.9万个，床位82万张，卫生技术人员87.4万人。全年甲、乙类法定报告传染病发病人数354.1万例，报告死亡12433人；报告传染病发病率268.01/10万，死亡率0.94/10万。

全年运动健儿在24个项目中共获得了120个世界冠军，11人2队16次创16项世界纪录。在北京奥运会上，我国运动员共获得51枚金牌，21枚银牌，28枚铜牌，奖牌总数100枚，位列奥运会金牌榜第一，奖牌榜第二。在北京残奥会上，我国运动员共获得89枚金牌，70枚银牌，52枚铜牌，蝉联金牌榜和奖牌榜的第一位。群众体育运动蓬勃开展。

十一、人口、人民生活和社会保障

年末全国总人口为132802万人，比上年末增加673万人。全年出生人口1608万人，出生率为12.14‰；死亡人口935万人，死亡率为7.06‰；自然增长率为5.08‰。出生人口性别比为120.56。

全年农村居民人均纯收入4761元，扣除价格上涨因素，比上年实际增长8.0%；城镇居民人均可支配收入15781元，实际增长8.4%。农村居民家庭食品消费支出占家庭消费总支出的比重为43.7%，城镇居民家庭为37.9%。按2008年农村贫困标准1196元测算，年末农村贫困人口为4007万人。

年末全国参加城镇基本养老保险人数为21890万人，比上年末增加1753万人。其中参保职工16597万人，参保离退休人员5293万人。参加城镇基本医疗保险的人数31698万人，增加9387万人。其中，参加城镇职工基本医疗保险人数20048万人，参加城镇居民基本医疗保险人数11650万人。参加城镇医疗保险的农民工4249万人，增加1118万人。参加失业保险的人数12400万人，增加755万人。参加工伤保险的人数13810万人，增加1637万人。其中参加工伤保险农民工4976万人，增加996万人。参加生育保险的人数9181万人，增加1406万人。2729个县（市、区）开展了新型农村合作医疗工作，新型农村合作医疗参合率91.5%。新型农村合作医疗基金累计支出总额为429亿元，累积受益3.7亿人次。全年城市医疗救助513万人次，比上年增长16.0%。农村医疗救助936万人次，增长148.0%。民政部门资助农村合作医疗的人数达2780万人次。

年末全国领取失业保险金人数为261万人。全年2334万城市居民得到政府最低生活保障，比上年增加62万人；4291万农村居民得到政府最低生活保障，增加725万人。

年末全国各类收养性社会福利单位床位235万张，收养各类人员189万人。城镇建立各种社区服务设施10.9万个，社区服务中心9871个。全年销售社会福利彩票604亿元，筹集福利彩票公益金211亿元，直接接收社会捐赠款482亿元。

十二、资源、环境和安全生产

全年建设占用耕地19.16万公顷。灾毁耕地2.48万公顷。生态退耕0.76万公顷。因农业结构调整减少耕地2.49万公顷。土地整理复垦开发补充耕地22.96万公顷。当年净减少耕地1.93万公顷。

全年水资源总量27127亿立方米，比上年增加7.4%；人均水资源2048立方米，增加6.9%。全年平均降水量659毫米，增加8.0%。年末全国大型水库蓄水总量1962亿立方米，比上年末多蓄水93亿立方米。全年总用水量5840亿立方米，比上年增长0.4%。其中，生活用水增长0.6%，工业用水增长1.8%，农业用水减少0.2%，生态补水减少0.7%。万元国内生产总值用水量231.8立方米，比上年下降7.9%。万元工业增加值用水量130.3立方米，下降7.0%。人均用水量440.9立方米，下降0.1%。

国土资源调查及地质勘查新发现大中型矿产地209处，其中，能源矿产地38处，金属矿产地90处，非金属矿产地79处，水气矿产地2处。有57种矿产新增查明资源储量，其中，石油13.4亿吨，天然气6472亿立方米，原煤231.1亿吨。

全年完成造林面积477万公顷，其中人工造林329万公顷。林业重点工程完成造林面积312万公顷，占全部造林面积的65.4%。全民义务植树23.1亿株。截至2008年底，自然保护区达到2538个，其中国家级自然保护区303个。新增综合治理水土流失面积4.7万平方公里，新增实施水土流失地区封育保护面积2.6万平方公里。

初步测算，全年能源消费总量28.5亿吨标准煤，比上年增长4.0%。煤炭消费量27.4亿吨，增长3.0%；原油消费量3.6亿吨，增长5.1%；天然气消费量807亿立方米，增长10.1%；电力消费量34502亿千瓦小时，增长5.6%。全国万元国内生产总值能耗下降4.59%。主要原材料消费中，钢材消费量5.4亿吨，增长4.2%；精炼铜消费量538万吨，增长6.9%；电解铝消费量1260万吨，增长4.3%；乙烯消费量998万吨，下降2.9%；水泥消费量13.7亿吨，增长3.5%。

七大水系的409个水质监测断面中，Ⅰ～Ⅲ类水质断面比例占55.0%，比上年提高5.1个百分点；劣Ⅴ类水质断面比例占20.8%，比上年下降2.8个百分点。七大水系水质总体上持续好转，部分流域污染仍然严重。

近岸海域301个海水水质监测点中，达到国家一、二类海水水质标准的监测点占70.4%，比上年上升7.6个百分点；三类海水占11.3%，下降0.5个百分点；四类、劣四类海水占

18.3%，下降7.0个百分点。全国海域未达到清洁海域水质标准的海域面积13.7万平方公里，比上年减少0.8万平方公里，其中，严重污染海域面积为2.5万平方公里。渤海严重污染海域面积0.3万平方公里。

在监测的519个城市中，有399个城市空气质量达到二级以上（含二级）标准，占监测城市数的76.9%；有113个城市为三级，占21.8%；有7个城市为劣三级，占1.3%。在监测的392个城市中，城市区域声环境质量好的城市占7.9%，较好的占63.8%，轻度污染的占27.0%，中度污染的占1.3%。

全年平均气温为9.6℃，比上年低0.5℃。全年共有10个台风在我国登陆，增加2个。

年末城市污水处理厂日处理能力达8295万立方米，比上年末增长16.1%；城市污水处理率达到65.3%，提高2.4个百分点；集中供热面积32.1亿平方米，增长6.6%；建成区绿地率达到31.6%，提高0.3个百分点。

全年各类自然灾害造成直接经济损失11752亿元，比上年增加4.0倍。全年农作物受灾面积3999万公顷，下降18.4%。其中，绝收403万公顷，下降29.8%。全年共发生森林火灾1.3万起，上升45.2%。全年因洪涝灾害造成直接经济损失635亿元，下降23.1%；死亡686人，下降41.3%。全年因旱灾造成直接经济损失307亿元，下降60.9%。全年因海洋灾害造成直接经济损失206亿元，增加1.3倍。全年累计发生赤潮面积13738平方公里，增加18.3%。全年低温冷冻和雪灾造成直接经济损失1595亿元，死亡162人。全年实际发生各类地质灾害2.7万起，直接经济损失183.7亿元，死亡656人。全年大陆地区共发生5级以上地震87次，成灾17次，造成直接经济损失8523亿元，死亡近7万人。其中，四川汶川地震震级达8.0级，造成直接经济损失8451亿元。

全年生产安全事故死亡91172人，比上年下降10.2%。亿元国内生产总值生产安全事故死亡人数为0.312人，下降24.5%；工矿商贸企业就业人员10万人生产安全事故死亡人数为2.82人，下降7.5%；煤矿百万吨死亡人数为1.182人，下降20.4%。全年共发生道路交通事故26.5万起，造成7.3万人死亡，30.5万人受伤，直接财产损失10.1亿元；道路交通万车死亡人数为4.3人，减少0.8人。

注：1. 本公报中数据均为初步统计数。

2. 各项统计数据均未包括香港特别行政区、澳门特别行政区和台湾省。

3. 部分数据因四舍五入的原因，存在着与分项合计不等的情况。

4. 国内生产总值、各产业增加值绝对数按现价计算，增长速度按不变价格计算。

5. 6大高耗能行业分别为：化学原料及化学制品制造业、非金属矿物制品业、黑色金属冶炼及压延加工业、有色金属冶炼及压延加工业、石油加工炼焦及核燃料加工业、电力热力的生产和供应业。

6. 钢材产量及消费量数据中均含部分使用钢材加工成其他钢材的重复计算因素。

7. 固定资产投资按东部、中部、西部地区计算的合计数据小于全国数据，是因为有部分跨地区的投资未计算在地区数据中。

8. 房地产业投资除房地产开发投资外，还包括建设单位自建房屋以及物业管理、中介服务和其他房地产投资。

9. 原保险保费收入是指保险企业确认的原保险合同保费收入。

10. 城镇职工基本医疗保险人数包括参保职工和参保退休人员。城镇居民基本医疗保险的参保对象是不属于城镇职工基本医疗保险覆盖范围的城镇非从业人员。

11. 农村贫困人口是根据新修订的农村贫困标准统计的，与历史数据不完全可比。

12. 万元国内生产总值用水量按2005年不变价格计算，邮电业务总量按2000年不变价格计算。

机构与负责人

一、中国共产党呼和浩特市委员会

书　记：韩志然（蒙古族）

副书记：汤爱军　杨飞云

常　委：薄连根　李　鹤（满族）
　　朝　鲁（蒙古族）
　　兰恩华　陈焕文
　　云丽珠（女，蒙古族）
　　王恒俊（蒙古族）
　　武文元
　　云建东（蒙古族）
　　狄瑞明
　　赵　刚（挂职）

秘书长：狄瑞明

副秘书长：列　夫（蒙古族）
　　曲平均　宋红旗
　　杨东升
　　云　震（蒙古族）
　　张振民
　　金建华（蒙古族）

二、呼和浩特市人民代表大会常务委员会

党组书记、主任：
　　吴一微（女，蒙古族）

副主任：李岳清
　　韩　钊（蒙古族）
　　吕景瑞
　　赛　娜（女，蒙古族）
　　邢燕菊（女）
　　吴安俊（满族）

秘书长：宋晓刚

副秘书长：杨志云（女）
李抚沧

三、呼和浩特市人民政府

党组书记、市长：汤爱军
党组副书记：薄连根
副市长：薄连根　武文元
赵　刚（挂职）
刘菊茹（女）　吕慧生
云公和（蒙古族）
包　刚（蒙古族）
白金祥
副巡视员：高炜明（蒙古族）
牧　峰（蒙古族）
郭召来
秘书长：樊卫国
副秘书长：杨云峰　李　义
田　敏　李剑云
郭瑞成　陈雨树
云占江（蒙古族）
王　宁（女）
张海生　丁　纯
王魁彪　史荣恩
郝玉涛
郭成岗（蒙古族）
李晓东

四、中国人民政治协商会议呼和浩特市委员会

党组书记：张彭慧
主　席：张彭慧
副主席：扎木苏（藏族）
彭皓方（女）　张润锁
云普选（蒙古族）
崔世清（回族）
银　孝　张　亮
鲁剑钧
陈曼莉（女，满族）
巡视员：刘香芸（女）
吉日木图（蒙古族）
秘书长：孙德旺
副秘书长：高亚平（女，蒙古族）
董赛力（蒙古族）
李健康

五、中国共产党呼和浩特市纪律检查委员会

书　记：朝　鲁（蒙古族）
副书记：云院祯（蒙古族）
李建春（蒙古族）
白　冰
常　委：刘业平（女）
安国志　赵永刚
王慧英（女，蒙古族）

六、检察、审判机关

人民检察院

党组书记、检察长：
云布俊（蒙古族）
副检察长：刘贵成
赵玺英（蒙古族）
荣巨才（蒙古族）
李　健
纪检组长：荣巨才（兼）
政治部主任：姜智峰（蒙古族）

中级人民法院

党组书记、院长：李宪法
副院长：赵也夫（蒙古族）
范　磊
乌力吉（蒙古族）
高珍伟
政治部主任：乌云（女，蒙古族）
纪检组长：张铁海

七、各旗、县、区、开发区

土左旗

旗委书记：王恒俊（蒙古族）
副书记：苏日格勒（蒙古族）
王威亮
旗　长：苏日格勒（蒙古族）
副旗长：王　冰
魏红军（蒙古族）
常建军　董文煜
云长勇（蒙古族）
其木格（女，蒙古族）
纪委书纪：高小平

托　县

县委书记：孙建国
副书记：斯钦毕力格（蒙古族）
刘　桢
县　长：斯钦毕力格（蒙古族）
副县长：高瑞军
贾　平（满族）
赵志忠
戴　青（蒙古族）
云海龙（蒙古族）
张志林
李　红（女）
纪委书记：郭志钢

武川县

县委书记：王雪峰
副书记：云　海（蒙古族）
云玉明（蒙古族）
县　长：云　海（蒙古族）
副县长：兰　毅　郝秀钢
郎曙敏（女）
朱建国　范志忠
成红亮（蒙古族）
纪委书记：王润怀（蒙古族）

清水河县

县委书记：李　宏（蒙古族）
副书记：李　理　吕　霸
县　长：李　理
副县长：吴长春（蒙古族）
韩　宇　李开元
王再明
巴特尔（蒙古族）
么红杰（女）

和林县

县委书记：刘文玉
副书记：吴志强（蒙古族）
原　枝
县　长：吴志强（蒙古族）
副县长：杨新元（蒙古族）
樊玉根　索耀武
常微风（蒙古族）
闫志勇　张一帆（女）
纪委书记：苏建礼

新城区

区委书记：张和平
副书记：薛燕群（满族）
孙　德
区　长：薛燕群（满族）
副区长：王　斌　银小平
张国平（蒙古族）
吴维平（蒙古族）
刘金库　冯小红（女）
纪委书记：聂世闻

回民区

区委书记：云挨厚（蒙古族）
副书记：白　云（回族）　罗　琳
区　长：白　云（回族）
副区长：王继平（蒙古族）
李春燕（女，蒙古族）
刘　军　郭利利
王文林（蒙古族）
马惠军（回族）
纪委书记：黎晓旭（满族）

玉泉区

区委书记：田忠宝
副书记：格尔图（蒙古族）
云　奎（蒙古族）
区　长：格尔图（蒙古族）
副区长：云志刚（蒙古族）
郝党政
云　飞（蒙古族）
昌淑君（女，蒙古族）
张继平　韩　铁

高瑞军
纪委书记：刘德茂
赛罕区
区委书记：康存耀（蒙古族）
副书记：刘　晶（女）　靳春亮
区　长：刘　晶（女）
副区长：刘月平
云忠厚（蒙古族）
王　宏（回族）
云　龙（蒙古族）
孙清宾　王振勇
刘建国
纪委书记：关　娜（女，满族）
纪委书记：李兰峰
呼市经济技术开发区
党工委书记：常志刚（蒙古族）
副书记：樊继兵
管委会主任：李博宏
副主任：李长庆
云俊义（蒙古族）
李智礼　张俊平
纪工委书记：樊继兵（兼）
呼和浩特经济技术开发区如意工业园区
党委书记：逯志强
党委副书记：李晶（女，蒙古族）
杨俊卿
管委会主任：逯志强
管委会副主任：王沙林（蒙古族）
云东升（蒙古族）
纪委书记：赵维民
如意工业园区通和开发有限公司
副总经理：郝锦晔（蒙古族）
呼和浩特经济技术开发区金川工业园区
党委书记：白海泉
副书记：闫　忠
管委会主任：白海泉
副主任：赵浩沁
李晓勇（蒙古族）
金川开发总公司
总经理：王书在
呼和浩特经济技术开发区出口加工园区
管委会主任：那顺巴雅尔（蒙古族）
副主任：张晶馥（女）
许成亮（蒙古族）
呼和浩特金山经济技术开发区
党工委书记：
苏日勒格（蒙古族 兼）
副书记：郭俊朝
管委会主任：王威亮（兼）
副主任：云来旺（蒙古族）
荣院平（蒙古族）
李满义（蒙古族）
内蒙古托克托工业园区
党工委书记：孙建国（兼）
副书记：刘　桢（兼）
管委会主任：
斯钦毕力格（蒙古族，兼）
副主任：刘　祯　冯震宇
马保国
肖文伟（蒙古族）
姜晓东（蒙古族）
呼和浩特盛乐经济园区
书　记：刘文玉（兼）
副书记：王春和
云官义（蒙古族）
管委会主任：吴志强（蒙古族，兼）
副主任：李公社
齐白晓（蒙古族）
云　峰（蒙古族）
赵　冰　池宇箭
呼和浩特鸿盛工业园区
管委会副主任：李前仁（蒙古族）
呼和浩特裕隆工业园区
管委会主任：云　晟（蒙古族）
呼和浩特金桥经济技术开发区
党工委书记：康存耀（蒙古族 兼）
管委会主任：李浩书（蒙古族）
副主任：姜拉红（蒙古族）
唐民艳（女）
呼和浩特航空城建设办公室
主　任：云有忠（蒙古族）
八、呼和浩特市纪律检查委员会所属机构
综合室
主　任：
宣教室
主　任：刘业平（女）
研究室
主　任：刘聪明
纠风室
主　任：安国志
办公厅
主　任：赵永刚
党风廉政建设室
主　任：白德胜
监察一室
主　任：贾　耀
监察二室
主　任：李星超
监察三室
主　任：赛　钦（蒙古族）
机关党委
副书记：王江汇（女）
执法监察室
主　任：王慧英（女，蒙古族）
信访室
主　任：王　峰
案件审理室
主　任：云　岗
干部室
主　任：
第一派驻纪检监察组
组　长：王俊青
第二派驻纪检监察组
组　长：曾令鸣
第三派驻纪检监察组
组　长：安白白
第四派驻纪检监察组
组　长：周超英
第五派驻纪检监察组
组　长：云学智
第六派驻纪检监察组
组　长：黎　明
第七派驻纪检监察组
组　长：辛利民
九、呼和浩特市委各部、委、办、局
办公厅
主　任：列　夫（蒙古族，兼）
副主任：牛云峰（蒙古族）
杨士君　张继雷
防范和处理邪教问题领导小组办公室
主　任：曲平均（兼）
副主任：窦志义（蒙古族）
肖建忠
机要局
局　长：周慧琳（女）
保密办
主　任：郭玉芳（女）
督查室
主　任：董利群（女，蒙古族）
机关事务服务中心
主　任：牛云峰（蒙古族，兼）
接待办
主　任：宋红旗（兼）
副主任：赵志江
关宝青（蒙古族）
市委党史办
主　任：王　珺（女，满族）

副主任：王　杰

供暖处

党支部书记：荣　增（蒙古族）

处　长：赵智堂

市党政机关办公大楼事务管理中心

主　任：金建华（蒙古族，兼）

组织部

部　长：兰恩华

副部长：成日晶（蒙古族）
柴秀娣（女）　张晓明
沈东平　张　锐（满族）

老干部局

局　长：沈东平（兼）

副局长：胡格基夫（蒙古族）
张秀灵（女）

关工委秘书长：张新民

宣传部

部　长：云丽珠（女，蒙古族）

副部长：王万昌（蒙古族）
赵前宽
韩　莉（女，蒙古族）
于文玉

大型活动办公室

主　任：于文玉（兼）

精神文明办

副主任：张金阳

社科联

主　席：云丽珠（女，兼）

常务副主席：韩　莉（女，兼）

秘书长：石　涛

乌兰夫纪念馆

馆　长：张继龙（蒙古族）

副馆长：云玉美（女，蒙古族）

统战部

部　长：云建东（蒙古族）

副部长：斯　日（女，蒙古族）
马世贵（回族）

光彩事业委员会办公室

副主任：郝茂林

政法委员会

书　记：李　鹤（满族）

副书记：齐智勇
敖日格勒（蒙古族）
王洪峰

综合治理办公室

副主任：姜小平

维护稳定领导小组办公室

副主任：史学君

政策研究室

主　任：杨东升（兼）

副主任：赵争良　姜　东

编　办

主　任：张红霞（女）

副主任：李建新（女）

直属机关党工委

书　记：狄瑞明（兼）

常务副书记：李晓峰

副书记：陈卫东

十、呼和浩特市委直属事业单位

党　校

校　长：杨飞云

常务副校长：李书慧（女）

副校长：宋呼生
甦欣（女，蒙古族）

行政学院

院　长：汤爱军（兼）

常务副院长：宋呼生（兼）

社会主义学院

常务副院长：
甦欣（女，蒙古族，兼）

日报社

党委书记、社长：杭光义

纪委书记：任增刚（蒙古族）

副社长：赵立民（蒙古族）
汪俊亭

副总编辑：张彦杰
戴春梅（女，回族）

档案局

党组书记、局长：姚子明

副局长：刘秀芬（女）
陈志明（女，蒙古族）

十一、呼和浩特市人民代表大会常务委员会所属机构及各专门委员会

办公厅

主　任：杨志云（女）

副主任：兰　军
张跃华（蒙古族）

机关党委副书记：张雪峰

法制委员会

主任委员：刘文智

副主任委员：梁亚中（女）
李　莉（女）

内务司法委员会

主任委员：兰俊生

副主任委员：王　刚

财政经济委员会

主任委员：武展云

副主任委员：吴素婷（女）
陈小平（女，回族）

教育科学文化卫生委员会

主任委员：崔逢德

副主任委员：杨妙香（女）

城乡建设环境保护委员会

主任委员：张　燮

副主任委员：杨丽云（女）
王　宏

民族宗教侨务委员会

主任委员：塔　沙（女，蒙古族）

副主任委员：代　林（回族）

农业委员会

主任委员：吕光明

副主任委员：王志强（蒙古族）

法制工作委员会

主任委员：梁亚中（女）

副主任委员：杨文生

选举任免联络工作委员会

主任委员：牟敏华（女）

副主任委员：郝亚巍（满族）

机关事务服务中心

主　任：杨志云（女，兼）

十二、呼和浩特市政府各委、办、局

办公厅

主　任：杨云峰（兼）

副主任：郑　平（女）　刘占英

政务服务中心

主　任：张海生

副主任：托　娅（女，蒙古族）
郭文广

外事办

党组书记、主任：孙青山

副主任：李公革

法制办

主　任：郝玉涛

信息化工作办公室

主　任：丁　纯

副主任：田建军
杜培军（蒙古族）

市政府信息管理中心

主　任：杜培军（蒙古族，兼）

信访办

主　任：云占江（蒙古族，兼）

副主任：刘慧明　安建国（兼）
王振旗　杨　军

督查室

主　任：石全金（蒙古族）

市政府采购中心

主　任：薛占山

驻烟台办事处

主　任：闫　刚

副主任：刘　鹏

驻京联络处

主　任：王　宁（女，兼）

副主任：安建国　管文影

金融工作办公室

党组书记、主任：王振坤

副主任：周英（女）　王　宣

发展和改革委员会

市政府党组成员、市长助理、

党委书记、主任：刘　敏

党委副书记、纪委书记：邸　魏

党委委员、副主任：

李苏军（蒙古族，正处）

高　婕（女，正处）

张国民（蒙古族）

价格监督检查局

党支部书记：翟建新

局　长：云曙光

经济研究中心

党支部书记：李绍强

价格认证中心

主　任：李文成

经济委员会

党委书记：何益民

党委副书记、主任：肖沙沙

党委副书记、纪委书记：

云亚明（蒙古族，正处）

副主任：妥志浩（回族）

卜中平（蒙古族）

田卫民

经委老干部处

处　长：张志刚（满族）

中小企业信用担保中心

主　任：董福刚

教育局

党委书记、局长：付东海

党委副书记、纪委书记：

钟乃林（女，蒙古族）

副局长：云　恒（蒙古族）

余泽强　柏　俊

教育局考试中心

主　任：温继峰

教学研究室

党支部书记、主任：王文梅（女）

教育科研所

所　长：汤俊文

少年宫

党支部书记：宝欣（女，蒙古族）

主　任：解　瑞

土默特学校

党支部书记：云占鳌（蒙古族）

校　长：付石柱（蒙古族）

蒙　校

党支部书记：照日昭图（蒙古族）

校　长：阿布日固（蒙古族）

土默特中学

党总支书记：

校　长：李文阁（蒙古族）

回　中

党总支书记：杜　诚

校　长：吴　克（回族）

一　中

党总支书记：王　艳（女）

校　长：郭小明

二　中

党总支书记、校长：郭炳胜

副校长：包　胜

十四中

党总支书记、校长：梁　永

商贸旅游职业学校

党总支书记、校长：王伟明

二职专

校　长：李炳仁

三职专

党总支书记、校长：吴润林

电力中学

党委书记：李志永

校长：高惠民

副校长：召那斯图（蒙古族）

侯本良

纪委书记、工会主席：贾洪涛

内蒙古工程学校

书记、校长：刘晓彦（女）

副校长：韩慧英（女）

王成明　王志强

科技局

党组书记、局长：郭　树（女）

副局长：聂向东

云晓宁（蒙古族）

地震局

党组书记、局长：

云文武（蒙古族）

副局长：王翠萍（女）

民族事务委员会

党组书记、主任：

荣霖森（女，蒙古族）

副主任：王慧明（蒙古族）

李万珍（回族）

市语委专职副主任：

双　宝（蒙古族）

宗教局

党组书记、局长：

马世贵（回族，兼）

副局长：额尔敦（蒙古族）

白贵生（回族）

公安局

党委书记、局长：颜炳强

党委副书记、副局长：

舒　雅（女，蒙古族）

郝官政

党委副书记、纪委书记：

韩宝珍（蒙古族）

副局长：杨保华　郝映平

杜延峰　冯志宏

云天平（蒙古族）

政治部主任：宋小青（女）

交警支队

支队长：郝映平（兼）

政　委：王凌江

刑警支队

支队长：张　毅

政　委：刘志军（蒙古族）

禁毒支队

支队长：毅　鹏（蒙古族）

政　委：云文奎（蒙古族）

防暴巡逻警察支队

支队长：陈锐兵

政　委：姜卫勤

国家安全局

党组书记、局长：白　音（蒙古族）

副局长：朱　恩

荣永峰（蒙古族）

陈兴平

监察局

局　长：云院祯（兼）

副局长：白　冰（兼）

刘慧芸（女）

松文华（女，蒙古族）

民政局

党委书记、局长：张俊江

党委副书记、纪委书记：

张丽云（女）

副局长：王旺盛（蒙古族）

武成义

双拥办

主　任：

副主任：由苏群　任全在

老龄委

主　任：王旺盛（蒙古族，兼）

秘书长：章瑞英（女，蒙古族）

市军队离退休干部服务管理中心

主　任：戴武光

第一干休所

党委书记：杜　冰

所　长：云国耀（蒙古族）

第二干休所

党委书记：郭卫斌
所　长：王宝音（蒙古族）
第三干休所
党委书记：李新异
所　长：郭富忠
第四干休所
党委书记、所长：王建文
司法局
党委书记、局长：
荣忠厚（蒙古族）
党委副书记、纪委书记：
金秀桃（女，蒙古族）
副局长：李吉仪　赵建共
劳教所
第一政委：荣忠厚（蒙古族，兼）
所　长：云喜庆（蒙古族）
政　委：云春雷（蒙古族）
依法治市办
主　任：梁小平
财政局
党委书记、局长：银　孝
党委委员、纪委书记：赵秀生
副局长：金　强（蒙古族）
王国华（女）
薛君维
农业开发办
主　任：高淑卿（女）
财政集中核算支付中心
主　任：高利清（女）
财政监督检查处
处　长：李　冬
预算编审中心
主　任：戴苏和
人事局
党组书记、局长：
成日晶（蒙古族，兼）
副局长：刘伯君
云　鉴（蒙古族）
人事培训考试中心
主　任：曹淑丽（女）
人才服务中心（市国际人才交流协会）
党总支书记、秘书长：原日平
市国际人才交流协会
主　任：云　奇（蒙古族）
市军转干部服务中心
主　任：富志勇（蒙古族）
劳动和社会保障局
党委书记、局长：
张忠厚（蒙古族）
党委副书记、纪委书记：
白亚人（蒙古族）
副局长：伊月文（蒙古族）
王雅钧　韩景荣
劳动就业服务中心
主　任：武根锁
副主任：建　华（蒙古族）
社会养老保险资金管理中心
主　任：韩　勇
市医疗保险管理服务中心
主　任：王海燕（女）
市劳动监察支队
队　长：马瑞平（蒙古族）
土地收购储备拍卖中心
党组书记：卜长安（蒙古族）
主　任：赛青克（蒙古族）
副主任：孟玉军　董卫彬
张　伟
建设委员会
党委书记、副主任：吴文明
党委副书记、主任：刘卫平
党委副书记、纪委书记：杜占成
党委委员、副主任：
储成功　张允中
宋　慧（兼）
韩　东（兼）
园林局
党委书记：刘丽荷（女）
局　长：宋　慧
市政工程管理局
党总支书记：安全保（回族）
局　长：韩　东
公用事业管理局
党支部书记：刘永学
局　长：陈云飞
质监站
党支部书记：杨来宾
站　长：钱晓评
企管站
党支部书记：黄晓桃
站　长：周　颜（女、满族）
建设工程招标管理办公室
主　任：邱旭霞（女）
广场管理处
处　长：李俊英（女，蒙古族）
规划局
党组书记、局长：周　强
副局长：王超平　赵锐军
市城建规划监察支队
政　委：王春明
支队长：樊凤祥
交通局
党委书记：李秀昆
党委副书记、局长：
云根亮（蒙古族）
副局长：王志刚　陈　岗
云力布（蒙古族）
张雪峰（达斡尔族）
纪委书记：宋富华（女）
运输管理局
党委书记：郝晓娟（女）
处　长：张　毅
公路管理局
党委书记：李来福（正团）
局　长：伊　群（蒙古族）
公路工程局
党委书记：王双才
局　长：庞贵才
地方海事局
局　长：苏　和（蒙古族）
国土资源局
党组书记、局长：张　建
副局长：吴建民
赵常富（蒙古族）
纪检组长：
水务局
党委书记、局长：李建平
党委副书记、纪委书记：
赖继礼（蒙古族）
副局长：马文文（蒙古族）
元振国（蒙古族）
关　宇
水资源管理处
党总支书记：史建忠（蒙古族）
处　长：张甫冰
排水管理处
党总支书记：赵　钢
处　长：张志坚
防汛办
党支部书记、主任：
云　卿（蒙古族）
市水务综合执法支队
支队长：黄　勇（蒙古族）
政　委：杜培刚（蒙古族）
农牧业局
党委书记：李忠忠（蒙古族）
党委副书记、局长：范挨计
党委副书记、纪委书记：史宝生
副局长：郑建中
王占德（蒙古族）
市动物疫病防控中心
主　任：巴开明（蒙古族）
农牧业产业化办公室

党组书记、主任：苏和（蒙古族）
副主任：林永亮　王　铭
林业局
党委书记、局长：张　赢
党委副书记：
王晓津（女，蒙古族）
副局长：荣国珍（蒙古族）
高平小　陈红芬（女）
云伟达（蒙古族）
纪委书记：刘金山
大青山自然保护区管理局
局　长：张　赢（兼）
副局长：赵在刚（蒙古族）
孙建国
特木其勒（蒙古族）
绿化办
主　任：陈利民（满族）
副主任：赵宏刚（蒙古族）
马荣华（蒙古族）
乌素图国家森林公园管理处
副处长：骆继峰
商务局
党委书记、局长：边金良
副局长：梁永明
闫　耀（蒙古族）
文化局
党委书记：杨　茂
党委副书记、局长：
王黑小（蒙古族）
党委副书记、纪委书记：
王小军（回族）
副局长：凌　玲（女）
马丙全（回族）
吕一强
市文物事业管理处
处　长：陶明杰
市艺术学校
党支部书记：白光瑞
校　长：王文曜
卫生局
党委书记、局长：白永和
党委副书记：闫慧峰
副局长：李守中（满族）
金满义（蒙古族）
纪委书记：徐爱中（女）
市第一医院
党委书记、院长：申作宏
党委副书记、纪委书记：
云艳（女，蒙古族）
副院长：蒲俊智　张占平
卫　校
党总支书记、校长：解振权
市卫生局卫生监督所
党总支书记：伊　和（蒙古族）
所　长：范成万
市疾病预防控制中心
党委书记：白金娥（女，蒙古族）
主　任：薄福宝
地方病防治中心
党支部书记、主任：刘卫国
口腔医院
党支部书记：
李淑珍（女，蒙古族）
院　长：塔娜（女，蒙古族）
第二医院
党总支书记：李海景（女）
院　长：唐桂兰（女，蒙古族）
市中蒙医院
党总支书记：
莎仁格日勒（女，蒙古族）
院　长：云文清（蒙古族）
市爱卫办
主　任：赵　雯（女，蒙古族）
呼和浩特“120”医疗急救指挥中心
主　任：刘院君
人口和计划生育委员会
党组书记、主任：
张志茹（女，满族）
副主任：李恒善（蒙古族）
王兴建
审计局
党组书记、局长：卢佳林
副局长：王　岩（女）
总审计师：戎志军
经济责任办公室
主　任：王丽萍（女）
环境保护局
党委书记：王继伟（蒙古族）
党委副书记、局长：
郭召来（市政府副巡视员，兼）
副局长：郭文杰
李埃厚（蒙古族）
韩　志
纪委书记：荣伊娜（女，蒙古族）
广播电视局
党委书记、局长：郭孝廷
副局长：马新毅（回族）
平淑英（女，蒙古族）
梁秉国
党委成员、纪委书记：师军（女）
电视台
台　长：平淑英（女，蒙古族，兼）
广播电台
党支部书记：娜　敏（女，蒙古族）
台　长：白玉峰
体育局
党委书记、局长：闫广华
副局长：王　猛（蒙古族）
马　维
纪委书记：苏日娜（女，蒙古族）
统计局
党组书记、局长：许文俊
副局长：杨国臣　孙国富
巴　图（蒙古族）
国家统计局呼和浩特调查队
队　长：王欣荣（女）
副队长：陈高寿
张春荣（女、满族）
纪　鋆（女）
纪检组长：张铁莲（女，蒙古族）
粮食局
党委书记：董文科
党委副书记、局长：刘世君
副局长：张慧田　王　凡（女）
党委副书记、纪委书记：
丁同在（蒙古族）
旅游局
党组书记、局长：冀晓青（女）
副局长：回茂俊　王　荣（女）
市容管理局
党委书记、局长：苏　锐
党委副书记、纪委书记：赵治明
副局长：张志伟（女）　任志强
志　铭（女，蒙古族）
云新明（蒙古族）
总工程师：孙志和（蒙古族）
城管综合执法监察支队
政　委：刘四平
支队长：杜吉旺
环境卫生管理处
党支部书记：盛　宇
处　长：云新明（蒙古族，兼）
房产局
党委书记：贾益民
党委副书记、局长：
巴　图（蒙古族）
党委副书记、纪委书记：
王兰英（女）
副局长：王守智　司宏社
张焕宏
拆迁办
党总支书记、主任：邱扣几

副主任：李占国　沈东军

物业管理处

党总支书记：

处　长：陈巴特尔（蒙古族）

房地产开发经营管理处

党支部书记、处长：冀罕钢

市房地产产权市场管理处

党支部书记：马星光

处　长：郭晓华

市住房资金管理中心

主　任：任海军

安全生产监督管理局

局　长：宝音巴图（蒙古族）

副局长：李　勇（正处）
　　　　红　英（蒙古族）

招商办公室（局）

党组书记、主任：田和喜

副主任：李　莉　滕桂媛（女）
　　　　贺　伟

扶贫办

党组书记、主任：荣天福（蒙古族）

副主任：赵标正（蒙古族）
　　　　李惠文（蒙古族）
　　　　靳素义

人防办

党组书记、主任：
　　云建强（蒙古族）

副主任：潘怀珠　贾绥秀
　　　　吕国志
　　　　云素敏（女，蒙古族）

供销社

党委书记、主任：张文福

党委副书记、纪委书记：张占平

副主任：云慧文（蒙古族）
　　　　陈永在（蒙古族）

十三、呼和浩特市政协所属机构及各专门委员会

办公厅

主　任：董赛力（蒙古族，兼）

副主任：郭林贵　张俊善
　　　　赵金文

机关党委专职副书记：李　华（女）

提案委员会

主　任：汉玉生

副主任：托娅（女，蒙古族）
　　　　郭运中

文史和学习委员会

主　任：
　　高亚平（女，蒙古族，兼）

副主任：李　原

经济科技委员会

主　任：德君山（蒙古族）

副主任：仝晓华（女）
　　　　薛红伟（女）

教育文化卫生体育委员会

主　任：张永振

副主任：云秀芳（女，蒙古族）

民族宗教港澳台侨联络委员会

主　任：乌　恩（蒙古族）

副主任：云秀兰（女，蒙古族）
　　　　吴晓明（达翰尔族）

社会和法制委员会

主　任：白昳静（女，蒙古族）

副主任：云瑞君（女，蒙古族）

机关服务中心

主　任：董赛力（蒙古族，兼）

十四、群众团体

总工会

党组书记、主席：刘　涛

副主席：云霖琼（女，蒙古族）
　　　　马建成　刘学亮

共青团呼和浩特市委员会

党组书记、书记：陈向东

副书记：王志强（蒙古族）
　　　　陈利音（蒙古族）

妇女联合会

党组书记、主席：
　　卢晓岩（女，蒙古族）

副主席：李欣莉（女）

科学技术协会

党组书记、主席：李建社

副主席：张　宁（满族）
　　　　梁亚东

文学艺术界联合会

党组书记：赵前宽（兼）

党组副书记、主席：杨笑寒

副主席：李元岁　牛志刚

工商业联合会

党组书记：斯日（女，蒙古族，兼）

会　长：李岳清（兼）

党组副书记：

副会长：李　华　樊晓明

残　联

党组书记、理事长：
　　孙　洁（女，蒙古族）

副理事长：吕伯安
　　　　　董乌云（女，蒙古族）

红十字会

会　长：刘承恩（兼）

副会长：鲁剑钧（兼）

党组书记：云姝奇（女，蒙古族）

秘书长：浩斯巴雅尔（蒙古族）

贸易促进会

党组书记、会长：回力（回族）

副会长：徐祥霖、李宏伟

十五、呼和浩特市政府直属事业单位

职业学院

党委书记：赵全兵

党委副书记、院长：李怀柱

党委副书记、纪委书记：
　　赵秀梅（女）

副院长：张润锁（兼）　吴瑞恒
　　　　巴　图（蒙古族）
　　　　贾　润

十六、金融、保险、税务等机构

人民银行呼和浩特中心支行

党委书记、行长：赵志华（蒙古族）

党委副书记、副行长：

副行长：王中新（蒙古族）
　　　　张子君
　　　　牧　人（蒙古族）
　　　　高兰根
　　　　额尔德尼（蒙古族）

纪委书记：于成龙

工商银行内蒙古分行营业部

党委书记、总经理：杨星智

党委副书记、副总经理：
　　金　紫（女，满族）

副总经理：满　达（蒙古族）
　　　　　云国强（蒙古族）
　　　　　兰智慧　张茂清
　　　　　周惠林

纪委书记：郝富义

农行内蒙古分行营业部

党委书记、总经理：金永学

党委副书记、副总经理：张子强

副总经理：周鹏江　刘二朝

纪委书记：张子强（兼）

工会主席：陆亚平

建设银行内蒙古分行营业部

党委书记、总经理：

党委副书记、副总经理：李光明

副总经理：郭建军　李　勇
　　　　　李彦平

纪委书记：白虎根（回族）

工会主席：刘宝忠

农业发展银行内蒙古分行营业部

总经理：刘瑞恒

副总经理：王树才（满族）
　　　　　李　东

中保人寿保险有限公司呼和浩特分公司

党委书记、总经理：林显明
副总经理：苗志强　张治民
　　　　　王建峰
纪检书记：杨育绥

中保财产保险有限公司呼和浩特分公司

党委书记、总经理：李志军
副总经理：张宝辉　王层军
　　　　　陈　方
纪委书记：云补英（蒙古族）

国税局

党组书记、局长：李元存
副局长：胡文翔　王学东
　　　　包易兵（蒙古族）
　　　　薛丽萍　李明魁
纪检组长：李国华（女）
总经济师：李少刚（蒙古族）
总会计师：辛跃君

地税局

党组书记、局长：王茂林（蒙古族）
副局长：郑和利
　　　　云建国（蒙古族）
　　　　吴建勤　胡春国
纪检组长：郑和利

工商局

党组书记、局长：周建中
党组副书记、副局长：王仁全
副局长：上官应旭
　　　　云明明（蒙古族）
　　　　弓恩箭　任建国
　　　　郭小杰

质量技术监督局

局　长：白兴发
副局长：张兰亭　成卫星
　　　　云　铎（蒙古族）
纪检组长：董玉霞（女）

药品监督管理局

局　长：孙炜东
副局长：南海潮　张培荣
纪检组长：梁玉箫

气象局

局　长：李文科
副局长：察　干（蒙古族）
　　　　杨蒙秀
纪检组长：石卫敏

十七、邮电、电业机构

邮政局

党组书记、局长：王勇军
副局长：赵润梅（女）
　　　　张茂林　王丽梅
纪检组长：王丽梅（兼）

电信分公司

党组书记、总经理：陈彤童
副总经理：魏　秀（蒙古族）
　　　　　吴瑞峰　黄卫星
　　　　　李　峰
纪检组长：包立明（蒙古族，兼）

供电局

党委书记：云布光（蒙古族）
党委副书记、局长：耿　白
副局长：王立元　安立宪
　　　　杨培智　宛秉全
　　　　关　勇　王有德
纪委书记：荣跃进（蒙古族）

注：本资料所列领导人名单指2008年12月31日在岗在职人员

第二部分　统计资料

行政区划和自然概况

1-1 行 政 区 划

单位：个

项 目	乡	镇	街道办事处	社区居委会	村民委员会
全 市	**15**	**25**	**31**	**244**	**1004**
市 区					
新 城 区		1	8	54	25
回 民 区		1	7	47	19
玉 泉 区		1	8	40	54
赛 罕 区		3	8	57	124
旗 县					
土 左 旗	4	5		14	321
托 县		5		13	120
和 林 县	3	3		10	145
清水河县	3	3		4	103
武 川 县	5	3		5	93

1-2 土 地 面 积

单位：平方公里

项 目	指标值	构成（%）	项 目	指标值	构成（%）
总 面 积	**17224.0**	**100.0**	按行政区划分		
按地形分			市 区	2054.0	11.9
平 原	5278.9	30.6	#城 区	154.0	0.9
丘 陵	6475.5	37.6	土 左 旗	2712.0	15.8
山 地	5233.7	30.4	托 县	1313.0	7.6
沙 丘	44.5	0.3	和 林 县	3401.0	19.7
其 他	191.4	1.1	清水河县	2859.0	16.6
			武 川 县	4885.0	28.4

1-3 人口密度

项　　目	土地面积（平方公里）	人口数（人）	人口密度（人/平方公里）
全　　市	**17224**	**2242876**	**130**
市　区	2054	1167127	568
#城　区	154	1020100	6624
旗　县	15170	1075749	71
土左旗	2712	360806	133
托　县	1313	200798	153
和林县	3401	194585	57
清水河县	2859	143860	50
武川县	4885	175700	36

1-4 河流、湖泊

项　　目	主河流长度（公里）	面　积（千公顷）	项　　目	主河流长度（公里）	面　积（千公顷）
河　流			宝贝河	66.0	
黄　河	102.5		茶房河	49.0	
乌素图河	22.0		清水河	70.0	
抢盘河	87.6		克力沟河	36.8	
大黑河	114.4		榆树后河	35.1	
小黑河	55.5		卯独庆河	49.6	
哈拉沁河	17.0		壕赖河	15.6	
什拉乌素河	72.1		塔布河	53.0	
民号河	48.0		中后河	49.9	
浑　河	111.0		巴拉干河	18.9	
古力半河	44.0		**湖　泊**		
马厂河	37.0		哈素海		3.0

1-5 气 象 资 料（一）

月 份	气 温（℃）			降水日数（天）	降水量（毫米）	日最大降水量（毫米）	日照时数（小时）
	平均	最高	最低				
全 年	**6.6**	**13.2**	**0.9**	**87**	**493.5**	**54.2**	**2726.7**
一 月	-13.9	-7.8	-19.0	5	5.0	2.4	198.1
二 月	-11.3	4.0	-17.3	2	3.5	2.7	198.3
三 月	2.7	9.5	-3.2	5	16.3	9.1	220.1
四 月	10.8	17.7	3.8	7	20.6	8.3	290.9
五 月	16.0	23.2	8.3	4	6.0	2.3	287.7
六 月	19.8	26.2	14.0	15	103.6	30.6	186.4
七 月	23.0	29.3	17.1	13	124.5	54.2	225.6
八 月	19.4	25.0	14.6	15	120.9	52.0	279.7
九 月	15.3	21.9	10.1	11	58.2	34.7	225.7
十 月	7.8	15.0	1.9	7	26.9	10.1	219.0
十一月	-0.7	5.4	-5.5	2	6.6	6.3	212.3
十二月	-9.7	-3.3	-14.6	1	1.4	1.4	182.9

1-6 气 象 资 料（二）

地 区	最高气温		最低气温		最大风速		初霜日	终霜日	无霜日（天）
	极 值（℃）	日 期	极 值（℃）	日 期	极 值（米/秒）	日 期			
市 区	34.1	6月2日	-29.4	1月24日	12.7	4月11日	10月8日	4月23日	199
土左旗	35.2	6月7日	-27.8	1月24日	17.2	5月29日	10月7日	3月29日	174
托 县	35.2	7月26日	-27.4	1月24日	13.4	6月13日	10月6日	4月23日	199
和林县	34.6	7月26日	-31.3	1月24日	12.8	6月13日	10月6日	5月12日	218
清水河县	35.5	7月2日	-26.9	1月24日	13.5	6月13日	9月26日	5月13日	213
武川县	29.8	6月9日	-31.1	12月21日	14.5	5月28日	8月31日	5月13日	220

主要统计指标解释

行政区划 国家为进行分级管理而划分的地方。根据宪法规定，我国行政区划是全国分为省、自治区、直辖市；省、自治区分为自治州、县、自治县、市；县、自治县分为乡、镇。直辖市和较大的市分为区、县。自治州分为县、自治县、市。省下设的地区、县下设的区以及市属区下设的街道办事处都是它们上一级的派出机构。

土地面积 指某一国家或某一地区所辖范围内的全部地域面积。土地包括耕地、荒山、荒地、林地、草原、道路、建筑物占地、河流、湖泊、水库等。按照地形的不同，一般可分为山地、高原、盆地、平原、丘陵。地形分类因各地区特点而异。以下地形的地貌特征是：

（1）平原 地面平坦，地面坡度小于 5 度，地表组织物质以第四纪松散堆积物为主。

（2）丘陵 地面波状起伏，脉络不明显，丘顶多呈浑圆状，间有峰脊，坡度大多在25度以下，相对高度在200米以下，地表多为基岩裸露。

（3）山地 地面起伏大，线状伸延，脉络清楚，相对高度大于 200 米，坡度大于 25 度，地表切割深，多为基岩裸露。

水域面积 指内陆水域，海涂和水利设施用地的面积。包括河流、湖泊、水库、坑塘、苇地（连片生长芦苇的土地）海涂、溪沟渠道的全部面积。不包括河堤以及耕地、园地、草场内临时沟渠和末级固定的沟渠的面积。

人口密度 指一定地理（政治的、行政区域的、自然的、经济的、城乡的）范围内的人口数与相应土地面积的比值，反映一定地理范围内人口集居的稀密状况。计算公式为：

$$人口密度=\frac{某地理范围内的总人口}{某地理范围内的土地面积}$$

计算结果表明每一平方公里内有多少人口。

年平均气温 指空气日平均温度一年内的平均值。计算方法为全年逐日累计平均气温除以 365 天，或逐月累计月平均气温除以 12 个月。

年最高气温 指一年内最高的日平均气温值。

年最低气温 指一年内最低的日平均气温值。

降水量 指一定时段内，降到平地上的降水（包括液态水和固态水）所积成的水层深度，以毫米数（mm）表示。测算时，固态水（如冰、雪）要折合成液态水。

第二部分　统计资料

综　　合

2-1 国民经济和社会主要指标

指　　标	单 位	2007年	2008年	2008年比2007年增长%
土地面积	平方公里	17224	17224	
城市建成区面积	平方公里	150	154	26.7
房屋建筑面积	万平方米	6381	7215	12.0
住宅建筑面积	万平方米	2933	3125	7.9
年末总人口	万人	220.8	224.3	1.6
男　性	万人	113.6	115.4	1.6
女　性	万人	107.2	108.9	1.6
年末总户数	户	718215	740533	3.1
# 乡村户数	户	299845	299478	-0.1
出生人口	人	29645	24986	-15.7
死亡人口	人	7600	5656	-25.6
人口密度	人/平方公里	128	130	1.6
从业人员	万人	152.8	155.9	2.0
城镇从业人员	万人	54.9	62.4	13.7
国有经济	万人	20.2	20.6	2.0
城镇集体经济	万人	1.1	1.0	-9.1
其他单位合计	万人	8.6	8.6	
内　资	万人	7.9	7.9	
港澳台投资经济	万人	0.3	0.3	
外商投资经济	万人	0.4	0.4	
城镇私营经济	万人	14.2	20.5	44.4
城镇个体	万人	10.8	11.6	7.4
从业人员按产业分				
第一产业	万人	44.1	43.9	-0.5
第二产业	万人	45.4	46.5	2.4
第三产业	万人	63.3	65.5	3.5
在岗职工人数	万人	29.4	29.7	1.2
在岗职工人数按登记注册类型分				
国有经济	万人	20.2	20.5	1.7
城镇集体经济	万人	1.1	1.0	-7.3
其他单位合计	万人	8.1	8.6	6.1
乡村从业人员	万人	59.3	59.6	0.5
# 农林牧渔业	万人	43.8	43.2	-1.4
耕地面积	公顷	519022	568790	9.6
农林牧渔业总产值	亿元	108.9	133.2	22.3
农林牧渔业总产值指数	上年=100	103.5	108.7	5 0
农业机械总动力	万千瓦	170.8	184.7	8.1

2-1续表1

指　　标	单 位	2007年	2008年	2008年比2007年增长%
化肥使用量（折纯量）	万吨	8.6	9.2	6.7
农村用电量	万千瓦小时	28941	29555.3	2.1
有效灌溉面积	公顷	178000	193810	8.9
总播种面积	公顷	435810	441374	1.3
# 粮食作物播种面积	公顷	318790	316378	-0.8
粮食总产量	万吨	107.4	119.4	11.2
油料总产量	万吨	3.3	6.2	88.8
猪肉产量	万吨	2.0	2.4	21.0
牛肉产量	万吨	2.1	2.5	17.4
羊肉产量	万吨	2.4	2.7	12.1
奶类产量	万吨	292.9	305.2	4.2
全部现价工业总产值	万元	9921578	11491824	15.8
规模以上工业企业单位数	个	293	317	8.2
大型企业	个	5	4	-20.0
中型企业	个	49	53	8.2
小型企业	个	239	260	8.8
规模以上工业总产值	万元	8227778	9276424	12.8
内资企业	万元	5664267	6354431	12.2
国有工业	万元	511141	671786	31.4
集体工业	万元	8283	10463	26.3
股份合作企业	万元	3025	3243	7.2
有限责任公司	万元	2083112	2237448	7.4
股份有限公司	万元	1980364	2129222	7.5
私营企业	万元	1078343	1302270	20.8
港澳台投资企业	万元	1208241	1219843	1.0
外商投资企业	万元	1355270	1702151	25.6
规模以上工业增加值	万元	3013887	3347507	11.2
规模以上工业增加值指数	上年=100	126.1	111.2	
规模以上工业资产总计	万元	7086474	8252157	16.4
规模以上工业负债总计	万元	4471054	5479066	22.5
规模以上工业主营业务收入	万元	7764260	8821659	13.6

2-1续表2

指　　标	单 位	2007年	2008年	2008年比2007年增长%
规模以上工业企业利润总额	万元	769442	229422	-70.2
社会消费品零售总额	万元	4433505	5539024	24.9
批零贸易业	万元	3350421	4758022	42.0
住宿和餐饮业	万元	1039099	742229	-28.6
其　他	万元	43986	44312	0.7
批发零售贸易业批发总额	万元	6461656	8910739	37.8
批发零售贸易业零售总额	万元	3255546	4335387	33.2
限额以上批发零售贸易业销售总额	万元	3009829	4739221	57.5
# 零售额	万元	1223713	1983558	62.1
海关进出口总额	万美元	93512	89657	-4.3
# 出口额	万美元	60138	49012	-22.7
区内资金实际到位数	万元	1414650	1757876	24.3
区外资金实际到位数	万元	2001359	2203148	10.1
外商直接投资	万美元	60420	70744	17.3
地区生产总值	万元	11287300	14036700	14.1
第一产业	万元	621400	751600	7.8
第二产业	万元	4155000	5064100	13.2
# 工业增加值	万元	3462000	4184600	13.0
第三产业	万元	6510900	8221000	15.2
人均地区生产总值	元	43068	52897	12.6
地区生产总值指数	上年=100	118.1	114.1	
第一产业	上年=100	103.7	107.8	
第二产业	上年=100	119.3	113.2	
# 工业增加值	上年=100	122.8	113.0	
第三产业	上年=100	118.7	115.2	
人均地区生产总值指数	上年=100	116.8	112.6	
财政总收入	万元	1195679	1583079	32.4
地方财政收入	万元	533359	822439	54.2
# 增 值 税	万元	68570	76044	10.9
营 业 税	万元	180473	210071	16.4
企业所得税	万元	44916	65397	45.6

2-1续表3

指　　标	单 位	2007年	2008年	2008年比2007年增长%
地方财政支出	万元	1004998	1330618	32.4
金融机构存款余额	万元	12769584	16498303	29.2
# 企业存款	万元	3968265	5833350	47.0
居民储蓄存款余额	万元	5067744	6405628	26.4
金融机构贷款余额	万元	11272105	14586104	29.4
# 工业贷款	万元	743982	1107789	48.9
商业贷款	万元	501796	540434	7.7
农业贷款	万元	200531	368174	83.6
职工工资总额	万元	807126	937332	16.1
国有经济	万元	629026	734561	16.8
城镇集体经济	万元	18524	23142	24.9
其他单位合计	万元	159576	179630	12.6
固定资产投资	万元	5822357	6404626	10.0
# 国　有	万元	2452433	2518435	2.7
商品房销售额	万元	586415	904536	54.2
商品房销售面积	万平方米	225.9	331.1	46.6
建筑企业单位数	个	154	210	36.4
建筑业总产值	万元	1403546	1686903	20.2
房屋建筑施工面积	万平方米	960.2	871.6	-9.2
房屋建筑竣工面积	万平方米	348.5	387.8	11.3
公路里程	公里	6068	6236	2.8
等级路里程	公里	4949	5310	7.3
市内公共电汽车数	辆	1353	1509	11.5
出租汽车数	辆	4666	4666	
邮电业务总量	万元	511458	633508	23.9

2-1续表4

指　　标	单 位	2007年	2008年	2008年比2007年增长%
城市电话用户	万户	79.0	74.5	-5.7
乡村电话用户	万户	5.6	4.4	-20.8
幼儿园数	所	131	131	
在园儿童数	万人	3.1	3.0	-3.2
学龄儿童入学率	%	100.0	100.0	
小学专任教师数	万人	1.0	1.0	
小学学校数	所	580	539	-7.1
小学在校学生数	万人	18.6	18.3	-1.6
小学招生数	万人	3.2	3.1	-3.1
小学毕业生数	万人	3.4	3.3	-2.9
普通中学专任教师数	万人	0.8	0.9	12.5
普通中学学校数	所	132.0	126.0	-4.5
初中在校学生数	万人	9.5	9.7	2.1
初中招生数	万人	3.2	3.4	6.3
初中毕业生数	万人	3.3	3.2	-3.0
高中在校学生数	万人	5.8	5.7	-1.7
高中招生数	万人	1.9	1.9	
高中毕业生数	万人	2.0	2.3	15.0
中等专业学校数	所	28	33	17.9
中等专业学校在校学生数	万人	3.7	4.1	10.8
中等职业教育学校招生数	万人	2.1	2.2	4.8
中等专业学校毕业生数	万人	1.1	1.0	-9.1
普通高等学校数	所	19	21	10.5
普通高等学校在校学生数	万人	16.5	18.4	11.5
普通高等学校招生数	万人	5.6	6.2	10.7
普通高等学校毕业生数	万人	4.0	4.3	7.5
广播覆盖率	%	96.6	96.6	
电视覆盖率	%	93.5	93.5	
公共图书馆	个	10	10	
公共图书馆藏书量	万册	234.6	243.4	3.8
旅游人数	万人次	622.3	644.4	3.6
# 外国人	万人次	8.3	7.8	-6.0
供水管道长度	公里	582	656	12.7
供水总量	万吨	10259	11231	9.5
# 生活用	万吨	3737	4934	32.0

2-1续表5

指　　标	单 位	2007年	2008年	2007年比2006年增长%
用水人口	万人	126.6	125.7	-0.7
液化石油气供气量	吨	18420	13566	-26.4
# 生活用	吨	16212	11939	-26.4
天然气供气量	吨	13180	17210	30.6
# 生活用	吨	1342	2148	60.1
污水排放量	万吨	7826	8985	14.8
污水处理量	万吨	3550	3500	-1.4
排水管道长度	公里	809	887	9.6
生活垃圾清运量	万吨	40	41	2.5
生活垃圾无害化处理量	万吨	37	38.9	5.1
公园面积	公顷	2380	2755	15.8
建成区绿化覆盖率	%	33.8	35.1	
卫生机构数	个	899	896	-0.3
# 医院、卫生院	个	146	144	-1.4
卫生防疫站	个	12	12	
妇幼保健站	个	12	12	
卫生机构床位数	张	9640	11472	19.0
# 医院、卫生院	张	9530	10128	6.3
卫生机构人员数	人	17391	17526	0.8
医院、卫生院技术人员	人	9339	9361	0.2
# 执业医师、助理医师	人	6116	6211	1.6
注册护士	人	4774	4714	-1.3
火灾事故	件	1539	1553	0.9
火灾伤亡人数	人	17	12	-29.4
火灾损失金额	万元	276.6	174.8	-37.1
交通事故	件	906	788	-13.0
交通受伤人数	人	1041	808	-22.4
交通死亡人数	人	195	179	-8.2
交通事故损失金额	万元	123.5	174.8	41.5
城镇居民人均可支配收入	元	16920	20267	19.8
城镇居民人均消费性支出	元	11432	13145	15.0
# 食品支出	元	3615	4129	14.2
农民人均纯收入	元	6121	7051	15.2
农民人均生活消费总支出	元	3267	3756	15.0
# 食品支出	元	1250	1500	20.0

2-2 国民经济主要比例关系

单位：%

指　　标	1978年	1985年	1990年	1995年	2000年	2005年	2008年
从业人员中三次产业比例	**100**	**100**	**100**	**100**	**100**	**100**	**100**
第一产业	54.0	45.6	41.9	40.1	36.6	30.4	28.2
第二产业	24.6	27.7	27.5	28.8	27.8	29.6	29.8
第三产业	21.4	26.7	30.6	31.1	35.6	40.0	42.0
地区生产总值中三次产业比例	**100**	**100**	**100**	**100**	**100**	**100**	**100**
第一产业	21.3	21.9	17.0	16.7	11.1	6.3	5.4
第二产业	46.8	47.6	40.9	42.6	37.6	37.3	36.1
第三产业	31.9	30.5	42.1	40.7	51.3	56.4	58.5
农业总产值中农、林、牧、渔业比例	**100**	**100**	**100**	**100**	**100**	**100**	**100**
#农　　业	61.2	63.0	66.3	57.5	54.8	31.5	30.0
林　　业	9.6	8.3	3.3	3.1	7.4	1.3	1.8
牧　　业	26.8	25.8	27.3	37.8	36.1	65.3	66.4
渔　　业	0.1	0.5	1.4	1.6	1.6	0.9	0.8
工业总产值中轻、重工业比例	**100**	**100**	**100**	**100**	**100**	**100**	**100**
轻 工 业	54.8	60.4	61.0	62.0	55.1	43.5	53.3
重 工 业	45.2	39.6	39.0	38.0	44.9	56.5	46.7
固定资产投资比例	**100**	**100**	**100**	**100**	**100**	**100**	**100**
#房地产开发			9.1	11.8	17.1	8.5	27.6
社会消费品零售总额比例	**100**	**100**	**100**	**100**	**100**	**100**	**100**
#批发零售贸易业	86.7	72.7	82.2	74.2	75.7	75.7	85.9
住宿和餐饮业	3.4	3.3	2.0	23.0	23.0	23.0	13.4
财政收入占地区生产总值比例	26.0	17.8	14.8	10.1	9.5	11.0	11.3

注：2005、2008年轻重工业比例为规模以上工业轻重工业比例。

2-3 国民经济和社会主要指标占内蒙比重

指　　标	单位	呼市	内蒙	呼市占内蒙 %
年末总人口(常住人口)	**万人**	**267.2**	**2413.7**	**11.1**
年末在岗职工人数	**万人**	**29.7**	**240.9**	**12.3**
地区生产总值	**亿元**	**1403.7**	**8496.2**	**16.5**
第一产业	亿元	75.2	908.0	8.3
第二产业	亿元	506.4	4376.2	11.6
#工　业	亿元	418.5	3879.4	10.8
第三产业	亿元	822.1	3212.0	25.6
地方财政总收入	亿元	158.3	1107.3	14.3
财政总支出	**亿元**	**133.1**	**1454.6**	**9.2**
主要工业产品产量(规模以上)				
发电量	亿千瓦小时	381.3	2136.0	17.9
水　泥	万吨	328.2	3424.1	9.6
化　肥（按100%折纯）	万吨	31.4	89.1	35.2
烧　碱	万吨	16.0	94.6	16.9
配混合饲料	万吨	49.9	348.9	14.3
服　装	万件	504.9	2684.2	18.8
彩色电视机	万台	370.7	866.8	42.8
移动电话	万部	17.6	500.0	3.5
液体乳	万吨	190.5	325.7	58.5
卷　烟	亿支	162.5	222.5	73.0
主要农畜产品产量和年末牲畜存栏数				
粮　食	万吨	119.4	2131.3	5.6
油　料	万吨	6.2	117.5	5.3
甜　菜	万吨	7.9	170.0	4.6
猪牛羊肉	万吨	7.6	194.0	3.9
牛　奶	万吨	305.0	934.9	32.6
禽　蛋	万吨	2.0	45.1	4.4
大牲畜存栏	万头	79.7	883.2	9.0
#奶　牛	万头	70.0	299.6	23.4
羊存栏	万只	137.3	4960.9	2.8
猪存栏	万只	28.3	675.3	4.2

2-3续表

指　　标	单 位	呼 市	内 蒙	呼市占内蒙 %
全社会固定资产投资	**亿元**	**640.5**	**5604.7**	**11.4**
#房地产开发	亿元	177.1	744.3	23.8
运输、邮电				
公路货物周转量	亿吨公里	115.9	657.0	17.6
公路旅客周转量	亿人公里	49.5	260.2	19.0
邮电业务总量	亿元	63.4	457.6	13.8
金　　融				
金融机构各项存款余额	亿元	1649.8	6341.0	26.0
金融机构各项贷款余额	亿元	1458.6	4527.9	32.2
社会消费品零售额	**亿元**	**553.9**	**2363.3**	**23.4**
海关进出口额	**亿美元**	**9.0**	**89.3**	**10.0**
#出 口 额	亿美元	4.9	35.8	13.7
文　　化				
艺术表演团体	个	13	106	12.3
报纸出版量	万份	4225	26364	16.0
杂志出版量	万册	162	1229	13.2
教　　育				
普通高校在校学生数	万人	18.4	31.7	58.0
中专学校在校学生数	万人	4.1	12.7	32.3
普通中学在校学生数	万人	15.4	140.3	11.0
小学在校学生数	万人	18.3	155.3	11.8
卫　　生				
医疗卫生单位床位数	万张	1.1	8.1	13.5
卫生技术人员	万人	1.4	11.0	12.7
人 民 生 活				
在岗职工年工资总额	亿元	93.7	638.5	14.7
在岗职工年平均工资	元	30872	26114	
城镇居民人均可支配收入	元	20267	14433	
农民人均纯收入	元	7051	4656	
城乡居民储蓄存款余额	亿元	640.6	3211.7	19.9

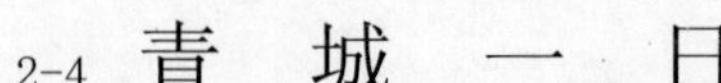

2-4 青 城 一 日

指　　标	单 位	1978年	1985年	1990年	1995年	2000年	2005年	2008年
全市每天创造的财富								
地区生产总值	万元	148	389	841	2576	5476	21172	38457
第一产业	万元	32	85	143	431	611	1292	2059
第二产业	万元	69	185	344	1096	2057	7610	13874
#工　业	万元	57	146	309	982	1792	6063	11465
第三产业	万元	47	119	354	1049	2808	12269	22523
工农业总产值	万元	445	892	1333	2914	6677	18830	35132
工业总产值	万元	337	725	1122	2551	5679	16567	31484
农业总产值	万元	108	166	211	363	998	2263	3648
地方财政总收入	万元	39	69	125	120	350	1352	4337
财政支出	万元	27	66	124	225	544	1976	3646
粮　　食	吨	677	929	1485	1934	2306	3145	3271
肉　　类	吨	30	39	48	129	241	304	221
奶　　类	吨		38	84	203	642	6241	8356
发 电 量	万千瓦时	84	98	110	162	266	5563	10446
水　　泥	吨	523	986	1044	1507	2822	4236	8992
化肥（按100%折纯）	吨	60	45	57	59	549	704	860
服　　装	万件				4.5	2.1	1.5	1.4
乳 制 品	吨				22	98	5555	5592
卷　　烟	箱	192	403	658	671	603	712	890
电 视 机	部	3	480	1043	891	1419	6551	10156
移动电话	部						2710	482

2-4续表

指　标	单位	1978年	1985年	1990年	1995年	2000年	2005年	2008年
全市每天消费（销售）量								
社会消费品零售额	万元	94	250	456	1182	3455	8353	15175
城乡居民消费总额	万元	76	223	461	1007	1749	4389	8022
平均每人消费总额	元	0.5	1.3	2.5	5.2	8.4	16.6	36
全市每天其他经济活动								
固定资产投资额	万元	37	121	133	705	1885	11513	17547
城镇新建住宅	平方米			937	1578	4383	8114	10789
公路客运量	万人	0.3	0.6	1.4	2.2	5.8	10.3	12.3
公路货运量	万吨	2.0	2.1	2.5	6.9	5.8	16.8	24.5
市内公共交通客运量	万人次				12.8	11.5	46.2	70.4
进出口总额	万美元			1	10	159	292	246
#出　口				1	7	140	163	134
接待旅游者人数	人次		31	25	57	4567	10740	17655
邮电业务总量	万元	1	5	11	56	324	852	1736
邮寄函件	万件	2	5	4	6	6	5	5
居民新增储蓄额	万元		26	130	452	352	2015	3539
用电量	万千瓦时				434	625	1282	1866
人均生活用水	升	11	236	217	241	203	175	79
燃气供应量	万立方米				4.7	8.6	12.0	47.2
全市每天人口变动及婚姻								
出　生	人	73	64	110	66	86	58	69
死　亡	人	25	25	27	27	62	68	16
结　婚	对				37	24	33	52
离　婚	对				6	4	5	7

2-5 平均每人主要社会经济活动

指　　标	单　位	1978年	1985年	1990年	1995年	2000年	2005年	2008年
地区生产总值	**元**	**347**	**819**	**1641**	**4844**	**8231**	**29049**	**52897**
第一产业	元	74	179	279	890	918	1843	2832
第二产业	元	162	390	672	2050	3092	10850	19084
#工　业	元	134	307	604	1811	2693	8645	15769
第三产业	元	111	250	690	1904	4221	16357	30980
工农业总产值	**元**	**1064**	**1900**	**2641**	**5107**	**11881**	**32098**	**48326**
工业总产值	元	804	1545	2222	4423	9943	28241	43308
农业总产值	元	259	355	418	684	1938	3857	5018
地方财政总收入	元	92	148	247	227	613	2304	5965
财政支出	**元**	**65**	**141**	**245**	**424**	**953**	**3368**	**5979**
农牧业生产								
耕地面积	公 顷	0.3	0.2	0.2	0.2	0.3	0.2	
粮　　食	千克	162	198	294	365	404	536	536
油　　料	千克	4	17	22	42	37	28	28
蔬　　菜	千克	106	83	105	195	291	209	306
年末大牲畜	头	0.1	0.1	0.1	0.1	0.1	0.4	0.4
#奶　牛	头						0.3	0.3
猪牛羊肉	千克	5	8	9	22	39	48	34
奶　　类	千克		8	17	38	121	1064	1370
禽　　蛋	千克	0.6	2	4	11	15	16	9
主要工业产品产量								
发 电 量	千瓦小时	201	208	218	304	466	9484	17131
水　　泥	千克	125	210	207	284	494	722	1439
化　　肥（按100%折纯）	千克	14	10	11	11	96	120	141
服　　装	件				9	4	3	3
乳 制 品	千克				4	17	947	917
卷　　烟	箱		0.1	0.1	0.1	0.1	0.1	0.1
电 视 机	台/万人		1022	2066	1670	2485	11167	16656
移动电话	部/万人						4619	790

2-5续表

指　　标	单　位	1978年	1985年	1990年	1995年	2000年	2005年	2008年
批发零售贸易、餐饮业								
社会消费品零售额	元	224	532	904	2228	6048	14240	24696
固定资产投资								
固定资产投资额	元	87	257	264	1323	3300	19626	28555
新增固定资产	元				767	1845	9492	20673
城市建设								
城市居民日生活用水	升	11	236	217	241	203	175	79
城乡居民日生活用电	千瓦小时				0.2	0.3	0.8	1.0
拥有公共交通车辆	辆/万人	0.5	0.7	1.1	4.5	4.7	7.8	12.9
城市公共绿地面积	平方米	2.0	1.3	2.7	3.1	5.9	8.6	15.7
教育、卫生								
普通高校在校学生数	人/万人	46	106	113	164	325	634	829
中专学校在校学生数	人/万人	32	68	81	130	213	176	182
医院床位数	张/万人	27	32	41	35	36	37	43
医 生 数	人/万人				29	26	23	28
人民生活								
在岗职工年平均工资	元	639	1093	1750	4200	7548	19715	30872
城镇居民人均可支配收入	元		775	1149	3008	5582	12150	20267
城镇居民人均消费性支出	元		786	1023	2785	4613	8768	13145
农民人均纯收入	元		321	574	1243	2539	4631	7051
农民人均消费性支出	元		274	466	1056	1558	2767	3756
城乡居民储蓄存款	元	36	228	912	3430	7291	17728	28560
城镇居民住宅建筑面积	平方米				14.9	17.2	24.8	29.6
农村居民住房面积	平方米				17	20	22.6	24.9
拥有电话机	部/万人				584	2452	9557	9867

2-6 国民经济和社会发

指标	单位	总量指标						
		1978年	1985年	1990年	1995年	2000年	2005年	2008年
人口								
年末总人口	万人	154.0	172.2	185.7	194.5	209.2	213.5	224.3
就业								
从业人员	万人	64.6	82.3	91.1	104.4	122.7	145.8	155.9
职工人数	万人	26.4	40.8	43.5	48.5	37.0	30.2	29.7
国民经济核算								
地区生产总值	亿元	5.4	14.2	30.7	94.0	199.9	743.7	1403.7
第一产业	亿元	1.2	3.1	5.2	15.7	22.3	47.2	75.2
第二产业	亿元	2.5	6.8	12.6	40.0	75.1	277.8	506.4
#工业	亿元	2.1	5.3	11.3	35.8	65.4	221.3	418.5
第三产业	亿元	1.7	4.3	12.9	38.3	102.5	418.7	822.1
人均地区生产总值	元	347	253	1641	4844	8231	29049	52897
财政								
地方财政总收入	亿元	1.4	2.5	4.6	4.4	12.8	49.3	158.3
财政支出	亿元	1.0	2.4	4.5	8.2	19.9	72.1	133.1
农牧业								
耕地面积	千公顷	428.3	379.7	365.6	352.9	560.2	509.5	568.8
农林牧渔业从业人员	万人	34.9	37.5	38.2	41.9	43.8	43.1	43.2
农林牧渔业总产值	亿元	1.6	3.9	7.5	27.4	40.4	82.6	133.2
主要农畜产品产量								
粮食	万吨	24.7	33.9	54.2	70.6	84.2	114.8	119.4
油料	万吨	0.6	2.9	4.1	8.1	7.8	6.1	6.2
猪牛羊肉产量	吨	7997	14203	16621	42813	82125	103491	75780
牛奶	吨	45	13789	30706	74025	234334	2278051	3050226
年末牲畜总头数	万头、只	137.6	127.7	152.1	181.3	188.7	199.2	245.3
大牲畜	万头	18.7	21.7	20.8	23.8	28.3	75.4	79.7
羊	万只	86.5	85.1	111.4	119.7	118.2	93.1	137.3
生猪	万口	32.4	20.8	19.9	37.7	42.2	30.7	28.3

注：2000年及以后职工人数为在岗职工人数。

展总量与速度指标

速度指标（%）										
指数(2008年比以下各年)						平均增长速度				
1978年	1985年	1990年	1995年	2000年	2005年	1979-2008	1986-1990	1991-1995	1996-2000	2001-2005
145.6	130.3	120.8	115.3	107.2	105.1	1.3	1.5	0.9	1.5	0.4
241.3	189.4	171.1	149.3	127.1	106.9	3.0	2.1	2.8	0.1	3.5
112.5	72.8	68.3	61.2	80.3	98.3	0.4	1.3	2.2	-5.3	-4.0
5367.7	2404.5	1680.8	894.7	500.3	159.1	14.2	7.4	13.4	12.3	25.8
1056.2	583.3	506.2	302.1	217.4	118.0	8.2	2.9	10.9	6.8	13.0
6204.4	2495.8	1893.2	926.3	553.5	165.3	14.8	5.7	15.4	10.9	27.3
6371.1	2784.0	1961.5	889.0	546.1	173.5	14.9	7.3	15.4	10.2	25.9
7790.2	3491.0	1975.9	1008.1	527.7	160.2	15.6	12.1	14.4	13.8	26.9
3502.5	1746.5	1313.7	763.3	456.4	153.4	12.6	5.9	11.5	10.8	24.3
11307.1	6332.0	3441.3	3597.7	1236.7	321.1	17.1	12.4	16.0	16.1	32.3
13310.0	5545.8	2957.8	1623.2	668.9	184.6	17.7	12.4	-0.7	23.8	31.0
							13.4	12.7	19.3	29.4
132.8	149.8	155.6	161.2	101.5	111.6	1.0	-0.7	-0.7	9.7	-1.9
123.8	115.0	161.7	167.5	105.5	116.0	0.7	0.4	1.9	0.9	0.3
8325.0	3415.4	1776.0	486.1	329.7	161.3	15.9	4.9	11.4	8.4	11.2
483.4	352.2	220.3	169.1	141.8	104.0	5.4	9.8	5.4	3.6	6.4
1033.3	213.8	151.2	76.5	79.5	101.6	8.1	7.2	14.6	-0.8	-4.8
947.6	533.5	455.9	177.0	92.3	73.2	7.8	3.2	20.8	13.9	4.7
6778280.0	22120.7	9933.6	4120.5	1301.7	133.9	44.9	17.4	19.2	25.9	57.6
178.3	192.1	161.3	1353.0	130.0	123.1	1.9	3.6	3.6	0.8	1.1
426.2	367.3	383.2	334.9	281.6	105.7	5.0	-0.8	2.7	3.5	21.6
158.7	161.3	123.2	114.7	116.2	147.5	1.6	5.5	1.4	-0.3	-4.6
87.3	136.1	142.2	75.1	67.1	92.2	-0.5	-0.9	13.6	2.3	-6.2

2-6续表1

指　　标	单位	总　量　指　标						
		1978年	1985年	1990年	1995年	2000年	2005年	2008年
规模以上工业								
工业总产值	亿元	7.3	17.9	35.6	125.3	207.2	483.2	927.6
主要产品产量								
配、混合饲料	万吨		1.6	3.0	2.2	13.3	37.8	49.9
液　体　乳	万吨					11.8	198.6	190.5
卷　　烟	万箱	7.0	14.7	24.0	24.5	22.0	26.0	32.5
原油加工量	万吨				78.1	116.0	107.7	120.7
焦　　碳	万吨	13.7	15.3	15.0	15.6	16.5	26.3	23.4
化肥(折纯)	万吨	2.2	1.7	2.1	2.2	20.0	25.7	31.4
电　视　机	万台	0.1	17.5	38.1	32.5	51.8	239.1	370.7
发　电　量	亿千瓦小时	3.1	3.6	4.0	5.9	9.7	203.1	381.3
服　　装	万件			160	1652	754.1	565.6	504.9
固定资产投资								
固定资产投资总额	亿元	1.3	4.4	4.9	25.7	68.8	420.2	640.5
房地产开发	亿元			0.4	3.0	11.8	35.9	177.1
竣工的住宅面积	万平方米		37.8	36.8	58.4	160.0	296.2	393.8
国内贸易								
社会消费品零售总额	亿元	3.4	9.1	16.7	43.1	126.1	307.8	553.9
对外经济贸易								
进出口总额	万美元			199	3644	7001	106455	89657
#出口总额	万美元			197	2675	5216	59411	49012
运输、邮电								
公路客运量	万人	104	214	494	816	2101	3764	4488
公路货运量	万吨	730	778	906	2503	2105	6131	8944

速度指标（%）										
指数（2008年比以下各年）						平均增长速度				
1978年	1985年	1990年	1995年	2000年	2005年	1979-2008	1986-1990	1991-1995	1996-2000	2001-2005
12706.8	5182.1	2605.6	740.3	447.7	192.0	17.5	9.1	17.9	11.5	18.5
	3118.8	1663.3	2268.2	375.2	132.0		13.4	-6.0	43.3	23.2
				1614.4	95.9					75.9
464.3	221.1	135.4	132.7	147.7	125.0	5.3	10.3	0.4	-2.1	3.4
			154.5	104.1	112.1				8.2	-1.5
170.8	152.9	156.0	150.0	141.8	89.0	1.8	-0.4	0.8	1.1	9.8
1427.3	1847.1	1495.2	1427.3	157.0	122.2	9.3	4.3	0.9	55.5	5.1
370700.0	2118.3	973.0	1140.6	715.6	155.0	31.5	16.8	-3.1	9.8	35.8
12300.0	10591.7	9532.5	6462.7	3930.9	187.7	17.4	2.1	8.1	10.5	83.7
		315.6	30.6	67.0	89.3			59.5	-14.5	-5.6
49269.2	14556.8	13071.4	2492.2	931.0	152.4	23.0	4.8	48.3	16.1	43.6
		44275.0	5903.3	1500.8	493.3			56.3	32.7	24.9
							-0.5	9.7	22.3	13.1
16291.2	6086.8	3316.8	1285.2	439.3	178.0	18.5	12.8	21.0	23.9	19.9
		45053.8	2460.4	1280.6	84.2			78.9	14.0	72.3
		24879.2	1832.2	939.6	82.5			68.5	14.3	62.7
4315.4	2097.2	908.5	550.0	213.6	119.2	13.4	18.2	10.6	20.8	12.4
1225.2	1149.6	987.2	357.3	424.9	145.9	8.7	3.1	22.5	-3.4	23.8

2-6续表2

指　　标	单　位	总　量　指　标						
		1978年	1985年	1990年	1995年	2000年	2005年	2008年
公路旅客周转量	万人公里	7148	14823	35090	84711	219849	415628	494813
公路货运周转量	万吨公里	11894	20560	24524	81959	155116	741851	1158369
邮电业务总量	万元	361	1668	3932	20315	118213	311128	633508
金融保险								
金融机构各项存款	亿元	8.7	11.7	29.2	88.3	311.6	803.9	1649.8
金融机构各项贷款	亿元	5.3	10.9	34.0	84.0	261.2	874.0	1458.6
保费收入	万元				13877	40002	116996	248595
保费支出	万元				8268	14975	21864	71678
教　　育								
专任教师数								
普通高校	人	2150	3791	4392	4242	5307	8553	11177
中等专业学校	人	781	1892	1972	2248	1796	563	775
普通中学	人	8369	5670	6639	6234	7098	8349	8573
小　　学	人	9584	10521	12015	12774	11270	10348	10199
在校学生数								
普通高校	万人	0.70	1.81	2.08	2.41	4.37	13.57	18.40
中等专业学校	万人	0.49	1.17	1.49	1.96	3.93	3.77	4.10
普通中学	万人	13.36	9.32	8.92	9.11	11.48	14.91	15.40
小　　学	万人	20.18	19.00	19.07	20.57	20.62	18.53	18.32
卫　　生								
卫生医疗机构数	个	478	632	704	597	199	199	896
医疗机构床位数	张	4188	5461	7555	7335	7441	8828	11472
卫生技术人员数	人	6467	11215	12941	12028	10879	10868	14256
人民生活								
城镇居民人均可支配收入	元		775	1149	3008	5354	12150	20267
农牧民人均纯收入	元		321	574	1243	2539	4631	7051
城乡居民储蓄存款余额	亿元	0.5	3.9	16.8	66.7	152.5	379.6	640.6
物价总指数（上年=100）								
居民消费价格指数	%	101.0	110.0	101.8	117.6	103.0	102.2	104.6

速度指标（%）										
指数（2008年比以下各年）						平均增长速度				
1978年	1985年	1990年	1995年	2000年	2005年	1979-2008	1986-1990	1991-1995	1996-2000	2001-2005
6922.4	3338.1	1410.1	584.1	225.1	119.1	15.2	18.8	19.3	21.0	13.6
9739.1	5634.1	4723.4	1413.4	746.8	156.1	16.5	3.6	27.3	13.6	36.7
175487.0	37980.1	16111.6	3118.4	535.9	230.6	28.3	18.7	38.9	42.2	21.4
18963.2	14100.9	5650.0	1868.4	529.5	205.2	19.1	20.1	24.7	28.7	20.9
27520.8	13381.7	4290.0	1736.4	558.4	166.9	20.6	25.5	19.8	25.5	27.3
			1791.4	621.5	212.5				23.6	23.9
			866.9	478.7	327.8				12.6	7.9
519.9	294.8	254.5	263.5	210.6	130.7	5.6	3.0	-0.7	4.6	10.0
99.2	41.0	39.3	34.5	43.2	137.7	0.0	0.8	2.7	-4.4	-20.7
102.4	151.2	129.1	137.5	120.8	102.7	0.1	3.2	-1.3	2.6	3.3
106.4	96.9	84.9	79.8	90.5	98.6	0.2	2.7	1.2	-2.5	-1.7
2628.6	1016.6	884.6	763.5	421.1	135.6	11.5	2.8	3.0	12.7	25.4
836.7	350.4	275.2	209.2	104.3	108.8	7.3	5.0	5.6	14.9	-0.1
115.3	165.2	172.6	169.0	134.1	103.3	0.5	-0.9	0.4	4.7	5.4
90.8	96.4	96.1	89.1	88.8	98.9	-0.3	0.1	1.5	…	-2.1
187.4	141.8	127.3	150.1	450	450.3	2.1	2.2	-3.2	-19.7	
273.9	210.1	151.8	156.4	154.2	130.0	3.4	6.7	-0.6	0.3	3.5
220.4	127.1	110.2	118.5	131.0	131.2	2.7	2.9	-1.5	-2.0	
	2615.1	1763.9	673.8	378.5	166.8		8.2	21.2	12.2	17.8
	2196.6	1228.4	567.3	277.7	152.3		12.3	16.7	15.4	12.8
128120.0	16425.6	3813.1	960.4	420.1	168.8	26.9	33.9	31.8	18.0	20.0
618.4	469.2	295.4	153.6	107.4	110.4	6.3	9.7	16.2	3.5	1.3

2-7 城乡居民物质文化生活主要指标

指　　标	单 位	2007年	2008年	2008年比2007年增长%
就　　业				
每一农村劳动力负担人数	人	1.39	1.40	0.7
每一城镇就业者负担人数	人	1.91	1.99	4.2
城镇登记失业率	%	3.85	3.85	
收　　入				
城镇居民人均可支配收入	元	16920	20267	19.8
农民人均纯收入	元	6121	7051	15.2
在岗职工平均工资	元	26732	30872	15.5
消费水平				
居民人均消费水平	元	8784	9430	7.4
农村居民	元	3325	3358	1.0
城镇居民	元	12503	13540	8.3
储　　蓄				
城乡居民储蓄存款	万元	5113839	6405628	25.3
人均储蓄	元	23423	28781	22.9
住　　房				
城市人均住房建筑面积	平方米	28.4	29.3	3.2
农民人均生活用房面积	平方米	22.9	24.9	8.7
交　　通				
城镇每百户拥有助力车	辆	13	14	7.7
农民每百户拥有自行车	辆	107	97	-9.0
城市每万人拥有公交车辆	辆	11.7	12.9	10.3
文　　化				
城镇每百户拥有彩色电视机	台	107	104	-2.8
农村每百户拥有电视机	台	102	99	-2.9
城镇每百户拥有电脑	台	36	39	8.3
农村每百户拥有电脑	台	7	4	-42.9
每人每年有杂志	册	4.4	3.5	-20.5
每百人每天有报纸	份	23.9	19.1	-20.1
教　　育				
学龄儿童入学率	%	100.0	100.0	
每万人拥有在校大学生数	人	919	986	7.3
卫　　生				
每万人拥有医院病床	张	37	43	16.2
每万人拥有医生数	人	28	28	

第二部分　统计资料

国民经济核算

3-1 历年地区生产总值

（按当年价格计算）

单位：万元

年 份	地 区 生产总值	第一产业	第二产业	#工 业	第三产业	人均地区 生产总值 （元）
1949	4605	3497	394	221	714	73
1950	5406	3892	502	313	1012	84
1951	5771	3792	738	485	1241	83
1952	7954	5098	1041	626	1815	109
1953	10146	5931	1718	987	2497	135
1954	12872	7594	1936	1317	3342	164
1955	11973	6109	2167	1564	3697	147
1956	16141	7497	3777	2266	4867	191
1957	15379	6040	3839	2383	5500	172
1958	19783	6847	6631	4518	6305	214
1959	23339	7072	8851	6257	7416	241
1960	29051	7117	12864	9535	9070	274
1961	23125	7190	7287	6051	8648	210
1962	19682	6417	5666	4752	7599	183
1963	20519	7409	5704	4633	7406	189
1964	23376	8908	6329	5073	8139	209
1965	27249	8406	9074	6790	9769	236
1966	31691	8874	11660	8747	11157	268
1967	32462	10169	11438	8214	10855	269
1968	33849	10214	11482	9379	12153	275
1969	33554	10455	9682	7815	13417	266
1970	38264	10565	14130	12123	13569	297
1971	44163	12398	16768	14097	14997	335
1972	43465	12860	17383	14420	13222	319
1973	45734	13623	18353	15083	13758	326
1974	43673	14497	15064	11590	14112	307
1975	49036	15048	18968	15111	15020	334
1976	51289	14170	20381	15695	16738	346
1977	52964	14660	21756	16866	16548	343
1978	54124	11538	25315	20847	17271	347

3-1续表

单位：万元

年 份	地 区 生产总值	第一产业	第二产业	#工 业	第三产业	人均地区生产总值（元）
1979	66180	17135	30632	23773	18413	410
1980	67615	16485	33009	27971	18121	412
1981	75454	17034	36844	27860	21576	457
1982	86916	20191	40669	31329	26056	513
1983	97566	22719	45790	34318	29057	574
1984	114121	28172	49574	41703	36375	667
1985	142136	31099	67639	53232	43398	819
1986	154515	26997	71818	58480	55700	885
1987	168834	26295	78074	65893	64465	949
1988	236116	42363	96389	84587	97364	1318
1989	271744	35720	115879	104070	120145	1466
1990	306867	52205	125589	112944	129073	1641
1991	358603	61216	149392	129718	147995	1903
1992	437264	68252	186664	157696	182348	2259
1993	573852	61604	288289	250322	223959	2946
1994	792719	98619	380600	340146	313500	4019
1995	940291	157330	399959	358276	383002	4735
1996	1164757	212827	480835	431137	471095	5821
1997	1340303	214665	533801	477593	591837	6565
1998	1537446	237041	589490	522941	710915	7487
1999	1714764	218400	649451	574870	846913	8209
2000	1998711	222959	750903	654013	1024849	8231
2001	2460126	227419	905106	753411	1327601	10036
2002	3249735	289732	1177637	979479	1782366	13115
2003	4278716	366601	1543828	1235381	2368287	17085
2004	5458920	426005	1939508	1570667	3093407	21568
2005	7727600	471700	2777600	2213100	4478300	30186
2006	9267900	512600	3502400	2837700	5252900	35740
2007	11287300	621400	4155000	3462000	6510900	43068
2008	14036700	751600	5064100	418600	8221000	52897

3-2 历年地区生产总值指数

（以上年为100）

单位：%

年　份	地区生产总值	第一产业	第二产业	#工　业	第三产业	人均地区生产总值
1949						
1950	118.3	111.9	141.1	139.4	138.2	114.8
1951	99.3	94.9	129.4	142.9	103.6	92.5
1952	141.1	138.7	146.9	133.7	146.2	134.2
1953	112.7	105.2	148.2	142.3	118.6	109.1
1954	123.3	122.6	111.3	129.7	132.9	118.5
1955	87.8	78.0	107.3	114.1	103.0	84.7
1956	134.4	125.4	171.2	144.2	131.9	129.1
1957	95.9	80.6	103.9	108.3	118.8	91.0
1958	119.2	107.4	158.8	174.2	109.6	114.9
1959	112.0	98.4	126.8	129.3	115.7	107.0
1960	119.3	96.9	142.0	147.7	120.6	108.9
1961	73.3	94.4	51.5	59.2	80.8	70.8
1962	86.4	90.1	77.8	78.3	89.0	88.4
1963	109.3	117.9	104.6	101.7	103.8	108.1
1964	116.5	121.0	113.6	100.2	113.3	113.0
1965	112.4	92.2	139.8	146.3	119.1	108.9
1966	120.2	113.7	131.8	130.4	117.5	117.3
1967	100.5	112.8	91.7	95.3	96.7	98.6
1968	108.6	102.5	111.0	114.0	113.3	106.5
1969	100.0	99.1	88.1	85.8	110.4	97.5
1970	115.0	104.0	149.1	161.0	102.8	112.7
1971	114.2	116.8	115.6	116.0	110.8	111.6
1972	96.8	100.3	103.3	102.1	87.2	93.8
1973	109.3	117.3	106.9	105.1	103.4	105.8
1974	95.7	102.5	82.1	78.5	103.5	93.6
1975	112.0	103.6	128.0	129.4	106.9	109.5
1976	105.7	98.9	108.0	106.0	111.1	104.7
1977	99.5	101.6	101.3	103.6	95.4	95.5
1978	98.5	74.6	115.3	120.3	105.2	97.7

3-2续表

单位：%

年　份	地区生产总值	第一产业	第二产业	#工　业	第三产业	人均地区生产总值
1979	117.2	122.7	122.1	118.5	106.6	113.3
1980	101.6	110.8	105.0	113.1	88.3	99.9
1981	106.1	97.7	101.8	100.0	123.0	105.4
1982	116.1	124.1	111.2	110.8	116.0	113.1
1983	113.4	108.5	110.6	111.8	121.8	113.1
1984	119.4	129.3	111.9	118.1	120.3	118.5
1985	112.4	78.3	138.4	116.7	113.4	110.9
1986	104.3	86.9	99.4	104.3	122.3	103.6
1987	102.5	91.3	107.4	111.0	101.9	100.7
1988	119.4	137.9	106.8	115.9	127.4	118.6
1989	101.8	78.2	109.7	108.4	103.9	98.4
1990	110.1	134.7	105.4	97.6	107.1	109.2
1991	106.1	106.3	105.6	111.1	106.4	105.2
1992	115.7	108.4	119.4	116.1	114.8	112.7
1993	122.5	122.2	129.3	133.0	115.3	121.8
1994	124.3	114.6	129.9	134.1	120.4	122.8
1995	105.0	103.8	96.5	95.9	115.6	104.3
1996	113.5	119.1	113.1	113.1	109.3	112.6
1997	109.5	102.3	107.1	106.7	112.1	107.4
1998	112.8	106.2	109.5	108.3	113.5	112.1
1999	111.2	95.9	110.6	110.6	118.2	109.3
2000	114.7	112.0	114.0	112.6	116.2	113.8
2001	121.0	99.0	125.3	120.8	122.7	119.7
2002	130.9	127.4	130.0	130.2	132.2	129.5
2003	125.7	118.1	125.3	121.2	127.2	124.4
2004	122.9	110.3	124.0	126.5	124.1	121.6
2005	128.6	112.1	132.3	131.0	128.6	126.9
2006	118.1	108.6	122.4	125.0	116.4	116.6
2007	118.1	103.7	119.3	122.8	118.8	116.8
2008	114.1	107.8	113.2	113.0	115.2	112.6

3-3 地 区 生 产 总 值

（按当年价格计算）

单位：亿元

指　　标	2007年	2008年	2008年比2007年增长%
绝对额			
地区生产总值	1128.73	1403.67	14.1
第一产业	62.14	75.16	7.8
第二产业	415.50	506.41	13.2
工　业	346.20	418.46	13.0
建筑业	69.30	87.95	14.7
第三产业	651.09	822.10	15.2
交通运输、仓储和邮政业	176.49	237.70	18.1
批发和零售业	106.50	136.35	14.1
住宿和餐饮业	71.96	91.84	9.0
金融业	46.69	59.91	15.7
房地产业	34.99	45.96	20.9
其他营利性服务业	109.69	125.03	11.5
非营利性服务业	104.77	125.31	17.8
构　成（%）			
地区生产总值	100.00	100.00	
第一产业	5.51	5.35	
第二产业	36.81	36.08	
工　业	30.67	29.81	
建筑业	6.14	6.27	
第三产业	57.68	58.57	
人均地区生产总值（元）	43070	52897	12.6

3-4 第三产业增加值及其构成

（按当年价格计算）

单位:亿元、%

指　　标	总　量		构　成	
	2007年	2008年	2007年	2008年
第三产业	651.09	822.10	100.00	100.00
交通运输、仓储和邮政业	176.49	237.70	27.11	28.91
批发和零售业	106.50	136.35	16.36	16.59
住宿和餐饮业	71.96	91.84	11.05	11.17
金融业	46.69	59.91	7.17	7.29
房地产业	34.99	45.96	5.37	5.59
其他营利性服务业	109.69	125.03	16.85	15.21
信息传输计算机服务及软件业	31.74	47.43	4.87	5.77
租赁和商务服务业	15.08	20.49	2.32	2.49
居民服务和其他服务业	45.83	43.20	7.04	5.25
文化、体育和娱乐业	17.04	13.91	2.62	1.69
非营利性服务业	104.77	125.31	16.09	15.24
科学研究、技术服务和地质勘查业	13.86	20.94	2.13	2.55
水利、环境和公共设施管理业	5.03	7.57	0.77	0.92
教　　育	31.26	32.74	4.80	3.98
卫生、社会保障和社会福利业	15.03	13.05	2.31	1.59
公共管理和社会组织	39.59	51.01	6.08	6.20

3-5 按支出法计算的地区生产总值

（按当年价格计算）　　单位：万元

	2007年	2008年	2008年比2007年增长%
地区生产总值	**11287300**	**14036700**	**14.1**
最终消费	4684309	5482201	16.0
居民消费	2502286	2928201	15.2
农村居民	359649	400255	4.3
城镇居民	2142637	2527946	16.0
政府消费	2082023	2554000	18.0
资本形成总额	6127042	6738511	9.8
固定资本形成总额	6070000	6677033	10.0
存货增加	57042	61478	7.8
货物和服务净流出	575949	1815988	215.3

3-6 总　产　出

（按当年价格计算）　　单位：万元

	2007年	2008年	2008年比2007年增长%
总　产　出	**25853100**	**30746554**	**16.7**
第一产业	1088500	1331500	8.3
第二产业	13472400	15886667	24.8
工　　业	11244000	12955000	28.9
建 筑 业	2228400	2931667	6.9
第三产业	11292200	13528387	8.7
交通运输仓储和邮政业	3781200	4512350	4.8
批发和零售贸易餐饮业	2445600	3158800	18.5

主要统计指标解释

生产总值　是按市场价格计算的生产总值的简称，它是一个国家或地区所有常住单位在一定时期内生产活动的最终成果。生产总值有三种表现形态，即价值形态、收入形态和产品形态。从价值形态看，它是所有常住单位在一定时期内所生产的全部货物和服务价值超过同期投入的全部非固定资产货物和服务价值的差额，即所有常住单位的增加值之和；从收入形态看，它是所有常住单位在一定时期内所创造并分配给我们常住单位和非常住单位的初次分配收入之和；从产品形态看，它是最终使用的货物和服务减去进口货物和服务。在核算中，生产总值的三种表现形态表现为三种计算方法，即生产法、收入法和支出法。三种方法分别从不同的方面反映生产总值及其构成。

总产出　是一定时期内生产的所有货物和服务的价值。它是货物和服务的全部价值，包括转移价值和新增价值两部分。总产出用生产者价格估价。

中间投入　是常住单位在生产或提供货物与服务过程中消耗和使用的所有非固定资产货物和服务价值。中间投入也称为中间消耗。计入中间投入应按生产过程中实际使用的数量计算。一般采用市场购买者价格计价。

增加值　是生产货物或提供服务过程中增加的价值，也称为追加价值，就是总产出与中间投入之间的差额。

总消费　是指常住单位在一定时期内对于货物和服务的全部最终消费，也就是常住单位为满足人们物质、文化和精神生活的需要，从本国经济领土或外国购买的货物和服务。不包括非常住居民在本国经济领土内的消费。总消费分为居民消费和社会消费。（1）居民消费是指常住居民在核算期内对于货物和服务的全部最终消费。（2）社会消费指政府部门的总产出扣除销售收入后的价值。换句话讲，就是指社会公共服务部门将其生产活动总成果提供给政府，由政府部门购买并提供给全社会享用的消费品和劳务。

总投资　是指常住单位在核算期内对固定资产和库存的投资支出合计，分为固定资产形成和库存增加两部分。（1）固定资产形成是指常住单位在核算期内购置、转入和为自用而生产的固定资产，扣除已有固定资产的销售和转出后的价值。（2）库存增加即存货变动，是指常住单位在核算期内库存实物量变动的市场价值。

当年价格　指报告期的实际价格。使用当年计算的价格数字，是为了使国民经济各项指标互相衔接，便于考察当年的社会经济效益，便于生产和流通、生产和分配、生产和消费进行经济核算和综合平衡。

按当年价格计算的价值指标，在不同年份之间进行对比时，因为已含有各年间价格变动的因素，不能确切反映实物量的增减变动。因此，必须消除价格变动因素。在计算增长速度时都使用按可比价格计算的数字。

可比价格　指在计算不同时期的价值指标时扣除了价格变动因素，而确切表示物量的变化。按可比价格计算有两种方法：一种是直接用产品产量乘其不变价格，一种是用指数法换算。

不变价格　用某一时期的同类产品的平均价格作为固定价格，来计算各时期的产品价值。随着工农业产品价格水平的变化，国家统计局先后五次制定了全国统一的工业品不变价格和农业品不变价格，从 1949 年到 1957 年使用 1952 年工（农）业产品不变价格，从 1957 年到 1971 年使用 1957 年不变价格，从 1971 年到 1981 年使用 1970 年不变价格，从 1981 年到 1990 年使用 1980 年不变价格，从 1990 年开始使用 1990 年不变价格。

第二部分　统计资料

人　口

4-1 历年人口数据

单位：万人、‰

年　份	总人口	#男	#城镇人口	出生率	死亡率
1949	62.8	36.0	14.6	22.6	10.1
1950	66.7	38.4	15.5	23.2	9.8
1951	72.0	41.9	15.8	24.4	9.2
1952	74.0	43.2	15.7	26.3	10.3
1953	76.8	44.8	15.2	26.1	10.4
1954	80.1	46.6	16.2	38.5	12.0
1955	82.5	48.0	15.7	30.6	10.0
1956	86.9	50.8	20.5	28.2	8.6
1957	91.9	54.1	23.0	29.8	9.4
1958	93.4	54.5	23.2	26.4	8.4
1959	100.3	58.9	29.1	27.5	9.5
1960	111.9	65.7	40.2	28.4	9.1
1961	108.0	62.6	34.5	25.0	8.8
1962	107.1	61.6	31.1	34.0	10.2
1963	110.0	63.0	31.0	37.2	9.4
1964	113.8	64.8	34.4	36.7	11.8
1965	117.6	66.9	37.1	28.1	9.3
1966	119.4	67.8	37.2	23.7	8.1
1967	121.6	69.0	38.3	20.3	7.3
1968	124.7	70.4	38.5	28.0	7.2
1969	127.8	72.1	39.1	27.3	6.6
1970	130.1	72.7	39.3	27.5	7.0
1971	133.7	74.3	40.4	22.7	5.8
1972	138.5	76.4	43.6	25.6	6.8
1973	142.5	78.5	44.9	23.9	6.6
1974	145.2	80.0	45.8	25.6	6.6
1975	147.3	80.6	46.5	21.0	7.5
1976	149.4	81.7	47.2	19.4	6.3
1977	151.5	82.8	49.2	17.6	6.0
1978	154.0	83.6	51.3	17.4	5.9

4-1续表 单位：万人、‰

年份	总人口	#男	#城镇人口	出生率	死亡率
1979	156.4	84.9	50.2	15.4	6.0
1980	158.5	85.9	55.5	15.5	5.8
1981	161.8	87.5	55.0	16.3	6.0
1982	165.7	89.2	55.0	17.5	5.5
1983	166.9	89.7	57.0	13.1	5.7
1984	170.4	91.7	60.5	16.4	4.7
1985	172.2	92.4	66.2	13.6	5.3
1986	174.4	93.3	68.3	13.0	5.6
1987	177.1	94.7	70.7	13.8	4.6
1988	179.7	95.9	73.1	13.4	4.6
1989	182.7	96.7	75.5	15.3	4.3
1990	185.7	98.6	81.0	21.7	5.4
1991	187.1	99.3	82.0	11.9	4.3
1992	188.4	99.9	82.8	13.0	4.1
1993	190.3	100.7	84.3	12.3	4.0
1994	192.7	102.0	86.0	11.4	4.1
1995	194.5	102.6	87.2	12.4	5.0
1996	197.4	104.1	96.7	11.9	4.4
1997	200.4	105.5	99.1	11.6	3.9
1998	204.4	107.4	102.2	12.1	4.1
1999	207.8	109.0	100.9	10.4	3.5
2000	209.2	108.8	112.0	15.0	10.9
2001	211.8	110.0	122.1	10.5	3.0
2002	213.5	110.9	122.1	9.0	2.9
2003	213.9	111.2	133.6	7.9	2.9
2004	254.4	132.1	140.1	9.4	5.9
2005	258.0	134.0	145.1	9.5	5.0
2006	260.6	135.0	150.5	9.8	5.6
2007	263.5	136.6	155.4	10.4	5.3
2008	267.2	138.1	161.1	10.0	5.0

注：2004年以后均为常住人口数，其余年份为户籍人口数。

4-2 街道办事处、乡镇户数与人口

单位：户、人

地区	总户数	总人口			总人口中	
		合计	男	女	非农业人口	未落常住户口人口
全市	**740533**	**2242876**	**1154279**	**1088597**	**1055450**	**3002**
市辖区	400196	1167127	590361	576766	886692	1806
新城区	117443	347768	174624	173144	298834	120
西街办事处	17691	58394	28263	30131	58378	
东街办事处	13154	41118	20348	20770	41075	
东风路办事处	16479	46579	23200	23379	46570	57
迎新路办事处	10055	28623	14444	14179	28622	4
中山东路办事处	7665	25906	12704	13202	25906	
锡林路办事处	10089	30803	15800	15003	30803	
海拉尔东路办事处	17946	56973	29332	27641	56973	59
毫沁营镇	17843	42072	21315	20757	9465	
保合少镇	6521	17300	9218	8082	1042	
回民区	81290	233425	118319	115106	201739	1651
糖厂路办事处	13616	39035	19890	19145	38844	1
新华西街办事处	10914	33613	16432	17181	33480	10
海拉尔西路办事处	11032	30942	15921	15021	30940	2
中山西路办事处	8769	29929	14667	15262	29929	
环河街办事处	9256	26676	13370	13306	26361	1
通道街办事处	6243	18082	9005	9077	18071	
攸攸板镇	14714	36443	19124	17319	5409	1637
钢铁路办事处	6746	18705	9910	8795	18705	
玉泉区	72657	192518	97483	95035	143201	
兴隆巷办事处	10022	25249	12658	12591	24922	
小召办事处	10311	27182	13723	13459	27158	
长和廊办事处	7235	19059	9895	9164	18817	
大南街办事处	9706	24298	11981	12317	24297	
石东路办事处	9400	26253	13198	13055	26253	

4-2续表1 单位：户、人

地区	总户数	总人口			总人口中	
		合计	男	女	非农业人口	未落常住户口人口
西菜园办事处	6189	14979	7670	7309	6675	
鄂尔多斯路办事处	3433	8394	4442	3952	7799	
昭君路办事处	4252	11307	5740	5567	4482	
小黑河镇	12109	35797	18176	17621	2798	
赛罕区	128806	393416	199935	193481	242918	35
人民路办事处	19021	60846	30148	30698	60846	
大学西路办事处	14049	48903	24262	24641	48903	
大学东路办事处	10565	36900	18857	18043	36881	
乌兰察布东路办事处	10422	30085	14891	15194	29932	
中专路办事处	8121	23674	12043	11631	23674	
榆林镇	8340	24799	13147	11652	3170	
金河镇	12511	37733	19607	18126	5876	
黄合少镇	14337	44769	23536	21233	5458	
巴彦镇	9352	23957	12729	11228	7654	2
巧报镇	15219	39807	19613	20194	18545	
西把栅乡	6869	21943	11102	10841	1979	33
旗县	340337	1075749	563918	511831	168758	1196
土左旗	110432	360806	189848	170958	47762	13
察素齐镇	31653	90339	47414	42925	38168	6
毕克齐镇	8274	26121	13619	12502	2878	
善岱镇	15054	48688	25956	22732	1204	
白庙子镇	12359	42342	22083	20259	1257	
台阁牧镇	8918	30060	15492	14568	1314	2
只几梁乡	12223	44590	23553	21037	1207	
沙尔沁乡	5640	20413	10547	9866	470	
塔布赛乡	7590	26791	14447	12344	555	4
北什轴乡	8721	31462	16737	14725	709	1

4-2续表2

单位：户、人

地　　区	总户数	总人口			总人口中	
		合　计	男	女	非农业人口	未落常住户口人口
托克托县	68759	200798	103181	97617	42156	112
双 河 镇	29821	77345	39127	38218	37265	112
新营子镇	16218	50013	25613	24400	2634	
五 申 镇	10192	32945	17221	15724	947	
伍什家镇	5042	15352	8044	7308	497	
古 城 镇	7486	25143	13176	11967	813	
和 林 县	62418	194585	102811	91774	27186	604
城 关 镇	16072	45212	23681	21531	22243	480
盛 乐 镇	17876	59896	31819	28077	2555	6
大红城乡	7239	25253	13171	12082	590	118
羊群沟乡	2890	8635	4487	4148	224	
黑老夭乡	3740	10457	5621	4836	225	
舍必崖乡	9575	29543	15938	13605	785	
新店子镇	5026	15589	8094	7495	564	
清水河县	43572	143860	74777	69083	22201	27
城 关 镇	13537	39506	20636	18870	16438	4
喇嘛湾镇	5152	15082	7762	7320	1774	5
宏 河 镇	6338	24110	12368	11742	780	5
北 堡 乡	4163	16382	8554	7828	371	2
窑 沟 乡	9206	31523	16446	15077	2407	2
韭菜庄乡	5176	17257	9011	8246	431	9
武 川 县	55156	175700	93301	82399	29453	440
可可以力更镇	13950	38837	20551	18286	26416	28
西乌兰不浪镇	5552	18630	9993	8637	457	133
哈 乐 镇	10287	33603	17744	15859	741	39
大青山乡	2485	7332	3922	3410	192	10
上秃亥乡	8886	30024	15827	14197	501	163
纳令沟乡	2218	7222	3883	3339	151	17
二份子乡	6913	24484	12965	11519	736	8
哈拉合少乡	4865	15568	8416	7152	259	42

4-3 非 农 业 人

项目	全市	市区		
		新城区	回民区	玉泉区
年末非农业人口	**1055450**	**886692**	**298834**	**201739**	**143201**
非农业人口增加数	**63503**	**54643**	**16640**	**6288**	**14461**
出生	8923	7346	2448	1499	1225
非农业人口迁入	27290	23720	5893	3097	2961
农业人口转非农业人口	10380	7346	2275	1551	1626
招生	1530	1182	883	237	32
聘用	39	36			4
投靠亲属	2567	2458	637	678	504
落户小城镇	504	502	10		300
投资购房	1878	1873	517	447	407
征用土地					
其他	3862	1295	228	189	379
港澳台国外迁入	26	24	7	2	
退出现役	947	922	539	131	84
刑满释放	22	19	4	8	3
其他	15915	15266	5474		8562
非农业人口减少数	**41296**	**34801**	**10601**	**2011**	**11705**
死亡	2726	2254	689	605	461
非农业人口迁出	23055	17113	4066	1296	1840
迁往港澳台国外	18	18	7	5	
服现役	371	361	137	105	60
服刑及劳教	12	12	11		
其他	15114	15043	5691		9344

口增减情况

单位：人

赛罕区	旗县	土左旗	托县	和林县	清水河县	武川县
242918	**168758**	**47762**	**42156**	**27186**	**22201**	**29453**
17254	**8860**	**1698**	**2228**	**2312**	**1105**	**1517**
2174	1577	339	448	264	318	208
11769	3570	640	702	875	606	747
1894	3034	413	904	1063	166	488
30	348	61		211	4	72
32	3		1	2		
639	109	4	43	9	23	30
192	2			2		
502	5		2		1	2
499	2567	348	858	839	138	384
15	2	2				
168	25	6	7	2	1	9
4	3			3		
1230	649	298	167	105	14	65
10484	**6495**	**1252**	**1363**	**1039**	**1276**	**1565**
499	472	59	204	59	93	57
9911	5942	1149	1151	974	1172	1496
6						
59	10	2	2		1	5
1						
8	71	42	6	6	10	7

4-4 人口变动情况

单位：人、‰

地　　区	平均人口	出生		死亡		自然增长率	迁入人口	迁出人口	机械增长率
		人口	出生率	人口	死亡率				
全　市	**2225669**	**24986**	**11.2**	**5656**	**2.5**	**8.7**	**43282**	**22314**	**9.4**
市　区	1155650	11021	9.5	2541	2.2	7.3	35330	16531	16.3
新城区	344311	3139	9.1	733	2.1	7.0	7983	3936	11.8
#毫沁营镇	41524	627	15.1	57	1.4	13.7	436	70	8.8
保合少镇	17215	189	11.0	18	1.0	9.9	114	49	3.8
回民区	230688	1901	8.2	643	2.8	5.5	4807	1392	14.8
#攸攸板镇	35555	472	13.3	51	1.4	11.8	337	61	7.8
玉泉区	192285	1835	9.5	513	2.7	6.9	3879	986	15.0
#小黑河镇	26738	216	8.1	32	1.2	6.9	149	88	2.3
赛罕区	388367	4146	10.7	652	1.7	9.0	18661	10217	21.7
#榆林镇	24694	281	11.4	45	1.8	9.6	93	112	-0.8
金河镇	35764	531	14.8	30	0.8	14.0	4595	1158	96.1
黄合少镇	44615	464	10.4	54	1.2	9.2	701	799	-2.2
巴彦镇	23898	318	13.3	27	1.1	12.2	148	318	-7.1
巧报镇	39681	597	15.0	58	1.5	13.6	2124	598	38.5
旗　县	1070019	13965	13.1	3115	2.9	10.1	7952	5783	2.0
土左旗	358915	4347	12.1	608	1.7	10.4	2220	2111	0.3
#察素齐镇	89974	830	9.2	137	1.5	7.7	682	645	0.4
毕克齐镇	32396	327	10.1	100	3.1	7.0	150	172	-0.7
善岱镇	48430	691	14.3	83	1.7	12.6	329	408	-1.6
白庙子镇	42152	474	11.2	94	2.2	9.0	178	177	0.0
台阁牧镇	23476	324	13.8	34	1.4	12.4	267	112	6.6
托　县	200360	2855	14.2	1374	6.9	7.4	1011	904	0.5
#双河镇	76780	946	12.3	259	3.4	8.9	559	471	1.1
新营子镇	49772	984	19.8	589	11.8	7.9	132	107	0.5
五申镇	33096	404	12.2	223	6.7	5.5	159	165	-0.2
伍什家镇	15445	188	12.2	245	15.9	-3.7	63	54	0.6
古城镇	25268	333	13.2	58	2.3	10.9	98	107	-0.4
和林县	192768	3085	16.0	350	1.8	14.2	3492	1327	11.2
#城关镇	44859	526	11.7	76	1.7	10.0	706	450	5.7
盛乐镇	59244	980	16.5	76	1.3	15.3	1548	339	20.4
新店子镇	15359	326	21.2	13	0.8	20.4	309	91	14.2
清水河县	142901	2083	14.6	501	3.5	11.1	309	469	-1.1
#城关镇	41964	309	7.4	68	1.6	5.7	128	68	1.4
喇嘛湾镇	15009	304	20.3	103	6.9	13.4	34	64	-2.0
宏河镇	23964	212	8.8	17	0.7	8.1	34	62	-1.2
武川县	175076	1595	9.1	282	1.6	7.5	920	972	-0.3
#可可以力更镇	38686	315	8.1	58	1.5	6.6	234	178	1.4
西乌兰不浪镇	18543	147	7.9	14	0.8	7.2	123	133	-0.5
哈乐镇	33489	319	9.5	55	1.6	7.9	93	108	-0.4

4-5 少数民族人口情况

单位：人

项目	合计	市区				旗县				
		新城区	回民区	玉泉区	赛罕区	土左旗	托县	和林县	清水河县	武川县
少数民族人口	**289492**	**69713**	**48170**	**32273**	**66857**	**43022**	**10926**	**11657**	**1274**	**5600**
蒙古族	219957	52978	22961	25411	54917	39816	8667	9956	994	4257
回族	36321	5085	20343	3495	3482	1890	1123	247	86	570
满族	26402	9323	4105	2902	6556	893	678	1338	108	499
朝鲜族	1144	440	180	118	358	19	19	3		7
达斡尔族	2622	1203	263	174	926	39	12	5		
鄂伦春族	57	16	3	5	21	12				
鄂温克族	343	153	50	15	124					1
壮族	368	134	60	32	85	23	4	13	2	15
藏族	266	28	13	17	21	58	41	26	13	49
锡伯族	143	66	19	14	43	1				
苗族	299	49	29	18	56	33	61	9	17	27
土家族	291	52	38	19	95	22	19	12	11	23
彝族	206	8	5	2	19	62	63	11	17	19
维吾尔族	82	41	9	12	12	7				1
其他少数民族	988	137	89	39	142	147	239	37	26	132
外国人加入中国国籍	3		3							

4-6 计划生育情况

单位：人、%

项目	合计	按地区分		按民族分	
		市区	旗县	汉族	少数民族
计划内生育人数	25225	17580	7645	20306	4919
计划生育率	97.57	97.97	96.67	97.10	99.59
育龄妇女人数					
已婚育龄妇女人数	575506	390356	185150	486412	89094
领取独生子女证人数	79811	59753	20058	67596	12215
领证率	13.87	15.31	10.83	13.9	13.71
采取节育措施人数	528786	356065	172721	448706	80080
# 男性绝育	1313	236	1077	1293	20
女性绝育	113388	45513	67875	107777	5611
放置宫内节育器	327070	232849	94221	275447	51623
节育率	91.88	91.21	93.29	92.25	89.88

主要统计指标解释

人口数 指一定时点，一定地区范围内有生命的个人的总和。

年度统计的年末人口数是指每年12月31日24时的人口数。

农业人口和非农业人口 是人口按经济特征分组的主要指标。农业人口指依靠从事农业（包括林、牧、渔业）维持生活的全部人口，即包括从事农、牧、林业生产的人口以及由他们抚养的人口。非农业人口指依靠从事农业以外的职业维持生活的人口以及他们抚养的人口。在我国过去的一些统计资料中曾以是否吃国家商品粮做为划分农业人口与非农业人口的标准，人口普查时对此做了纠正。

出生率（又称粗出生率） 指在一定时期内（通常为一年）平均每千人所出生的人数的比率，一般用千分率表示。计算公式：

$$出生率=\frac{年出生人数}{年平均人数}\times 1000‰$$

出生人数是指活产婴儿，即胎儿脱离母体时（不管怀孕日数），有过呼吸或其他生命现象。

年平均人数是年初、年末人口数的平均数。

死亡率 指在一定时期内（通常为一年）一定地区的死亡人数与同期平均人数之比，一般用千分率表示。

计算公式：

$$死亡率=\frac{年死亡人数}{年平均人数}\times 1000‰$$

人口自然增长率 在一定时期内（通常为一年）人口自然增加数（出生人数减死亡人数）占该时期内平均人数之比，一般用千分率表示。计算公式：

$$人口自然增长率=\frac{本年出生人数-本年死亡人数}{年平均人数}\times 1000‰$$

或：

$$人口自然增长率=人口出生率-人口死亡率$$

第二部分　统计资料

劳动力和职工工资

5-1 历年职工人数及工资

年 份	年末职工人数（人）	职工工资总额（万元）	职工平均工资（元）
1949	6579	176	268
1950	9952	265	269
1951	14140	397	286
1952	19006	665	350
1953	24468	1072	441
1954	29636	1625	556
1955	32650	1869	584
1956	47777	3072	644
1957	59078	4131	690
1958	90676	4302	586
1959	114512	6148	620
1960	143594	8375	572
1961	101562	6769	578
1962	78673	5607	640
1963	75560	5383	697
1964	84517	5773	726
1965	96932	6672	707
1966	108126	7069	681
1967	104582	7164	673
1968	103836	6957	670
1969	109893	7539	670
1970	122361	7817	655
1971	132007	7912	623
1972	140432	9060	657
1973	169712	10916	643
1974	176195	11318	648
1975	200098	12522	653
1976	219757	13974	640
1977	230865	14685	646
1978	265213	16860	639

5-1续表

年 份	年末职工人数（人）	职工工资总额（万元）	职工平均工资（元）
1979	287982	19204	681
1980	303293	23005	763
1981	324513	24787	764
1982	339558	27114	815
1983	349852	28918	836
1984	368180	34576	961
1985	381099	41077	1093
1986	397821	50153	1280
1987	408913	53949	1323
1988	420795	62097	1506
1989	419369	67071	1604
1990	434017	75252	1750
1991	449426	87015	1953
1992	467663	108342	2337
1993	483638	142207	2881
1994	496661	191395	3800
1995	477370	199528	4200
1996	472391	217747	4597
1997	460086	241430	5195
1998	433662	241453	5486
1999	344395	233909	6648
2000	311265	244190	7548
2001	291748	262112	8717
2002	283168	322778	11158
2003	286669	378397	13092
2004	288177	488657	16663
2005	294293	597507	19715
2006	292050	696228	22948
2007	293742	807126	26732
2008	297348	937267	30872

注：1999年以后职工均指在岗职工。

5-2 单位从业人员和在岗职工劳动工资主要指标

指标	单位	2007年	2008年	2008年比2007年增长%
单位从业人员年末人数	**人**	**299273**	**302417**	**1.1**
# 在岗职工年末人数	人	293742	297348	1.2
国有经济单位	人	201776	205459	1.8
城镇集体经济单位	人	11222	10211	-9.0
其他各种经济类型	人	80744	81678	1.2
单位从业人员平均人数	**人**	**307815**	**308488**	**0.2**
# 在岗职工平均人数	人	301928	303600	0.6
国有经济单位	人	205444	206320	0.4
城镇集体经济单位	人	12578	12928	2.8
其他各种经济类型	人	83906	84352	0.5
单位从业人员劳动报酬	**万元**	**818727**	**951436**	**16.2**
# 在岗职工工资总额	万元	807126	937267	16.1
国有经济单位	万元	629026	734272	16.7
城镇集体经济单位	万元	18524	23105	24.7
其他各种经济类型	万元	159576	179889	12.7
单位从业人员平均劳动报酬	**元**	**26598**	**30842**	**16.0**
# 在岗职工平均工资	元	26732	30872	15.5
国有经济单位	元	30618	30841	0.7
城镇集体经济单位	元	14727	17872	21.4
其他各种经济类型	元	19018	21326	12.1

5-3 分行业在岗职工人数和工资

指　　标	年末人数（人）	平均人数（人）	工资总额（万元）	平均工资（元）
总　　计	**297348**	**303600**	**937267**	**30872**
农、林、牧、渔业	4002	4006	10968	27378
采矿业	125	125	270	21576
制造业	57483	58716	108516	18482
电力、煤气及水的生产和供应业	13788	13354	50743	37999
建筑业	14784	24411	46363	18992
交通运输、仓储和邮政业	14066	13310	42858	32200
信息传输、计算机服务和软件业	8249	7748	31711	40928
批发和零售业	10119	9853	18301	18574
住宿和餐饮业	6917	7157	10823	15122
金融业	13514	13713	54520	39758
房地产业	2068	2158	6071	28131
租赁和商务服务业	8077	7880	18224	23127
科学研究、技术服务和地质勘查业	12824	12794	52554	41077
水利、环境和公共设施管理业	14588	14482	33827	23358
居民服务和其他服务业	2197	2209	2005	9075
教　　育	45356	45070	202297	44885
卫生、社会保障和社会福利业	15119	15095	71091	47096
文化、体育和娱乐业	9656	8949	27970	31254
公共管理和社会组织	44416	42570	148155	34803

5-4 单位从业人员变动情况

单位：人

指标	合计	国有	集体	其他
本年增加人数	28407	14644	5460	8303
从农村招收	9272	3934	2732	2606
从城镇招收	11010	4836	2601	3573
录用的退伍军人	690	483	9	198
录用的大中专技工学校毕业生	3610	1989	83	1538
调　入	2485	2143	25	317
#有外省自治区直辖市调入	50	22		28
其　他	1340	1259	10	71
本年减少人数	29019	12130	6572	10317
离休、退休、退职	2495	2221	57	217
开除、除名、辞退	6109	1564	2624	1921
终止、解除合同	16465	5673	3790	7002
离开本单位仍保留劳动关系的职工	821	320	21	480
死　亡	137	120	3	14
调　出	2200	1779	10	411
#调到外省、自治区、直辖市	122	110		12
其　他	792	453	67	272

5-5 城乡私营和个体经济

单位：户、人

行业	私营经济			个体经济		
	户数	从业人员	#城镇	户数	从业人员	#城镇
总计	**18269**	**215643**	**205261**	**63920**	**125841**	**115931**
农、林、牧、渔业	425	3689	3089	185	393	314
采矿业	187	2355	716	43	317	260
制造业	1624	20950	16799	1590	3043	3940
电力、燃气及水的生产和供应业	78	630	456	1		
建筑业	785	9719	9079	69	474	133
交通运输、仓储和邮政业	462	3763	3147	9392	15508	14445
信息传输、计算机服务和软件业	737	6313	6261	1557	3221	3116
批发和零售业	7468	90407	88770	33678	64844	59131
住宿和餐饮业	1090	10771	10673	5814	14169	13169
金融业	68	659	659			
房地产业	1035	8415	8266	910	1860	1858
租赁和商务服务业	2508	37855	37649	371	912	910
广告业	611	4587	4577	1	2	2
科学研究、技术服务和地质勘查业	392	2885	2773	5	8	8
水利、环境和公共实施管理业	75	473	427	7	11	11
居民服务和其他服务业	854	8712	8534	6672	13035	12032
教育	90	1976	1964	113	192	192
卫生、社会保障和社会福利业	32	249	237	177	380	344
文化、体育和娱乐业	101	878	870	162	429	422
其他行业	258	4944	4892	3174	5991	5646

5-6 国有经济单位从业

指标	单位数（个）	年末人数（人）		
		单位从业人员	#女性	#在岗职工
国有单位合计	**2750**	**206240**	**87425**	**205429**
按隶属关系分组				
中央	187	33285	14316	32837
省、自治区、直辖市	629	70309	29271	70251
地区	385	43002	16353	42783
县及县以下	1549	59644	27485	59588
按企业、事业、机关分组				
企业	249	58061	23135	57658
#地方	129	31440	11409	31433
事业	1770	107746	51587	107386
#地方	1722	103207	49853	102899
机关	731	40433	12703	40415
#地方	712	38308	11847	38290
农、林、牧、渔业	153	3897	1247	3897
农业	10	369	120	369
林业	20	649	174	649
畜牧业	6	176	58	176
渔业	3	30	8	30
农、林、牧、渔服务业	114	2673	887	2673
采矿业	1	36		36
有色金属矿采选业	1	36		36
制造业	28	7395	3095	7385
纺织服装、鞋、帽制造业	3	1521	1112	1520
木材加工及木、竹、藤、棕、草制品业	1	78	20	78
印刷业和记录媒介的复制	6	310	138	309
化学原料及化学制品制造业	1	9	6	9
塑料制品业	1	171	54	171
非金属矿物制品业	3	1763	425	1763
黑色金属冶炼及压延加工业				
通用设备制造业	3	549	147	545
专用设备制造业	2	124	27	124
交通运输设备制造业	4	1913	685	1909
电气机械及器材制造业	1	83	30	83
通信设备、计算机及其他电子设备制造业	2	864	446	864
工艺品及其他制造业	1	10	5	10
电力、燃气及水的生产和供应业	15	9674	3710	9674
电力、热力的生产和供应业	8	4753	1620	4753
燃气生产和供应业	1	1737	544	1737

人员和劳动报酬

离开本单位仍保留劳动关系的人员	劳动报酬和生活费（万元）单位从业人员劳动报酬	# 在岗职工工资总额	离开本单位仍保留劳动关系职工的生活费	在岗职工平均工资（元）
7834	**735281**	**734272**	**8551**	**35589**
3484	109999	109525	5821	34265
2446	343057	342892	2322	48484
1779	132124	131796	364	29643
125	150100	150060	45	25359
5950	179803	179407	6899	29076
2674	92751	92745	1363	25550
1845	416236	415635	1612	39203
1637	401387	400868	1328	39461
39	139241	139230	39	36074
39	131144	131133	39	35956
65	10867	10867		27856
	648	648		17375
	1099	1099		16879
	351	351		19842
60	43	43		14300
5	8726	8726		32681
	56	56		15583
	56	56		15583
742	15225	15211	433	19804
294	2649	2647	62	17343
	25	25		3138
12	516	515	29	16673
	8	8		9333
	9	9		526
	6457	6457		36748
	125	125	22	4412
211	569	569	6	10210
82	159	159	79	12815
143	3029	3022	213	15748
	59	59		7108
	1610	1610	22	18812
	10	10		10000
160	39108	39108	182	40839
80	24891	24891	91	53830
80	5496	5496	91	31118

5-6续表1

指标	单位数（个）	年末人数（人） 单位从业人员	#女性	#在岗职工
水的生产和供应业	6	3184	1546	3184
建筑业	19	10115	1887	10115
房屋和土木工程建筑业	13	7312	1241	7312
建筑安装业	5	2741	630	2741
建筑装饰业	1	62	16	62
交通运输、仓储和邮政业	40	12840	4768	12820
道路运输业	15	2028	704	2015
城市公共交通业	1	4145	1832	4145
航空运输业	6	3558	849	3557
仓储业	10	626	229	620
邮政业	8	2483	1154	2483
信息传输、计算机服务和软件业	24	7603	4439	7603
电信和其他信息传输服务业	21	7559	4424	7559
计算机服务业	1	14	7	14
软件业	2	30	8	30
批发和零售业	43	2083	849	2083
批发业	25	1480	513	1480
零售业	18	603	336	603
住宿和餐饮业	27	3513	1917	3513
住宿业	25	3314	1778	3314
餐饮业	2	199	139	199
金融业	48	4063	1984	3708
银行业	33	2937	1172	2926
证券业	2	12	7	12
保险业	12	543	440	199
其他金融活动	1	571	365	571
房地产业	29	1574	740	1554
#房地产开发经营	5	207	80	187
物业管理	3	859	435	859
房地产中介服务	1	5	2	5
租赁和商务服务业	127	6451	1877	6417
租赁业	125	6437	1872	6403
商务服务业	2	14	5	14
科学研究、技术服务和地质勘查业	169	12473	4372	12418
研究与试验发展	51	5387	2080	5354
自然科学研究与试验发展	1	7	6	7
工程和技术研究与试验发展	27	2969	1145	2953

离开本单位仍保留劳动关系的人员	劳动报酬和生活费（万元）			在岗职工平均工资（元）
	单位从业人员劳动报酬	# 在岗职工工资总额	离开本单位仍保留劳动关系职工的生活费	
	8721	8721		27373
2429	29908	29908	2411	19373
2162	21459	21459	1909	19279
267	8328	8328	502	19624
	121	121		19143
586	41353	41339	692	34309
	5280	5278		26442
225	8800	8800	158	23610
51	18750	18742	140	57613
59	1200	1195	23	19033
251	7324	7324	376	29956
205	26840	26840	333	39205
205	26736	26736	333	39306
	35	35		25000
	69	69		22967
193	5216	5215	201	24867
167	3814	3813	185	25818
26	1401	1401	17	22602
118	5627	5627	63	15951
118	5283	5283	63	15966
	344	344		15712
163	11976	11647	237	31538
163	9883	9867	237	33885
	35	35		29083
	748	748		21960
	1310	1310		22942
128	5416	5390	164	32965
48	488	462		24849
80	3516	3516	164	37403
	18	18		36800
905	15722	15667	1914	25249
	15674	15619		34286
905	48	48	1914	25229
1642	51955	51855	1719	41819
198	19236	19168	292	35875
	19	19		26571
165	10258	10214	266	34705

5-6续表2

指　　标	单位数（个）	年末人数（人）		
		单位从业人员	# 女性	# 在岗职工
农业科学研究与试验发展	8	1631	614	1623
医学研究与试验发展	4	195	87	192
社会人文科学研究与试验发展	11	585	228	579
专业技术服务业	81	3621	1264	3599
# 气象服务	15	519	207	518
地震服务	4	307	106	307
测绘服务	7	689	232	670
技术检测	29	668	261	666
环境监测	7	264	73	264
工程技术与规划管理	15	1088	350	1088
科技交流和推广服务业	17	422	137	422
地质勘查业	20	3043	891	3043
水利、环境和公共设施管理业	103	11852	6307	11843
水利管理业	53	1759	667	1759
环境管理业	32	7351	4475	7343
公共设施管理业	18	2742	1165	2741
居民服务和其他服务业	16	1556	800	1547
居民服务业	14	1501	763	1492
其他服务业	2	55	37	55
教　　育	698	43275	22503	43177
# 初等教育	444	11059	6159	11043
中等教育	146	14901	7761	14881
高等教育	20	14671	7010	14612
卫生、社会保障和社会福利业	150	13802	8226	13657
卫　　生	119	13020	7880	12876
社会保障业	6	156	65	156
社会福利业	25	626	281	625
文化、体育和娱乐业	147	9600	4375	9596
新闻出版社	34	1996	1109	1996
广播、电视、电影和音像业	22	3574	1519	3574
文化艺术业	71	2946	1402	2946
体　　育	17	1031	323	1027
娱 乐 业	3	53	22	53
公共管理和社会组织	913	44438	14329	44416
# 中国共产党机关	72	1970	643	1970
国家机构	768	41172	13197	41150
人民政协和民主党派	19	465	161	465
群众社团、社会团体和宗教组织	54	831	328	831

离开本单位仍保留劳动关系的人员	劳动报酬和生活费（万元） 单位从业人员劳动报酬	 #在岗职工工资总额	 离开本单位仍保留劳动关系职工的生活费	在岗职工平均工资（元）
33	5317	5304	26	32721
	883	879		45802
	2759	2752		47453
10	12216	12184	15	33902
	1701	1698		32971
	1077	1077		35081
	3001	2972		44363
	1909	1908		28649
	726	726		27504
10	3653	3653	15	33610
	1006	1006		23846
1434	19497	19497	1412	64113
35	30270	30267	1	25735
22	3405	3405		19379
1	16629	16627	1	22947
12	10236	10235		37111
	1255	1223		7850
	1199	1167		7764
	56	56		10182
76	199415	199284	44	46502
	31264	31256		28194
19	82338	82321	8	56027
30	77849	77744		53899
66	68971	68730	28	50500
66	66899	66662	28	51917
	421	421		28849
	1651	1647		26399
259	27931	27882	37	31395
6	6404	6404		35227
205	11458	11458	31	37942
44	7128	7128	7	24072
4	2825	2776		26973
	116	116		21943
62	148171	148156	90	34803
	7910	7910		40440
62	135393	135378	90	34427
	1847	1847		39886
	3021	3021		36490

5-7 城镇集体单位从业

指标	单位数（个）	年末人数（人）		
		单位从业人员	#女性	#在岗职工
城镇集体单位合计	**242**	**10224**	**4702**	**10211**
企业	160	7216	3197	7207
事业	82	3008	1505	3004
机关				
农、林、牧、渔业	8	105		105
农、林、牧、渔服务业	8	105		105
制造业	35	1606	810	1603
纺织业	1			
纺织服装、鞋、帽制造业	4	293	238	293
皮革、毛皮、羽毛（绒）及其制品业	1	64	15	64
造纸及纸制品业	1	53	24	53
印刷业和记录媒介的复制	13	345	190	342
化学原料及化学制品制造业	2	158	93	158
非金属矿物制品业	3	118	30	118
有色金属冶炼及压延加工业	1	80	15	80
金属制品业	2	106	15	106
通用设备制造业	3	225	110	225
专用设备制造业	1	18	3	18
交通运输设备制造业	1	4	2	4
电气机械及器材制造业	1	123	65	123
仪器仪表及文化、办公用机械制造业	1	19	10	19
电力、燃气及水的生产和供应业	4	136	49	136
电力、热力的生产和供应业	1	70	20	70
水的生产和供应业	3	66	29	66
建筑业	12	1827	455	1821
房屋和土木工程建筑业	11	1563	345	1557
建筑安装业	1	264	110	264

人员和劳动报酬

离开本单位仍保留劳动关系的人员	劳动报酬和生活费（万元）			在岗职工平均工资（元）
	单位从业人员劳动报酬	# 在岗职工工资总额	离开本单位仍保留劳动关系职工的生活费	
117	**23129**	**23105**	**58**	**17872**
117	19488	19475	58	19646
	3640	3631		12041
	101	101		9600
	101	101		9600
1	2038	2035	1	12492
	25	25		13053
	266	266		9092
	51	51		7969
	234	234		61579
1	416	413	1	11499
	98	98		6222
	153	153		12439
	140	140		17438
	115	115		10877
	319	319		14169
	24	24		13111
	9	9		23000
	172	172		13976
	16	16		8632
	215	215		15956
	83	83		11800
	133	133		20431
	7141	7131	5	15825
	6790	6780	5	15983
	351	351		13288

5-7续表

指　　标	单位数（个）	年末人数（人）		
		单位从业人员	#女性	#在岗职工
交通运输、仓储和邮政业	2	35		35
道路运输业	1	35		35
装卸搬运和其他运输服务业	1			
批发和零售业	24	456	130	456
批 发 业	17	284	88	284
零 售 业	7	172	42	172
住宿和餐饮业	11	575	328	575
住 宿 业	5	260	145	260
餐 饮 业	6	315	183	315
金 融 业	66	2064	1051	2064
银 行 业	66	2064	1051	2064
租赁和商务服务业	3	39	11	39
商务服务业	3	39	11	39
水利、环境和公共设施管理业	1	1463	718	1463
环境管理业	1	1463	718	1463
居民服务和其他服务业	4	481	364	481
居民服务业	3	427	350	427
其他服务业	1	54	14	54
教　　育	5	211	105	211
#中等教育	2	128	58	128
高等教育	2	77	46	77
卫生、社会保障和社会福利业	67	1226	681	1222
卫　　生	67	1226	681	1222
公共管理和社会组织				
国家机构				

离开本单位仍保留劳动关系的人员	劳动报酬和生活费（万元）			在岗职工平均工资（元）
	单位从业人员劳动报酬	# 在岗职工工资总额	离开本单位仍保留劳动关系职工的生活费	
	54	54		12022
	30	30		8571
	24	24		24100
34	835	835	21	18269
17	561	561	21	19670
17	274	274		15948
17	818	818	12	14168
17	324	324	12	12469
	493	493		15562
15	7885	7885	20	38517
15	7885	7885	20	38517
	94	94		24789
	94	94		24789
	1053	1053		7200
	1053	1053		7200
	419	419		8695
	399	399		9325
	20	20		3704
	405	405		19204
	322	322		25141
	70	70		9039
	2070	2060		16710
	2070	2060		16710

5-8 其他各种经济类型

指标	单位数（个）	年末人数（人） 单位从业人员	#女性	#在岗职工
其他单位合计	**370**	**85953**	**40002**	**81678**
内资	332	79264	37009	74992
股份合作	6	331	128	331
联营	9	1866	931	1866
#国有联营	6	1501	786	1501
有限责任公司	120	35008	15849	32654
#国有独资	5	1048	477	1048
股份有限公司	109	38317	17690	36423
其他	88	3742	2411	3718
港、澳、台商投资	9	2683	923	2683
外商投资	29	4006	2070	4003
企业	326	84324	39000	80073
事业	44	1629	1002	1605
采矿业	1	89	25	89
有色金属矿采选业	1	89	25	89
制造业	126	48714	20639	48495
农副食品加工业	10	1250	407	1250
食品制造业	16	18235	7354	18235
饮料制造业	8	1468	605	1468
烟草制品业	1	1559	512	1461
纺织业	17	5164	3605	5164
纺织服装、鞋、帽制造业	4	821	672	821
皮革、毛皮、羽毛（绒）及其制品业	1	13	7	13
木材加工及木、竹、藤、棕、草制品业	1	110	30	110
家具制造业	2	138	40	138
造纸及纸制品业	5	547	134	547

单位从业人员和劳动报酬

离开本单位仍保留劳动关系的人员	劳动报酬和生活费（万元）			在岗职工平均工资（元）
	单位从业人员劳动报酬	#在岗职工工资总额	离开本单位仍保留劳动关系职工的生活费	
3255	**193027**	**179889**	**3636**	**21326**
3235	173629	160533	3418	20948
	920	920		14574
416	3384	3384	213	17855
416	2799	2799	213	18210
1950	81845	73084	2078	22349
249	1594	1594	145	14690
869	82554	78260	1127	20837
	4927	4885		12689
2	7760	7748	1	23184
18	11639	11609	217	26534
3255	190676	177580	3636	21469
	2351	2309		14090
	214	214		24000
	214	214		24000
1827	91654	91270	1992	18474
	2372	2372		16170
58	27292	27292	36	15316
36	1869	1869	26	14479
580	9989	9706	1237	65054
110	8734	8708	35	16192
13	1278	1278	6	13936
	26	26		19769
	131	131		11197
	221	221		16014
	1081	1081		16970

5-8续表1

指　　标	单位数（个）	年末人数（人）		
		单位从业人员	#女性	#在岗职工
文教体育用品制造业	1	16	12	16
石油加工、炼焦及核燃料加工业	1	2031	802	2031
化学原料及化学制品制造业	10	4895	2554	4883
医药制造业	14	4533	1602	4531
塑料制品业	2	175	53	175
非金属矿物制品业	12	2247	509	2159
黑色金属冶炼及延压加工业	1	10		10
有色金属冶炼及压延加工业	1	39	5	39
金属制品业	1	137	42	137
通用设备制造业	2	2385	885	2381
专用设备制造业	5	888	171	888
交通运输设备制造业	3	557	44	557
电气机械及器材制造业	3	552	150	552
通信设备、计算机及其他电子设备制造业	3	687	345	672
工艺品及其他制造业	2	257	99	257
电力、燃气及水的生产和供应业	16	3982	1325	3978
电力、热力的生产和供应业	11	3044	1045	3043
水的生产和供应业	5	938	280	935
建筑业	10	2848	258	2848
房屋和土木工程建筑业	10	2848	258	2848
交通运输、仓储和邮政业	6	1211	552	1211
铁路运输业	1	65	8	65
道路运输业	2	63	15	63
城市公共交通业	2	1062	520	1062
装卸搬运和其他运输服务业	1	21	9	21
信息传输、计算机服务和软件业	2	651	437	646
电信和其他信息传输服务业	2	651	437	646
批发和零售业	23	7580	5234	7580
批发业	9	1038	483	1038

离开本单位仍保留劳动关系的人员	劳动报酬和生活费（万元）			在岗职工平均工资（元）
	单位从业人员劳动报酬	# 在岗职工工资总额	离开本单位仍保留劳动关系职工的生活费	
	30	30		13409
3	4411	4411	6	21600
135	11493	11477	263	23166
127	11301	11297	25	22473
	210	210		12402
	2677	2641		12257
	200	200		11561
	55	55		14051
	168	168		12226
663	4067	4066	296	16926
42	1400	1400	22	15487
46	955	955	33	14782
	477	477		8888
	887	869		12593
14	332	332	8	13842
44	11426	11420	51	31349
44	10190	10188	51	37594
	1236	1232		13207
	9323	9323		20872
	9323	9323		20872
435	1466	1466	197	12052
	122	122		18754
	83	83		13095
435	1195	1195	197	11196
	67	67		31667
	4879	4871		54006
	4879	4871		54006
9	12252	12252	211	16785
9	7052	7052	211	71155

5-8续表2

指　　　标	单位数（个）	年末人数（人）		
		单位从业人员	#女性	#在岗职工
零售业	14	6542	4751	6542
住宿和餐饮业	20	2832	1575	2829
住宿业	14	2460	1361	2457
餐饮业	6	372	214	372
金融业	51	11713	6869	7742
银行业	25	5288	2785	4997
证券业	2	247	120	247
保险业	24	6178	3964	2498
房地产业	16	514	170	514
#房地产开发经营	13	308	93	308
物业管理	3	206	77	206
租赁和商务服务业	10	1623	695	1621
商务服务业	10	1623	695	1621
科学研究、技术服务和地质勘查业	5	453	146	406
专业技术服务业	4	391	131	344
地震服务	1	157	40	150
工程技术与规划管理	3	234	91	194
科技交流推广服务业	1	62	15	62
水利、环境和公共设施管理业	2	1282	566	1282
水利管理业	1	308	126	308
公共设施管理业	1	974	440	974
居民服务和其他服务业	1	169	47	169
其他服务业	1	169	47	169
教　育	74	1992	1278	1968
#初等教育	17	617	366	617
中等教育	14	813	491	813
高等教育	1	90	51	83
卫生、社会保障和社会福利业	5	240	159	240
卫　生	5	240	159	240
文化、体育和娱乐业	2	60	27	60
广播、电视、电影和音像业	2	60	27	60

离开本单位仍保留劳动关系的人员	劳动报酬和生活费（万元）			在岗职工平均工资（元）
	单位从业人员劳动报酬	# 在岗职工工资总额	离开本单位仍保留劳动关系职工的生活费	
	5200	5200		8244
2	4476	4378	1	14343
2	4134	4036	1	15304
	342	342		8241
286	47520	34988	836	43883
286	27393	26358	836	48568
	623	623		25206
	19504	8008		34833
	681	681		13021
	475	475		14984
	206	206		10000
596	2469	2463	336	15043
596	2469	2463	336	15043
22	763	699	6	17744
22	595	531	6	15991
	213	200		14077
22	382	331	6	17421
	168	168		27129
	2507	2507		19924
	654	654		21247
	1852	1852		19496
	363	363		21456
	363	363		21456
	2649	2607		13011
	654	654		10653
	1287	1287		15261
	218	190		22843
	301	301		11940
	301	301		11940
34	88	88	7	12882
34	88	88	7	12882

主要统计指标解释

单位从业人员　指各级国家机关、政党机关、社会团体及企业、事业单位中工作取得工资或其它形式的劳动报酬的全部人员。包括：在岗职工、再就业的离退休人员、民办教师以及在各单位中工作的外方人员和港澳台方人员、兼职人员、借用的外单位人员和第二职业者。不包括离开本单位仍保留劳动关系的职工。

在岗职工　指在本单位工作并由单位支付工资的人员，以及有工作岗位，但由于学习、病伤产假等原因暂未工作，仍由单位支付工资的人员。

离开本单位仍保留劳动关系的职工　指由于各种原因，已经离开本人的生产或工作岗位，并已不在本单位从事其他工作，仍与用人单位保留劳动关系的人员。

离开本单位仍保留劳动关系职工的生活费　指上述人员在离开本单位仍保留劳动关系期间从本单位领取的生活费用。

城镇私营企业从业人员　指在工商行政管理部门办理登记，并领取营业执照的各类私营企业中，从事经营管理和参加生产，并取得经营收入和劳动报酬的全部人员。包括离、退休后，在私营企业从业的人员。

城镇个体劳动者　指个人参加生产劳动，生产资料和产品（或收入）归个人所有，在工商行政管理部门登记并领取"个体营业执照"的城镇劳动者。

城镇单位失业人员　指有非农业户口，在一定的劳动年龄16岁至法定退休年龄内，有劳动能力，在报告期内无业并根据劳动部《就业登记规定》在当地劳动部门登记的人员。

工资总额　（按1990年1月1日国家统计局颁布的新规定）是指各单位在一定时期内直接支付给本单位全部职工的劳动报酬总额。

工资总额的计算原则应以直接支付给职工的全部劳动报酬为根据。各单位支付给职工的劳动报酬以及其他根据有关规定支付的工资，不论是计入成本的，还是不计入成本的，不论是按国家规定列入计征奖金税项目的，还是未列入计征奖金税项目的，不论是以货币形式支付的还是以实物形式支付的，均包括在工资总额内。

（一）计时工资是指按计时工资标准（包括地区生活费补贴）和工作时间支付给个人的劳动报酬，包括；

（1）对已做工作按计时工资标准支付的工资；

（2）实行结构工资制的单位支付给职工的基础工资和职务（岗位）工资；

（3）新参加工作职工的见习工资（学徒的生活费）；

（4）运动员体育津贴。

（二）计件工资是指对已做工作按计件单价支付的劳动报酬。包括：

（1）实行超额累进计件，直接无限计件，限额计件，超定额计件等工资制按劳动部门或主管部门批准的定额和计件单价支付给个人的工资；

（2）按工作任务包干方法支付给个人的工资；

（3）按营业额提成或利润提成办法支付给个人的工资；

计件超额工资是指计件工人超过定额后所得的工资，即计件工人实得的全部计件工资减去应得的计件标准工资的数额。某些企业的工人由于从事生产的工作物等级多于本人工资等级，因而其计件标准工资多于本人标准工资，其超额工资也用全部工资减去应得计件标谁工资求得。

（三）奖金是指支付给职工的超额劳动报酬和增收节支的劳动报酬。包括：生产奖、节约奖、劳动竞赛奖、机关、事业单位的奖励工资和其它奖金。

（四）津贴和补贴是指为了补偿职工特殊或额外的劳动消耗和因其他特殊原因支付给职工的津贴，以及为了保证职工的工资水平不受物价影响支付给职工的物价补贴。

（1）津贴。包括：补偿职工特殊或额外的劳动消耗的津贴，保健性津贴，技术性津贴，年功性津贴及其他津贴。

（2）物价补贴。包括：为保证职工工资水平不受物价上涨或变动影响而支付的多种补贴。

（五）加班加点工资是指按规定支付的加班工资和加点工资。

（六）特殊情况下支付的工资。包括：

（1）根据国家法律、法规和政策规定，因病、工伤、产假、计划生育假、婚假、丧假、事假、探亲假、定期休假、停工学习、执行国家或社会义务等原因按计时工资标准或计时工资标准的一定比例支付的工资；

（2）附加工资、保留工资。

工资总额＝在岗职工工资总额＋离开本单位仍保留劳动关系的职工生活费

平均货币工资　指在一定时期内平均每一职工的劳动报酬水平。计算公式：

$$平均货币工资=\frac{工资总额}{平均人数}$$

平均实际工资　指平均货币工资扣除物价变动因素后的平均工资。计算公式：

$$平均实际工资=\frac{平均货币工资}{职工生活费用价格指数}$$

保险福利费用总额　在工资以外实际支付给职工和离休、退休、退职人员个人以及用于集体的劳动保险和福利费用，不包括用于职工的劳动保护费用。从企业来讲，保险福利费用不仅包括职工福利基金支出的部分，而且还包括由企业营业外支出、企业基金或利润留成、工会文教费、企业管理费支出的部分；就预算单位而言，包括由职工福利费、公务费、差额补助费等支出的部分。

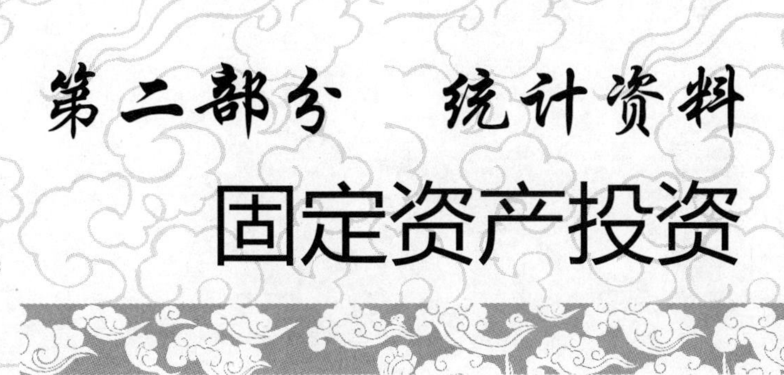

第二部分　统计资料

固定资产投资

6-1 历年固定资产投资

单位：万元

年 份	固定资产投资	年 份	固定资产投资
1949		1979	17596
1950	7	1980	21370
1951	264	1981	15753
1952	830	1982	23585
1953	2248	1983	24278
1954	1318	1984	28460
1955	1354	1985	44053
1956	3943	1986	58275
1957	3820	1987	57585
1958	7653	1988	48430
1959	11102	1989	41582
1960	13946	1990	48580
1961	2737	1991	85173
1962	1218	1992	136417
1963	1703	1993	188022
1964	2580	1994	254321
1965	6023	1995	257415
1966	7505	1996	261191
1967	2843	1997	271549
1968	3342	1998	391065
1969	3528	1999	447553
1970	7436	2000	687898
1971	5659	2001	953052
1972	5569	2002	1312557
1973	8343	2003	1880127
1974	9215	2004	2701496
1975	10987	2005	4202371
1976	12394	2006	5084256
1977	10075	2007	5822357
1978	13358	2008	6404626

6-2 历年房地产投资

单位：万元、万平方米

年份	房地产投资	#住宅	房屋销售面积	#住宅	房屋施工面积	#住宅	房屋竣工面积	#住宅
1990	4415	1394	3.0		13.1	12.4	5.3	4.8
1991	3565	2644	3.8		18.5	16.7	8.1	7.5
1992	10090	7824	5.0		46.5	43.8	11.0	9.4
1993	34173	27636	6.5		75.9	62.0	22.0	18.5
1994	27254	15303	14.3	10.4	71.6	45.8	21.5	15.0
1995	30342	18820	13.7	10.5	75.5	50.9	23.0	16.3
1996	43286	35425	25.6	22.9	98.0	88.0	34.8	31.1
1997	32448	20739	22.1	18.0	73.1	53.2	34.9	25.8
1998	91891	57673	29.6	25.4	135.8	111.8	44.0	33.6
1999	98152	75045	47.2	41.2	174.1	150.0	88.9	76.4
2000	117697	89920	60.6	55.0	200.6	169.8	111.1	97.5
2001	155431	78121	65.6	58.2	253.8	193.3	108.5	77.4
2002	244077	117709	121.3	106.3	357.1	257.3	159.0	121.2
2003	273982	123772	137.4	113.0	342.0	223.3	131.8	110.1
2004	324644	162839	172.6	151.7	472.9	261.3	169.0	116.3
2005	358634	231911	224.1	194.8	559.5	377.2	204.4	161.0
2006	949934	705462	215.3	193.9	996.6	765.9	168.6	141.8
2007	1298346	96477	225.9	213.3	1567.1	1256.9	216.3	199.5
2008	1770684	1394940	331.1	307.3	1787.1	1462.2	252.6	224.4

6-3 固定资产投资完成额

单位：万元

项　　目	2007年	2008年	2008年比2007年增长%
总　计	5822357	6404626	10.0
按投资类型分组			
城镇固定资产投资	4487605	4560083	1.6
房地产投资	1298346	1770684	36.4
城镇以下投资	36406	73859	102.9
按登记注册类型分组			
内　资	5501600	6121786	11.3
国　有	2452433	2518435	2.7
集　体	137646	135373	-1.7
其　他	2911521	3467988	19.1
港澳台投资	52585	16716	-68.2
外商投资	260462	265024	1.8
个体经营	7710	1100	-85.7
按建设性质分组			
新　建	3175284	4183011	31.7
扩　建	1859005	1462203	-21.3
改　建	324340	206341	-36.4
单纯建设生活设施	303004	329549	8.8
迁　建	33364	31138	-6.7
单纯购置	127360	190433	49.5
按隶属关系分			
中央项目	402620	700507	74.0
地方项目	5419737	5704119	5.2
#市　属	4530871	4750706	4.9
房屋面积			
施工面积（平方米）	26276274	30008313	14.2
#住　宅	16609687	19283375	16.1
竣工面积（平方米）	6793304	6404111	-5.7
#住　宅	3960479	3938024	-0.6
本年新增固定资产	4090040	4636690	13.4

6-4 按国民经济行业分投资规模及个数

单位：万元、个

行业	计划总投资	本年新开工项目计划总投资	自开始建设累计完成投资	本年完成投资	项目施工个数	本年投产项目个数
总计	11279127	3673836	8633417	4633942	811	571
农、林、牧、渔业	282580	235275	287581	246158	95	84
农业	45616	40771	42736	37891	20	15
林业	50857	26857	72012	50951	10	10
畜牧业	83048	82048	77823	77123	33	30
农、林、牧、渔服务业	103059	85599	95010	80193	32	29
采矿业	57035	40035	57541	48541	22	17
煤炭开采和洗选业	7700	7700	8000	8000	3	3
黑色金属矿采选业	9850	9850	8750	8750	7	6
有色金属矿采选业	28765	11765	29271	20271	6	3
非金属矿采选业	10720	10720	11520	11520	6	5
制造业	2514322	1304251	1686890	1096723	153	90
农副食品加工业	66123	19623	49233	30220	9	7
食品制造业	337761	75588	316762	96397	12	5
饮料制造业	7900	7900	6230	6230	3	2
烟草制品业	46000		54924	3536	1	
纺织业	16258	9499	14358	12608	6	5
纺织服装、鞋、帽制造业	15810	11780	11182	11182	4	1
家具制造业	2500	2500	1700	1700	3	2
造纸及纸制品业	121100	15600	90570	49866	6	3
印刷业和记录媒介的复制	5390	3770	4467	2857	2	1
石油加工、炼焦及核燃料加工业	9990	9990	5299	5299	1	
化学原料及化学制品制造业	946728	508567	438002	279557	13	7
医药制造业	7942	2500	6042	2572	3	2
塑料制品业	12286	9430	12256	12256	1	
非金属矿物制品业	407301	310586	306419	282446	39	33
黑色金属冶炼及压延加工业	21550	21550	21530	21530	11	11
有色金属冶炼及压延加工业	138755	117678	128381	122521	5	1
金属制品业	48330	20900	45342	30861	9	5
通用设备制造业	101906	89045	60892	50042	7	2
专用设备制造业	8300	8300	5400	5400	2	
交通运输设备制造业	47000	2000	26433	16558	2	1
电气机械及器材制造业	118569	46445	67942	48928	10	1
通信设备、计算机及其他电子设备	15823		9847	478	2	1
工艺品及其他制造业	3000	3000	3000	3000	1	

6-4续表　　　　单位：万元、个

行　　　　业	计　划 总投资	本年新开工项目计划总投资	自开始建设累计完成投资	本　年 完成投资	项目施工 个　数	本年投产 项目个数
废弃资源和废旧材料回收加工业	8000	8000	679	679	1	
电力、燃气及水的生产和供应业	3029011	339325	2137678	674031	64	40
电力热力生产和供应业	2650482	238584	1792580	509408	39	24
电力生产	2149740	70359	1449706	299427	10	5
建 筑 业	40458	19231	40431	35958	7	7
房屋和土木工程建筑业	16719	4980	16719	16719	1	1
其他建筑业	12200	12200	12200	12200	3	3
交通运输、仓储和邮政业	1397164	80130	933974	505060	47	31
铁路运输业	748166	5972	342294	281822	6	3
道路运输业	454152	67762	404818	201903	33	22
城市公共交通业	7504	4504	7516	4904	2	2
航空运输业	155000		156420	2000	1	1
仓 储 业	32342	1892	22926	14431	5	3
信息传输、计算机服务和软件业	477437	173429	392145	207537	13	8
电信和其他信息传输服务业	477437	173429	392145	207537	13	8
批发和零售业	293271	200373	225748	170750	34	22
住宿和餐饮业	112707	5868	109853	57506	10	8
金 融 业	21961	6478	21950	21950	4	4
房地产业	276652	149829	230636	189084	30	21
科学研究、技术服务和地质勘查业	44955	29955	41855	35455	10	7
水利、环境和公共设施管理业	745604	295039	689971	342216	95	75
水利管理业	235887	44279	148548	49008	19	13
环境管理业	32070	29288	32024	32024	8	7
公共设施管理业	477647	221472	509399	261184	68	55
居民服务和其他服务业	17724	17235	14824	14824	4	3
教　育	496302	209053	410454	250387	51	29
卫生、社会保障和社会福利业	144323	64924	120337	74037	13	9
卫　生	138431	59032	114445	68145	11	7
文化、体育和娱乐业	410674	124384	400814	119266	24	17
新闻出版业	26000	7500	19295	9670	2	1
广播、电视、电影和音像业	80447	80447	22447	22447	4	3
文化艺术业	207927	30137	242304	61899	14	9
体　育	90000		110468	18950	2	2
娱乐业	6300	6300	6300	6300	2	2
公共管理和社会组织	916947	379022	830735	544459	135	99

6-5 按国民经济行业分

行业	本年完成投资	按构成分			
		建筑工程	安装工程	设备工器具购置	其他费用
总计	4633942	2972001	203555	1052826	405560
农、林、牧、渔业	246158	196019	512	1608	48019
农业	37891	36875	62	248	706
林业	50951	20134			30817
畜牧业	77123	59347	400	1080	16296
农、林、牧、渔服务业	80193	79663	50	280	200
采矿业	48541	36585	450	11086	420
煤炭开采和洗选业	8000	5650	300	1900	150
黑色金属矿采选业	8750	6180	20	2500	50
有色金属矿采选业	20271	16835		3436	
非金属矿采选业	11520	7920	130	3250	220
制造业	1096723	522848	95066	373429	105380
农副食品加工业	30220	24800	860	4560	
食品制造业	96397	23053	11571	59413	2360
饮料制造业	6230	4995	326	879	30
烟草制品业	3536	2002	685	825	24
纺织业	12608	1854	240	9355	1159
纺织服装、鞋、帽制造业	11182	5392	20	4330	1440
家具制造业	1700	1100	80	420	100
造纸及纸制品业	49866	18060	3537	27775	494
印刷业和记录媒介的复制	2857	2160		389	308
石油加工、炼焦及核燃料加工业	5299	1204	1535	2040	520
化学原料及化学制品制造业	279557	77441	30690	122895	48531
医药制造业	2572	1870	130	422	150
塑料制品业	12256	9400		2856	
非金属矿物制品业	282446	178471	23104	57597	23274
黑色金属冶炼及压延加工业	21530	13330		8200	
有色金属冶炼及压延加工业	122521	62107	13759	33038	13617
金属制品业	30861	23181	1008	4792	1880
通用设备制造业	50042	32790	5354	7556	4342
专用设备制造业	5400	3170	384	1626	220
交通运输设备制造业	16558	11130	30	5270	128
电气机械及器材制造业	48928	22103	1753	18888	6184
通信设备、计算机及其他电子设备	478	155		303	20
工艺品及其他制造业	3000	3000			

投资和新增固定资产

单位：万元

按建设性质分						本年新增固定资产
新　　建	扩　　建	改建和技术改造	单纯建造生活设施	迁　　建	单纯购置	
2412337	1462203	206331	329549	31138	190433	4185366
112955	125193	8010				247226
35893	1998					29621
24054	26897					72012
40298	36825					64532
12710	59473	8010				81061
20410	21631	6500				27255
2000	6000					8000
3690	5060					6250
11400	8871					3785
3320	1700	6500				9220
707552	328145	28249		9050	23727	657016
25590	3930	700				11720
76079	13919	750			5649	253927
1430		4800				5000
				3536		
3459	9149					13258
6052	1100				4030	4610
1700						1200
44866	5000					15600
2857						1620
		5299				
158487	118100	2200			770	81541
2072	500					5942
9400					2856	2856
117208	157618	6600			1020	176308
12790	3840	4900				21530
115711	6810					4908
27661	2500				700	18031
48042	2000					4442
5400						1500
16558						2000
32015	3000			5514	8399	23200
175					303	7823
		3000				

6-5续表

行业	本年完成投资	按构成分			
		建筑工程	安装工程	设备工器具购置	其他费用
废弃资源和废旧材料回收加工业	679	80			599
电力、燃气及水的生产和供应业	674031	382381	53380	215101	23169
电力热力生产和供应业	509408	252656	48492	188328	19932
电力生产	299427	159293	30791	103358	5985
建筑业	35958	20139	80	14901	838
房屋和土木工程建筑业	16719	4379		11739	601
其他建筑业	12200	11963			237
交通运输、仓储和邮政业	505060	424728	425	54162	25745
铁路运输业	281822	220381	382	35539	25520
道路运输业	201903	194454		7324	125
城市公共交通业	4904	1004		3900	
航空运输业	2000	2000			
仓储业	14431	6889	43	7399	100
信息传输、计算机服务和软件业	207537	10482	27325	166403	3327
电信和其他信息传输服务业	207537	10482	27325	166403	3327
批发和零售业	170750	118135	1254	11837	39524
住宿和餐饮业	57506	45254	784	11448	20
金融业	21950	6028		15488	434
房地产业	189084	159199	540	8010	21335
科学研究、技术服务和地质勘查业	35455	31785	120	1800	1750
水利、环境和公共设施管理业	342216	294934	3736	9588	33958
水利管理业	49008	45874	284	2630	220
环境管理业	32024	22653	2179	5952	1240
公共设施管理业	261184	226407	1273	1006	32498
居民服务和其他服务业	14824	4262	120	6144	4298
教育	250387	210341	1515	13735	24796
卫生、社会保障和社会福利业	74037	59629	640	11865	1903
卫生	68145	54849	640	11865	791
文化、体育和娱乐业	119266	54720	14968	35986	13592
新闻出版业	9670	8965	35	320	350
广播、电视、电影和音像业	22447	9637	60	1350	11400
文化艺术业	61899	27285	9486	23353	1775
体育	18950	7900	2087	8963	
娱乐业	6300	933	3300	2000	67
公共管理和社会组织	544459	394532	2640	90235	57052

单位：万元

按建设性质分						本年新增固定资产
新建	扩建	改建和技术改造	单纯建造生活设施	迁建	单纯购置	
	679					
395769	271408	2574	3100		1180	990417
341147	161557	2424	3100		1180	904021
222865	72282		3100		1180	749829
17231	4096				14631	40458
4980					11739	16719
12200						12200
329355	105480	14673	13622		41930	279435
231573	4000		13622		32627	72749
90343	97888	10169			3503	119348
400		4504				7516
	2000					71480
7039	1592				5800	8342
41587	86206	79744				135921
41587	86206	79744				135921
138434	23643	4000	3622		1051	143517
45099		3568			8839	22167
200	280		5987		15483	21950
46921	16637		120386		5140	125586
15492	17064		2899			20155
98223	223203	18008			2782	481114
2030	45178	1800				107126
4598	21565	3079			2782	31426
91595	156460	13129				342562
	7715	6620			489	13424
159816	67962	5425	9422		7762	193699
34980	14608	9350		12700	2399	50897
33180	10516	9350		12700	2399	45005
83276	27619	5300		1120		268151
9670						7500
20000	1327			1120		2447
34656	25292					141436
18950						110468
	1000	5300				6300
165037	121313	14310	170511	8268	65020	466978

6-6 按国民经济行

行业	本年资金来源合计	上年末结余资金	本年资金来源小计	国家预算内资金	国内贷款
总计	3864217	9098	3855119	94600	439162
农、林、牧、渔业	171579	77	171502	32834	3400
农业	41032		41032	1000	2000
林业	30526		30526	24054	
畜牧业	45297		45297		700
农、林、牧、渔服务业	54724	77	54647	7780	700
采矿业	48541		48541		2000
煤炭开采和洗选业	8000		8000		2000
黑色金属矿采选业	8750		8750		
有色金属矿采选业	20271		20271		
非金属矿采选业	11520		11520		
制造业	885229	200	885029		128450
农副食品加工业	30220		30220		
食品制造业	96397		96397		10777
饮料制造业	6230	200	6030		
烟草制品业	8000		8000		
纺织业	12608		12608		
纺织服装、鞋、帽制造业	11182		11182		
家具制造业	1700		1700		
造纸及纸制品业	49866		49866		
印刷业和记录媒介的复制	2857		2857		
石油加工、炼焦及核燃料加工业	5299		5299		1855
化学原料及化学制品制造业	279557		279557		25000
医药制造业	1800		1800		1000
塑料制品业	12256		12256		
非金属矿物制品业	124335		124335		60500
黑色金属冶炼及压延加工业	21530		21530		
有色金属冶炼及压延加工业	77680		77680		28618
金属制品业	26961		26961		
通用设备制造业	50042		50042		
专用设备制造业	5400		5400		
交通运输设备制造业	3958		3958		
电气机械及器材制造业	51828		51828		
通信设备、计算机及其他电子设备	523		523		
工艺品及其他制造业	3000		3000		700

业分财务拨款

单位：万元

债　券	利用外资	外商直接投资	自筹资金	单位自有资金	其他资金来源	本年各项应付款合计	工程款
90000	23020	8020	3081737	753549	126600	818642	801860
			117552	1340	17716	79869	74209
			23032	240	15000	2149	2149
			6472			20425	14765
			44047	700	550	31826	31826
			44001	400	2166	25469	25469
			46541	120			
			6000				
			8750				
			20271				
			11520	120			
	8000	8000	732139	304844	16440	220541	220356
			30220	4180			
	7000	7000	78620	66465			
			5000		1030		
			8000	8000			
			12608	10558			
			11182	5212			
			1700				
			49866	32572			
			2857	10			
			3444				
			254557	103321			
			800	100		772	772
			12256	2856			
	1000	1000	62825	19825	10	158113	158113
			21530				
			39062	23029	10000	44841	44841
			26961	1260		4000	4000
			50042				
			5400	1500			
			3958	1958		12600	12600
			46828	23978	5000		
			523	20		215	30
			1900		400		

6-6续表

行　　业	本年资金来源合计	上年末结余资金	本年资金来源小计	国家预算内资金	国内贷款
废弃资源和废旧材料回收加工业	2000		2000		
电力、燃气及水的生产和供应业	526560	2288	524272	600	160386
电力热力生产和供应业	447946	2288	445658	600	113080
电力生产	297944		297944		35800
建 筑 业	35958		35958		
房屋和土木工程建筑业	16719		16719		
其他建筑业	12200		12200		
交通运输、仓储和邮政业	426197		426197	54522	92000
铁路运输业	281822		281822	52555	92000
道路运输业	123040		123040	1967	
城市公共交通业	4904		4904		
航空运输业	2000		2000		
仓 储 业	14431		14431		
信息传输、计算机服务和软件业	215747	200	215547		30000
电信和其他信息传输服务业	215747	200	215547		30000
批发和零售业	170750	1000	169750		
住宿和餐饮业	57506		57506		
金 融 业	21755		21755		
房地产业	173152		173152		
科学研究、技术服务和地质勘查业	29992		29992		
水利、环境和公共设施管理业	169673		169673	1917	10476
水利管理业	8938		8938	1917	3000
环境管理业	10459		10459		
公共设施管理业	150276		150276		7476
居民服务和其他服务业	12774		12774		
教　育	224359		224359		3000
卫生、社会保障和社会福利业	71805		71805	100	7000
卫　生	65913		65913	100	7000
文化、体育和娱乐业	110999		110999		
新闻出版业	9670		9670		
广播、电视、电影和音像业	22447		22447		
文化艺术业	53632		53632		
体　育	18950		18950		
娱乐业	6300		6300		
公共管理和社会组织	511641	5333	506308	4627	2450

单位：万元

债　券	利用外资	外商直接投资	自筹资金	单位自有资金	其他资金来源	本年各项应付款合计	工 程 款
			2000				
	15000		345786	56991	2500	155105	151708
			329978	54118	2000	69096	65699
			260144	14362	2000	2068	2068
			35958	4988			
			16719				
			12200				
90000			136938	42750	52737	79331	79331
90000			47267	1018			
			68336	31540	52737	79331	79331
			4904				
			2000				
			14431	10192			
			185547	162909			
			185547	162909			
			169750	49977		170	
			57506	2959			
			15963		5792	195	195
			172585	63184	567	22501	22501
			29992	2500		5463	5463
			152780	7242	4500	174343	166973
			4021			40761	40761
			10459	2782		21565	21565
			138300	4460	4500	112017	104647
			12774	10885		2050	2050
	20	20	220629	21872	710	27528	27528
			64705	1676		2232	2232
			58813	1676		2232	2232
			110999	50		8268	8268
			9670				
			22447				
			53632	50		8268	8268
			18950				
			6300				
			473593	19262	25638	41046	41046

6-7 按国民经济行业分房屋建筑面积及价值

行业	本年施工房屋面积（平方米）	#住宅	本年竣工房屋面积（平方米）	#住宅	本年竣工房屋价值（万元）	#住宅
总计	12137132	4661523	3877994	1693771	621426	245848
农、林、牧、渔业	371238	25600	280018	25600	25279	2800
农业	18880		6380		1290	
林业						
畜牧业	325498		246778		21038	
农、林、牧、渔服务业	26860	25600	26860	25600	2951	2800
采矿业	7429		7429		1132	
煤炭开采和洗选业	1400		1400		188	
黑色金属矿采选业	600		600		16	
有色金属矿采选业						
非金属矿采选业	5429		5429		928	
制造业	1177487	14100	311758	14100	30697	2115
农副食品加工业	44500	14100	28500	14100	3700	2115
食品制造业	52325		17950		2026	
饮料制造业	8700					
烟草制品业	90000					
纺织业	18250		13400		1239	
纺织服装、鞋、帽制造业	35940		3250		580	
家具制造业	4000		2000		300	
造纸及纸制品业	112952		87531		6360	
印刷业和记录媒介的复制	5800					
石油加工、炼焦及核燃料加工业						
化学原料及化学制品制造业	205730		9000		1050	
医药制造业	28617		28617		2960	
塑料制品业	20000					
非金属矿物制品业	110499		67710		6311	
黑色金属冶炼及压延加工业						
有色金属冶炼及压延加工业	85606					
金属制品业	80994		45100		5301	
通用设备制造业	174100		4600		370	
专用设备制造业	8450					
交通运输设备制造业	19100		4100		500	
电气机械及器材制造业	65206					
通信设备、计算机及其他电子设备	2718					
工艺品及其他制造业	4000					

6-7续表

行业	本年施工房屋面积（平方米）	#住宅	本年竣工房屋面积（平方米）	#住宅	本年竣工房屋价值（万元）	#住宅
废弃资源和废旧材料回收加工业						
电力、燃气及水的生产和供应业	261135	90734	113966	90734	20745	16600
电力、热力的生产和供应业	258252	90734	113966	90734	20745	16600
电力生产	206134	90734	100734	90734	18760	16600
建筑业	68468	30400	68468	30400	13811	4560
房屋和土木工程建筑业	19500		19500		4980	
其他建筑业	45840	30400	45840	30400	8080	4560
交通运输、仓储和邮政业	278018	151000	190430	151000	110873	36122
铁路运输业	214123	151000	151000	151000	36122	36122
道路运输业	1230		1230		109	
城市公共交通业	20000		20000		3012	
航空运输业	35000		35000		7148	
仓储业	27465		3000		150	
信息传输、计算机服务和软件业	40308					
电信和其他信息传输服务业	40308					
批发和零售业	917200	22000	202700	22000	45431	1770
住宿和餐饮业	148088		14088		2300	
金融业	49840	48500	49840	48500	6079	5744
房地产业	1623268	1344925	649098	525755	77913	62369
科学研究、技术服务和地质勘查业	545227	443188	100309	15142	11400	2300
水利、环境和公共设施管理业	240600	7500	123800	7500	11626	875
水利管理业						
环境管理业	1900		1900		230	
公共设施管理业	238700	7500	121900	7500	11396	875
居民服务和其他服务业	36800		36800		1682	
教育	2555363	42866	311001	39566	63382	8276
卫生、社会保障和社会福利业	358889	18600	134713	18600	42662	5890
卫生	337610		113434		38270	
文化、体育和娱乐业	255815		75085		19048	
新闻出版业	61985		12000		3200	
广播、电视、电影和音像业	36100		6100		1620	
文化艺术业	131730		30985		8128	
体育	26000		26000		6100	
娱乐业						
公共管理和社会组织	3201959	2422110	1208491	704874	201698	96427

6-8 固定资产投资新增生产能力

项　　目	单位	建设规模	本年施工规模	#本年新开工能力	累计新增生产能力	#本年新增
洗　煤	万吨／年	37	37	37	37	37
铁矿开采(原矿)	万吨／年	2	0.5	0.5	0.5	0.5
铁矿选矿处理原矿量	万吨／年	288	73	73	71	71
铁合金	万吨／年	6000	2000	2000	2000	2000
氧化铝	吨／年	20000	20000	20000		
黄　金	公斤／年	100	20	20		
发电机组容量	万千瓦	360	300	60	120	120
水力发电	万千瓦	120	60	60		
火力发电	万千瓦	240	240		120	120
水　泥	万吨／年	100	100		100	
卷　烟	箱／年	240000	240000		240000	240000
新建公路	公里	620.9	620.9	513.3	491.8	483.8
#高速公路	公里	57.9	57.9			
一级公路	公里	41.7	41.7			
二级公路	公里	96	96	96	96	96
改建公路	公里	502.94	502.94	186.24	151.74	151.74
一级公路	公里	26.3	26.3			
二级公路	公里	16.5	16.5			
新建独立公路桥梁	延长米	104	104	104	104	104
	座	2	2	2	1	1
新(扩)建公路客、货运站	个	11	11	9	11	9
	平方米	16635	16635	1890	16635	1890
城市自来水供水能力	万吨/日	3.44	3.43	2.03	0.03	0.03
城市污水处理能力	万吨／日	2.01	2.01	2.01	0.01	0.01

6-9 房地产开发投资完成情况

项　　目	单位	2008年	项　　目	单位	2008年
计划总投资	万元	4810285	其　他	万元	56130
累计完成投资	万元	3652886	本年新增固定资产	万元	451334
本年完成投资	万元	1770684	本年完成开发土地面积	平方米	740082
土地开发投资额	万元	18043	本年购置土地面积	平方米	3510122
#配套工程投资	万元	12574	本年资金来源合计	万元	1624299
按构成分			上年末结余资金	万元	33280
建筑工程	万元	1453101	本年资金来源小计	万元	1591099
安装工程	万元	6110	国内贷款	万元	47069
设备工器具购置	万元	23303	#银行贷款	万元	39935
其他费用	万元	288170	非金融机构贷款	万元	7134
#土地购置费	万元	208424	利用外资	万元	
按工程用途分			#外商直接投资	万元	
住　宅	万元	1394940	自筹资金	万元	1278860
90平方米以下	万元	458091	企事业单位自有资金	万元	832886
140平方米以上住房	万元	212436	其他资金来源	万元	265090
经济适用房	万元	167116	#定金及预付款	万元	226748
别墅高档公寓	万元	131782	个人按揭贷款	万元	37342
办 公 楼	万元	107290	本年各项应付款合计	万元	196842
商业营业用房	万元	212324	#工程款	万元	78857

6-10 房地产施工、竣工房屋面积及竣工价值

单位：平方米

项　　目	施工面积	#新开工	竣工面积	竣工房屋价值（万元）	商品住宅竣工套数（套）
房屋建筑面积合计	**17871181**	**5783400**	**2526117**	**362993**	
住　宅	14621852	5168327	2244253	301540	19687
90平方米以下	5029256	2069944	569457	71453	6831
140平方米以上住房	2514632	609313	517349	79623	3151
经济适用房	1556369	993867	147470	12469	1645
别墅高档公寓	1046201	20831	58315	12456	379
办 公 楼	1004543	259755	62558	13067	
商业营业用房	1481130	161125	161628	38753	
其　他	763656	194193	57678	9633	

6-11 商品房屋销售与出租情况

单位：平方米

项目	商品房销售面积	现房销售面积	期房销售面积	商品房销售额（万元）	现房销售额（万元）	期房销售额（万元）
房屋面积合计	**3310752**	**1469216**	**1841536**	**904536**	**361180**	**543356**
住宅	3073376	1307608	1765768	772120	280450	491670
90平方米以下	963243	427785	535458	185838	74483	111355
140平方米以上住房	901359	281415	619944	308229	81028	227201
经济适用房	308194	165382	142812	27133	15089	12044
别墅高档公寓	323530	10992	312538	145009	4332	140677
办公楼	43499	20470	23029	16787	7064	9723
商业营业用房	163277	119538	43739	106383	67120	39263
其他	30600	21600	9000	9246	6546	2700

6-11续表

单位：平方米

项目	空置面积	出租面积	商品住宅销售套数（套）	现房住宅销售套数（套）	期房住宅销售套数（套）
房屋面积合计	**1828647**	**174551**			
住宅	1370950	83275	28368	12268	16100
90平方米以下	236558	397	12661	5128	7533
140平方米以上住房	218534	878	5395	1754	3641
经济适用房	120		3792	1928	1864
别墅高档公寓	160366	1275	1849	59	1790
办公楼	171130	76325			
商业营业用房	265510	14951			
其他	21057				

6-12 房地产开发企业（单位）财务状况

项目	单位	2008年	项目	单位	2008年
年初存货	万元	1081949	主营业务成本	万元	634033
年初资产负债	---		主营业务税金及附加	万元	55773
流动资产合计	万元	3441331	主营业务利润	万元	204361
# 存　货	万元	1776921	其他业务收入	万元	1086
固定资产原价	万元	161788	其他业务利润	万元	1695
累计折旧	万元	22294	销售费用	万元	19481
# 本年折旧	万元	6392	管理费用	万元	35194
资产总计	万元	4237139	# 税　金	万元	4568
负债合计	万元	3145631	差旅费	万元	1745
所有者权益	万元	1091508	工会经费	万元	230
# 实收资本	万元	614257	财务费用	万元	9497
国家资本	万元	1927	# 利息支出	万元	6475
集体资本	万元	8338	营业利润	万元	161365
法人资本	万元	451724	营业外收入	万元	2141
个人资本	万元	132206	营业外支出	万元	1548
港澳台资本	万元	12997	利润总额	万元	162159
外商资本	万元	7065	应缴所得税	万元	12922
损益及分配	万元		劳动、失业保险	万元	277
主营业务收入	万元	913648	住房公积金及住房补贴	万元	33
土地转让收入	万元	68	工资、福利费	万元	
商品房屋销售收入	万元	906725	本年应付工资总额	万元	16369
房屋出租收入	万元	1877	本年应付福利费总额	万元	1965
其他收入	万元	4978	全部从业人员年平均人数	人	6645

主要统计指标解释

固定资产投资　固定资产投资是建造和购置固定资产的经济活动，即固定资产再生产活动。固定资产再生产过程包括固定资产更新（局部更新和全部更新）、改建、扩建、新建等活动。新的企业财务会计制度规定，固定资产局部更新的大修理作为日常生产活动的一部分，发生的大修理费用直接在成本费用中列支。按照现行投资管理体制及有关部门的规定，凡属于大修理、养护、维护性质的工程（如设备大修、建筑物的翻修和加固、农田水利工程和堤防、水库的岁修、铁路大修等）都不纳入固定资产投资管理，也不作为固定资产投资统计。

固定资产投资属于实物投资的一部分，这一点区别于金融投资。固定资产投资的目的是建造和购置固定资产，它的承担物表现为机器、设备、建筑物等固定资产。而金融投资（如股票和债券投资）则表现为金融资产的增加。

固定资产投资是国民经济再生产活动的一个重要部分。通过固定资产投资，可以扩大社会再生产的规模，提高社会生产的技术水平，调整经济结构，改变生产力的地区分布，增强国家的经济实力，提高和改善人民物质和文化生活水平。

固定资产投资额（又称固定资产投资完成额）　是以货币形式表现的在一定时期内建造和购置固定资产的工作量以及与此有关的费用的总称。没有形成工程实体的建筑材料和没有开始安装的设备，都不计算投资完成额。它是反映固定资产投资规模、结构和发展速度的综合性指标，又是观察工程进度和考核投资效果的重要依据。

房地产开发　是指各种经济类型的房地产开发公司、商品房建设公司及其他房地产开发单位统一开发的商品住宅、厂房、仓库、饭店、宾馆、度假村、写字楼、办公楼等房屋建筑物和配套的服务设施，以及土地开发工程，如道路、给水、排水、供电、供热、通讯、平整场地等工程。房地产开发统计不包括单纯的土地交易活动。房地产开发单位本身进行的固定资产投资活动，如自建自用的房屋、设备购置等，应作为基本建设，更新改造和其他投资的统计范围。

施工项目　指报告期内曾进行建筑安装施工活动的建设项目，包括报告期内新开工项目，报告期以前开工跨报告期继续施工的项目，报告期施过工并在报告期内全部建成投产或停缓建的项目。

全部建成投产项目　工业项目是指设计文件规定形成生产能力的主体工程及其相应配套的辅助设施全部建成，经负荷试运转，证明具备生产设计规定合格产品的条件，并经过验收鉴定合格或达到竣工验收标准，与生产性工程配套的生活福利设施可以满足近期正常生产的需要，正式移交生产的建设项目；非工业项目是指设计文件规定的主体工程和相应的配套工程全部建成，能够发挥设计规定的全部效益，经验收鉴定合格或达到竣工验收标准，正式移交使用的建设项目。

新增固定资产　新增固定资产（又称交付使用的固定资产），是指已经完成和购置过程，并已交付生产或使用单位的固定资产价值。

新增固定资产是表示固定资产投资成果的价值量指标，也是反映建设进度，计算固定资产投资效果的必要数据。

新增生产能力　指通过固定资产投资活动而增加设计能力或工程效益，它是用实物形态表示的固定资产投资的成果。新增生产能力的计算，是以能独立发挥生产能力或效益的单项工程（或项目）为对象，当单项工程（或项目）建成，经有关部门鉴定合格，正式移交投入生产，即可计算新增生产能力。

房屋建筑面积　房屋建筑面积，是房屋建筑勒脚以上外墙外围的水平截面面积，包括房屋建筑的有效面积和结构面积。房屋建筑面积统计指标是从实物形态上反映建设规模和建设成果的重要指标之一，也是检查工程形象进度、计算工程造价、分析投资效果、研究施工任务与施工力量和建筑材料之间平衡情况的重要依据。

房屋施工面积　是指报告期内施工的全部房屋建筑面积，包括本期新开工的面积和上期开工跨入本期继续施工的房屋面积，以及上期已停建在本期恢复施工的房屋面积。本期竣工和本期施工后又停缓建的房屋，其建筑面积仍计入本期房屋施工面积中。

第二部分　统计资料

财 政 税 收

7-1 历年财政收入

单位：万元

年　份	地方财政收入
1949	79
1952	571
1957	2645
1962	3105
1965	4686
1970	10870
1975	10405
1978	14085
1980	15031
1981	14746
1982	16406
1983	15833
1984	18657
1985	25330
1986	29937
1987	35142
1988	39802
1989	43658
1990	45494
1991	49231
1992	56061
1993	71964
1994	35081
1995	43892
1996	58789
1997	78628
1998	92559
1999	105783
2000	127755
2001	142098
2002	171859
2003	213699
2004	367323
2005	493433
2006	640226
2007	934302
2008	1583099

注：自2008年起地方财政收入变为地方财政总收入

7-2 历年财政支出

单位：万元

年份	财政支出	#教育事业费
1949	39	4
1952	348	51
1957	1120	303
1962	1755	339
1965	1890	465
1970	2758	543
1975	6687	1230
1978	9979	1705
1980	10870	2130
1981	9643	2209
1982	12395	2614
1983	15545	2950
1984	21719	3783
1985	24093	4371
1986	35089	4854
1987	34652	5371
1988	37015	6368
1989	41333	7015
1990	45213	8455
1991	49338	8639
1992	54119	10353
1993	67803	13564
1994	74971	16198
1995	82137	17915
1996	104035	19111
1997	127972	20901
1998	153745	22891
1999	171308	25413
2000	198645	28075
2001	276059	36785
2002	360686	43884
2003	482538	53307
2004	613227	67072
2005	721234	77296
2006	922229	89846
2007	1004158	148773
2008	1331795	181912

7-3 财 政 收 入

单位：万元

项 目	2007年	2008年	2008年比2007年增长%
地方财政总收入	**1195851**	**1583099**	**32.4**
一般预算收入	579620	822459	41.9
增 值 税	68554	76045	10.9
营 业 税	180444	210073	16.4
企业所得税	44922	65395	45.6
个人所得税	31334	41857	33.6
资 源 税	1554	2239	44.1
城市维护建设税	38719	46350	19.7
房产税和固定资产投资方向调节税	21248	25177	18.5
印 花 税	10602	14635	38.0
城镇土地使用税	37072	58362	57.4
土地增值税	12497	18553	48.5
车船使用和牌照税	1788	4153	132.3
耕地占用税和契税	28816	39903	38.5
专项收入	22433	35575	58.6
行政事业性收费收入	40677	69419	70.7
国有资本经营收入	15295	91418	497.7
罚没收入	14567	19458	33.6
国有资源(资产)有偿使用收入	2307	2525	9.4
其他收入	6791	1322	-80.5
上划中央税收收入	529358	649060	22.6
上划自治区收入	86873	111580	28.4

7-4 财 政 支 出

单位：万元

项　　目	2007年	2008年	2008年比2007年增长%
地方财政支出	**1004158**	**1331795**	**32.6**
一般公共服务	178240	199846	12.1
国　　防	3166	4236	33.8
公共安全	53609	65364	21.9
教　　育	148773	181912	22.3
科学技术	7150	14818	107.2
文化体育与传媒	16444	20347	23.7
社会保障和就业	113611	140092	23.3
医疗卫生	42769	52498	22.7
环境保护	21217	45735	115.6
城乡社区事务	220477	216519	-1.8
农林水事务	90655	196007	116.2
交通运输	28301	28997	2.5
工业商业金融等事务	38667	122087	215.7
其他支出	41079	43337	5.5

7-5 税 收 情 况

单位：万元

项　　目	2007年	2008年	2008年比2007年增长%
国税合计	**644019**	**780000**	**21.1**
增 值 税	373528	416486	11.5
消 费 税	106283	135381	27.4
个人所得税	13502	8603	-36.3
企业所得税	115878	177099	52.8
车辆购置税	34828	42431	21.8
地税合计	**652052**	**851817**	**30.6**
税收总收入合计	525548	683368	30.0
营 业 税	228410	269325	17.9
企业所得税	33819	48858	44.5
个人所得税	85660	125551	46.6
资 源 税	1967	2873	46.1
城镇土地使用税	37074	58362	57.4
固定资产投资方向调节税	47	18	-61.7
城市维护建设税	38721	46349	19.7
印 花 税	10605	14640	38.1
土地增值税	12495	18555	48.5
房产和城市房地产税	21201	25163	18.7
车船使用和牌照税	1788	4152	132.2
耕地占用税	10646	15922	49.6
契　　税	18169	23983	32.0
教育费附加	18355	21773	18.6
地方教育附加费	5955	7498	25.9
其他收入	636	346	-45.6
其他收入合计	126504	168449	33.2
社会保险收入	121029	152727	26.2
文化事业建设费	874	959	9.7
水利建设基金	1424	11142	682.4
工会经费	1752	2008	14.6
残疾人保障基金	1425	1613	13.2

注：2008年新税法实施，为同比，2007年企业所得税调整为企业所得税与外商投资企业和外国企业所得税之和。

主要统计指标解释

财政收入 指国家财政参与社会产品分配所取得的收入，是实现国家职能的财力保证。财政收入所包括的内容几经变化，目前主要包括：

（1）税收收入：包括增值税、营业税、消费税、土地增值税、城市维护建设税、资源税、城镇土地使用税、印花税、固定资产投资方向调节税、房产税、个人所得税、企业所得税、车船税、车辆购置税和关税等。

（2）社会保险基金收入：包括基本养老保险基金收入、基本失业保险基金收入、基本医疗保险基金收入、工伤保险基金收入、生育保险基金收入和其他社会保险基金。

（3）非税收入：包括政府性基金收入、探矿权、采矿权使用费收入、彩票基金收入、行政事业性收费收入、公安行政事业性收费收入、罚没收入、国有资本经营收入、国有资源（资产）有偿使用收入和其他收入。

（4）贷款转贷回收本金收入：包括：国内贷款回收本金收入、国外贷款回收本金收入、国内转贷回收本金收入、国外转贷回收本金收入。

（5）债务收入：包括国内债务收入、国外债务收入。

（6）转移性收入：包括返还性收入、财力性转移支付收入、专项转移支付收入、政府性基金转移收入、彩票公益金转移收入、预算外转移收入、上年结余收入、调入资金。

财政支出 国家财政将筹集起来的资金进行分配使用，以满足经济建设和各项事业的需要，主要包括：

（1）一般公共服务：反映政府提供一般公共服务的支出。主要包括人大事务、政协事务、政府事务、共产党事务、民主党派及工商联事务、群众团体事务、国债事务、彩票事务及其他一般公共服务支出。

（2）外交：反映政府外交事务支出。包括外交行政管理、驻外机构、对外援助、国际组织、对外合作与交流、边界勘界联检等方面的支出。人大、政协、政府及所属各部门（除国家领导人、外交部门）的出国费、招待费列相关功能科目，不在本科目反映。

（3）国防：反映政府用于国防方面的支出。包括现役部队、预备役部队、民兵国防科研事业、专项工程及其它国防支出。

（4）公共安全：反映政府维护社会公共安全方面的支出。有关事务包括武装警察、公安、国家安全、检察、法院、司法行政、监狱、劳教、国家保密、缉私警察等。

（5）教育：反映政府教育事务支出。有关具体事务包括教育行政管理、学前管理、小学教育、初中教育、普通高中教育、普通高等教育、初等职业教育、中专教育、技校教育、职业高中教育、高等职业教育、广播电视教育、留学生教育、特殊教育、干部继续教育、教育机关服务等。

（6）科学技术：反映用于科学技术方面的支出。包括科学技术管理事务基础研究、应用研究、技术研究与开发、科技成果转化与扩散、科技条件与服务、社会科学、科学技术普及、科学交流与合作及其他科学技术支出。

（7）文化体育与传媒：反映政府在文化、文物、体育、广播影视、新闻出版等方面的支出。

（8）社会保障和就业：反映政府在社会保障与就业方面的支出。有关事项包括社会保障和就业管理事务、民族管理事务、财政对社会保险基金的补助、补充全国社会保障基金、行政事业单位离退休、企业改革补助、就业补助、抚恤、退役安置、社会福利、残疾人事业、城市居民最低生活保障、其他城镇社会救济、农村社会救济、自然灾害生活救助、红十字事务等。

（9）社会保险基金支出：反映政府由社会保险基金列支的各项支出，包括基本养老保险基金支出、失业保障基金支出、基本医疗保险支出、工伤保险基金支出等。特别说明：在将社会保险基金包括在内统计政府支出时，应将财政对社会保险基金的补助以及由财政承担的社会保险缴款予以扣除，以免重复计算。

（10）医疗卫生：反映政府卫生方面的支出。具体包括医疗卫生管理事务支出、医疗服务支出、医疗保障支出、疾病预防控制支出、卫生监督支出、妇幼保健支出、农村卫生支出等。

（11）环境保护：反映政府环境保护支出。具体包括：环境保护管理事务支出、环境监测与监察支出、污染治理支出、自然生态保护支出、天然林保护工程支出、退耕还林支出、风沙荒漠治理支出、退牧还草支出、已垦草原退耕还草支出等。

（12）城乡社区事务：反映政府城乡社区事务支出。具体包括：城乡社区管理事务支出、城乡社区规划与管理支出、城乡社区公共设施支出、城乡社区住宅支出、城乡社区环境卫生支出、建设市场管理与监督支出等。

（13）农林水事务：反映政府农林水事务支出。具体包括：农业支出、林业支出、水利支出、扶贫支出、农业综合开发支出等。

（14）交通运输：反映政府交通运输方面的支出。包括公路运输支出、水路运输支出、铁路运输支出、民用航空运输支出等。

（15）工业商业金融等事务：反映政府工业、商业、金融等事务支出。具体包括：采掘业支出、制造业支出、建筑业支出、电力支出、信息产业支出、旅游业支出、涉外发展支出、粮油事务支出、商业流通事务支出、物资储备支出，金融保险支出、烟草事务支出、安全生产支出、国有资产监管支出、中小企业发展支出、清洁生产支出等。

（16）其他支出：反映不能划分到上述功能科目的其他政府支出。

第二部分　统计资料

物　　价

8-1 历年各种价格指数

（以上年价格为100）

年　份	城市居民消费价格指数	城市商品零售价格指数	农村居民消费价格指数	农村生产资料价格指数
1949				
1950				
1951	124.9	127.0		
1952	104.2	104.0		
1953	103.5	103.8		
1954	103.7	103.3		
1955	101.0	101.3		
1956	102.0	102.3		
1957	99.4	99.3		
1958	100.6	100.6		
1959	102.3	100.6		
1960	101.2	101.3		
1961	121.2	123.3		
1962	99.4	99.4		
1963	92.2	91.9		
1964	96.9	97.2		
1965	99.4	99.5		
1966	100.6	100.7		
1967	100.6	100.6		
1968	99.5	99.7		
1969	100.7	100.7		
1970	99.9	99.9		
1971	100.1	100.1		
1972	99.9	99.9		
1973	100.5	100.5		
1974	100.1	100.2		
1975	99.9	100.0		
1976	100.3	100.4		
1977	99.1	100.1		
1978	101.0	101.0		

8-1续表

年 份	城市居民消费价格指数	城市商品零售价格指数	农村居民消费价格指数	农村生产资料价格指数
1979	102.0	102.1		
1980	107.9	108.5		
1981	101.1	101.0		
1982	101.9	102.0		
1983	100.8	100.8		
1984	104.8	104.8		
1985	110.0	109.3		
1986	106.6	106.5		
1987	109.7	110.2		
1988	119.5	120.6		
1989	111.7	112.1		
1990	101.8	101.3		
1991	110.6	109.3		
1992	113.3	112.2		
1993	115.6	113.9		
1994	124.4	118.1		
1995	117.6	114.3		
1996	107.6	105.0		
1997	105.1	102.8	97.55	91.48
1998	99.8	98.2	98.88	100.11
1999	102.0	98.4	96.43	97.16
2000	103.0	98.4	98.91	96.47
2001	100.4	98.9	101.26	100.36
2002	100.2	100.0	103.60	100.95
2003	102.0	100.6	107.93	100.37
2004	101.8	101.7	108.11	106.13
2005	101.5	100.9	105.46	108.04
2006	101.7	101.6	100.49	101.74
2007	103.7	102.7	107.21	104.34
2008	104.6	105.4	109.56	118.52

8-2　城市居民消费价格指数

（以上年同期价格为100）

项　　　目	指　数	项　　　目	指　数
居民消费价格总指数	104.6	衣　　着	96.3
非食品价格指数	99.3	服　　装	96.1
服务项目价格指数	98.8	衣着材料	99.7
扣除鲜菜鲜果总指数	104.6	鞋 袜 帽	96.5
消费品价格指数	106.4	衣着加工服务	94.6
食　　品	115.1	家庭设备用品及维修服务	100.2
粮　　食	107.7	耐用消费品	101.1
淀　　粉	135.2	室内装饰品	94.1
干豆类及豆制品	119.9	床上用品	92.0
油　　脂	124.4	家庭日用杂品	100.4
肉禽及其制品	120.1	家庭服务及加工维修服务	110.4
蛋	101.8	医疗保健和个人用品	101.8
水 产 品	115.6	医疗保健	101.4
菜	103.7	个人用品及服务	102.6
调 味 品	110.7	交通和通讯	95.7
糖	105.9	交　　通	101.7
茶及饮料	108.9	通　　信	90.5
干鲜瓜果	114.0	娱乐教育文化用品及服务	96.4
糕点饼干面包	113.5	文娱用耐用消费品及服务	89.4
液体乳及乳制品	128.8	教　　育	100.5
在外用膳食品	117.0	文化娱乐用品	96.4
其它食品及食品加工服务	110.7	旅游及外出	89.2
烟酒及用品	102.6	居　　住	105.2
烟　　草	100.0	建房及装修材料	97.7
酒	108.4	租　　房	105.7
吸烟饮酒用品	99.6	自有住房	103.8
		水、电、燃料	108.0

8-3 城市商品零售价格指数

（以上年价格为100）

项　　目	指　数	项　　目	指　数
商品零售价格总指数	105.4	音像器材类	99.5
食 品 类	115.6	文化办公用品	95.0
粮　　食	107.7	日 用 品	100.2
淀　　粉	135.2	日用百货	101.1
干豆类及豆制品	119.9	日用杂品	99.7
油　　脂	124.4	洗涤用品	100.0
肉禽及其制品	120.1	其它日用品	99.5
蛋	101.8	体育娱乐用品	97.7
水 产 品	115.6	体育用品	100.0
菜	103.7	娱乐用品	95.3
调 味 品	110.7	交通、通信用品	95.2
糖	105.9	交通运输机械	99.7
干鲜瓜果	114.0	通讯器材类	84.5
糕点饼干面包	113.5	家　　具	97.2
液体乳及乳制品	128.8	化妆品类	99.8
在外用膳食品	117.0	金银珠宝类	121.2
其它食品	110.7	中西药品及医疗保健用品类	102.0
饮料、烟酒	104.4	医疗器具及用品	102.0
茶及饮料	108.9	中药材及中成药	105.2
烟　　草	100.0	西　　药	100.6
酒	108.4	保健器具及用品	100.2
服装、鞋帽类	96.3	书报杂志及电子出版物类	97.8
服　　装	96.3	教材及参考书	98.8
鞋 袜 帽	96.5	书报杂志	100.4
其　　它	90.3	电子音像制品	91.4
纺织品类	94.1	燃 料 类	118.4
衣着材料	99.7	煤炭及制品类	146.7
床上用品	92.0	石油及制品类	111.0
家用电器及音像器材	97.8	建筑材料及五金电料类	103.4
家庭设备	103.2	建筑装璜材料	104.5
文娱用耐用消费品	91.5	五金电料类	100.9

8-4 城市主要商品及服务收费平均价格

单位：元/计量单位

类别及名称	规格特征	计量单位	2008年
大　米	东北大米　一等	千克	3.19
面　粉	恒丰雪花粉	千克	3.16
挂　面	大公雪花粉	千克	9.97
水　饺	伊利水饺450克	袋	2.78
小　米	一等	千克	5.36
淀　粉	一级	千克	6.81
土　豆	一级	千克	1.61
大　豆	一等	千克	7.30
绿　豆	一等	千克	7.96
豆　腐	一级	千克	3.35
植物油	胡麻油一级	千克	16.03
色拉油	金龙鱼纯正大豆色拉油　5升　深圳	桶	11.84
动物油	猪大油一级	千克	17.67
猪　肉	鲜后坐	千克	22.58
牛　肉	鲜肉一级	千克	29.96
羊　肉	鲜肉一级	千克	32.88
白条鸡	一级	千克	12.56
鸭	活鸭.一级	千克	14.76
熟　肉	酱牛肉一级	千克	56.25
香　肠	普世火腿得利斯香肠一级　400克　内蒙古	根	33.17
熟　鸡	不老神鸡一级	千克	32.93
酱　鸭	一级	千克	32.93
鲜鸡蛋	一级	千克	6.89
松花蛋	一级	千克	17.17
活鲤鱼	一级	千克	12.20
活鲢鱼	一级	千克	6.99
活草鱼	一级	千克	13.74
带　鱼	一级	千克	11.87
黄花鱼	一级	千克	25.69
白　虾	一级	千克	43.17
大白菜	一等	千克	1.20
洋白菜	一等	千克	1.67
菠　菜	一等	千克	2.48

8-4续表1 单位：元/计量单位

类别及名称	规格特征	计量单位	2008年
油菜	一等	千克	2.21
芹菜	一等	千克	1.82
韭菜	一等	千克	3.08
黄瓜	一等	千克	3.38
冬瓜	一等	千克	2.45
西红柿	一等	千克	3.41
茄子	一等	千克	3.46
萝卜	一等	千克	1.95
胡萝卜	一等	千克	1.64
生姜	一等	千克	3.39
豆角	一等	千克	5.84
洋葱头	一等	千克	1.39
大葱	一等	千克	2.47
大蒜	一等	千克	2.63
蒜苔	一等	千克	4.92
莲藕	一等	千克	5.06
豆芽	一等	千克	2.05
青椒	一等	千克	4.20
西兰花	一等	千克	6.55
西葫芦	一等	千克	2.19
菜花	一等	千克	3.22
香菜	一等	千克	5.07
香菇	一等	千克	101.94
黑木耳	一等	千克	98.78
黄花菜	一等	千克	45.89
精盐	一级	千克	2.40
酱油	珍极酱油黄豆 430毫升	袋	2.91
醋	珍极米醋 500毫升 石家庄	袋	2.71
味精	太太乐味精 上海 100克	袋	20.00
花椒	一级	千克	25.28
白糖	一级	千克	5.49
红糖	一级	千克	5.00
奶糖	大白兔 一级	千克	32.00
巧克力制品	夹心德芙 一级 北京	千克	116.00
茶叶	信阳毛尖 一级 河南	千克	140.00
固体饮料	高乐高 350克	瓶	73.90

8-4续表2 单位：元/计量单位

类别及名称	规格特征	计量单位	2008年
液体饮料	雪碧 1.25L	瓶	5.00
冰激淋	蒙牛	个	1.50
苹 果	一等	千克	5.81
梨	一等	千克	3.26
芦 柑	一等	千克	4.40
香 蕉	一等	千克	4.81
弥猴桃	一等	千克	7.05
桃 子	一等	千克	5.72
西 瓜	一等	千克	4.21
葡 萄	一等	千克	6.58
红 枣	一级	千克	10.17
核 桃	一级	千克	24.50
黑瓜子	一级	千克	12.00
伊利面包	一级	千克	13.25
鲜 奶	伊利纯牛奶 一级 243ML 袋装	袋	1.91
奶 粉	伊利全脂奶粉 一级 400克	袋	20.92
奶 皮	一级	千克	28.00
国产卷烟	云烟 硬盒	盒	7.00
进口卷烟	555牌 硬盒	盒	14.00
白 酒	精呼白	瓶	6.50
塞北星啤酒	11度 瓶装	瓶	2.50
镀银酒具	内蒙	套	130.00
男裤子	西远牌 呼市	条	168.00
男套装	仕奇牌男套装 呼市	套	2102.08
女裤子	西远牌 呼市	条	160.00
女套装	银狼牌套装 呼市	套	439.00
棉花绒	幅宽110cm 营口	米	12.00
床单格布	幅宽230cm 青岛	米	28.00
装饰布	幅宽160cm 营口	米	11.30
毛 线	山丹牌273粗线 呼市	千克	61.17
洗衣机	海尔洗衣机 XQS50-0528 青岛	台	3575.00
电风扇	美的电风扇 FS40-3ER 广东	台	150.00

8-4续表3

单位：元/计量单位

类别及名称	规格特征	计量单位	2008年
电冰箱	海尔电冰箱　BCD-258WBCS　青岛	台	5876.00
抽排油烟机	海尔抽油烟机　CXW219-D68　青岛	台	3718.00
空调器	海尔空调器　26GW/29VBP　青岛	台	4599.00
热水器	海尔热水器　FCD-JTHML45　青岛	台	2275.00
微波炉	海尔　MF-2070MEGZ　青岛	台	998.00
电炊具	苏泊尔无油烟陶晶炒锅　浙江	个	610.00
挂毯	成吉思汗　1.2*0.8M　呼市	件	578.00
毛巾被	美好牌高级　150*200cm　青岛	条	30.00
蒸锅	庆展牌复底　广东	个	33.00
肥皂	雕牌　浙江	块	2.77
注射器	10ml　上海	支	0.60
血压计	台式　凯乐牌　上海	台	64.56
甘草	一等　内蒙	千克	38.06
党参	一等　内蒙	千克	44.31
菊花	一等　内蒙	千克	54.17
银花	一等　内蒙	千克	128.61
陈皮	一等　内蒙	千克	15.17
六味地黄丸	10丸装　内蒙	盒	6.06
金贵肾气丸	10丸装　内蒙	盒	5.22
牛黄上清丸	10丸装　内蒙	盒	2.87
麻仁滋脾丸	10丸装　内蒙	盒	4.25
橘红丸	10丸装　内蒙	盒	3.80
吗丁林	30片*MG　西安	盒	12.83
琥乙红霉素片	0.125G*24片　长春	盒	6.58
蛤蚧定喘胶囊	10*0.5G*2版	盒	7.83
岑暴红止咳胶囊	12*0.5G　伊春	盒	2.38
去痛片	12*2袋	盒	1.61
阿莫西林	10*0.25G　上海	盒	6.55
尿嘧啶替加氟片	20片　哈尔滨	盒	13.80
羟基尿片	0.5G*100　山东	瓶	89.89
生脉饮	北京	盒	10.57
宇航人沙棘滋养霜	50g　内蒙	瓶	68.00
汽油	90*车用汽油　北京	升	5.16
固定电话机	步步高牌102F固定电话　深圳	部	288.83
移动电话机	摩托罗拉　E6移动电话机　天津	部	2513.33
彩色电视机	海尔　D29FV6H-A8H　青岛	台	1782.42
影碟机	厦新DVDS——900　厦门	台	2280.00
摄像机	JVC摄像机　GZ—MG77AC　日本	台	4450.00

8-4续表4　　单位：元/计量单位

类别及名称	规格特征	计量单位	2008年
照相机	奥林巴丝照相机　U1000　北京	台	2543.33
音　响	爱浪音响　水晶C360　广东	台	900.00
电　脑	联想电脑　天骄S3000I　北京	台	5908.17
胶　卷	柯达彩卷　美国	个	20.00
书　籍	白话唐诗300首	本	29.50
报　纸	内蒙日报	份	0.80
杂　志	读者	本	3.08
白松板材	400*5　黑龙江	立方米	1500.00
砖	建筑用砖　一砖厂　呼市	块	0.24
水　泥	塞外牌425*　呼市	袋	0.34
水　泥	鹰牌 525*　呼市	袋	1.00
玻　璃	乌海　1.2*1.2M　3MM　普通	平方米	12.00
油　漆	灯塔牌装饰磁漆　3.5L　天津	桶	65.00
水	居民用自来水（包括排污费）	吨	2.40
电	民用	度	0.43
液化石油气	液化气罐装	千克	7.16
管道燃气	天然气	立方米	1.57
蜂窝煤	一级	百千克	31.00
取暖费		平方米	3.10
挂号费	普通(包括诊查费）	次	2.60
注射费	肌肉注射	次	1.50
检查费	CT检查	次	260.00
美　容	面部护理	次	25.00
理　发	男全活	次	6.00
驾驶证	汽车C本	个	2482.00
公共汽车票	大巴	张	1.00
出租汽车	普通	公里	1.00
汽车租赁	轿车	次	280.00
飞机票	呼市---北京	人/次	0.88
火车票	呼市---北京　中铺　90次	人/次	0.25
市内电话通话费	普通（固定电话）	次/三分钟	0.20
长途电话通话费	呼市---北京　国内	分钟	0.60
信件邮寄	普通外埠	封	1.20
包裹邮寄	呼市到北京　普通	千克	1.40
托幼费	日托	月	80.00
有线电视	呼市有线费	月	26.00

8-5 农村生活消费品及服务项目价格指数

（以上年价格为100）

项　　目	指　数	项　　目	指　数
总 指 数	**107.21**	家庭设备及用品	110.44
食 品 类	115.00	耐用消费品	111.61
主 食 类	107.59	床上用品	106.81
副 食 类	132.39	日用杂品	110.26
蔬　　菜	113.46	医疗保键	101.66
豆 制 品	104.19	中　　药	103.05
油 脂 类	121.74	西　　药	100.52
食 糖 类	100.95	交 通 类	100.27
肉 禽 类	145.90	文教娱乐用品	107.75
蛋　　类	132.20	文艺用品	100.06
水 产 品	109.39	课本及报纸	119.29
调 味 品	112.14	住　　房	117.45
其他食品	102.85	建筑材料	107.26
烟 草 类	99.67	水 电 费	98.81
酒　　类	101.16	燃　　料	158.94
饮 料 类	98.45	服务项目	102.88
干鲜食品	112.28	电 讯 费	100.00
糕 点 类	101.87	邮　　费	100.00
罐 头 类	110.35	交 通 费	102.72
衣 着 类	100.45	理 发 费	114.81
服　　装	100.52	学 杂 费	101.62
衣着材料	99.96	修理及其它服务费	102.35
鞋袜帽类	100.88	医疗保健服务	105.08
其　　他	99.98	食品加工费	113.75

8-6 农业生产资料价格指数

（以上年价格为100）

项 目	2007年	2008年
总 指 数	**104.3**	**118.5**
化肥、农药、地膜	102.3	136.7
种 子	103.2	93.7
农用机械	100.5	113.1
小 农 具	101.8	107.1
产 品 畜	109.9	125.8
饲 料	101.0	109.6
燃 料	107.0	115.0
其 它	137.1	141.0

8-7 土地交易价格指数

单位：%

项 目	累计同比	累计环比
土地交易总计	107.0	106.3
居住用地	108.0	107.4
经济适用房用地	100.0	
商品住宅用地	108.0	107.4
普通住宅用地	108.2	107.7
高档住宅用地	105.2	105.2
工业用地	104.1	102.8
商业营业用地	106.6	106.6
其他用地	100.0	100.0

8-8 房屋销售价格指数

单位：%

项　　目	累计同比	累计环比
房屋销售总计	101.2	100.4
新 建 房	101.0	99.9
住　　宅	100.9	99.6
按房屋类型分		
经济适用房	99.6	99.4
商品住宅	101.0	99.7
普通住宅	101.0	99.6
多层住宅	102.3	101.8
高层住宅	99.8	97.7
其他住宅		
高档住宅	100.0	100.0
别　　墅	100.0	100.0
高档公寓		
按套型分		
90㎡及以下	99.8	98.7
90㎡以上	100.9	99.8
非 住 宅	101.3	102.4
办 公 楼	100.0	100.0
商业营业用房	101.8	103.4
其他用房	100.0	100.0
二 手 房	103.0	103.9
住　　宅	104.3	106.2
普通住宅	104.3	106.2
多层住宅	103.2	106.2
高层住宅		
其它住宅		
高档住宅	101.3	
别　　墅		
高档公寓		
非 住 宅	99.6	97.3

8-9 房屋租赁和物业管理价格指数

单位：%

项　目	累计同比	累计环比
房屋租赁总计	104.2	104.5
住　宅	105.1	106.1
经济适用房		
廉 租 房		
商品住宅	105.1	106.1
普通住宅	105.2	106.2
高档住宅	100.0	100.0
别　墅		
高档公寓	100.0	100.0
非 住 宅	103.8	103.8
办 公 楼	106.2	106.2
商业营业用房	103.5	103.5
其　他	102.9	102.9
物业管理总计	100.0	100.0
住　宅	100.0	100.0
经济适用房	100.0	
商品住宅	100.0	100.0
普通住宅	100.0	100.0
高档住宅	100.0	100.0
别　墅		
高档公寓	100.0	100.0
非 住 宅	100.0	100.0
办 公 楼	100.0	100.0
商业营业用房	100.0	100.0
其　他	100.0	100.0

主要统计指标解释

物价指数 是经济指数的一种，它是用来反映计算期所销售（或购进）的全部商品价格水平比基期水平升降变动程度的相对数。通常以百分数来表示。

物价指数按其包括范围的不同，分为单项商品价格指数（或称个体物价指数）、商品类别价格指数和总指数。反映某种商品的平均价格水平的变动程度的指数，叫做单项商品价格指数；反映某一些或全部商品价格总水平变动程度的指数，叫物价类指数或物价总指数。物价指数按其所采用的基期不同，分为环比物价指数（以上一期为基期）、年距环比物价指数（以上年同期为基期）和定基物价指数（长期和固定时期比较）。按商品的种类和流通环节分，有工业品出厂价格指数、农副产品收购价格指数、批发物价指数、零售物价指数（分城市指数和农村指数）、服务项目价格指数、职工生活费用价格指数、工农业商品综合比价指数等。

零售物价指数 是工业、商业、餐饮业和其他零售企业向城乡居民、机关团体出售消费品和办公用品的报告期零售价格水平与基期价格水平对比的相对数。它是从卖方角度反映城乡零售市场商品价格的变动趋势和程度。市场商品零售价格的调整变动直接影响城乡居民的生活支出和国家财政收支，影响居民购买力和市场供需平衡，影响消费与积累的比例。因此，零售物价指数可以从一个侧面对上述经济活动进行观察和分析，为国家制定经济政策提供依据，为研究城乡流通和新国民经济核算体系提供科学依据。目前零售物价指数还是考核一个地区领导政绩的主要指标之一。

现在我们编制的零售物价指数有年距环比指数（与上年同期相比）和月距环比指数（与上月价格相比）两种。按商品类别分有：食品、饮料、烟酒、服装鞋帽、纺织品、中西药品、化妆品、书报杂志、文化体育用品、日用品、家用电器、首饰、燃料、建筑装璜材料、机电产品十四类商品的零售价格。

计算零售物价指数权数资料的来源，类权数主要依据商品流转统计各类商品零售额资料计算，具体商品权数根据典型调查资料推算。

居民消费价格指数 是度量一组代表性消费商品及服务项目价格水平随着时间而变动的相对数，反映居民家庭购买的消费品及服务价格水平的变动情况。它是宏观经济分析的决策、价格总水平监测和调控以及国民经济核算的重要指标。其按年度计算的变动率通常被用来作为反映通货膨胀（或紧缩）程度的指标。

居民消费价格包括居民用于日常生活消费的全部商品价格和服务项目价格。按商品分类有：食品、烟酒及用品、衣着、家庭设备及用品、医疗保健、交通及通讯、娱乐教育和文化用品、居住等八大类商品及服务项目价格。从消费渠道讲，既包括城乡居民从商店、工厂、集市所购买商品的价格，也包括城乡居民从餐饮业购买商品的价格。

计算居民消费价格指数的权数主要是依据住户调查中居民的实际消费构成计算，也有部分商品权数是根据典型调查资料推算的。

第二部分　统计资料

人民生活

9-1 历年城镇居民人均可支配收入及消费性支出

单位：元

年 份	城镇居民人均可支配收入	城镇居民人均消费性支出	# 食品支出
1980	409	434	228
1981	408	415	224
1982	455	433	241
1983	513	483	274
1984	604	549	288
1985	775	786	317
1986	855	851	405
1987	912	876	434
1988	972	1018	497
1989	1065	1001	539
1990	1149	1023	529
1991	1281	1202	608
1992	1544	1413	676
1993	1981	1782	796
1994	2735	2372	1058
1995	3008	2785	1325
1996	3514	3171	1429
1997	4435	3398	1452
1998	4739	3674	1548
1999	5167	4173	1613
2000	5354	4613	1623
2001	5931	4866	1701
2002	6696	5525	1922
2003	7906	6332	2172
2004	9967	7418	2532
2005	12150	8768	2960
2006	14055	9831	3227
2007	16920	11432	3615
2008	20267	13145	4129

9-2 历年农民人均纯收入及生活费支出

单位：元

年　份	农民人均纯收入	农民人均生活费支出	#食品支出
1980	142	121	
1981	222	182	
1982	266	209	
1983	276	226	
1984	322	257	
1985	321	274	
1986	313	305	
1987	327	330	
1988	393	374	
1989	461	415	
1990	574	466	
1991	619	507	
1992	723	576	
1993	846	758	
1994	999	882	
1995	1243	1056	
1996	1689	1122	660
1997	1974	1393	743
1998	2271	1341	716
1999	2387	1413	662
2000	2539	1558	693
2001	2561	1610	641
2002	2822	1610	666
2003	3169	1991	721
2004	4109	2355	962
2005	4631	2767	1100
2006	5308	3050	1153
2007	6121	3267	1250
2008	7051	3756	1500

9-3 城镇居民家庭基本情况

项 目	单 位	2007年	2008年	2008年比2007年增长%
调查户数	户	500	500	
家庭人口数	人	1375	1355	-1.45
平均每户人口数	人	2.75	2.71	-1.45
平均每户就业人数	人	1.44	1.36	-5.56
国有经济单位职工人数	人	0.91	0.84	-7.69
城镇集体经济单位职工人数	人	0.04	0.01	-75.00
其他各种经济类型单位职工	人	0.14	0.12	-14.29
城镇个体或私营企业主人数	人	0.09	0.10	11.11
城镇个体或私营企业被雇人数	人	0.14	0.19	35.71
离退休再就业人员数	人	0.04	0.05	25.00
平均每户就业率	%	52.36	50.18	-4.16
每个就业者负担人数	人	1.91	1.99	4.19
平均每户离退休人数	人	0.54	0.51	-5.56
家庭总收入	元	17691.01	21228.39	20.00
平均每人每年可支配收入	元	16920.09	20267.00	19.78
平均每人每年消费支出	元	11432.25	13145.00	14.98
现住房总建筑面积	平方米/人	27.73	29.34	5.81
饮水情况(合计)	%	100.00	100.00	
# 自来水	%	99.43	99.88	
用水情况(合计)	%	100.00	100.00	
# 独用自来水	%	99.31	99.57	
公用自来水	%	0.35	0.31	
井、河水	%	0.35	0.12	
卫生设备(合计)	%	100.00	100.00	
# 无卫生设备	%	3.97	5.39	
有厕所浴室	%	67.74	54.39	
有厕所无浴室	%	24.95	37.75	
公 用	%	3.34	2.47	
取暖设备(合计)	%	100.00	100.00	
# 无取暖设备	%	0.12		
空调设备	%		0.61	
暖 气	%	90.68	92.62	
其 他	%	9.20	6.77	
炊用燃料使用情况(合计)	%	100.00	100.00	
# 管道煤气	%	47.69	17.37	
液化石油气	%	42.21	31.42	
煤	%	10.10	11.07	
其 他	%		40.14	

9-4 城镇居民家庭平均每人每年现金收支

单位：元

项　　目	金　额	项　　目	金　额
期初手存现金	419.74	其他贷款	4.09
家庭总收入	21228.39	家庭总支出	16821.08
# 可支配收入	20267.00	消费支出	13145
工薪收入	12543.24	购房与建房支出	971.18
经营净收入	2054.42	转移性支出	1893.2
财产性收入	1089.92	财产性支出	5.40
转移性收入	5540.81	社会保障支出	801.58
出售财物收入	11.16	借贷支出	7646.48
出售住房收入	1.47	存入储蓄款	7063.49
出售其他物品收入	1.47	借 出 款	33.14
借贷收入	3819.33	归还借款	76.76
提取储蓄存款	3299.79	储蓄性保险支出	154.66
借 入 款	202.05	购买有价证券	
收回借出款	27.29	其它投资支出	6.96
收回储蓄性保险本		归还住房贷款	268.26
兑售有价证券		归还汽车贷款	18.33
收回投资本金		归还教育贷款	
住房贷款	286.12	归还其他贷款	
汽车贷款		其他借贷支出	24.88
教育贷款		期末手存现金	955.78

9-5 城镇居民家庭平均每人每年消费性支出

单位：元

项目	合计	最低10%	#更低5%	低10%	较低20%	中间20%	较高20%	高10%	最高10%	#更高5%
消费支出	13145	6689.97	5518.81	7429.07	9583.73	10583.7	15518.3	16302.6	29991	37470.69
食品	4129.43	2454.55	2401.68	2999.19	3462.77	3672.8	4495.62	5346.99	7368.8	7861.07
粮食	350.05	319.37	334.51	372.98	362.86	323.6	347.74	380.84	363.58	323.51
淀粉及薯类	39.83	34.66	41.68	51.3	40.62	41.88	35.81	38.98	37.12	40.3
干豆类及豆制品	32.59	26.84	26.5	29.14	31.1	36.13	34.93	41.94	25.28	24.82
油脂类	116.35	109.81	118.56	125.37	120.92	108.34	115.31	122.76	117.52	127.11
肉类	629.64	363.63	356.41	597.48	596.38	607.1	694.87	798.67	776.56	871.6
禽类	88.73	57.38	58.6	74.51	86.76	92.12	86.96	117.15	110.79	119.69
蛋类	59.31	50.28	55.66	56.89	59.8	61.42	55.71	72.47	61.2	66.57
水产品类	67.42	34.59	40.35	62.18	68.66	65.06	84.69	76.05	69.46	89.15
蔬菜类	361.32	268.49	283.91	316.91	358.83	323.63	396.91	503.47	385.58	356.85
调味品	41.74	35.73	38.62	38.08	40.85	36.27	45.52	48.76	50.44	47.05
糖烟酒饮料类	495.62	286.91	261.48	294.43	391.51	390.89	443.4	493.77	1409.74	1706.19
干鲜瓜果类	312.89	187.06	183.56	228.98	269.26	299.53	385.95	421.48	402.16	378.06
糕点、奶及奶制品	276.16	177.53	225.03	161.47	246.52	297.3	288.17	349.66	418.69	385.02
其他食品	103.49	44.43	19.56	36.79	100.36	128.12	148.13	130.45	81.2	37.82
饮食服务	1154.31	457.85	357.24	552.67	688.36	861.39	1331.53	1750.55	3059.48	3287.33
衣着	1562.11	634.68	509.27	743.13	1149.68	1402	2041.11	1894.94	3234.88	3781.69
服装	1166.67	448.77	359.57	506.4	816.05	1066.12	1561.85	1409.18	2469.89	2696.2
衣着材料	4.66	2.07	4.01	2.05	5.61	4.26	2.17	8.63	9.98	3.02
鞋类	336.04	161.78	128.43	201.1	283.93	286.24	409.42	399.08	652.06	960.34
其他衣着用品	41.58	16.81	15.09	26.95	34.08	37.48	49.96	52.98	78.27	87.12
衣着加工服务费	13.15	5.25	2.17	6.64	10.02	7.9	17.71	25.08	24.68	35

9-5续表 单位：元

项 目	合 计	最低10%	#更低5%	低10%	较低20%	中间20%	较高20%	高10%	最高10%	#更高5%
家庭设备用品及服务	842.47	239.43	235.79	442.14	449.68	512.3	849.26	1307.95	2822.9	3827.2
耐用消费品	402.92	66.29	49.08	168.37	175.92	199.04	282.78	611.79	1848.96	2863.99
室内装饰品	23.79	1.99	0.81	4.42	5.21	17.92	52.12	9.98	71.72	12.19
床上用品	76.94	30.98	45.03	31.36	47.69	40.68	65.21	245.29	166.11	132
家庭日用杂品	269.59	133.48	131.69	232.29	199.49	234.65	332.64	317.14	490.77	435.98
家具材料	20.34			0.74	9.31	4.55	26.73	29.58	91.89	186.76
家庭服务	48.89	6.68	9.18	4.96	12.06	15.47	89.78	94.17	153.45	196.28
医疗保健	1308.97	486.12	698.23	1027.85	1164.82	1008.54	1504.56	1262.16	2980.97	3010.46
医疗器具	7.9			7.49	13.03	0.91	9.63	1.03	23.18	1.63
保健器具	45.18	0.11	0.21	0.72	0.37	0.26	36.97	174.09	207.6	421.94
药 品 费	598.8	281.08	385.43	581.13	500.19	543.01	723.49	597.83	1016.95	380.26
滋补保健品	121.22	3.63	0.8	7.13	32.32	47.66	63.63	65.2	824.79	1518.92
医 疗 费	457.72	199.92	310.57	425.96	265.06	405.1	668.75	392.33	895.98	685.88
交通和通讯	1714.44	1413.94	346.35	462.11	833.87	911.12	2518.93	1861.58	4824.49	7710.42
交 通	1124.51	1089.26	92.75	158.42	359.57	403.7	1827.84	1066.43	3671.91	6134.59
通 信	589.93	324.68	253.6	303.68	474.29	507.42	691.08	795.15	1152.59	1575.83
教育文化娱乐服务	1603.78	653.32	487.41	945.56	1135.11	1515.26	2045.76	1937.04	3186.4	4422.53
文化娱乐用品	487.36	93.33	64.91	175.54	331.32	393.56	598.56	725.19	1262.48	1787.21
文化娱乐服务	352.51	52.72	37.6	108.02	168.35	387.92	547.62	472.98	717.12	1072.28
教 育	763.91	507.27	384.9	662	635.44	733.77	899.58	738.87	1206.79	1563.03
居 住	1385.79	637.44	688.26	631.78	988.14	1179.49	1411.23	2051.47	3416.63	4098.53
住 房	431.61	75.92	147.15	25.72	110.03	274.59	306.53	838.69	1984.95	2658.08
水电燃料及其他	866.63	530.01	488.25	546.66	811.86	825.53	1031.07	1051.98	1240.75	1182.88
杂项商品和服务	602.74	170.5	151.81	177.32	399.65	382.2	651.86	640.43	2155.93	2758.8
杂项商品	419.64	93.5	65.99	106.65	211.93	260.55	450.27	423.84	1708.06	2209.54
服 务	183.09	77	85.82	70.67	187.73	121.64	201.59	216.59	447.86	549.26

9-6 城镇居民家庭每百户拥有耐用消费品

品　　　名	单 位	2007 年	2008 年
摩 托 车	辆	13	9
助 力 车	辆	13	14
家用汽车	辆	8	11
洗 衣 机	台	100	99
电 冰 箱	台	96	99
彩色电视机	台	107	104
家用电脑	台	36	39
组合音响	套	14	13
摄 像 机	架	4	5
照 相 机	架	43	28
钢　　琴	架	2	3
其他中高档乐器	件	6	3
微 波 炉	台	46	47
空 调 器	台	6	7
淋浴热水器	台	68	57
消毒碗柜	台	3	2
健身器材	套	3	3
固定电话	部	85	72
移动电话	部	158	158

9-7 分旗县区城镇

项目	单位	新城区	回民区	玉泉区
调查户数		140	90	60
家庭人口数	人	363	252	166
平均每户人口数	人	2.59	2.8	2.77
平均每户就业人数	人	1.18	1.52	1.46
国有经济单位职工人数	人	0.73	0.95	0.78
城镇集体经济单位职工人数	人	0.01	0.02	
其他各种经济类型单位职工	人	0.1	0.16	0.1
城镇个体经营者人员数	人	0.06	0.08	0.21
离退休再就业人员数	人	0.02	0.15	0.02
平均每户就业率	%	45.56	54.29	52.71
每个就业者负担人数	人	2.19	1.84	1.9
平均每户离退休人数	人	0.6	0.42	0.47
家庭总收入	元	23876.92	19916.42	19402.96
平均每人每年可支配收入	元	22786.86	19370.48	18624.55
平均每人每年消费支出	元	15415.11	11572.93	12120.01
现住房总建筑面积	平方米/人	30.88	25.9	30.61
饮水情况	%	100	100	100
# 自来水	%	100	100	100
用水情况	%	100	100	100
# 独用自来水	%	99.34	100	100
公用自来水	%	0.66		
井、河水	%			
其　他	%			
卫生设备	%	100	100	100
# 无卫生设备	%		3.13	2.86
有厕所浴室	%	56.29	44.79	65.71
有厕所无浴室	%	43.71	50	31.43
公　用	%		2.08	
取暖设备	%	100	100	100
# 空调设备	%		3.13	
暖　气	%	100	94.79	98.57
其　他	%		2.08	1.43
炊用燃料使用情况	%	100	100	100
# 管道煤气	%	33.77	12.5	4.29
液化石油气	%	23.18	57.29	37.14
煤	%	3.31	10.42	8.57
其　他	%	39.74	19.79	50
固定电话	部/百户	71.52	68.75	64.29
移动电话	部/百户	158.94	150	160

居民家庭基本情况

赛罕区	土左旗	托　县	和林县	清水河县	武川县
110	50	50	50	50	50
290	153	144	148	152	144
2.64	3.06	2.88	2.95	3.03	2.88
1.31	1.64	1.43	1.68	1.52	1.42
0.9	1.04	0.68	0.94	0.92	0.64
0.03				0.04	
0.07	0.1	0.31	0.14	0.07	
0.07	0.24	0.14	0.2	0.22	0.2
0.03	0.06	0.02	0.02	0.02	
49.62	53.59	49.65	56.95	50.17	49.31
2.02	1.87	2.01	1.76	1.99	2.03
0.58	0.38	0.24	0.18	0.16	0.2
23000.72	15497.82	16660.34	15753.25	13662.66	12061.48
21550.71	14809.26	16101.19	15557.77	13050.58	11966.91
13515.48	10887.33	11040.4	11743.47	8005.49	7069.75
29.04	33.62	27.39	29.89	24.6	26.51
100	100	100	100	100	100
100	100	98	100	100	82
100	100	100	100	100	100
100	98	98	98	100	82
	2		2		
		2			18
100	100	100	100	100	100
0.85	4	64	54	73.21	60
64.96	38	22	38	26.79	4
34.19	18	14	8		22
	40				14
100	100	100	100	100	100
99.15	66	32	50	25	54
0.85	34	68	50	75	46
100	100	100	100	100	100
16.24					
11.97	56	32	46	21.43	34
1.71	42	68	54	75	34
70.08	2			3.57	32
88.03	66	52	68	35.71	56
154.7	216	138	190	189.29	146

9-8 分旗县区城镇居民

项　　　目	新城区	回民区	玉泉区
期初手存现金	607.75	504.73	239.17
家庭总收入	23876.92	19916.42	19402.96
可支配收入	22786.86	19370.48	18624.55
工薪收入	12961.9	11007.04	12680.05
经营净收入	3834.47	1532.23	1191.59
财产性收入	407.78	2690.22	162.24
转移性收入	6672.77	4686.93	5369.08
出售财物收入		2.78	
出售住房收入			
出售其他物品收入		2.78	
借贷收入	5635.89	2248.26	2653.58
提取储蓄存款	4702.89	2208.54	2293.04
借入款	210.4	33.76	360.54
收回借出款	32.31		
收回储蓄性保险本			
兑售有价证券			
收回投资本金			
住房贷款	690.29	5.96	
汽车贷款			
教育贷款			
其他贷款			
其它借贷收入			
家庭总支出	19363.26	13696.52	14713.88
消费支出	15415.11	11572.93	12120.01
购房与建房支出	883.57	299.91	486.73
转移性支出	2154.05	1323.01	1471.2
财产性支出	2.01	15.97	1.38
社会保障支出	908.52	484.71	634.56
借贷支出	9846.59	8041.88	6740.99
存入储蓄款	8946.85	7758.13	6013.05
借出款	98.37	1.99	
归还借款	116.95	30.19	150.23
蓄性保险支出	222.76	142.47	141.84
购买有价证券			
其它投资支出	21.55	3.18	
归还住房贷款	389.26	105.92	435.87
归还汽车贷款			
归还教育贷款			
归还其他贷款			
其他借贷支出	50.87		
期末手存现金	848.66	864.54	767.12

家庭平均每人每年现金收支

单位：元

赛罕区	土左旗	托　县	和林县	清水河县	武川县
361.45	584.47	300.45	155.65	237.91	144.73
23000.72	15497.82	16660.34	15753.25	13662.66	12061.48
21550.71	14809.26	16101.19	15557.77	13050.58	11966.91
14054.56	11266.08	11653.09	12502.53	10489.43	8452.37
963.09	1076.71	2322.19	1410.19	1969.17	1808.46
1308.32	455.49	321.25	235.96	25.8	20.83
6674.75	2699.54	2363.81	1604.57	1178.26	1779.81
	138.15	27.78	280.62		
		20.83	280.48		
	138.15	6.94	0.15		
4353.65	2194.12	2691.67	3036.01	1496.37	2163.62
3602.36	2009.15	2677.78	2794.25	1496.37	2163.62
331.81	93.46	13.89	149.41		
68.77	26.14		66.55		
			25.81		
350.72					
	65.36				
18811.2	13580	15537.6	14084.01	10046.4	9111.92
135153.48	10887.33	11040.4	11743.47	8005.49	7069.75
1924.77	294.12	1617.99	421.05		
2194.14	1767.75	2369.4	1753.06	1542.07	1965.23
		19.44	11.34		
1176.81	630.8	490.36	155.1	498.84	76.94
7470.07	3762.08	3119.51	4691.19	5087.54	5013.14
6931.04	3610.87	2735.83	4497.18	4798.68	4809.19
10.32		20.83	2.04		
35.35	46.08	69.44	59.34	46.86	133.47
136.15	97.81	43.4	37.96	135.07	11.57
			67.91		13.89
311.83	7.32		12.78		20.65
3.44		248.61	4.55	106.93	
			9.42		17.43
41.95		1.39			6.94
1398.16	451.67	1023.13	447.79	258.26	100.04

9-9 城镇居民家庭平均每人每年购买主要商品数量

单位：千克

项　目	合 计	最低10%	#更低5%	低10%	较低20%	中间20%	较高20%	高10%	最高10%	#更高5%
大　米	22.84	24.56	24.18	30.29	24.15	20.44	21.19	22.14	19.66	17.22
白　面	25.95	28.93	25.99	32.73	28.48	24.51	21.43	27.32	21.39	21.97
食用植物油	6.92	7.07	7.59	7.91	7.25	6.38	6.78	6.55	6.75	7.21
鲜　菜	110.25	88.19	98.95	102.88	113.57	101.87	115.32	143.9	110.81	104.96
猪　肉	12.92	9.07	8.9	13.54	12.17	12.4	13.23	15.9	15.63	18.26
牛　肉	2.58	1.23	1.32	2.08	2.96	2.79	2.66	3.31	2.58	2.32
羊　肉	5.21	2.53	2.46	5.3	4.65	5.28	5.88	6.21	6.74	8.41
禽　类										
蛋　类										
鱼	3.61	2.27	2.82	3.82	3.78	3.67	4.04	3.86	3.4	4.24
白　酒	2.33	1.6	1.35	1.46	2.09	1.92	2.32	2.57	4.93	5.93
煤　炭	78.46	95.16	22.11	60.94	108.75	88.27	63.73	79.45	27.26	55.41
液化石油气	6.67	4.92	5.37	7.45	8.44	6.88	6.67	5.14	5.41	4.19

9-10 农村住户人均年内

指　标	呼　市	新城区	回民区	玉泉区
期内现金收入	9791.3	10515.6	11054.2	11035.6
工资性收入	1576.9	3106.2	4688.3	2718.3
家庭经营收入	7498.8	5048.7	2958.2	6593.0
财产性收入	169.3	2134.7	3261.4	744.3
转移性收入	546.3	226.0	146.3	980.0
非收入所得	942.7	2949.6	2435.0	3288.6
期内现金支出	6894.3	8243.7	11353.2	8652.9
生产费用支出	3261.5	1977.4	2681.3	2235.4
税费支出				
生活消费支出	3311.5	6003.5	7216.9	6102.1
财产性支出	21.5	1.7		
转移性支出	299.8	261.2	1455.1	315.4
非消费性现金支出	1287.0	5648.1	1097.4	6452.8

9-11 城镇居民家庭平均每人每年购买主要商品金额

单位：元

项 目	合 计	最低10%	#更低5%	低10%	较低20%	中间20%	较高20%	高10%	最高10%	#更高5%
大 米	82.37	85.57	85.26	105.38	86.3	73.91	78.68	83.07	71.91	64.84
白 面	82.1	86.21	74.85	100.12	87.16	76.86	70.88	95.69	69.72	69.46
食用植物油	115.33	108.96	117.54	123.46	119.80	108.08	113.25	122.13	117.44	126.95
鲜 菜	341.76	255.32	271.46	303.84	340.75	302.02	375.09	481.74	360.28	332.44
猪 肉	305.07	212.89	207.46	318.47	281.15	290.82	312.01	384.08	379.59	447.22
牛 肉	76.66	36.13	38.45	58.29	89.25	80.15	80.42	98.99	79.49	75.78
羊 肉	157.75	77.07	73.54	157.01	144.53	155.78	177.99	194.81	202.21	254.79
禽 类	88.73	57.38	58.60	74.51	86.76	92.12	86.96	117.15	110.79	119.69
蛋 类	59.31	50.28	55.66	56.89	59.80	61.42	55.71	72.47	61.20	66.57
鱼	53.35	31.34	38.62	54.05	54.09	54.44	61.48	56.59	54.45	75.04
白 酒	142.02	49.86	39.88	79.18	72.68	71.46	106.64	120.04	654.28	675.03
煤 炭	51.77	65.06	37.26	43.68	92.15	45.49	37.32	39.74	17.91	36.40
液化石油气	29.54	20.96	24.15	39.79	38.06	31.99	24.67	21.61	24.04	24.75

现 金 收 入 与 支 出

单位：元

赛罕区	土左旗	托 县	和林县	清水河县	武川县
12336.9	10856.3	9207.6	7787.9	4788.2	4730.2
1637.8	1779.4	2862.1	1325.0	1211.2	734.6
7996.4	8711.9	5548.4	5886.5	2814.5	3534.4
2026.4		300.9	263.7	100.4	5.6
676.4	365.0	496.3	312.7	662.1	455.6
1301.6	787.6	741.7	855.8	1483.1	607.9
8276.2	6865.0	5792.3	5657.7	4480.4	4040.7
4094.5	3316.8	2004.1	2205.6	2357.0	1817.9
3963.2	3261.0	3581.9	2704.0	2059.7	1899.3
60.8	28.1	3.0	21.5	3.8	
157.7	259.1	203.3	726.6	59.9	323.4
1978.4	730.2	844.4	1478.9	914.4	623.1

9-12 农民家庭

项目	单位	呼市	新城区	回民区	玉泉区
调查户数	户	265	75	40	75
平均每户常住人口	人	3.6	3.2	3.4	3.3
户均整半劳动力	人	2.6	2.5	2.4	2.6
调查户常住人口	人	942	241	137	251
# 6岁及以下	人	16	2	5	13
7—15岁	人	99	23	15	20
16—60岁	人	756	212	112	198
60岁以上	人	71	4	5	20
调查户中在校学生人数	人	206	49	25	34
# 7—15岁人数	人	98	22	12	19
劳动力文化程度					
# 不识字或识字很少	人	45	3	1	8
小学程度	人	134	35	11	40
初中文化程度	人	368	79	43	93
高中文化程度	人	103	47	30	36
中专程度	人	12	7	7	9
大专及以上	人	16	16	5	7
劳动力就业地点					
# 乡内	人	627	158	83	170
县内乡外	人	12	3		1
省内县外	人	27	3	2	13
国内省外	人	9	8		4
人均耕地面积	亩	7.2	2.1	0.7	2.0
人均生产性固定资产原值	元	6782.2	1905.4	8243.1	11773.4
人均新（购）建住房面积	平方米	0.7	0.7	0.7	2.4
人均生活用房面积	平方米	24.9	35.3	32.8	45.7
人均总收入	元	11926.4	10900.9	11237.3	12424.2
# 工资性收入	元	1576.9	3106.2	4688.3	2718.3
家庭经营性收入	元	9623.7	5360.9	3141.3	7967.0
# 农业收入	元	3690.5	988.8	158.5	2390.6
牧业收入	元	5087.5	2017.3	1048.1	3781.2
人均总支出	元	8646.7	8576.7	11516.1	9776.4
# 家庭经营费用支出	元	4418.0	2158.5	1857.4	2997.0
# 农业生产	元	1137.9	337.7	53.3	371.8
牧业生产	元	2951.1	900.6	671.3	2303.3
人均纯收入	元	7051.1	8601.9	8773.4	8618.0
人均生活消费支出	元	3756.3	6137.5	7327.6	6274.9
人均年末手存现金	元	3881.5	2671.1	2831.1	1470.5
人均年末债务余额	元	1101.4			573.7

基 本 情 况

赛罕区	土左旗	托　县	和林县	清水河县	武川县
75	75	75	75	75	75
3.5	3.9	3.5	3.2	3.4	3.8
2.5	2.6	2.7	2.4	2.4	2.5
263	296	261	239	257	282
8	2	9	5	7	4
18	46	25	23	32	27
222	226	212	199	195	221
15	22	15	12	23	30
61	77	46	45	72	60
18	46	24	22	32	27
1	12	9	27	13	6
26	30	48	39	66	38
114	117	111	85	77	115
42	31	21	25	13	27
2	5	2	2	9	
4	3	9			4
176	174	182	169	167	190
	3	7	5	4	
8	18	8	4	7	
	3	3			
3.8	4.3	5.6	8.1	7.1	17.7
10765.3	5751.7	6600.3	5750.5	4003.4	4328.3
0.1	1.0	1.5			
36.6	24.8	26.0	23.6	20.6	18.6
14262.5	12778.2	10613.6	10177.3	7128.6	6853.2
1637.8	1779.4	2862.1	1325.0	1211.2	734.6
9921.0	10633.8	6944.1	8232.3	5144.0	5657.4
2474.5	3667.5	3376.2	3919.1	3285.7	4124.0
6021.7	6334.9	2990.4	3926.3	1313.9	1226.5
9580.2	8721.6	7213.4	7346.2	6228.7	4928.6
5047.6	4658.3	2686.9	3142.2	1852.4	2334.0
587.1	868.8	1008.2	1167.2	882.5	1596.9
4041.6	3600.9	1374.0	1803.8	768.5	620.8
8495.3	7736.0	7479.0	6701.4	5008.5	4228.3
4074.9	3562.4	4179.3	3355.4	3008.3	2192.0
5578.4	5521.8	660.5	2783.6	5471.2	2404.6
1738.3	1109.4	668.6	662.9	2091.5	1694.7

9-13 农民家庭人均

指 标	呼 市	新城区	回民区	玉泉区
生活消费支出	3756.3	6137.5	7327.6	6274.9
食品消费支出	1500.3	1624.2	2113.6	1847.8
食品消费品支出	1254.8	1292.9	1674.8	1608.9
食品消费服务性支出	245.5	331.3	438.8	238.9
# 在外饮食支出	235.5	325.8	438.8	236.0
衣着消费	251.4	469.2	836.5	422.0
居住消费	791.7	1214.8	1712.8	2004.0
居住消费品支出	565.2	946.4	1207.1	1651.2
居住消费服务性支出	226.4	268.5	505.7	352.8
家庭设备、用品支出	101.7	239.8	561.8	135.7
家庭设备用品消费品支出	98.8	237.0	560.8	117.5
家庭设备用品服务性消费支出	2.9	2.8	1.0	18.2
医疗保健	283.0	341.6	402.0	392.6
医疗保健用品	85.7	94.7	77.6	57.9
医疗保健服务	197.3	246.9	324.4	334.7
交通通讯消费	288.2	1332.7	539.1	725.5
文化教育、娱乐消费	471.9	863.3	980.7	561.3
文化教育、娱乐用品消费	71.0	239.9	234.6	189.8
教育服务消费	378.2	575.1	645.8	315.8
文化、体育、娱乐服务消费	22.7	48.3	100.3	55.7
其他商品和服务消费	68.2	51.9	181.1	186.0
其它商品支出	27.4	30.0	123.1	112.2
其它消费服务支出	40.8	22.0	58.0	73.7

年生活消费支出

单位：元

赛罕区	土左旗	托　县	和林县	清水河县	武川县
4074.9	3562.4	4179.3	3355.4	3008.3	2192.0
1479.7	1436.0	1747.4	1649.6	1464.5	840.5
1086.2	1119.0	1630.5	1306.4	1442.0	753.3
393.5	317.1	116.8	343.2	22.6	87.2
385.0	305.4	110.9	331.5	11.1	75.1
357.0	227.5	230.3	159.6	141.7	190.0
833.9	850.9	558.9	603.9	194.6	377.8
548.6	653.1	371.0	436.4	120.3	302.1
285.2	197.8	188.0	167.4	74.3	75.6
136.1	83.2	156.3	99.7	40.4	69.8
131.4	81.8	154.0	96.4	40.1	69.6
4.7	1.3	2.3	3.4	0.2	0.2
181.9	214.7	371.8	337.8	298.7	118.8
94.3	84.2	115.2	180.7	42.7	37.1
87.7	130.5	256.6	157.1	256.0	81.7
398.6	236.7	387.1	217.5	226.0	194.8
607.2	433.0	588.3	254.7	629.6	356.6
116.8	59.1	79.1	68.0	21.9	53.8
465.2	362.9	454.7	175.9	582.7	309.9
25.2	11.1	54.5	10.8	25.0	1.9
80.6	80.4	139.2	32.6	12.8	34.7
38.3	15.2	109.0	17.7	10.8	23.5
42.2	65.2	30.2	14.9	2.0	11.2

9-14 农民家庭主要消费

指　　标	呼　市	新城区	回民区	玉泉区
谷物和薯类	141.4	102.5	85.7	138.5
豆　类	4.2	11.0	0.6	0.8
蔬菜及菜制品	51.4	47.2	43.6	104.3
豆制品	1.2	0.4	2.6	2.9
油脂类	4.4	4.3	4.6	4.4
肉禽及其制品	28.1	15.0	26.3	26.9
猪　肉	19.1	8.0	12.0	14.9
牛　肉	0.7	0.7	2.1	2.4
羊　肉	3.7	2.9	6.5	5.0
家　禽	3.5	2.6	3.9	4.0
其它肉禽及制品	1.1	0.8	1.8	0.6
蛋类及蛋制品	3.2	3.5	5.0	2.1
奶和奶制品	4.6	14.5	10.2	16.5
水产品	1.3	1.5	11.2	1.6
食　糖	1.9	1.2	1.1	1.0
酒　类	5.9	3.4	5.6	7.0
茶　叶	0.2	0.2	0.3	0.5
瓜　类	15.5	11.2	17.9	11.1
水果类	10.3	15.8	18.4	16.0
坚　果	0.4	1.5	1.8	1.6

品人均年消费量

单位：公斤

赛罕区	土左旗	托　县	和林县	清水河县	武川县
99.2	108.2	171.8	146.7	153.4	96.1
2.1	0.9	9.2	5.9	14.4	0.6
53.7	87.3	64.5	37.5	18.8	16.1
0.5	1.6	3.3	0.5		
4.0	6.0	6.3	2.4	7.5	0.6
15.1	23.5	35.6	36.6	46.4	12.5
9.6	16.6	18.3	29.0	34.5	8.6
0.6	0.6	1.4		0.1	0.5
3.2	2.3	5.7	2.7	5.9	1.1
1.5	3.9	7.5	3.9	2.1	1.1
0.2	0.1	2.7	0.9	4.0	1.3
1.9	3.1	4.9	1.1	3.0	2.2
3.4	2.7	13.3	1.0	3.7	2.9
1.1	1.5	2.4	1.2	0.5	0.5
1.1	1.0	1.5	2.1	2.3	2.6
3.9	6.4	7.7	5.1	6.4	3.0
0.4	0.1	0.1	0.1		0.3
7.0	9.5	35.1	7.4	5.1	8.0
13.7	10.1	14.5	7.8	10.3	7.3
0.9			0.1		0.7

9-15 农民家庭每百户

指　　标	单位	呼市	新城区	回民区	玉泉区
大型家具	件				
洗衣机	台	57.7	85.3	100.0	100.0
电风扇	台				
电冰箱	台	50.2	49.3	102.5	89.3
空调机	台	0.8		10.0	2.7
抽油烟机	台	10.9	24.0	85.0	33.3
吸尘器	台	0.4			8.0
微波炉	台	1.9	1.3	20.0	2.7
热水器	台	2.6	5.3	57.5	
自行车	辆	97.4	140.0	110.0	181.3
摩托车	台	59.2	49.3	45.0	30.7
汽车（生活用）	台	4.5	17.3	15.0	6.7
电话机	部	57.7	84.0	65.0	73.3
移动电话	部	96.2	133.3	207.5	136.0
家用计算机	台	3.8	20.0	22.5	2.7
彩色电视机	台	95.8	100.0	105.0	97.3
黑白电视机	台	3.4			
录放像机	台				
摄像机	台		1.3		2.7
影碟机	台	16.2	38.7	22.5	65.3
组合音响	台				
收录机	台				
照相机	架	6.0	18.7	50.0	8.0

拥有耐用消费品

赛罕区	土左旗	托　县	和林县	清水河县	武川县
76.0	49.3	64.0	33.3	21.3	52.0
70.7	33.3	44.0	26.7	28.0	50.7
2.7		1.3		1.3	
25.3	6.7	25.3			1.3
		1.3			
10.7	1.3	16.0			
10.7		4.0			
160.0	117.3	129.3	72.0	49.3	70.7
56.0	45.3	73.3	50.7	28.0	66.7
8.0	2.7	2.7			
81.3	46.7	64.0	50.7	49.3	40.0
88.0	100.0	112.0	49.3	62.7	105.3
8.0		8.0		1.3	
94.7	101.3	105.3	80.0	77.3	94.7
4.0	1.3	4.0	10.7	8.0	
			2.7		
45.3	10.7	8.0	8.0	9.3	4.0
16.0		5.3			

主要统计指标解释

城镇居民家庭就业人口 指城镇居民从事社会劳动并取得劳动报酬或经营收入的人口，就业人口包括通过国家统筹规划和指导由劳动部门介绍就业，自愿组织起来就业和自谋职业等方式，在全民所有制、集体所有制、中外合资、中外合作、外资在华独资企事业单位和私营企业单位工作或从事个体劳动的有固定性职业或临时性职业的人口。被聘用和留用的离退休人员也计入就业人口。本指标可以反映城镇居民的就业情况，是计算就业面、负担系数的重要资料。

城镇居民家庭人口 指居住在一起，经济上合在一起共同生活的家庭成员。凡计算为家庭人口的成员其全部收支都应包括在调查表中。

城镇居民家庭总收入 指调查户中生活在一起的所有家庭成员在调查期得到的工资性收入、经营性收入、财产性收入、转移性收入的总和，不包括出售财物和借贷收入。

城镇居民人均可支配收入 指调查户可用于最终消费支出和其它非义务性支出以及储蓄的总和，即居民家庭可以用来自由支配的收入。它是家庭总收入扣除经营性支出、交纳的个人所得税、个人交纳的社会保障费以及调查户的记账补贴后的收入。计算公式为：

城镇居民人均可支配收入=家庭总收入-经营性支出-交纳个人所得税-个人交纳的社会保障支出-记账补贴

城镇居民家庭总支出 指家庭除借贷支出以外的全部实际支出。包括消费性支出、经营性支出、购房建房支出、转移性支出、财产性支出、社会保障支出。

城镇居民人均消费性支出 指调查户用于本家庭日常生活的全部支出，包括食品、衣着、居住、家庭设备用品及服务、医疗保健、交通和通信、娱乐教育文化服务、其它商品和服务八大类等。包括用于赠送的商品或服务。

农民生活消费支出 指农村住户用于物质生活和精神生活方面的支出。生活消费支出包括食品支出、衣着支出、居住支出、家庭设备用品及服务支出、医疗保健支出、交通和通讯支出、文化教育娱乐用品及服务支出、其他商品和服务支出。

农民人均纯收入 指农村住户当年从各个来源得到的总收入相应地扣除所发生的费用后的收入总和。纯收入主要用于再生活投入和当年生活消费支出，也可用于储蓄和各种非义务性支出。“农民人均纯收入”是按人口平均的纯收入水平，反映的是一个地区或一个农户农村居民的平均收入水平。

计算方法：纯收入=总收入-家庭经营费用支出-税费支出-生产性固定资产折旧-赠送农村外部亲友支出

农民家庭常住人口 指全年经常在家或在家居住 6 个月以上，而且经济和生活与本户连成一体的人口。外出从业人员在外央住时间虽然在 6 个月以上，但收入主要带回家中，经济与本户连为一体，仍视为家庭常住人口；在家居住，生活和本户连成一体的国家职工、退休人员也为家庭常住人口。但是现役军人、中专及以上（走读生除外）的在校学生、以及常年在外（不包括探亲、看病等）且已有稳定的职业与居住场所的外出从业人员，不应当作家庭常住人口。家庭常住人口主要作为计算农村住户平均每人收入、消费和积累水平及分析家庭人口状况的依据。

第二部分　统计资料

城市概况

10-1 城市规模、建设用地和房屋建筑情况

项　　目	单　位	2007年	2008年
城市人口	万人	114.4	116.7
# 非农业人口	万人	86.7	88.7
城市面积	平方公里	2054	2054
# 建城区面积	平方公里	150.0	154.0
城市建设用地面积	平方公里	151.9	154.0
居住用地	平方公里	40.8	42.3
公共设施用地	平方公里	27.8	28.3
工业用地	平方公里	23.5	23.4
仓储用地	平方公里	5.9	5.9
对外交通用地	平方公里	5.9	5.9
道路广场用地	平方公里	10.9	10.9
市政公用设施用地	平方公里	4.6	4.7
绿　　地	平方公里	26.4	26.4
特殊用地	平方公里	6.0	6.2
房屋建筑面积	万平方米	5504	6035
# 住宅建筑面积	万平方米	2462	2625
人均住房建筑面积	平方米	28.4	29.6

10-2 城市公共汽车、出租汽车情况

项　　目	单　位	2007年	2008年
城市公共汽车			
年末营运车辆	辆	1353	1509
年末标准运营车辆	标台	1556	1759
营运线路网长度	公里	457	476
客运总量	万人次	23691	25706
出租汽车	辆	4666	4666

10-3 城市自来水情况

项　　目	单　位	2007年	2008年
年末综合生产能力	万立方米/日	49.7	49.7
#地 下 水	万立方米/日	29.7	29.7
年末管道长度	公里	582	656
全年供水量	万立方米	10259	11231
#生 产 用	万立方米	3283	3832
生 活 用	万立方米	4762	4934
用水人口	万人	126.6	125.7
用水户数	万户	31.0	32.1
#家庭用户	万户	27.0	27.1

10-4 城市集中供热情况

项　　目	单　位	2007年	2008年
供热能力			
蒸　汽	吨/小时	40	
热　水	兆瓦	2977	3502
供热总量			
蒸　汽	万吉焦	12	
热　水	万吉焦	1324	1929
供热管道长度	公里	330	481
供热面积	万平方米	2967.2	3667.6
#住　宅	万平方米	1858.0	2755.8

10-5 城市燃气情况

项 目	单 位	2007年	2008年
人工燃气			
生产能力	万立方米/日	16.4	
储气能力	万立方米	10.8	
供气管道长度	公里	250	
自制气量	万立方米	3416	
供气总量	万立方米	3416	
# 家庭用量	万立方米	1017	
用气户数	万户	3.3	
# 家庭用气	万户	3.3	
用气总人口	万人	16.5	
液化石油气			
储气能力	吨	2005.0	4255.0
供气总量	吨	18420	13566
# 家庭用量	吨	16212	11939
用气户数	万户	15.4	11.4
# 家庭用户	万户	15.0	11.2
用气人口	万人	49.3	34.0
天 然 气			
储气能力	万立方米	10	10
供气管道长度	公里	528	650
外购气量	万立方米	13180	17210
供气总量	万立方米	13180	17210
# 家庭用量	万立方米	1342	2148
用气户数	万户	17.9	25.8
# 家庭用户	万户	17.6	25.4
用气人口	万人	54.0	90.0

10-6 城市市政设施情况

项　　目	单　位	2007年	2008年
道　路			
道路长度	公里	596.0	612.0
道路面积	万平方米	1356.0	1465.0
#人行道面积	万平方米	244.0	258.0
桥　梁	座	41	49
# 立交桥	座	14	14
路　灯	盏	134000	134552
排　水			
排水管道长度	公里	809.0	887.0
# 污水管道	公里	510.0	434.0
污水排放量	万立方米	7826	8985
污水处理厂	座	1	1
污水处理能力	万立方米/日	10	10
污水处理总量	万立方米	3550	3500
防洪堤长度	公里	129.0	129.0

10-7 城市园林、绿化情况

项　　目	单　位	2007年	2008年
绿化覆盖面积	公顷	5304	5650
# 建成区	公顷	5067	5411
园林绿地面积	公顷	4791	5135
# 建成区	公顷	4791	5135
公共绿地面积	公顷	1854	2143
公　园	个	19	20
公园面积	公顷	2380	2755

10-8 城市市容环境卫生情况

项　　目	单 位	2007年	2008年
道路清扫保洁面积	万平方米	1951	2184
#机 械 化	万平方米	75.0	219.0
清运生活垃圾	万吨	40	41
无害化处理厂（场）	座	2	2
生活垃圾无害化处理能力	吨/日	1550	1550
生活垃圾无害化处理量	万吨	37.0	38.9
清运粪便	万吨	4.4	22.0
公共厕所	座	429	425
市容环卫专用车辆	台	233	234

10-9 城 市 设 施 水 平

项　　目	单 位	2007年	2008年
城市人口密度	人/平方公里	649	663
人均日生活用水量	升	80.8	79.1
用水普及率	%	95.0	95.3
燃气普及率	%	89.9	91.1
每万人拥有公交车辆	标台	11.7	12.9
人均道路面积	平方米	10.2	10.8
污水处理率	%	45.4	44.1
人均公园绿地面积	平方米	13.9	15.7
建成区绿地率	%	31.9	33.3
建成区绿化覆盖率	%	33.8	35.1
生活垃圾无害化处理率	%	92.7	95.2

主要统计指标解释

年末自来水生产能力　指年底城建部门管理的自来水厂和自备水源的社会单位取水、净化、送水、出厂输水干管等环节的实际生产能力。

年末供水管道长度　指从送水泵到用户水表之间所有管道的长度。

全年供水总量　指公用自来水厂和社会单位自备水源全年的供水总量，包括有效供水量及损失水量。

生活用水量　指居民日常生活与公共福利设施的用水量。包括饮食店、旅馆、医院、理发店、浴池、洗衣店、游泳池、商店、学校、机关、部队等单位的用水量。

城市人口用水普及率　指城市用水的非农业人口数（不包括临时人口和流动人口）与城市非农业人口总数之比。计算公式：

$$用水普及率=\frac{城市用水的非农业人口数}{城市非农业人口数}\times 100\%$$

人工煤气生产能力　指城市煤气厂制气、净化、输送等环节的综合实际生产能力。

输气管道长度　指由压缩机、鼓风机、储气罐的出口到用户煤气表之间的全部管道长度。

煤气供气总量　指售给各类用户的全部煤气量。包括工业用量、家庭用量和其他用量。

城市煤气普及率　指使用煤气（包括人工煤气、液化石油气、天然气）的城市非农业人口数（不包括临时人口和流动人口）与城市非农业人口总数之比。计算公式：

$$城市煤气普及率=\frac{城市用气的非农业人口数}{城市非农业人口总数}\times 100\%$$

城市供热能力　指热电厂、热力公司和达到标准的集中采暖锅炉房和城市输送的供热源的设计能力，即每小时向城市输送蒸汽、热水的能力。

城市供热管道长度　指热电厂、热力公司和达到标准的集中采暖锅炉房管理的集中供热热源到用户之间的全部供气、供热水的管道长度。

城市供热总量　指热电厂、热力公司和达到标准的集中采暖锅炉房全年向城市输送的全部蒸、热水量。

年底实有铺装道路长度　指除土路外，路面经过铺装宽度在3.5米以上的道路，包括高级，次高级道路和普通道路。

城市桥梁　指城市范围内，修建在河道上的桥梁和道路与道路立交、道路跨越铁路的立交桥，以及人行天桥。包括永久性桥和半永久性桥，不包括临时性桥、铁路桥、涵洞。

城市下水道总长度　指所有排水总管，干管、支管及暗渠，检查井，连接井进出水口等长度之和。

城市污水日处理能力　指污水处理厂每昼夜处理污水量的设计能力。

营运线路长度　指设置的固定营运线路长度，包括郊区营运线路长度，不包括临时行驶的线路长度。

城市园林绿地面积　指城市公共绿地、专用绿地、生产绿地、防护绿地、郊区风景名胜区的全部面积。

公共绿地　指供游览休息的各种公园，动物园、植物园、陵园以及花园、游园和供游览休息用的林荫道绿地、广场绿地。不包括一般栽植的行道树及林荫道的面积。

年末实有公共汽车　指年底可参加营运的全部车辆数，包括营运车辆数和库存查封未参加营运的车辆。不包括非营运车辆，如架线车、油罐车、货车及其他专用车辆和借入的客运车辆。

第二部分　统计资料

农　业

11-1 历年农业主要指标

年 份	农作物播种面积（千公顷）	#粮食作物	粮食总产量（万吨）	家畜年末存栏（万头）	#奶 牛	肉类总产量（吨）	牛奶产量（万吨）
1949	302.6	273.1	14.2	39.8	8.4		
1950	337.7	304.6	16.7	47.5	10.0		
1951	403.7	359.0	15.4	54.6	9.6		
1952	416.9	374.0	22.8	61.5	11.3		
1953	421.2	367.8	24.1	78.6	13.2		
1954	424.0	372.3	33.5	92.6	13.8		
1955	434.5	374.6	23.7	93.0	13.7		
1956	462.5	397.9	35.3	74.1	11.3		
1957	453.7	384.2	25.7	81.5	10.4		
1958	461.6	398.7	26.1	93.3	10.3		
1959	443.4	368.9	27.2	107.4	11.1		
1960	477.5	398.2	24.2	115.7	11.4		
1961	469.1	400.4	19.8	113.5	11.2		
1962	433.1	379.8	20.2	102.3	9.8		
1963	439.5	381.4	24.5	122.2	10.2		
1964	450.6	383.3	28.1	138.1	10.6		
1965	448.5	378.8	22.8	120.3	10.2		
1966	440.4	373.8	26.7	119.5	9.6		
1967	434.5	365.2	32.2	124.9	9.8		
1968	427.6	363.4	30.5	118.0	9.9		
1969	421.8	357.3	29.1	118.2	10.0		
1970	428.4	367.5	32.2	119.2	10.3	6450	
1971	419.3	360.3	33.6	126.9	10.0	5934	…
1972	421.9	359.1	31.8	126.0	9.8	6576	…
1973	421.6	357.4	35.5	138.3	9.4	8883	…
1974	419.8	355.1	40.9	133.5	9.1	8882	…
1975	418.1	352.7	40.5	134.9	8.7	10102	…
1976	407.6	339.6	40.3	130.9	8.3	10636	…
1977	397.3	325.5	39.2	133.9	8.3	10961	…
1978	388.9	313.2	24.7	137.6	7.9	10795	…

11-1续表

年　份	农作物播种面积（千公顷）	#粮食作物	粮食总产量（万吨）	家畜年末存栏（万头）	#奶牛	肉类总产量（吨）	牛奶产量（万吨）
1979	391.1	305.5	32.7	142.9	7.8	9220	…
1980	390.7	300.1	28.2	149.0	8.3	9760	0.4
1981	359.9	286.2	33.5	144.5	7.4	11729	0.6
1982	367.3	289.1	33.6	141.5	7.4	11199	0.7
1983	363.3	286.7	38.3	125.6	7.5	10704	0.8
1984	367.6	276.2	45.4	122.9	7.7	12034	1.0
1985	355.3	259.4	33.9	127.7	8.1	14203	1.4
1986	352.9	261.5	26.8	134.0	8.3	14862	1.4
1987	341.1	253.0	22.4	132.6	7.4	15706	2.0
1988	347.1	253.6	37.4	145.7	7.6	13630	2.1
1989	351.5	266.7	38.8	152.2	7.9	16143	2.3
1990	354.3	272.5	54.2	152.1	8.3	17607	3.1
1991	354.6	276.6	53.4	150.0	8.4	21161	3.6
1992	356.6	274.6	59.3	148.7	8.3	25818	4.4
1993	353.9	274.7	67.0	156.5	8.9	33220	5.0
1994	348.3	259.5	71.9	168.1	10.5	40761	6.7
1995	344.6	268.2	70.6	181.3	12.2	47068	7.4
1996	343.7	275.6	93.3	195.7	14.6	59785	8.9
1997	348.6	276.5	95.1	200.8	15.5	72696	11.1
1998	349.2	279.6	95.5	208.7	16.4	80329	12.7
1999	347.7	275.1	75.8	197.7	16.5	86600	15.1
2000	406.6	289.5	84.2	188.7	18.6	87830	23.1
2001	300.0	224.4	56.4	166.5	21.4	91754	40.0
2002	375.8	251.6	84.3	156.2	27.9	93392	64.5
2003	374.1	228.3	91.8	158.7	40.4	92033	100.8
2004	389.5	241.3	115.5	179.2	57.1	102254	152.1
2005	406.7	270.8	114.8	199.2	68.7	110895	227.8
2006	428.2	311.8	117.2	210.1	62.1	74141	282.1
2007	435.8	318.8	107.4	214.2	64.0	70028	292.9
2008	441.4	316.4	119.4	245.3	70.0	80834	305.0

11-2 农村基本情况及农业生产条件

单位：个、万户、万人

项　目	合　计	新城区	回民区	玉泉区	赛罕区	土左旗	托县	和林县	清水河县	武川县
农村基层组织情况										
乡镇个数	40	2	1	1	6	8	4	6	5	7
# 镇 个 数	23	2	1	1	5	4	4	2	2	2
村委会个数	1009	30	19	54	124	321	120	145	103	93
农村基础设施										
自来水受益村数	893	30	19	54	122	276	120	133	61	78
通汽车村数	965	30	17	54	117	291	120	140	103	93
通电话村数	1003	29	18	54	123	318	120	145	103	93
乡村人口与从业人员										
乡村户数	29.95	1.71	0.90	1.37	4.40	7.71	3.99	3.91	2.50	3.45
乡村人口数	108.72	4.89	2.99	4.46	13.34	30.09	14.96	15.20	9.68	13.10
乡村劳动力资源数	64.42	3.58	1.38	2.31	8.78	16.62	9.60	8.29	5.37	8.48
# 劳动年龄内	59.80	3.55	1.33	1.95	7.93	16.00	8.85	7.96	4.61	7.61
乡村从业人员数	59.55	3.49	1.27	2.10	7.39	16.41	8.49	7.78	5.15	7.48
# 劳动年龄内	54.55	3.47	1.23	2.04	7.10	13.68	7.93	7.55	4.49	7.06
按性别分										
男劳动力	34.44	1.95	0.69	1.35	4.41	9.56	4.93	4.32	2.80	4.44
女劳动力	25.11	1.55	0.57	0.75	2.97	6.85	3.56	3.46	2.34	3.05
按国民经济行业分										
农林牧渔业从业人员	43.18	1.98	0.49	1.49	4.95	12.19	5.75	6.43	3.65	6.24
# 农业从业人员	35.40	1.86	0.42	1.01	3.71	9.22	4.49	5.39	3.41	5.89
牧业从业人员	6.90	0.13	0.07	0.48	1.21	2.11	1.26	1.04	0.24	0.35
工业从业人员	3.53	0.18	0.20	0.12	0.33	0.90	0.84	0.26	0.32	0.39
建筑业从业人员	5.03	0.36	0.19	0.09	0.64	1.49	0.97	0.53	0.41	0.36
交通、仓储和邮电通讯从业人员	1.98	0.19	0.10	0.03	0.15	0.66	0.32	0.12	0.35	0.06
信息传输、计算机服务和软件业从业人员	0.15	0.01	0.02	0.01	0.02	0.03	0.01	0.01		0.04
批发与零售从业人员	2.37	0.15	0.11	0.18	0.47	0.45	0.35	0.25	0.25	0.18
住宿和餐饮业从业人员	1.54	0.22	0.09	0.04	0.41	0.32	0.12	0.11	0.16	0.07
其他从业人员	1.77	0.39	0.07	0.14	0.42	0.36	0.13	0.08	0.02	0.15

注：旗县乡镇个数、镇个数不包括旗县政府所在地镇。

11-3 农 林 牧 渔

项　　目	合　计	新城区	回民区	玉泉区
农林牧渔业增加值	751592.0	14022.9	5397.4	19698.3
农业增加值	259244.5	3111.7	2986.0	8224.1
林业增加值	16845.0	319.6	85.9	
牧业增加值	459500.8	10353.0	2177.1	10469.0
渔业增加值	7494.6			588.6
农林牧渔服务业增加值	8507.1	238.7	148.4	416.7

11-4 农 村 主 要 能

项　　目	单　位	合　计	新城区	回民区	玉泉区
农村用电量	万千瓦时	29555.25	944	1821.5	1036.2
农用化肥施用量（按折纯法计）	吨	91840	129	188	1186
氮　肥	吨	50872	44	82	1100
磷　肥	吨	18559	53	30	15
钾　肥	吨	6354	15	32	6
复合肥	吨	16055	17	44	65
农用塑料薄膜使用量	吨	4978	65	27	127
#地膜使用量	吨	4641	48	16	119
地膜覆盖面积	公顷	80432	548	618	2727
农用柴油使用量	吨	27498	769	401	1597
农药使用量	吨	316	1	2	11

11-5 水 果 生

项　　目	单位	合　计	新城区	回民区	玉泉区
园林水果	吨	25035	381	533	160
苹　果	吨	2407	156	7	60
梨	吨	5310	43	4	
葡　萄	吨	2380	7	2	60
山　楂	吨	35			
其他园林水果	吨	14903	175	520	40
年末果园合计面积	公顷	2375	198	328	26
#苹果园	公顷	601	148	4	12
梨　园	公顷	190	4	12	
葡萄园	公顷	289	15	1	6
山楂园	公顷	318		311	

业增加值

单位：万元

赛罕区	土左旗	托 县	和林县	清水河县	武川县
132083.16	224021.79	110826.83	136266.33	52230.47	57044.79
33491.08	67632.52	35976.91	37875.85	26502.00	43444.34
1549.70	4449.92	1166.20	4522.25	3347.57	1403.94
95339.88	146133.18	70639.82	91223.35	21399.14	11766.39
221.37	3216.07	2434.03	498.96	535.61	
1481.14	2590.10	609.87	2145.93	446.15	430.12

源及物资消耗

赛罕区	土左旗	托 县	和林县	清水河县	武川县
5076	8138	5335	4228	872	2104.55
10125	15333	32397	8505	11013	12964
4279	7381	22316	4064	6985	4621
2426	4857	4173	2544	1861	2600
900	748	1828	449	451	1925
2520	2347	4080	1448	1716	3818
1121	1854	601	825	276	82
985	1854	576	764	197	82
13959	30071	12335	14878	3751	1545
4164	7012	4250	3079	1534	4692
59	123	49	32	9	30

产情况

赛罕区	土左旗	托 县	和林县	清水河县	武川县
1100	19289	1014	745	1773	40
560	642	132	240	570	40
95	4989	51	10	118	
30	1340	831	25	85	
30	2			3	
385	12316		470	997	
87	836	200	109	590	1
63	92	67	54	160	1
3	134	4		33	
	101	129		37	
5	1			1	

11-6 农 作 物 播 种

项　　目	合　计		新 城 区		回 民 区		玉 泉 区	
	面　积	总产量	面　积	总产量	面　积	总产量	面　积	总产量
农作物总播种面积	441.37		6.65		0.84		5.09	
粮食作物合计	316.38	1194036	5.96	18093	0.68	2959	3.74	37977
谷　　物	200.50	923154	4.56	14847	0.67	2915	3.68	37815
小　　麦	25.80	43947	0.09	143	0.02	45	0.02	99
玉　　米	130.14	818000	3.19	12320	0.64	2850	3.66	37716
谷　　子	4.00	5507	0.21	416		5		
高　　梁	3.62	18105	0.22	491		8		
莜　　麦	18.23	11820	0.19	406				
黍　　子	6.79	12840	0.66	1071		7		
糜　　子	1.47	1879						
荞　　麦	9.20	8303						
大　　麦	1.26	2753						
其他谷物								
豆　　类	18.74	22280	0.67	1006		6	0.02	40
大　　豆	6.32	5953	0.45	570		5	0.01	20
杂　　豆	12.42	16327	0.22	436		1	0.01	20
薯类(按折粮计算)	97.14	248602	0.73	2240	0.01	38	0.04	122
#马 铃 薯	97.09	247919	0.73	2240	0.01	38	0.04	122
油料合计	53.49	62313	0.20	204	0.01	25	0.03	38
#胡 麻 籽	16.02	17480	0.15	120	0.01	25	0.01	16
油 菜 籽	28.73	31344	0.05	84				
葵 花 籽	8.34	13393					0.01	22
麻类合计	0.10	112						
#线　　麻	0.02	35						
亚　　麻								
甜　　菜	1.96	78573						
烟　　叶	0.06	110	0.03	20				
#烤　　烟								
药　　材	1.27	9464						
蔬　　菜	9.31	679943	0.13	8013	0.15	15905	0.87	65106
瓜 果 类	6.05	233600		15			0.02	726
#西　　瓜	4.71	197038					0.01	600
甜　　瓜	1.34	36561		15			0.01	126
其他农作物	52.75	1703859	0.33	12263			0.44	27892
#青 饲 料	47.90	822274	0.33	12263			0.43	

面积和产量

单位：千公顷、吨

赛罕区		土左旗		托县		和林县		清水河县		武川县	
面积	总产量	面积	总产量	面积	总产量	面积	总产量	面积	总产量	面积	总产量
28.77		76.09		51.06		70.10		66.74		136.03	
19.85	90522	56.52	403168	35.71	202384	48.36	186136	44.43	95234	101.13	157563
16.35	77554	54.10	392337	30.20	185805	25.08	129507	19.40	38798	46.46	43576
0.47	1185	4.42	18220	0.39	1262					20.39	22993
15.20	75722	47.88	363251	25.87	171066	20.12	120465	13.36	33086	0.23	1524
0.24	209	0.03	84	0.77	1635	1.07	1844	1.67	1314		
0.11	172	1.38	9722	1.56	7482	0.02	29	0.32	201		
						0.52	577	1.16	1322	16.36	9515
0.33	266	0.35	950	1.12	3165	2.92	6253	1.25	1034	0.17	94
		0.05	110	0.42	935	0.25	173	0.74	652	0.01	9
						0.19	166	0.89	1189	8.12	6948
				0.07	260					1.19	2493
1.30	938	1.04	2557	3.10	6190	6.27	5541	3.68	2371	2.67	3631
0.41	257	0.31	742	0.24	330	3.41	3200	1.50	829		
0.89	681	0.73	1815	2.86	5860	2.86	2341	2.18	1542	2.67	3631
2.20	12030	1.38	8274	2.42	10389	17.01	51088	21.36	54065	52.00	110356
2.20	12030	1.38	8274	2.42	10389	17.01	51088	21.31	53382	52.00	110356
0.42	927	2.77	4995	2.79	5489	5.18	5387	20.72	20198	21.37	25050
0.40	890	1.00	1292	0.80	1208	4.23	4656	8.71	8520	0.71	753
				0.49	366	0.25	201	7.28	6396	20.66	24297
0.03	37	1.77	3703	1.51	3915	0.33	450	4.69	5266		
				0.02	35			0.08	77		
				0.02	35						
		1.38	59598	0.58	18975						
		0.03	90								
		0.63	6615	0.62	2804					0.02	45
4.54	335544	2.00	138260	1.00	69948	0.46	29971	0.15	11811	0.02	5385
		2.57	87823	1.56	62402	1.67	75995	0.22	6624	0.00	15
		1.44	55588	1.47	60921	1.63	74720	0.16	5194	0.00	15
		1.13	32234	0.10	1481	0.04	1275	0.06	1430		
3.96	297150	10.18	2504	8.78	2626	14.44	753894	1.13	50985	13.49	556545
3.96	297150	8.27		6.91		14.44		1.13		12.43	512861

11-7 蔬菜及特种作

项目	合计		新城区	
	播种面积	产量	播种面积	产量
蔬菜合计	139682	679943	1930	8013
叶菜类	30496	188630	263	1206
#菠菜	1555	9783	45	199
芹菜	3849	26191	65	268
大白菜	9851	58253	17	91
圆白菜	12310	66815	29	150
油菜	2929	17059	107	498
瓜菜类	14048	66826	181	889
#黄瓜	9839	45751	125	641
块根、块茎类	38790	155756	541	2262
#萝卜	4642	22322		
胡萝卜	27598	111621	541	2262
茄果菜类	33830	168061	245	915
#茄子	8205	47132	100	391
西红柿	24584	117285	145	524
葱蒜类	14556	67204	465	1889
#大葱	11963	56898	465	1889
蒜头	1023	3163		
菜用豆类	6229	28718	235	852
#四季豆	5629	26878		
豇豆	29	104		
水生菜类				
#莲藕				
其它蔬菜	1733	4748		
#食用菌(干鲜混合)	374	1155		
#蘑菇(鲜品)				
特种作物				
花卉种植面积	115	900000	2	
鲜切花	90	900000		
盆栽观赏植物(包括盆景)				
药材	19069	9464		
#甘草	3350	5145		
枸杞	15445	4113		

注：鲜切花、盆栽观赏植物（包括盆景）产量单位为支。

物生产情况

单位：亩、吨

回民区		玉泉区		赛罕区	
播种面积	产　量	播种面积	产　量	播种面积	产　量
2250	15905	13005	65106	68025	335544
1004	9139	3371	18918	12089	92186
50	722	326	498	700	7000
269	2237	627	3018	1800	17050
100	997	712	3602	3500	25050
500	4696	1538	11576	4088	19086
85	487	168	224	2001	14000
50	607	1546	11789	7000	29884
50	607	1436	11129	5000	22054
300	1854	2218	8216	17000	54400
75	967	130	482	1000	4500
70	887	1913	7430	9800	28420
610	1634	3196	16671	25272	128241
310	827	1047	6811	5000	32000
300	807	1171	6473	20272	96241
170	1657	1825	8140	1300	3900
170	1657	317	1345	900	2700
				400	1200
30	437	256	209	5000	25823
		6	4	5000	25823
86	577	593	1163	364	1110
				364	1110
5				90	900000
				90	900000

11-7续表

项目	土左旗		托县	
	播种面积	产量	播种面积	产量
蔬菜合计	29940	138260	14940	69948
叶菜类	7459	31852	1281	6533
#菠菜	219	820	45	90
芹菜	635	1798	85	272
大白菜	2990	12335	521	3022
圆白菜	3285	15645	598	2571
油菜	330	1254	32	49
瓜菜类	4625	21270	267	1068
#黄瓜	2740	9590	139	556
块根、块茎类	4580	21560	11874	56361
#萝卜	2145	10120	576	2696
胡萝卜	2435	11440	11298	53665
茄果菜类	3385	16560	584	2336
#茄子	1309	5714	261	913
西红柿	2076	10846	260	1166
葱蒜类	9221	45195	714	2927
#大葱	8816	43980	600	2460
蒜头	405	1215	52	119
菜用豆类			210	693
#四季豆			168	571
豇豆				
水生菜类				
#莲藕				
其它蔬菜	670	1823	10	30
#食用菌(干鲜混合)				
#蘑菇(鲜品)				
特种作物				
花卉种植面积	5		13	
鲜切花				
盆栽观赏植物(包括盆景)				
药材	9450	6615	9345	2804
#甘草	3150	4945	200	200
枸杞	6300	1670	9145	2443

单位：亩、吨

和林县		清水河县		武川县	
播种面积	产量	播种面积	产量	播种面积	产量
6960	29971	2280	11811	352	5385
3930	20257	821	4867	278	3672
110	275	34	153	26	26
300	600	20	112	48	836
1800	10842	145	885	66	1429
1600	8200	587	3556	85	1335
120	340	35	161	51	46
300	900	79	419		
300	900	49	274		
1500	6375	723	3615	54	1113
250	800	452	2215	14	542
1250	5575	271	1382	20	560
440	1110	98	594		
150	330	28	146		
290	780	70	448		
330	830	511	2066	20	600
310	770	365	1497	20	600
20	60	146	569		
450	454	48	250		
450	454	5	26		
		29	104		
10	45				
10	45				
				274	45

11-8 牲　　畜

（日　历

项　　　目	年　初 实有头数	年　末 实有头数	年内增减		
			繁殖仔畜	#成　活	购　进
牲畜总头数	2142048	2452673	2056739	2015428	885420
大牲畜和羊合计	1955241	2169203	1622050	1589489	705851
大　牲　畜	749396	796525	271770	267370	41350
牛	699670	745858	260554	256463	32047
#良种及改良种乳用牛	639683	699750	238082	234822	27538
#黑白花乳用牛	625473	679381	228049	224096	26242
马	3682	3860	1360	1259	690
驴	21077	21918	7323	7172	5062
骡	23338	23365	2269	2222	3398
骆　驼	1629	1524	264	254	153
羊	1205845	1372678	1350280	1322119	664501
绵　羊	853857	999715	1061660	1042247	605515
#寒　羊	551903	577097	792370	764491	353522
细毛羊及改良羊	340752	445695			
半细毛羊及改良羊	106917	106269			
山　羊	351988	372963	288620	279872	58986
猪	186807	283470	434689	425939	179569

11-9 牲　　畜

（牧　业

项　　　目	年　初 实有头数	年　末 实有头数	新 城 区	回 民 区
牲畜总头数	3359526	3430097	57306	15075
大牲畜和羊合计	2970167	3035528	43837	8646
大　牲　畜	742076	790166	11045	3838
牛	672016	724345	10725	3691
#良种及改良种乳用牛	617917	689382	10469	3656
#黑白花乳用牛	605790	674839	10469	3656
马	6627	5394	161	42
驴	28768	30309	34	50
骡	33398	29011	125	54
骆　驼	1267	1107		1
羊	2228091	2245362	32792	4808
绵　羊	1766288	1766902	25617	4580
#寒　羊	775195	765452	13796	1526
细毛羊及改良羊	991612	922307	8063	1042
半细毛羊及改良羊	170665	159770	1927	1756
山　羊	461803	478460	7175	228
猪	389359	394569	13469	6429

头 数

年 度）

单位：头、只

变化情况			在年末实有头数中				
成幼畜死亡	自宰自食	出卖	能繁殖的母畜	耕役畜	种公畜	良种牲畜	改良种牲畜
46115	461707	2082098	1545159	52804	36524	764167	1481389
37122	331084	1714167	1490849	52804	30727	685706	1297340
9033	25939	227065	502793	52804	2005	358989	364424
8684	22645	211443	489589	20507	1347	357417	357307
6835	17032	178651	463222		811		
6366	15951	174336	450133		762		
94	541	1135	2039	2497	116	290	635
152	1830	9416	10904	12449	520	1195	6413
88	857	4639		16436			
15	66	432	261	915	22	87	69
28089	305145	1487102	988056		28722	326717	932916
19032	234168	1249197	745615		20065	199058	721388
11612	139054	942668	426901		12211		
			292517				
			49043				
9057	70977	237905	242441		8657	127659	211528
8993	130623	367931	54310		5797	78461	184049

头 数

年 度）

单位：头、只

玉泉区	赛罕区	土左旗	托县	和林县	清水河县	武川县
37842	232772	688554	526252	810720	435485	626091
30731	187231	553116	474583	754969	387361	595054
21282	160821	268177	113191	164594	27170	20048
20981	160260	251485	107300	143514	11315	15074
20981	158822	240605	103456	136833	5527	9033
20981	158822	239870	90429	136833	5527	8252
62	151	3084	198	1150	7	539
120	232	7950	4393	6738	10664	128
119	178	4616	1251	13184	5183	4301
		1042	49	8	1	6
9449	26410	284939	361392	590375	360191	575006
8520	23438	179872	326086	571386	316690	310713
3906	10170	85365	119331	315164	180477	35717
1159	10409	25036	46076	560856	5629	264037
5372	9247	17824	123644			
929	2972	105067	35306	18989	43501	264293
7111	45541	135438	51669	55751	48124	31037

11-10 畜 禽 产

项 目	单 位	合 计	新 城 区	回 民 区	玉 泉 区
当年出栏肉猪口数	口	321333	11080	4370	6532
当年出售和自宰的肉用牛	头	151419	946	2000	5124
#良种及改良种乳牛	头	115339	643	2000	5114
当年出售和自宰的肉用羊	只	1719100	27184	5700	6413
#山 羊	只	281594	3171	700	586
当年出售和自宰的肉用驴	头	10231	14	13	20
当年出售和自宰的肉用骡	头	4547	60	11	11
当年出售和自宰的肉用马	匹	1520	30	8	8
当年出售和自宰的肉用骆驼	峰	485			
当年出售和自宰的家禽	万只	162.00	3.00	1.00	9.00
当年出售和自宰的家兔	万只	9.00			
当年肉类总产量	吨	80834	1475	741	1699
猪肉产量	吨	24231	850	328	548
牛肉产量	吨	24655	150	300	819
羊肉产量	吨	26894	413	90	96
#山 羊	吨	4085	47	1	9
驴肉产量	吨	1069	1	1	1
骡肉产量	吨	494	6	1	1
马肉产量	吨	160	3	1	1
骆驼肉产量	吨	90			
禽肉产量	吨	3066	52	20	233
兔肉产量	吨	175			
奶类产量	吨	3051530	43026	9500	75744
#牛 奶	吨	3050226	42722	9500	75744

品产量

赛罕区	土左旗	托县	和林县	清水河县	武川县
36748	105245	53890	46005	29487	27976
41451	48742	19223	26180	2341	5412
26564	42675	12422	21400	1776	2745
35796	252432	170746	658018	405180	157631
4836	91615	25110	27108	60039	68429
146	1512	1620	1899	4971	36
81	799	659	1517	786	623
52	946	33	313		130
	422	61			2
28.00	79.00	10.00	15.00	7.00	10.00
	1.00	3.00	4.00	1.00	
10463	21889	10497	18137	9586	6347
2756	7850	4149	3438	2211	2101
6632	8251	3076	4189	375	863
527	3880	2647	9870	6228	3143
58	1409	355	325	923	958
9	149	233	142	530	3
5	98	122	114	84	63
4	109	5	23		14
	76	13			1
530	1458	194	281	140	158
	18	58	80	18	1
736636	1053437	461676	609726	23985	37800
736636	1053437	461076	609726	23985	37400

11-10续表

项　　目	单位	合　计	新 城 区	回 民 区	玉 泉 区
山羊毛产量	吨	210	1		
绵羊毛产量	吨	3879	72	8	11
#细羊毛	吨	2113	29		2
半细羊毛	吨	717	5	8	6
山羊绒产量	吨	91	3		
蜂蜜产量	吨	314			
禽蛋产量	吨	20051	624	120	1090
年末实有家禽	万只	162	10	1	10
#鸭	万只	1			
鹅	万只	3			
家　兔	万只	3			
年内牛皮产量	张	148921	935	2000	5124
绵羊皮产量	张	1437506	24013	5000	5827
山羊皮产量	张	281594	3171	700	586
驼绒产量	吨	25			
出售肉类总量	吨	62312	1346	625	1609
#出售猪肉	吨	16478	800	318	540
出售牛肉	吨	15381	137	180	431
出售羊肉	吨	18472	369	80	90
出售禽肉	吨	1776	40	15	173
出售牛羊奶数量	吨	2947257	41563	9200	70640
出售羊毛数量	吨	3687	36	8	11
出售家禽只数	万只	76	3		7

赛罕区	土左旗	托县	和林县	清水河县	武川县
10	121	20	7	34	17
84	374	798	1350	568	614
51	181	201	1260	5	384
33	167	498			
1	38	2	4	8	35
5		29		280	
4100	9000	1057	1520	1050	1490
42	63	7	11	7	11
		1			
	1	1	1		
	1	1	1		
38964	48742	19223	26180	2341	5412
30960	160817	145636	630910	345141	89202
4836	91615	25110	27108	60039	68429
	25				
6331	16765	8487	15906	7592	3651
1984	5024	3319	2178	1503	812
3117	6324	2520	1649	255	768
202	1971	2117	7898	4297	1448
330	708	123	201	86	100
725684	1009193	453828	579239	22905	35005
89	374	687	1285	567	630
5	38	5	10	2	6

11-11 林 业 生

项 目	单 位	合 计	新 城 区	回 民 区
当年造林合格面积	千公顷	61.96	3.80	1.49
# 人工造林	千公顷	30.68	1.53	0.53
飞机播种	千公顷	2.00		
按林业性质分组				
按所有制分				
# 国 营	千公顷	16.07	3.80	1.49
集 体	千公顷	32.78		
个 人	千公顷	13.10		
按用途分				
# 经 济 林	千公顷	2.04		0.03
防 护 林	千公顷	59.92	3.80	1.45
年末封山育林面积	千公顷	135.94	15.33	5.50
零星（四旁）植树	万株	261.00		8.20
育苗面积	公顷	389	7	7
幼林抚育作业面积	公顷次	5000	1000	
成林抚育面积	千公顷	2.62	0.8	
抚育改造出材量	立方米	60		
林木种子采集量	吨	82		
年末实有母树林面积	公顷	45	12	
年末实有种子园面积	公顷	94		

产 情 况

玉泉区	赛罕区	土左旗	托　县	和林县	清水河县	武川县
0.47	3.15	7.30	1.05	11.24	15.03	12.43
0.47	1.81	2.63	1.05	5.85	7.70	5.77
					1.33	
		4.78				
0.47	3.15	1.85	1.05	11.24	15.03	
		0.67				12.43
		2.00				
0.47	3.15	5.30	1.05	11.24	15.03	12.43
	7.88	26.55	4.00	27.18	21.91	21.60
4.6	18.5	56.8	36.9	43	45	48
13	33	88	60	61	60	60
		1400		1000	1600	
		0.14	1.69			
		60				
		1	28	13	40	
				33		
		71		23		

11-12 农 牧 业 机

项 目	单 位	合 计	新 城 区	回 民 区
农牧业机械总动力	千瓦	1846833	29855	5316
#大中型拖拉机	台	2545	42	16
	千瓦	87392	1751	537
小型拖拉机	台	69779	1840	161
	千瓦	857208	20510	1924
联合收获机	台	348		1
	千瓦	18042		37
农用排灌动力机械	台	17348	80	137
	千瓦	157408	860	1674
#电 动 机	台	16610	80	137
	千瓦	150054	860	1674
柴 油 机	台	738		
	千瓦	7354		
农副产品加工动力机械	台	10048	159	19
	千瓦	74766	694	91
#柴 油 机	台	986		
	千瓦	8856		
电 动 机	台	9062	159	19
	千瓦	65909	694	91
农业机械作业量				
# 机耕面积	万亩	438.8	9.2	1
机播面积	万亩	375	6.5	1
机收面积	万亩	117.31	0.5	0.02
拖拉机配套农具	台	109450	1397	96
#小型拖拉机配套农具	台	3630	45	12
耕整地及种植机械		105820	1352	84
# 机 引 犁	部			
机 引 耙	部	40493	1053	22
播 种 机	台	19849	371	
机动铺膜机	台	16125	156	

械拥有量

玉泉区	赛罕区	土左旗	托县	和林县	清水河县	武川县
74894	248651	464757	317432	335473	103252	267203
42	356	976	369	257	164	323
1257	12346	37160	11096	11215	3072	8958
4734	12882	12628	10681	11430	1907	13516
52192	167466	141182	157010	149129	19529	148266
3	58	246	14			26
120	3169	12168	770			1778
560	1479	7034	3950	1771	579	1758
4286	15690	63300	31861	21642	4822	13273
550	1479	7034	3900	1720	416	1294
4125	15690	63300	31200	21032	2900	9273
10			50	51	163	464
161			661	610	1922	4000
130	415	4323	1800	352	1493	1357
975	2915	31699	13662	1232	13159	10338
					879	107
					7888	968
130	415	4323	1800	352	614	1250
975	2915	31699	13662	1232	5271	9370
5.5	31	110	60	70.1	42	110
5.4	31	93.1	54	55	30	99
0.03	1.36	16.7	20	6.7	8	64
5743	16319	19822	17570	27544	2716	18243
63	687	1462	520	363	285	193
5680	15632	18360	17050	27181	2431	18050
1800	1168	6341	9056	10085	1164	9804
1362	2000	3081	3278	6670	41	3046
294		5337	4250	790	289	5009

主要统计指标解释

乡村人口 指乡村户数内的常住人口。包括常住人口中外出的民工、工人合同工、户口在家的在外学生等，但不包括户口在家领取工资的国家职工和户口迁入农村领取国家津贴的离退休职工。

自来水受益村数 包括取水、净水、输配水三部分组成的自来水供给的，或由取水和输配水两部分组成的符合饮用卫生标准的简易自来水年末实际受益的村委会个数。

通汽车村数 指拥有乡级以上公路通过，并通达客运或货运汽车的村委会个数。

农林牧渔业总产值 指各种经济类型的农业生产单位或农户从事农业生产经济活动的总成果。包括农林牧渔业产品总量和劳务活动的总成果（即对非物质生产部门的劳务支出）两部分。

农林牧渔业商品产值 指农林牧渔业生产经营单位在一定时期内生产的以货币表现的可供商品交换的那一部分产品总量。

耕地面积 指可以用来种植农作物、经常进行耕锄的田地。除包括熟地、当年新开荒、连续撂荒未满三年的耕地和当年有休闲地（轮歇地）外，还包括以种植农作物为主并附带种植桑树、茶树、果树和其他林木的土地，以及沿海、沿湖地区已围垦利用的“海涂”、“湖田”等面积。

播种面积 指实际播种或移植有农作物的面积。凡是实际种植农作物的面积，不论种植在耕地还是非耕地上，也不论面积大小，均应统计在内。

农作物产量 在本年度内不论数量多少、耕地上与非耕地上的农作物产量，都应统计在内。

造林面积 指本年度在荒山、荒地、沙丘等一切可以造林的土地上，采用人工播种、植苗、飞机播种等方法，新植的成片乔木林和灌木林，经过检查验收，符合“造林技术规程”要求的株数，成活率达 85%以上（1986 年以前成活率按 40%以上计算）的面积。四旁植树的四行以上，连续面积在一亩以上，应统计在造林面积内，但不包括补植面积、重造面积、迹地更新面积、低产林改造面积和零星植树折算面积。

造林面积按主要林种用途分为：

用材林 指为提供国民经济建设用材所造的林。

经济林 指为利用林木的果实、叶片、皮层、树漆等林产品作为工业原料或提供人民食用而营造的林，但不包括桑、果树等面积。

防护林 指为减免风、沙、水、旱等自然灾害，达到农田稳产、高产、保障工矿、水利、交通等经济建设安全所营造的林。包括水土保持林、农田防护林、沿海防护林、水源涵养林、防风固沙林、牧场防护林等。

薪炭林 指以生产燃料为目的所营造的乔木林，灌木林。

当年出栏头数 指农林牧渔业企业生产单位饲养的，已屠宰或已出售的全部牲畜头数。包括交售给国家、集市上出售以及农民自食的部分。

猪、牛、羊肉产量 指当年出栏并已屠宰的猪、牛、羊的肉产量。即屠宰后除去头蹄下水后带骨肉（即胴体重）的重量。

水产品产量 指本年度内农林牧渔业企业捕捞的水产品（包括人工养殖并捕获的水产品和捕捞的天然生长的水产品）产量。

水产品养殖面积 指人工投放鱼、虾、蟹、贝、藻等苗种并经常进行饲养管理的水面面积。

农业机械总动力 指主要用于农、林、牧、副、渔业各种动力机械的动力总和。包括耕作机械、排灌机械、收获机械、农产品加工机械、运输机械、植物保护机械、牧业机械、林业机械、渔业机械和其他农业机械［内燃机按引擎马力折成瓦（特）计算，电动机按功率折成瓦（特）计算］。

农业机械年末拥有量 指全民所有制、集体所有制农业生产单位和合作经营组织及农户在年末统计时实际拥有的各种农业机械设备数量。包括能用未用的、需要修复的（指中修、大修）、储存备用的。但已经损坏报废的、购买（或调进）而未提货的、从非农业生产单位调来临时支援的，均不包括在内。

第二部分　统计资料

工　　业

12-1 历年规模以上工业主要经济指标

单位：万元

项　　目	1999年	2000年	2001年	2002年	2003年
企业数（个）	212	193	175	180	185
工业总产值（当年价）	815268	997336	1245189	1691976	2407794
工业增加值（当年价）	258149	306634	399148	575563	822095
工业增加值指数(以上年为100)	111.7	120.5	131.2	139.5	143.9
工业销售产值（当年价）	804471	964881	1227957	1650288	2383336
本年应付工资总额	57708	61245	68555	79788	98401
全部职工年平均人数（人）	94287	86453	80808	76590	77556
流动资产合计	675664	724453	748083	1026191	1281923
存　货	239987	250265	284014	307503	367989
流动资产年平均余额	644367	704441	745986	949585	1174932
固定资产合计	1019060	1025779	1003163	1160523	1897950
固定资产原值合计	1192373	1229705	1252068	1496253	2265782
固定资产净值年平均余额	864913	895101	850602	1042965	1606883
资产总计	1784883	1832741	1867051	2333063	3438391
流动负债合计	658914	666409	705397	798085	1000380
长期负债合计	488915	352772	351508	546352	1007608
所有者权益合计	627933	808589	809785	982424	1400783
主营业务收入	750502	910462	1151058	1572339	2274891
管理费用	63259	69028	78650	87191	134369
利润总额	8002	18513	22997	93229	183411
亏损企业亏损额	29123	18724	21843	22944	22480
利税总额	75950	83988	107836	219965	359398
应交所得税	5506	8357	7925	9914	20659
应交增值税	37624	34896	44081	76521	113782

12-1续表　　　　单位：万元

项　　目	2004年	2005年	2006年	2007年	2008年
企业数（个）	224	245	279	293	317
工业总产值（当年价）	3571649	4831642	6431716	8227778	9276424
工业增加值（当年价）	1230341	1651929	2298388	3013887	3347507
工业增加值指数(以上年为100)	141.2	131.1	129.1	126.1	111.2
工业销售产值（当年价）	3494255	4690496	6260432	8014577	9085009
本年应付工资总额	125174	177831	227939	267033	324630
全部职工年平均人数（人）	76567	82614	87892	85884	89608
流动资产合计	1696186	1792728	2117406	2635328	3104770
存　货	403614	544784	585005	701827	740107
流动资产年平均余额	1470137	1717996	2041403	2373442	2876378
固定资产合计	2469819	3064856	3419036	3198612	3738889
固定资产原值合计	2787032	3661195	4427578	4264426	4995607
固定资产净值年平均余额	2150313	2485096	3013572	2876386	3333614
资产总计	4456639	5137818	6208229	7086474	8252157
流动负债合计	1309284	1590268	2095593	2610045	3175095
长期负债合计	1276035	1523364	1727665	1861009	2303971
所有者权益合计	1871319	1999294	2384794	2615419	2772800
主营业务收入	3403169	4431260	6074302	7764260	8821659
管理费用	129587	171610	195645	224416	291723
利润总额	311541	368246	459317	769442	229422
亏损企业亏损额	37456	25187	17721	13702	226919
利税总额	542154	657157	819361	1208983	709557
应交所得税	26943	24558	42592	52229	35251
应交增值税	150776	182599	223612	288349	313878

12-2 规模以上工业总产值

单位：万元

项　　目	2007年	2008年	2008年比2007年增长%
总　计	**8227778**	**9276424**	**12.75**
按经济类型分			
内资企业	5664267	6354431	12.18
国有企业	511141	671786	31.43
集体企业	8283	10463	26.32
有限责任公司	2083112	2237448	7.41
股份有限公司	1980364	2129222	7.52
私营企业	1078343	1302270	20.77
其他经济类型企业	3025	3243	7.21
港澳台商投资企业	1208241	1219843	0.96
合资经营企业（港或澳、台资）	661651	629707	-4.83
港澳台商独资经营企业	546590	590136	7.97
外商投资企业	1355270	1702151	25.59
中外合资经营企业	1098102	1121595	2.14
中外合作经营企业	65195	63390	-2.77
外资企业	191973	517166	169.40
按轻重工业分			
轻 工 业	4656211	4940090	6.10
重 工 业	3571567	4336334	21.41
按企业规模分			
大型企业	2657720	2504265	-5.77
中型企业	3885654	4728710	21.70
小型企业	1684403	2043449	21.32

12-3 规模以上独立核算

项目	企业单位数（个）	亏损企业	工业总产值（当年价）
总计	**317**	**122**	**9276424**
按登记注册类型分组			
内资企业	278	106	6354431
国有企业	20	6	671786
中央企业	5	1	326900
地方企业	15	5	344886
集体企业	6	3	10463
股份合作企业	1		3243
有限责任公司	63	21	2237448
国有独资公司	6		106491
其他有限责任公司	57	21	2130957
股份有限公司	14	7	2129222
私营企业	174	69	1302270
私营独资企业	2	1	1975
私营合作企业	2		6544
私营有限责任公司	162	61	1255573
私营股份有限公司	8	7	38178
港澳台商投资企业	13	7	1219843
合资经营企业(港或澳、台资)	7	4	629707
港澳台商独资经营企业	6	3	590136
外商投资企业	26	9	1702151
中外合资经营企业	14	4	1121595
中外合作经营企业	5	1	63390
外资企业	7	4	517166
在总计中亏损企业	122	122	3592756
在总计中国有控股企业	52	17	3990077
在总计中轻工业	151	50	4940090
重工业	166	72	4336334
在总计中大型企业	4	3	2504265
中型企业	53	15	4728710
小型企业	260	104	2043449

工业企业主要经济指标

单位：万元

工业销售产值（当年价）	本年应付工资总额	全部职工年平均人数（人）	流动资产合计	应收帐款
9085009	**324630**	**89608**	**3104770**	**520110**
6292533	240509	69954	2016028	423823
659656	47377	14672	409688	106586
317306	17728	3826	206009	75116
342350	29648	10846	203678	31470
9206	1396	520	8102	698
3178	66	129	2387	19
2228494	67817	18671	536735	136821
111771	12195	3407	77001	16675
2116723	55621	15264	459734	120146
2131581	75782	15404	705920	107291
1260420	48072	20558	353196	72408
1907	842	80	833	421
6501	416	262	826	192
1222186	44178	18468	311852	66097
29826	2636	1748	39685	5698
1202374	19263	4750	384202	29812
640193	10477	2107	306137	-2424
562181	8786	2643	78065	32236
1590102	64858	14904	704540	66474
1049809	50928	11615	607098	36947
68402	2130	921	32507	23333
471891	11800	2368	64935	6194
3496858	141038	38677	1469302	184198
3995588	146075	36307	1421632	307568
4798404	178767	52016	1889827	311821
4286604	145863	37592	1214943	208289
2489831	93447	18242	1012689	109817
4623010	158633	43025	1527966	259045
1972168	72551	28341	564116	151247

12-3续表1

项　　目	存　货	产成品	流动资产年平均余额	固定资产合　计
总　　计	**740107**	**328545**	**2876378**	**3738889**
按登记注册类型分组				
内资企业	580018	222204	1909600	3034852
国有企业	124486	25003	423919	748679
中央企业	89664	5974	218487	156008
地方企业	34822	19028	205432	592671
集体企业	5356	2028	8220	6832
股份合作企业	2208		2338	1024
有限责任公司	135297	64087	550678	1628953
国有独资公司	21862	3981	71323	172120
其他有限责任公司	113434	60106	479355	1456833
股份有限公司	159566	43856	603003	379199
私营企业	153106	87232	321442	270166
私营独资企业	298	32	792	824
私营合作企业	495	120	785	128
私营有限责任公司	131365	75659	286216	214819
私营股份有限公司	20948	11420	33650	54395
港澳台商投资企业	65609	29773	347066	258006
合资经营企业(港或澳、台资)	40514	8308	264997	126180
港澳台商独资经营企业	25095	21465	82069	131827
外商投资企业	94480	76569	619712	446031
中外合资经营企业	56973	45005	521291	244880
中外合作经营企业	3063	798	35341	44473
外资企业	34443	30765	63080	156678
在总计中亏损企业	307188	126309	1284536	1181952
在总计中国有控股企业	342106	90750	1361257	2706499
在总计中轻工业	455691	193567	1737978	1036548
重工业	284417	134978	1138400	2702341
在总计中大型企业	158484	63796	849799	246199
中型企业	362637	150591	1486491	2763570
小型企业	218986	114158	540088	729120

单位：万元

固定资产原　价	累计折旧	固定资产净值年平均余额	资产合计	流动负债合　计	长期负债合　计
4995607	**1599738**	**3333614**	**8252157**	**3175095**	**2303971**
4099602	1338041	2725228	6208491	2208857	2040797
963254	268329	709112	1227994	326933	571051
182681	54966	125850	377308	113900	50875
780573	213363	583262	850687	213033	520175
10347	3588	6914	15310	9800	2600
1903	879	1024	3412	858	823
2001804	584430	1355225	2720562	698737	1341209
183533	86523	107241	259781	60168	162764
1818271	497907	1247984	2460781	638569	1178444
827402	413697	398887	1532996	757773	60767
294893	67118	254066	708218	414755	64348
1098	291	857	1658	574	
195	68	128	954	619	
240405	64214	175229	590190	330731	49466
53194	2545	77852	115416	82832	14883
360812	125864	243682	648717	332321	67976
197768	77907	124581	438200	252174	37524
163044	47957	119101	210516	80147	30452
535193	135833	364704	1394950	633918	195198
312619	107182	189557	1087875	551739	116780
56520	12711	44759	77093	23328	19758
166055	15941	130388	229982	58851	58660
1412638	339619	957305	3289196	1709759	613712
3741408	1258807	2428991	5107190	1649842	1949224
1262546	352055	875739	3613302	1838082	333097
3733061	1247684	2457876	4638856	1337014	1970875
515042	208565	268801	1838184	1054019	65041
3585211	1172077	2489238	4990100	1425364	1916651
895354	219096	575575	1423873	695713	322280

12-3续表2

项　　　　目	所有者权益合计	主营业务收入	主营业务成本	主营业务税金及附加	营业费用
总　　计	**2772800**	**8821659**	**7054725**	**166257**	**536061**
按登记注册类型分组					
内资企业	1958548	6092903	4793561	165234	275079
国有企业	330010	445684	256095	114414	6193
中央企业	212533	317232	136834	113510	2857
地方企业	117478	128452	119262	905	3336
集体企业	2910	8320	6825	23	153
股份合作企业	1731	3079	2974		
有限责任公司	680460	2250452	1640356	11113	57838
国有独资公司	36849	93453	71586	617	2924
其他有限责任公司	643611	2156999	1568770	10496	54914
股份有限公司	714454	2141385	1776593	25732	193158
私营企业	228983	1243984	1110719	13953	17737
私营独资企业	1084	1960	1704	14	29
私营合作企业	335	6497	6169	11	25
私营有限责任公司	209863	1206071	1071689	13833	17081
私营股份有限公司	17702	29456	31156	95	602
港澳台商投资企业	248420	1144003	975584	632	36309
合资经营企业(港或澳、台资)	148502	581072	481999	42	33883
港澳台商独资经营企业	99918	562931	493584	590	2426
外商投资企业	565832	1584753	1285580	391	224672
中外合资经营企业	419354	1037710	823366	350	212452
中外合作经营企业	34007	68147	51135	41	1176
外资企业	112471	478896	411079		11045
在总计中亏损企业	965524	3498073	3009346	33999	383662
在总计中国有控股企业	1508028	3731650	2816007	146548	193744
在总计中轻工业	1442065	4783916	3814245	131558	461359
重工业	1330735	4037743	3240481	34699	74702
在总计中大型企业	719123	2459654	2007379	24372	350737
中型企业	1648085	4439508	3332358	132336	134723
小型企业	405592	1922497	1714988	9548	50601

单位：万元

管理费用	利润总额	亏损企业亏损额	利税总额	应交所得税	应交增值税
291723	**229422**	**226919**	**709557**	**35251**	**313878**
218997	246192	128825	649643	29679	238218
39219	7375	32671	172963	10176	51174
28267	34979	2060	183084	9575	34595
10952	-27604	30612	-10121	602	16579
1520	-200	537	-88	24	89
104			3		2
55323	264332	19531	395045	12893	119600
5424	12906		21656	228	8133
49899	251426	19531	373389	12665	111467
88137	-27222	59977	39884	5401	41374
34695	1906	16109	41837	1185	25978
105	-52	60	99	2	138
201	90		185	27	84
30903	7658	10245	45938	1147	24448
3484	-5789	5805	-4385	9	1309
17710	37797	6847	60081	3303	21652
9298	21760	6615	34390	2555	12588
8412	16036	232	25691	748	9065
55016	-54566	91247	-167	2269	54008
41086	-73629	88501	-31565	865	41714
5197	4379	172	6801	1299	2381
8732	14684	2573	24596	105	9913
136121	-226919	226919	-105990	-882	86929
134848	197695	109064	535052	21394	190809
184714	-44167	163010	247757	19953	160366
107009	273590	63909	461800	15298	153512
99365	-119851	123716	-25297	672	70182
121445	352431	58529	692840	32028	208073
70913	-3158	44674	42013	2551	35623

12-4 按工业行业分的规模以上独立

项目	企业单位数（个）	亏损企业	工业总产值（当年价）
总计	**317**	**122**	**9276424**
煤炭开采和洗选业	2		271131
黑色金属矿采选业	12		225091
有色金属矿采选业	2	1	2834
非金属矿采选业	5	1	19739
农副食品加工业	30	13	406892
食品制造业	20	9	2196770
饮料制造业	7	2	92481
烟草制品业	1		268731
纺织业	27	5	428655
纺织服装、鞋、帽制造业	13	5	42550
皮革、毛皮、羽毛(绒)及其制品业	2	1	1401
木材加工及木、竹、藤、棕、草制品业	1		3460
家具制造业	1		9898
造纸及纸制品业	8	3	75487
印刷业和记录媒介的复制	7	3	15061
石油加工、炼焦及核燃料加工业	2	1	508731
化学原料及化学制品制造业	21	10	891520
医药制造业	20	5	404379
化学纤维制造业	1	1	870
橡胶制品业	1		2616
塑料制品业	8		56009
非金属矿物制品业	31	16	146985
黑色金属冶炼及压延加工业	6	5	24776
有色金属冶炼及压延加工业	11	8	419203
金属制品业	8	5	18498
通用设备制造业	9	4	59925
专用设备制造业	8	4	103439
交通运输设备制造业	7	4	44944
电气机械及器材制造业	8	3	35802
通信设备、计算机及其他电子设备制造业	8	1	911014
工艺品及其他制造业	2		54926
废弃资源和废旧材料回收加工业	1	1	864
电力、热力的生产和供应业	19	10	1399549
燃气生产和供应业	2		71803
水的生产和供应业	6	1	60391

核算工业企业主要经济指标

单位：万元

工业销售产值（当年价）	本年应付工资总额	从业人员工年平均人数（人）	流动资产合计	应收帐款
9085009	**324630**	**89608**	**3104770**	**520110**
271131	16457	885	57936	5757
225091	6291	639	4631	1033
2834	264	141	1156	216
19152	1016	600	2637	826
387239	10254	4311	89011	17367
2128456	91502	19950	830870	116018
91870	3242	1393	15070	1527
264957	9823	1492	91758	17998
429662	15960	6737	118011	26739
40194	4955	3479	35167	2132
1401	116	170	847	78
3460	165	104	306	26
8515	185	89	1750	610
74305	3468	817	19923	7049
15397	1685	727	5341	1325
530788	10518	2064	235055	93
845114	31871	7519	173943	18997
358499	15362	5506	133393	25633
610	261	120	359	187
1714	290	137	995	282
55036	2960	639	18045	8455
151315	8619	4804	105498	14863
20757	1754	1109	22851	285
416097	2057	1091	25007	6460
16661	1042	531	8845	1605
59994	5802	3087	61208	11230
94157	4079	1078	34583	7881
44957	1764	1318	24651	5360
27014	1607	780	19070	6011
919657	9961	2439	308050	11530
48888	7225	2020	111588	56695
864	110	72	1567	18
1399496	40194	8285	284169	113073
69338	5129	1811	124303	913
60391	8641	3664	137181	31839

12-4续表1

项　　　　目	存货	产成品	流动资产年平均余额	固定资产合　计
总　　计	**740107**	**328545**	**2876378**	**3738889**
煤炭开采和洗选业	6850	6850	45409	1931
黑色金属矿采选业	48	48	8043	6139
有色金属矿采选业	186		1146	495
非金属矿采选业	807	721	2531	2694
农副食品加工业	35103	25387	83117	58220
食品制造业	157875	80303	718323	317606
饮料制造业	6523	3119	15642	27202
烟草制品业	57259	4686	115256	74308
纺织业	55166	27559	124507	41928
纺织服装、鞋、帽制造业	25389	13841	34653	11733
皮革、毛皮、羽毛(绒)及其制品业	347	180	452	7118
木材加工及木、竹、藤、棕、草制品业	224		449	1790
家具制造业	852	732	1645	439
造纸及纸制品业	5437	2812	18737	14139
印刷业和记录媒介的复制	2074	708	4585	15941
石油加工、炼焦及核燃料加工业	34773	2945	178829	20856
化学原料及化学制品制造业	82251	50770	170140	398171
医药制造业	47741	27842	135254	230990
化学纤维制造业	172	172	205	13
橡胶制品业	454	454	549	625
塑料制品业	3960	2346	16210	5669
非金属矿物制品业	32352	8169	88542	123399
黑色金属冶炼及压延加工业	13399	5905	15897	47224
有色金属冶炼及压延加工业	7386	3210	28984	19835
金属制品业	2443	1573	7737	4373
通用设备制造业	31781	19638	60212	13936
专用设备制造业	21775	9222	31218	14505
交通运输设备制造业	15716	11613	19664	11515
电气机械及器材制造业	7208	6029	17110	4583
通信设备、计算机及其他电子设备制造业	33549	7836	262693	18015
工艺品及其他制造业	30665	636	100601	72745
废弃资源和废旧材料回收加工业			1094	11941
电力、热力的生产和供应业	16088		337376	1913884
燃气生产和供应业	4176	3170	95596	80010
水的生产和供应业	79	71	133975	164919

单位：万元

固定资产 原　　价	累计折旧	固定资产净值 年平均余额	资产合计	流动负债 合　　计	长期负债 合　　计
4995607	**1599738**	**3333614**	**8252157**	**3175095**	**2303971**
2404	744	1722	66367	26955	43
6689	1230	5462	10770	7621	
836	342	489	2632	1383	
2917	263	2301	5806	3196	186
69452	16451	52833	167831	99393	12835
423269	121651	271669	1712636	1027187	81858
39550	13822	20025	56399	18470	6020
96946	26350	69948	181303	19601	937
57684	19570	37053	168568	98234	5255
18539	6806	12160	61947	36584	12851
7606	487	7160	8086	1696	346
2912	1122	1802	2097	1338	924
825	386	296	10725	1750	6145
16530	2653	14405	36256	20270	544
21860	6107	15470	24463	13062	153
184605	97544	51820	278595	118293	7676
685107	290607	384720	662710	172403	91401
242233	65842	178401	385781	157172	72759
13	1	13	372	28	133
958	417	651	1747	1286	350
7488	2037	5472	25373	12759	1138
122532	29609	100941	238334	103735	12049
48052	1032	73632	77331	60006	1016
16700	4446	11354	48083	43378	2642
5753	1490	3714	14945	7965	
27737	13914	13347	88866	51594	17026
16893	4416	13843	53458	30371	327
10843	4549	6689	44068	17314	17485
6144	1949	3934	42262	17582	4053
29264	11396	18440	331387	174059	2705
74208	26043	46801	184381	84841	49938
14749	2807	12368	13672	335	6000
2462528	749739	1692945	2710112	553714	1751313
82101	32947	51384	232192	74552	60169
189681	40970	150348	302606	116971	77697

12-4续表2

项　　　　目	所有者权益合计	主营业务收　　入	主营业务成　　本	主营业务税金及附加	营业费用
总　　计	**2772800**	**8821659**	**7054725**	**166257**	**536061**
煤炭开采和洗选业	39370	283424	202212	1281	34123
黑色金属矿采选业	3149	224840	210001	1944	225
有色金属矿采选业	1250	2834	2062	5	2
非金属矿采选业	2424	19152	17358	58	76
农副食品加工业	55602	418712	365827	8825	13517
食品制造业	603574	2107162	1696305	4725	374083
饮料制造业	31909	89793	59165	2122	9292
烟草制品业	160764	264701	92756	113444	2433
纺织业	65065	419212	355996	569	9914
纺织服装、鞋、帽制造业	12511	37628	30669	92	2217
皮革、毛皮、羽毛(绒)及其制品业	6044	1419	1412	2	22
木材加工及木、竹、藤、棕、草制品业	-165	3460	3169	41	60
家具制造业	2830	4355	2151	312	558
造纸及纸制品业	15436	73227	66034	52	1606
印刷业和记录媒介的复制	11248	14999	12074	212	666
石油加工、炼焦及核燃料加工业	152615	529263	454935	19864	365
化学原料及化学制品制造业	398906	864826	723091	1235	23075
医药制造业	155848	364802	287402	980	11197
化学纤维制造业	211	708	737	1	6
橡胶制品业	112	1136	832	9	47
塑料制品业	11460	55761	47019	66	590
非金属矿物制品业	122547	151557	125324	1195	4208
黑色金属冶炼及压延加工业	16310	20300	21335	138	500
有色金属冶炼及压延加工业	2005	415937	394413	681	976
金属制品业	6980	16114	14607	39	137
通用设备制造业	20213	45210	36347	278	875
专用设备制造业	22750	97354	84643	391	970
交通运输设备制造业	9269	42843	37763	114	403
电气机械及器材制造业	20530	26347	20570	70	1729
通信设备、计算机及其他电子设备制造业	154605	910097	783768	71	34240
工艺品及其他制造业	49603	49434	39940	45	401
废弃资源和废旧材料回收加工业	7337	942	800		40
电力、热力的生产和供应业	405085	1131347	770115	6679	2103
燃气生产和供应业	97471	72337	50560	375	2106
水的生产和供应业	107937	60430	43336	344	3298

单位：万元

管理费用	利润总额	亏损企业亏损额	利税总额	应交所得税	应交增值税
291723	**229422**	**226919**	**709557**	**35251**	**313878**
4219	22859		32180	4250	8040
1307	1088		6442		3410
556	206	17	211		
796	773	10	1058	86	228
12567	-3724	7303	9779	504	4678
80508	-129599	141015	-45335	1599	79539
10418	4069	155	9758	1307	3568
21127	35548		181046	9376	32054
14519	1990	745	10035	208	7476
4768	-380	1385	1002	197	1291
90	-110	124	-91		18
176	6		63		16
695	535		972	134	125
1596	1116	709	3331	85	2163
2095	-418	852	776	78	982
26616	-2560	2562	17315	1	12
24457	36587	2905	55835	3637	18013
19805	16950	2535	31244	1614	13315
30	-67	67	-54		12
254	5		55	1	41
1779	2781		4046	396	1200
9399	13002	2316	24685	122	10489
2647	-4326	4366	-3913		275
2524	-4325	4441	-2926	38	718
1448	-202	507	120	13	283
5640	-315	358	1069		1106
2122	1363	551	2564	175	810
2563	-575	1361	12	46	473
3454	364	774	722	77	289
10857	30066	5168	40390	3172	10253
6159	1489		3956	196	2422
187	-85	85	-85		
4892	195284	38544	306509	6291	104546
4190	13782		16693	38	2536
7264	-3755	8063	90	1613	3501

12-5 主要工业产品产量（规模以上）

项　　目	单　位	2007年	2008年	2008年比2007年增长%
原　煤	万吨	663.3	460.1	-30.6
发电量（火力发电）	万千瓦小时	3785882.6	3812894.7	0.7
煤　气（商品量）	万立方米	2995.4	1722.3	-42.5
面　粉	万吨	2.7	2.6	-3.7
食用植物油	吨	1800	16385	810.3
乳制品	吨	2259260	2040994	-9.7
冷冻饮品	吨	390094	336960	-13.6
饮料酒	吨	26843	27267.8	1.6
白　酒（商品量）	吨	1211	8703	618.7
啤　酒	吨	22089	18768.6	-15.0
软饮料	吨	1132412	917703	-19.0
液体乳	吨	2176365	1905065	-12.5
卷　烟	万箱	31.5	32.5	3.2
配混合饲料	吨	441978	499188	12.9
化学纤维	吨	4644	591	-87.3
# 合成纤维	吨	2988	591	-80.2
布	万米	12843	4269	-66.8
纯化纤布	万米	12843	4269	-66.8
毛　线	吨	169	263	55.6
金属镁	吨	1794	3885	116.6
稀土精矿	吨	1132	1039	-8.2
金属冶炼设备（冶炼设备）	吨	5240	2854	-45.5
石墨及碳素制品	吨	22070	4581	-79.2
羊绒纱	吨	161	179	11.2
服　装	万件	470.6	504.9	7.3
轻　革	平方米	11111	6176	-44.4
家　具	万件	4.9	10.2	108.2
机制纸及纸板	吨	27125	21768	-19.7
焦　炭	万吨	27.9	23.4	-16.1
盐　酸(含量30%以上)	吨	49097	37906	-22.8
氢氧化钠(烧碱)	吨	171761	160142	-6.8
化　肥(折纯)	吨	293981	313859	6.8
电　石	吨	151772	118961	-21.6
合成氨	吨	375940	367486	-2.2
塑料树脂及共聚物	吨	181636	178816	-1.6

12-5续表

项　　　　目	单　位	2007年	2008年	2008年比2007年增长%
中成药	吨	177	146	-17.5
铁矿石原矿量	吨	4869237	5045486	3.6
水泥熟料	吨	1972173	2172359	10.2
塑料制品	吨	7044	2458	-65.1
水　泥	万吨	320.3	328.2	2.5
水泥电杆	吨	23436	21856	-6.7
砖	万块	20211	12907	-36.1
生　铁	吨	295959	18658	-93.7
铁合金(电炉)	吨	3997	27157	579.4
纸制品	吨	60114	69634	15.8
化学药品原药（化学原料药）	吨	207425	178416	-14.0
多色印刷品	对开色令	1348750	1266709	-6.1
工业锅炉	蒸吨	261	40	-84.7
鲜冷藏冻肉	吨	15658	16385	4.6
减速机	台	5483	5548	1.2
精甲醇	吨	187341	180647	-3.6
稀土化合物	吨	2136	4869	127.9
商品混凝土	立方米	1033356	1020120	-1.3
电力变压器	万千伏安	0.2	0.1	-50.0
耐火材料制品	吨	3517	4138	17.7
绝缘制品	吨	1138	495	-56.5
单色印刷	令	189343	174074	-8.1
混凝土机械	台	850	2060	142.4
人造板	立方米	27454	30784	12.1
移动电话机	万部	142.6	17.6	-87.7
塑料加工设备	吨	618	550	-11.0
电视机	万台	342.1	370.7	8.4
彩色电视机	万台	342.1	370.7	8.4
原油加工量	万吨	133.1	120.7	-9.3
汽　油	万吨	44.1	42	-4.8
柴　油	万吨	53.7	42.7	-20.5
燃料油	万吨	2.6	8	207.7
液化石油气	吨	84585	63886	-24.5
自来水（生产量）	万立方米	8649	18665	115.8

主要统计指标解释

工业总产值（当年价格） 是以货币形式表现的工业企业在一定时期内生产的工业最终产品或提供工业性劳务活动的总价值量。它包括三项内容：Ⅰ、成品价值：指企业生产并在报告期内不再进行加工，经检验包装入库的已经销售和准备销售的全部工业成品（半成品）价值合计，包括企业生产的自制设备及提供给本企业在建工程、其他非工业部门和生活福利部门等单位使用的成品价值。生产成品价值按成品实物量乘以本期产品不含销项税额的实际销售平均单价计算；会计核算中按成本价格转帐的自制设备和自产自用的成品，按成本价格计算生产成品价值。生产成品价值中不包括用订货者来料加工的成品（半成品）价值。

Ⅱ、对外加工费收入：指企业在报告期内完成的对外承做的工业品加工（包括用订货者来料加工生产）的加工费收入和对外工业品修理作业所收取的加工费收入。对外加工费收入中不包括销项税额，可根据会计制度中“产品销售收入”科目的资料取得。

对于以外加工生产为主，对外加工费收入所占比重较大的企业，如果对外加工费收入出现跨报告期支付的情况，为保证指标生产口径计算的一致性，则应将对外加工费收入按实际情况调整，记录报告期应实际收取的对外加工费收入。

Ⅲ、自制半成品、在制品期末期初差额：是指按照工业总产值的计算方法，应该计入工业总产值中的半成品、在制品期末期初差额价值。本指标的填报原则是：如果会计产品成本核算中不计算半成品、在制品成本的，则不需填报；如果会计产品成本核算中计算半成品、在制品成本，则必须填报。

工业总产值计算应遵循的原则：

（1）工业生产的原则。即凡是企业在本年内生产的最终产品和提供的劳务，均应包括在内。其中的最终产品，不管是否在本年内销售，只要是本年内生产的，就应包括在内。凡不是工业生产的产品，均不得计入工业总产值。

（2）最终产品的原则。即企业生产的成品价值必须是本企业生产的，经检验合格不需再进行任何加工的最终产品。企业对外销售的半成品也应视为最终产品计入工业总产值。而在本企业内各车间转移的半成品和在制品只能计算其期末期初差额价值。

（3）“工厂法”原则。即以法人工业企业作为一个整体计算工业总产值，是其本年内生产的最终产品和提供劳务的总价值量。

轻工业 指主要提供生活消费品和制作手工工具的工业。按其所使用的原料不同，可以分为两大类：（1）以农产品为原料的轻工业，是指直接或间接以农产品为基本原料的轻工业，主要包括食品制造、饮料制造、烟草加工、纺织、缝纫、皮革和毛皮制作、造纸以及印刷等工业；（2）以非农产品为原料的轻工业，是指以工业品为原料的轻工业，主要包括文教体育用品、化学药品制造、合成纤维制造、日用化学制品、日用玻璃制品、日用金属制品、手工工具制造、医疗器械制造、文化和办公用机械制造等工业。

重工业 是指为国民经济各部门提供物质技术基础的主要生产资料的工业。按其生产性质和产品用途，可分为下列三类：（1）采掘（伐）工业，是指对自然资源的开采，包括石油开采、煤炭开采、金属矿开采、非金属矿开采和木材采伐等工业；（2）原材料工业，指向国民经济各部门提供基本材料、动力和燃料的工业，包括金属冶炼及加工、炼焦及焦炭化学、化工原料、水泥、人造板以及电力、石油和煤炭加工等工业；（3）加工工业，是指对工业原材料进行再加工制造的工业，包括装备国民经济各部门的机械设备制造工业、金属结构、水泥制品等工业，以及为农业提供的生产资料如化肥、农药等工业。

根据上述划分原则，修理业中的重工业产品为修理作业对象的划为重工业，否则划为轻工业。

工业增加值 是工业企业在报告期内以货币形式表现的工业生产活动的最终成果。

工业增加值有两种计算方法：一是生产法，即工业总产出减去工业中间投入。其中，工业总产出是工业企业在一定时期内工业生产活动的总成果，它包括：成品生产价值，对外加工费收入和自制半成品、在产品期末期初差额价值。工业中间投入指工业企业在工业生产活动中消耗的外购物质产品和对外支付的服务费用。服务费用包括支付给物质生产部门的服务费用和支付给非物质生产部门的服务费用。二是收入法，即从收入的角度出发，根据生产要素在生产过程中应得到的收入份额计算，具体构成项目有固定资产折旧、劳动者报酬、生产税净额、营业盈余。

工业统计调查单位 分为两类：独立核算法人工业企业和工业活动单位。

独立核算法人工业企业 是指从事工业生产经营活动的单位。独立核算法人工业企业应同时具备以下条件；1.依法成立，有自己的名称、组织机构和场所，能够承担民事责任；2.独立拥有和使用资产，承担负债，有权与其他单位签订合同；3.独立核算盈亏，并能编制资产负债表。

工业活动单位 是指在一个场所从事一种或主要从事一种工业生产活动的经济单位。它包括独立核算工业企业按主营业务活动（即工业生产活动）划分的主营业务活动单位和非工业企业所属的工业生产活动单位（即原非独立核算工业生产单位）。工业活动单位，一般应同时具备以下三个条件；1.具有一个场所，从事一种或主要从事一种工业活动；2.单独组织工业生产、经营或业务活动；3.单独核算收入和支出。

资产总计 指企业拥有或控制的能以货币计量的经济资源，包括各种财产、债权和其他权利。资产按其流动性（即资产的变现能力和支付能力）划分为：流动资产、长期投资、固定资产、无形资产、递延资产和其他资产。根据会计“资产负债表”中“资产总计”项的期末数填列。

固定资产合计 指企业固定资产净值、固定资产清理、在建工程、待处理固定资产净损失所占用的资金合计。

流动资产合计 流动资产是指可以在一年或者超过一年的一个营业周期内变现或者耗用的资产，包括现金及各种存款、短期投资、应收及预付货款、存货等。流动资产的一个重要特点是它在参加生产经营时，其价值一次转移到产品成本或费用中去。

应收帐款 指企业因销售商品、产品、提供劳务等，应向购货单位或接受劳务单位收取款项。该指标根据会计“资产负债表”中“应收帐款”项的年末数填报。未执行 2001 年《企业会计制度》的企业，用“应收帐款净额”期末数代替。

存货 指企业在生产经营过程中为销售或者耗用而储存的各种资产。包括原材料、包装物、低值易耗品、在产品、自制半成品、产成品等。

产成品 指企业已经完成全部生产过程并已验收入库合乎标准规格和技术条件，可以按照合同规定的条件送交订货单位，或者可以作为商品对外销售的产品。企业接受外来原材料加工制造的代制品和为外单位加工修理的代修品，制造和修理完成验收入库后，视同企业的产成品。

流动资产年平均余额 指全部流动资产在一年内的平均余额。其计算公式为：

流动资产年平均余额 =（1 至 12 月各月月初、月末流动资产余额之和）/ 24

固定资产原价合计 固定资产原价指企业在建造、购置、安装、改建、扩建、技术改造某项固定资产时所支出的全部货币总额。它一般包括买价、包装费、运杂费和安装费等。

生产经营固定资产 固定资产按其经济用途和使用情况综合分为七大类：生产经营用固定资产、非生产经营用固定资产、租出固定资产、不需用固定资产、未使用固定资产、土地、融资租入固定资产。

生产经营用固定资产指直接服务于企业生产、经营过程的各种固定资产，包括生产经营用的房屋、建筑物、机器设备、器具、工具等。

固定资产净值 指固定资产原价减去历年所提折旧后的净额。

流动负债 是指将在一年或者超过一年的一个营业周期内偿还的债务。包括短期借款、应付票据、应付帐款、预收货款、应付工资、应交税金、应付利润、其他应付款、预提费用等。

长期负债 指企业偿还期在一年以上或者超过一年的一个营业周期以上的债务，包括长期借款、长期应付款、应付债券等。根据会计“资产负债表”中的“长期负债合计”的期末数据填报。

所有者权益合计 所有者权益是指企业投资人对企业净资产的所有权，包括企业所有者投入资金以及留存收益等。

营业利润 指企业从事生产经营活动所产生的利润，即主营业务利润加其他业务利润扣除管理费用、财务费用后的净额。根据会计“利润表”中对应指标的本期累计数填列。

利润总额 指企业在生产经营过程中各种收入扣除各种耗费后的盈余，反映企业在报告期内实现的亏盈总额，包括营业利润、补贴收入、投资净收益和营业外收支净额。根据会计“利润表”中的对应指标的本期累计数填列。

主营业务收入　根据会计“利润表”中对应指标的本年累计数填列。未执行2001年《企业会计制度》的企业，用“产品销售收入”的本期累计数代替。

主营业务成本　根据会计“利润表”中对应指标的本年累计数填列。未执行2001年《企业会计制度》的企业，用“产品销售成本”的本期累计数代替。

营业费用　根据会计“利润表”中对应指标的本年累计数填列。未执行2001年《企业会计制度》的企业，用“产品销售费用”的本期累计数代替。

主营业务税金及附加　根据会计“利润表”中对应指标的本年累计数填列。未执行2001年《企业会计制度》的企业，用“产品销售税金及附加”的本期累计数代替。

管理费用　指企业行政管理部门为组织和管理生产经营活动而发生的各项费用。包括工资和福利费、折旧、工会经费、业务招待费、房产税、车船使用税、土地使用税、印花税、技术转让费、无形资产摊销、职工教育经费、劳动保险费、待业保险费、研究开发费、坏帐损失以及其他管理费用。

财务费用　指企业为筹集生产经营所需资金等发生的费用。包括利息支出（减利息收入）、汇兑损失（减汇兑收益）以及相关的手续费等。

应交所得税　反映企业本年利润应交的所得税。

实现利税总额　指企业主营业务税金及附加、应交增值税和利润总额之和。

第二部分　统计资料

能源消费

13-1 单位GDP、工业增加值能耗

项　　目	计量单位	2007年	2008年	2008年比2007年增长%
地区能源消费总量	万吨标准煤	1883.02	2034.13	12.5
GDP（2005年可比价）	亿元	1077.80	1229.45	14.1
单位GDP能耗	吨标准煤/万元	1.75	1.65	-5.3
规模以上工业能源消费量	万吨标准煤	1222.64	941.86	-23.0
规模以上工业单位增加值能耗	吨标准煤/万元	4.63	4.30	-7.2
单位GDP电耗	千瓦时/万元	999.48	882.11	-11.7

13-2 主要工业企业单位产品能源消耗情况

项　　目	计量单位	2007年	2008年	单位能耗降低率（%）
单位电石生产综合能耗	千克标准煤/吨	1208.13	1199.70	-0.70
单位合成氨生产综合能耗	千克标准煤/吨	1501.47	1490.60	-0.72
单位烧碱生产综合能耗(离子膜法42%)	千克标准煤/吨	924.20	918.18	-0.65
火力发电标准煤耗	克标准煤/千瓦时	348.64	358.61	2.86
炼焦工序单位能耗	千克标准煤/吨	375.24	212.76	-43.30
每吨水泥熟料综合能耗	千克标准煤/吨	178.67	151.87	-15.00
每吨水泥综合能耗	千克标准煤/吨	135.18	124.92	-7.59
原油(原料油)加工单位综合能耗	千克标准油/吨	95.0	89.7	-5.58

13-3 综合能源平

项目	煤合计（吨）	原煤（吨）	洗精煤（吨）	其它洗煤（吨）
可供本地区消费的能源量	31828914	31292763	612100	
年初库存量	2999641	2758894	53000	1331
一次能源生产量	4601012	4601012		
回收能				
外省（区、市）调入量	32050240	31480151	570089	
本省（区、市）调出量（一）	-4532829	-4532829		
年末库存量(-)	-3289150	-3014465	-10989	-1331
加工转换投入(-)产出(+)量	-17053371.34	-17165532.34	-595123	
火力发电	-15962463.3	-15962463.3		
供热	-1129645.04	-1129645.04		
炼焦	-299323		-299323	
炼油				
损失量	58725	58725		
# 运输和输配损失	58725	58725		
终端消费量	14717153.04	14065603	21055.04	
第一产业	27312	27312		
农、林、牧、渔业	27312	27312		
第二产业	8292239.04	8199427	21055.04	
工业	8036594.04	7943782	21055.04	
建筑业	255645	255645		
第三产业	3393071	2862893		
交通运输.仓储和邮政业	720377	720377		
批发、零售业和住宿、餐饮业	1838253	1308075		
其他	834441	834441		
生活消费	3004531	2975971		
城镇	1724996	1696436		
乡村	1279535	1279535		
平衡差额（+、-）	-335.38	2902.66	-4078.04	
消费量合计	31829249.38	31289860.34	616178.04	

衡 表（实物量）

煤制品（吨）	焦 炭（吨）	焦炉煤气（吨）	石油合计(吨)	原 油(吨)	汽 油(吨)	煤 油(吨)
-75949	32866		2010405	1187740	149693	6286
186416	30472		100499	26311	49215	807
	257885		3602429	1206057	746724	18758
	-210209		-1575067		-620675	-11964
-262365	-45282		-117456	-44628	-25571	-1315
707284	233566	1665.45	-83369.37	-1192076	419691	
			-7653			
		-56.86	-1279.37			
	233566	1722.31				
			-74437	-1192076	419691	
		37.33	16413	13981	815	
		37.33	16413	13981	815	
630495	265338	1628.12	1994959		571002	6378
			100399		6546	
			100399		6546	
71757	265338		332155.31		42462	117.31
71757	265338		74701.31		753	117.31
			257454		41709	
530178		397.72	1375603.69		355561	6260.69
			815239.69		161200	6260.69
530178		397.72	283183		42115	
			277181		152246	
28560		1230.4	186801		166433	
28560		1230.4	113206		113206	
			60065		53227	
840	1094		-84336.37	-18317	-2433	-92
630495	265338	1722.31	2094741.37	1206057	571817	6378

13-3续表

项　　目	柴　油 (吨)	燃料油 (吨)	液化石油气 (吨)	炼厂干气 (吨)
可供本地区消费的能源量	815732	-65055	-48891	
年初库存量	22290	1115	78	
一次能源生产量				
回收能				
外省（区、市）调入量	1577988	6326	14018	
本省（区、市）调出量（－）	-752965	-66359	-62165	
年末库存量（-）	-31581	-6137	-822	
加工转换投入（-）产出（+）量	417701.63	79573	63886	38873
火力发电	-7653			
供　　热	-1279.37			
炼　　焦				
炼　　油	426634	79573	63886	38873
损 失 量	1617			
# 运输和输配损失	1617			
终端消费量	1237269	14424	15367	37213
第一产业	93258			
农、林、牧、渔业	93258			
第二产业	135524	14424	1141	37213
工　　业	18767	14424	1141	37213
建 筑 业	116757			
第三产业	1002523		4564	
交通运输.仓储和邮政业	642845			
批发、零售业和住宿、餐饮业	236638		4241	
其　　他	123040		323	
生活消费	5964		9662	
城　　镇	4355		5247	
乡　　村	1609		4415	
平衡差额（+、-）	-5452.37	94	-372	
消费量合计	1247818.37	14424	15367	37213

天然气(万立方米)	其它石油制品(吨)	其它焦化产品(吨)	热　力(百万千焦)	电　力(万千瓦时)	其它能源(吨标煤)
66207	-35100	32986		-1884321	1993021
	683				
					1993021
66365	32558	36974		49867	
-158	-60939	-3988		-1934188	
	-7402				
-92.34	88982	7540	15156271.88	2964619.46	
				2964619.46	
-92.34			15156271.88		
		7540			
	88982				
330.18			86130	54226	
330.18			86130	54226	
65613	113306	40186	15070141.88	1030284	1993021
	595			78355	
	595			78355	
47327.03	101274	40186	5314674	706063	703641
47327.03	2286	40186	5304972	695081	703641
	98988		9702	10982	
13754.4	6695		1458263	133946	
5636.83	4934		111235	24340	
5442.76	189		557638	56274	
2674.81	1572		789390	53332	
4953.57	4742		8297204.88	111920	1289380
4953.57	3928		7340766.88	80978	
	814		956438	30942	1289380
171.48	-59424	340		-4211.54	
66035.52	113306	40186	15156271.88	-1880109.46	1993021

13-4 综合能源平

项　　目	煤合计	原　煤	洗精煤	其它洗煤	煤制品
可供本地区消费的能源量	22849060.24	22352420.61	550890		-54250.37
年初库存量	2152485.67	1970677.98	47700	950.73	133156.95
一次能源生产量	3286502.87	3286502.87			
回收能					
外省（区、市）调入量	22999351.96	22486271.86	513080.1		
本省（区、市）调出量（－）	-3237799.75	-3237799.75			
年末库存量(-)	-2351480.5	-2153232.35	-9890.1	-950.73	-187407.32
加工转换投入(-)产出(+)量	-12291737.49	-12261339.75	-535610.7		505212.96
火力发电	-11401987.54	-11401987.54			
供　热	-806905.45	-806905.45			
炼　焦	-269390.7		-269390.7		
炼　油					
损失量	41947.27	41947.27			
# 运输和输配损失	41947.27	41947.27			
终端消费量	10516372.34	10047060.22	18949.54		450362.58
第一产业	19508.96	19508.96			
农、林、牧、渔业	19508.96	19508.96			
第二产业	5927056.27	5856850.71	18949.54		51256.03
工　业	5744449.04	5674243.48	18949.54		51256.03
建筑业	182607.22	182607.22			
第三产业	2423670.62	2044964.47			378706.15
交通运输. 仓储和邮政业	514565.29	514565.29			
批发、零售业和住宿、餐饮业	1313064.12	934357.97			378706.15
其　他	596041.21	596041.21			
生活消费	2146136.49	2125736.09			20400.41
城　镇	1232164.64	1211764.23			20400.41
乡　村	913971.85	913971.85			
平衡差额（+、-）	-996.85	2073.37	-3670.24		600.01
消费量合计					

衡 表（标准量）

单位：吨标准煤

焦 炭	焦炉煤气	石油合计	原 油	汽 油	煤 油	柴 油	燃料油
31926.03		2889024.55	1696805.36	220258.28	9249.22	1188603.1	-92937.57
29600.5		146351.83	37587.89	72414.95	1187.42	32478.76	1592.89
250509.49		5227239.14	1722973.03	1098729.69	27600.52	2299286.31	9037.32
-204197.02		-2314694.85		-913261.2	-17603.83	-1097145.3	-94800.47
-43986.93		-169871.57	-63755.56	-37625.17	-1934.89	-46016.68	-8767.32
226886.01	9992.7	-67975.8	-1702999.77	617533.34		608633.05	113677.99
		-11151.19				-11151.19	
	-341.16	-1864.17				-1864.17	
226886.01	10333.86						
		-54960.45	-1702999.77	617533.34		621648.4	113677.99
	223.98	23528.58	19973.26	1199.19		2356.13	
	223.98	23528.58	19973.26	1199.19		2356.13	
257749.33	9768.72	2916436.27		840172.34	9384.59	1802824.66	20606.13
		146351.02		9631.78		135886.23	
		146351.02		9631.78		135886.23	
257749.33		482945.47		62478.59	172.61	197472.02	20606.13
257749.33		112865.02		1107.96	172.61	27345.4	20606.13
		370080.45		61370.62		170126.62	
	2386.32	2010357.76		523172.46	9211.98	1460776.26	
		1189998.71		237189.68	9211.98	936689.45	
	2386.32	414308.19		61968.01		344805.23	
		406050.87		224014.76		179281.58	
	7382.4	276782.03		244889.52		8690.14	
	7382.4	187411.11		166571.31		6345.67	
		89370.92		78318.21		2344.47	
1062.71		-118916.11	-26167.67	-3579.92	-135.37	-7944.65	134.29

13-4续表

项　　目	液化石油气	炼厂干气	天然气	其它石油制品	其它焦化产品
可供本地区消费的能源量	-83813.84		794484	-49140	39203.86
年初库存量	133.72			956.2	
一次能源生产量					
回 收 能					
外省（区、市）调入量	24031.06		796380	45581.2	43943.6
本省（区、市）调出量（一）	-106569.46		-1896	-85314.6	-4739.74
年末库存量(-)	-1409.15			-10362.8	
加工转换投入(-)产出(+)量	109519.77	61085.03	-1108.08	124574.8	8961.29
火力发电					
供　　热			-1108.08		
炼　　焦					8961.29
炼　　油	109519.77	61085.03		124574.8	
损 失 量			3962.16		
# 运输和输配损失			3962.16		
终端消费量	26343.65	58476.51	792420	158628.4	47761.06
第一产业				833	
农、林、牧、渔业				833	
第二产业	1956.02	58476.51	567924.36	141783.6	47761.06
工　　业	1956.02	58476.51	567924.36	3200.4	47761.06
建 筑 业				138583.2	
第三产业	7824.07		165052.8	9373	
交通运输.仓储和邮政业			67641.96	6907.6	
批发、零售业和住宿、餐饮业	7270.35		65313.12	264.6	
其　　他	553.72		32097.72	2200.8	
生活消费	16563.57		59442.84	6638.8	
城　　镇	8994.93		59442.84	5499.2	
乡　　村	7568.63			1139.6	
平衡差额（+、-）	-637.72	2608.52	-3006.24	-83193.6	404.09
消费量合计					

单位：吨标准煤

热　　力		电　力(万吨标准煤)		其它能源	合　计	合　计
当量值	等价值	当量值	等价值		（当量值）	（等价值）
		-2315830.51	-7254225.12	854208.8	25142076.97	20203682.36
					2328438	2328438
					3286502.87	3286502.87
				854208.8	854208.8	854208.8
		61286.54	191977.08		29378710.73	29509401.27
		-2377117.05	-7446202.2		-8140444.42	-13209529.57
					-2565339.01	-2565339.01
516828.87	810218.86	3643517.32	11413138.72		-7954635.18	108376.22
		3643517.32	11413138.72		-7769621.41	
516828.87	810218.86				-293389.99	
					-23209.54	-23209.54
					-54960.45	-54960.45
2937.03	4604.31	66643.75	208758.28		139242.77	283024.57
2937.03	4604.31	66643.75	208758.28		139242.77	283024.57
513891.84	805614.55	1266219.04	3966368.83	854208.8	17174827.4	20166699.91
		96298.3	301649.67		262158.27	467509.65
		96298.3	301649.67		262158.27	467509.65
181230.38	284110.05	867751.43	2718188.65	301580.53	8633998.83	10587315.72
180899.55	283591.4	854254.55	2675910.34	301580.53	8067483.45	9991831.1
330.84	518.65	13496.88	42278.31		566515.39	595484.62
49726.77	77955.33	164619.63	515662.9		4815813.9	5195085.73
3793.11	5946.36	29913.86	93703.69		1805912.93	1871856.02
19015.46	29810.02	69160.75	216642.63		1883247.95	2041524.4
26918.2	42198.94	65545.03	205316.58		1126653.02	1281705.31
282934.69	443549.18	137549.68	430867.6	552628.27	3462856.39	3916788.81
250320.15	392420.24	99521.96	311747.65		1836243.11	2190568.88
32614.54	51128.94	38027.72	119119.96	552628.27	1626613.29	1726219.93
		-5175.98	-16213.51		-126628.38	-137665.91
					25268705.35	20341348.27

13-5 规模以上工业企业主要能源消费量

项　　目	原　煤（吨）	焦　炭（吨）	汽　油（吨）	柴　油（吨）	热　力（百万千焦）	电　力（万千瓦时）
总　计	24844872.43	123846.59	5945.53	19366.33	2871008	626198.02
按工业行业大类分						
煤炭开采和洗选业			86	152		365.43
黑色金属矿采选业	401		18.4	368.9		8335.25
有色金属矿采选业	82		1.5	59		475.4
非金属矿采选业			145.7	348.4		510.59
农副食品加工业	63805.74		446.92	48.43	25090	17343.55
食品制造业	191466.51		918.19	1032.22	1690600	49125.13
饮料制造业	13582.35		133.73	38.82	124850	3725.99
烟草制品业	13536		52	75		1228
纺织业	31265.64		285.79	82.3	105600	9436.79
纺织服装、鞋、帽制造业	10554.3		79.7	110.21		534.54
皮革、毛皮、羽毛(绒)及其制品业	105		3.02			19.41
木材加工及木、竹、藤、棕、草制品业	3115		2	4.5		628.08
家具制造业	45		4.6			73.72
造纸及纸制品业	10601.28		57.27	40.4		1205.89
印刷业和记录媒介的复制			85.2	5.64		319.96
石油加工、炼焦及核燃料加工业	84874		158.86	659.24		11551.5
化学原料及化学制品制造业	992350.13	60781	442.92	1902.19	19255	170449.82
医药制造业	263664	18731	169.8	294.69	11310	36499.68
化学纤维制造业	8		1			249.5
塑料制品业	148		46.32	27.86		733.8
非金属矿物制品业	424022.7		227.27	2463.62		34653.86
黑色金属冶炼及压延加工业	186	43063	1.5	154		21797.32
有色金属冶炼及压延加工业	79549.91	1000	44.12	347.02		2874.52
金属制品业	139		92.76	7		772.9
通用设备制造业	17189	271.59	71.17	32.13		1289.4
专用设备制造业	2291.5		195.33	32		690.52
交通运输设备制造业	654		742.67	43.93		721.35
电气机械及器材制造业	200		152.67	11.07		348.18
通信设备、计算机及其他电子设备制造业	560		39.08	1528.41		2732.95
工艺品及其他制造业	15100		46.7	141		904.4
电力、热力的生产和供应业	22561490.17		682.51	9034.07	894303	232043.27
燃气生产和供应业	23526		188.03	123.2		2561.05
水的生产和供应业	40360.2		294	21		11813.07

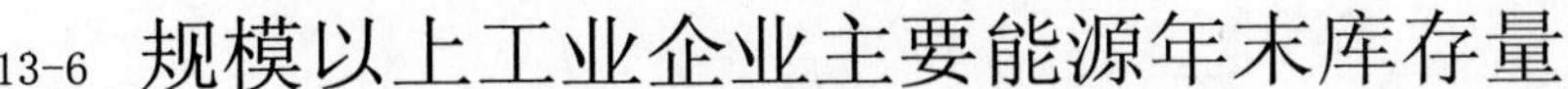

13-6 规模以上工业企业主要能源年末库存量

单位：吨

项　　目	原　煤	焦　炭	汽　油	柴　油
总　　计	1728806.46	11080	16.4	3334.08
按工业行业大类分				
农副食品加工业	4421.05		1.2	8
食品制造业	49891.01			
饮料制造业	1730.8			
烟草制品业	1328			
纺织业	2830			
纺织服装、鞋、帽制造业	1013.18			
皮革、毛皮、羽毛(绒)及其制品业	285			
木材加工及木、竹、藤、棕、草制品业	685			
造纸及纸制品业	2679.05			
石油加工、炼焦及核燃料加工业	26944			21.91
化学原料及化学制品制造业	756923.22		1.2	46.48
医药制造业	77385	3019		7
非金属矿物制品业	56299.99		2	40.23
黑色金属冶炼及压延加工业		7461		
有色金属冶炼及压延加工业	3537.3	600		20.96
通用设备制造业	6053.61		12	12.5
专用设备制造业	333			
工艺品及其他制造业	11848			
电力、热力的生产和供应业	722446.51			3176
燃气生产和供应业	2051			

主要统计指标解释

能源消费总量 指一定时期内全市物质生产部门、非物质生产部门和生活消费的各种能源的总和，是观察能源消费水平、构成和增长速度的总量指标。能源消费总量包括原煤和原油及其制品、天然气、电力，不包括低热值燃料、生物质能和太阳能等的利用。能源消费总量分为终端能源消费量、能源加工转换损失量和损失量三部分。

能源消费总量=终端能源消费量折标准煤之和+能源加工转换投入量折标准煤之和-能源加工转换产出量折标准煤之和+能源损失量折标准煤之和

(1)终端能源消费量：指一定时期内全市生产和生活消费的各种能源在扣除了用于加工转换二次能源消费量和损失量以后的数量。

(2)能源加工转换损失量：指一定时期内全市投入加工转换的各种能源数量之和产出各种能源产品之和的差额，是观察能源在加工转换过程中损失量变化的指标。

(3)能源损失量：指一定时期内能源在输送、分配、储存过程中发生的损失和由客观原因造成的各种损失量，不包括各种气体能源放空、放散量。

一次能源生产量 是指生产一次能源的企业（单位）在报告期内将自然界现存的能源资源经过开采而产出的合格产品，如煤矿采掘的原煤，油田开采的原油，气田开采出的天然气等。

能源加工转换 能源加工与转换既有联系又有区别，两者都是将能源经过一定的工艺流程生产出新的能源产品。能源加工，一般只是能源物理形态的变化，如原油经过炼制成为汽油、煤油、柴油等石油制品；原煤经过洗选成为洗煤；炼焦煤经过高温干馏成为焦炭；煤炭经过气化成为煤气等。能源转换是能源流程中的能量形式的转换。如热电厂将煤炭、重油等投入到耗能设备中，经过复杂的工艺过程把热能转换为机械能，机械能转换为电能。

地区能源平衡表 地区能源平衡表是局部范围的平衡，以地区为平衡范围，是全国能源平衡表的基础。它反映一个地区在一定时期内能源流程的全过程。它与全国能源平衡表的表式、指标、编制方法等基本相同。主要区别是为反映各地区能源资源的形式和流向。

标准煤 标准煤亦称煤当量，具有统一的热值标准。我国规定每千克标准煤的热值为7000千卡。将不同品种、不同含量的能源按各种不同的热值换算成每千克热值为7000千卡的标准煤。

当量热值 当量热值又称理论热值（或实际发热值）是指某种能源一个度量单位本身所含热量。当量热值是能源统计中经常使用的一个热值概念，其热值的计算可根据试样在充氧的弹筒中（放有浸没氧弹的水的容器）完全燃烧所放出的热量（用燃烧后水温升高计算出来的）进行实测。

等价热值 等价热值也是能源统计经常使用的一个热值概念，是指加工转换产出的某种二次能源与相应投入的一次能源的当量，即获得一个度量单位的某种二次能源所消耗的以热值表示的一次能源量，也就是消耗一个度量单位的某种二次能源，就等价于消耗了以热值表示的一次能源量。因此，等价热值是个变动值，随着能源加工转换工艺的提高和能源管理工作的加强，转换损失逐渐减少，等价热值会不断降低。等价热值是对二次能源及消耗工质而言，因一次能源不存在折算问题，因此也无所谓等价热值。

等价热值=二次能源具有的能量/转换效率

单位 GDP 能耗=地区能源消费总量/ GDP（2005 年可比价）

单位工业增加值能耗=工业企业综合能源消费总量/工业增加值（2005年可比价）

第二部分　统计资料

建　筑　业

14-1 按经济类型分的建筑业生产情况

项目	单位	总计	内资企业	#国有企业	股份合作公司	股份有限公司	有限责任公司
企业个数	个	210	210	6	2	9	51
亏损企业个数	个	20	20				7
签订的合同额	千元	21726105	21726105	6090145	55442	3098392	6942767
建筑业总产值	千元	16869030	16869030	4945428	53640	1947559	5638118
建筑工程产值	千元	13166213	13166213	4384105	29140	1850823	3451603
安装工程产值	千元	2625806	2625806		24500	85654	1893034
其他产值	千元	1077011	1077011	561323		11082	293481
竣工产值	千元	7833763	7833763	1531630	39723	813737	3172379
房屋建筑施工面积	平方米	8715927	8715927	138475	8315	976289	3411800
年末自有施工机械设备							
净值	千元	850939	850939	202880	2111	116296	345077
总台数	台	25269	25269	3891	99	3348	5399
总功率	千瓦	439475	439475	97116	1173	78426	117446
主要建筑材料消耗量							
钢材	吨	591971	591971	100712	2687	67908	309022
木材	立方米	166235	166235	2513	2192	13112	73050
水泥	吨	2146185	2146185	602289	11024	301723	644328
从业人员情况							
计算劳动生产率的平均人数	人	201789	201789	47508	794	21914	65795
年末从业人员	人	134586	134586	39430	555	11003	37621

14-2 按国民经济行业分的建筑业生产情况

项目	单位	合计	房屋工程建筑	土木工程建筑	建筑安装	建筑装饰	其他建筑业
企业个数	个	176	97	30	31	12	6
亏损企业个数	个	176	97	30	31	12	6
签订的合同额	千元	21726105	9982162	10616030	830468	79908	217537
建筑业总产值	千元	16869030	7245666	8591202	753369	64127	214666
建筑工程产值	千元	13166213	6881276	5970586	221954	44003	48394
安装工程产值	千元	2625806	192655	1870385	402580	16914	143272
其他产值	千元	1077011	171735	750231	128835	3210	23000
竣工产值	千元	7833763	4057150	3250550	430586	16083	79394
房屋建筑施工面积	平方米	8715927	8544969	73529	97429		
年末自有施工机械设备							
净值	千元	850939	341061	480166	20174	8784	754
总台数	台	25269	15788	7645	1667	150	19
总功率	千瓦	439475	221303	197483	13000	6152	1537
主要建筑材料消耗量							
钢材	吨	591971	390162	191118	10130	339	222
木材	立方米	166235	147428	16606	1988	173	40
水泥	吨	2146185	1096010	1027329	13014	3502	6330
从业人员情况							
计算劳动生产率的平均人数	人	201789	100820	85111	12356	1170	2332
年末从业人员	人	134586	67866	53285	11820	550	1065

14-3 按经济类型分的建筑业财务状况

项目	单位	总计	内资企业	#国有企业	股份合作公司	股份有限公司	有限责任公司
企业个数	个	210	210	6	2	9	51
流动资产小计	千元	8066887	8066887	2052075	14641	986037	2731414
#存　　货	千元	1325457	1325457	313921	4039	81832	262554
固定资产合计	千元	2086172	2086172	308693	5941	212808	735950
固定资产原价	千元	2729873	2729873	512628	11588	353764	1025998
累计折旧	千元	1076282	1076282	246077	6147	160971	448984
#本年折旧	千元	118256	118256	18415	659	14532	54328
在建工程	千元	182128	182128			17045	35285
资产合计	千元	11051869	11051869	2593821	20582	1298302	3715802
流动负债合计	千元	7133956	7133956	1931149	3821	780708	2586417
长期负债合计	千元	173038	173038	29889		26827	31220
负债合计	千元	7306994	7306994	1961038	3821	807535	2617637
所有者权益合计	千元	3744875	3744875	632783	16761	490767	1098165
#实收资本	千元	2807818	2807818	412891	13990	346897	889945
工程结算收入	千元	16216227	16216227	4776653	53640	1886662	5425154
工程结算税金及附加	千元	684272	684272	152384	3172	103057	245758
工程结算利润	千元	1836572	1836572	467709	4117	196022	665925
其他业务收入	千元	120965	120965	7323		370	92453
管理费用	千元	603307	603307	148943	2676	59415	224559
#税　　金	千元	74748	74748	10746	753	8814	39726
劳动、待业保险费	千元	87342	87342	30152	857	11468	34618
营业利润	千元	1222119	1222119	314551	1445	134869	447691
利润总额	千元	957659	957659	292184	645	81597	284238
本年应付工资总额	千元	3505945	3505945	855680	15850	409178	1166331
本年应付福利费总额	千元	350143	350143	95007	2218	37898	112216
亏损企业个数	个	20	20				7
建筑业增加值	千元	6042780	6042780	1476935	24954	719816	2100668

14-4 按国民经济行业分的建筑业财务状况

项目	单位	总计	房屋工程建筑	土木工程建筑	建筑安装	建筑装饰	其他建筑
企业个数	个	210	105	35	41	17	12
流动资产小计	千元	8066887	3386382	4048014	390568	107460	134463
#存货	千元	1325457	761650	396356	115547	28464	23440
固定资产合计	千元	2086172	1087506	790703	108726	66268	32969
固定资产原价	千元	2729873	1215173	1300434	105957	81400	26909
累计折旧	千元	1076282	384637	628293	40914	17680	4758
#本年折旧	千元	118256	35124	73326	5127	3592	1087
在建工程	千元	182128	159363	20826	109	1200	630
资产合计	千元	11051869	4843579	5264742	527525	248587	167436
流动负债合计	千元	7133956	2736478	3895375	296142	99751	106210
长期负债合计	千元	173038	103154	60332	5282	1270	3000
负债合计	千元	7306994	2839632	3955707	301424	101021	109210
所有者权益合计	千元	3744875	2003947	1309035	226101	147566	58226
#实收资本	千元	2807818	1467648	982845	173635	129690	54000
工程结算收入	千元	16216227	6894745	8359518	683842	62202	215920
工程结算税金及附加	千元	684272	340610	306234	27229	2510	7689
工程结算利润	千元	1836572	815196	877922	113734	15694	14026
其他业务收入	千元	120965	27347	86754	4788	2028	48
管理费用	千元	603307	207551	338585	41236	6699	9236
#税金	千元	74748	17196	52838	3119	459	1136
劳动、待业保险费	千元	87342	28753	55209	3250	87	43
营业利润	千元	1222119	595101	538153	74747	9168	4950
利润总额	千元	957659	449407	424665	71068	8857	3662
本年应付工资总额	千元	3505945	1763228	1490231	188255	18795	45436
本年应付福利费总额	千元	350143	173936	159500	11770	1298	3639
亏损企业个数	个	20	12	1	3	4	
建筑业增加值	千元	6042780	2953935	2675491	313467	35907	63980

14-5 国有建筑业企业基本情况

项 目	单 位	2007年	2008年	2008年比2007年增长%
企业个数	个	6	6	
签订的合同额	千元	6823610	6090145	-10.7
建筑业总产值	千元	3278388	4945428	50.8
建筑工程	千元	3023318	4384105	45.0
安装工程	千元			
其他工程	千元	255070	561323	120.1
竣工产值	千元	616293	1531630	148.5
房屋建筑施工面积	平方米	153784	138475	-10.0
年末从业人员	人	25932	39430	52.1
工资总额	千元	593951	855680	44.1
年末自有设备机械净值	千元	199197	202880	1.8
年末自有设备机械总台数	台	2223	3891	75.0
年末自有设备机械总功率	千瓦	80966	97116	19.9
年末固定资产原值	千元	514925	512628	-0.4
年末固定资产净值	千元	295019	308693	4.6
工程结算收入	千元	3269388	4776653	46.1
实现利润（或亏损）总额	千元	29588	292184	887.5

14-6 大中型建筑业

指　　标	单　位	合　　计	内蒙古第三建筑工程公司	呼市建筑工程公司
上年结转的合同额	千元	5650820	230457	203160
本年新签合同额	千元	7974778	788763	405147
自行完成的施工产值	千元	10478782	590000	548610
从建设单位以外				
承揽工程完成的产值	千元	70993		
建筑业总产值	千元	10549775	590000	548610
建筑工程	千元	8088411	590000	548610
安装工程	千元	1876959		
其他工程	千元	584405		
竣工产值	千元	4334246	151120	369730
房屋建筑施工面积	平方米	3584575	441152	892116
# 本年新开工	平方米	1344451	210969	304085
房屋建筑竣工面积	平方米	1427801	104231	372227
# 住　　宅	平方米	892474	55765	255103
自有机械设备年末总台数	台	502730	24250	10874
自有机械设备年末总功率	万千瓦	9615	578	614
自有机械设备净值	千元	225651	12426	12105
计算劳动生产率的平均人数	人	105488	6073	6817
实收资本合计	千元	1107395	50000	50100
流动资产年末合计	千元	4997304	353846	266764
固定资产原价	千元	1425877	80053	54882
# 生产经营用	千元	1300576	79518	54882
累计折旧	千元	689782	50433	16938
# 本　　年	千元	65719	290	1593
流动负债合计	千元	4765864	367217	271447
长期负债合计	千元	70803		
所有者权益合计	千元	1506335	70000	54563
工程结算收入	千元	10276879	545878	548610
工程结算成本	千元	8822752	461166	466318
工程结算税金及附加	千元	369802	21122	18817
工程结算利润	千元	1073268	63510	63415
利润总额	千元	514270	61922	1962
应交所得税	千元	41128	2873	559

企业基本情况

呼市市政工程公司	内蒙古黄河辽河工程局	内蒙古公路工程局	内蒙古第二电力建筑公司	内蒙古送变电工程公司	中铁六局（集团）呼和铁建公司
136314	488110	1030515	415035	79550	1911902
116613	663503	894143	296750	1460000	1054980
136025	659724	1897682	638870	1500000	2052930
136025	659724	1897682	638870	1500000	2052930
136025	644456	1897682	294590		2052930
	6427		344280	1500000	
	8841				
101328	257375	707526		1050000	9270
	48269				
	44369				
	37969				
11070	26943	48575	49586	130746	54860
460	1258	653	825	1033	1239
17543	31662	28000	21497	21060	35858
1240	6950	12676	5965	15306	23308
40018	122387	72425	105580	77880	172000
179818	429844	612109	575917	497949	1047100
33452	118794	98774	190349	212008	209300
33452	118794	88358	163191	208789	209300
22382	80820	55017	122763	81262	109440
2851	4754	3937	6816	28824	1680
187063	363303	534390	561564	657545	1009300
	4530	3934	8452		25950
39848	153563	147267	105580	96332	289760
136025	659724	1807682	588870	1500000	2052930
125182	560765	1553533	478011	1275000	1890820
4884	61686	58563	14340	49500	69800
5949	34312	194996	96239	175400	91580
185	773	165274	81874	3946	20800
50	218	1375	9006	1060	6590

14-6续表

指　　　标	单　位	内蒙古第二建筑工程公司	内蒙古派力建筑工程公司	内蒙古中色建筑工程总公司
上年结转的合同额	千元	187250	148573	56160
本年新签合同额	千元	586442	76460	280240
自行完成的施工产值	千元	516412	233830	180030
从建设单位以外				
承揽工程完成的产值	千元			70993
建筑业总产值	千元	516412	233830	251023
建筑工程	千元	487919	233830	251023
安装工程	千元	26252		
其他工程	千元	2241		
竣工产值	千元	306836	20830	251023
房屋建筑施工面积	平方米	611615	289928	138475
#本年新开工	平方米	331122	21800	115250
房屋建筑竣工面积	平方米	237193	16160	138475
#住　　宅	平方米	69360		94520
自有机械设备年末总台数	台	19832		40921
自有机械设备年末总功率	万千瓦	1060		385
自有机械设备净值	千元	15512		17580
计算劳动生产率的平均人数	人	5167	2386	4800
实收资本合计	千元	61561	40500	74000
流动资产年末合计	千元	139621	85956	201731
固定资产原价	千元	82454	12930	61040
#生产经营用	千元	48913		61040
累计折旧	千元	27539	9876	38271
#本　　年	千元	1381	787	1570
流动负债合计	千元	53764	56368	170500
长期负债合计	千元	22297		
所有者权益合计	千元	139763	51994	74000
工程结算收入	千元	516412	233830	221128
工程结算成本	千元	438950	198755	170933
工程结算税金及附加	千元	17713	7716	6714
工程结算利润	千元	59121	27339	43376
利润总额	千元	3162	3283	23559
应交所得税	千元	791	820	2309

内蒙古蒙建建筑安装工程有限责任公司	内蒙古煤炭建设工程（集团）总公司	内蒙古巨华集团大华建筑安装有限公司	内蒙古地矿建设工程集团有限责任公司	呼和浩特市公路工程局有限责任公司
160318		512920	47306	43250
329542	679735	80000	109030	153430
260240	561323	492130	107176	103800
260240	561323	492130	107176	103800
248240		492130	107176	103800
12000	561323			
393015	561323	9100	43120	102650
523815		474429	164776	
199956			116900	
461788		9953	49805	
367921			49805	
15835	39158	14650		15430
398	325	680		107
1680	885	4920		4923
2891	4487	4512	1190	1720
50264	65000	65680	20000	40000
120113	163560	279610	8136	35230
35169	95660	49960	33292	57760
35017	70440	44670	33292	50920
4493	24135	11650	2003	32760
152	6330	1170	184	3400
92150	158220	249830	14183	19020
		4600	1040	
62980	88000	65680	25795	41210
260240	512443	482131	107176	103800
243174	378878	398493	91099	91675
8666	11366	11954	3536	3425
4287	121079	71544	12521	8600
263	80079	66604	134	450
65	7928	7327	44	113

主要统计指标解释

建筑业 指国民经济中专门从事建筑安装工程施工的物质生产部门。建筑业生产是以工农业产品为原料，经过建筑安装活动形成各种用途的固定资产。建筑业的主要生产活动包括：（1）各种房屋，建筑物和构筑物的建造；（2）各种线路、管道和机械设备的安装；（3）原有房屋、建筑物和构筑物的修理；（4）对各种建筑物、构筑物的装饰和装修；（5）部分非标准设备的制造。

建筑施工企业 指从事房屋、构筑物建造和设备安装活动的生产单位，包括建筑安装企业和自营施工单位。建筑安装企业是指行政上有独立组织，经济上实行独立核算的企业（如建筑公司、安装公司、工程公司、工程局等）。自营施工单位是指附属于现有企业、事业或行政单位内部，主要为建造和修理本单位房屋构筑物的机构或单位。自营施工单位要同时具备下述条件：（1）对内独立核算；（2）有固定组织和施工队伍；（3）全年施工期在半年以上。

建筑业总产值 指建筑施工企业在一定时期内所完成的以货币表现的生产总量。是反映建筑业生产规模、水平和成果的综合指标。

施工产值 指建筑施工企业自行完成的按工程进度计算的建筑安装生产总值。它包括建筑工程产值，设备安装工程产值，房屋、构筑物修理产值，非标准设备制造产值。

建筑业增加值 指建筑企业在报告期内以货币表现的建筑业生产经营活动的最终成果。建筑业增加值有两种计算方法：一是生产法，即建筑业总产出减去建筑业中间消耗后的余额；二是分配法（收入法），即从收入的角度出发，根据生产要素在生产过程中应得到的收入份额计算，具体构成项目有固定资产折旧、劳动者报酬、生产税净额、营业盈余。

年末自有机械设备价值 指年末本单位自有施工机械、生产设备、运输设备价值，分别按原值和净值计算，不包括非生产用的机械设备价值。

利润总额 是指建筑施工企业在一定时期内所实现的利润。它包括工程结算利润、产品销售利润、作业销售利润、材料销售利润及其他销售利润、营业外收支差额。

工程结算收入 指本企业承包工程实现的工程价额结算收入以及向发包单位收取的除工程价款以外按规定列作营业收入的各种款项，如临时设施费、劳动保险费、施工机构调迁费等以及向发包单位收取的各种索赔款。

工程结算成本 指在报告期内与发包单位办理工程价款结算的已完工程实际成本。

工程结算税金及附加 指因从事建筑业生产活动，取得工程价款收入而按规定应交纳的营业税、城市维护建设税等以及随同营业税金一并计算交纳的教育附加等。

工程结算利润 指已结算工程实现的利润。

工程质量优良品率 这是以竣工的单位工程的房屋建筑面积作为观察对象，来衡量经过验收的已竣工工程达到优良标准的比率，比率愈大，证明企业竣工工程质量状况愈好。

产值利润率 是报告期内企业实现的利润总额占同期建筑业总产值的百分比。

竣工率 是用企业竣工的工程产值与全部完成的施工产值相比较，反映企业实际提供的产品情况。

竣工产值 是指以货币表现的建筑业生产所形成的成品的价值。一般以单位工程为对象，当该工程按照设计所规定的工程内容全部完成，达到设计规定的交工条件，经有关部门检查验收鉴定合格的单位工程价值。

第二部分　统计资料

运输、邮电业

15-1 铁 路 运 输

项 目	单 位	2007年	2008年	2008年比2007年增长%
车 站	个	6	6	
营业里程（民族—陶思浩）（呼市—准格尔）	公 里	106	107	0.9
营业线路	条	1	2	100.0
货物发送量	万 吨	379	565	49.1
货物到达量	万 吨	430	351	-18.4
旅客发送量	万 人	565	595	5.3

15-2 呼哈铁路及公路客运量

项 目	单 位	2007年	2008年	2008年比2007年增长%
呼哈铁路				
货 运 量	万 吨	64	67	4.7
货物周转量	万吨公里	252	284	12.7
公路客运量				
客 运 量	万 人	3842	4488	16.8
旅客周转量	万人公里	424001	494813	16.7
公路货运量				
货 运 量	万 吨	7356	8944	21.6
货物周转量	万吨公里	956541	1158369	21.1

15-3 机动车辆

单位：辆

项目	合计	#个人	营运	#公路客运	#出租客运	#货运	非营运
合计	**291294**	**241887**	**52060**	**1374**	**4680**	**44202**	**239234**
载客	145327	113972	7783	1341	4659	13	137544
大型	3526	180	2471	933		1	1055
中型	3371	1389	549	401			2822
小型	120848	97418	4756	7	4659	5	116092
微型	17582	14985	7			7	17575
载货	32988	24212	26220		3	26211	6768
重型	14640	11032	13334			13332	1306
中型	4712	3682	3293		3	3290	1419
轻型	11997	8152	8092			8088	3905
微型	1639	1346	1501			1501	138
其他汽车	17263	14103	9688	12		9653	7575
摩托	87071	83936	73	21	18	29	86998
普通	82071	79007	64	21	12	28	82007
轻便	5000	4929	9		6	1	4991
挂车	8638	5663	8296			8296	342
重型	5225	2576	5133			5133	92
中型	3411	3085	3161			3161	250
轻型	2	2	2			2	
其他类型	7	1					7

15-4 公路里程

单位：公里

项目	年末公路里程	有铺装路面（高级）	简易铺装路面（次高级）	未铺装路面（中级、低级、无路面）	晴雨通车里程
总计	**6236**	**2055**	**895**	**3286**	**3598**
国道	580	490	90		580
省道	552	464	85	3	552
县道	856	359	381	116	740
乡道	1854	437	267	1150	1010
专用公路	101	46	7	48	86
村道	2293	260	65	1968	632

15-5 航 空 航 线

年 份	总起降架次（次）	主 要 机 型	航线条数（条）	通航城市（个）	航空公司数量（家）
1990	1389	733、146、AN4、YN5	16	18	
1991	1821	733、146、AN4、YN5	16	19	
1992	1255	733、146、AN4、YN5	13	13	
1993	1462	733、146、AN4、YN5	11	13	
1994	1595	733、146、AN4、YN5、YN7	12	12	
1995	1751	733、146、AN4、YN5、YN7	14	14	
1996	1953	733、146、AN4、YN5、YN7	15	15	
1997	1906	733、146、AN4、YN5、YN7	15	15	
1998	1856	733、146、AN4、YN5、YN7、IL6	13	13	
1999	2873	733、146、AN4、YN7、320、IL6	15	15	
2000	3239	733、146、328、AN4、TU5、320、ERJ、IL6	17	17	8
2001	4571	733、146、D38、ERJ、320、AN4	24	24	12
2002	4341	733、146、D38、ERJ、320、AN4、CR2	24	22	14
2003	4312	733、D38、DH8、320、CR2、ERJ、AN4、738	19	19	11
2004	6505	733、D38、DH8、320、CR2、ERJ、M82、738、734、319、F100、IL6	28	27	9
2005	7950	733、734、CR2、D38、320、738、ERJ、319、M82、DH8、F100、IL6	38	32	12
2006	10341	733、734、CR2、D38、320、319、738、ERJ、F100、IL6	47	35	11
2007	12507	733、737、738、734、319、320、D38、CR2、ERJ、M90、F100、752	62	41	18
2008	26527	733、737、738、734、319、320、D38、CR2、ERJ、EM4、E90、M90	67	38	18

15-6 航 空 运 输

年份	旅客流量（人）		货邮流量（吨）		换算吞吐量
	发运量	到达量	发运量	到达量	（人次）
1990	53853	46756	294	320	107431
1991	83758	72762	398	352	164853
1992	78926	74176	242	200	158013
1993	95791	93174	447	423	198632
1994	109403	112418	441	652	233965
1995	125575	127961	401	611	264780
1996	128630	132516	405	636	272713
1997	125138	130044	346	685	266638
1998	133246	140007	5143	604	337109
1999	140964	148433	17500	774	492441
2000	182146	194817	10759	869	506163
2001	218461	229785	3663	994	499990
2002	234444	243371	9037	1236	591959
2003	249505	258120	11705	1547	654869
2004	405920	413275	10805	2186	963539
2005	563337	537080	5457	3096	1195450
2006	776234	733409	5079	4563	1616776
2007	915482	923272	5860	6554	1976687
2008	1062383	1059522	5774	7537	2269805

15-7 邮电业务总量

项　　　　目	单　　位	2007年	2008年	2008年比2007年增长%
邮电业务总量	**万元**	**511450**	**634229**	**24.0**
邮政业务总量	万元	19815	18431	-7.0
函　　件	万件	662.3	667.0	0.7
#机要邮件	万件	10.6	11.4	7.5
包　　裹	万件	33.2	28.6	-13.9
汇　　票	万张	52	53	1.9
杂志累计	万份	240	162	-32.5
报纸累计	万份	3969	4225	6.4
邮政储蓄余额	万元	406448	289713	-28.7
特快专递	万件	84.3	112.4	33.3
集邮业务	万枚	369.4	372.9	0.9
电信业务总量	万元	491635	615798	25.3
城市电话	户	790071	744900	-5.7
#住宅电话	户	549333	501799	-8.7
乡村电话	户	56071	44428	-20.8
#住宅电话	户	56071	44428	-20.8
公用电话	部	85990	77918	-9.4
移动电话	万户	135.0	161.5	19.6
上网用户	户	232181	263278	13.4

15-8 邮　　路

项　　　目	单　位	2007 年	2008 年
邮路总条数	**条**	**44**	**42**
自办汽车邮路	条	21	20
委办汽车邮路	条	9	9
其它邮路	条	14	13
城市投递段道条数	条	262	239
农村投递路线条数	条	106	107
步班投递路线条数	条	11	11
邮路总长度（单程）	**公里**	**2004**	**1927**
自办汽车邮路	公里	765	774
委办汽车邮路	公里	510	480
其它邮路	公里	729	673
城市投递段道长度（单程）	公里	10582	8115
农村投递路线总长度（单程）	公里	7558	7621
步班投递路线总长度（单程）	公里	1421	1451

15-9 邮 路 长 度

单位：公里

项　　目	邮路总长度	#汽车邮路	城市投递段道	农村投递路线
总　　计	**1927**	**1254**	**8115**	**7621**
市辖区	863	739	7599	858
土左旗	90	55	172	1878
托　县	175		87	884
和林县	407	123	119	723
清水河县	275	220	65	1520
武川县	117	117	73	1758

15-10 邮电局(所)地区分布

单位：处

项　　目	2007年	设在农村	2008年	设在农村
总　　计	**126**	**43**	**121**	**43**
市辖区	71	9	67	9
土左旗	12	8	12	8
托　县	12	8	11	8
和林县	11	9	11	9
清水河县	12	5	11	5
武川县	8	4	9	4

主 要 统 计 指 标 解 释

铁路营业里程 指办理客货运输业务的铁路正线总长度。凡是全线或部分建成双线及以上的线路，以第一线的实际长度计算；复线、站线、段管线、岔线和特别用途线及不计算运费的联络线都不计算营业里程。铁路营业里程是反映铁路运输业基础设施发展水平的重要指标，也是计算客货周转量、运输密度和机车车辆运用效率等指标的基础资料。

公路里程 也称“公路通车里程”，是反映公路建设发展规模的重要指标，也是计算运输网密度等指标的基础资料；是指实际达到交通部制定的公路工程技术标准规定的等级的公路长度。它包括大中城市的郊区公路以及通过小城镇街道的公路里程，也包括桥梁、渡口的长度，但不包括城市的街道以及厂矿、林区和农业生产用道的里程。两条或多条公路共同经由同一路段，只计算一次，不得重复计算里程长度。

货（客）运量 指运输业实际运送的货物（旅客）数量。货运按吨计算，客运按人计算。货物不论运输距离长短，货物类别，均按实际重量统计；旅客不论行程远近或票价多少，均按一人一次作为客运量统计。半价票、小孩票也按一人统计。

货物（旅客）周转量 指运输业运送的货物（旅客）数量与其相应运输距离的乘积之总和。是反映运输业生产总成果的重要指标，也是编制和检查运输生产计划、计算运输效率、劳动生产率以及核算运输单位成本的主要基础资料。通常以吨公里和人公里为计算单位。计算货物周转量通常按发出站与到达站之间的最短距离，也就是计费距离计算。

邮电业务总量、指以货币表现的邮电部门用于传递信息和提供其它邮电服务的总量。它综合反映了一定时期邮电工作的总成果，是研究邮电业务量构成和发展趋势的重要指标。它用各种邮电分类业务量，如函件件数，电报份数，长话张数，市内电话和农村电话的平均户数，订销报刊累计份数等，分别乘以相应的平均单价（不变价），加总后再加上出租电路和设备的收入，代用户维护电话交换机和线路等设备的收入，其他业务收入求得。

邮电局所 指一切由邮电部门自办和委托其它单位或个人代办的，直接对外办理邮电业务的机构。包括邮电局、邮局、机要通信局、电报局、长途电话局、长途电信局、市内电话局、电信局及其分支局所等。

邮路 指不同地域之间，邮件、报刊运输和投递所经由的路线。邮路的通达范围、方式和构成，是反映邮政通信水平的主要标志。按照在邮政通信网中所起的作用，邮路分为：（1）干线邮路（或称一级邮路）。包括国际邮路和国内省会间邮路。（2）二级邮路。包括省内县市以上邮路和省际（除省会间外）县市以上邮路。（3）市区邮路。包括市区及城关区支局（所）以上邮路，局所到车站、码头、机场、报刊杂志社的邮路以及专设的信箱、信筒开取邮路。（4）农村邮路。包括县内及县际支局邮路以及专设投递线路。

第二部分　统计资料

批发零售贸易和餐饮业

16-1 历年社会消费品零售总额

单位:万元

年　份	社会消费品零售额	#批发零售贸易业	#住宿和餐饮业
1949	2221	1630	119
1952	4656	3515	146
1957	10967	9190	535
1962	14570	12461	794
1965	15658	13981	561
1970	19808	18549	540
1975	27757	24060	940
1978	34217	29660	1159
1980	42704	36714	1710
1981	48982	40783	1739
1982	52515	42971	1912
1983	58296	46999	2167
1984	65258	50859	2540
1985	91138	66290	3039
1986	100032	75386	3416
1987	114328	88077	3405
1988	143875	113868	3820
1989	153225	123674	3698
1990	166473	136879	3396
1991	195009	160890	4658
1992	230674	183101	4380
1993	286054	211387	9284
1994	352850	262980	13427
1995	431396	303794	26112
1996	523577	448181	60325
1997	650806	553185	81224
1998	816762	710583	88175
1999	1017685	870120	127797

16-1续表

单位:万元

年份	社会消费品零售额	#批发零售贸易业	#住宿和餐饮业
2000	1260912	1084384	155475
2001	1547139	1315069	208912
2002	1884416	1627771	231750
2003	2253761	1706892	518862
2004	2648169	1979304	633945
2005	3078430	2343560	697552
2006	3679937	2773721	865828
2007	4433505	3350421	1039099
2008	5539024	4758022	742229

16-2 社会消费品零售总额

单位:万元

项目	2007年	2008年	2008年比2007年增长%
社会消费品零售总额	4433505	5539024	24.9
按销售单位所在地分组			
市	3957896	4985122	26.0
县	313094	370863	18.5
县以下	162515	183039	12.6
按行业分组			
批发零售贸易业	3350421	4758022	42.0
住宿和餐饮业	1039099	742229	-28.6
其他	43986	44312	0.7

16-3 批发零售贸易业商品销售总额和分类销售额

单位:万元

项目	销售合计	批发	零售
总计	**13246126**	**8910739**	**4335387**
限额以上企业(单位)类值合计	4739221	2755663	1983558
食品、饮料、烟酒类	804957	631133	173824
#食品类	534774	393445	141329
#粮油类	65003	51387	13617
肉禽蛋类	12522	2436	10085
水产品类	85		685
蔬菜类	323	100	223
干鲜果品类	731		731
饮料类	34255	20777	13478
烟酒类	235928	216911	19017
服装鞋帽、针、纺织品类	279420	17513	261907
#服装类	182806	9470	173336
鞋帽类	66880		66880
针、纺织品类	29734	8043	21691
化妆品类	15537		15537
金银珠宝类	38419	13448	24971
日用品类	41939	14979	26960
#洗涤用品类	4548		4548
儿童玩具类	1137		1137
五金、电料类	2536	58	2477
体育、娱乐用品类	4761		4761
书报杂志类	28138	18971	9167
电子出版物及音像制品类	2778		2778
家用电器及音像器材类	190485	71020	119465
中西药类	96744	69763	26981
#西药	52634	32379	20255
中草药及中成药	16547	11493	5054
文化办公用品类	87495	54034	33461
家具类	5411		5411
通讯器材类	20505	9714	10791
煤炭及制品类	510439	495578	14862
石油及制品类	1310668	682583	628085
化工材料及制品类	95239	95239	
#化肥类	74744	74744	
金属材料类	237094	237094	
建筑及装潢材料类	72322	52167	20155
机电产品及设备类	129041	115101	13940
#农机类	7389	7389	
汽车类	701158	134824	566333
种子饲料类	2228	2228	
其他类	61909	40216	21693
限额以下和个体户类值合计	8506905	6155076	2351829

16-4 限额以上批发和零售贸易业法人

指标名称	法人企业（个）	年末从业人数（人）	购进总额	#进口
总计	**248**	**33660**	**41927892**	**421753**
批发业	114	10021	30792544	421749
#国有及国有控股	19	4909	15860352	
批发业按登记注册类型分组				
内资企业	110	9766	30719785	420786
国有企业	13	2163	9723410	
集体企业	1	6	33410	
股份合作企业	2	52	57441	
有限责任公司	19	1866	6783353	
其他有限责任公司	19	1866	6783353	
股份有限公司	9	3029	6516221	
私营企业	66	2650	7605950	420786
私营有限责任公司	60	2351	7439703	420786
私营股份有限公司	2	80		
港澳台商投资企业	1	72	66516	
外商投资企业	3	183	6243	963
中外合资经营企业	2	175	6243	963
批发业按国民经济行业分组				
农畜产品批发业	5	403	3979413	
食品、饮料及烟草制品批发业	14	1384	3225595	1918
#米、面制品及食用油批发业	6	374	394628	1918
烟草制品批发业	1	709	1539217	
纺织、服装及日用品批发业	5	158	209329	
文化、体育用品及器材批发业	3	502	300552	
医药及医疗器材批发业	10	424	698938	
矿产品、建材及化工产品批发业	39	5382	20131022	381835
#煤炭及制品批发业	20	1783	4169360	
石油及制品批发业	7	3066	12238606	
金属及金属矿批发业	4	95	2334096	381835
建材批发业	5	238	431767	
化肥批发业	1	152	903862	
机械设备、五金交电及电子产品批发	33	1602	1923504	37996
#汽车、摩托车及零配件批发业	3	136	223664	
家用电器批发业	7	620	209684	
计算机、软件及辅助设备批发业	4	117	401851	
其他批发业	3	138	286961	

企业商品购进、销售、库存总额

单位:万元

销售总额	批　发	#出　口	零　售	年末库存总　额	年末零售营业面积（万平方米）
47392215	**27556631**	**282712**	**19835584**	**2590926**	**544711**
34061804	26408542	277685	7653262	1479012	60322
16664330	10618104		6046226	861784	720
33773150	26119888	277095	7653262	1473877	29566
10295935	9553673	27926	742262	578524	720
33230	33230			1210	
50799	35989		14810	10862	
8101856	7196067	187212	905789	244688	14546
8101856	7196067	187212	905789	244688	14546
6787239	1343248	41039	5443991	229829	
8504091	7957681	20918	546410	408764	14300
8212252	7712894	20918	499358	388729	14300
123088	76086		47002	1100	
66436	66436			2083	
222218	222218	590		3052	30756
170659	170659			2852	28256
438351	436601		1750	18274	
290143	290143			13435	
33773150	26119888	277095	7653262	1473877	29566
186160	186160			8146	
9133	6059	990	3074	889	
30194	25974		4221	6855	
42528	40000		2527	3875	
1101442	795652	9821	305790	49039	
377771	377771	9821		13142	
448716	147800		300916	18821	
156669	156669			4198	
17276	12402		4874	165	
98170	98170			12713	
79046	77976	9265	1070	4287	
1307	1307			213	
36417	36417	9265		1433	
13637	13637			419	
902	902			94	

16-4续表

项　　　目	法人企业（个）	年末从业人数（人）	购进总额	#进　口
零　售　业	134	23639	11135348	4
#国有及国有控股	19	4909	15860352	
零售业按登记注册类型分组				
内资企业	134	23639	11135348	4
国有企业	3	277	287398	
集体企业	1	34	4923	
股份合作企业	2	297	38293	4
有限责任公司	16	960	1222139	
其他有限责任公司	16	960	1222139	
股份有限公司	11	2452	673964	
私营企业	99	19454	8823426	
私营独资	3	133	48013	
私营合伙	1	10	7012	
私营有限责任公司	84	16386	8113635	
私营股份有限公司	11	2925	654766	
其他企业	2	165	85205	
零售业按国民经济行业分组				
综合零售业	12	17636	3059202	
#百货零售业	10	14895	2809388	
超级市场零售业	2	2741	249814	
食品、饮料及烟草制品专门零售业	3	114	65365	
纺织、服装及日用品专门零售业	6	729	112202	
#服装零售业	2	572	77780	
文化、体育用品及器材专门零售业	5	226	98865	
#图书零售业	3	119	71531	
医药及医疗器材专门零售业	7	568	171973	4
#药品零售业	5	518	155243	4
汽车、摩托车、燃料及零配件专门	74	2706	6157585	
#汽车零售业	63	2505	5734895	
机动车燃料零售业	7	105	354931	
家用电器及电子产品专门零售业	15	1251	1232746	
#家用电器零售业	4	835	860545	
计算机、软件及辅助设备零售业	5	150	169718	
通讯设备零售业	5	258	194298	
五金、家具及室内装修材料专门零售业	9	366	158347	
室内装修材料零售业	6	76	118414	
无店铺及其他零售业	3	43	79063	

单位:万元

销售总额	批　发	#出　口	零　售	年末库存总　额	年末零售营业面积(万平方米)
1054249	207787	2864	846463	108364	44
403223	115688		287535	41315	21
13330411	1148089	5027	12182322	1111914	484389
281601			281601	9039	41613
5307			5307	120	1000
37878			37878	1411	800
1268245	8060		1260185	72803	60244
1268245	8060		1260185	72803	60244
721799	66		721733	52027	54561
10931950	1139963	5027	9791987	974239	323171
204182			204182	16977	6850
7812			7812	121	160
10124330	1139963	5027	8984367	847729	285712
595626			595626	109412	30449
83631			83631	2275	3000
3973273	66		3973207	201934	203201
3716737	66		3716671	132054	192001
256536			256536	69880	11200
51642			51642	15831	3313
142095			142095	6031	48400
104904			104904	2256	43600
157208			157208	9699	18950
73239			73239	5880	13800
235505			235505	41026	7820
219295			219295	39476	7320
7252326	1119999		6132327	648655	154475
6836001	1112047		5723954	630814	124079
347234			347234	10891	27586
1231406	8060		1223346	156923	43240
841662	8060		833602	78427	40586
189164			189164	16830	990
191795			191795	61066	1589
166897	14937		151960	11086	4570
115916	14937		100979	6599	3430
120059	5027	5027	115032	20729	420

16-5 限额以上住宿餐饮

项　　目	法人企业（个）	从业人数（人）	营业额	客房收入
总　计	**202**	**23078**	**2155314**	**647182**
住宿业	69	11657	1035420	453690
按住宿行业中类分组				
旅游饭店	49	10480	927773	400825
一般饭店	17	919	86764	41230
其他住宿服务	3	258	20883	11635
按登记注册类型分组				
内资企业	68	11166	957519	427574
国有企业	20	5146	430257	165350
集体企业	2	346	26757	10373
股份合作企业	1	208	31924	13881
有限责任公司	9	2602	203661	98785
国有独资公司				
其他有限责任公司	9	2602	203661	98785
股份有限公司	6	393	54863	38561
私营企业	29	2315	208856	100450
私营独资企业	1	110	5273	678
私营有限责任公司	25	1950	177825	78935
私营股份有限公司	3	255	25758	20837
其他企业	1	156	1201	174
港、澳、台商投资企业	1	491	77901	26116
港、澳、台商独资经营企业	1	491	77901	26116
按控股情况分组				
国有控股	21	5306	450654	170779
集体控股	3	172	51709	32728
私人控股	30	3329	266136	142257
港澳台商控股	1	491	77901	26116
其　他	14	2359	189020	81810
按经营形式分组				
独立门店	62	10906	989287	433123
连锁总店(总部)				
连锁门店	1	38	8533	6985
其　他	6	713	37600	13582
按星级分组				
五　星	4	2448	363928	146004
四　星	6	1937	219263	83878
三　星	20	4131	250841	125440
二　星	11	703	37008	22619
其　他	28	2438	164380	75749

法人企业经营情况

单位:万元

			客房数 (间)	床位数 (个)	餐位数 (位)	年末餐饮 营业面积 (平方米)
餐费收入	商品销售收入	其他收入				
1442481	**11058**	**54593**	**12839**	**22542**	**85846**	**327651**
528705	6904	46121	9424	16256	27014	128631
478726	6904	41318	7704	12532	24965	112385
40731		4803	1360	2874	1427	12616
9248			360	850	622	3630
483205	5748	40992	9049	15756	24422	125631
239582	5559	19766	2858	5198	10694	29827
12524		3860	216	390	500	1200
16529		1514	261	427	800	6370
90824		14052	2189	3242	4722	43326
90824		14052	2189	3242	4722	43326
16027		275	827	1493	519	1737
106692	189	1525	2577	4770	6687	38171
4595			17	30	480	1800
97351	18	1521	2175	4081	5607	33771
4746	171	4	385	659	600	2600
1027			121	236	500	5000
45500	1156	5129	375	500	2592	3000
45500	1156	5129	375	500	2592	3000
254573	5559	19743	2841	5144	11252	34337
18981			263	486	631	2527
118041	18	5820	3838	6308	6813	60807
45500	1156	5129	375	500	2592	3000
91610	171	15429	2107	3818	5726	27960
507077	6904	42183	8737	14676	25764	107205
1544		4	110	150		
20084		3934	577	1430	1250	21426
202126	3176	12622	2065	2565	7172	24858
123201	18	12166	1328	2060	4924	25277
108795	3336	13270	2568	4680	7153	27430
13959	43	387	839	1661	2352	9000
80624	331	7676	2624	5290	5413	42066

16-5续表

项　　目	法人企业（个）	从业人数（人）	营业额	客房收入
餐 饮 业	133	11421	1119894	193492
按餐饮行业中类分组				
正餐服务	131	11318	1107952	193492
快餐服务	1	65	6042	
其他餐饮服务	1	38	5900	
按登记注册类型分组				
内资企业	129	11165	1092903	193492
国有企业	10	1476	110360	48604
集体企业	1	90	3401	819
有限责任公司	11	1104	121245	11307
国有独资公司				
其他有限责任公司	11	1104	121245	11307
股份有限公司	5	771	52598	13444
私营企业	85	6248	664369	111995
私营独资企业	17	1286	112235	3816
私营合伙企业	8	470	48624	3511
私营有限责任公司	56	4188	469418	102259
私营股份有限公司	4	304	34092	2409
其他企业	17	1476	140930	7323
港、澳、台商投资企业	3	218	21091	
港、澳、台商独资经营企业	3	218	21091	
外商投资企业	1	38	5900	
中外合资经营企业	1	38	5900	
按控股情况分组				
国有控股	11	1728	153494	58092
集体控股	3	262	11000	4999
私人控股	92	6677	718754	105624
港澳台商控股	3	218	21091	
其　　他	24	2536	215555	24777
按经营形式分组				
独立门店	119	10344	971234	132856
连锁总店（总部）	1	232	2290	
连锁门店	4	378	33817	4180
其　　他	9	467	112553	56456

单位:万元

			客房数 (间)	床位数 (个)	餐位数 (位)	年末餐饮 营业面积 (平方米)
餐费收入	商品销售收入	其他收入				
913776	4154	8472	3415	6286	58832	199020
901834	4154	8472	3415	6286	58481	196609
6042					351	761
5900						1650
886785	4154	8472	3415	6286	57731	194149
59401	1089	1266	852	1555	4500	18358
2582			39	78	52	1400
104700	342	4896	251	456	5325	14585
104700	342	4896	251	456	5325	14585
38252		902	223	378	3014	7120
548529	2681	1164	1708	3173	34643	121693
107799	378	242	103	231	8037	27663
45113			130	220	1754	7210
363934	2303	922	1391	2552	21904	82020
31683			84	170	2948	4800
133321	42	244	342	646	10197	30993
21091					1101	3221
21091					1101	3221
5900						1650
5900						1650
92181	1053	2168	990	1784	4220	18138
6001			78	156	712	2850
609434	2712	984	1565	2991	39572	135228
21091					1101	3221
185069	389	5320	782	1355	13227	39583
825782	4124	8472	3036	5476	52394	183320
2290					1008	1120
29637			39	78	3260	8500
56067	30		340	732	2170	6080

16-6 限额以上批发零售

指标名称	法人企业数(个)	流动资产合计	存货	固定资产合计	固定资产原价
总计	**248**	**10297630**	**2186295**	**3031644**	**3873092**
批发业	114	6625165	1358538	2282617	2860383
按批发行业小类分组					
农畜产品批发	5	204548	38792	114204	227443
食品、饮料及烟草制品批发	14	1595013	279085	447517	567020
纺织、服装及日用品批发	5	55206	30744	605343	619121
文化、体育用品及器材批发	3	354127	18155	171911	208973
医药及医疗器材批发	10	420687	86014	6535	7429
矿产品、建材及化工产品批发	39	3277994	713731	865959	1133987
机械设备、五金交电及电子产品批发	33	651034	173134	67739	91825
贸易经纪与代理	2	3911	1900	156	287
其他批发	3	62645	16983	3253	4298
按登记注册类型分组					
内资企业	110	6596549	1353011	2282019	2859115
国有企业	13	3312868	653202	725835	968308
集体企业	1	19044		1377	2143
股份合作企业	2	51446	3076	7191	1530
有限责任公司	19	1012085	269443	97436	222733
其他有限责任公司	19	1012085	269443	97436	222733
股份有限公司	9	358691	53885	286976	422419
私营企业	66	1842415	373405	1163204	1241982
私营独资企业	3	15157	3991	6226	7800
私营合伙企业	1	13943	12728	2412	3026
私营有限责任公司	60	1807169	350843	1150699	1225273
私营股份有限公司	2	6146	5843	3867	5883
港、澳、台商投资企业	1	9657	2629	113	493
合资经营企业(港或澳、台资)	1	9657	2629	113	493
外商投资企业	3	18959	2898	485	775
中外合资经营企业	2	18959	2898	369	663
外资企业	1			116	112
按控股情况分组					
国有控股	19	3634135	752432	900727	1258251
集体控股	5	32524	3358	9434	117959
私人控股	68	2225512	433499	1327155	1418145
其他	22	732994	169249	45301	66028
按经营形式分组					
独立门店	71	3899237	674150	627707	888181
连锁总店(总部)	1	2109	197	9208	9850
连锁门店	1	46999	8680	1735	1000
其他	41	2676820	675511	1643967	1961352

贸易企业财务状况

单位:万元

累计折旧		资产总计	负债合计	所有者权益合计			
	本年折旧				实收资本		
						国家资本	集体资本
905093	**196166**	**17259029**	**12120402**	**5138627**	**2967260**	**853493**	**61463**
609440	123451	11788846	8107986	3680860	1854757	821701	36003
114429	21131	813630	419050	394580	176884		500
125828	30181	2526072	1347209	1178863	312670	211743	
13778	4323	660788	131993	528795	22200		1700
43162	7324	526038	205577	320461	266192	265142	
2872	458	446991	295928	151063	56421	511	243
277969	53837	5854277	4936664	917613	836075	337855	28560
30218	5773	834627	662451	172176	176842	4010	5000
139	20	60522	56089	4433	4033		
1045	404	65901	53025	12876	3440	2440	
608760	123327	11703176	8023200	3679976	1843724	818201	31003
243483	38989	4790060	3219282	1570778	601508	543485	20560
766	47	47781	31473	16308	12000	12000	
604	150	59037	50759	8278	13000		3000
134343	31723	2280306	1336330	943976	307680	31726	5500
134343	31723	2280306	1336330	943976	307680	31726	5500
135444	14769	1153769	1108033	45736	412513	229479	1700
94120	37649	3372223	2277323	1094900	497023	1511	243
1806	421	21383	18021	3362	3550		
614	301	16355	14390	1965	1000		
89684	36049	3324472	2239521	1084951	487340	1511	243
2016	878	10013	5391	4622	5133		
380	55	9770	9770		5000	3500	
380	55	9770	9770		5000	3500	
300	69	75900	75016	884	6033		5000
296	66	19329	19478	-149	5000		5000
4	3	56571	55538	1033	1033		
358534	48894	5412063	4140683	1271380	842804	818640	20560
108525	18765	175079	22204	152875	15200		15200
120456	49518	4965693	3017949	1947744	741871	3061	
21925	6274	1236011	927150	308861	254882		243
283601	41822	5431482	4658292	773190	1102268	597991	25503
642	121	11317	9552	1765	550	550	
959		51572	33285	18287	20000		
324238	81508	6294475	3406857	2887618	731939	223160	10500

16-6续表1

指 标 名 称	法人资本	个人资本	主营业务收入	主营业务成本	主营业务税金及附加
总　计	**589925**	**1462379**	**43484159**	**36710723**	**108811**
批 发 业	304712	692341	30587699	26610604	63431
按批发行业小类分组					
农畜产品批发	143166	33218	4044503	3760870	1110
食品、饮料及烟草制品批发	500	100427	3618703	2704497	20957
纺织、服装及日用品批发		20500	223619	179350	3221
文化、体育用品及器材批发		1050	339007	307646	5429
医药及医疗器材批发	11490	44177	732007	551828	626
矿产品、建材及化工产品批发	89463	380197	18652712	16536659	25867
机械设备、五金交电及电子产品批发	60093	107739	2596886	2218209	5681
贸易经纪与代理		4033	90119	85190	17
其他批发		1000	290143	266355	523
按登记注册类型分组					
内资企业	303212	691308	30299045	26352200	63165
国有企业	26463	11000	9293998	7914948	19458
集体企业			33230	29900	126
股份合作企业		10000	60799	47239	2040
有限责任公司		270454	8130062	7246786	11567
其他有限责任公司		270454	8130062	7246786	11567
股份有限公司	143666	37668	4527581	4095857	8164
私营企业	133083	362186	8253375	7017470	21810
私营独资企业		3550	101476	81571	1638
私营合伙企业		1000	67275	60662	38
私营有限责任公司	133083	352503	7961536	6779360	16165
私营股份有限公司		5133	123088	95877	3969
港、澳、台商投资企业	1500		66436	59792	145
合资经营企业(港或澳、台资)	1500		66436	59792	145
外商投资企业		1033	222218	198612	121
中外合资经营企业			170659	147167	120
外资企业		1033	51559	51445	1
按控股情况分组					
国有控股	1500	2104	13418581	11801087	24525
集体控股			3791266	3581071	2807
私人控股	116373	622437	11016036	9213657	33382
其　他	186839	67800	2361816	2014789	2717
按经营形式分组					
独立门店	208249	270525	11721667	10634833	20797
连锁总店(总部)			8120	6490	32
连锁门店		20000	243416	177131	135
其　他	96463	401816	18614496	15792150	42467

单位:万元

主营业务利润	其他业务利润	营业费用	管理费用				财务费用
				税金	差旅费	工会经费	
6603884	**116137**	**1356395**	**968908**	**128105**	**84339**	**7744**	**202610**
3913664	25364	1015533	483036	67701	33574	5290	130104
282523	23	20271	12474	2623	1657	79	15255
893249	1845	95380	191425	16829	6641	1921	8752
41048	2574	6730	7915	425	1170	42	3137
25932		3208	9911	4378	1204	41	1482
179553	117	20950	6862	729	367	84	1599
2090186	9731	740532	198180	37773	15652	2706	89566
372996	11062	124207	52267	4362	6545	383	10354
4912		688	541	122	95	4	2
23265	12	3567	3461	460	243	30	-43
3883680	25088	996783	478589	67301	33475	5275	130072
1359592	8919	121362	206156	18703	7484	1662	39481
3204		17	2830	2730	64	3	52
11520		2840	1372	258	83	3	20
871709	3872	301421	105776	14470	6060	2228	34388
871709	3872	301421	105776	14470	6060	2228	34388
423560	-43	190286	38964	17358	6249	114	22253
1214095	12340	380857	123491	13782	13535	1265	33878
18267		9738	4586	414	336	19	158
6575		859	2624	422	193	21	2
1166011	12340	368147	114359	12502	12713	1124	33006
23242		2113	1922	444	293	101	712
6499	276	792	564	320	23	3	24
6499	276	792	564	320	23	3	24
23485		17958	3883	80	76	12	8
23372		17938	3813	20	76	12	6
113		20	70	60			2
1592969	8710	228794	247849	35289	11503	1957	46416
207388		22853	5892	449	149	93	3285
1768997	14295	676041	173691	26846	17545	2663	58486
344310	2359	87845	55604	5117	4377	577	21917
1066037	19963	293340	151158	38672	16280	1003	84420
1598		180	169	98	56		45
66150		3401	1515		12		157
2779879	5401	718612	330194	28931	17226	4287	45482

16-6续表2

指标名称	利息支出	营业利润	利润总额	应交所得税	劳动、失业保险费
总　计	**128845**	**4193108**	**3113594**	**282136**	**44503**
批 发 业	81617	2311355	1876178	205308	34225
按批发行业小类分组					
农畜产品批发	3205	234546	138671	127	553
食品、饮料及烟草制品批发	6364	600537	407629	102750	1789
纺织、服装及日用品批发	80	25840	24635	23	2473
文化、体育用品及器材批发	733	11331	1490	114	783
医药及医疗器材批发	867	150259	20271	484	780
矿产品、建材及化工产品批发	60718	1071639	1075159	94555	26964
机械设备、五金交电及电子产品批发	9697	197230	188371	4118	824
贸易经纪与代理	-1	3681	3660		7
其他批发	-46	16292	16292	3137	52
按登记注册类型分组					
内资企业	81607	2304324	1869216	204669	33983
国有企业	29405	1001512	993736	121045	3976
集体企业		305	305	51	4
股份合作企业		8288	497		200
有限责任公司	22977	433996	232800	39373	3128
其他有限责任公司	22977	433996	232800	39373	3128
股份有限公司	14314	172014	248610	23115	13548
私营企业	14911	688209	393268	21085	13127
私营独资企业	35	3785	3798	312	32
私营合伙企业		3090	3090	37	41
私营有限责任公司	14164	662839	376640	20453	12303
私营股份有限公司	712	18495	9740	283	751
港、澳、台商投资企业	18	5395	6140	264	72
合资经营企业(港或澳、台资)	18	5395	6140	264	72
外商投资企业	-8	1636	822	375	170
中外合资经营企业	-7	1615	822	375	170
外资企业	-1	21			
按控股情况分组					
国有控股	38851	1078620	1023545	131967	19294
集体控股	3154	175358	11920	1699	621
私人控股	36395	876074	689717	66835	5505
其　他	3217	181303	150996	4807	8805
按经营形式分组					
独立门店	51195	557082	461880	19598	26750
连锁总店(总部)		1204	1204	11	28
连锁门店	16	61077			
其　他	30406	1691992	1413094	185699	7447

单位:万元

养老保险和医疗保险费	住房公积金和住房补贴	本年应付工资总额	本年应付福利费总额	本年应交增值税	全部从业人员年平均人数(人)
154576	**30958**	**790837**	**49588**	**685246**	**34810**
20643	21506	250311	20776	582457	10358
323	417	12030	2111	1723	344
2483	6488	66033	4752	98517	1429
1600	2633	6517	362	3311	337
1076	693	10834	1167	778	502
650	74	8351	309	2833	483
9478	9941	97489	8834	449443	5448
4913	1140	45027	2817	22792	1649
10	7	527	60	218	28
110	113	3503	364	2842	138
20106	21364	241278	20386	577605	10099
4092	7165	77991	4256	154005	2167
19	10	108	5	12	6
5	200	1471	100	210	57
6919	2815	40832	4464	126256	1881
6919	2815	40832	4464	126256	1881
1652	6076	49714	5877	235096	3027
7419	5098	71162	5684	62026	2961
220	143	3085	83	891	147
56	113	2476	346	440	122
6869	4842	63400	4898	59443	2612
274		2201	357	1252	80
328		1247	219	1646	72
328		1247	219	1646	72
209	142	7786	171	3206	187
209	142	7691	171	3186	179
		95		20	8
10145	12913	130708	9629	397164	4985
240	357	13314	1662	7535	402
8977	7500	89408	8017	79877	4157
1281	736	16881	1468	97881	814
6951	9198	124490	11829	269233	6043
8		160	12	38	12
		2205		10	147
13684	12308	123456	8935	313176	4156

16-6续表3

指　标　名　称	法　人 企业数 (个)	流动资产 合　计	存货	固定资产 合　计	固定资产 原　价
零 售 业	134	3672465	827757	749027	1012709
按零售行业小类分组					
综合零售	12	872053	186551	228706	328236
#百货零售	10	710671	112203	217200	306529
超级市场零售	2	161382	74348	11506	21707
食品、饮料及烟草制品专门零售	3	29814	12653	12178	18830
纺织、服装及日用品专门零售	6	49781	8775	3140	3956
服装零售	2	41853	4507	2154	2276
文化、体育用品及器材专门零售	5	29458	11592	7204	14477
医药及医疗器材专门零售	7	57564	28918	6348	9417
药品零售	5	51122	27399	4802	7691
汽车、摩托车、燃料及零配件专门零售	74	2302633	448183	457932	580894
汽车零售	63	2266954	437911	430853	548710
机动车燃料零售	7	21771	6391	17806	22804
家用电器及电子产品专门零售	15	250887	108443	16664	36508
家用电器零售	4	179689	82244	1512	12745
计算机、软件及辅助设备零售	5	49486	16846	13707	19332
通信设备零售	5	20882	8753	1445	4431
五金、家具及室内装修材料专门零售	9	29536	3695	6301	9601
无店铺及其他零售	3	50739	18947	10554	10790
按登记注册类型分组					
内资企业	134	3672465	827757	749027	1012709
国有企业	3	18283	3007	18197	25384
集体企业	1	2933	615	496	1148
股份合作企业	2	4413	300	1150	1130
有限责任公司	16	239362	83183	39044	47584
其他有限责任公司	16	239362	83183	39044	47584
股份有限公司	11	180125	37668	22044	39616
私营企业	99	3207542	696639	664682	891257
私营独资企业	3	44263	18870	10533	13956
私营合伙企业	1	1210	230	4790	7800
私营有限责任公司	84	2963247	585436	618854	833017
私营股份有限公司	11	198822	92103	30505	36484
其他企业	2	19807	6345	3414	6590
按控股情况分组					
国有控股	7	76327	10216	11510	18853
集体控股	6	81652	17010	7511	16483
私人控股	78	2681319	585623	600449	801468
其　　他	43	833167	214908	129557	175905
按经营形式分组					
独立门店	115	3314521	759297	687476	956448
连锁总店(总部)	1	13254	13254	2473	3461
连锁门店	1	36621	8883	6832	12121
其　　他	17	308069	46323	52246	40679
按零售业态分组					
有店铺零售	133	3635567	812110	739157	1002812
超　　市	7	224941	102318	23214	41697
专 业 店	55	1435367	306524	337743	463939
专 卖 店	46	1011661	249113	141495	164246

单位:万元

累计折旧		资产总计	负债合计	所有者权益合计	实收资本		
	本年折旧					国家资本	集体资本
295653	72715	5470183	4012416	1457767	1112503	31792	25460
99530	28482	1404820	1057503	347317	319540	10000	11000
89329	25581	1230392	864860	365532	294540	10000	11000
10201	2901	174428	192643	-18215	25000		
6652	1108	45253	30795	14458	14952	4192	10760
1065	162	61690	58514	3176	5150	300	
122	69	48824	50025	-1201	3500		
7273	1424	40956	24818	16138	15000	9000	2000
3169	1921	138230	72362	65868	13200		
2889	1834	91418	62508	28910	11500		
154315	35983	3381378	2509917	871461	636581	8300	100
148091	34260	3305824	2466177	839647	616728	5100	100
5047	1480	50123	25385	24738	14798	3200	
19863	3180	296404	200334	96070	83400		
11252	1319	208307	149731	58576	40800		
5625	1384	64588	44596	19992	27000		
2986	477	22663	5707	16956	15100		
3550	434	39992	17206	22786	4500		1600
236	21	61460	40967	20493	20180		
295653	72715	5470183	4012416	1457767	1112503	31792	25460
7187	5299	44035	45034	-999	13548	3351	
652	45	3429	118	3311	300	300	
230	50	6563	4083	2480	1100		600
13171	3878	349150	230822	118328	100231	14750	1000
13171	3878	349150	230822	118328	100231	14750	1000
17672	2119	231505	160311	71194	49801	10841	21760
253565	59828	4798778	3556410	1242368	946023	2550	2100
3423	992	66410	55303	11107	11500		1000
3010	278	6000	3845	2155	300		
240754	57035	4486635	3297445	1189190	895671		1100
6378	1523	239733	199817	39916	38552	2550	
3176	1496	36723	15638	21085	1500		
7392	1298	100866	68836	32030	31692	29242	
9222	886	92051	60261	31790	24360		24360
231424	53160	4084354	3050524	1033830	760188	2550	
47615	17371	1192912	832795	360117	296263		1100
283015	67043	4950401	3572528	1377873	1057672	27751	24860
988	350	28070	22590	5480	6000		
5289	1943	43453	81031	-37578	5000		
6361	3379	448259	336267	111992	43831	4041	600
295626	72712	5423249	3983968	1439281	1094503	31792	25460
18483	4669	264431	235832	28599	39000		
133077	26606	2358676	1714439	644237	471207	15201	2600
47573	13784	1268917	903059	365858	258796	6591	

16-6续表4

指 标 名 称	法人资本	个人资本	主营业务收入	主营业务成本	主营业务税金及附加
零 售 业	285213	770038	12896460	10100119	45380
按零售行业小类分组					
综合零售	9840	288700	3900367	3271734	13681
#百货零售	4840	268700	3643831	3042779	12822
超级市场零售	5000	20000	256536	228955	859
食品、饮料及烟草制品专门零售			51642	34327	1533
纺织、服装及日用品专门零售	500	4350	138185	111713	1667
服装零售		3500	100904	83686	1554
文化、体育用品及器材专门零售		4000	157208	120787	4978
医药及医疗器材专门零售	3700	9500	231935	127870	766
药品零售	2500	9000	214483	117719	681
汽车、摩托车、燃料及零配件专门零售	224673	403508	6863535	5153149	18654
汽车零售	219316	392212	6444415	4826128	15850
机动车燃料零售	5357	6241	350029	280007	2438
家用电器及电子产品专门零售	26600	56800	1266632	1056420	3106
家用电器零售	18500	22300	869084	731490	1876
计算机、软件及辅助设备零售	3000	24000	190358	160882	271
通信设备零售	4600	10500	198405	157210	924
五金、家具及室内装修材料专门零售	1900	1000	166897	128209	831
无店铺及其他零售	18000	2180	120059	95910	164
按登记注册类型分组					
内资企业	285213	770038	12896460	10100119	45380
国有企业	10197		281601	225270	1620
集体企业			5307	3060	73
股份合作企业	500		37878	28776	271
有限责任公司	43800	40681	1308972	1081986	6833
其他有限责任公司	43800	40681	1308972	1081986	6833
股份有限公司	3000	14200	703083	548405	5464
私营企业	227716	713657	10481069	8151294	30685
私营独资企业		10500	204182	163786	203
私营合伙企业	300		7812	6250	78
私营有限责任公司	226416	668155	9671649	7490477	26606
私营股份有限公司	1000	35002	597426	490781	3798
其他企业		1500	78550	61328	434
按控股情况分组					
国有控股		2450	555442	434507	4991
集体控股			192973	143614	4530
私人控股	12550	745088	8593891	6719093	26208
其 他	272663	22500	3554154	2802905	9651
按经营形式分组					
独立门店	267713	737348	11988165	9423693	40932
连锁总店(总部)		6000	126041	47395	138
连锁门店	5000		72792	68529	621
其 他	12500	26690	709462	560502	3689
按零售业态分组					
有店铺零售	267213	770038	12790629	10015459	45259
超 市	5500	33500	508719	370350	2420
专 业 店	171123	282283	4441669	3467271	18860
专 卖 店	68950	183255	3348642	2454156	8461

单位:万元

主营业务利润	其他业务利润	营业费用	管理费用				财务费用
				税金	差旅费	工会经费	
2690220	90773	340862	485872	60404	50765	2454	72506
614952	74683	96625	209419	19561	13227	653	32687
588230	63422	79224	190621	14810	3368	633	32505
26722	11261	17401	18798	4751	9859	20	182
15782		4991	5367	338	267	109	476
24805	2090	5699	4624	716	676	130	708
15664	2090	2668	3071	662	586	127	707
31443		5049	3840	479	68	19	207
42558	3080	15638	12925	385	2648	290	571
35342	3080	11971	10460	295	634	174	158
1691732	2853	167566	211968	29788	21322	895	36007
1602437	2853	164642	205440	27081	19827	844	35603
67584		1802	5752	2610	1366	31	221
207106	7985	37833	28504	3149	11774	296	1619
135718	6724	32388	21656	1761	10744	69	948
29205	893	2627	3555	294	580	198	285
40271	368	2629	3195	1089	450	28	371
37857		6880	3867	1801	657	59	188
23985	82	581	5358	4187	126	3	43
2690220	90773	340862	485872	60404	50765	2454	72506
54711	2360	4916	3178	1589	930	27	1190
2174		1403	520	38	10	1	
8831		3620	550	260	31	9	103
220153	8163	30872	35467	6326	14629	175	885
220153	8163	30872	35467	6326	14629	175	885
149214	15930	45441	40000	6864	7974	230	2244
2238349	61240	248962	398491	43195	26841	1882	67969
40193		722	6369	492	258		2262
1484		180	276	160	72	1	8
2093825	61155	225436	379387	41202	23283	1644	63846
102847	85	22624	12459	1341	3228	237	1853
16788	3080	5648	7666	2132	350	130	115
115944	10671	39928	10083	950	316	134	1175
44829		10335	21059	3733	523	63	617
1787849	55886	212291	343633	26376	17682	1737	59491
741598	24216	78308	111097	29345	32244	520	11223
2523540	76350	312150	452312	53605	37417	2110	71111
17767		6962	1647	74	37	2	
3642	11261	235	14568	4568	9800	17	79
145271	3162	21515	17345	2157	3511	325	1316
2669170	90773	340781	481608	56222	50695	2452	72463
75208	11261	36185	28240	7178	10203	91	328
955538	4356	140645	173282	20803	27286	661	28061
886025	1804	75489	74338	11442	6212	700	9956

16-6续表5

指 标 名 称	利息支出	营业利润	利润总额	应交所得税	劳动、失业保险费
零 售 业	47228	1881753	1237416	76828	10278
按零售行业小类分组					
综合零售	25983	350904	107456	8112	4187
# 百货零售	25883	349302	105439	7587	2949
超级市场零售	100	1602	2017	525	1238
食品、饮料及烟草制品专门零售	461	4948	9875	148	423
纺织、服装及日用品专门零售		15864	17829	197	1377
服装零售		11308	14431		1357
文化、体育用品及器材专门零售		22347	19965	183	98
医药及医疗器材专门零售	310	16504	11228	255	214
药品零售		15833	10557	202	85
汽车、摩托车、燃料及零配件专门零售	19914	1279044	894510	62117	2218
汽车零售	19770	1199605	819474	61747	2004
机动车燃料零售	66	59809	54809	203	192
家用电器及电子产品专门零售	539	147135	137204	3100	1310
家用电器零售	115	87450	87450	2652	951
计算机、软件及辅助设备零售	270	23631	13590	59	72
通信设备零售	154	34444	34744	377	261
五金、家具及室内装修材料专门零售	23	26922	21699	1726	210
无店铺及其他零售	-2	18085	17650	990	241
按登记注册类型分组					
内资企业	47228	1881753	1237416	76828	10278
国有企业	12	47787	53164	23	178
集体企业		251		79	10
股份合作企业		4558	3508	1543	10
有限责任公司	280	161092	143155	2897	935
其他有限责任公司	280	161092	143155	2897	935
股份有限公司	874	77459	77652	499	1453
私营企业	46052	1584167	954374	71355	7590
私营独资企业	2262	30840	5489	87	30
私营合伙企业	2	1020	1020	13	12
私营有限责任公司	42755	1486311	878713	70197	5853
私营股份有限公司	1033	65996	69152	1058	1695
其他企业	10	6439	5563	432	102
按控股情况分组					
国有控股	168	75429	80292	365	491
集体控股	302	12818	4385	1752	103
私人控股	41003	1228320	620062	52266	6899
其 他	5755	565186	532677	22445	2785
按经营形式分组					
独立门店	46237	1764317	1185597	74249	8331
连锁总店(总部)		9158	9158		55
连锁门店	71	21		21	1175
其 他	920	108257	42661	2558	717
按零售业态分组					
有店铺零售	47228	1865091	1220754	75849	10047
超 市	181	21716	21131	995	1667
专 业 店	15656	617906	595968	26685	2355
专 卖 店	5021	728046	353244	36541	1141

单位:万元

养老保险和医疗保险费	住房公积金和住房补贴	本年应付工资总额	本年应付福利费总额	本年应交增值税	全部从业人员年平均人数(人)
133933	9452	540526	28812	102789	24452
10670	4536	411997	11356	28823	17458
9934	4520	361740	10845	24767	14937
736	16	50257	511	4056	2521
957	1244	2908	350	379	114
1108	961	10471	382	1550	769
1006	900	7659	126	1223	612
332	192	5279	358	1186	226
644	247	9681	8263	3057	551
457	247	8697	8242	2443	501
114186	1819	62833	5974	56277	3097
112996	1590	58196	5581	55393	2900
1105	64	2695	163	440	101
2411	430	31532	1742	9641	1829
1111	430	15906	939	7793	835
285		11105	124	592	729
1003		4401	644	1176	257
285	8	4552	364	521	366
3340	15	1273	23	1355	42
133933	9452	540526	28812	102789	24452
1689	844	5944	232	325	277
92	16	652	91	99	34
42		3132	308	189	280
2987	296	26555	1503	18622	1546
2987	296	26555	1503	18622	1546
3404	636	48981	2628	7281	2460
125402	7660	451734	16267	74986	19690
711	245	4475	259	1061	133
86		150	8	12	10
122722	6316	390856	15295	67745	16573
1883	1099	56253	705	6168	2974
317		3528	7783	1287	165
2290	1240	22492	2012	6072	1044
1876	295	28689	991	1042	1643
121342	7194	449865	15139	61972	19883
8425	723	39480	10670	33703	1882
131656	8727	513597	19524	87937	22846
42	145	3315	46	970	230
89	16	4257	441	12	231
2146	564	19357	8801	13870	1145
130605	9452	539842	28789	101489	24434
1055	738	62807	1706	6319	3148
3945	2428	51704	4745	33102	2209
113755	995	50961	3585	31646	2971

16-7 星级住宿业和限额以

指标名称	法人企业数（个）	流动资产合计	存货	固定资产原价	累计折旧
总　计	**202**	**977928**	**113957**	**2963011**	**743043**
住宿业	69	603617	60524	2219857	580698
按住宿行业中类分组					
旅游饭店	49	555396	57051	2108548	537727
一般饭店	17	45895	3053	84505	35812
其他住宿服务	3	2326	420	26804	7159
按登记注册类型分组					
内资企业	68	565239	57165	1757901	549311
国有企业	20	177916	28005	1045270	380341
集体企业	2	8517	2436	24630	11914
股份合作企业	1	22852	2802	10320	2049
有限责任公司	9	259896	12182	398223	77212
其他有限责任公司	9	259896	12182	398223	77212
股份有限公司	6	26295	2279	71888	15909
私营企业	29	67222	7965	204781	61831
私营独资企业	1	921	401	10024	451
私营有限责任公司	25	54368	7007	174993	56071
私营股份有限公司	3	11933	557	19764	5309
其他企业	1	2541	1496	2789	55
港、澳、台商投资企业	1	38378	3359	461956	31387
港、澳、台商独资经营企业	1	38378	3359	461956	31387
按控股情况分组					
国有控股	21	188199	27688	1051745	383800
集体控股	3	4452	1334	9480	3664
私人控股	30	300136	14077	482204	116374
港澳台商控股	1	38378	3359	461956	31387
其　他	14	72452	14066	214472	45473
按经营形式分组					
独立门店	62	563888	56039	1921559	534725
连锁门店	1	800		20	14
其　他	6	38929	4485	298278	45959
按星级分组					
五　星	4	283923	21229	962068	265849
四　星	6	80874	12559	536366	145031
三　星	20	96293	12538	250427	72168
二　星	11	36432	2162	45532	19072
其　他	28	106095	12036	425464	78578

上餐饮企业财务状况

单位:万元

本年折旧	资产总计	负债合计	所有者权益合计	实收资本			
					国家资本	集体资本	法人资本
172254	**4041485**	**2534124**	**1507361**	**1425535**	**509031**	**157298**	**347223**
129363	2926921	1850089	1076832	1154038	388586	142011	307414
122359	2767609	1773029	994580	1079992	379095	142011	260255
5322	104833	67058	37775	27347	9491		560
1682	54479	10002	44477	46699			46599
104974	2394243	1514167	880076	913183	388586	142011	307414
60289	965156	691729	273427	387127	377375	6982	
2125	26633	26180	453	860		260	
1730	43874	27404	16470	20000			20000
19937	990546	609050	381496	327394	11171	133669	170173
19937	990546	609050	381496	327394	11171	133669	170173
2301	85193	53185	32008	20575		1100	5500
18537	277548	104108	173440	154126	40		111741
97	10494	645	9849	9849			
15713	234216	74890	159326	138477	40		111741
2727	32838	28573	4265	5800			
55	5293	2511	2782	3101			
24389	532678	335922	196756	240855			
24389	532678	335922	196756	240855			
61142	973993	695125	278868	393746	388586	4200	60
1604	12864	12154	710	4142		4142	
30976	1102884	646851	456033	385889		133669	184349
24389	532678	335922	196756	240855			
11252	304502	160037	144465	129406			123005
127838	2537237	1521852	1015385	1015266	388114	8342	307414
14	1760	1260	500	500			
1511	387924	326977	60947	138272	472	133669	
65968	1410730	959498	451232	510855	125000		137750
38471	512701	231061	281640	226500	197500	4200	22000
14241	373601	171624	201977	139538	33074	1100	79069
2700	71667	26659	45008	40668	22561	2782	500
7983	558222	461247	96975	236477	10451	133929	68095

16-7续表1

			主营业务收入	主营业务成本	主营业务税金及附加
	个人资本	港澳台资本			
总　　计	**169428**	**242555**	**2160765**	**891209**	**108926**
住 宿 业	75172	240855	1045276	352433	54728
按住宿行业中类分组					
旅游饭店	57776	240855	933981	305139	49982
一般饭店	17296		90510	36947	3944
其他住宿服务	100		20785	10347	802
按登记注册类型分组					
内资企业	75172		967375	313501	50908
国有企业	2770		428604	129680	23709
集体企业	600		30740	10960	1500
股份合作企业			31885	8432	2206
有限责任公司	12381		209281	38634	10276
其他有限责任公司	12381		209281	38634	10276
股份有限公司	13975		54863	27505	2970
私营企业	42345		210800	97860	10180
私营独资企业	9849		5273	2531	292
私营有限责任公司	26696		177434	85400	8875
私营股份有限公司	5800		28093	9929	1013
其他企业	3101		1202	430	67
港、澳、台商投资企业		240855	77901	38932	3820
港、澳、台商独资经营企业		240855	77901	38932	3820
按控股情况分组					
国有控股	900		449453	137921	24404
集体控股			51709	23753	2932
私人控股	67871		277532	104563	13999
港澳台商控股		240855	77901	38932	3820
其　　他	6401		188681	47264	9573
按经营形式分组					
独立门店	70541	240855	988537	329995	52553
连锁门店	500		14240	5696	230
其　　他	4131		42499	16742	1945
按星级分组					
五　　星	7250	240855	364496	109397	20020
四　　星	2800		219244	70168	12504
三　　星	26295		249541	80498	12357
二　　星	14825		36997	19098	1759
其　　他	24002		174998	73272	8088

单位:万元

主营业务利润	其他业务收入	其他业务利润	营业费用	管理费用			
					税金	差旅费	工会经费
1160630	**36567**	**7684**	**436664**	**430712**	**36344**	**9049**	**4326**
638115	30651	6148	252860	290376	21715	4337	2859
578860	30612	6136	229810	277709	20016	3900	2639
49619	30	12	18668	10798	1271	401	220
9636	9		4382	1869	428	36	
602966	30651	6148	252860	271533	17431	3917	2838
275215	1514	1476	101936	166304	6024	1420	1005
18280			9943	4576	195	73	129
21247	39	39	13066	8916	213	128	17
160371			70876	54171	7107	1441	532
160371			70876	54171	7107	1441	532
24388			2999	6120	231	18	22
102760	29098	4633	54040	30447	3657	825	1125
2450			1245	936			
83159	29098	4633	48873	25424	3240	806	347
17151			3922	4087	417	19	778
705				999	4	12	8
35149				18843	4284	420	21
35149				18843	4284	420	21
287128	1094	1038	107063	165393	6044	1435	1028
25024			5866	5006	317	30	112
158970	29154	4707	75619	46055	8814	963	1291
35149				18843	4284	420	21
131844	403	403	64312	55079	2256	1489	407
605989	30651	6148	241715	285338	19517	3965	2227
8314			910	821	320		500
23812			10235	4217	1878	372	132
235079			66639	133995	10320	1335	544
136572	28734	4296	70393	63718	3966	597	474
156686	1456	1402	70559	52411	2636	1471	736
16140	11		7836	4805	782	236	38
93638	450	450	37433	35447	4011	698	1067

16-7续表2

指 标 名 称	财务费用	#利息支出	营业利润	利润总额	应交所得税
总　计	**39990**	**4021**	**260948**	**165314**	**7973**
住 宿 业	30485	-1701	70542	41295	2307
按住宿行业中类分组					
旅游饭店	29473	-2467	48004	28640	1467
一般饭店	962	765	19203	10253	840
其他住宿服务	50	1	3335	2402	
按登记注册类型分组					
内资企业	14694	-1701	70027	40746	2307
国有企业	11718	10943	-3267	-2446	1143
集体企业	3		3758	-100	
股份合作企业	575		-1271	-1272	
有限责任公司	571	566	34753	14777	153
其他有限责任公司	571	566	34753	14777	153
股份有限公司	221		15048	14371	59
私营企业	1605	-13210	21301	15416	952
私营独资企业			269		
私营有限责任公司	1366	796	12129	7161	952
私营股份有限公司	239	-14006	8903	8255	
其他企业	1		-295		
港、澳、台商投资企业	15791		515	549	
港、澳、台商独资经营企业	15791		515	549	
按控股情况分组					
国有控股	11723	10948	3987	4513	1211
集体控股	3		14149	13960	
私人控股	1791	-13070	40212	13135	936
港澳台商控股	15791		515	549	
其　他	1177	421	11679	9138	160
按经营形式分组					
独立门店	30325	-1784	54759	33894	2184
连锁门店	15		6568	5706	
其　他	145	83	9215	1695	123
按星级分组					
五　星	20546	4540	13899	-173	277
四　星	6749	5349	8	227	456
三　星	1862	-12662	33256	31275	696
二　星	475	414	3024	2471	156
其　他	853	658	20355	7495	722

单位:万元

劳动、失业保险费	养老保险和医疗保险费	住房公积金和住房补贴	本年应付工资总额	#主营业务应付工资总额	本年应付福利费总额	#主营业务应付福利费总额	全部从业人员年平均人数（人）
5249	**35624**	**3166**	**466281**	**398007**	**37455**	**34434**	**23221**
2706	29451	2493	232824	199563	27962	25393	12021
2124	27440	1938	214676	186484	26929	24424	10636
552	1892	555	14833	12812	952	939	938
30	119		3315	267	81	30	447
2522	26633	1936	214701	181440	18406	15837	11530
1114	14933	1119	109433	93808	13157	11086	5165
	958	480	6344	5247	63	40	335
39	420		6203	4498	58	39	208
1011	6744	262	43297	41720	1716	1716	2693
1011	6744	262	43297	41720	1716	1716	2693
50	190	51	5974	4961	303	261	338
308	3388	24	42202	29958	3052	2638	2635
	95		2458	2458	185	185	101
255	2916		36069	23825	2638	2224	2272
53	377	24	3675	3675	229	229	262
			1248	1248	57	57	156
184	2818	557	18123	18123	9556	9556	491
184	2818	557	18123	18123	9556	9556	491
1430	14965	1133	111450	95825	13514	11443	5340
	368		5227	4130	104	81	212
713	6929	504	59227	46228	3562	3148	3610
184	2818	557	18123	18123	9556	9556	491
379	4371	299	38797	35257	1226	1165	2368
2302	27862	1928	225627	192998	27745	25189	11193
40	10	24	560	560	128	128	38
364	1579	541	6637	6005	89	76	790
998	14194	1040	65936	65936	15157	15157	2448
391	4534		48116	35326	4004	3684	2058
432	6301	519	73403	57826	6334	4163	4159
121	1046	355	10785	10581	516	516	612
764	3376	579	34584	29894	1951	1873	2744

16-7续表3

指 标 名 称	法人企业数(个)	流动资产合计	存货	固定资产原价	累计折旧
餐 饮 业	133	374311	53433	743154	162345
按餐饮行业中类分组					
正餐服务	131	367817	52496	742439	162324
快餐服务	1	2160	609	682	20
其他餐饮服务	1	4334	328	33	1
按登记注册类型分组					
内资企业	129	363612	51862	740551	161793
国有企业	10	93178	8747	262418	51078
集体企业	1	2189	687	10996	3396
有限责任公司	11	63665	4254	110862	29991
国有独资公司					
其他有限责任公司	11	63665	4254	110862	29991
股份有限公司	5	8715	3310	25039	6094
私营企业	85	159461	28590	272464	55899
私营独资企业	17	17908	3475	29759	11103
私营合伙企业	8	5106	1166	7887	2461
私营有限责任公司	56	119983	22404	216312	36311
私营股份有限公司	4	16464	1545	18506	6024
其他企业	17	36404	6274	58772	15335
港、澳、台商投资企业	3	6365	1243	2570	551
港、澳、台商独资经营企业	3	6365	1243	2570	551
外商投资企业	1	4334	328	33	1
中外合资经营企业	1	4334	328	33	1
按控股情况分组					
国有控股	11	96132	9952	276053	53389
集体控股	3	3952	821	13307	3946
私人控股	92	169508	28465	302172	70025
港澳台商控股	3	6365	1243	2570	551
其 他	24	98354	12952	149052	34434
按经营形式分组					
独立门店	119	332196	42628	626832	156390
连锁总店(总部)	1	2950	1100	676	128
连锁门店	4	3841	851	4657	1743
其 他	9	35324	8854	110989	4084

单位:万元

本年折旧	资产总计	负债合计	所有者权益合计	实收资本			
					国家资本	集体资本	法人资本
42891	1114564	684035	430529	271497	120445	15287	39809
42870	1105445	675878	429567	270497	119945	15287	39809
20	3806	2844	962	500			
1	5313	5313		500	500		
42648	1098936	671133	427803	269297	119945	15287	39809
9367	327529	208521	119008	121366	113666		
136	11355	7310	4045	9887		9887	
9784	188784	133987	54797	47930	100		34000
9784	188784	133987	54797	47930	100		34000
5500	67341	61439	5902	7300	5000		300
14815	415170	192378	222792	72688	1179	5400	5309
2655	42165	23616	18549	8919			1000
939	11991	6875	5116	4840			300
9815	331083	149707	181376	51009	1179	5400	4009
1406	29931	12180	17751	7920			
3046	88757	67498	21259	10126			200
242	10315	7589	2726	1700			
242	10315	7589	2726	1700			
1	5313	5313		500	500		
1	5313	5313		500	500		
14403	381368	265920	115448	123445	120445		
298	19464	9928	9536	15287		15287	
15708	449408	232713	216695	83150			1049
242	10315	7589	2726	1700			
12240	254009	167885	86124	47915			38760
41113	947062	634079	312983	249651	119077	14987	39509
40	3498		3498	300			300
717	9578	5709	3869	3779	1179	300	
1021	154426	44247	110179	17767	189		

16-7续表4

指 标 名 称	个人资本	港澳台资本	主营业务收入	主营业务成本	主营业务税金及附加
餐 饮 业	94256	1700	1115489	538776	54198
按餐饮行业中类分组					
正餐服务	94256	1200	1101528	532929	53601
快餐服务		500	8053	3474	302
其他餐饮服务			5908	2373	295
按登记注册类型分组					
内资企业	94256		1086479	525934	52802
国有企业	7700		108775	51548	5606
集体企业			3401	1406	311
有限责任公司	13830		121245	60087	4935
国有独资公司					
其他有限责任公司	13830		121245	60087	4935
股份有限公司	2000		52598	26746	2766
私营企业	60800		660419	315788	32993
私营独资企业	7919		111206	56616	5926
私营合伙企业	4540		49206	23106	2413
私营有限责任公司	40421		465915	218601	22868
私营股份有限公司	7920		34092	17465	1786
其他企业	9926		140041	70359	6191
港、澳、台商投资企业		1700	23102	10469	1101
港、澳、台商独资经营企业		1700	23102	10469	1101
外商投资企业			5908	2373	295
中外合资经营企业			5908	2373	295
按控股情况分组					
国有控股	3000		152122	71533	7926
集体控股			11434	5174	751
私人控股	82101		714651	351759	31589
港澳台商控股		1700	23102	10469	1101
其 他	9155		214180	99841	12831
按经营形式分组					
独立门店	74378	1700	968775	466789	51072
连锁总店(总部)			2290	1087	127
连锁门店	2300		34094	15316	1768
其 他	17578		110330	55584	1231

单位:万元

主营业务利润	其他业务收入	其他业务利润	营业费用	管理费用	税金	差旅费	工会经费
522515	5916	1536	183804	140336	14629	4712	1467
514998	5916	1536	181649	137876	14623	4597	1418
4277			2096	574	6	46	14
3240			59	1886		69	35
507743	5916	1536	177423	136793	14313	4586	1418
51621	205	133	21762	16791	478	167	90
1684			1140	396			
56223			22614	14979	1898	594	161
56223			22614	14979	1898	594	161
23086			4841	15116	521	176	68
311638	4822	737	110493	70829	9576	2869	959
48664	1872	430	14564	11303	1303	221	57
23687			8133	6689	722	322	10
224446	2950	307	84897	45827	7093	2173	892
14841			2899	7010	458	153	
63491	889	666	16573	18682	1840	780	140
11532			6322	1657	316	57	14
11532			6322	1657	316	57	14
3240			59	1886		69	35
3240			59	1886		69	35
72663			24156	30213	444	307	253
5509			3687	567	46	31	
331303	4539	607	99405	81241	10303	3261	385
11532			6322	1657	316	57	14
101508	1377	929	50234	26658	3520	1056	815
450914	5916	1536	172353	137088	14294	4564	1371
1076				908			
17010			5742	1373	133	78	83
53515			5709	967	202	70	13

16-7续表5

指 标 名 称	财务费用	# 利息支出	营业利润	利润总额	应交所得税
餐 饮 业	9505	5722	190406	124019	5666
按餐饮行业中类分组					
正餐服务	9495	5726	187514	123135	5479
快餐服务	9	-5	1598	589	147
其他餐饮服务	1	1	1294	295	40
按登记注册类型分组					
内资企业	9476	5726	185587	121220	4551
国有企业	120	-73	13081	9351	1318
集体企业			148	148	
有限责任公司	4274	3622	14356	9169	60
国有独资公司					
其他有限责任公司	4274	3622	14356	9169	60
股份有限公司			3129	3031	40
私营企业	4312	1598	126741	74274	2713
私营独资企业	307	137	22920	11628	375
私营合伙企业	128	71	8737	8249	260
私营有限责任公司	3666	1329	90363	49676	1758
私营股份有限公司	211	61	4721	4721	320
其他企业	770	579	28132	25247	420
港、澳、台商投资企业	28	-5	3525	2504	1075
港、澳、台商独资经营企业	28	-5	3525	2504	1075
外商投资企业	1	1	1294	295	40
中外合资经营企业	1	1	1294	295	40
按控股情况分组					
国有控股	168	18	18126	12654	1534
集体控股			1255	1280	
私人控股	7554	4934	143710	87880	2397
港澳台商控股	28	-5	3525	2504	1075
其 他	1755	775	23790	19701	660
按经营形式分组					
独立门店	8896	5200	134113	108147	5063
连锁总店(总部)			168	168	40
连锁门店	129	121	9766	5678	176
其 他	480	401	46359	10026	387

单位:万元

劳动、失业保险费	养老保险和医疗保险费	住房公积金和住房补贴	本年应付工资总额	#主营业务应付工资总额	本年应付福利费总额	#主营业务应付福利费总额	全部从业人员年平均人数(人)
2543	6173	673	233457	198444	9493	9041	11200
2246	5977	657	230247	195234	9443	8991	11097
6	104	16	1950	1950	50	50	65
291	92		1260	1260			38
2240	5857	657	226939	191926	9386	8934	10947
481	2189	337	28800	25504	1638	1502	1342
			1121	1121			89
123	333		18704	17010	1777	1766	1082
123	333		18704	17010	1777	1766	1082
166	630		16516	15437	733	733	771
1229	2050	80	130838	104517	4168	3879	6162
295	334	80	27720	18558	585	445	1288
	435		10815	5816	420	394	491
934	1131		85525	74959	2966	2843	4079
	150		6778	5184	197	197	304
241	655	240	30960	28337	1070	1054	1501
12	224	16	5258	5258	107	107	215
12	224	16	5258	5258	107	107	215
291	92		1260	1260			38
291	92		1260	1260			38
965	3102	337	36337	33000	2148	1994	1593
			3801	2145	30	30	261
1297	2152	320	132414	106406	4760	4530	6521
12	224	16	5258	5258	107	107	215
269	695		55647	51635	2448	2380	2610
1611	5597		220465	190610	8331	8123	10386
59			5000	5000	246	246	232
193	123		4350	581	127	103	332
680	453		3642	2253	789	569	250

主要统计指标解释

社会消费品零售额 指各种经济类型的批发零售贸易业、餐饮业、制造业和其他行业对城乡居民和社会集团的消费品零售额和农民对非农业居民零售额的总和。对居民的消费品零售额：指售给城乡居民用于生活消费的商品。对社会集团的消费品零售额：指售给机关、团体、部队、学校、企业、事业单位和城市街道居民委员会、农村村民委员会用公款购买的用作非生产、非经营使用的消费品。

社会消费品零售额包括：

1.售给城乡居民作为生活用的商品和修建房屋用的建筑材料。

2.售给机关、团体、学校、部队、企业、事业单位的职工食堂和旅店（招待所）附设专门供本店旅客食用，不对外营业的食堂的各种食品、燃料；企业、单位和国营农场直接售给本单位职工和职工食堂的自己生产的产品。

3.售给部队干部、战士生活用的粮食、副食品、衣着品、日用品、燃料。

4.售给来华的外国人、华侨、港澳台同胞的消费品（包括友谊商店、在海关前后设立的免税商店、外轮供应公司等）。

5.居民自费购买的中、西药品，中药材及医疗用品。

6.报社、出版社直接售给农民和社会集团的报纸、图书、杂志、集邮公司（包括邮局集邮专柜）出售的新、旧（代销的）纪念邮票、特种邮票、首日封、集邮册、集邮工具等。

7.旧货寄售商店（信托商店）自购、自销部分的商品零售额。

8.煤气公司、液化石油气站售给居民和社会集团的煤气灶具和罐装液化石油气。

9.农民售给非农业居民和社会集团的商品。

10.售给社会集团的办公用品、纸张、帐册、文印用品、计算工具、书报杂志和奖品；公共用品和纺织品、针织品；学校用的教学用品；文体用品；非专用的劳动保护用品，如工作服、套袖、围群、手套、毛巾、肥皂等；日用百货和杂品，包括职工食堂用的餐具、炊具、设备和清洁卫生工具等；家具、设备、日用电器、电讯设备、电影器材和照相器材等；取暖用的设备和燃料，防暑、降温的饮料；非生产经营用的交通工具如小轿车、面包车、工具车、卡车和油料；零星修理用的各种零配件、材料、工具、建筑材料等；举办各种招待会、茶话会、宴会用的烟酒茶和各种食品及馈赠的礼品；从公费医疗经费中开支的中、西药品、中药材和医疗器材以及其他非生产性设备和用品。

批发零售贸易、餐饮业统计限额以上标准：

1.批发业：年销售额在2000万元及以上，年末从业人员20人及以上。

2.零售业：年销售额在500万元及以上，年末从业人员60人及以上。

3.餐饮业：年营业额在200万元及以上，年末从业人员40人及以上。

商品销售总额 指对本企业以外的单位和个人出售（包括对国（境）外直接出口）的商品（包括售给本单位消费用的商品）。它反映批发零售贸易企业在国内市场上销售商品以及出口商品的总量。商品销售总额包括：对生产经营单位批发额、对批发零售贸易业批发额、出口额和对居民和社会集团商品零售额。

商品销售收入（营业收入） 指批发零售贸易企业商品销售收入、接受其他单位委托代销商品的收入和餐饮企业的营业收入（包括餐费收入、冷热饮收入、服务收入和其他收入）。

商品销售成本（营业成本） 指批发零售贸易企业已销商品应负担的进货原价和餐饮企业的原材料成本、商品进价成本。

商品销售税金及附加费（或营业税金及附加费） 指批发零售贸易企业销售商品应负担的税金和餐饮企业应由各项经营业务负担的税金及附加。包括营业税、城市维护建设税、出口关税和教育附加费等。

营业利润 指企业营业收入扣除成本、费用和各种产品销售税金及附加费（或营业税金及附加费）后的数额。

第二部分　统计资料

对外贸易和旅游业

17-1 历年对外贸易情况

单位：万美元

年　份	进出口总额	#出 口 额
1990	199	197
1991	388	316
1992	890	490
1993	2271	1123
1994	2800	1168
1995	3644	2675
1996	3670	3449
1997	8541	4662
1998	5593	4338
1999	5736	4513
2000	57885	51172
2001	24290	16533
2002	37056	27881
2003	49023	36352
2004	45578	26728
2005	106455	59411
2006	73994	45810
2007	93952	63612
2008	89657	49012

17-2 历年旅游事业

年　　份	旅游人数(人次)	#外国人	#港澳同胞	营业收入(万元)
1990	9079	5755	3294	2841
1991	16158	8343	7815	3423
1992	20459	11620	6737	4225
1993	18449	11619	5505	6121
1994	19941	16158	2882	9477
1995	20838	17227	2065	10540
1996	22331	19727	1065	8718
1997	23225	20112	1275	10498
1998	25213	21937	1404	14055
1999	1246000	19715	8615	65443
2000	1667000	17017	6697	83959
2001	1830000	16042	1660	36061
2002	2107000	21992	941	37181
2003	1897000	10773	630	24770
2004	2622000	28266	693	294000
2005	3920000	39998	3499	466000
2006	4891000	59000	1003	692100
2007	6223000	83000	1421	934400
2008	6444200	77594	1173	1068100

17-3 旅 游 事 业

项 目	单 位	2007年	2008年	2008年比2007年增长%
接待旅游人数	**万人次**	**622.3**	**644.42**	**3.6**
#外 国 人	人次	83000	77594	-6.5
港澳同胞	人次	1421	1173	-17.5
台湾同胞	人次	2257	1926	-14.7
旅游国别				
#日本人	人次	11535	10669	-7.5
美 国	人次	7774	7239	-6.9
新加坡	人次	2507	1355	-46.0
澳大利亚	人次	4012	4122	2.7
英 国	人次	4347	4637	6.7
旅游部门经营情况				
旅游业总收入	亿元	93.44	106.81	14.3
旅游外汇收入	万美元	4362.93	5259.2	20.5
国内旅游收入	亿元	90.26	103.28	14.4

17-4 外国和港澳台地区在华实际投资

项目	新签协议		客商实际投资额（万美元）
	合同数（个）	客商投资额（万美元）	
直接投资合计	**39**	**92160**	**70744**
按投资方式分组			
中外合资企业	13	44470	40845
中外合作企业	4	5352	2666
外资企业	22	42338	27233
按国民经济行业分组			
农、林、牧、渔业	2	47	57
制造业	21	58750	58212
采掘业	7	2 713	835
社会服务业	2	527	239
房地产业	4	8870	4294
批发零售业	1	53	53
餐饮业	1	8700	650
天然气供应业	1	12500	6404
按投资国别(地区)分组			
亚洲			
# 香港	14	26753	24529
台湾	1	1653	275
日本	3	131	112
韩国	1	125	10
新加坡	1	7947	3129
北美洲			
# 美国	2	11619	2559
欧洲			
# 英国	7	11912	11810
瑞典	1	242	1
丹麦	2	9401	3418
德国	1	227	59
荷兰	1	702	702
西班牙	1	5000	5000
俄罗斯	1	36	50
南美洲			
# 巴巴多斯	1	3420	223
非洲			
# 毛里求斯	1	12941	18862
大洋洲			
# 澳大利亚	1	51	5

17-5 外商投资企业生产经营情况

项目	单位个数	亏损单位个数	销售(营业)收入	# 出口销售收入(万美元)
总计	**112**	**58**	**2196850**	**17894**
按投资方式分组				
中外合资企业	63	33	1541100	1561
中外合作企业	8	5	45654	101
外资企业	40	19	609479	16232
外商投资股份制	1	1	618	
按国民经济行业分组				
农、林、牧、渔业	1		12201	
制造业	58	29	1652374	17855
电力煤气及水的生产和供应业	3	1	79422	
建筑业	10	7	2916	
交通运输	2	1	321	
信息传输计算机服务和软件业	2	1	372482	
批发和零售业	13	7	39821	39
住宿和餐饮业	9	2	20195	
房地产业	9	7	11986	
租赁和商务服务业	2	2	164	
居民服务和其他服务业	2	1	54	
按投资国别及地区分组				
亚洲	71	38	754291	8702
# 香港	45	27	688327	8335
印度尼西亚	2		9800	312
日本	9	3	7187	31
新加坡	4	3	12790	
韩国	2	1	338	24
泰国	1		33759	
台湾	7	3	2068	
欧洲	18	9	243259	2284
# 丹麦	1		4853	197
英国	7	2	203971	442
德国	2	1	1329	15
法国	1		12041	
荷兰	1	1	942	
希腊	1	1	121	
瑞士	3	3	14505	1630
俄罗斯	1	1	60	
欧洲其他国家(地区)	1		5438	
北美洲	21	10	1180650	4804
# 加拿大	5	4	75362	3983
美国	16	6	1105288	821
大洋州	2	1	18650	2104
# 澳大利亚	2	1	18650	2104

17-5续表1

项　　　　目	实交税金总　额	# 进出口关税	利润总额	净利润
总　　计	**89314**	**619**	**-15132**	**-19844**
按投资方式分组				
中外合资企业	64254	319	-48591	-51265
中外合作企业	2616		4279	3286
外资企业	22436	300	29196	28151
外商投资股份制	8		-16	-16
按国民经济行业分组				
农、林、牧、渔业	20		1028	1028
制 造 业	77690	619	-15643	-19317
电力煤气及水的生产和供应业	6744		-5598	-6591
建 筑 业	49		-601	-603
交通运输	14		-9	-12
信息传输计算机服务和软件业	861		5796	5796
批发和零售业	1223		1626	1588
住宿和餐饮业	717		-512	-514
房地产业	1485		-1850	-1850
租赁和商务服务业	11		-69	-69
居民服务和其他服务业	3		2	2
按投资国别及地区分组				
亚　　洲	31649	10	26303	22162
# 香　　港	31193	10	26033	21985
印度尼西亚	277		684	619
日　　本	23		-236	-237
新 加 坡	75		-233	-254
韩　　国			-37	-37
泰　　国			966	966
台　　湾	81		88	82
欧　　洲	6507		19592	19025
# 丹　　麦	122		4	4
英　　国	5562		17811	17809
德　　国	19		-84	-84
法　　国	683		1989	1424
荷　　兰	46		-30	-30
希　　腊	4		-63	-63
瑞　　士	28		-225	-225
俄 罗 斯			-109	-109
欧洲其他国家(地区)	43		299	299
北 美 洲	51135	609	-60887	-60892
# 加 拿 大	3075	300	-1643	-1645
美　　国	48060	309	-59244	-59247
大 洋 洲	23		-139	-139
# 澳大利亚	23		-139	-139

单位：万元

可供分配利润	# 外方应分利润	资产总额	负债总额	# 长期负债
159723	**23117**	**2137296**	**1247752**	**232715**
121808	9161	1457532	875297	120195
3662		80919	45422	1916
34252	13956	597724	325913	110604
		1121	1120	
1028		42309	28264	2620
146183	22448	1636736	977546	143375
2030		185743	127608	34118
73		5201	2116	
51		715	660	135
5825		57994	1382	
2033		23073	15286	20
1753	669	58230	34494	29614
46		113772	48331	22583
		599	46	
4		605	594	200
130869	15628	994911	587324	123601
128837	15485	937908	560547	121358
559	140	9656	4745	121
9		6600	4074	200
341		23956	12583	1902
3		2302	31	
966		8657	3634	
155	3	3337	1430	20
19557	6819	289520	157122	55881
4		6627	2142	
17828	6520	243925	137218	49200
2		18103	8842	5281
1424		8152	2492	
		471	210	
		186	183	
		4957	3526	
		2620	110	
299	299	4479	2399	1400
9296	671	850858	503018	53233
45		37242	25343	2583
9251	671	813616	477675	50650
1		2007	287	
1		2007	287	

17-5续表2

项　　　目	期末从业人员（人）	# 外籍及港澳	从业人员劳动酬报
总　　计	**21311**	**46**	**42669**
按投资方式分组			
中外合资企业	13042	20	23390
中外合作企业	1009	3	1458
外资企业	7251	23	17803
外商投资股份制	9		18
按国民经济行业分组			
农、林、牧、渔业	247	1	433
制　造　业	17729	23	32686
电力煤气及水的生产和供应业	619	1	3375
建　筑　业	116	3	116
交通运输	41		95
信息传输计算机服务和软件业	305		1010
批发和零售业	598	3	881
住宿和餐饮业	1237	8	3260
房地产业	197	4	358
租赁和商务服务业	67	3	8
居民服务和其他服务业	9		47
按投资国别及地区分组			
亚　　洲	8964	32	24255
# 香　　港	7519	17	22254
印度尼西亚	245		461
日　　本	340	1	171
新 加 坡	234	6	309
韩　　国	25	2	22
泰　　国	280		700
台　　湾	311	4	163
欧　　洲	2707	4	4529
# 丹　　麦	95		125
英　　国	1335	2	2883
德　　国	390		226
法　　国	350	1	346
荷　　兰	80		167
希　　腊	25		23
瑞　　士	346	1	651
俄 罗 斯	6		1
欧洲其他国家(地区)	80		108
北 美 洲	9440	10	13732
# 加 拿 大	1338	6	1961
美　　国	8102	4	11771
大 洋 洲	200		152
# 澳大利亚	200		152

单位：万元

# 外籍及港澳台人员劳动报酬	注册资本		历年累计实际投资额	#外方累计实际投资额
	中方	外方（万美元）		
586	**221584**	**51073**	**867032**	**62272**
50	91981	12498	373099	26331
161	21849	2137	74249	2244
375	107455	36415	419405	33674
	300	23	280	23
	2810	805	9367	805
102	149847	25222	577446	46716
161	35494	3081	99995	3302
	2851	492	6984	639
	230	8	240	8
	6485	380	8197	380
	4027	1453	9796	578
320	4412	2803	60252	7215
	13188	16549	85945	2349
3	190	42	600	42
	250	13	410	13
425	120311	32386	484118	22006
337	96215	29805	433560	19371
	2550	103	3400	103
	18216	972	26144	972
30	960	278	6830	326
	1200	61	1926	61
	100	433	3781	433
3	574	119	1558	125
161	71509	11978	144468	14751
	2826	328	4642	328
	63196	10212	125449	12948
	680	210	2530	210
161	70	161	2000	161
	91	40	470	40
	180	8	190	8
	266	437	4212	471
	2800	350	2975	350
	1400	231	2000	235
	28015	6677	236046	25483
	859	2530	66156	7805
	27156	4147	169890	17678
	1750	32	2400	32
	1750	32	2400	32

主要统计指标解释

对外贸易 一个国家同其他国家的商品买卖的总和。世界各国之间的商品买卖，就是国际贸易。

对外贸易又称对外贸易商品流转，是指外贸部门通过买卖行为，把进出口商品从生产领域向消费领域转移的过程。从出口贸易讲，外贸部门把国内生产的商品转移到国外消费者的手中，一般需要经过出口商品的收购、调拨、加工、储存、成交和实际出口等许多业务环节。从进口贸易讲，外贸部门把国外生产的商品转移到国内消费者手中，一般需要经过进口商品的订货、交货、到货和拨交等许多业务环节。

进口 指直接从国外进口的商品和委托外贸部门代理进口的商品，不包括从国内有关单位（包括对外贸易部门和其他单位）购进的进口商品。对外贸易企业只统计自主经营进口的商品，不包括委托代理进口的商品。

出口 指直接向国（境）外出口商品和委托外贸部门代理出口的商品。不包括售给外贸部门出口或加工后出口的商品以及在国内市场以外所销售的商品。对外贸易企业只统计自主经营出口的商品，不包括受托代理出口的商品。

利用外资 指我国各级政府、部门、企业和其他经济组织通过对外借款、吸收外商直接投资以及用其他方式筹措的境外现汇、设备和技术等。

年末实有企业数 指年末在工商行政管理局注册登记的独资、合资、合作的企业、事业个数。不包括超过合同期年限，现归我方所有的三资企业。

主营业务收入 指企业从事某种主要生产、经营的经济活动所取得的业务收入。农业企业、工业企业为产品销售收入；建筑业企业为工程结算收入。农业企业、工业企业为产品销售收入；建筑业企业为工程结算收入；交通运输业企业为主营业务收入；批发零售贸易业企业为商品销售收入；餐饮业、金融业、服务业和旅游业企业为营业收入；房地产业、租赁业企业为经营收入。

利润总额 指企业在一定时期内实现盈利与亏损相抵后的总额。

客商实际投资额 指年度内客商实际投入企业的资本及境外借款。包括现汇、物资和其他形式的借款以及客商投资收益的再投资。

年末从业人数 指年度内在三资企业工作或劳动，并且取得劳动报酬或经营收入的全部人员。

旅游人数 包括入境国际旅游者人数、出境居民人数和国内旅游者人数。

（1）入境国际旅游者人数：指来中国参观、访问、旅行、探亲、访友、休养、考察、参加会议和从事经济、科技、文化、教育、宗教活动的外国人、华侨、港澳同胞和台湾同胞的人数。不包括外国在我国的常驻机构，如使领馆、通讯社、企业办事处的工作人员；来我国常住的外国专家、留学生以及在岸逗留不过夜的人员。

（2）出境居民人数：指大陆居民因公务活动或私人事务短期出境的人数。公务活动出境居民人数包括在国际交通工具上的中国服务员工，因私出境居民人数不包括在国际交通工具上的中国服务员工。

（3）国内旅游者人数：指我国大陆居民和在我国常住 1 年以上的外国人、华侨、港澳同胞离开常住地在境内其他地方的旅游设施内至少停留一夜，最长不超过 6 个月的人数。

旅游人天数 指旅游者在旅游目的地停留天数之和，天数按过夜数统计。一个旅游者过一夜为一人天。其公式为：

人天数 = 人数 × 逗留（过夜）天数

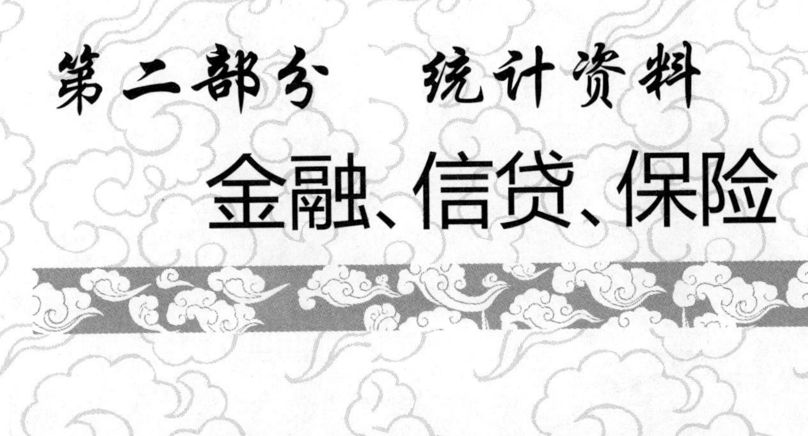

第二部分　统计资料

金融、信贷、保险

18-1 历年金融机构信贷

单位：万元

年 份	金融机构存款余额	#城乡居民储蓄余额	金融机构贷款余额
1949	2		4
1950	384	3.6	29
1951	758		304
1952	1369	77	642
1953	1944		2404
1954	3821		4032
1955	6184		5513
1956	6570		3624
1957	8295	770	5374
1958	42995		19647
1959	36855		15835
1960	51866		20955
1961	43504		22116
1962	37457	1042	17203
1963	36075		14861
1964	43435		12819
1965	40699	1423	15210
1966	36967		16385
1967	39015		18885
1968	37482		21327
1969	32976		25625
1970	47548	1803	31152
1971	45005		34014
1972	28793		35846
1973	38832		40790
1974	35661		46368
1975	39615	4654	47471
1976	38028		45120
1977	41410		47896
1978	87138	5496	52625

18-1续表 单位：万元

年 份	金融机构存款余额	#城乡居民储蓄余额	金融机构贷款余额
1979	106491	6869	58558
1980	46299	9620	46944
1981	51741	11978	50840
1982	59271	16072	55684
1983	80406	21356	61905
1984	99160	29471	70046
1985	116988	39087	108828
1986	141692	52975	148747
1987	157680	69038	178333
1988	209287	116795	307425
1989	234875	120597	243999
1990	292412	168000	339979
1991	373364	222298	406214
1992	472974	282253	490962
1993	562403	361745	593357
1994	731054	502134	697899
1995	883034	667223	840459
1996	1318918	841519	1150795
1997	1587741	996997	1328235
1998	1941725	1197932	1222064
1999	2731379	1396493	2078636
2000	3017675	1525076	2588899
2001	3678484	1722756	2872562
2002	4071960	2078403	3250175
2003	4786654	2554496	3872324
2004	6711675	3060359	7247443
2005	8038994	3795946	8739531
2006	10000775	4530845	9826447
2007	13177568	5113839	11805246
2008	16498303	6405628	14586104

18-2 金融机构信贷

（年末余额）

单位：万元

项目	2007年	2008年	2008年比2007年增长%
各项存款	**12772997**	**16498303**	**29.2**
企业存款	4299411	6163350	43.4
财政性存款	1557666	1320939	-15.2
机关团体存款	726605	920337	26.7
城乡居民储蓄存款	5067901	6405628	26.4
农业存款	164681	138823	-15.7
其他类存款	956733	1549226	61.9
各项贷款	**11275918**	**14586104**	**29.4**
短期贷款	2583403	3581785	38.6
工业贷款	743770	1107789	48.9
商业贷款	501597	540434	7.7
建筑业贷款	101597	109541	7.8
私营及个体工商业贷款	27591	43323	57.0
乡镇企业贷款	52775	8097	-84.7
农业贷款	200516	368174	83.6
三资企业贷款	16289	26573	63.1
其他短期贷款	939268	1377854	46.7
# 个人短期消费贷款	11696	36578	212.7
中长期贷款	8440753	10424917	23.5
# 个人中长期消费贷款	366248	535330	46.2
其他类贷款	251762	579402	130.1

18-3 银行现金收支

单位：万元

项目	2007年	2008年	2008年比2007年增长%
现金收入合计	**26643799**	**29950428**	**12.4**
商品销售收入	2075556	2287218	10.2
服务事业收入	643382	599562	-6.8
行政税费收入	106246	186167	75.2
城乡个体经营收入	330551	544630	64.8
储蓄存款收入	20759467	23698954	14.2
其他金融性公司收入	91799	109339	19.1
居民归还贷款收入	350935	507119	44.5
汇兑收入	210649	110882	-47.4
有价证券及其他投资性收入	14599	64906	344.6
其他收入	2060615	1841651	-10.6
现金支出合计	**26119191**	**29239825**	**11.9**
工资和对个人其他支出	935117	1058146	13.2
农副产品采购支出	321285	428212	33.3
工矿及其他产品采购支出	197362	233597	18.4
行政企业管理与经营费支出	883825	1116301	26.3
城乡个体经营支出	727573	850760	16.9
储蓄存款支出	19560002	23148110	18.3
其他金融性公司支出	462785	64484	-86.1
居民提取贷款支出	335174	411015	22.6
汇兑支出	224498	80776	-64.0
有价证券支出	26413	71775	171.7
其他支出	2445154	1776647	-27.3
回笼（—）或投放（+）	**-524607**	**-710603**	

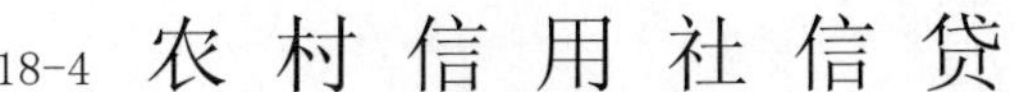

18-4 农村信用社信贷

（年末余额）

单位：万元

项目	2007年	2008年	2008年比2007年增长%
各项存款	**831958**	**1006556**	**21.0**
企业存款	4594	15883	245.7
机关团体存款	44351	44792	1.0
储蓄存款	615508	808175	31.3
活　　期	367574	462961	26.0
定　　期	247934	345214	39.2
农业存款	158971	132029	-16.9
其他存款	8534	5677	-33.5
各项贷款	**460827**	**648169**	**40.7**
#短期贷款	323434	493365	52.5
中长期贷款	137393	154358	12.3

18-5 保险业务情况

单位：万元

项目	2007年	2008年	2008年比2007年增长%
保费收入	**184307**	**248594**	**34.9**
人寿保险	119597	164880	37.9
财产保险	64711	83714	29.4
保险业务支出	**56528**	**71956**	**27.3**
人寿保险	26196	32851	25.4
财产保险	30332	39105	28.9

主要统计指标解释

信贷资金　国家银行用于发放贷款的资金叫信贷资金。中国人民银行信贷资金的来源有各项存款，对国际金融机构负债、流通中货币、银行自有资金及当年结益等。信贷资金的运用有各项贷款、黄金占款、外汇占款、财政借款及在国际金融机构中的资产。

货币回笼　是“货币投放”的对称。国有银行根据市场对货币流通需要的情况，有计划地通过出售商品、提供劳务、吸收储蓄、收回贷款等渠道，组织市场多余货币流回国家银行，使货币的流通量同国民经济对货币的实际需要量相适应。

货币投放　是“货币回笼”的对称。国家银行根据市场对货币流通的需要情况，有计划地通过工资发放，商品采购、贷款等渠道，将货币投入市场，使货币的流通量同国民经济对货币的实际需要量相适应。

可保财产额　社会总财产额（包括固定资产和流动资产），剔除按保险公司财产保险条款规定不在保险范围内的财产额（如土地、货币等）和有自保能力不向保险公司投保单位的财产额，所余财产额。

保险金额　又叫承保额。它是保险人对被保险人负担损失补偿或约定给付的金额。它是保险合同上的最高责任额，也是计算保费的依据。

保费　又叫保险费。是保险人根据保险合同的有关规定，为被保险人取得因约定危险事故发生所造成的经济损失补偿（或给付）权利，付给保险人的代价。包括财产险和人身险储金收入。

赔款　保险事故发生后，经查证确属保险责任范围以内的保险标的损失，保险人根据保险合同的规定履行赔偿义务，给予被保险人的款项叫赔款。赔款可分已决赔款和未决赔款两种。

第二部分　统计资料

教育、科技及文化事业

19-1 教育事业基本情况

指　　　标	单　位	2007年	2008年	2008年比2007年增长%
学 校 数				
高等学校	所	19	21	10.5
中等专业学校	所	28	33	17.9
普通中学	所	132	126	-4.5
普通小学	所	580	539	-7.1
成人高校	所	1	1	0.0
技工学校	所	2	3	50.0
职业学校	所	30	33	10.0
在校学生数				
高等学校	人	164998	184471	11.8
中等专业学校	人	37489	40605	8.3
普通中学	人	152965	154010	0.7
普通小学	人	186464	183195	-1.8
成人高校	人	37883	36645	-3.3
技工学校	人	467	572	22.5
职业学校	人	22084	24186	9.5
毕业生数				
高等学校	人	40213	42662	6.1
中等专业学校	人	10875	10096	-7.2
普通中学	人	47368	47869	1.1
普通小学	人	34297	33033	-3.7
成人高校	人	14703	13683	-6.9
技工学校	人	97	194	100.0
职业学校	人	5376	7054	31.2
专任教师数				
高等学校	人	10547	11177	6.0
中等专业学校	人	738	775	5.0
普通中学	人	8381	8573	2.3
普通小学	人	10054	10199	1.4
成人高校	人	174	208	19.5
技工学校	人	59	103	74.6
职业学校	人	1300	1443	11.0

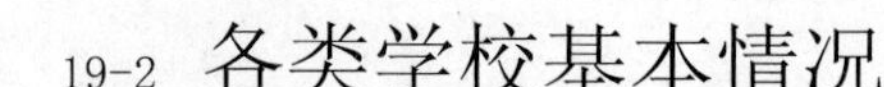

19-2 各类学校基本情况

单位：所、人

类别	学校数	招生数	在校学生数	毕业生数	教职工数	#专任教师
高等学校	21	61978	184471	42662	17829	11177
中等职业教育学校	55	22173	58052	14754	3701	2162
普通中学	126	52853	154010	47869	11989	8573
城　镇	97	48246	141486	43858	10831	7794
农　村	29	4607	12524	4011	1158	779
技工学校	3	235	572	194	145	103
小　学	539	31413	183195	33033	12271	10199
城　镇	175	24191	146512	26435	8271	6950
农　村	364	7222	36683	6598	4000	3249
成人高等学校	1	12060	36645	13683	529	208

19-3 各类在校学生数比例

单位：人

类别	平均每万人拥有在校学生数		平均每一专任教师负担学生数	
	2007年	2008年	2007年	2008年
大学生	919	986	19	19
中学生	789	790	18	18
小学生	844	817	19	18

19-4 普通高校基本情况

单位:所、人

类别	学校数	招生数	在校学生数	毕业生数	教职工数	#专任教师
总计	**21**	**61978**	**184471**	**42662**	**17829**	**11177**
内蒙古大学	1	5177	15987	3548	2566	1359
内蒙古工业大学	1	5769	21492	5979	2020	1318
内蒙古农业大学	1	7345	25332	5581	2548	1534
内蒙古医学院	1	3795	12383	2373	1183	727
内蒙古师范大学	1	7546	26326	6786	2257	1417
内蒙古财经学院	1	5049	15334	3366	1388	788
内蒙古建筑职业技术学院	1	2901	8150	2776	553	369
内蒙古丰州职业学院	1	803	2291	175	89	50
内蒙古民族高等专科学校	1	1890	4882	1534	500	338
呼和浩特职业学院	1	4030	10466	2899	1007	614
内蒙古电子信息职业技术学院	1	3028	7714	2209	465	396
内蒙古机电职业技术学院	1	3516	9148	2065	616	489
内蒙古化工职业学院	1	3387	8256	892	601	486
内蒙古商贸职业学院	1	3120	7830	1787	615	456
内蒙古警察职业学院	1	143	984	524	288	174
内蒙古体育职业学院	1	369	948	168	173	144
内蒙古科技职业学院	1	683	1562		117	67
内蒙古北方职业技术学院	1	712	1593		235	42
内蒙古经贸外语职业学院	1	804	1882		107	47
内蒙古大学创业学院	1	876	876		326	262
内蒙古师范大学鸿德学院	1	1035	1035		175	100

19-5 普通高校研究生数

单位：人

类别	招生数		在校学生数		毕业生数	
	2007年	2008年	2007年	2008年	2007年	2008年
总计	**3097**	**3268**	**8798**	**9429**	**2005**	**2466**
内蒙古大学	1019	1125	2923	3191	683	833
内蒙古工业大学	490	532	1402	1475	277	376
内蒙古农业大学	682	665	2028	2093	476	547
内蒙古医学院	289	310	816	873	180	246
内蒙古师范大学	587	595	1600	1727	389	464
内蒙古财经学院	30	41	29	70		

19-6 中等职业教育学校基本情况

单位:所、人

地区	学校数	招生数	在校学生数	毕业生数	教职工数	# 专任教师
中等职业教育学校	**55**	**22173**	**58052**	**14754**	3701	2162
普通中等专业学校	25	7850	16995	3288	1473	775
中等技术学校	4	3255	9216	2358	466	286
成人中等专业学校	4				98	75
职业高中学校	22	6611	16558	4359	1616	999
普通高校附设中专部		4007	14394	4450		
其他机构(教学点)		450	889	299	48	27

19-7 技工学校基本情况

单位：所、人

类别	学校数	招生数	在校学生数	毕业生数	教职工数	# 专任教师
总计	**3**	**235**	**572**	**194**	**145**	**103**
内蒙古纺织技工学校	1	95	174	77	52	34
呼和浩特众环（集团）有限责任公司技工学校	1	50	226	48	31	12
呼市技工学校	1	90	172	69	62	57

19-8 中学基本情况

单位：所、人

地区	学校数	招生数		在校学生数		教职工数	
		初中	高中	初中	高中		#专任教师
职业中学	**11**	**1876**		**5850**		**484**	**417**
城市							
县镇	5	1489		4637		316	286
农村	6	387		1213		168	131
普通中学	**126**	**33660**	**19193**	**97011**	**56999**	**11989**	**8573**
城市	70	18655	11697	52922	34615	6753	4842
县镇	27	11256	6638	34162	19787	4078	2952
农村	29	3749	858	9927	2597	1158	779

19-9 小学基本情况

单位：所、人

地区	学校数	招生数	在校学生数	教职工数	#专任教师
总计	**539**	**31413**	**183195**	**12271**	**10199**
城市	78	16657	94032	4805	4027
县镇	97	7534	52480	3466	2923
农村	364	7222	36683	4000	3249

19-10 幼儿教育基本情况

类别	园所个数（所）	班数（个）	在园幼儿数（人）	教职工数（人）		小学附设学前班	
					#专任教师	班数（个）	幼儿数（人）
总计	**131**	**1103**	**30325**	**3293**	**1809**	**272**	**7159**
按城乡分							
城市	87	708	20269	2689	1413	61	2153
县镇	35	241	7022	467	333	105	3319
农村	9	154	3034	137	63	106	1687
按部门分							
教育部门和集体办	37	443	12470	1283	695	184	4390
其他部门办	16	530	3876	575	283	11	433
社会力量办	78	130	13979	1435	831	77	2336

19-11 中小学生升学情况

单位：人

项　　目	2007年	2008年	项　　目	2007年	2008年
小学当年毕业生	34297	33033	考取技工学校人数	163	235
#升初中人数（含职业初中）	34620	35536	考取中等学校人数	7096	11105
小学毕业升学率（%）	100.9	107.6	初中毕业升学率（%）	100.4	117.3
初中当年毕业生	32685	32060	高中当年毕业生（含职业高中）	20059	22863
#升普通高中人数	19185	19193	#考取高等学校人数	17272	19668
升职业高中人数	6369	7061	高中毕业升学率（%）	86.1	86.0

19-12 博物馆、展览馆、文物保管所

项　　目	2007年				2008年			
	单位（个）	职工人数（人）	藏品件数（件）	参观人次数（千人次）	单位（个）	职工人数（人）	藏品件数（件）	参观人次数（千人次）
博物馆	3	212	147330	71	3	213	147592	1082
内蒙古博物馆	1	157	132787	70	1	162	133039	1080
呼和浩特市博物馆	1	41	11443	1	1	41	11453	
托县博物馆	1	14	3100		1	10	3100	2
展览馆	2	172			2	169		
内蒙古展览馆	1	93			1	91		
呼和浩特市展览馆	1	79			1	78		
文物保管所	5	225	1765	7	5	226	1765	6
呼和浩特市文物管理处	1	194	957		1	194	957	
土左旗文管所	1	8	98		1	7	98	
和林县文管所	1	8	319	1	1	8	319	3
清水河县文管所	1	3	191		1	5	191	
武川县文管所	1	12	200	6	1	12	200	3
内蒙古文物考古研究所	1	57	6932		1	58	14479	

19-13 出 版 事 业

项目	单位	2008年	项目	单位	2008年
出版单位	个	5	图书	种	1950
报纸	种	31	总印数	万册	5943
总印数	万份	18490	#课本	万册	3750
杂志	种	109	使用《中国标准书号》	万册	5943
总印数	万册	935	不使用《中国标准书号》	万册	

19-14 公 共 图 书 馆

项目	机构个数（个）	职工（人）	藏书件数（册、件）	建筑面积（平方米）	阅览室座席数（个）	流通情况（千人次）	#书刊文献外借人次	书刊文献外借册次（千册次）
总计	**10**	**314**	**2433546**	**35594**	**2591**	**289**	**192**	**290**
自治区级								
内蒙古图书馆	1	160	1726377	21000	1593			
市级								
呼和浩特市图书馆	1	79	487274	7890	420	141	76	116
县（区）级								
新城区图书馆	1	9	41421	650	48	55	43	54
回民区图书馆	1	4	11400	800	50	9	7	17
玉泉区图书馆	1	6	30000	92		2	1	2
赛罕区图书馆	1	16	33017	1500	120	24	15	35
土左旗图书馆	1	10	22793	1270	130	17	17	26
托县图书馆	1	15	26250	1300	100	16	11	14
清水河县图书馆	1	5	12714	112	30	3	1	1
武川县图书馆	1	10	42300	980	100	22	21	25

19-15 艺术表演团体

项目	团体数(个)	职工(人)	演出场次(场)	#农村演出场次	观众人次数(千人次)
总计	**13**	**1082**	**2183**	**1182**	**2832**
按隶属关系分					
自治区级	6	666	850	149	844
市级	4	318	588	308	678
县（区）级	3	98	745	725	1310
按剧种分					
歌剧、舞剧、歌舞剧团	1	98	170	84	330
歌舞团、轻音乐团	2	453	512	50	550
乌兰牧骑	4	185	897	794	1393
戏曲剧团	3	163	327	236	305
京剧	1	63	81	10	46
曲、杂、木、皮团	2	120	196	8	208

19-16 群众文化馆

项目	2007年			2008年		
	单位数(个)	馆舍面积(平方米)	职工(人)	单位数(个)	馆舍面积(平方米)	职工(人)
总计	**11**	**13881**	**239**	**11**	**15377**	**235**
自治区级						
内蒙古群众艺术馆	1	3571	45	1	3571	45
市级						
呼和浩特市群众艺术馆	1	3200	84	1	3200	90
县(区)级						
新城区文化馆	1	1000	12	1	2000	11
回民区文化馆	1	370	12	1	800	13
玉泉区文化馆	1		4	1		4
赛罕区文化馆	1	1100	22	1	1000	20
土左旗文化馆	1	2080	10	1	2080	9
托县文化馆	1	930	14	1	1600	13
和林县文化馆	1	1000	14	1	400	12
清水河县文化馆	1	380	10	1	546	6
武川县文化馆	1	250	12	1	180	12

19-17 广播电视情况

项　　　　目	单　位	2008年	项　　　　目	单　位	2008年
广播电台	**座**	**2**	**电 视 台**	**座**	**2**
中、短波发射台及转播台	座	9	1千瓦以上发射台及转播台	座	4
节目套数	套	16	节目套数	套	15
内蒙古人民广播电台			内蒙古电视台		
全年播音时间	时分	53521：40	全年播出时间	时分	48606：00
新闻资讯类节目	时分	13468：50	新闻资讯类节目	时分	4991：30
专题服务类节目	时分	12153：10	专题服务类节目	时分	6488：30
综合类节目	时分	15112：00	综艺益智类节目	时分	3041：00
广播剧类节目	时分	499：20	影视剧类节目	时分	14115：00
广告类节目	时分	4546：20	广告类节目	时分	8626：00
其他类节目	时分	7742：00	其他类节目	时分	11344：00
呼和浩特市人民广播电台			呼和浩特市电视台		
全年播音时间	时分	19728：00	全年播出时间	时分	16909：20
新闻资讯类节目	时分	3521：00	新闻资讯类节目	时分	2047：25
专题服务类节目	时分	6069：00	专题服务类节目	时分	2737：25
综艺类节目	时分	2908：00	综艺益智类节目	时分	1223：55
广播剧类节目	时分		影视剧类节目	时分	7637：15
广告类节目	时分	2705：00	广告类节目	时分	3263：20
其他类节目	时分	4525：00	其他类节目	时分	
			卫星地球站	座	1

19-18 大中型工业企业科技活动情况

项　　　目	单 位	2007年	2008年
企业单位情况			
企业单位数	个	54	57
# 有科技活动的企业数	个	18	16
科技活动人员情况			
科技活动人员	人	1939	2204
# 参加科技项目人员	人	1439	1602
# 高中级技术职称及无高中级职称大本以上人员	人	1285	1647
# 研究与试验发展（R&D）人员	人	921	894
科技活动经费情况			
科技活动经费筹集总额	万元	33609	77221
# 企业资金	万元	32815	68711
政府资金	万元	695	3411
科技活动经费支出总额	万元	30792	73537
科技活动经费内部支出	万元	30102	70284
# 研究与试验发展（R&D）经费支出	万元	22690	23629
# 新产品开发经费支出	万元	14021	16932
委托外单位开展科技活动经费	万元	690	3253

19-18 续表

项　　　目	单 位	2007年	2008年
全部科技项目情况			
科技项目数	项	293	318
#研究与试验发展（R&D）项目	项	107	50
#新产品开发项目	项	223	210
企业办科技机构情况			
企业办科技机构数	个	14	14
企业办科技机构活动人员	人	218	370
新产品情况			
新产品产值	万元	451510	707382
新产品销售收入	万元	541402	
专利申请数	**件**	**265**	**428**
发明专利	件	66	225
技术改造、技术获取情况			
技术改造经费支出	万元	68286	37440
技术引进经费支出	万元	7900	8900
购买国内技术经费支出	万元	1585	1341

主要统计指标解释

普通高等学校 指按国家规定的审批程序批准举办通过全国统一招生考试招收高级中等学校毕业生和具有同等学历者实施高等教育培养高等专门人才的学校。包括大学、专门学院、专科学校和短期职业大学。

成人高等学校在校学生数 成人高等学校是指按照国务院有关规定，经省、自治区、直辖市人民政府、国务院有关部、委批准举办，招收高中毕业或同等学历者，利用脱产、半脱产、业余或函授多种形式对成人实施高等教育，培养相当普通高等学校专科毕业水平的专业人才，修业年限、课程设置和总学时相当二年以上的学校。包括广播电视大学、职业高等学校、管理干部学校、教育（教师进修）学校、独立设置的函授学院和高等学校举办的函授部、夜大学等。在校生数：是指具有学籍的注册学生总数。

毕业生数 指上学年度内具有学籍的学生学完教学计划规定的全部课程考试及格实际毕业的学生数。不包括结业生和肄业生数。

招生数 指新学年开学时一年级实际招收入学的新生数。不包括留级生和复学生数。

在校学生数 指学年初具有学籍的在校生总数。

学龄儿童入学率 指调查范围内已入小学学习的学龄儿童占校内外学龄儿童总数（包括弱智儿在内但不包括盲聋哑儿童）的比重。

计算公式：学龄儿童入学率＝已入学的小学学龄儿童数/校内外小学学龄儿童总数×100%

专任教师 指主要从事教学工作的人员。包括临时（一年以内）调去帮助做其他工作的教学人员。高等学校函授部、夜大学的专任教师和承担科研任务为担任教学工作仍属教师编制的人员应计入专任教师中。专任教师不包括调离教学岗位担任行政领导工作或其他工作的原教学人员。

平均每万人口学生数 指一个国家或一个地区各级各类学校学生数与同范围的人口总数（以万人为单位）之比。它反映一个国家或地区人民受教育的密度。计算公式为：

平均每万人口学生数＝学生数(人)/人口总数（万人）

平均每一教师负担学生数 指各级各类学校学年初在校学生数与专任教师数之比。它反映教师负担学生的教学工作量。计算公式为：

平均每一教师负担学生数＝学年初在校学生数/学年初专任教师数

中等职业教育学校 是指按国家规定的设置标准和审批程序批准建立的，招收初中（或部分高中）毕业生或同等学历者，实施中等职业技术教育，培养中等职业技术人才的学校。招收初中毕业生的，修业年限一般为三至四年；招收高中毕业生的，修业年限一般为二年至三年。包括中等专业学校、技工学校、职业中学（高中）等。

初中毕业生升学率 计算该升学率所用分子为高级中学招生数，包括；普通高中、职业高中、技工学校、普通中专招收初中毕业生数、普通中专举办的成人中专和成人中专招收的应届初中毕业生数，分母为初中毕业生人数。

文化事业机构 指从事专业文化工作和为专业文化工作服务的单独核算、独立建制的单位。不包括文化主管部门直属单位举办的其他行业和各部门的业余文化组织。

艺术表演团体 指从事戏曲、音乐、舞蹈、杂技等专业艺术表演有独立帐户实行单独核算的团体。不包括半工半艺、半农半艺的业余剧团。

艺术表演观众人数（人次） 指售票、包场演出或民族地区免费演出的艺术表演观众人次数。不包括彩排审查和内部观摩演出的观看人次数。

公共图书馆图书藏量 指图书馆已编目的古籍、图书、期刊、和报纸的合订本、小册子、手稿、以及缩微制品、录像带、录音带、光盘等听视文献资料数量总和。

科技活动人员 指在报告年度直接从事或参与科技活动的人员，包括参加科技项目人员、从事科技活动管理和为科技活动提供直接服务的人员。科技活动人员不包括全年累计从事科技活动时间不足制度工作时间10%的人员。

研究与试验发展（R&D）人员 指科技活动人员中从事基础研究、应用研究和试验发展三类活动的人员。包括直接参加上述三类项目活动的人员及这三类项目的管理和服务人员。

专利申请数 指在报告年度内向专利行政部门提出专利申请并被受理的件数。

拥有发明专利数 指作为专利权人在报告年度拥有的、经国内外专利行政部门授权且在有效期内的发明专利件数。

第二部分　统计资料

体育、卫生及其他事业

20-1 体育事业基本情况

项　　目	单　位	2007年	2008年
体育场地			
体 育 场	个	10	10
观众席位	个	98000	98000
体 育 馆	个	6	7
观众席位	个	10700	16700
游 泳 池	个	20	20
室　内	个	9	9
室　外	个	11	11
球类场地	个	812	812
#有固定看台灯光球场	个	6	6
#门 球 场	个	46	46
足 球 场	个	3	3
篮 球 场	个	553	553
排 球 场	个	129	129
室内外网球场馆	个	83	83
田 径 房	个	1	1
击剑房馆	个	1	1
举 重 馆	个	2	2
棋牌房馆	个	18	18
田 径 场	个	64	64
小运动场	个	114	114
射击场、室内射击场	个	6	6
路空运动机场	个	1	1
台球房馆	个	21	21
赛 马 场	个	2	2
垒 球 馆	个	2	2

20-1续表

项　　　　　目	单　位	2007年	2008年
乒乓球馆	个	11	11
摔柔房馆	个	6	6
健 身 房	个	67	67
篮 球 馆	个	10	10
保龄球房馆	个	6	6
武术房馆	个	1	1
羽毛球房馆	个	7	7
非标准场地	个	544	544
其他训练场馆	个	6	6
专职教练员	人	60	79
举办运动会情况			
举办运动会次数	次	68	82
体育学院(校)			
在校学生	人	1084	1071
专职教练员	人	54	54
体育比赛获奖牌情况			
总　　计	枚	153	168
金　　牌	枚	58	90
国际、国家级	枚	3	8
自治区级	枚	55	82
银　　牌	枚	46	67
国际、国家级	枚	4	4
自治区级	枚	42	63
铜　　牌	枚	49	56
国际、国家级	枚	8	8
自治区级	枚	41	48

20-2 卫生事业基本情况

项目	机构数（个）	床位数（张）	全部职工数（人）	#卫生技术人员
总计	**896**	**11472**	**17526**	**14256**
医院合计	62	9396	11070	8571
综合医院	39	6775	8256	6383
中医医院	7	711	1024	837
中西医结合医院	1	37	32	24
民族医院	1	37	27	27
专科医院	14	1836	1731	1300
口腔医院	1	10	104	86
传染病医院	2	220	286	196
胸科医院	1	181	347	237
精神病医院	1	586	348	282
皮肤病医院	2	40	32	30
骨科医院	1	395	353	277
康复医院	1	300	137	99
眼科医院	1	20	15	15
其他专科医院	4	84	109	78
疗养院	1	20	35	24
社区服务中心（站）	137	905	1157	1041
卫生院	82	732	857	790
门诊部	16	3	123	102
诊所、卫生所、医务室	558		1631	1624
采供血机构	1		106	75
妇幼保健院（所、站）	12	406	1076	921
专科疾病防治院（所、站）	3	10	116	93
疾病预防控制中心（防疫站）	12		931	674
卫生监督所	10		421	341
健康教育所（站、中心）	1			
其他卫生机构	1		3	

20-3 卫生技术人员分布

单位：人

项　　目	卫生技术人员	执业医师	执业助理医师	护师（士）	药师（士）	技师（士）	其　他
总　　计	**14256**	**5545**	**666**	**4714**	**1143**	**818**	**1370**
医院合计	8571	3265	199	3404	603	579	521
综合医院	6383	2434	98	2557	405	453	436
中医医院	837	383	14	274	114	28	24
中西医结合医院	24	10	1	7	2	4	
民族医院	27	19		4	2	2	
专科医院	1300	419	86	562	80	92	61
口腔医院	86	46	8	28	3	1	
传染病医院	196	75	3	77	23	18	
胸科医院	237	77	2	116	12	18	12
精神病医院	282	51	60	111	9	7	44
皮肤病医院	30	10	2	8	5	3	2
骨科医院	277	120		105	16	36	
康复医院	99	15	1	77	4	2	
眼科医院	15	5	2	5	1	2	
其他专科医院	78	20	8	35	7	5	3
疗 养 院	24	7		11	1	2	3
社区服务中心（站）	1041	432	69	328	132	30	50
卫 生 院	790	340	208	52	31	14	145
门 诊 部	102	51	2	20	7	11	11
诊所、卫生所、医务室	1624	720	51	463	320	16	54
采供血机构	75	12	2	46	4	11	
妇幼保健院（所、站）	921	235	18	312	26	35	60
专科疾病防治院（所、站）	93	38	3	21	2	11	18
疾病预防控制中心（防疫站）	674	328	70	33	9	90	144
卫生监督所	341						341
健康教育所（站、中心）							
其他卫生机构							

20-4 医疗机构门诊、住院及病床使用情况

项目	诊疗人次数（人次）	入院人数（人）	病床使用率（%）	出院者平均住院日（天）
总计	**5873439**	**208189**	**78.46**	**12.8**
医院	3260228	179312	82.14	14.2
综合医院	2559341	146507	83.60	13.2
中医医院	411606	14479	95.34	16.0
中西医结合医院	12850	363	30.80	11.3
民族医院	1020	123	56.52	0.5
专科医院	275411	17840	71.22	20.7
疗养院	19910			
社区服务中心（站）	941824	4704	75.57	8.4
卫生院	292309	9222	24.47	3.3
门诊部	20300	5	0.20	1.0
诊所、卫生所、医务室	1071183			
妇幼保健院（所、站）	263346	14687	78.48	6.9
专科疾病防治院（所、站）	4339	259	132.49	21.3

20-5 村卫生室基本情况

项目	单位	总计	村办	乡医院设点	联合办	私人办	其他
机构数	个	937	429	56	43	323	86
执业（助理）医师	人	202	105	4		86	7
乡村医生和卫生员	人	1776	1018	95	87	427	149
乡村医生	人	1757	1014	94	79	421	149
#大专及以上学历	人	248	126	15	2	94	11
中专学历及中专水平	人	902	591	48	16	208	39
在职培训合格	人	594	296	20	61	118	99
卫生员	人	19	4	1	8	6	
年总收入	千元	17081	8511	700	490	6150	1230
#医疗及药品收入	千元	16242	7920	692	430	5980	1220
年总支出	千元	14410	6660	500	470	5600	1180
#人员支出	千元	4326	1730	96	150	1830	520
药品支出	千元	10073	4933	410	310	3760	660
诊疗人次数	人次	741713	354929	50747	24069	266993	44975

20-6 婚姻情况

单位：对

项目	2007年	2008年	项目	2007年	2008年
准予登记结婚对数	16998	18962	每千人结婚对数	7.8	8.6
内地居民登记结婚对数	16939	18890	每千人离婚对数	1.08	1.17
涉外及华侨、港澳台登记结婚对数	59	72	平均每天结婚对数	46.6	52.0
离婚登记对数	2357	2569	平均每天离婚对数	6.5	7.0

20-7 基层工会情况

单位：个、人

项目	工会数	年末职工人数	#女职工	年末会员人数	#女会员
总计	**7580**	**605338**	**199677**	**599661**	**197448**
新城区	1148	46685	20290	46542	20290
回民区	1279	51140	18740	51137	18737
玉泉区	1007	46662	23840	45555	23101
赛罕区	947	46171	17465	45165	16887
土左旗	557	46270	10169	45105	9897
托县	631	42532	10610	41405	10233
和林	462	32724	12922	32707	12920
清水河	318	24613	5841	24611	5841
武川	371	18418	3455	18416	3455
商贸农林水务工会	60	24506	15660	24448	15656
建筑建材公路运输工会	91	66807	8340	66591	8339
轻纺化工机电工会	20	27571	11421	27490	11385
直属机关工会	62	11070	3513	11070	3513
教科文卫工会	74	10451	5798	10451	5798
直属基层工会	553	109718	31613	108968	31396

20-8 妇女组织、工作情况

项目	单位	2007年	2008年	项目	单位	2007年	2008年
妇联机构	个	81	81	女职工委员会数	个	10	10
旗县以上	个	10	10	三八红旗集体			
乡镇街道	个	71	71	三八红旗手	个		
基层妇代会总数	个	1250	1243	巾帼建功标兵数	人		
城市	个	247	240	维权法庭	个	4	4
农村	个	1003	1003	法律帮助机构	个	10	10
机关事业单位妇委会	个	58	59	巾帼创业带头人数	人		

20-9 共青团基本情况

单位：个、人

行业	基层团支部	14-35岁青年	#14-28岁	年末团员数	#少数民族	发展新团员	团员入党
总计	**3915**	**667269**	**483613**	**103745**	**15879**	**13567**	**1111**
农、林、牧、渔业	1059	248162	239574	19987	2150	1655	459
采掘业	4	21400	10802	105	4		
制造业	91	40516	30811	6230	235	18	12
电力煤气及水的生产和供应业	51	27631	18451	2078	123	8	3
建筑业	8	14987	5706	159	107	12	3
地质勘查、水利管理业	6	12709	2402	512	43	13	1
交通运输、仓储及邮电通讯业	36	38735	29896	156	19	7	3
批发零售贸易、餐饮业	26	31121	9913	9827	257	10	15
金融、保险业	8	15079	4919	6265	31	3	4
房地产业	4	16096	903	85	3		2
社会服务业	5	30986	10112	334	392	298	17
教育、文化艺术和广播影视事业	2476	111586	98643	53749	10414	9940	163
卫生、体育和社会福利事业	38	16928	6311	789	203	138	18
科学研究和综合技术服务业		15838	4022	119	55	11	2
国家机关、政党机关和社会团体	56	16595	6195	1778	1037	752	170
其他	47	8900	4953	1572	806	702	239

20-10 律师、公证、调解工作基本情况

项目	单位	2007年	2008年	2008年比2007年增长%
律师工作				
律师事务所	个	35	36	2.9
律师	人	327	369	12.8
专职律师	人	279	327	17.2
兼职律师	人	48	42	-12.5
聘请担任常年法律顾问	家	292	291	-0.3
民事、经济诉讼代理	件	1626	1393	-14.3
刑事辩护及代理	件	429	390	-9.1
非诉讼法律事务	件	338	378	11.8
涉外法律事务	件			
解答法律咨询	件	4202	3677	-12.5
代写法律事务文书	件	1694	598	-64.7
公证工作				
公证处	个	11	11	0.0
公证人员	人	85	91	7.1
#公证员	人	35	36	2.9
公证员助理	人	29	32	10.3
办理公证文书	件	41090	43006	4.7
人民调解工作				
专职司法助理员	人	170	192	12.9
人民调解委员会	个	1362	1413	3.7
调解人员	人	7129	9239	29.6
调解民间纠纷	件	3129	4063	29.8

20-11 优抚安置、社会救济及殡葬情况

项　　　目	单　位	2007年	2008年
优抚安置			
优抚安置单位	个	6	6
优抚安置单位职工人数	人	183	181
优抚对象总人口	人	5250	5417
# 伤残人员	人	2017	2016
烈士家属	人	262	261
牺牲病故军人家属	人	113	113
优抚优待对象户数	户	507	538
优抚优待总金额	万元	151.6	185.8
社会救济			
城镇居民最低生活保障人数	人	63924	74878
城镇低保资金	万元	9200.4	17656.1
农村居民最低生活保障人数	人	59088	75912
农村低保资金	万元	2931.7	7049.6
社会捐赠			
捐赠数额	万元	240.9	1798.5
捐赠衣被合计	万件	1.2	8.8
城镇社区服务			
从业人员	个	4576	4799
城镇社区服务设施数	个	349	195
便民利民服务网点数	个	1186	1456
社区服务志愿者组织数	个	106	2058
社区服务志愿者人数	人	14615	5279
殡仪服务			
单位数	个	6	4
# 殡仪馆	个	2	2
职工人员	人	187	153
火化炉	座	7	7
全年处理遗体数	具	4768	5251

20-12 社会福利单位基本情况

项目	机构数（个）	职工人数（人）	床位（张）	年末在院（站）人数（人）
收养性福利单位	**54**	**441**	**4616**	**4161**
光荣院	5	56	210	138
社会福利院	6	102	410	410
儿童福利院	1	60	500	255
社会福利医院	1	116	300	297
城镇老年福利机构	1	17	200	189
农村五保户供养服务机构	40	90	2996	2872
救助类单位	**1**	**61**	**50**	**24**
社会福利企业	**35**	**1038**		

20-13 全社会用电量

单位：万千瓦时

项目	2008年	项目	2008年
全社会用电量	**680964**		
城乡居民生活用电	84389	建筑业	8280
城镇居民	61060	交通运输、仓储、邮政业	18351
乡村居民	23329	信息传输、计算机服务 和软件业	6287
全行业用电合计	596575	商业、住宿和餐饮业	42428
农、林、牧、渔业	59076	金融、房地产、商务及居民服务业	10314
工业	428230	公共事业及管理组织	23609

20-14 刑事案件、交通事故、火灾情况

项　　　　目	单　位	2007年	2008年
刑事案件			
立案数	件	8856	11124
市　区	件	7580	8467
旗　县	件	1276	2657
损失财物折款	万元	5426	8596
缴获财物折款	万元	839	4795
破案率	%	59.5	42.5
交通事故			
次　数	起	907	796
市　区	起	486	349
旗　县	起	421	447
死　亡	人	195	180
市　区	人	101	93
旗　县	人	94	87
伤　人	人	1042	833
市　区	人	491	348
旗　县	人	551	485
损失折款	万元	125	221
火灾情况			
发生数	起	1539	1553
死亡人数	人	10	7
伤人数	人	7	5
损失折款	万元	277	174
补充资料			
交通设施			
信号灯控制岗	处	109	116
可监控路口	处	80	114
消防设施			
消防队数	队	9	10
消防车辆	辆	63	64

20-15 城市环境污染状况

项　　目	单　位	2007年	2008年
废　水			
工业废水排放总量	万吨	1367	2977
工业废水排放达标量	万吨	1267	2802
工业废水化学需氧量排放量	吨	5392	4553
工业废水治理设施数	套	68	75
工业废水治理设施处理能力	万吨/日	10.19	12.29
废　气			
工业废气排放总量	亿标立方米	957	1641
燃烧过程中废气排放量	亿标立方米	874	1470
生产工艺过程中废气排放量	亿标立方米	83	171
工业二氧化硫排放量	吨	98503	81597
工业二氧化硫去除量	吨	135719	147838
烟尘排放量	吨	18188	16411
烟尘去除量	吨	6674754	3203024
工业粉尘排放量	吨	7896	3243
工业粉尘去除量	吨	154652	85678
固体废弃物			
工业固体废物产生量	万吨	602	684
工业固体废物排放量	吨		
工业固体废物贮存量	万吨	338	141
工业固体废物处置量	吨	5600	10555
工业固体废物综合利用量	万吨	163.6	263.0
工业固体废物处置利用率	%	32.6	90.3
工业增加值主要污染物排放强度			
废　水	吨/万元	3.97	3.95
COD	吨/万元	0.0021	0.0016
SO2	吨/万元	0.028	0.028
烟　尘	吨/万元	0.005	0.005

20-16 城市环境综合整治定量考核指标

项　　　目	单　位	2007年	2008年
环境质量指标			
API指数小于等于100的天数占全年天数比例	%	90.68	93.17
可吸入颗粒物浓度年均值	毫克/立方米	0.080	0.069
二氧化硫浓度年均值	毫克/立方米	0.06	0.05
二氧化氮浓度年均值	毫克/立方米	0.05	0.05
集中式饮用水水源地水质达标率	%	95.95	100.00
城市地表水环境功能区水质达标率	%	100	100
区域环境噪声平均值	dB(A)	54.70	54.60
交通干线噪声平均值	dB(A)	69.50	69.50
污染控制指标			
清洁能源使用率	%	42.58	46.58
机动车环保定期检测率	%	78.57	79.40
工业固体废物处置利用率	%	32.65	90.34
危险废物集中处置率	%	100	100
重点工业企业工业废水排放达标率	%	93.69	95.56
重点工业企业工业烟尘排放达标率	%	94.24	97.47
重点工业企业工业二氧化硫排放达标率	%	99.26	99.34
重点工业企业工业粉尘排放达标率	%	99.47	100.00
环境建设指标			
城市生活污水集中处理	%	59.10	59.10
生活垃圾无害化处理率	%	92.68	95.18
建成区绿化覆盖率	%	33.78	35.14
环保投资指数	%	2.04	1.86
公众对城市环境保护的满意率	%	72.20	85.50

主要统计指标解释

体育场 指有400米跑道（中心含足球场），有固定道牙，跑道6条以上，并有固定看台的室外田径场地。体育场按看台容纳观众人数分为：甲级25000人以上，乙级15000－25000人，丙级5000－15000人，丁级5000人以下。

体育馆 指有固定看台，可供篮球、排球、羽毛球、乒乓球、体操等项目训练比赛活动用的室内运动场地。体育馆按看台容纳观众人数分为：甲级6000人以上，乙级4000－6000人，丙级2000－4000人，丁级2000人以下。

医院 指设有固定床位，能收容病人住院并能为病人提供医疗、护理服务的医疗机构，包括县及县以上医院、农村乡卫生院和其他医疗。

床位数 指各级各类医院本年10月底的固定实有床位（非编制床位）。包括正规床、简易床、监护床和正在消毒、修理的床位及因扩建或大修理而停用的床位（按扩建或大修理前的床位计算），但不包括产科的新生儿床、库存床、临时增设的床位、病人家属的陪床、接产室的待产床等。

卫生技术人员 指卫生事业机构支付工资的全部固定职工和合同制职工中现任职务为卫生技术工作的专业人员。包括中医师、西医师、中西医结合高级医师、护师、中药师、西药师、检验师、其他技师、中医士、西医士、护士、助产士、中药剂师、西药剂士、检验士、其它技工、其它中医、护理员、中药剂员、西药剂员、检验员、其它初级卫生技术人员。

社会福利事业单位 指集中收养社会孤、老、残、幼的机构。包括由民政部门管理的社会福利院、儿童福利院、精神病人福利院和城镇集体办的福利院，以及农村集体举办的敬老院。

社会福利事业单位收养人数包括民政部门管理和城镇、农村集体举办的社会福利事业单位中收养的老人、少年儿童、缺乏生活自理能力的残疾人员和精神病人。

社会福利企业单位 指以安置城镇有一定劳动能力的盲、聋、哑和肢体残疾人员就业为目的，享受国家减免税待遇的国有或集体企业。包括福利工厂、福利商业和服务业、假肢厂和安置农场等单位。

城镇居民最低生活保障人数 指在城镇建立居民最低生活保障制度的地区，得到当地政府给予最低生活保障的非农业人口数，包括“三无对象”，失业人员和在职、下岗、退休人员等

农村居民最低生活保障人数 指在建立农村居民最低生活保障制度的地区，得到当地政府给予最低生活保障的农业人口数，

城镇社区服务设施数 指报告期末城镇街道办事处、居委会设立以非赢利为目的，为本社区居民服务，特别是为老年人、残疾人、儿童服务的社区服务中心、活动站、服务站、养老院、老年公寓、残疾人工疗站、残疾儿童日托所、家务服务站、婚姻介绍所等福利性设施以及职工社会保险管理服务的机构数。几种不同类型的社区服务单位，共用一个场所的，只能统计为一个社区服务设施。条件是：（1）独立核算单位；（2）有固定的从业人员（3）有一定的服务项目；（4）有一定的场所。

城镇便民利民服务网点数 指年末居委会建立的、方便社区居民生活服务的网点数。

刑事案件立案数 指年内发生并达到公安等司法部门规定的立案标准的刑事案。刑事案件是指需依法追究刑事责任并由公安等司法机关立案处理的案件。

火灾 指个人烧毁财物直接损失折款在50元以上；国家、集体烧毁财物直接损失折款在100元以上；因火灾死亡或重伤1人的火灾。

律师工作者 指受聘参加法律顾问处工作，提任法律顾问、刑（民）事代理人、刑事辩护人，办理非诉讼事件、解答法律询问、代写法律事务文书等主要从事律师业务的专职法律工作者和兼职律师。

公证人员 指在国家公证机关依法办理公证事务的司法人员。包括公证员、助理公证员和在公证处工作的其他人员。

办理公证文书 指公证处在一定时期内办结的公证文书件数。公证文书系按司法部规定或批准的格式制作。包括国内公证和涉外公证两部分。其中国内公证分为经济合同公证和民事法律关系公证两大类。

工业废水排放量 指经过企业厂区所有排放口排到企业外部的工业废水量。包括生产废水、外排的直接冷却水、超标排放的矿井地下水和与工业废水混排的厂区生活污水，不包括外排的间接冷却水（清污不分流的间接冷却水应计算在内）。

工业废水排放达标量 指各项指标都达到国家或地方排放标准的外排工业废水量，包括未经处理外排达标或经过处理后外排达标两部分。

工业固体废物综合利用量 指通过回收、加工、循环、交换等方式，从固体废物中提取或者使其转化为可以利用的资源、能源和其他原材料的固体废物量（包括当年利用往年的工业固体废物累计贮存量），如用作农业肥料、生产建筑材料、筑路等。综合利用量由原产生固体废物的单位统计。

工业粉尘排放量 指生产工艺过程中排放固体粉状物重量。

第二部分　统计资料

旗、县、区统计资料

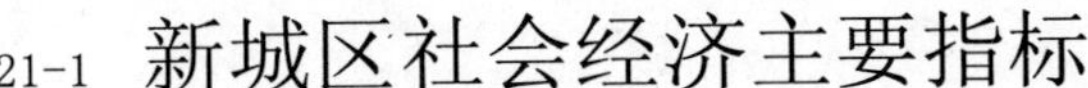

21-1 新城区社会经济主要指标

指　　标	单　位	2007年	2008年	2008年比2007年增长%
行政区域土地面积	平方公里	700	700	
人口和就业				
年末总人口	人	340853	347768	2.0
# 男　性	人	171140	174624	2.0
# 乡村人口	人	48685	48934	0.5
年末总户数	户	114165	117443	2.9
# 乡村户数	户	17095	17129	0.2
出生人口	人	3297	3139	-4.8
死亡人口	人	801	733	-8.5
全社会就业人员	人	229032	259548	13.3
第一产业	人	27684	30923	11.7
第二产业	人	61612	75614	22.7
第三产业	人	139736	153011	9.5
在岗职工人数	人	10569	10508	-0.6
乡村从业人员	人	34500	35835	3.9
# 农林牧渔业	人	19826	19834	0.1
国民经济综合指标				
地区生产总值	万元	2336494	2810214	16.2
第一产业	万元	9753	14023	28.2
第二产业	万元	269413	341838	24.6
# 工　业	万元	155512	164238	12.3
第三产业	万元	2057328	2454353	15.1
人均生产总值	元	69364	81619	13.7
全社会固定资产投资	万元	893363	1090383	6.3
按登记注册类型分				
# 国　有	万元	370345	608565	26.5
集　体	万元	28056	17744	-36.8
有限责任公司	万元	196192	203480	3.7
股份有限公司	万元	122621	18687	-84.8

21-1续表1

指　　标	单　位	2007年	2008年	2008年比2007年增长%
私营企业	万元	144346	227547	57.6
外商及港澳台投资企业	万元	8132	13280	63.3
按城乡渠道分				
城　镇	万元	893363	949303	6.3
农　村	万元			
地方财政收入	万元	86682	103021	24.6
地方财政支出	万元	70549	74641	17.2
城乡居民储蓄存款余额	万元			
在岗职工工资总额	万元	21465	23173	7.9
在岗职工平均工资	元	20412	22053	8.0
城镇居民人均可支配收入	元	19300	22787	18.1
农牧民人均纯收入	元	7597	8601	13.2
农村牧区经济				
耕地面积	公顷	10679	10679	
农作物总播种面积	公顷	7102	6651	-6.4
# 粮食作物播种面积	公顷	6397	5960	6.8
有效灌溉面积	公顷	2507	2507	
农牧业机械总动力	万千瓦	4.39	5.30	20.7
化肥施用折纯量	吨	122	129	5.7
农村用电量	万千瓦小时	903	944	4.5
农林牧渔业总产值	万元	17083	25151	32.5
粮食产量	吨	16748	18093	8.0
油料产量	吨	114	204	78.9
甜菜产量	吨			
猪牛羊肉产量	吨	1224	1413	15.4
# 猪肉产量	吨	517	850	64.4
牛肉产量	吨	247	150	-39.3
羊肉产量	吨	460	413	-10.3

21-1续表2

指　　标	单　位	2007年	2008年	2008年比2007年增长%
羊毛产量	吨	51	73	43.1
年末牲畜存栏头数	万头只	3.14	5.37	71.0
# 大牲畜	万头只	1.09	1.00	-8.3
羊	万只	1.37	2.61	90.5
猪	万头	0.68	1.76	158.8
规模以上工业				
工业企业单位数	个	28	31	10.7
# 内资企业	个	26	29	11.5
工业总产值	万元	267984	319116	19.1
内资企业	万元	266377	317559	19.2
国有企业	万元	188780	220858	17.0
集体企业	万元	508	579	14.0
股份合作企业	万元			
联营企业	万元			
有限责任公司	万元	35004	43389	24.0
股份有限公司	万元	2014	1687	-16.2
私营企业	万元	40072	51046	27.4
其他企业	万元			
港澳台商投资企业	万元	890	864	1.2
外商投资企业	万元	716	693	-3.2
工业企业增加值	万元	93218	82445	9.1
工业企业资产总计	万元	558362	556860	-0.3
工业企业负债合计	万元	431013	442966	2.6
工业企业产品销售收入	万元	91093	110747	21.6
工业企业利润总额	万元	1983	-6844	
建筑业				
建筑企业单位数	个	47	53	12.8
建筑企业从业人员	人	47612	80669	69.4
建筑业总产值	万元	548264	720039	31.3

21-1续表3

指　　标	单　位	2007年	2008年	2008年比2007年增长%
交通运输邮电通信业				
公路里程	公里			
邮电业务总量	万元			
本地电话用户	户			
国内贸易				
社会消费品零售总额	万元	1360000	1681197	24.3
# 贸易业	万元	1021650	1291059	23.2
餐饮业	万元	325442	377818	30.4
科技教育卫生				
各类专业技术人员	人	3656	4062	11.1
幼儿园数	所	23	23	
学龄儿童入学率	%	100.0	100.0	
小学学校数	所	47	45	-4.3
小学专任教师数	人	1699	1857	9.3
小学在校学生数	人	34481	35984	4.4
普通中学学校数	所	24	24	
普通中学专任教师数	人	1769	1810	2.3
初中在校学生数	人	16912	18317	8.3
高中在校学生数	人	11948	12964	8.5
卫生机构数	所	22	23	4.5
# 医　院	所	16	17	6.3
卫生院	所	2	2	
床位数	张	1506	1526	1.3
# 医　院	张	1496	1516	1.3
卫生院	张	10	10	
卫生技术人员	人	2938	3086	5.0
# 医　院	人	1941	1941	
卫生院	人	24	21	-12.5

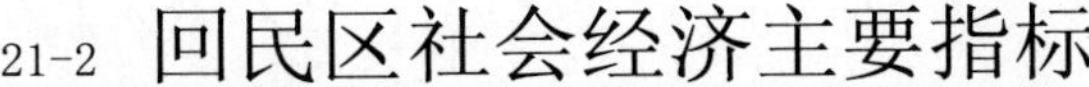

21-2 回民区社会经济主要指标

指标	单位	2007年	2008年	2008年比2007年增长%
行政区域土地面积	平方公里	175	175	
人口和就业				
年末总人口	人	227951	233425	2.4
#男　性	人	115230	118319	2.6
#乡村人口	人	34666	29941	4.4
年末总户数	户	79130	81290	3.2
#乡村户数	户	9171	8955	1.5
出生人口	人	2028	1901	30.6
死亡人口	人	735	613	-23.8
全社会就业人员	人	149532	154167	12.8
第一产业	人	5862	4883	-0.6
第二产业	人	52067	52543	7.7
第三产业	人	91603	96741	17.0
在岗职工人数	人	9153	11789	2.9
乡村劳动力	人	18511	13770	-25.4
#农林牧渔业	人	4800	4883	-18.6
国民经济综合指标				
地区生产总值	万元	1485700	1738884	15.1
第一产业	万元	4076	5397	-9.1
第二产业	万元	299005	361341	15.1
#工　业	万元	206771	250741	12.3
第三产业	万元	1182619	1372146	15.2
人均生产总值	元	65176	75378	13.3
全社会固定资产投资	万元	575322	613367	24.6
按登记注册类型分				
#国　有	万元	143716	156408	38.6
集　体	万元	450		-100.0
有限责任公司	万元	223775	233150	12.4
股份有限公司	万元	24940	6162	386.2

21-2续表1

指　　　　标	单　位	2007年	2008年	2008年比2007年增长%
私营企业	万元	157097	203764	29.7
外商及港澳台投资企业	万元	23744	13690	-42.3
按城乡渠道分				
城　镇	万元	575322	604642	5.1
农　村	万元		8733	
地方财政收入	万元	61400	60688	27.8
地方财政支出	万元	40687	43080	5.9
城乡居民储蓄存款余额	万元			
在岗职工工资总额	万元	19819	26669	34.6
在岗职工平均工资	元	21767	22622	3.9
城镇居民人均可支配收入	元	16129	19370	20.1
农牧民人均纯收入	元	7935	8773	10.6
农村牧区经济				
耕地面积	公顷	1221	1192	-2.4
农作物总播种面积	公顷	1302	840	-35.5
# 粮食作物播种面积	公顷	911	680	-25.4
有效灌溉面积	公顷	798	862.0	-22.5
农牧业机械总动力	万千瓦	1.55	0.53	-65.8
化肥施用折纯量	吨	256	188	-26.6
农村用电量	万千瓦小时	1456	1822	25.1
农林牧渔业总产值	万元	7139	8392	4.1
粮食产量	吨	2011	2959	47.1
油料产量	吨		25	
甜菜产量	吨			
猪牛羊肉产量	吨	537	875	105.4
# 猪肉产量	吨	331	485	46.5
牛肉产量	吨	119	300	152.1
羊肉产量	吨	87	90	3.4

21-2续表2

指　　　标	单　位	2007年	2008年	2008年比2007年增长%
羊毛产量	吨	9	8	-11.1
年末牲畜存栏头数	万头只	1.31	1.16	-11.5
# 大牲畜	万头只	0.41	0.22	-46.3
羊	万只	0.41	0.40	-2.4
猪	万头	0.48	0.53	10.4
规模以上工业				
工业企业单位数	个	36	32	-11.1
# 内资企业	个	36	29	-19.4
工业总产值	万元	363295	421003	15.9
内资企业	万元	253769	301838	18.9
国有企业	万元	24351	49399	102.9
集体企业	万元			
股份合作企业	万元			
联营企业	万元			
有限责任公司	万元	77135	30458	-60.5
股份有限公司	万元	67121	90988	35.6
私营企业	万元	85162	130993	53.8
其他企业	万元			
港澳台商投资企业	万元	50641	49483	-2.3
外商投资企业	万元	58885	69682	18.3
工业企业增加值	万元	133257	154218	2.5
工业企业资产总计	万元	626274	784974	21.5
工业企业负债合计	万元	439649	590862	28.4
工业企业产品销售收入	万元	257253	334860	21.1
工业企业利润总额	万元	12725	13862	98.2
建筑业				
建筑企业单位数	个	32	37	15.6
建筑企业从业人员	人	20214	26299	30.1
建筑业总产值	万元	247945	320240	29.2

21-2续表3

指　　　　标	单　位	2007年	2008年	2008年比2007年增长%
交通运输邮电通信业				
公路里程	公里			
邮电业务总量	万元			
本地电话用户	户			
国内贸易				
社会消费品零售总额	万元	1211251	1433203	18.3
# 贸易业	万元	989674	1145704	15.8
餐饮业	万元	219415	278899	27.1
科技教育卫生				
各类专业技术人员	人	6972	7561	8.4
幼儿园数	所	28	27.0	-3.6
学龄儿童入学率	%	100.0	100.0	
小学学校数	所	38	36	-5.3
小学专任教师数	人	971	905	-6.8
小学在校学生数	人	20822	20001	-3.9
普通中学学校数	所	20	19	-5.0
普通中学专任教师数	人	1485	1563	5.3
初中在校学生数	人	14225	14734	3.6
高中在校学生数	人	12206	11916	-2.4
卫生机构数	所	21	194	9.0
# 医　院	所	17	24	41.2
卫生院	所	1	1	
床位数	张	3443	3705	7.6
# 医　院	张	3418	3695	8.1
卫生院	张	25	10	-60.0
卫生技术人员	人	3885	4849	24.8
# 医　院	人	3869	4029	4.1
卫生院	人	16	15	-6.3

21-3 玉泉区社会经济主要指标

指　　标	单　位	2007年	2008年	2008年比2007年增长%
行政区域土地面积	平方公里	258	258	
人口和就业				
年末总人口	人	192052	192518	0.2
#男　性	人	97367	97483	0.1
#乡村人口	人	45679	44620	-2.3
年末总户数	户	71466	72657	1.7
#乡村户数	户	13737	13723	-0.1
出生人口	人	2411	1835	-23.9
死亡人口	人	523	513	-1.9
全社会就业人员	人	81110	87010	7.3
第一产业	人	14883	14983	0.7
第二产业	人	27484	29414	7.0
第三产业	人	38743	42613	10.0
在岗职工人数	人	5738	5822	1.5
乡村劳动力	人	23314	20966	-10.1
#农林牧渔业	人	13545	14883	9.9
国民经济综合指标				
地区生产总值	万元	1140536	1328508	14.0
第一产业	万元	16760	19698	4.8
第二产业	万元	447584	477946	11.1
#工　业	万元	331192	361546	17.5
第三产业	万元	676192	830864	16.0
人均生产总值	元	59383	69091	12.5
全社会固定资产投资	万元	570349	728964	27.8
按登记注册类型分				
#国　有	万元	222855	187629	-15.8
集　体	万元	18168	62895	246.2
有限责任公司	万元	144305	155909	8.0
股份有限公司	万元	37688	62444	65.7

21-3续表1

指　　　　　　标	单　位	2007年	2008年	2008年比2007年增长%
私营企业	万元	144533	256215	77.3
外商及港澳台投资企业	万元			
按城乡渠道分				
城　镇	万元	563152	710514	26.2
农　村	万元	6600	18450	179.5
地方财政收入	万元	53388	61934	16.0
地方财政支出	万元	43499	38322	-11.9
城乡居民储蓄存款余额	万元			
在岗职工工资总额	万元	12433	13951	12.2
在岗职工平均工资	元	21794	23263	6.7
城镇居民人均可支配收入	元	15481	18625	20.3
农牧民人均纯收入	元	7704	8618	11.9
农村牧区经济				
耕地面积	公顷	5179	5090	-1.7
农作物总播种面积	公顷	5213	5092	-2.3
# 粮食作物播种面积	公顷	3778	3742	-1.0
有效灌溉面积	公顷	5000	4283	-14.3
农牧业机械总动力	万千瓦	7.90	7.40	-6.3
化肥施用折纯量	吨	1208	1186	-1.8
农村用电量	万千瓦小时	1043	1036	-0.7
农林牧渔业总产值	万元	29358	34356	3.7
粮食产量	吨	37927	37977	0.1
油料产量	吨	56	38	-32.1
甜菜产量	吨			
猪牛羊肉产量	吨	1079	1463	35.6
# 猪肉产量	吨	272	548	101.5
牛肉产量	吨	685	819	19.6
羊肉产量	吨	122	96	-21.3

21-3续表2

指　　　标	单　位	2007年	2008年	2008年比2007年增长%
羊毛产量	吨	11	11	
年末牲畜存栏头数	万头只	2.98	2.99	0.3
# 大牲畜	万头只	1.98	1.91	-3.5
羊	万只	0.59	0.59	
猪	万头	0.41	0.4	-2.4
规模以上工业				
工业企业单位数	个	19	21	10.5
# 内资企业	个	19	21	10.5
工业总产值	万元	315408	384591	21.9
内资企业	万元	315408	304062	-3.6
国有企业	万元	243702	193800	-20.5
集体企业	万元	1679	1455	-13.3
股份合作企业	万元			
联营企业	万元			
有限责任公司	万元	5619	32002	469.5
股份有限公司	万元	32929	35363	7.4
私营企业	万元	31480	41442	31.6
其他企业	万元			
港澳台商投资企业	万元			
外商投资企业	万元		80529	
工业企业增加值	万元	235159	235456	17.0
工业企业资产总计	万元	275068	312112	13.5
工业企业负债合计	万元	103460	125549	21.4
工业企业产品销售收入	万元	307681	367745	19.5
工业企业利润总额	万元	48281	38671	-19.9
建筑业				
建筑企业单位数	个	17	33	94.1
建筑企业从业人员	人	5920	3578	-39.6
建筑业总产值	万元	92190	106383	15.4

21-3续表3

指　　标	单 位	2007年	2008年	2008年比2007年增长%
交通运输邮电通信业				
公路里程	公里			
邮电业务总量	万元			
本地电话用户	户			
国内贸易				
社会消费品零售总额	万元	608841	742818	22.0
# 贸易业	万元	425516	515806	21.2
餐饮业	万元	173635	217012	25.0
科技教育卫生				
各类专业技术人员	人	1923	1928	0.3
幼儿园数	所	19	19	
学龄儿童入学率	%	100.0	100.0	
小学学校数	所	43	42	-2.3
小学专任教师数	人	1068	1043	-2.3
小学在校学生数	人	23318	22921	-1.7
普通中学学校数	所	20	16	-20.0
普通中学专任教师数	人	743	426	-42.7
初中在校学生数	人	9238	7237	-21.7
高中在校学生数	人	4729	3493	-26.1
卫生机构数	所	38	47	23.7
# 医　院	所	9	11	22.2
卫生院	所	3	3	
床位数	张	685	685	
# 医　院	张	670	465	-30.6
卫生院	张	15	30	100.0
卫生技术人员	人	1011	683	-32.4
# 医　院	人	556	615	10.6
卫生院	人	22	29	31.8

21-4 赛罕区社会经济主要指标

指　　　　　　　标	单　位	2007年	2008年	2008年比2007年增长%
行政区域土地面积	平方公里	1025	1025	
人口和就业				
年末总人口	人	383317	393416	2.6
# 男　性	人	194999	199935	2.5
# 乡村人口	人	132881	133436	0.4
年末总户数	户	123923	128806	3.9
# 乡村户数	户	43999	44001	0.0
出生人口	人	4338	4146	-4.4
死亡人口	人	624	652	4.5
全社会就业人员	人	119734	121050	1.1
第一产业	人	51098	49503	-3.1
第二产业	人	20011	20524	2.6
第三产业	人	48625	51023	4.9
在岗职工人数	人	12660	13369	5.6
乡村劳动力	人	85769	73881	-13.9
# 农林牧渔业	人	51098	49503	-3.1
国民经济综合指标				
地区生产总值	万元	1841131	2246738	12.4
第一产业	万元	108530	132083	8.5
第二产业	万元	418333	510700	12.3
# 工　业	万元	335365	323500	4.8
第三产业	万元	1314268	1603955	19.5
人均生产总值	元	48744	57851	11.9
全社会固定资产投资	万元	888467	1161890	30.8
按登记注册类型分				
# 国　有	万元	429253	254134	-40.1
集　体	万元	78329	51755	-33.9
有限责任公司	万元	209137	434895	107.9
股份有限公司	万元	7881	11639	47.7

21-4续表1

指标	单位	2007年	2008年	2008年比2007年增长%
私营企业	万元	135239	375150	177.4
外商及港澳台投资企业	万元	19808	27661	39.6
按城乡渠道分				
城　镇	万元	888467	1161890	30.8
农　村	万元			
地方财政收入	万元	95101	132213	39.0
地方财政支出	万元	77731	108645	39.8
城乡居民储蓄存款余额	万元			
在岗职工工资总额	万元	27752	36991	33.3
在岗职工平均工资	元	21942	27669	26.1
城镇居民人均可支配收入	元	17847	21551	20.8
农牧民人均纯收入	元	7385	8495	15.0
农村牧区经济				
耕地面积	公顷	43350	43173	-0.4
农作物总播种面积	公顷	29489	28771	-2.4
#粮食作物播种面积	公顷	21789	19850	-8.9
有效灌溉面积	公顷	20789	20327	-2.2
农牧业机械总动力	万千瓦	21.20	16.3	-23.1
化肥施用折纯量	吨	10032	10125	0.9
农村用电量	万千瓦时	5028	5076	1.0
农林牧渔业总产值	万元	190104	239924	11.8
粮食产量	吨	85482	90522	5.9
油料产量	吨	262	927	253.8
甜菜产量	吨			
猪牛羊肉产量	吨	8725	11229	28.7
#猪肉产量	吨	2729	2756	1.0
牛肉产量	吨	5368	8003	49.1
羊肉产量	吨	628	470	-25.2

21-4续表2

指　　　　标	单　位	2007年	2008年	2008年比2007年增长%
羊毛产量	吨	90	94	4.4
年末牲畜存栏头数	万头只	23.98	24..93	4.0
# 大牲畜	万头只	17.84	17.38	-2.6
羊	万只	3.54	3.99	12.7
猪	万头	2.60	3.56	36.7
规模以上工业				
工业企业单位数	个	33	37	12.1
# 内资企业	个	30	33	10.0
工业总产值	万元	777403	1130834	45.5
内资企业	万元	750360	1097025	46.2
国有企业	万元	50955	390600	666.6
集体企业	万元	1923	3062	59.2
股份合作企业	万元			
联营企业	万元			
有限责任公司	万元	157704	46895	-70.3
股份有限公司	万元	523867	645915	23.3
私营企业	万元	15912	10553	-33.7
其他企业	万元			
港澳台商投资企业	万元	8842	2320	-73.8
外商投资企业	万元	18201	31489	73.0
工业企业增加值	万元	226377	219789	-0.5
工业企业资产总计	万元	747994	1348115	80.2
工业企业负债合计	万元	428089	735572	71.8
工业企业产品销售收入	万元	808794	1176654	45.5
工业企业利润总额	万元	26313	19851	-24.6
建筑业				
建筑企业单位数	个	38	66	73.7
建筑企业从业人员	人	14635	19253	31.6
建筑业总产值	万元	452400	481059	6.3

21-4续表3

指　　标	单　位	2007年	2008年	2008年比2007年增长%
交通运输邮电通信业				
公路里程	公里			
邮电业务总量	万元			
本地电话用户	户			
国内贸易				
社会消费品零售总额	万元	638728	774694	21.3
# 贸易业	万元	409606	386576	-5.6
餐饮业	万元	229122	380203	65.9
科技教育卫生				
各类专业技术人员	人	4962	4973	0.2
幼儿园数	所	21	22	4.8
学龄儿童入学率	%	100.0	100.0	
小学学校数	所	85	81	-4.7
小学专任教师数	人	1695	1877	10.7
小学在校学生数	人	37528	39264	4.6
普通中学学校数	所	21	24	14.3
普通中学专任教师数	人	1498	1512	0.9
初中在校学生数	人	19303	21153	9.6
高中在校学生数	人	10131	10495	3.6
卫生机构数	所	46	46	
# 医　院	所	22	22	
卫生院	所	7	7	
床位数	张	2714	2716	0.1
# 医　院	张	2652	2654	0.1
卫生院	张	42	42	
卫生技术人员	人	3485	3481	-0.1
# 医　院	人	2796	2798	0.1
卫生院	人	45	43	-4.4

21-5 土默特左旗社会经济主要指标

指　　标	单　位	2007年	2008年	2008年比2007年增长%
行政区域土地面积	平方公里	2712	2712	
人口和就业				
年末总人口	人	357024	360806	1.1
# 男　性	人	188021	189848	1.0
# 乡村人口	人	301306	302923	0.5
年末总户数	户	107791	110432	2.5
# 乡村户数	户	77215	77089	-0.2
出生人口	人	4235	4347	2.6
死亡人口	人	1005	608	-39.5
全社会就业人员	人	186721	191016	1.6
第一产业	人	124830	123423	-1.1
第二产业	人	28950	30690	6.0
第三产业	人	34300	36903	7.6
在岗职工人数	人	15837	16344	3.2
乡村劳动力	人	160394	164097	2.3
# 农林牧渔业	人	124080	121923	-1.7
国民经济综合指标				
地区生产总值	万元	907718	1140094	15.0
第一产业	万元	186721	224022	7.0
第二产业	万元	319151	436077	17.7
# 工　业	万元	241295	358177	26.4
第三产业	万元	401846	479995	16.2
人均生产总值	元	25572	31765	13.7
全社会固定资产投资	万元	428460	565000	31.9
按登记注册类型分				
# 国　有	万元	146348	112886	-22.9
集　体	万元	1520	500	-67.2
有限责任公司	万元	102476	293624	186.5
股份有限公司	万元	44200	15102	-65.8

21-5续表1

指　　　标	单　位	2007年	2008年	2008年比2007年增长%
私营企业	万元	60619	84109	38.8
外商及港澳台投资企业	万元		28000	
按城乡渠道分				
城　镇	万元	427170	565000	32.0
农　村	万元	1290		-100.0
地方财政收入	万元	84071	109095	29.8
地方财政支出	万元	97075	122694	26.4
城乡居民储蓄存款余额	万元	141984	180200	26.9
在岗职工工资总额	万元	27157	30813	13.5
在岗职工平均工资	元	16395	18880	15.2
城镇居民人均可支配收入	元	12114	14810	22.3
农牧民人均纯收入	元	6713	7736	15.2
农村牧区经济				
耕地面积	公顷	114472	114479	
农作物总播种面积	公顷	76090	76090	
# 粮食作物播种面积	公顷	61064	56520	-7.4
有效灌溉面积	公顷	83088	83088	
农牧业机械总动力	万千瓦	42.50	46.50	9.4
化肥施用折纯量	吨	13540	15333	13.2
农村用电量	万千瓦小时	7842	8138	3.8
农林牧渔业总产值	万元	327064	400789	8.6
粮食产量	吨	402063	403168	0.3
油料产量	吨	3621	4995	37.9
甜菜产量	吨	20085	59598	196.7
猪牛羊肉产量	吨	16505	19981	21.1
# 猪肉产量	吨	6767	7850	16.0
牛肉产量	吨	6782	8251	21.7
羊肉产量	吨	2956	3880	31.3

21-5续表2

指　　　　　　　　　标	单　位	2007年	2008年	2008年比2007年增长%
羊毛产量	吨	290	495	70.7
年末牲畜存栏头数	万头只	43.96	57.23	30.2
# 大牲畜	万头只	23.99	26.79	11.7
羊	万只	15.25	19.96	30.9
猪	万头	4.72	10.47	121.8
规模以上工业				
工业企业单位数	个	29	36	24.1
# 内资企业	个	25	32	28.0
工业总产值	万元	265542	472914	78.1
内资企业	万元	240348	423473	76.2
国有企业	万元			
集体企业	万元			
股份合作企业	万元			
联营企业	万元			
有限责任公司	万元	146224	244810	67.4
股份有限公司	万元		21685	
私营企业	万元	94124	156978	66.8
其他企业	万元			
港澳台商投资企业	万元			
外商投资企业	万元	25194	49441	96.2
工业企业增加值	万元	93737	164433	44.8
工业企业资产总计	万元	228626	295744	29.4
工业企业负债合计	万元	121845	162831	33.6
工业企业产品销售收入	万元	254125	474595	86.8
工业企业利润总额	万元	19076	11271	-40.9
建筑业				
建筑企业单位数	个	3	3	
建筑企业从业人员	人	511	1390	172.0
建筑业总产值	万元	6200	5035	-18.8

21-5续表3

指　　　　　　标	单　位	2007年	2008年	2008年比2007年增长%
交通运输邮电通信业				
公路里程	公里	1215	1314	8.1
邮电业务总量	万元	11589	8409	-27.4
本地电话用户	户	35033	30422	-13.2
国内贸易				
社会消费品零售总额	万元	186813	226829	21.4
# 贸易业	万元	138157	170311	23.3
餐饮业	万元	47314	54953	16.1
科技教育卫生				
各类专业技术人员	人	4547	4853	6.7
幼儿园数	所	9	8	-11.1
学龄儿童入学率	%	100.0	100.0	
小学学校数	所	95	120	26.3
小学专任教师数	人	1788	1722	-3.7
小学在校学生数	人	23713	21743	-8.3
普通中学学校数	所	18	16	-11.1
普通中学专任教师数	人	911	850	-6.7
初中在校学生数	人	12396	11248	-9.3
高中在校学生数	人	5756	5214	-9.4
卫生机构数	所	26	26	
# 医　院	所	2	2	
卫生院	所	16	16	
床位数	张	321	321	
# 医　院	张	140	160	14.3
卫生院	张	161	161	
卫生技术人员	人	486	485	-0.2
# 医　院	人	184	184	
卫生院	人	209	206	-1.4

21-6 托克托县社会经济主要指标

指　　标	单　位	2007年	2008年	2008年比2007年增长%
行政区域土地面积	平方公里	1313	1313	
人口和就业				
年末总人口	人	199921	200798	0.4
# 男　性	人	102102	103181	1.1
# 乡村人口	人	151235	149610	-1.1
年末总户数	户	66597	68759	3.2
# 乡村户数	户	39749	39945	0.5
出生人口	人	2775	2855	2.9
死亡人口	人	2414	1374	-43.1
全社会就业人员	人	115678	115449	-0.2
第一产业	人	58094	57528	-1.0
第二产业	人	24669	24810	0.6
第三产业	人	32915	33111	0.6
在岗职工人数	人	15327	15511	1.2
乡村劳动力	人	88056	87909	-0.2
# 农林牧渔业	人	58094	57528	-1.0
国民经济综合指标				
地区生产总值	万元	1122819	1265458	8.5
第一产业	万元	97422	110827	1.4
第二产业	万元	839705	961960	8.9
# 工　业	万元	784946	884560	7.5
第三产业	万元	185692	192671	10.2
人均生产总值	元	56169	63159	8.3
全社会固定资产投资	万元	310192	402412	29.7
按登记注册类型分				
# 国　有	万元	64930	177425	173.3
集　体	万元	7453	6898	-7.4
有限责任公司	万元	221764	91778	-58.6
股份有限公司	万元			

21-6续表1

指　　　　标	单　位	2007年	2008年	2008年比2007年增长%
私营企业	万元	3372	18078	436.1
外商及港澳台投资企业	万元	11633	106962	819.5
按城乡渠道分				
城　镇	万元	305552	402120	31.6
农　村	万元	4640	292	-93.7
地方财政收入	万元	83878	59715	-28.8
地方财政支出	万元	117929	94830	-19.6
城乡居民储蓄存款余额	万元	116017	138064	19.0
在岗职工工资总额	万元	39606	42481	7.3
在岗职工平均工资	元	25840	27388	6.0
城镇居民人均可支配收入	元	13294	16100	21.1
农牧民人均纯收入	元	6353	7479	17.7
农村牧区经济				
耕地面积	公顷	42793	62111	45.1
农作物总播种面积	公顷	50416	51060	1.3
# 粮食作物播种面积	公顷	35762	35712	-0.1
有效灌溉面积	公顷	33255	36230	8.9
农牧业机械总动力	万千瓦	24.90	31.74	27.5
化肥施用折纯量	吨	32227	32397	0.5
农村用电量	万千瓦小时	5173	5335	3.1
农林牧渔业总产值	万元	170686	197455	2.5
粮食产量	吨	201667	202384	0.4
油料产量	吨	5533	5489	-0.8
甜菜产量	吨	18380	18975	3.2
猪牛羊肉产量	吨	9403	9872	5.0
# 猪肉产量	吨	3818	4149	8.7
牛肉产量	吨	3005	3076	2.4
羊肉产量	吨	2580	2647	2.6

21-6续表2

指　　标	单　位	2007年	2008年	2008年比2007年增长%
羊毛产量	吨	896	818	-8.7
年末牲畜存栏头数	万头只	27.47	29.52	7.5
# 大牲畜	万头只	10.43	11.63	11.5
羊	万只	15.17	15.83	4.4
猪	万头	1.87	2.06	10.2
规模以上工业				
工业企业单位数	个	23	24	4.3
# 内资企业	个	19	21	10.5
工业总产值	万元	1581721	1765832	11.6
内资企业	万元	1327172	1474071	11.1
国有企业	万元	3353	3875	15.6
集体企业	万元			
股份合作企业	万元	3025	3243	7.2
联营企业	万元			
有限责任公司	万元	1215561	1349436	11.0
股份有限公司	万元			
私营企业	万元	105233	117517	11.7
其他企业	万元			
港澳台商投资企业	万元	220855	257987	16.8
外商投资企业	万元	33694	33774	
工业企业增加值	万元	741044	826917	7.0
工业企业资产总计	万元	2118856	2326139	9.8
工业企业负债合计	万元	1582729	1783180	12.7
工业企业产品销售收入	万元	1532401	1712287	11.7
工业企业利润总额	万元	381534	224518	-41.2
建筑业				
建筑企业单位数	个	6	7	16.7
建筑企业从业人员	人	2144	1628	-24.1
建筑业总产值	万元	25293	27008	6.8

21-6续表3

指　　　　　　标	单　位	2007年	2008年	2008年比2007年增长%
交通运输邮电通信业				
公路里程	公里	931	931	
邮电业务总量	万元	390	1852	374.9
本地电话用户	户	24438	21751	-11.0
国内贸易				
社会消费品零售总额	万元	151081	183414	21.4
# 贸易业	万元	141268	167291	18.4
餐饮业	万元	9814	15107	53.9
科技教育卫生				
各类专业技术人员	人	4039	4071	0.8
幼儿园数	所	8	8	
学龄儿童入学率	%	100.0	100.0	
小学学校数	所	73	44	-39.7
小学专任教师数	人	750	764	1.9
小学在校学生数	人	14317	13820	-3.5
普通中学学校数	所	6	6	
普通中学专任教师数	人	664	725	9.2
初中在校学生数	人	9274	9485	2.3
高中在校学生数	人	4778	5066	6.0
卫生机构数	所	12	16	33.3
# 医　院	所	2	2	
卫生院	所	9	9	
床位数	张	230	252	9.6
# 医　院	张	153	154	0.7
卫生院	张	77	98	27.3
卫生技术人员	人	445	392	-11.9
# 医　院	人	182	160	-12.1
卫生院	人	180	161	-10.6

21-7 和林格尔县社会经济主要指标

指 标	单 位	2007年	2008年	2008年比2007年增长%
行政区域土地面积	平方公里	3401	3401	
人口和就业				
年末总人口	人	190950	194585	1.9
# 男 性	人	101103	102811	1.7
# 乡村人口	人	152066	156460	2.9
年末总户数	户	59493	62418	4.9
# 乡村户数	户	39087	40762	4.3
出生人口	人	3269	3085	-5.6
死亡人口	人	417	350	-16.1
全社会就业人员	人	105573	105435	-0.1
第一产业	人	64708	64336	-0.6
第二产业	人	18886	18906	0.1
第三产业	人	21979	22193	1.0
在岗职工人数	人	18434	18523	0.5
乡村劳动力	人	77134	82918	7.5
# 农林牧渔业	人	64708	64336	-0.6
国民经济综合指标				
地区生产总值	万元	919892	979900	2.1
第一产业	万元	117933	136266	3.0
第二产业	万元	602884	604932	-2.5
# 工 业	万元	541121	543132	-2.8
第三产业	万元	199075	238702	16.3
人均生产总值	元	48691	50833	0.0
全社会固定资产投资	万元	512087	593267	15.9
按登记注册类型分				
# 国 有	万元	336022	368965	9.8
集 体	万元			
有限责任公司	万元	68654	217602	217.0
股份有限公司	万元	3900		-100.0

21-7续表1

指　　　　标	单 位	2007年	2008年	2008年比2007年增长%
私营企业	万元		5900	
外商及港澳台投资企业	万元	103411		-100.0
按城乡渠道分				
城　镇	万元	496098	537972	8.4
农　村	万元	15989	47636	197.9
地方财政收入	万元	56077	48521	-13.5
地方财政支出	万元	91500	94240	3.0
城乡居民储蓄存款余额	万元	97451	123773	27.0
在岗职工工资总额	万元	31152	38261	22.8
在岗职工平均工资	元	17608	20594	17.0
城镇居民人均可支配收入	元	12504	15558	24.2
农牧民人均纯收入	元	5873	6701	14.1
农村牧区经济				
耕地面积	公顷	105842	105890	
农作物总播种面积	公顷	70961	70103	-1.2
# 粮食作物播种面积	公顷	51464	48358	-6.0
有效灌溉面积	公顷	18012	21480	19.3
农牧业机械总动力	万千瓦	32.76	33.50	2.3
化肥施用折纯量	吨	8139	8505	4.5
农村用电量	万千瓦小时	4196	4228	0.8
农林牧渔业总产值	万元	206573	244624	4.9
粮食产量	吨	182455	186136	2.0
油料产量	吨	4295	5387	25.4
甜菜产量	吨			
猪牛羊肉产量	吨	16164	19731	22.1
# 猪肉产量	吨	2404	7505	212.2
牛肉产量	吨	4004	2356	-41.2
羊肉产量	吨	9756	9870	1.2

21-7续表2

指　　标	单　位	2007年	2008年	2008年比2007年增长%
羊毛产量	吨	1207	1357	12.4
年末牲畜存栏头数	万头只	47.79	53.73	12.4
# 大牲畜	万头只	14.23	15.96	12.1
羊	万只	30.65	34.02	11.0
猪	万头	2.91	3.75	28.7
规模以上工业				
工业企业单位数	个	20	26	30.0
# 内资企业	个	16	21	31.3
工业总产值	万元	1556813	1598473	2.7
内资企业	万元	544773	602325	10.6
国有企业	万元			
集体企业	万元			
股份合作企业	万元			
联营企业	万元			
有限责任公司	万元	100317	111971	11.6
股份有限公司	万元		55571	
私营企业	万元	444456	434783	-2.2
其他企业	万元			
港澳台商投资企业	万元			
外商投资企业	万元	1012040	996148	-1.6
工业企业增加值	万元	503631	488908	-8.3
工业企业资产总计	万元	756173	962861	27.3
工业企业负债合计	万元	338371	602358	78.0
工业企业产品销售收入	万元	1488855	1514472	1.7
工业企业利润总额	万元	93017	-80680	
建筑业				
建筑企业单位数	个	2	2	
建筑企业从业人员	人	113	113	
建筑业总产值	万元	2713	2853	5.2

21-7续表3

指　　　　标	单　位	2007年	2008年	2008年比2007年增长%
交通运输邮电通信业				
公路里程	公里	650	860	32.3
邮电业务总量	万元	7680	7589	-1.2
本地电话用户	户	23400	24300	3.8
国内贸易				
社会消费品零售总额	万元	82069	107621	31.1
# 贸易业	万元	61438	80566	31.1
餐饮业	万元	19214	25196	31.1
科技教育卫生				
各类专业技术人员	人	2563	2663	3.9
幼儿园数	所	2	4	100.0
学龄儿童入学率	%	99.8	99.8	
小学学校数	所	78	71	-9.0
小学专任教师数	人	657	651	-0.9
小学在校学生数	人	11416	10573	-7.4
普通中学学校数	所	6	4	-33.3
普通中学专任教师数	人	615	585	-4.9
初中在校学生数	人	7329	6978	-4.8
高中在校学生数	人	4383	4143	-5.5
卫生机构数	所	17	17	
# 医　院	所	1	1	
卫生院	所	13	13	
床位数	张	246	246	
# 医　院	张	120	120	
卫生院	张	117	117	
卫生技术人员	人	437	434	-0.7
# 医　院	人	110	112	1.8
卫生院	人	236	236	

21-8 清水河县社会经济主要指标

指标	单位	2007年	2008年	2008年比2007年增长%
行政区域土地面积	平方公里	2859	2859	
人口和就业				
年末总人口	人	141942	143860	1.4
# 男　性	人	73735	74777	1.4
# 乡村人口	人	96956	104354	7.6
年末总户数	户	42075	43572	3.6
# 乡村户数	户	25119	25845	2.9
出生人口	人	5405	2083	-61.5
死亡人口	人	581	501	-13.8
全社会就业人员	人	58711	59229	0.9
第一产业	人	34965	36458	4.3
第二产业	人	11968	7238	-39.5
第三产业	人	11778	15533	31.9
在岗职工人数	人	7647	7775	1.7
乡村从业人员	人	48826	51454	5.4
# 农林牧渔业	人	34965	36458	4.3
国民经济综合指标				
地区生产总值	万元	220976	266913	15.0
第一产业	万元	47712	52230	2.4
第二产业	万元	84103	108833	21.7
# 工　业	万元	56265	73033	24.2
第三产业	万元	89161	105850	15.4
人均生产总值	元	16062	18678	10.7
全社会固定资产投资	万元	125302	109749	-12.4
按登记注册类型分				
# 国　有	万元	87369	49072	-43.8
集　体	万元		150	
有限责任公司	万元	33473	49927	49.2
股份有限公司	万元			

21-8续表1

指　　　　标	单　位	2007年	2008年	2008年比2007年增长%
私营企业	万元	4360	10600	143.1
外商及港澳台投资企业	万元			
按城乡渠道分				
城　镇	万元	119560	109749	-8.2
农　村	万元	5742		-100.0
地方财政收入	万元	9555	11352	18.8
地方财政支出	万元	33535	46542	38.8
城乡居民储蓄存款余额	万元	92158	110085	19.5
在岗职工工资总额	万元	13739	14782	7.6
在岗职工平均工资	元	17857	19081	6.9
城镇居民人均可支配收入	元	10519	13051	24.1
农牧民人均纯收入	元	4364	5008	14.8
农村牧区经济				
耕地面积	公顷	65324	65377	0.1
农作物总播种面积	公顷	60964	66740	9.5
#粮食作物播种面积	公顷	45373	44431	-2.1
有效灌溉面积	公顷	3178	3178	
农牧业机械总动力	万千瓦	7.70	9.00	16.9
化肥施用折纯量	吨	10925	11013	0.8
农村用电量	万千瓦小时	823	872	6.0
农林牧渔业总产值	万元	83573	88212	6.5
粮食产量	吨	92593	95234	2.9
油料产量	吨	8962	20198	125.4
甜菜产量	吨			
猪牛羊肉产量	吨	6579	8814	34.0
#猪肉产量	吨	1632	2211	35.5
牛肉产量	吨	301	375	24.6
羊肉产量	吨	4646	6228	34.1

21-8续表2

指　　标	单　位	2007年	2008年	2008年比2007年增长%
羊毛产量	吨	494	602	21.9
年末牲畜存栏头数	万头只	28.01	30.74	9.7
# 大牲畜	万头只	2.28	2.33	2.2
羊	万只	22.70	24.80	9.3
猪	万头	3.03	3.61	19.1
规模以上工业				
工业企业单位数	个	15	15	
# 内资企业	个	14	14	
工业总产值	万元	96102	142900	48.7
内资企业	万元	92643	139877	51.0
国有企业	万元			
集体企业	万元	2495	3052	22.3
股份合作企业	万元			
联营企业	万元			
有限责任公司	万元	24180	28480	17.8
股份有限公司	万元	45628	81065	77.7
私营企业	万元	20340	27280	34.1
其他企业	万元			
港澳台商投资企业	万元			
外商投资企业	万元	3459	3023	-12.6
工业企业增加值	万元	45128	58410	24.9
工业企业资产总计	万元	82754	103193	24.7
工业企业负债合计	万元	54923	58552	6.6
工业企业产品销售收入	万元	87352	132847	52.1
工业企业利润总额	万元	3434	7475	117.7
建筑业				
建筑企业单位数	个	1	1	
建筑企业从业人员	人	225	185	-17.8
建筑业总产值	万元	1945	1925	-1.0

21-8续表3

指　　标	单　位	2007年	2008年	2008年比2007年增长%
交通运输邮电通信业				
公路里程	公里	729	729	
邮电业务总量	万元	3933	4082	3.8
本地电话用户	户	9989	12137	21.5
国内贸易				
社会消费品零售总额	万元	21725	25975	19.6
# 贸易业	万元	18522	22412	21.0
餐饮业	万元	3070	3563	16.1
科技教育卫生				
各类专业技术人员	人	3037	3219	6.0
幼儿园数	所	3	3	
学龄儿童入学率	%	100.0	100.0	
小学学校数	所	102	78	-23.5
小学专任教师数	人	727	688	-5.4
小学在校学生数	人	9180	8253	-10.1
普通中学学校数	所	8	7	-12.5
普通中学专任教师数	人	390	418	7.2
初中在校学生数	人	6326	5981	-5.5
高中在校学生数	人	2708	2533	-6.5
卫生机构数	所	18	18	
# 医　院	所	1	1	
卫生院	所	14	14	
床位数	张	198	249	25.8
# 医　院	张	118	141	19.5
卫生院	张	80	108	35.0
卫生技术人员	人	353	358	1.4
# 医　院	人	91	104	14.3
卫生院	人	102	83	-18.6

21-9 武川县社会经济主要指标

指　　标	单　位	2007年	2008年	2008年比2007年增长%
行政区域土地面积	平方公里	4885	4885	
人口和就业				
年末总人口	人	174452	175700	0.7
# 男　性	人	92489	93301	0.9
# 乡村人口	人	131477	131008	-0.4
年末总户数	户	53575	55156	3.0
# 乡村户数	户	34673	34529	-0.4
出生人口	人	1887	1595	-15.5
死亡人口	人	500	282	-43.6
全社会就业人员	人	87343	87795	0.5
第一产业	人	65293	62438	-4.4
第二产业	人	8480	9782	15.4
第三产业	人	13570	15575	14.8
在岗职工人数	人	8782	8422	-4.1
乡村劳动力	人	75561	76096	0.7
# 农林牧渔业	人	65293	62438	-4.4
国民经济综合指标				
地区生产总值	万元	297151	387404	23.0
第一产业	万元	32508	57045	56.5
第二产业	万元	183335	232882	20.9
# 工　业	万元	149041	198582	28.0
第三产业	万元	81308	97477	15.7
人均生产总值	元	17093	22128	22.1
全社会固定资产投资	万元	235288	291360	23.8
按登记注册类型分				
# 国　有	万元	60921	113861	86.9
集　体	万元	3670	500	-86.4
有限责任公司	万元	100	49171	49071.0
股份有限公司	万元	162905	97450	-40.2

21-9续表1

指　　　　标	单　位	2007年	2008年	2008年比2007年增长%
私营企业	万元	3892	18578	377.3
外商及港澳台投资企业	万元	3700	3500	-5.4
按城乡渠道分				
城　镇	万元	233288	288678	23.7
农　村	万元	2000	2682	34.1
地方财政收入	万元	8589	11627	35.4
地方财政支出	万元	37307	67125	79.9
城乡居民储蓄存款余额	万元	82070	98297	19.8
在岗职工工资总额	万元	14312	17472	22.1
在岗职工平均工资	元	16504	20533	24.4
城镇居民人均可支配收入	元	10199	11967	17.3
农牧民人均纯收入	元	3080	4228	37.3
农村牧区经济				
耕地面积	公顷	148667	145595	-2.1
农作物总播种面积	公顷	134270	136027	1.3
#粮食作物播种面积	公顷	92256	101125	9.6
有效灌溉面积	公顷	12330	12663	2.7
农牧业机械总动力	万千瓦	25.37	26.72	5.3
化肥施用折纯量	吨	9700	12964	33.6
农村用电量	万千瓦小时	2477	2104	-15.1
农林牧渔业总产值	万元	56941	92243	43.5
粮食产量	吨	52821	157563	198.3
油料产量	吨	10470	25050	139.3
甜菜产量	吨			
猪牛羊肉产量	吨	4934	6107	23.8
#猪肉产量	吨	1594	2101	31.8
牛肉产量	吨	644	863	34.0
羊肉产量	吨	2696	3143	16.6

21-9续表2

指　　　标	单　位	2007年	2008年	2008年比2007年增长%
羊毛产量	吨	667	631	-5.4
年末牲畜存栏头数	万头只	35.57	39.61	11.4
# 大牲畜	万头只	2.69	2.43	-9.7
羊	万只	30.89	35.04	13.4
猪	万头	1.99	2.14	7.5
规模以上工业				
工业企业单位数	个	33	36	9.1
# 内资企业	个	33	36	9.1
工业总产值	万元	231756	327250	41.2
内资企业	万元	231756	327250	41.2
国有企业	万元			
集体企业	万元			
股份合作企业	万元			
联营企业	万元			
有限责任公司	万元	68450	66089	-3.4
股份有限公司	万元			
私营企业	万元	163306	261161	59.9
其他企业	万元			
港澳台商投资企业	万元			
外商投资企业	万元			
工业企业增加值	万元	102437	137391	32.5
工业企业资产总计	万元	121485	132073	8.7
工业企业负债合计	万元	69943	75286	7.6
工业企业产品销售收入	万元	232905	329836	41.6
工业企业利润总额	万元	13145	7819	-40.5
建筑业				
建筑企业单位数	个	1	2	100.0
建筑企业从业人员	人	138	149	8.0
建筑业总产值	万元	213	619	190.6

21-9续表3

指　　标	单 位	2007年	2008年	2008年比2007年增长%
交通运输邮电通信业				
公路里程	公里	511	651	27.3
邮电业务总量	万元	2318	2665	15.0
本地电话用户	户	16741	15800	-5.6
国内贸易				
社会消费品零售总额	万元	46585	56017	20.2
# 贸易业	万元	35451	41727	17.7
餐饮业	万元	10891	14020	28.7
科技教育卫生				
各类专业技术人员	人	2342	2358	0.7
幼儿园数	所	19	16	-15.8
学龄儿童入学率	%	100.0	100.0	
小学学校数	所	46	31	-32.6
小学专任教师数	人	784	770	-1.8
小学在校学生数	人	8859	9980	12.7
普通中学学校数	所	11	11	
普通中学专任教师数	人	405	389	-4.0
初中在校学生数	人	5010	5218	4.2
高中在校学生数	人	3935	3558	-9.6
卫生机构数	所	24	24	
# 医　院	所	2	2	
卫生院	所	19	19	
床位数	张	282	282	
# 医　院	张	179	179	
卫生院	张	103	103	
卫生技术人员	人	494	475	-3.8
# 医　院	人	159	157	-1.3
卫生院	人	263	246	-6.5

附录 重点企业（集团）主要经济指标

单位：万元

项 目	单位数（个）	年末资产总计	固定资产原价	累计折旧
总 计	35	19091735	11563810	5186692
按集团审批部门分				
省级人民政府	5	2702752	1358105	484432
其 他	12	1568322	224261	72481
按控股情况分				
国有控股	16	16217816	10663992	4848909
私人控股	16	1671011	301639	92254
港澳台商控股	1	150918	88523	35603
外商控股	2	1051990	509656	209926
按主营行业分				
第二产业合计	10	3197490	1216388	462863
工业小计	8	2708312	1201032	457207
采矿业	1	77198	26673	3821
制造业	7	2631114	1174359	453386
电力、燃气及水的生产和供应业				
建筑业	2	489178	15356	5656
第三产业合计	25	15894245	10347422	4723829
交通运输、仓储和邮政业	1	353289	277515	63650
批发和零售业	3	119281	16618	2922
住宿和餐饮业	1	75544	20413	16348
房地产业	2	525470	51432	11130
按登记注册类型分				
公司制企业小计	35	19091735	11563810	5186692
国有独资企业	4	4522077	2627562	1208760
其他有限责任公司	19	9040219	5909302	2618922
股份有限公司	8	4321133	2426600	1112636
中外合资企业	1	1023992	504053	204834
外商投资股份有限公司	1	27998	5603	5092
港澳台合资企业	2	156316	90690	36448
其 他				

附录 续表1 单位：万元

项 目	流动资产年平均余额	年末负债合 计	流动负债	年末股东权益总计
总 计	4176408	14218283	7276622	4873452
按集团审批部门分				
省级人民政府	946330	1772025	1639388	930727
其 他	389532	965541	688473	602781
按控股情况分				
国有控股	3320695	12481851	5909514	3735965
私人控股	412779	971427	697921	699584
港澳台商控股	55916	90410	66095	60508
外商控股	387018	674595	603092	377395
按主营行业分				
第二产业合计	1205094	2197942	1975702	999548
工业小计	1091251	1799182	1642449	909130
采矿业	22501	42097	21030	35101
制造业	1068750	1757085	1621419	874029
电力、燃气及水的生产和供应业				
建筑业	113843	398760	333253	90418
第三产业合计	2971314	12020341	5300920	3873904
交通运输、仓储和邮政业	34713	143116	142031	210173
批发和零售业	48215	96126	96126	23155
住宿和餐饮业	27489	77035	60212	-1491
房地产业	20351	223347	53790	302123
按登记注册类型分				
公司制企业小计	4176408	14218283	7276622	4873452
国有独资企业	1542859	3673702	1848671	848375
其他有限责任公司	1262684	6774132	3123446	2266087
股份有限公司	910376	3001152	1631026	1319981
中外合资企业	366040	673699	602205	350293
外商投资股份有限公司	20978	896	887	27102
港澳台合资企业	73471	94702	70387	61614
其 他				

附录 续表2　　单位：万元

项目	股本（实收资本）	主营业务收入	主营业务税金及附加	利润总额
总计	1940430	12213215	181030	-325274
按集团审批部门分				
省级人民政府	252911	4696067	15261	-331699
其他	117109	756016	10498	44664
按控股情况分				
国有控股	1700869	8763042	169285	-300975
私人控股	123204	875752	11221	73043
港澳台商控股	27315	132705		10054
外商控股	89042	2441716	524	-107396
按主营行业分				
第二产业合计	252804	5149359	21140	-276702
工业小计	229528	5048079	17326	-285707
采矿业	10000	94619	757	6244
制造业	219528	4953460	16569	-291951
电力、燃气及水的生产和供应业				
建筑业	23276	101280	3814	9005
第三产业合计	1687626	7063856	159890	-48572
交通运输、仓储和邮政业	62544	26276	1186	-14379
批发和零售业	12024	172667	1218	3245
住宿和餐饮业	24378	19768	1051	-11661
房地产业	18270	84013	1164	12462
按登记注册类型分				
公司制企业小计	1940430	12213215	181030	-325274
国有独资企业	93147	3119255	16138	-19631
其他有限责任公司	1374935	3186833	141852	21566
股份有限公司	352991	3329835	22516	-229091
中外合资企业	80229	2379660	519	-112913
外商投资股份有限公司	8813	62056	5	5517
港澳台合资企业	30315	135576		9278
其他				

附录 续表3　　单位：万元

项　　目	应交所得税	应交增值税	从业人员年末人数（人）	从业人员劳动报酬
总　　计	62979	625316	123975	624162
按集团审批部门分				
省级人民政府	14226	152284	45189	150390
其　他	8155	8542	10701	18372
按控股情况分				
国有控股	46420	537546	87705	493090
私人控股	13840	13344	10436	18061
港澳台商控股	218	5821	1473	5006
外商控股	2501	68605	24361	108005
按主营行业分				
第二产业合计	19930	160301	48554	150779
工业小计	19014	160301	47797	149257
采矿业	2358	1785	712	1625
制造业	16656	158516	47085	147632
电力、燃气及水的生产和供应业				
建筑业	916		757	1522
第三产业合计	43049	465015	75421	473383
交通运输、仓储和邮政业	-9	28	2403	10130
批发和零售业	1074	210	2155	2592
住宿和餐饮业		284	1602	2581
房地产业	1386	3	1176	2680
按登记注册类型分				
公司制企业小计	62979	625316	123975	624162
国有独资企业	2451	143257	32733	195771
其他有限责任公司	36382	251160	34206	191692
股份有限公司	21427	156384	31151	123616
中外合资企业	1971	66954	23500	106320
外商投资股份有限公司	530	1651	861	1685
港澳台合资企业	218	5910	1524	5078
其　他				

第三部分　法规与规章

呼和浩特市公共场所禁止吸烟规定

第一条 为了控制吸烟的危害，保障人民身体健康，创造良好的生活环境，结合本市的实际，制定本规定。

第二条 下列公共场所禁止吸烟，应设置明显禁烟标示：

（一）图书阅览室、实验室；

（二）表演厅、礼堂、陈列室、会议室；

（三）室内体育馆及游泳池；

（四）民用航空器、客运汽车、缆车、出租车、电梯间、密闭式铁路列车及其它各种密闭式公共运输工具内；

（五）托儿所、幼儿园；

（六）医疗机构、其它医事机构及残障福利机构；

（七）学校、博物馆、美术馆、文物馆、展览馆、科技馆、少年宫；

（八）金融机构、邮局及电信局等营业场所；

（九）制造、储存或销售易燃易爆物品的场所；

（十）法律、法规、规章确定的其他禁止吸烟的公共场所。

第三条 下列场所可以设置有通风设备的吸烟区（室），吸烟区（室）应有明显的区隔及标示。除吸烟区（室）外，不得吸烟：

（一）影剧院、音乐厅、录像厅（室）、游艺厅（室）、歌舞厅（室）、音乐茶座（室）；

（二）酒店、宾馆、二百平方米以上的商店（场）；

（三）非密闭式的铁路列车及轮船；

（四）车站、机场的售票厅及旅客等候室；

（五）其他可以设置吸烟区（室）的公共场所。

第四条 市卫生行政部门是本市公共场所禁止吸烟工作的主管机关，旗县区卫生行政部门负责本区域内公共场所禁止吸烟工作的监督和管理。

第五条 教育、文化、卫生等部门以及广播、电视、报刊等新闻媒体，应积极开展多种形式的控烟宣传，宣传吸烟的危害；工商部门加强对烟草制品和烟草广告的管理，为全社会禁止吸烟创造一个良好的环境。

第六条 本规定第二条、第三条所列举的单位应当履行下列职责：

（一）制定禁止吸烟的规章制度；

（二）开展在公共场所禁止吸烟的宣传；

（三）在禁止吸烟的公共场所或区域设置统一的禁烟标志；

（四）在禁止吸烟的公共场所或区域不得放置有烟草广告的标志、物品和吸烟器具；

（五）配备专、兼职人员负责相关工作。

第七条 公民在禁止吸烟的公共场所或区域有权要求吸烟者停止吸烟，并有权要求相关单位执行本规定第六条规定的职责。任何人都有权向卫生行政部门举报违反规定的单位。

第八条 对于违反本规定的单位由卫生行政部门按下列规定予以处罚：

（一）对违反本规定第六条第一项或第二项的，处以警告并责令限期改正；

（二）对违反本规定第六条第三项、第四项、第五项规定的，可处以500 元以下罚款；屡教不改的，可责令停业整顿；

（三）对吸烟者不予制止的，处500元罚款。

第九条 拒绝、阻碍管理人员执行公务的，依法追究法律责任。

第十条 当事人对行政处罚决定不服的，可申请行政复议或者提起行政诉讼；逾期不申请行政复议、不提起行政诉讼又不履行处罚决定的，由作出行政处罚决定的部门依法申请人民法院强制执行。

第十一条 机关、团体、部队、企业、事业单位和其他组织，可依照本规定确定本单位内部禁止吸烟场所，并制定相关规定。

第十二条 本规定自发布之日起施行。

呼和浩特市电子政务管理办法（试行）

第一章 总 则

第一条 为了规范我市电子政务管理，推进行政管理体制改革，促进政务公开，提高政府办事效率，实现政务信息资源共享，进一步为公众服务，根据国家有关规定，结合本市实际，制定本办法。

第二条 本市电子政务管理工作适用本办法。

第三条 本办法所称电子政务，是指行政机关及其他具有行政职能的单位，应用现代信息与网络技术，将管理和服务集成，实现组织结构和工作环境的优化，向社会提供规范、透明、高效、便捷的公共管理与服务的活动。

第四条 呼和浩特市信息化主管部门负责监督、检查、指导全市电子政务管理工作。

各旗县区、开发区管委会应当成立相应的管理机构，按计划每年安排一定的专项资金，列入本级财政当年预算；政府各部门应当明确管理部门，按照各自职责，负责电子政务管理的相关工作。

第二章 电子政务建设项目管理

第五条 市信息化主管部门负责制定我市信息化建设总体规划，电子政务建设项目应当按照市信息化建设总体规划的要求进行，避免重复建设和行业垄断。

第六条 政府部分或全部投资的电子政务建设项目，应当经市信息化主管部门先期组织评估论证，报请市领导审定，批准后方可进入现行基本程序；重大建设项目应当由分管市领导召开市信息化专家顾问组会议进行论证。

非政府投资的重大电子政务建设项目，建设单位在依法办理建设相关手续后，应当向市信息化主管部门备案。

第七条 电子政务建设项目实行年度管理。各部门于每年9月30日前将符合立项条件的项目报送市信息化主管部门，经市信息化主管部门综合审定后，纳入年度项目计划，市财政根据年度项目计划安排年度建设项目预算。

第八条 申请电子政务建设项目应当具备下列条件：

（一）项目建设的目标明确，用途、功能清晰；

（二）要有具体的用户需求，解决实际问题；

（三）符合全市信息化建设规划和技术规范；

（四）保障信息安全和资源共享；

（五）经相关主管部门同意。

第九条 电子政务项目的建设单位应当遵循招标投标、立项采购、签订合同、项目建设、监理和竣工验收等制度，并接受相关主管部门的监督管理。

第十条 信息化主管部门组织有关机构及专家对项目进行全程监理，项目实施单位应当如实向信息化主管部门提供相关资料。

第十一条 项目建设完成后，应当申请市信息化主管部门进行项目验收。未经验收或验收不合格的，市财政不予支付余款。

第三章 政府网站管理

第十二条 呼和浩特市人民政府政务综合门户网站(www.huhhot.gov.cn，www.hohhot.gov.cn）是市人民政府对外统一发布信息和向社会提供信息服务的网上窗口，各旗县区人民政府、各委办局、开发区管委会（以下简称“各部门”）应当在市政府政务综合门户网站设立专门栏目或与市政府政务综合门户网站链接。

第十三条 门应当遵循“便民、利民、无偿”原则，依法及时、准确的公开与本部门职责相关的政务信息。

第十四条 门应当在其网站的显著位置开设咨询、投诉栏目，明确专人负责网上咨询、投诉事项的办理，建立咨询、投诉办理的业务规范和流程，确定网上咨询、投诉的响应时间和答复时限。

第十五条 门应当指定专门机构或专人负责其网站的运行维护。委托其他单位运行维护的，应当对受委托方的运行维护情况进行监督，保证其网站的服务链接、网上受理、实时查询等网站基本功能正常运行，并建立网站的后台发布系统，做到发现问题及时解决。

第十六条 各部门网站应按照国家有关规定建立网站安全管理制度。

第四章 政务信息资源管理

第十七条 建立公共信息资源分级目录系统和信息共享交换平台。各部门应当按有关规定向市信息化主管部门报送本部门掌握的公共信息资源目录，并按照公共信息资源分级目录系统和信息共享交换平台的要求，提供和维护更新本部门的政务信息。

第十八条 社会力量投资设立公益性信息机构，开展公益性信息服务，政府各部门应当向公益性信息机构提供适合于公益性服务的信息资源。

第五章 电子政务网络管理

第十九条 本市电子政务网络，是指覆盖市委、市人大、市政府、市政协、市纪检委及其所属部门、旗县区、开发区及其他接入市电子政务网的计算机网络。

第二十条 市电子政务网络原则上通过市政府中心机房一个出口统一接入国际互联网，单独接入国际互联网的单位应当向市信息化主管部门提出申请，经批准后方可接入。

第二十一条 各部门电子政务网用户的IP地址统一由市信息化主管部门分配，建立登记制度。用户的IP地址不得随意更改，确需更改的，应经市信息化主管部门同意并备案。

第二十二条 各部门计算机系统应当使用正版软件并安装防毒软件。防毒软件应当及时升级。

第二十三条 各部门应当对联网设备定期进行检查，记录系统日志，发现异常情况应当及时向市信息化主管部门报告。

第二十四条 各部门应当对其电子政务系统的重要文件、数据、操作系统及应用系统定期进行校对、备份。

第二十五条 各部门的电子政务应用系统要建立数据信息的存取访问控制机制，按数据信息的重要程度进行分类，划分访问和存储等级，设立访问和存储权限，防止越权存取数据信息。

第二十六条 各部门应当明确负责信息及网络安全的工作人员，该工作人员应当通过信息化主管部门组织的信息及网络安全培训。工作人员名单应当报市信息化主管部门进行备案，工作人员有变动应当在五个工作日内报市信息化主管部门备案。

第二十七条 各部门在建设电子政务网络的同时，应当同步设计和实施信息与网络安全系统。

第二十八条 各部门应当对本部门的网络、设备、数据和应用系统等建立应急处理和灾难恢复机制，制定事故应急响应和支援处理措施，制定灾难恢复策略和预案，并报市信息化主管部门备案。

第二十九条 市电子政务网属于非涉密的政务外网，任何单位和个人不得在市电子政务网上从事下列活动：

（一）将涉密计算机设备和网络接入本网；

（二）传输、处理或存储涉密信息；

（三）查阅、制作、复制、发布和传播含有法律、法规禁止内容的信息；

（四）从事危害国家安全、泄露国家秘密等违法犯罪活动。

第三十条 任何单位和个人未经批准，不得从事下列活动：

（一）对接入市电子政务网络设备的参数配置进行修改；

（二）对市电子政务网功能进行增加、删除或者修改；

（三）对市电子政务网中存储、处理或者传输的数据和应用程序进行增加、删除或者修改；

（四）因从事与工作无关的活动而大量占用电子政务网络资源，造成网络拥堵。

第六章 法律责任

第三十一条 违反本办法的行为，法律、法规已有明确规定的，依照相关规定处理。

第三十二条 违反本办法第二十九、三十条规定的，构成犯罪的，依法追究刑事责任；尚不构成犯罪的，由市信息化主管部门取消其政务网接入资格，并给予通报。

第三十三条 信息化主管部门和相关部门及其工作人员滥用职权、玩忽职守、徇私舞弊的，由其上级主管部门或者所在单位给予行政处分；构成犯罪的，依法追究刑事责任。

第七章 附则

第三十四条 本办法自2009年1月1日起施行。

呼和浩特市人民政府办公厅 2008 年11月25日印发。

呼和浩特市人大常委会
关于加强城市规划区绿地保护的决定

城市绿地是城市生态系统的重要组成部分，是改善城市生态环境、实现城市可持续发展战略的重要生态措施，对促进整个城市的生态平衡起着积极作用。为进一步加强城市绿化建设与管理，发挥城市绿地功能，保护现有绿化成果，促进城市绿化事业健康发展，改善城市生态环境和人居环境，实现创建“国家环境保护模范城”、“森林城市”和首府城市建设“十年巨变”的目标，特作出如下决定：

一、科学规划，合理布局。城市绿地建设必须放到城市经济、社会发展的全局当中进行战略性考虑和布局。各级人民政府要合理布局城市绿化用地，确保绿化用地数量，并采取多种方式增加城市绿化用地。同时要保障用于城市绿地系统规划实施、保护、管理的资金投入。按照城市绿化建设的总体要求，城市规划行政主管部门和建设行政主管部门要尽快编制完成《呼和浩特市城市绿地系统规划》和《呼和浩特市绿线管理办法》，在制定城市建设整体规划时要为城市绿地、绿化留足空间。批准后的绿地规划，要向社会公布，接受公众监督。按照自然规律结合城市特点制定绿化方案，坚持政府组织、群众参与、统一规划、因地制宜、讲求实效的原则，按不同绿地类型，选择不同树种和花草品种，充分利用土地资源，采用多种方式对城市进行整体绿化、立体绿化，建设各具特色和优势的城市园林和绿地。各类工程建设项目的配套绿化用地，应当按照国家规定的绿地标准，一次提供，统一征用，与主体工程同步规划、同步征地、同步施工、同步验收。达不到规定绿化标准的，不得投入使用。各临街单位凡采用围墙与道路隔离的，一般应拆除后采用绿化隔离、栅栏隔离等透明隔离方式，使院内绿化与周边绿化融为一体，务求达到拆墙透绿，见缝插绿的要求。

二、全民参与，爱绿护绿。城市绿地建设应体现在城市发展的全过程、城市发展的全方位，所有单位、全体市民都要参与到城市绿地建设中来。任何单位和个人都有保护公园、绿地的责任和义务，有权制止和举报损害城市绿地的行为。市政府应采取各种有效措施，不断增强群众自觉保护、建设城市绿地的积极性和创造性，并对保护工作成绩显著的单位和个人，给予表彰奖励，逐步形成全民爱绿、护绿的良好社会氛围。绿化行政管理部门要通过新闻媒体加大宣传力度，让爱绿、护绿深入人心，增加全民爱护、保护绿地和绿化预留地意识。

三、普查建档，公布目录。各级人民政府要对辖区内驻呼的中央、自治区、市机关，企（事）业单位、住宅小区庭院绿地进行全面的普查建档，对达不到城市绿化规定标准的，要限其异地补绿。市人民政府应当依据本决定，划定绿地保护范围，设立绿地保护标识，并逐年分批向社会公布保护绿地目录，明确具体面积、位置等，接受公众监督。已列入保护目录的，要制定绿地保护档案，建立保护责任制，严格审批程序。

四、加强监督，严格执法。市政府及其建设行政主管部门要加大对

《城市绿化条例》、《城市绿化管理办法》、《呼和浩特市城市绿化管理条例》等法律法规的执行力度，落实执法责任制，切实对已建成城区的公共绿地、风景林地、防护绿地、行道树及干道绿化带进行保护。任何单位和个人都不得违反规划擅自改变已建成或城市规划预留的公园、广场、绿地的用地性质和面积，对违反规定的，绿化行政主管部门要依法严肃查处。市规划行政主管部门要加强绿地规划审批，严格执行绿地规划标准，对已建成的绿地不得擅自变更用途。市国土部门在国有土地使用权出让时，应坚持城市公共绿地不得进行经营性开发，不得出让规划控制的公共绿地。不得出租或抵押。因建设或者其他特殊情况，需要临时占用绿线内用地的，必须依法办理相关审批手续。对违法建设及滥用审批权的单位和个人要追究责任，依法处理。

呼和浩特市社会单位消防安全标准化管理规定

第一章 总 则

第一条 为了加强和规范机关、团体、企业、事业等单位消防安全管理，预防火灾和减少火灾危害，根据国家和自治区有关法律、法规，结合本市实际，制定本规定。

第二条 本市行政区域内的机关、团体、企业、事业等单位（以下统称单位），均应当遵守本规定。

法律、法规另有规定的除外。

第三条 公安机关是本市消防工作的行政主管部门，各级公安机关消防机构对消防工作进行监督，并负责本规定的实施。

第四条 单位应当遵守消防法律、法规、规章（以下统称消防法规），贯彻预防为主、防消结合的消防工作方针，履行消防安全职责，制定消防安全制度、操作规程，提高自防自救能力，保障消防安全。

第五条 单位应当落实逐级消防安全责任制和岗位消防安全责任制，明确逐级和岗位消防安全职责，确定各级、各岗位的消防安全责任人。

第二章 消防安全责任和职责

第六条 单位的主要负责人是单位的消防安全责任人，对本单位的消防安全工作全面负责。单位的消防安全责任人应当履行下列消防安全职责：

（一）贯彻执行消防法规，保障单位消防安全符合规定，掌握本单位的消防安全情况；

（二）统筹安排生产、经营、科研等活动中的消防安全管理工作，批准实施年度消防工作计划；

（三）为消防安全管理提供必要的经费和组织保障；

（四）确定逐级消防安全责任，批准实施消防安全制度和保障消防安全操作规程；

（五）组织防火检查，督促整改火灾隐患，及时处理涉及消防安全的重大问题；

（六）组织建立志愿消防队或义务消防队，并配备相应的消防器材和装备；

（七）针对本单位的实际情况组织制定灭火和应急疏散预案，并实施演练；

（八）法律法规规定的其他消防安全职责。

第七条 消防安全重点单位应确定本单位的消防安全管理人。消防安全管理人对单位的消防安全责任人负责，实施和组织落实下列消防安全管理工作：

（一）拟订年度消防安全工作计划，组织实施日常消防安全管理工作；

（二）组织制订消防安全管理制度和保障消防安全操作规程，并检查督促落实；

（三）拟订消防安全工作的资金预算和组织保障方案；

（四）组织实施防火检查和火灾隐患整改；

（五）组织实施对本单位消防设施、灭火器材和消防安全标志的维护保养，确保其完好有效和处于正常运行状态，组织对建筑消防设施每年至少进行一次全面检测，确保疏散通道和安 全出口畅通；

（六）组织管理专职消防队、志愿消防队或义务消防队，开展日常业务训练；

（七）组织员工开展消防知识、技能的教育和培训，组织灭火和应急疏散预案的实施和演练；

（八）定期向消防安全责任人报告消防安全情况，及时报告涉及消防安全的重大问题；

（九）消防安全责任人委托的其他消防安全管理工作。

未确定消防安全管理人的单位，前款规定的消防安全管理工作由单位消防安全责任人负责实施。

第八条 消防控制室值班员应履行下列消防安全职责：

（一）熟悉和掌握消防控制室设备的功能及操作规程，按照规定测试自动消防设施的功能，保障消防控制室设备的正常运行；

（二）对火警信号应立即确认，火灾确认后应立即报火警并向消防主管人员报告，随即启动灭火和应急疏散预案；

（三）对故障报警信号应及时确认，消防设施故障应及时排除，不能排除的应立即向部门主管人员或消防安全管理人报告；

（四）不间断值守岗位，做好消防控制室的火警、故障和值班记录。

第九条 单位保卫人员应履行下列消防安全职责：

（一）按照本单位的管理规定进

行防火巡查，并做好记录，发现问题应及时报告；

（二）发现火灾应及时报火警并报告主管人员，实施灭火和应急疏散预案，协助灭火救援；

（三）劝阻和制止违反消防法律、法规和消防安全管理制度的行为；

（四）发生火灾时，保护火灾现场，协助调查火灾原因。

第十条 单位电焊、气焊、电工、易燃易爆危险品操作人员应履行下列消防安全职责：

（一）执行有关消防安全制度和操作规程，履行审批手续；

（二）落实相应作业现场的消防安全措施，保障消防安全；

（三）发生火灾后应立即报火警，实施扑救。

第十一条 单位志愿消防队或义务消防队应履行的职责：

（一）开展消防安全宣传教育，普及消防知识；

（二）进行防火检查、督促消除火灾隐患，制止消防违章行为；

（三）管理和维护消防器材、设施；

（四）发生火灾时，组织人员疏散，迅速投入扑救；

（五）保护火灾现场，协助调查火灾原因。

第十二条 实行承包、租赁或者委托经营、管理时，产权单位应提供符合消防安全要求的建筑物，当事人在订立相关租赁合同时，应依照有关规定明确各方的消防安全责任。消防车通道、涉及公共消防安全的疏散设施和其他建筑消防设施应由产权单位或者委托管理的单位统一管理。

同一建筑物由两个以上单位管理、使用的，应当明确各方的消防安全责任，并确定责任人对其共用的疏散通道、安全出口、建筑消防设施和消防车通道进行统一管理。

第十三条 住宅区的物业服务企业应当在服务区域内履行下列消防安全职责：

（一）制定消防安全制度，落实消防安全责任制，开展消防安全宣传教育；

（二）开展防火检查，消除火灾隐患；

（三）保障共用的疏散通道、安全出口、消防车通道畅通；

（四）保障共用的消防设施、器材以及消防安全标志完好有效；

（五）提供其他消防安全防范服务。

其他物业服务企业应当对受委托服务区域内的公共消防安全管理工作负责。

第十四条 个体工商业主是本单位（商铺）的消防安全责任人，应对自身的消防安全负责并履行下列消防安全职责：

(一)定期组织员工进行消防知识、技能教育培训；

(二)按规定配备消防器材，定期检修，保证完好有效；

(三)设置符合规定的安全疏散指示标志、火灾事故照明设施，保障疏散通道、安全出口畅通；

(四)制定用火用电、使用燃油燃气设施的管理制度，并检查督促落实；

(五)存在火灾隐患应及时整改；

(六)发生火灾时，立即报警，组织处置初期火灾，疏散人员，保护火灾现场，协助公安机关消防机构扑灭火灾和开展火灾事故调查。

第三章 消防安全制度和管理

第十五条 单位应当按照国家有关规定，结合本单位的特点，建立健全各项消防安全制度和保障消防安全的操作规程，并公布执行。

单位消防安全制度主要包括以下内容：消防安全教育、培训；防火巡查、检查；安全疏散设施管理；消防（控制室）值班；消防设施、器材维护管理；火灾隐患整改；用火、用电安全管理；易燃易爆危险物品和场所防火防爆；专职和义务消防队的组织管理；灭火和应急疏散预案演练；燃气和电气设备的检查和管理（包括防雷、防静电）；消防安全工作考评和奖惩；其他必要的消防安全内容。

第十六条 消防安全重点单位要指定消防专、兼职人员，负责本单位内部的消防监督管理。消防专、兼职人员对单位内部存在的火灾隐患和严重违反消防管理规定的行为，在本单位未及时采取措施时，有向上级主管部门或当地公安机关消防机构报告的义务。

第十七条 单位必须根据防火灭火的需要，按照国家有关消防技术规范标准配置消防设施、器材和用于火灾报警的通讯设备。自动消防设施和器材要指定专人负责维护管理，并保持处于正常状态。

第十八条 单位重点防火部位应设置醒目的防火安全标志及标语。

第十九条 生产、储存、运输、销售、使用、销毁易燃易爆危险品，必须执行消防技术标准和管理规定。

第二十条 举办大型群众性活动，承办人应当依法向公安机关申请安全许可，制定灭火和应急疏散预案并组织演练，明确消防安全责任分工，确定消防安全管理人员，保持消防设施和消防器材配置齐全、完好有效，保证疏散通道、安全出口、疏散指示标志、应急照明和消防车通道符合消防技术标准和管理规定。

第二十一条 单位应当对动用明火实行严格的消防安全管理。禁止在具有火灾、爆炸危险的场所吸烟、使用明火，因施工等特殊情况需要进行明火作业的，动火部门和人员应当按照规定先办理审批手续，落实相应的消防安全措施，在确认无火灾、爆炸危险后方可动火施工。作业人员应当遵守消防安全规定。

公共娱乐场所在营业期间禁止动火施工。

第四章 防火巡查和检查

第二十二条 单位应建立防火巡查和防火检查制度，确定巡查和检查的人员、内容、部位和频次。

防火巡查和检查时应填写巡查和检查记录，巡查和检查人员及其主管人员应在记录上签名。巡查、检查中应及时纠正违法违章行为，消除火灾隐患，无法整改的应立即报告，并记录存档。

宾馆、商场（店）、公共娱乐场所在营业时间应至少每2小时巡查一次，医院、养老院及寄宿制的学校、托儿所和幼儿园应组织每日夜间防火巡查，且不应少于2次。

第二十三条 防火巡查应包括下列内容：

(一)用火、用电有无违章情况；

（二）安全出口、疏散通道是否畅通，有无锁闭；安全疏散指示标志、应急照明是否完好；

（三）常闭式防火门是否处于关闭状态，防火卷帘下是否堆放物品；

（四）消防设施、器材是否在位、完整有效。消防安全标志是否完好清晰；

（五）消防安全重点部位的人员在岗情况；

（六）其他消防安全情况。

第二十四条 防火检查应定期开展，各岗位应每天一次，各部门应每周一次，单位应每月一次。检查的内容应当包括：

（一）消防车通道、消防水源情况；

（二）安全疏散通道、楼梯，安全出口及其疏散指示标志、应急照明情况；

（三）消防安全标志的设置情况；

（四）灭火器材配置及其完好情况；

（五）建筑消防设施运行情况；

（六）消防控制室值班情况、消防控制设备运行情况及相关记录；

（七）用火、用电有无违章情况；

（八）消防安全重点部位的管理情况；

（九）防火巡查落实情况及其记录；

（十）火灾隐患的整改以及防范措施的落实情况；

（十一）易燃易爆危险品场所防火、防爆和防雷措施的落实情况；

（十二）楼板、防火墙和竖井孔洞等重点防火分隔部位的封堵情况；

（十三）消防安全重点部位人员及其他员工消防知识的掌握情况。

第五章 火灾隐患整改

第二十五条 单位发现火灾隐患应立即改正，不能立即改正的，应报告上级主管部门和当地公安机关消防机构。

消防安全管理人或岗位消防安全责任人应组织对报告的火灾隐患进行认定，明确火灾隐患整改责任部门、责任人、整改的期限和所需经费来源，并对整改的结果进行确认。

火灾隐患整改期间，应采取相应措施，保障消防安全。存在重大火灾隐患不能立即整改的，应自行将危险部位停产停业整改。

第二十六条 对公安机关消防机构责令限期改正的火灾隐患和重大火灾隐患，应在规定的期限内改正，并将火灾隐患整改复函报送公安机关消防机构。

第二十七条 对于涉及城市规划布局或其他确无能力解决的重大火灾隐患，单位应提出解决方案并及时向其上级主管部门或当地人民政府报告。

第六章 消防宣传与培训

第二十八条 单位应通过多种形式开展经常性的消防安全宣传与培训。消防安全重点单位对每名员工应当至少每年进行一次消防安全培训。宣传教育和培训内容应当包括：

（一）有关消防法规、消防安全制度和消防安全操作规程；

（二）本单位、本岗位的火灾危险性和防火措施；

（三）建筑消防设施、灭火器材的性能、使用方法；

（四）报火警、扑救初起火灾以及自救逃生的知识和技能；

（五）本单位的安全疏散路线，正确引导人员疏散的程序和方法等；

（六）灭火和应急疏散预案的内容、操作程序。

公众聚集场所对员工的消防安全培训应当至少每半年进行一次，培训的内容还应当包括组织、引导在场群众疏散的知识和技能。

单位应当组织新上岗和进入新岗位的员工进行上岗前的消防安全培训。

第二十九条 对公众开放的场所应通过张贴图画、消防刊物、视频、网络、举办消防文化活动等形式对公众宣传防火、灭火和应急逃生等常识。

学校、幼儿园和托儿所应对学生、儿童进行消防知识的普及和启蒙教育，组织参观当地消防站、消防博物馆，参加消防夏令营等活动。

第三十条 下列人员应当接受消防安全专门培训：

（一）单位的消防安全责任人、消防安全管理人；

（二）专、兼职消防管理人员；

（三）消防控制室的值班、操作人员；

（四）单位的电焊、气焊等具有火灾危险的作业人员；

（五）其他依照规定应当接受消防安全专门培训的人员。

前款规定中的第（三）、（四）项人员应当持证上岗。

第七章 灭火和应急疏散预案编制和演练

第三十一条 单位应根据人员集中、火灾危险性较大和重点部位的实际情况，制订有针对性的灭火和应急疏散预案。预案应包括下列内容：

（一）明确火灾现场通信联络、灭火、疏散、救护等任务的负责人、组成人员及其职责；

（二）火警处置程序；

（三）应急疏散的组织程序和措施；

（四）扑救初起火灾的程序和措施；

（五）通信联络、安全防护和人员救护的组织、调度程序和保障措施。

第三十二条 消防安全重点单位应当按照灭火和应急疏散预案，至少每半年进行一次演练，并结合实际，不断完善预案。其他单位应当结合本单位实际，参照制定相应的应急方案，至少每年组织一次演练。

消防演练时，应当设置明显标识并事先告知演练范围内的人员。

第八章 消防档案

第三十三条 消防安全重点单位应当建立健全消防档案。消防档案应当包括消防安全基本情况和消防安全管理情况。消防档案应当详实，全面反映单位消防工作的基本情况，并附有必要的图表，根据情况变化及时更新。

单位应当对消防档案统一保管、备查。

第三十四条 消防安全基本情况应当包括以下内容：

（一）基本概况和消防安全重点部位情况；

（二）建筑物或者场所施工、使

用或者开业前的消防设计审核、消防验收以及消防安全检查的文件、资料；

（三）消防组织和各级消防安全责任人；

（四）消防安全制度和消防安全操作规程；

（五）消防设施、灭火器材配置情况；

（六）专职消防队、志愿消防队、义务消防队人员及其消防装备配备情况；

（七）消防安全管理人、自动消防设施操作人员、电焊、气焊、电工、易燃易爆危险品操作人员的基本情况；

（八）新增消防产品、防火材料的合格证明材料。

第三十五条 消防安全管理情况应包括下列内容：

（一）消防安全例会纪要；

（二）公安机关消防机构填发的各种法律文书；

（三）消防设施定期检查记录、自动消防设施全面检查测试的报告以及维修保养记录；

（四）火灾隐患、重大火灾隐患及其整改情况记录；

（五）防火检查、巡查记录；

（六）有关燃气、电气设备检测等记录资料；

（七）消防安全培训记录；

（八）灭火和应急疏散预案的演练记录；

（九）火灾情况记录；

（十）消防奖惩情况记录。

第三十六条 其他单位应当将本单位的基本概况、公安消防机构填发的各种法律文书、与消防工作有关的材料和记录等统一保管备查。

第九章 奖 惩

第三十七条 对认真执行本规定，在消防工作中作出显著成绩的单位（集体）和个人，由本单位或上级主管部门给予表彰、奖励。

第三十八条 单位表彰、奖励条件：

（一）单位领导和全体职工重视消防工作，严格执行消防法规，全年未发生火灾事故的；

（二）消防组织机构健全，防火措施落实，做出显著成绩的；

（三）重视消防宣传教育，职工群众的防火安全意识明显提高的；

（四）消防设施、装备和器材完善，能够保证扑救火灾需要的。

凡存在重大火灾隐患未经整改或年内发生火灾事故的单位不得在本年度被评为先进单位。

第三十九条 对具备下列条件之一的个人，应当予以表彰、奖励：

（一）热爱消防工作，积极参加防火、灭火培训，成绩优异，工作表现突出的；

（二）模范执行单位消防安全制度，在预防火灾工作中作出贡献的；

（三）及时发现和消除火灾隐患，表现突出的；

（四）及时发现和扑救火灾，避免了重大损失的。

第四十条 凡违反本规定的单位主管负责人和直接责任人员，根据情节轻重，由本单位或上级主管部门给予行政处分；构成违反治安管理行为和违反其他有关规定的，依照有关法律、法规予以处罚；构成犯罪的，依法追究刑事责任。

呼和浩特市生鲜乳质量安全管理试行办法

第一章 总 则

第一条 为加强奶源基地建设与生鲜乳质量安全管理，规范生鲜乳生产、收购、贮存、运输、销售活动，保障生鲜乳质量安全、卫生，促进奶牛养殖和乳制品生产企业持续、健康发展，保护奶农和乳制品生产企业的利益，维护人体健康，依据《中华人民共和国畜牧法》、《中华人民共和国动物防疫法》、《乳品质量安全监督管理条例》、《饲料和饲料添加剂管理条例》、《兽药管理条例》等法律法规，结合本市实际，制定本办法。

第二条 本市行政区域内从事奶牛养殖、经营，生鲜乳生产、收购、贮存、运输、销售以及监督管理的单位、个人，必须遵守本办法。法律、行政法规对生鲜乳质量安全管理另有规定的，从其规定。

第三条 本办法所称生鲜乳是指奶牛直接产出的牛奶。

第四条 奶牛养殖者、生鲜乳收购者、乳制品生产企业和销售者对其生产、收购、运输、销售的生鲜乳质量安全负总责，是生鲜乳质量安全的第一责任人。

第五条 市、旗（县、区）人民政府对本级行政区域内的生鲜乳质量安全监督管理负总责。市、旗（县、区）畜牧兽医主管部门负责生鲜乳生产环节、收购环节的监督管理；卫生部门负责从事挤奶人员的健康证发放和生鲜乳收购站的卫生监督；价格部门负责查处生鲜乳购销过程中压等压价、捏造散布涨价信息、哄抬价格、价格欺诈等不正当价格行为；工商部门负责查处生鲜乳购销中以次充好、假冒伪劣、缺斤短两等违法行为；环保部门负责生鲜乳收购站和养殖场、养殖小区的环境评估和监督。

第六条 对生鲜乳质量安全实行第三方独立检测制度。

第三方检测管理机构由畜牧兽医主管部门、质检部门、卫生部门、工商部门、奶业协会、乳制品生产企业、生鲜乳收购站和奶牛养殖者代表组成。检测管理机构设立技术工作组和争议调解组，主要对购销双方产生争议的生鲜乳质量进行检测，根据检测结果对购销双方争议进行调解。检测机构可定期对生鲜乳的质量进行抽查。

第三方检测工作在畜牧兽医主管

部门所属检测机构未取得资质认证之前可以委托具有资质的检验机构进行检测。

第七条 发生生鲜乳质量安全事故，应当依照有关法律、行政法规的规定，及时报告、处理；造成严重后果和恶劣影响的，对当地人民政府、相关部门负有领导责任的责任人依法追究责任。

第八条 禁止在生鲜乳生产、收购、贮存、运输、销售过程中添加任何物质。

第九条 市、旗（县、区）人民政府应根据国家和自治区奶业发展规划，合理确定本行政区域内奶牛养殖规划，科学安排生鲜乳的生产、收购布局。

第十条 奶业协会应当加强行业自律、推动行业诚信建设，引导、规范奶牛养殖者、生鲜乳 收购者、乳制品生产企业和销售者依法生产经营，并适时发布市场供求信息和价格信息。

第二章 奶牛养殖管理

第十一条 市、旗（县、区）畜牧兽医技术推广机构应当向奶牛养殖者提供养殖技术培训、良种推广、疫病防治等服务。

乳品生产企业和其他相关生产经营者为奶牛养殖提供所需的服务。

第十二条 鼓励扶持企业和个人投资兴建奶牛养殖场、养殖小区，引导奶农建立不同的养殖经营模式，推动奶农将其所养奶牛实施委托饲养和管理，实现规模化、集约化养殖，规范化、封闭式管理，并依照托管合同的约定分成利润。

设立奶牛养殖场、养殖小区应当具备下列条件：

（一）符合所在地人民政府确定的本行政区域奶牛养殖总体规划和规模；

（二）有与其规模相适应的场所和配套设施；

（三）有为其服务的畜牧兽医技术人员；

（四）具备法律、行政法规和农业部规定的防疫条件；

（五）有对奶牛粪便、废水和其他固体废物进行综合利用的沼气池等设施或者其他无害化处理设施；

（六）有生鲜乳生产、销售、运输管理制度；

（七）法律、行政法规规定的其他条件。

奶牛养殖场、养殖小区开办者应当将养殖场、养殖小区的名称、养殖地址、奶牛品种和养殖规模向养殖场、养殖小区所在地旗（县、区）畜牧兽医主管部门备案。

第十三条 奶牛养殖场应当建立养殖档案，载明以下内容：

（一）奶牛的品种、数量、繁殖记录、标识情况、来源和进出场日期；

（二）饲料、饲料添加剂、兽药等投入品的来源、名称、使用对象、时间和用量；

（三）检疫、免疫、消毒情况；

（四）奶牛发病、死亡和无害化处理情况；

（五）生鲜乳生产、检测、销售情况；

（六）国务院畜牧兽医主管部门规定的其他内容。

奶牛养殖小区开办者应当逐步建立养殖档案。

第十四条 本市建立并实行奶牛用药期、休药期内所产生鲜乳禁止销售和报告制度。

从事奶牛养殖，不得使用国家禁用的饲料、饲料添加剂、兽药以及其他对动物和人体具有直接或者潜在危害的物质。

第十五条 奶牛养殖者应当确保奶牛符合国务院畜牧兽医主管部门规定的健康标准，旗（县、区）畜牧兽医主管部门对辖区内的奶牛实行健康管理和健康登记制度，并确保奶牛接受强制免疫。

动物疫病预防控制机构应当对奶牛的健康情况进行定期检测；经检测不符合健康标准的，应当立即隔离、治疗或者做无害化处理。

生鲜乳收购站应当禁止未接受强制免疫奶牛进站挤奶。

第十六条 奶牛养殖者应当做好奶牛和养殖场所的动物防疫工作，生鲜乳收购站在奶牛进站前应当对其健康情况进行观察，必要时查验有关证明。

奶牛养殖者和生鲜乳收购站发现奶牛染疫或者疑似染疫的，应当立即报告畜牧兽医主管部门，停止生鲜乳生产、收购，并采取隔离等控制措施，防止疫病扩散。

奶牛养殖者对奶牛养殖过程中的排泄物、废弃物应当及时清运、处理。

第十七条 奶牛养殖者应当遵守国务院畜牧兽医主管部门制定的生鲜乳生产技术规程。直接从事挤奶工作的人员应当持有有效健康证明。

第十八条 市和旗（县、区）人民政府应当通过政策扶持、技术服务等措施，鼓励、引导奶牛养殖者建立牛群周转，淘汰老弱病等低产奶牛，优化牛群结构制度。

第十九条 对饲料生产、经营、使用实行质量承诺和可追溯制度。

饲料生产企业应当严把原料进厂关，进厂的原料应严格检验，保证其所生产的饲料质量符合国家规定标准，不准使用国家明令禁止添加的违禁药品和有害物质。在生产过程中须对其所使用原料、添加物质、工艺流程、销售去向等做好详细记录并且留取样品以备监测和质量追溯，产品出厂前应严格检验。

饲料经营企业应当保证其所经营的饲料来自合法的饲料生产企业，质量符合国家规定标准并对其所经营饲料的质量安全问题向社会做出质量保证承诺。

第二十条 从事奶牛诊疗的单位和个人，必须取得畜牧兽医主管部门颁发的《动物诊疗许可证》，奶牛诊疗实行兽医病志和处方制度，诊疗中必须按照兽药安全使用规定使用药物并建立用药记录。

禁止使用假、劣兽药以及其他禁止使用的药品和化合物。禁止将人用药品用于奶牛。

动物诊疗人员或者奶牛养殖者在对患病奶牛医治时，使用了抗生素和其他规定有休药期药物的，须严格按照休药期报告制度及时向生鲜乳收购站报告，不得隐瞒。

第二十一条 市、旗（县、区）畜牧兽医主管部门应加强对兽药、饲料和饲料添加剂生产、经营、使用的单位和个人进行质量安全监督检查，并按照国家规定对饲料、饲料添加剂中兽药和其它有害物质进行监测。

第三章　生鲜乳收购管理

第二十二条　本市范围内养殖的奶牛必须全部进入生鲜乳收购站挤奶。乳制品生产企业和生鲜乳收购站不得收购临时设点和散户交售的生鲜乳。

第二十三条　市人民政府价格主管部门应当加强对生鲜乳价格的监控和指导。建立由价格、畜牧兽医以及奶业协会、奶业经济合作组织、乳制品生产企业、生鲜乳收购者、奶牛养殖企业（户）代表组成的生鲜乳价格协调委员会，根据生鲜乳的产销加工各环节都能获得合理利润和质价相符的原则，综合考虑奶牛饲养成本、生鲜乳流通费用、乳制品生产企业成本费用以及淡旺季生产需求、质量差异情况等因素确定生鲜乳交易参考价格，供购销双方签订合同时参考。

第二十四条　市、旗（县、区）人民政府应当加强生鲜乳质量安全监测体系建设，配备相应的人员和设备，确保监测能力与监测任务相适应。

第二十五条　市、旗（县、区）畜牧兽医主管部门应当加强生鲜乳质量安全监测工作，制定并组织实施生鲜乳质量安全监测计划，对生鲜乳进行监督抽查，并按照法定权限及时公布监督抽查结果。

监测抽查不得向被抽查人收取任何费用，所需费用由同级财政列支。

第二十六条　生鲜乳购销中，奶农与生鲜乳收购站、生鲜乳收购站与乳制品生产企业之间必须依法签订购销合同，并使用国家统一的生鲜乳购销合同示范文本。

第二十七条　乳制品生产企业收购生鲜乳应以与生鲜乳收购站签订合同条款所约定的标准为依据，除非有法定情形不得变更约定标准。如确因质量原因拒绝收购的，做出决定的负责人须签字并详细注明拒收理由。

第二十八条　本市范围内的乳制品生产企业对其所收购生鲜乳质量安全管理负责。

乳制品生产企业除自行建设外，还应当通过收购、租赁、参股和托管等形式参与生鲜乳收购站的经营与管理，指派专人进驻其所属生鲜乳收购站，并授权其驻站人员具体履行乳制品生产企业对生鲜乳收购站质量安全的监管责任。

第二十九条　乳制品生产企业所收购的生鲜乳必须符合国家乳品质量安全标准。在本市范围内收购生鲜乳应当在市畜牧兽医主管部门的监督下，统一收购检测项目，统一物质含量指标及相对应的收购价格，统一生鲜乳收购站管理费，统一生鲜乳吨公里运输费。市畜牧兽医主管部门应当及时将有关事项向社会公布。

第三十条　乳制品生产企业在收购生鲜乳时，其样品采集应与实验室检验严格分离。检测人员检验的样品必须是盲样，不得标有生鲜乳收购站识别标记。

第四章　生鲜乳收购站及生鲜乳运输车辆管理

第三十一条　市、旗（县、区）畜牧兽医主管部门应当根据当地奶牛分布情况，按照方便奶牛养殖者，促进规模化养殖的原则，对生鲜乳收购站的建设进行科学规划和合理布局。必要时，可以实行生鲜乳集中定点收购。

第三十二条　生鲜乳收购站应当由取得工商登记的乳制品生产企业、奶牛养殖场、奶农专业生产合作社开办，并具备下列条件，取得所在地旗（县、区）畜牧兽医主管部门颁发的生鲜乳收购许可证：

（一）选址、设计应当经过旗（县、区）畜牧兽医主管部门的审核，符合当地乳业发展规划和建设规划布局；

（二）有符合环保和卫生要求的收购场所；

（三）有与收奶量相适应的挤奶厅、机械挤奶设备、冷却、冷藏、保鲜设施和低温运输设备；

（四）有与检测项目相适应的化验、计量、检测仪器设备；

（五）有经培训合格并持有有效健康证明的从业人员；

（六）有卫生管理和质量安全保障制度。

生鲜乳收购许可证有效期 2 年；生鲜乳收购站不再办理工商登记。

禁止其他单位或者个人开办生鲜乳收购站，禁止其他单位或者个人收购生鲜乳，禁止倒卖、贩卖生鲜乳。

市、旗（县、区）人民政府和乳制品生产企业对生鲜乳收购站给予扶持和补贴，全部达到机械化挤奶和生鲜乳冷藏运输标准。

第三十三条　生鲜乳收购站应当及时对挤奶设施、生鲜乳贮存、运输设施等进行清洗、消毒，避免对生鲜乳造成污染。

生鲜乳收购站应当按照乳品质量安全国家标准对收购的生鲜乳进行常规检测。检测费用不得向奶牛养殖者收取。

生鲜乳收购站应当保持生鲜乳的质量。

第三十四条　生鲜乳收购站应当建立生鲜乳收购、销售和检测记录。生鲜乳收购、销售和检测记录应当包括畜主姓名、单次收购量、生鲜乳检测结果、销售去向等内容，并保存 2 年。

第三十五条　禁止收购下列生鲜乳：

（一）经检测不符合健康标准或者未经检疫合格的奶牛产的；

（二）奶牛产犊 7 日内的初乳，但以初乳为原料从事乳制品生产的除外；

（三）在规定用药期和休药期内的奶牛产的；

（四）其他不符合乳品质量安全国家标准的。

对前款规定的生鲜乳，经检测确认后，应当予以销毁或者采取其他无害化处理措施。

第三十六条　生鲜乳应当冷藏。贮存生鲜乳的容器，应当符合国家有关卫生标准，在挤奶结束后 2 小时内应当降温至 0—4℃，否则不得销售。

第三十七条　生鲜乳收购站对奶牛进站挤奶实行生鲜乳留样制度。

生鲜乳收购站在奶牛进站挤奶时，必须逐户逐次留取检验样品以备质量追溯时检测。生鲜乳装运铅封前，乳制品生产企业须对待装生鲜乳留取备检样品。留取的备检样品应当保存 48 小时。

禁止生鲜乳收购站经销奶牛饲料、饲料添加剂和兽药。

第三十八条　乳制品生产企业奶源基地按照一个村一个企业收购生鲜

乳划分。

旗（县、区）人民政府应当加强奶源基地建设，组织有关部门根据本行政区域奶牛养殖规划、生鲜乳生产收购布局对现有生鲜乳收购站按照一村一企、规模适当的原则进行整合。

对于一村多站的，在优化环境的基础上对日收奶量不足 1.5 吨的生鲜乳收购站进行整合；对一村一站日收奶量不到 1 吨的,应采取措施,将奶牛适当集中到一个村,使之达到 1 吨以上；对边远地区一村一站日收奶量不足 1 吨且暂时无法整合，但农民养殖积极性较高,当地政府和乳制品生产企业也积极扶持的，可适当延长整合期限，但一年内必须达到1吨以上。

第三十九条 从事生鲜乳运输的车辆在与乳制品生产企业签订合同后，向所在地旗（县、区）畜牧兽医主管部门申请领取生鲜乳准运证明。

生鲜乳运输车辆在装运生鲜乳时，须随车携带生鲜乳交接单。交接单应当载明生鲜乳收购站的名称、生鲜乳数量、交接时间，并由生鲜乳收购站经手人、押运员、司机、收奶员签字。

生鲜乳交接单一式两份，分别由生鲜乳收购站和生鲜乳生产者保存，保存时间 2 年。生鲜乳准运证明和交接单式样由自治区畜牧兽医主管部门制定。

生鲜乳运输车只能为一个企业运送生鲜乳，生鲜乳运输过程实行封闭管理。

鼓励乳制品生产企业、养殖小区、养殖场、生鲜乳收购站自备生鲜乳运输车辆。

第四十条 生鲜乳收购站所在村的村民要自觉维护生鲜乳收购站秩序，不得有意破坏生鲜乳收购站设施，扰乱生鲜乳收购站生产、经营秩序。

第四十一条 生鲜乳收购站所在村的村民对生鲜乳收购站收购中的违法违规行为可以举报。

第五章 监督管理

第四十二条 市、旗（县、区）畜牧兽医主管部门应当加强对奶牛饲养以及生鲜乳生产环节、收购环节的监督检查。

第四十三条 市、旗（县、区）畜牧兽医主管部门在职责范围内进行监督检查时，可以行使下列职权：

（一）实施现场检查；

（二）向有关人员调查、了解有关情况；

（三）查阅、复制有关合同、票据、账簿、检验报告等资料；

（四）法律、行政法规规定的其他职权。

第四十四条 市、旗（县、区）畜牧兽医主管部门发现奶牛养殖者、生鲜乳收购者、乳制品生产企业涉嫌犯罪的，应当及时移送公安机关立案侦查。

第四十五条 任何单位和个人有权向市、旗（县、区）畜牧兽医主管部门举报生鲜乳生产、经营中的违法行为。市、旗（县、区）畜牧兽医主管部门应当公布本单位的电子邮件地址和举报电话；对接到的举报，应当完整地记录、保存。

接到举报的畜牧兽医主管部门应当及时依法处理，对于实名举报，应当及时答复。职权范围以外的应当及时移交到相关部门。

第四十六条 市、旗（县、区）畜牧兽医主管部门设立奶业管理办公室。负责奶业管理的综合协调，对奶牛养殖者、生鲜乳收购、贮存、运输等进行监督检查，受理社会的举报等。

第四十七条 市、旗（县、区）财政部门应该将生鲜乳质量安全管理工作所需经费列入财政预算，确保监督管理工作的正常运行。

第六章 法律责任

第四十八条 畜牧兽医、卫生、环保、物价、公安等有关行政管理部门工作人员在对生鲜乳生产、收购、贮存、运输、销售活动的监督管理和服务中失职渎职、徇私舞弊、滥用职权的，由其主管机关或者行政监察机关依照《中华人民共和国行政监察法》对直接主管人员和责任人员给予行政处分；构成犯罪的，依法追究刑事责任。

第四十九条 违反本办法第七条规定，奶牛饲养者、生鲜乳收购站在发生生鲜乳质量事故后未依法报告、处置的，由畜牧兽医主管部门责令改正，给予警告；毁灭有关证据的，责令停产停业，并处 10 万元以上 20 万元以下罚款；造成严重后果的，吊销生鲜乳收购许可证；给他人造成损失损害的，依法承担赔偿责任；构成犯罪的，依法追究刑事责任。

第五十条 违反本办法第八条规定，生鲜乳收购者、运输者在生鲜乳收购、运输过程中加入非食品化学物质或者其他可能危害人体健康的物质，构成犯罪的，依法追究刑事责任，并由畜牧兽医管理部门吊销生鲜乳收购许可证；尚不构成犯罪的，由畜牧兽医主管部门对生鲜乳收购者没收违法所得以及相关的工具、设备等物品，并处违法生鲜乳货值金额 15 倍以上 30 倍以下罚款，吊销生鲜乳收购许可证；对生鲜乳运输者处以 3 万元罚款。

第五十一条 违反本办法第十二条规定，奶牛养殖场、养殖小区开办者未向畜牧兽医主管部门备案的，由所在地旗（县、区）畜牧兽医主管部门给予警告，责令限期改正；逾期不改正的， 处以 2000 元以上 5000 元以下罚款。

第五十二条 违反本办法第十四条规定，饲养奶牛使用国家禁用的饲料、饲料添加剂、兽药以及其他对动物和人体具有直接或者潜在危害物质的，由旗（县、区）畜牧兽医主管部门给予警告，责令改正，没收销毁违法使用的饲料、饲料添加剂、兽药以及其他对动物和人体具有直接或者潜在的危害物质，通告生鲜乳收购站拒绝其奶牛进站挤奶，可以并处 1000 元以上 3000 元以下罚款；给他人造成损失损害的，依法承担赔偿责任；构成犯罪的，依法追究刑事责任。

第五十三条 违反本办法第十五条规定，生鲜乳收购站允许未接受强制免疫奶牛进站挤奶的，由旗（县、区）畜牧兽医主管部门处 1000 元以上 5000 元以下罚款。给他人造成损失损害的，依法承担赔偿责任；造成疫病扩散的，依法追究刑事责任。

第五十四条 违反本办法第十六条规定，奶牛养殖者发现染疫、疑似染疫奶牛未报告或者生鲜乳收购站允许染疫、疑似染疫奶牛进站挤奶的，由旗（县、区）畜牧兽医主管部门给予警告，并处 5000 元以上 1 万元以下罚款。

第五十五条 违反本办法第二十条规定，诊疗人员对患病奶牛使用了抗生素和其他规定有用药期、休药期药物未及时报告的，由旗（县、区）畜牧兽医主管部门给予警告，并处1000元以上3000元以下罚款。

第五十六条 违反本办法第二十二条规定，乳制品生产企业、生鲜乳收购站收购临时设点和散户交售的生鲜乳，由旗（县、区）畜牧兽医主管部门没收违法所得、违法收购的生鲜乳和相关的设备、设施等物品，并处2万元以上3万元以下罚款。

第五十七条 违反本办法第二十七条规定，乳制品生产企业不严格履行合同约定或者单方面变更生鲜乳收购标准、物质含量要求及其相应收购价格或者拒收理由明显不成立的，由市畜牧兽医主管部门给予警告，责令立即改正，并处1万元以上3万元以下罚款；给他人造成损失损害的，依法承担赔偿责任。

第五十八条 违反本办法第三十条规定，乳制品生产企业在收购生鲜乳时，样品采集人员送达检验人员的采样单标有生鲜乳收购站识别标记的，由市畜牧兽医主管部门责令乳制品生产企业对相关责任人作出严肃处理，并给予生产企业1万元以上3万元以下罚款；给他人造成损失损害的，依法承担赔偿责任。

第五十九条 违反本办法规定，有下列情形之一的，由市或旗（县、区）畜牧兽医主管部门没收违法所得、违法收购的生鲜乳和相关的设备、设施等物品，并处违法生鲜乳货值金额5倍以上10倍以下罚款；有许可证照的，由发证机关吊销许可证照：

（一）未取得生鲜乳收购许可证收购生鲜乳的；

（二）生鲜乳收购站取得生鲜乳收购许可证后，不再符合许可条件继续从事生鲜乳收购的；

（三）生鲜乳收购站收购本条例第三十五条规定禁止收购的生鲜乳的。

第六十条 违反本办法第三十四条规定，生鲜乳收购站未建立生鲜乳收购、销售和检测记录，或者未按照规定保存生鲜乳收购、销售和检测记录的，由旗（县、区）畜牧兽医主管部门给予警告，责令限期改正，可以并处2000元以下罚款。

第六十一条 违反本办法第三十七条规定，生鲜乳收购站、乳制品生产企业未按规定留样的，或者生鲜乳收购站经销奶牛饲料、饲料添加剂和兽药的，由旗（县、区）畜牧兽医主管部门给予警告，责令立即改正，并处5000元以上2万元以下罚款；给他人造成损失损害的，依法承担赔偿责任。

第六十二条 违反本办法第三十八条规定，乳制品生产企业、奶牛养殖场、奶农专业生产合作社所属生鲜乳收购站进入其他企业正在建设或者已经建成的奶源基地收购生鲜乳的，由市畜牧兽医主管部门给予警告，责令改正，没收所收生鲜乳及相关的设备、设施等物品，并处3万元罚款。

第六十三条 违反本办法第三十九条规定，未取得生鲜乳准运证明运输生鲜乳的，由畜牧兽医主管部门处以5000元以上2万元以下罚款。

第六十四条 违反本办法第四十一条规定，生鲜乳收购站所在村的村民扰乱生鲜乳收购正常秩序的，由公安部门依照治安管理条例的规定处罚；情节严重的，依法追究刑事责任。

第七章　附　则

第六十五条 本办法自公布之日起施行。《呼和浩特市原奶管理办法》同时废止。

呼和浩特市新建住宅物业共用部位、共用设施设备保修金管理办法

第一章　总　则

第一条 为保障住宅共用部位、共用设施设备在保修期内的维修和正常使用，维护广大业主的合法权益，根据《中华人民共和国建筑法》、《物业管理条例》、《房屋建筑工程质量保修办法》等相关法律、法规，结合本市实际，制定本办法。

第二条 本办法适用于本市行政区域内新建住宅物业共用部位、共用设施设备保修金的交存、使用、退还及其监督管理。

第三条 市房产行政主管部门是全市物业保修金的主管部门，并设立物业保修金监管机构，负责全市物业保修金的归集、使用、监督管理工作。

第四条 本办法所称物业保修金是指开发建设单位按照规定比例，向物业保修金监管机构一次性交存，作为住宅物业共用部位、共用设施设备法定保修期内维修费用保证的资金。物业保修金实行统一缴存，权属不变、专款专用、政府监管的原则。

第五条 新建住宅物业、住宅区内的非住宅物业以及与单幢住宅楼结构相连的非住宅物业，开发建设单位均应按照本办法的规定交存物业保修金。

第六条 住宅共用部位、共用设施设备在保修期内均可使用物业保修金进行维修。本办法称住宅共用部位是指业主共同使用的门厅、楼梯间、水泵间、电梯机房、走廊通道、室外墙面、屋面及房屋承重结构等；共用设施设备是指物业管理区域内全体业

主或单幢物业的业主共同使用的水箱、水泵、给、排水管道、电梯、天线、供电线路、暖气线路、消防设施、道路、沟渠、池、井、建筑小品、路灯、硬化、绿化、亮化等设施设备以及公共设施设备占用的房间等。

第七条 业主户内自有设施设备，保修期内按照《房屋建筑工程质量保修办法》的要求，由开发建设单位负责维修。

第二章 新建住宅物业保修金的备案、交存

第八条 开发建设单位在申请新建住宅预售许可证之前持土地使用证、规划许可证、规划总平面图等向物业保修金监管机构备案。

第九条 物业保修金的缴存标准以新建住宅建筑面积每平方米建筑安装工程造价的百分之二为计算标准。

建筑安装工程造价标准以市建委每年公布的建筑安装工程单位造价参考信息为依据。

第十条 开发建设单位在申请房屋权属初始登记前，向物业保修金监管机构办理物业保修金交存手续，经物业保修金监管机构确认后，开发建设单位向物业保修金专户管理银行交存物业保修金。

第十一条 市房产行政主管部门委托专业银行设立本市物业保修金专户，办理物业保修金监管账户的设立、交存、使用、提存、退还、结算等手续。

第十二条 开发建设单位交存的物业保修金，自存入账户之日起，按中国人民银行同期活期存款利率计息。

第十三条 开发建设单位应当按照法定的保修期限和保修范围，承担住宅物业共用部位、共用设施设备的保修责任。

正常使用条件下，住宅物业最低保修期限为：

（一）屋面防水工程、有防水要求的卫生间、房间和外墙面的防渗漏为5年；

（二）供热与供冷系统为 2 个采暖期、供冷期；

（三）电气管线、给排水管道、设备安装为2年；

（四）装修工程为2年；

（五）绿化工程为2年。

其他项目的保修期限和保修范围，按照《住宅质量保证书》的约定执行。

第十四条 物业保修金存储期限自住宅物业验收合格后，存入专户管理银行账户之日起计算，物业保修金存储期限最长不超过5年。

第三章 新建住宅物业保修金的使用

第十五条 因业主使用不当或擅自改动房屋结构、设备位置及装修等造成住宅物业质量问题的，由业主依法承担相应的维修责任。

第十六条 保修期和保修范围内，住宅物业出现质量问题，开发建设单位在接到物业服务企业、业主委员会或业主的维修要求后，应及时派人到现场核查情况，并应在24小时内予以维修。

第十七条 开发建设单位未按本办法第十六条规定履行保修责任的，由业主或业主委员会、物业服务企业据实提出物业保修金使用方案、使用计划、工程预算书等有关资料，向物业保修金监管机构提出维修申请。

物业保修金监管机构自受理申请之日起 7 个工作日内予以核实并出具《住宅物业保修金使用通知书》，开发建设单位对维修责任持有异议的，可以在 5 个工作日内向物业保修金监管机构提供相关材料或依据，逾期不提供的视为同意动用物业保修金承担维修责任。

异议期后，物业保修金监管机构通知申请人或申请单位可以委托具有相应资质的施工企业予以维修。维修费用从物业保修金专户中列支。申请人或申请单位也可以通过物业保修金监管机构委托维修单位进行维修。

第十八条 维修工程进行中，须经相关申请人或申请单位进行工程鉴证；维修工程竣工后，应经相关申请人或申请单位验收合格。

维修工程竣工验收合格后，维修单位凭工程审计决算书、费用结算票据及维修工程验收合格证明等资料，向物业保修金监管机构申请划转所需维修资金，物业保修金监管机构自受理申请之日起 7 个工作日内审核并划转维修资金。

第十九条 物业保修金监管机构在保修金动用后 7 个工作日内向开发建设单位出具《住宅物业保修金补存通知书》。开发建设单位应当在收到《住宅物业保修金补存通知书》的通知之日起 15 日内足额补存物业保修金。

第二十条 物业保修金存储期限内，开发建设单位名称变更的应自变更之日起30日内，持企业名称变更核准通知书和营业执照，向物业保修金监管机构申请办理物业保修金更名手续。

第二十一条 物业保修期间，开发建设单位因破产、解散、被撤销等原因注销的，物业保修金监管机构应将相关事项在市房产行政主管部门公众信息网上进行公示，公示期为30天。公示期满无异议，物业保修金监管机构应将该开发建设单位交存的物业保修金本息余额，依据破产法等相关法律法规的规定予以处理。

第四章 新建住宅物业保修金的退还

第二十二条 开发建设单位应在住宅物业工程竣工验收合格之日起届满五年的前一个月，持《住宅物业保修金退还申请单》，向物业保修金监管机构提出退还已交存物业保修金余额的申请，物业保修金监管机构应在受理后 7 个工作日内，将拟退还物业保修金事项在相关物业管理区域内、市房产管理部门公众信息网上公示，公示期为30天。公示期满无异议的，物业保修金监管机构出具《住宅物业保修金退还通知单》，将该住宅物业的物业保修金本息退还建设单位。

第二十三条 房屋建筑的地基基础工程和主体结构工程，为设计文件规定的该工程的合理使用年限。物业保修金全部退还后，开发建设单位应依法继续履行相应的质量责任。

第五章 新建住宅物业保修金的监督管理

第二十四条 专户管理银行定期向物业保修金监管机构报送物业保修

金账户对账单。物业保修金监管机构应当定期在市房产管理部门公众信息网上公布相关物业管理区域物业保修金的交存、使用、退还等情况，接受业主、开发建设单位的监督。开发建设单位、业主或业主委员会对物业保修金账户变化情况有异议的，可向物业保修金监管机构申请复核。

第二十五条 物业保修金的管理依法接受审计、财政等部门的监督。

第六章 附 则

第二十六条 开发建设单位未履行法定保修责任、未按规定交存、补存住宅物业保修金的，市房产管理部门将该行为记入呼和浩特市房地产业信用体系并向社会公布。

第二十七条 物业保修金监管机构及相关工作人员利用职权截留、挪用、侵占物业保修金或其他失职行为的，依法追究其法律责任。

第二十八条 本办法自2008年9月11日起施行。

呼和浩特市遗体捐献管理办法

第一章 总 则

第一条 为了鼓励、引导遗体捐献行为，规范遗体捐献工作，发展医学事业，造福人类社会，促进社会主义精神文明建设，结合本市实际，制定本办法。

第二条 本办法适用于本市行政区域内的遗体捐献及其管理活动。

第三条 本办法所称遗体捐献是指自然人生前自愿表示在死亡后，由其执行人将遗体的全部捐献用于医学教学、科研或者将角膜等器官、组织、细胞捐献用于临床移植的行为。

本办法所称遗体捐献执行人，是指捐献人的具有完全民事行为能力的配偶、父母、子女兄弟姐妹或者监护人。

第四条 遗体捐献应当遵循自愿、无偿的原则，捐献的遗体用于医学教学、科研与临床角膜等器官、组织、细胞移植。

第五条 禁止买卖捐献的遗体和角膜等器官。

第六条 自然人捐献遗体的意愿应当受到尊重，捐献人的人格尊严受法律保护。

第七条 鼓励遗体捐献行为，树立尊重捐献人的社会风尚。对在遗体捐献工作中有突出成绩的单位和个人，市或旗、县、区人民政府应当给予表彰。

第八条 市卫生行政部门是本市遗体捐献工作的行政管理部门，负责遗体捐献的管理和监督。

市红十字会负责遗体捐献的具体工作。

公安、民政、交通、园林以及司法等其他相关部门应当在各自职责范围内，协助做好遗体捐献工作。

广播、电视、报纸等新闻单位应当配合开展遗体捐献工作的公益性宣传。

第二章 捐献登记

第九条 具有完全民事行为能力的自然人可以捐献遗体。

限制民事行为能力人捐献遗体的，应当征得其监护人的书面同意。

第十条 捐献人捐献行为的意思表示必须真实。捐献人生前自愿捐献遗体的，其近亲属原则上应当尊重捐献人的捐献意愿。

第十一条 市和旗、县、区红十字会设立的遗体捐献登记站是遗体捐献的登记机构（以下简称登记机构），负责遗体捐献的登记工作。

市红十字会负责向社会公布各登记机构的名称、地址、联系方式和工作时间。

第十二条 办理遗体捐献手续时应当填写遗体捐献登记表。登记表应当载明下列事项：

（一）遗体捐献人的姓名、性别、年龄、单位、家庭住址、身份证件号码、联系方式；

（二）遗体捐献执行人的姓名、家庭住址、联系方式、负责通知遗体捐献接受单位的时限及同意执行的意见；

（三）捐献人自愿捐献遗体全部或者角膜等器官、组织、细胞及其用途；

（四）遗体捐献的接受和利用单位；

（五）遗体利用后的处理；

（六）捐献人可以注明遗体捐献保密的要求；

（七）其他事项。

捐献人在登记表中未注明可以公开的事项，登记机构、利用单位应当予以保密。

第十三条 登记机构应当告知捐献人和执行人有关遗体捐献的程序与事项，指导填写表格，并颁发捐献卡和荣誉证书。

第十四条 办理遗体捐献登记手续后，捐献人可以变更登记内容或者撤销登记。登记机构应当按照捐献人的要求，及时办理变更或者撤销手续。

第三章 利用和管理

第十五条 市红十字会负责遗体捐献的组织、协调工作。

第十六条 有下列情形之一的遗体或者角膜等器官、组织、细胞，不宜捐献：

（一）捐献人死于甲、乙类传染病的；

（二）遗体毁损不能利用的；

（三）捐献角膜失去移植条件的；

（四）法律、法规规定的其他情形。

第十七条 利用捐献遗体的单位（以下简称利用单位）应当是有开展医

学教学、科研业务能力的医学高等院校、医学科研单位和医疗机构，并有专门从事遗体利用工作的机构、人员和与开展遗体利用工作相适应的设备、场地。

第十八条 利用单位应当经市卫生行政部门审核，取得利用捐献遗体的资格，方可开展对遗体捐献的利用工作。

第十九条 捐献人死亡后，遗体捐献执行人应当按照遗体捐献登记表中约定的时限通知利用单位。执行人因故不能执行的，捐献人生前所在单位或者居住地居（村）民委员会可以及时通知原登记机构或利用单位。

因突发因素和意外因素导致死亡，有关单位和人员在处理中发现死亡者是捐献人的，应当及时通知原登记机构或利用单位。

有关单位和个人应当尊重捐献人的意愿，支持执行人履行义务。

第二十条 户籍所在地公安部门凭执行人提交的有关遗体捐献的证明材料，办理户口注销手续。

第二十一条 利用单位收到接收遗体的通知后，应当及时接收遗体。捐献遗体交接协议书签订后，利用单位应当及时将捐献的遗体运回单位利用。

第二十二条 在接收、运送捐献遗体时，公安、交通、民政等有关部门应当提供方便。

第二十三条 利用单位接收遗体后，应当及时书面通知登记机构，并向原登记机构和遗体捐献执行人出具遗体捐献接收证明。遗体捐献执行人持捐献人死亡证明和遗体捐献登记表、遗体捐献卡等资料到原登记机构办理遗体捐献纪念证书。

第二十四条 利用单位应当严格按照捐献人的生前意愿，遵守国家、自治区和本市的有关规定，将遗体无偿用于医学教学、科研和临床角膜等器官、组织、细胞移植。

第二十五条 利用单位必须妥善保管捐献的遗体。用于医学教学、科研的遗体，利用完毕后， 由利用单位送殡葬单位火化，所需的运输与火化费用由利用单位承担。

用于角膜等器官、组织、细胞移植的遗体，角膜移植后，其遗体由遗体捐献执行人负责处理。

利用单位按照卫生行政部门确定的方式，对捐献人的遗体采取集中纪念。

第二十六条 利用单位应当建立遗体利用专门档案，完整记录捐献遗体的利用情况，并报市红十字会备案。

捐献人的近亲属或者其他遗体捐献执行人有权查询遗体的利用情况，利用单位应当答复。

第四章 法律责任

第二十七条 从事遗体捐献登记、接收、利用工作的人员应当接受相应的专业知识和法律知识的培训。

从事遗体捐献登记、接收、利用工作的人员应当遵守操作规程和职业道德，尊重捐献人的人格尊严，实行规范、文明服务。

第二十八条 从事遗体捐献登记、接收、利用工作的人员违反本办法规定的，由其所在单位或者上级主管部门给予批评教育，情节严重的，依法给予行政处分。

第二十九条 有下列行为之一的，由市卫生行政部门按照下列规定予以处罚：

（一）违反本办法第十八条规定，未经市卫生行政部门审核开展遗体捐献利用工作的，责令其停止违法行为，没收违法所得，并处以三千元以上三万元以下的罚款；

（二）利用单位违反本办法第二十一条、第二十四条规定，违背捐献人意愿利用遗体的，责令限期改正，逾期仍不改正，情节严重的，取消其开展遗体捐献利用工作的资格；

（三）利用单位违反本办法第二十四条第二款规定，买卖捐献的遗体的，没收违法所得，处以违法所得一倍以上三倍以下的罚款，取消其遗体利用资格，并对直接负责的主管人员和其他直接责任人员处以一千元以上二千元以下罚款。

第三十条 实施处罚，必须遵守法定程序，并使用自治区财政部门统一印制的罚没收据，罚没收入及时足额上缴同级财政。

第三十一条 违反法律、法规规定，接收、利用和处理捐献的遗体，构成民事侵权的，依法追究民事责任；构成犯罪的，依法追究刑事责任。

第五章 附 则

第三十二条 遗体捐献申请登记表、遗体捐献卡和遗体捐献纪念证书由市红十字会统一印制。

第三十三条 本办法自 2008 年 11 月 1 日起施行。

第四部分　社会经济大事记

呼和浩特2008年社会经济大事记

1月

2日　市党政领导汤爱军、王志平、薄连根、朝鲁、包钢、武文元、刘菊茹、高炜明与出席市政协十一届一次会议的委员代表进行了座谈。来自各界的委员代表分别围绕城市建设均衡发展、文化场馆建设、加大廉租住房建设、扶持中小企业发展等话题与市领导进行了交流。

4日　市十三届人大一次会议举行第三次全体会议。在这次会议上，吴一微当选为市十三届人大常委会主任，李岳清、韩钊、吕景瑞、赛娜、邢燕菊、吴安俊当选为市十三届人大常委会副主任；宋晓刚当选为市十三届人大常委会秘书长。汤爱军当选为市人民政府市长，薄连根、武文元、刘菊茹、吕慧生、云公和、包钢、白金祥当选为市人民政府副市长。李宪法当选为市中级人民法院院长。云布俊当选为市人民检察院检察长。

5日　呼和浩特市第十三届人民代表大会第一次会议圆满完成各项议程后在内蒙古人民会堂胜利闭幕。会议经过表决，通过了关于政府工作报告的决议，决定批准政府工作报告；通过了呼和浩特市2007年国民经济和社会发展计划执行情况与2008年国民经济社会发展计划的决议；通过了呼和浩特市2007年财政预算执行情况和2008年市本级财政预算的决议。会议还表决通过了呼和浩特市中级人民法院工作报告的决议；通过了呼和浩特市人民检察院工作报告。再次当选的市人民政府市长汤爱军在会上讲了话。他说，这次代表大会选举我继续担任新一任市长，这既是对我过去三年工作的肯定，更是对我未来工作的希望和重托，深感责任重大，使命光荣而艰巨。今后一定要与政府班子其他各位同志一道，以更强烈的责任意识、更饱满的精神状态，加倍努力工作，认真履行职责，努力开创现代化和谐首府建设事业的新局面，向各位代表和全市人民交一份满意答卷。新当选的市十三届人大常委会主任吴一微也在会上讲了话。

7日　2008年内蒙、呼市党政军领导与民营企业家迎新酒会在香格里拉大酒店举行。自治区及我市党政军领导任亚平、伏来旺、韩志然、陈瑞清、柳秀、奇英成、汤爱军、吴一微、张彭慧、张立忠、陈焕文等与民营企业家代表300多人参加了迎新酒会。市委副书记、市长汤爱军致祝酒辞。市委常委、统战部部长朝鲁主持了迎新酒会。

8日　呼和浩特市在北京人民大会堂举行的全国双拥模范城（县）命名暨双拥模范单位和个人表彰大会上，再次荣获全国双拥模范城荣誉称号。这也是我市连续六次获得这一殊荣。

9日　我市从今年起将城市低保标准由每人每月230元提高到260元，农村低保标准由每人每年1000元提高到1200元；农村“五保”对象集中供养标准由每人每年1300元提高到1500元，分散供养标准由每人每年1000元提高到1200元。同时城市医疗救助最高标准由5000元提高到10000元，农村医疗救助最高标准由3000元提高到5000元。

10日　自治区党委书记储波在自治区党委常委、呼市市委书记韩志然、自治区党委常委、秘书长符太增，自治区副主席郝益东及我市领导汤爱军、兰恩华的陪同下，先后深入到呼市赛罕区西把栅乡合林村无公害蔬菜基地和奶牛养殖小区、玉泉区、回民区廉租住房和经济适用房住宅小区，呼市华联超市等地进行考察，并看望慰问了农户和困难居民。他要求各级党委、政府要坚持以人为本，时刻将人民群众的安危冷暖放在心上，扎实做好保障和改善民生工作，着力为群众办实事、办好事，积极推进和谐内蒙古建设。自治区发改委、财政厅、民政厅、建设厅等有关部门的负责人陪同考察。

▲市委书记韩志然就乌素图生态旅游娱乐区的规划策划工作深入规划区进行了实地考察，并举行了论证会，听取了规划策划工作汇报和相关部门的意见。市领导汤爱军、薄连根、兰恩华、吕慧生、高炜明、银孝出席会议。

▲我市5路公交车队喜获“全国交通建设系统工人先锋号”。

10日—11日　由全国总工会副主席、书记处书记徐振寰带领的全国总工会慰问团一行在我市进行了慰问。慰问团一行到呼和浩特市困难职工帮扶中心，看望在工作战线上辛勤工作的广大职工。随后慰问团一行又到呼和浩特市自来水公司进行慰问，并将5万元慰问金送到自来水公司。自治区及我市领导云秀梅、赵双连、张彭慧、刘菊茹、陈曼莉等陪同慰问。自治区总工会及市总工会主要领导陪同。

12日　由自治区党委常委、呼市市委书记韩志然，自治区副主席雷·额尔德尼率领的自治区党政慰问团一行，冒着严寒看望慰问了呼市地区的困难农民工家庭、儿童福利院的孩子、街道居委会工作人员，武警内蒙古总队第一支队官兵及企业困难退休职工等，送去了党和政府的温暖。12日—13日以中办督查室督查专员洪流、财政部社保司副司长由明春等有关部门负责人组成的中办、国办联合督查组莅临我市，就我市贯彻落实《中共中央办公厅、国务院办公厅关于做好2008年元旦、春节期间有关工作的通知》精神等情况进行了工作督查。在工作汇报会上，市委副书记、市长汤爱军首先就我市认真贯彻落实胡锦涛总书记在内蒙古考察时重要讲话精神情况以及我市2008年元旦、春节期间的有关工作安排向督查组一行进行了汇报。

13 日　市委副书记、市长汤爱军在市民政部门负责人的陪同下，深入武川县困难家庭和敬老院送去米面和慰问金，为困难群众和五保人员带去了党和政府的关怀和新春佳节的问候。

▲由内蒙古体育局和中国移动通信集团内蒙古有限公司共同举办的“千万手牵手、奥运心连心”迎奥运万人跑主题公益活动在自治区12个盟市同时启动，我市的主会场设在新华广场。自治区及我市领导奇英成、白金祥出席了活动启动仪式。15日呼和浩特市老干部迎新春联谊会在内蒙古饭店召开。市委副书记、市长汤爱军出席联谊会并代表市委、市人大、市政府、市政协向在座的各位老领导、老干部拜早年，并通过他们向全市的离退休老同志及其亲属致以美好的祝愿和亲切的问候。市领导吴一微、张彭慧、杨飞云、兰恩华、刘香芸、刘承恩、郑世昌、刘菊茹、王刚等出席联谊会。长期在呼市工作的老同志和兴革、云志安以及曾经在呼市工作过的自治区领导同志和盟市级离退休老干部参加了联谊会。自治区党委组织部副部长、老干部局局长董树君及副局长张忠应邀出席会议。

▲市长汤爱军深入我市金桥热电厂、中海石油天野化工股份有限公司、呼和浩特石化公司、内蒙古昆明卷烟有限公司、内蒙古阜丰生物科技有限公司、一汽解放亿阳专用汽车有限公司、三联化工等部分重点工业企业亲切慰问了企业职工，把党和政府的关怀送到车间班组，把新春佳节的祝福送到企业，希望企业振奋精神，再接再厉，为推动首府经济又好又快发展做出新的更大的贡献。

▲市委常委、副市长薄连根，市委常委、土左旗旗委书记王恒俊带领市民政局工作人员一行来到土左旗，看望了敬老院的老人及低保户和受灾户等各类民政对象并送上了慰问信、慰问金和米面油等慰问物品。

16 日　市委副书记、市长汤爱军赴四区看望慰问了劳动模范、优抚对象、残疾人、下岗职工、企业退休人员等，带去了党和政府的关怀和温暖，送去了新春的问候和祝福。

▲市领导吴一微、高炜明、彭皓方一行在市民政局、人事局及回民区相关负责人的陪同下，深入回民区段家窑村亲切慰问了该村的低保户、受灾户、优抚对象，同时慰问了在回民区清河家园廉租房居住的下岗职工、残疾人困难户，为他们送去了党和政府的关怀，并送去了米面油等慰问品和慰问金。

▲市领导刘承恩、郑世昌在市委老干部局负责人的陪同下，深入贝尔路、北护城河君安小区等地看望慰问了市人大原主任乌尔吉郎和原副市长却金扎布，并送上了慰问信、慰问金和慰问品，祝各位老领导新春愉快，身体健康。

17 日　我市已向低保家庭发放采暖补贴款212万余元，解决了3478户低保家庭的采暖问题。

▲我市召开创建国家森林城市工作会议，会议通报了我市创建国家森林城市进展情况以及目前存在的问题，并就今年的工作进行了安排部署。市委副书记、市长汤爱军在会上作重要讲话。他要求各地区、各部门一定要统一认识，加强领导、增强信心，各负其责，一定要明确工作任务，把任务落在实处，要突破绕城高速公路、河流渠道绿化等难点和薄弱环节，创新工作方法和工作思路，力争早日实现把首府创建成国家森林城市的目标。市政府副巡视员高炜明主持了会议。我市各旗县区政府主要负责人及市有关部门负责人参加了会议。

▲全市环保工作座谈会召开。副市长吕慧生出席座谈会并讲话。他要求各旗县区、创模单位提高对环保工作重要性的认识，进一步增强责任感和使命感，采取一切措施做好水污染防治、拆并锅炉和节能减排等工作，严把项目审批关，努力把我市建成国家环保模范城市。

▲呼和浩特地区印刷协会2007年年会举行。呼和浩特日报社印刷厂荣获自治区级“五星级”印刷企业。

18 日　市领导武文元一行在市总工会相关负责人的陪同下先后来到市公交三公司、自来水公司、城发公司和中国网通呼市分公司客服中心，对奋战在一线职工进行了亲切的慰问，并送去了慰问金和慰问品。

▲市领导吕慧生一行到市供电局、市中燃城市燃气发展有限责任公司、呼和浩特热电厂、富泰热力公司进行了慰问，分别送去了2000元慰问金和水果，并代表市委、市政府向奋战在一线的职工表达了深深的问候和敬意。

22 日　全区人口和计划生育工作会议在新城国宾馆召开，会议就2007年全区人口计生工作开展情况和2008年工作思路进行了汇报。会上自治区党委、政府对自治区2007年人口和计划生育达标的盟市和相关部门进行了通报表彰，我市获得盟市人口和计划生育目标管理优秀奖。自治区及我市领导储波、杨晶、韩志然、汤爱军等出席会议，各盟市主要负责人出席了会议。

▲伊利荣膺“十大最受投资者尊重上市公司”。

23 日　市委、市政府隆重举行党政军迎新春联谊会。联谊会上，呼和浩特警备区司令员张立忠介绍了全国双拥模范城命名暨模范单位和个人表彰大会的盛况。汤爱军和张立忠共同展示了“全国双拥模范城”的牌匾。内蒙古军区副政委陈运火，内蒙古军区政治部主任李喜群、副主任巴特尔，内蒙古军区后勤部政委秦少波，武警内蒙古总队政治部主任贺海涛，呼和浩特警备区政委陈焕文，内蒙古边防总队总队长陈怀树，内蒙古消防总队政委张剑秋等出席联谊会。自治区党委常委、市委书记韩志然，市人大主任吴一微、市政协主席张彭慧以及市人大、市政府、市政协领导、市有关部门负责人出席联谊会。自治区民政厅厅长吴金亮、自治区编办副主任邢志华和自治区公安厅、人事厅有关处室负责人应邀出席了联谊会。

24 日　全市森林防火及禁牧（禁猎）工作会议举行。市领导高炜明出席会议。

25 日　呼和浩特会展协会正式成立暨第一次代表大会召开。市委常委、宣传部部长云丽珠，副市长云公和出席了会议。

27 日　自治区发改委副主任包满达、自治区价格监督检查局局长阿尔斯楞等一行在市发改委有关负责人的陪同下，就我市实行临时价格干预措施执行情况，对部分超市及农副产品批发市场进行巡查指导。

28 日 呼和浩特出口加工区、珈伟太阳能控股有限公司、晟纳吉光伏材料有限公司三方签署太阳能光伏项目战略合作协议。自治区及我市领导韩志然、赵双连、汤爱军、武文元出席签约仪式。

29 日 和林县荣膺 2005—2006 年度全国科技进步考核先进县。

▲玉泉区、新城区荣膺 2005—2006 年度全国科技进步考核先进区。

▲市领导高炜明率领视察组一行，深入赛罕区缘色蔬菜生产基地，在田间地头与菜农们面对面研究蔬菜种植。

▲呼和浩特市体育总会年会暨表彰联谊会在昭君大酒店举行，会上总结了一年来体育总会的工作成效，并对工作成绩优秀的协会和俱乐部进行了表彰。市领导李岳清、刘菊茹、彭皓方出席会议。

30 日 副市长白金祥在呼市文化市场管理办有关人员的陪同下，对我市部分网吧、音像经营门店、书店等文化市场进行了抽查。

31 日 市领导包钢在市人大、市容局、市总工会等有关方面负责人的陪同下，亲切看望和慰问了全市一线环卫工人，为他们送去了米面油等生活用品和慰问金，向他们表达了党和政府的关心和感谢。

▲由市安监局、公安局等部门组成的市政府联合检查组对烟花爆竹市场进行联合执法检查，检查组发现，一些劣质的烟花爆竹趁机流入市场，危害市民的安全。市政府联合检查组组织多名工作人员在一家村沙场集中销毁了收缴的潮湿、“三无”产品和受损的烟花爆竹，包括礼花弹、彩珠弹、鞭炮和根据规定不允许燃放的摔炮、擦炮、划炮等。这批伪劣烟花爆竹瞬间成为遍地纸屑。

1 月 30 日—2 月 3 日 市委书记韩志然、市长汤爱军一行在北京拜访了国家环保总局、海关总署有关领导，就重大项目环评、集装箱专列通关转关等问题进行了通报和沟通。韩志然一行还先后拜访了中国铝业股份有限公司、中国石油天然气集团公司、中国海洋石油总公司、中国航天科技集团、中国航天科工集团、光大集团、中铁集装箱有限公司、首都机场集团、中信集团、大陆集团、华润集团、金隅集团、华能新能源产业公司、大唐国际、清华同方股份有限公司等企业集团，分别就加快高铝粉煤灰综合利用、炼油厂 500 万吨扩能改造、6 万吨聚甲醛及气改煤、神舟硅业二期、托电五期、风力发电及风电设备制造和白塔国际物流园区等重点项目的实施进行了充分洽谈，达到了进一步推动和深化投资合作的预期目的和良好的效果。韩志然、汤爱军代表市委、市政府对他们长期以来为呼和浩特市发展提供支持、帮助和投资合作表示衷心感谢，并希望在呼和浩特市今后的经济社会发展中继续得到有关部委和企业集团更多的关心、支持和帮助。

2 月

1 日 呼和浩特市大气环境保护工程（二期）日元贷款再转贷签字仪式在新城国宾馆举行。自治区财政厅副厅长张华、副市长吕慧生，市政协副主席、财政局局长银孝共同签署再转贷协议。

▲副市长刘菊茹、市政协副主席鲁剑钧，自治区总工会副主席钟来吉及市总工会主要负责人在内蒙古工会大厦与来自全市各条战线上的先进工作者和劳动模范欢聚一堂共同庆祝节日。

3 日 在全国县（市）科技进步考核中，我市荣获 2005-2006 年度全国科技进步考核先进市称号，这也是我市连续 12 年获此殊荣。同时参与考核的托县、赛罕区、和林县、新城区、玉泉区和回民区 6 个县区全部通过考核，其中托县、赛罕区、和林县、新城区和玉泉区获评全国科技进步考核先进县（区）。

▲由自治区团委、团市委、呼和浩特交通台联合举办的“大家一起来过年——青春共建和谐家园，关爱进城务工青年”活动在内蒙古饭店举行。来自湖南、湖北、安徽、云南等地因雪灾阻隔无法返乡的打工者以及来自我区其他盟市的进城务工青年 200 余人参加了活动。自治区人大副主任柳秀、自治区副主席连辑、自治区政协副秘书长孙惠民及自治区团委书记胡达古拉，副书记张晓兵、刘春出席了活动。市委副书记王志平、副市长刘菊茹、市政协副主席鲁剑钧及市委宣传部、团市委等有关部门负责人出席了活动。

▲副市长云公和在呼市公安消防支队负责人的陪同下对我市各大商场的消防安全情况进行了检查。云公和一行首先到通达商品批发市场，详细询问了这里的预警机制及消防通道、消防设施等情况。随后到位于南马路的国际商贸城。对商城的消防卷帘门、消防喷淋设施等进行了检查。

▲副市长包钢会同市劳动保障部门有关负责人深入回民区、玉泉区部分下岗困难职工家庭，为他们带去新春的问候以及党和政府的关怀。

4 日在中华民族的传统节日——春节即将到来之际，市委、市政府在内蒙古饭店举行了呼和浩特市各族各界迎新春联谊会。自治区党委常委、市委书记韩志然发表了讲话，市委副书记、市长汤爱军主持联谊会。市领导吴一微、张彭慧、张立忠出席联谊会。各旗县区、市各部委办局负责同志，驻呼解放军、武警指战员代表、劳动模范以及辛勤工作在各条战线的干部群众和各族各界代表参加了联谊会。

▲副市长白金祥在有关人员的陪同下来到呼市大召广场、席力图召广场、五塔寺广场、财神庙、玉泉广场、乳都剧场，对呼和浩特首届春节、元宵节文化庙会筹备工作进行了审查，并要求有关单位一定要保证市民的安全，让老百姓能开开心心逛庙会、赏花灯。

▲“老牛基金会”联合内蒙古蒙牛乳业集团股份有限公司捐赠 1000 万元资金用于资助南方灾区，这是雪灾以来中国红十字会接收到的最大一笔赈灾款，蒙牛也成为了第一家为南方灾区捐赠的民营企业。

5 日 副市长刘菊茹在市卫生局有关负责人的陪同下先后到呼和浩特市第一医院和市 120 医疗急救指挥中心，为一线的广大医护人员送去了党和政府的关怀，并为他们送上了慰问品。

▲中国共产党的优秀党员、党的优秀民族干部、中共呼和浩特市委副书记王志平同志于今日 16 时许，在呼

和浩特市不幸遇害，牺牲在工作岗位上，英年54岁。

12日 由自治区人民政府和呼和浩特市人民政府主办，自治区会展协会协办的第42届中国·呼和浩特全国医药保健品交易会在内蒙古商品交易中心开幕。来自全国32个省、市、自治区、特别行政区的2800余名厂商代表参展。自治区和我市领导伏来旺、云公和等出席开幕式并剪彩。

9日—25日 市委副书记、市长汤爱军率呼市代表团，应圣彼得堡市政府、明斯克市政府、利乐瑞典隆德公司的邀请，访问考察了俄罗斯莫斯科市、圣彼得堡市、白俄罗斯明斯克市和瑞典的隆德市、斯德哥尔摩市。在访问考察中，同有关各市市政府进行了交流与会谈，与莫斯科工商协会、白俄罗斯国立经济大学、白俄罗斯明斯克铁路局、利乐隆德生产技术中心进行了交流与洽谈，参加了呼市至法兰克福货运专列的工作洽谈会，就双方的交流合作领域及今后“如意号”专列的深入合作达成一致意见，进一步加强了呼市与俄罗斯、白俄罗斯及北欧的交流与合作。

16日 内蒙古自治区呼和浩特市和林县盛乐镇、赛罕区金河镇舍必崖村，呼伦贝尔市海拉尔区哈克镇和赤峰市宁城县汐子镇二十家子村入选国家首批新农村建设科技示范点。

19日 呼市食品安全网被评为五星级网站。

▲呼和浩特市人口与计划生育工作领导小组会议举行。副市长刘菊茹出席会议并要求各旗县区政府，各相关部门要提高认识，充分认识统筹解决人口问题的复杂性和紧迫性，认识低生育水平的长期性和艰巨性，进一步明确职责，保证政策的统一性，全面加强农村基层计划生育服务体系标准化、规范化，加强流动人口的管理和服务工作。

20日 内蒙古电力集团公司董事长刘铭在市领导武文元的陪同下，赴呼和浩特市出口加工区，考察了内蒙古晟纳吉光伏材料有限公司单晶硅项目用电情况。

21日 市残联与市公交总公司为残疾人2008年免费乘坐公交车核发IC卡工作圆满结束。我市为残疾人发放免费乘车IC卡近5000张。

▲由市委、市政府主办，市文化局、玉泉区人民政府承办的首届春节、元宵节文化庙会民间文艺表演大巡游在大召广场隆重举行。来自我市四区及土左旗的表演队伍，带着精彩的民间文艺节目，与首府市民一同欢天喜地闹元宵。

22日 副市长刘菊茹会见了以日中东北开发协会理事长稻叶健次为团长的日中东北开发协会代表团。刘菊茹首先对稻叶健次一行的光临表示欢迎，并简要介绍了呼市的经济社会、城市建设、乳业发展等情况。并希望双方共同为促进当地经济建设和发展做出努力。

▲京包铁路集宁至包头段增建第二双线研究枢纽（呼和浩特地区）方案汇报会在内蒙古饭店举行。副市长吕慧生出席会议。

▲从今日起全市公安机关开展为期70天的清理整顿、收缴非法枪支弹药、爆炸物品专项行动，为我市和“平安奥运”创造良好的社会环境。

25日 北京奥运会火炬传递呼和浩特组委会联席会议在市政府召开，会议就奥运会火炬在我市传递过程中的一些事宜做了新的安排部署。

26日 呼和浩特市2008年度教育工作会议召开。会议回顾和总结了2007年全市教育工作，并结合实际安排部署了今后一个阶段全市教育工作和2008年的工作任务。副市长刘菊茹出席了会议。

27日 中国共产党的优秀党员、党的优秀民族干部、中共呼和浩特市委副书记王志平同志追悼会在呼和浩特市殡仪馆举行。自治区党委常委、市委书记韩志然致悼词，市委副书记、市长汤爱军主持追悼会。韩志然在悼词中介绍了王志平烈士的生平。他说，王志平同志的不幸遇害，光荣牺牲，使我们失去了一位优秀的少数民族干部。王志平同志具有优良的工作作风和领导才能。他坚持原则、顾全大局，每当组织召唤，都以党和人民的事业为重，迎难而上，勇挑重担。在工作中，他立足本职、严谨务实、精益求精，努力创造一流的工作业绩。王志平同志是在党的多年培养下成长起来的优秀少数民族干部，具有较高的马克思主义民族理论和政策水平，他始终认真贯彻执行党的民族政策，旗帜鲜明地维护党的团结和各民族的团结，以自身的努力和行动为各族干部树立了光辉榜样。自治区检察院检察长邢宝玉，自治区政协原副主席格日勒图及我市党政军领导汤爱军、吴一微、张彭慧、张立忠、陈焕文等向王志平烈士遗体三鞠躬，并与其亲属一一握手，表示沉痛哀悼和亲切慰问，向王志平同志做最后告别。追悼会结束后，王志平烈士的骨灰安放在大青山革命公墓。

▲全市国税工作暨党风廉政建设工作会议召开。副市长吕慧生出席会议并就进一步做好国税工作提出了继续加强税收征管，大力组织税收收入等四条意见。

28日 2008年全市人口和计划生育工作会议召开。会议站在科学发展的高度，具体分析了全市人口问题，同时对下阶段稳定低生育水平，提高出生人口素质提出了明确要求。市领导韩志然、汤爱军、张彭慧、李岳清、刘菊茹、彭皓方出席会议。会议由市委常委、副市长薄连根主持。

▲由市红十字会、古林人文纪念园主办的呼和浩特市捐献遗体（器官）纪念碑暨主题广场奠基仪式和呼和浩特地区捐献遗体（器官）工作新闻发布会举行。自治区红十字会副会长桂忠，市领导刘承恩、鲁剑钧出席。市卫生局、民政局、内蒙古医学院及上海盛旺集团及其子公司呼市古林人文纪念园的负责人和捐献遗体志愿者代表参加了本次活动。

▲呼和浩特铁路局住房公积金管理中心移交呼市政府签字仪式举行。自治区建设厅副厅长余向东、呼铁局副局长刘彪，市委常委、副市长薄连根及相关部门负责人出席签字仪式。

29日 市委召开常委（扩大）会议，重点对城市建设工作进行专题研究。市领导韩志然、汤爱军、薄连根、朝鲁、杨飞云、兰恩华、陈焕文、赵刚、云建东出席会议。市人大主任吴一微、市政协主席张彭慧、市委副巡视员郭召来，市人大副主任李岳清、副市长吕慧生、包钢，市政府副巡视员高炜明，市政协副主席银孝列席会议。

3月

1 日　全市地税工作暨党风廉政建设工作会议召开。副市长吕慧生出席会议并讲话，他要求地税部门一定要站在事关全局的政治高度去谋划今年的各项工作，进一步落实好各项地方税制改革工作，最大限度地实现地方税收入的增长。为全市经济社会又好又快发展做新贡献。

▲《呼和浩特市公共交通客运管理条例》从今日起实施。

▲目前我市已拨付给低保家庭取暖补贴款 351 万元，解决了 5797 户低保家庭的采暖问题。

5 日　旨在帮助农民通过网络获取农业生产信息、帮助农民快速找到优质的涉农物资供应商，使当地的农产品以最快的速度进入市场的国内首家以村委会联盟形态出现的电子商务网站，在托县新营子镇诞生。这个镇的 27 个村委会领到了“村委会联盟网”捐赠的崭新的电脑，并接受了“村委会联盟网”提供的长期技术支持。新营子镇成为“村委会联盟网”试点镇。副市长刘菊茹出席捐赠仪式。

▲全市春季防凌工作会议在托县召开。市领导高炜明出席会议并就做好今年黄河防凌工作讲了几点意见。他要求各地要充分认识今年黄河防凌形势的严重性，明确责任，落实措施，确保黄河安全度过凌汛期。

7 日　全市纪念“三八”国际劳动妇女节 98 周年表彰会在市政府 1 号会议厅召开。市领导吴一微、张彭慧、刘菊茹、姜光玉等出席表彰会。自治区妇联副主席宝笑平出席表彰会。市妇联主席陈晓鸽及全市各族各界妇女参加了表彰会。

▲我市光明社区和工人北村第四社区被评为全国“平安家庭”先进示范区。

8 日　我市共有 8 项工程获 2007 年自治区“草原杯”工程质量奖和自治区优质样板工程。8 项工程分别为：巨华集团大华建筑安装公司承建的“居华四季小区”获自治区“草原杯”工程质量奖；内蒙古丰华（集团）建筑安装有限公司承建的“内蒙古边防总队警官花园小区”、通州建总集团有限公司承建的“学府康都 A、B、C”、呼和浩特市建筑有限责任公司承建的“呼和浩特市兴源小区商务楼”和“景泰花园小区兰太广场综合楼”、内蒙古第三建筑工程有限公司承建的“呼和浩特市第十六中学综合教学楼”和“亚辰大厦”、内蒙古第二建设股份有限公司承建的“呼和浩特市职业学院图书馆”被评为自治区“优质样板工程”。

10 日　全市统战工作会议召开。会议总结了 2007 年全市统一战线工作，安排部署了今年的工作任务。市领导韩志然、吴一微、张彭慧、王恒俊、云建东、云公和等出席会议。

▲为保证中小学生安全食用碘盐，根据市政府食品安全委员会 2008 年工作部署，市教育局、盐业局从今日起对市区寄宿制中学、小学、幼儿园食堂及周边小饭桌的食盐安全开展联合调研。

11 日　全市工商行政管理工作会议召开。会议回顾总结了市工商局 2007 年的工作，并研究部署了今年的工作任务。市委常委、副市长赵刚出席会议并要求全市工商系统要紧紧抓住市场经济运行中的重点问题和群众反映强烈、各界广泛关注的热点问题，坚持不懈地加强监管执法，切实解决好群众最关心、最直接、最现实的利益问题。

▲我市举行消防规划论证会。副市长云公和出席会议。内蒙古消防总队、呼市消防支队有关负责人和市财政局、土地局、建设局、城发公司、自来水公司及呼市城市规划设计院相关人员参加了会议。

▲全国两会召开期间，全国人大代表、市委副书记、市长汤爱军于 8 日和今日两次在北京接受了人民网和网易的专访，做客直播室，与全国网民零距离、面对面交流了呼和浩特市近年来的发展成就。专访就网民热切关注的经济发展、房价问题和改善民生这三个主要议题展开对话。

12 日　全市 2008 年纪念“3·12”中国植树节座谈会举行。市领导高炜明、陈曼莉出席座谈会。市绿化办负责人、旗县区绿化办负责人、旗县区绿化办主任及团市委、市妇联、林业局、交通局、建委、呼铁局主要负责人参加了座谈会。

▲全市禁毒工作会议召开。今年全市禁毒工作的总体目标是：以巩固和扩大禁毒成果，遏制新型毒品蔓延，防止易制毒化学品和精神麻醉品流失等为重点，推动禁毒工作向深入、持久、健康的方向发展，努力实现全市禁毒斗争形势的持续好转，为构建和谐首府做出贡献，为北京奥运会成功举办发挥“护城河”作用。副市长云公和、市政协副主席张亮，市公安局局长崔海威及有关部门负责人出席了会议。

▲举世瞩目的十一届全国人大一次会议和全国政协十一届一次会议胜利召开。在这个特别的日子里，呼和浩特人民广播电台推出了直通北京特别节目——心系“两会”，情牵首府。节目首先对全国人大代表、市委副书记、市长汤爱军进行了专访。

15 日　我市在新华广场开展了主题为“消费与责任”的 3·15 国际消费者权益日大型宣传咨询维权活动。自治区副主席刘卓志，市委常委、副市长赵刚等出席了活动启动仪式。

18 日　以“进城务工、帮您解难”为主题的呼和浩特 2008 年“春风行动”大型政策宣传暨现场招聘大会在呼和浩特火车站广场举行。自治区劳动保障厅、就业局有关负责人和我市领导韩钊、包钢、张亮参加了当天的活动。

▲全国人大代表、市委副书记、市长汤爱军在副市长武文元的陪同下，从北京赶赴福建省福清市进行招商洽谈、会见了台湾冠捷集团董事局主席兼总裁宣建生，参观考察了冠捷电子（福建）有限公司。

19 日　北京奥运火炬接力内蒙古自治区组织委员会第四次工作会议召开，会议就自治区奥运火炬传递前一阶段工作进行了总结，并就运行实施阶段工作进行了动员部署。自治区副主席、北京奥运会火炬接力内蒙古自治区组织委员会主任刘新乐出席会议并讲话，副市长刘菊茹在会上对我市的火炬接力传递工作的准备情况进行了汇报。

20 日　全市社会治安综合治理集中宣传日。自治区有关单位及全市 65 个综治成员单位、签状单位在新华广场摆放展板、悬挂横幅、播放录音设立咨询台，散发宣传材料，围绕“加强治安防范，共筑平安奥运”主题，开展了声势浩大的集中宣传活动。自治区领导邢云、牛广明和市领导吴安俊、云公和及自治区、呼市两级政法委和呼市公检法司有关负责人参加了宣传活动。

21 日　中国内蒙古呼和浩特第十五届世界元老乒乓球锦标赛组织委员会成立大会暨新闻发布会在内蒙古体育局举行。自治区副主席刘新乐，市委副书记、市长汤爱军、副市长刘菊茹出席会议。

24 日　我市在全区普法依法治理目标考核中，普法依法治理工作特别是“法律进社区、进乡村、进学校、进企业、进机关、进单位”工作，成效明显，在全区普法依法治理工作十大项 26 个指标考核中，一举夺得第一名的优异成绩，为首府赢得了荣誉。

25 日　2008 年呼和浩特市市容工作暨环境卫生综合整治动员大会在市政府举行。市委副书记、市长汤爱军出席会议并讲话。他要求，对市容环境卫生要牢固树立精细管理思想，努力提高市容管理的法制化水平，要做到精细管理，使每项管理在科学、合法、可操作的基础上精益求精；要加快建立依法管理机制，全面步入法制化轨道；实现管理的长效化，深入持久地抓好门前三包责任制，逐步形成全社会自觉维护环境卫生的良好习惯。副市长包钢主持了会议，并与市四区及市容管理局签订了“市容管理工作责任状”。自治区建设厅副巡视员朱和平及我市领导邢燕菊等出席大会。

▲2008 年全市卫生工作会议召开。副市长刘菊茹出席会议并就进一步增强做好新时期卫生工作的责任感和使命感；要以“人人享有基本医疗卫生服务”为目标，确保重点卫生工作任务全面落实讲了话。会上还对卫生工作先进地区和单位进行了表彰，并签订了 2008 年卫生工作责任状。市领导李岳清、彭皓方出席会议。

▲全市交通工作会议召开。会上总结了 2007 年交通工作，兑现表彰、奖励了先进集体和先进工作者，安排部署了今年的交通工作，并签订了交通工作目标责任状。副市长云公和出席会议并讲话。

▲内蒙古电力中学更名为呼市第四中学。呼和浩特市炼油厂学校更名为呼市第十七中学。

26 日　自治区党委书记储波在自治区领导符太增、赵双连及自治区有关部门负责人和我市领导汤爱军、兰恩华的陪同下到武川县先后视察了可可以力更镇南北大通道工程建设情况、视察了特牧饵养殖场、上秃亥肉羊养殖场。储波一行还视察了武川县种薯繁育中心和上秃亥小厂汉木台村马铃薯中棚示范基地。储波指出：武川县是革命老区，具有后发潜力。要站在新的历史起点上，进一步加快农牧业产业化和工业化进程。

▲呼和浩特市残疾人联合会第五次代表大会在金岁大酒店开幕。市领导吴一微、张彭慧、包钢出席大会。

▲全市环境保护工作会议召开。会议传达了全区环境保护工作会议精神。听取了市委副巡视员、市环保局局长郭召来作的环保工作报告，全面分析了 2007 年的环境保护工作，安排部署了今年的工作任务。自治区环保局局长苏青应邀出席会议并讲话。市领导邢燕菊、吕慧生、陈曼莉出席了会议。

▲全市春季防火工作会议召开。今年全市森林防火工作的总体目标是“力争不发生大的人为火灾，力争不发生人员伤亡事故，力争奥运会期间的防火安全”。自治区林业厅副巡视员云岚，市领导高炜明出席了会议。

27 日　2008 年全市食品药品监督管理工作会议召开。会议回顾总结了上一年度全市食品药品监管工作，全面部署了 2008 年监管工作任务。自治区食品药品监督管理局副局长格日勒图出席会议，市领导李岳清、刘菊茹、彭皓方出席会议。市食品安全各成员单位及各旗县区的有关负责人参加了会议。

▲副市长刘菊茹会见了由蒙古国城市联盟秘书长策仁杜拉姆率领的蒙古国城市联盟代表团，双方在亲切友好的氛围中进行了交流。

28 日　全市传达贯彻全国“两会”精神干部大会召开，市领导韩志然、汤爱军、吴一微、张彭慧出席了会议。市人大主任吴一微主持了会议。市四大班子领导成员、市法院院长、市检察院检察长、市公安局局长、市安全局局长、驻呼的部分市人大代表、市各旗县区、经济技术开发区、市各部委办局、各人民团体、各民主党派、各大企业负责人出席了会议。会议还特邀请了我市出席十一届全国人大一次会议代表赵永起、李文阁、刘三堂及出席全国政协十一届一次会议的委员郭占春。

▲中国邮政储蓄银行呼和浩特市分行揭牌仪式举行。市委常委、副市长武文元出席揭牌仪式。

▲市领导高炜明在市水务局、农牧业局等相关部门负责人的陪同下，深入土左旗、和林县，就春耕备耕工作进行了调研。

30 日　自治区及呼市两级防火指挥部在新华广场举办了以“加强森林草原防火，迎接和谐绿色奥运”为主题的宣传活动。自治区、呼市两级林业部门和武警内蒙古森林总队、专业救火队、林业公安等部门通过摆放宣传展板、发放宣传材料、播放录音、展示扑火机具等形式开展宣传活动。全市广大中小学生和众多群众在万人签字百米长卷上郑重留下了自己的名字。自治区及我市领导郭启俊、汤爱军、高炜明参加了宣传活动并在百米长卷上签字。

▲自治区民政厅副厅长冯呼和、副市长包钢在市民政部门负责人的陪同下，对我市清明节前殡葬服务单位的管理情况进行了检查。冯呼和及包钢一行先后深入到内蒙古革命烈士陵园呼和浩特大青山革命公墓管理处、呼市殡仪馆、慈安园、天安堂等地进行了实地检查。

31 日　内蒙古博物院和乌兰夫纪念馆今日起免费开放。

▲全市经济工作会议召开。市委书记韩志然、市委副书记、市长汤爱军出席会议并作重要讲话。市领导张彭慧、兰恩华、王恒俊、武文元、吕慧生出席会议。市委常委、副市长薄连根主持会议。

▲全市工业经济和安全生产工作会议召开。市长汤爱军出席会议并要求各级政府、各部门要毫不动摇地把工业抓上去，把工业经济作为一个重点。要把目光紧紧盯在招商引资上，围绕产业集群化发展、资源转化、高科技和前导型企业以及珠三角、长三

角的转移、法兰克福铁路来抓；精心打造工业园区，工业园区的集中是我们努力的方向和发展的重点。武文元就首府工业经济等方面工作做了具体安排。

4月

1日　自治区直属机关与呼市社区建立联系点活动座谈会在新城国宾馆举行，座谈会回顾总结了2007年联系点工作，研究部署了2008年的工作任务并对联系点工作情况进行了座谈交流。自治区及我市领导陈朋山、汤爱军、杨飞云、包钢出席了座谈会。

▲自治区国、地税联合主办的2008年全区税收宣传月启动日广场大型宣传活动在新华广场举行。副市长吕慧生及相关部门负责人参加了活动。

2日　我市又有6个农业标准化示范区项目被国家管理委员会正式列入第六批全国农业标准化示范区一类项目，即："沙棘种植标准化示范区"、"小香米种植农业标准化示范区"、"奶牛养殖标准化示范区"、"绿色马铃薯种植标准化示范区"、"无公害玉米种植农业标准化示范区"、"红辣椒种植标准化示范区"。

▲呼市困难职工帮扶中心获得"全国工会模范帮扶中心"荣誉称号。

▲全市机构编制工作会议召开。会议传达贯彻了全国编办主任会议和全区机构编制工作会议精神；回顾总结了2007年的机构编制工作，安排部署了今年的工作。表彰了全市机构编制工作先进集体和个人。市委常委、副市长薄连根、市委常委、秘书长兰恩华出席了会议。会议由市委常委、组织部长杨飞云主持。

▲自治区汉语委、教育厅组织专家对我市首批自治区语言文字规范化示范校进行了评估验收。授予呼市第二中学、呼市赛罕区先锋路小学、呼市新城区苏虎街实验小学和呼市回民区第五幼儿园4家单位"内蒙古自治区级语言文字规范化示范校"称号。

3日　市委副书记、市长汤爱军对我市内蒙古乾坤金银精炼股份有限公司和内蒙古神州硅业有限责任公司进行了观察。他希望各级政府一定要全力支持企业的发展，为投资者和项目的建设者做好服务。也希望企业抓紧施工、加快建设，争取早日建成投产。

▲市委书记韩志然在香格里拉大酒店会见了中国房地产开发集团董事长甄少华一行，双方在友好的气氛中进行了交流。市委常委、副市长薄连根，市委常委、秘书长兰恩华、市政协副主席银孝出席了会议。

▲全市档案工作会议召开。会议对2007年全市档案工作进行了总结，并就今年的档案工作进行了部署。市委常委、秘书长兰恩华、市政协副主席陈曼莉、自治区档案局副局长朝克出席会议。副市长白金祥主持了会议。

▲全市消防工作会议召开。副市长云公和出席会议并指出：今年是北京奥运会举办之年，为确保北京奥运会期间的消防安全，全市各有关部门要严格落实消防工作责任状，各级政府要将消防业务经费和专项经费纳入各级财政预算，要切实加快公共消防设施和消防装备建设步伐，狠抓火灾隐患的排查整治，控制和减少火灾的发生。会上对2007年全市消防工作先进单位和个人进行了表彰。云公和代表市政府与各旗县区政府、各委办局及企业单位签订了2008年责任状。

4日　自治区林业厅副巡视员云岚和自治区大青山自然保护区管理局局长李全基在呼市森林防火指挥部、市林业局相关部门负责人的陪同下，对大青山沿线林区、生态建设项目区等进行了实地森林防火检查，确保人民群众度过一个平安、文明、祥和的假日。

7日　我市今年加大了蔬菜基地建设面积及补贴标准均有所提高：即新建保护地10000亩，新建厚墙体温室每亩补贴6000元，普通温室每亩补贴5000元，大棚每亩补贴3000元。

▲自治区副主席赵双连，市委副书记、市长汤爱军、市委常委、副市长武文元等到中国航天科工六院目前正在建设的装备制造业项目进行工作调研。赵双连希望航天科工六院要巩固现有成果，尽快形成产业化规模，借助自身科技力量，进一步研究技术含量高的新型装备制造产业，加强体制创新，形成符合现代企业的发展机制。呼市今后要与航天科工六院共同努力，把航天科工六院的新企业建设成为装备制造业基地。汤爱军表示呼市政府会全力以赴支持和推进项目进展，争取早日达产达效。

▲我市创建国家森林城市工作汇报会举行。市委副书记、市长汤爱军出席会议并就进一步推进国家森林城市建设工作要求各旗县区政府主要领导必须亲自挂帅，层层落实责任，抓住三大造林季节，以春季造林为主，完成造林的60%到70%。夏季的雨季要抓住时机，秋季做好补种。要广泛发动群众，大力做好宣传，继续掀起植树造林热潮。各旗县负责人，市林业局、交通局、水务局等部门负责人分别汇报了创建国家森林城市工作开展情况。

8日　2008年全市旅游工作会议召开。市领导汤爱军、张彭慧、韩钊、白金祥、彭皓方出席会议。自治区旅游局局长赵广华应邀出席会议并讲话。会上副市长白金祥与各旗县区签订了2008年工作责任状。

▲全市科技工作会议召开。会议总结回顾了2007年我市科技工作所取得的成绩，安排部署了2008年全市科技工作的重点。会上，副市长刘菊茹从科技发展的形势、科技工作的责任及今年科技工作的重点和要求等方面，对我市当前和今后科技工作的发展形势提出几点意见。自治区科技厅副厅长马强出席会议。市人大副主任李岳清、市政协副主席陈曼莉出席会议。

▲全市民政工作会议召开。副市长包钢出席会议并要求各部门要以构建和谐首府为目标，"坚持以人为本、为民解困、为民服务"的工作宗旨，紧紧围绕贯彻落实"惠民63条意见"、关注民生、改善民生，全面启动"1223工程"，实施有效的社会救助。同时做好民政福利园建设工作，确保工程质量。自治区民政厅副厅长黄志江，市领导吴安俊、张亮等出席会议。

9日　自治区党委常委、市委书记韩志然，市委副书记、市长汤爱军在内蒙古饭店会见了由名城企业集团董事局主席俞培俤率领的考察团一行。俞培俤就此行感兴趣的钢铁、煤、风力发电等项目与市领导进行了探讨。市领导薄连根、兰恩华、武文元、郭召来参加了会见。

▲呼市公安局交警支队召开2007年工作总结表彰和2008年工作部署会议。此次会议提出今年的工作重点是："压事故，保安全，保畅通，为奥运创造良好交通环境。"市人大副主任吴安俊、副市长云公和、市政协副主席张亮及市公安局局长颜炳强等出席了会议。

10日　市委副书记、市长汤爱军主持召开督查会，就《中共呼和浩特市委员会、呼和浩特市人民政府关于进一步改善民生、切实解决涉及人民群众切身利益问题的若干意见》的组织落实情况进行了督查。市领导兰恩华、云丽珠、刘菊茹、云公和、包钢、银孝等出席了会议。

▲全市减排工作专题会议召开。会议回顾了2007年我市减排工作所取得的成绩，安排部署了今年我市减排工作的重点。副市长出席会议并就全市各级环保部门要高度重视减排工作，千方百计完成减排任务提出了具体要求。市领导郭召来出席会议。

11日　全市审计工作会议召开。市委副书记、市长汤爱军出席会议并强调：我市两级审计机关要把审计工作放在整个呼市地区的经济战略、发展层次、产业布局的大局中定位。要围绕中心、突出重点、服务呼市经济工作大局，把推进法治、维护民生、推动改革、促进发展作为新时期审计工作的出发点和落脚点。自治区审计厅副厅长赵慧容应邀出席会议。市领导韩钊、吕慧生、陈曼莉、云院祯出席会议。

▲自治区党委书记储波，自治区党委副书记、自治区代主席巴特尔，自治区党政军领导岳福洪、任亚平、韩志然、符太增、雷·额尔德尼、赵忠、郭启俊、刘卓志、布小林、郭子明、王长聚、娜仁、董恒宇、肖黎声、陈运火、张如平及我市党政军领导汤爱军、陈焕文、薄连根、朝鲁、杨飞云、兰恩华、赵刚、刘菊茹、包钢、高炜明、彭皓方、崔世清、张亮、鲁剑钧、陈曼莉、李绍华、王瑞杰、姜光玉等在位于新城区保合少镇的自治区党政军义务植树基地参加了义务植树劳动。

▲全市人事人才工作会议召开。市委常委、副市长薄连根出席会议并就今后一个时期的人事人才工作讲了几点意见。他要求，要进一步加快推进人才流入市的建设，完善政策体系，推进和深化人事制度改革；规范行为，严明纪律，充分发挥人事人才工作的作用，要讲党性，抓好作风建设，重品行，提高服务水平，作表率，抓好能力建设，努力开创我市人事人才工作的新局面。市委组织部副部长、人事局局长成日晶作了《深入学习贯彻党的十七大精神，努力实现人事人才工作又好又快发展》的工作报告。市委组织部副部长张锐就开展"讲党性、重品行、作表率、树组织人事干部新形象"活动作了专题讲话。

▲伊利牛奶荣获"2008年亚洲太平洋最佳品牌奖"。

▲我市确定18项重点旅游开发建设项目：其中：新城区4项；玉泉区1项；回民区1项；赛罕区1项；土左旗3项；托克托县1项；武川县3项；和林格尔县2项；清水河县2项。

12日　市委副书记、市长汤爱军一行赴托县先后考察了托县古城镇牛奶场、古城镇温室蔬菜种植基地、内蒙古大唐国际再生资源开发有限公司综合利用粉煤灰生产铝钛合金示范项目、内蒙古健隆公司等。市领导高炜明及农牧业局等相关部门负责人参加了工作调研。

14日　呼和浩特市疾病预防控制中心通过国家实验室认可评审。

▲北京奥组委城市联络组第四组工作人员一行五人来到呼和浩特市，对我市奥运火炬传递路线和相关景点进行了考察，考察之后联络组同自治区和我市火炬接力组委会进行了工作会谈。副市长刘菊茹出席会议并讲话。

▲市委常委、副市长薄连根在市建委、市规划局、市土地局和市四区等相关部门主要负责人的陪同下，对我市南二环路和成吉思汗大街两侧的在建工程项目进行了实地视察。

15日　我市破获一起自治区成立以来最大的新型毒品案。缴获各种毒品总计54156.378克。

16日　我市召开干部大会，传达呼包鄂三市经济工作会议精神。市委书记韩志然主持会议。市委副书记、市长汤爱军传达了呼包鄂三市经济工作会议的主要精神并就下一步贯彻落实全会精神，当前我市着力要抓好的几项工作讲了话。市领导张彭慧、薄连根、杨飞云、兰恩华、云丽珠、王恒俊、赵刚、武文元、李岳清、韩钊、吕景瑞、邢燕菊、吴安俊、刘菊茹、云公和、白金祥、高炜明、牧峰、彭皓方、张润锁、崔世清、银孝、张亮、李绍华出席会议。

17日　全市农村工作会议召开。此次会议的主要任务是认真贯彻中央、自治区农村（牧区）工作会议精神，回顾和总结我市2007年农业和农村工作，安排部署今年农业和农村工作。市长汤爱军出席会议并在讲话中要求全市涉农部门一定要高度重视"三农"工作，缩小全市90余万务农的农民与城市居民的收入差距，加强对10余万进城务工农民工的科技培训，同时抓好乳业蔬菜和肉业"三大基地"建设。市领导薄连根、吴福成、高炜明出席会议。

▲全市农牧业工作会议召开。会议全面总结了我市2007年农牧业工作，研究部署了2008年农牧业各项工作。市领导吕慧生、高炜明出席会议。

18日　全市扶贫开发暨社会扶贫表彰会召开。市委副书记、市长、市扶贫开发领导小组组长汤爱军出席会议并指出：要充分认识扶贫开发的长期性和艰巨性，扎实有效地抓好扶贫开发重点工作，因地制宜、适当收缩、集中发展，努力开创我市扶贫工作新局面。自治区主席助理、自治区扶贫办主任崔国柱出席会议。市委常委、宣传部部长云丽珠主持会议。市领导吕景瑞、白金祥出席会议。

19日　呼市人民广播电台交通频率、呼市运管处、呼市爱心车队共同发起的义务植树活动在大青山绿化带进行。

21日　2008年全市劳动和社会保障工作会议召开。会议总结了2007年全市劳动和社会保障工作，安排部署了今年的工作任务。副市长包钢出席会议并就下一步做好我市劳动和社会保障工作讲了话。自治区劳动和社会保障厅副厅长昝振英出席会议。市人大副主任韩钊、市政协副主席彭皓方出席会议。

▲全市红十字会贯彻自治区红十字理事会议精神暨专职干部培训会议

召开。市领导刘承恩、鲁剑钧及市纪检委、市红十字会有关负责人出席会议。

22日　自治区党委副书记、自治区代主席巴特尔在我市领导汤爱军、王恒俊、武文元、高炜明、银孝以及自治区、呼市有关负责人的陪同下，先后对晟纳吉光伏材料有限责任公司、金海伊利乳业工业园、内蒙古奶联科技有限公司、中化三联（内蒙古）有限责任公司、上海电缆厂建设项目、利乐包装（呼和浩特）有限公司、内蒙古神舟硅业有限公司等工业项目建设情况进行了考察调研，并对我市新城区成吉思汗大街、大召区块改造建设工程、南湖湿地公园、金河镇舍必崖村蔬菜基地和奶牛养殖基地建设等城市建设情况和新农村建设情况进行了考察。

▲市政府组织召开了首次物业管理工作会议。副市长包钢出席会议并指出，各有关部门和单位与企业一定要将推进物业管理法制化放在今后物业管理工作的首位。同时，物业服务企业应增强品牌意识，将企业进一步做大做强，物业管理人员也应在工作中学会换位思考，树立主人翁意识。

23日　全国工会模范帮扶中心挂牌仪式在呼市困难职工帮扶中心举行。自治区人大副主任、自治区总工会主席云秀梅、自治区总工会副主席崔明龙、金华、钟来吉、额尔额巴雅尔，副巡视员杨瑞林、李建军出席挂牌仪式。市政协主席张彭慧，市委常委、副市长赵刚出席挂牌仪式。呼市总工会及其它盟市工会、内蒙古林业工会分管领导、帮扶中心负责人等参加了挂牌仪式。

▲我市5路公交线路喜摘全国“工人先锋号”桂冠，成为全市公交系统第一条取得此项殊荣的公交线路。24日市委副书记、市长汤爱军对位于新城区成吉思汗大街正准备开工建设的乒羽训练中心进行了视察，他要求工程建设一定要高标准高质量。汤爱军还视察了位于成吉思汗大街南侧正在建设中的新城区名都小学。

▲华硕、证联携手推动内蒙古信息化建设交流峰会暨华硕与内蒙古证联合作签约仪式在内蒙古饭店举行。自治区及我市领导周维德、武文元出席了签约仪式。

▲我市有4人获得全国五一劳动奖章：他们分别是：呼和浩特市自来水公司乌兰营业站站长赵桂芬；呼和浩特市第一医院CT室副主任蒲俊智；呼和浩特铁路局供电段段长姜涛；呼和浩特市中蒙医院研究所副所长特木其勒。我市公交公司第四汽车公司5路车队和呼和浩特市中燃城市燃气发展有限公司获得了全国工人先锋号先进集体荣誉称号。

25日　全市庆祝“五一”国际劳动节暨“工人先锋号”、“五一巾帼奖”、“五一新闻奖”表彰大会在市工会大厦举行。自治区总工会副巡视员李建军应邀出席会议。市委常委、副市长赵钢，市人大副主任吴安俊，市政协副主席鲁剑钧及市委宣传部、市总工会相关负责人出席会议。

▲全市粮食工作会议召开。会议总结了2007年的工作，分析了粮食工作面临的新形势，明确了2008年全市粮食工作的任务。副市长云公和出席会议并就如何做好今年的粮食工作讲了具体意见。会议还表彰了2007年度全市粮食工作先进单位和最佳支持单位。市领导韩钊出席了会议。

▲市委常委、副市长武文元在呼和浩特香格里拉大酒店会见了新加坡佳福集团中国项目总经理梅晓楠，双方就我市和新加坡佳福集团今后在农业开发、食品加工、养殖业发展等方面的合作进行诚挚友好的洽谈。

26日　回民区伊斯兰建筑特色景观街荣获2008年联合国人居署迪拜国际最佳范例（中国）设计推动奖。

29日　市委副书记、市长汤爱军赴赛罕区，就鄂尔多斯东街续建项目进行了现场办公。汤爱军认真听取了赛罕区政府及各相关部门有关人员关于鄂尔多斯东街建设项目的拆迁、施工情况的进展汇报，详细了解了项目建设过程中存在的困难和问题。汤爱军还视察赛罕区金河镇格尔图村违章建筑拆除现场。市委常委、副市长薄连根出席了会议。

▲呼市纪念“五一号”发布60周年座谈会举行。我市领导云建东、刘菊茹、彭皓方、张润锁、崔世清出席会议。

▲以包头市副市长李秉荣为团长的包头教育考察团一行莅呼，对我市教育事业发展规划等内容进行了为期一天的考察。副市长刘菊茹出席会议并讲话。

▲由呼市文化局、玉泉区委、区政府联合举办的“呼市庆祝五一国际劳动节暨慰问农民工活动”在大召广场隆重举行。来自呼市群众艺术馆、民族歌舞团、民间歌舞剧团、新思路文化艺术发展有限公司的演职人员为农民工送去了文艺节目。副市长白金祥代表市委、市政府亲切慰问了工作在一线的农民工，并向全市的广大农民工致以节日的问候。

▲呼市消防支队在乌兰恰特广场举行倒计时100天奥运消防保卫攻坚战暨岗位练兵誓师大会。自治区公安厅、市委、市政府等有关领导出席了誓师大会。

▲全市老干部工作会议暨王欣同志先进事迹报告会举行。自治区党委老干部局副局长吴云霞出席会议。市委常委、统战部部长云建东、市长助理杨洪义出席会议。

30日　市政府第一次全体（扩大）会议暨廉政工作会议召开。会议的主题是“转变政府职能，优化发展环境，建设服务型政府”。市委副书记、市长汤爱军出席会议并作重要讲话，他指出，转变政府职能，优化发展环境工作，能否取得实实在在的效果关键在于领导。我们必须要周密组织，狠抓落实，真正把这项工作抓紧抓好、抓出成效。责任要明确、督查要严格、考核要认真，宣传要到位，要在全社会营造良好的创业氛围。副市长薄连根主持会议。市领导吴安俊、刘菊茹、吕慧生、包钢、郭召来、牧峰、张亮出席会议。

▲副市长高炜明一行赴土左旗和武川县，调查了解粮食补贴、综合补贴的发放情况，创建国家森林城市道路绿化重点工程建设情况和马铃薯中棚的建设情况。

▲由市政府主力、呼市旅游局承办的呼市旅游产品旅游线路展示会——“美丽的眼睛看青城”系列活动启动。来自韩国、日本、我国珠三角、长三角、北京、山西等主要客源地的旅行商代表100人参加了呼和浩特市旅游推介会。副市长白金祥出席推介

会。

5月

1日　“距北京奥运会开幕100天万人长跑暨全民健身活动展示大会”在新华广场举行。自治区和我市领导巴特尔、任亚平、刘新乐、娜仁、陈运火、吴一微、刘菊茹等出席并为北京奥运会火炬接力呼和浩特市和内蒙古自治区的火炬手代表颁发资格确认函。

▲2008 中国奥运旅游年内蒙古启动仪式在和林格尔县盛乐百亭园举行。自治区及我市领导布小林、吴安俊、白金祥、李绍华出席启动仪式。

▲由自治区旅游局、体育局和市政府主办，市旅游局、体育局以及和林县委、县政府等承办的“迎奥运、自行车、自驾车首府一日游”启动仪式在新华广场北侧的内蒙古电视台门前举行。

4日　我市隆重纪念“五四”运动89周年暨第八届“十大杰出青年”、第七届“十大优秀青年企业家”表彰大会在市政府一号会议厅举行。表彰大会前，市领导韩志然、汤爱军、吴一微、兰恩华、云丽珠、刘菊茹、鲁剑钧、田玉美，自治区团委书记胡达古拉在市委组织部、团市委、妇联、工会等相关部门负责人陪同下亲切接见了我市第八届“十大杰出青年”、第七届“十大优秀青年企业家”的优秀青年代表。

▲由团市委主办，市公交总公司承办的“庆五四、迎奥运、促和谐、做文明市民”万名青年接力跑活动在市政府广场鸣枪启动。自治区团委书记胡达古拉鸣枪发令启动了长跑活动。市委副书记、市长汤爱军为参加接力赛跑的选手授了“庆五四、迎奥运”旗帜。市领导云丽珠、刘菊茹、鲁剑钧、田玉美及市委组织部、团市委、工会、妇联等相关部门负责人出席了活动。

5日　以乌海市委书记白向群，乌海市委副书记、代市长侯凤岐为团长的乌海市党政考察团一行来我市考察，并与我市党政领导进行了座谈。自治区党委常委、市委书记韩志然主持了座谈会。乌海市人大主任刘彪，乌海市政协主席韩琦运，乌海市委常委、统战部部长白金海，乌海市委常委、政法委书记陈凤珠，乌海市委常委、秘书长白彦，乌海市副市长康文胜出席座谈会。我市领导汤爱军、吴一微、薄连根、李鹤、兰恩华、郭召来、银孝出席座谈会。

▲全市社区建设工作会议召开。自治区党委常委、市委书记韩志然出席会议并就各级党委、政府深入贯彻落实党的十七大精神，把城乡社区建设成为“管理有序、服务完善、文明祥和”的社会生活共同体讲了话。自治区党委组织部副巡视员樊忠，自治区直属机关工委常务副书记曹树山、自治区民政厅厅长吴金亮等出席会议。市领导汤爱军、吴一微、银孝出席会议。副市长包钢主持会议。

▲2008 年全市商务工作会议召开。副市长云公和出席会议并就如何做好商务工作讲了话，他还代表市政府与有关旗县区和部门签订了生猪及牛羊屠宰管理、酒类流通管理、“万村千乡市场工程”和旗县县城所在地商业网点建设布局规划编制目标管理等一系列我市商务重点工作管理责任状。

▲蒙牛乳业集团再次获得“中国最受尊敬企业”称号。6日以自治区人大副主任罗啸天为组长的自治区人大执法检查组莅临我市，就我市贯彻实施《中华人民共和国电力法》情况进行执法检查。市人大主任吴一微参加了工作汇报会。副市长武文元向检查组一行就我市电力工业发展和建设规划以及电力工业发展中新能源的开发利用等情况进行了汇报。

▲全市十年巨变城市建设拆迁现场会召开。市委常委、副市长薄连根出席会议并讲话。市建委、规划局、国土局、房产局、市容局、土地收储中心、拆迁办和市四区的主要负责人参加了现场会。

7日　全市爱国卫生运动工作会议召开。副市长刘菊茹出席会议并要求各部门要加强协作、人员管理和培训，结合实际制定长远规划，巩固创卫成果，推动我市爱国卫生运动水平全面提高。

8日　伊利成为最受尊敬的奥运品牌。

▲全市蔬菜保护地建设现场会在赛罕区黄合少镇西讨速号村召开。我市领导韩志然、兰恩华、吕景瑞、高炜明出席会议。市政府副巡视员高炜明在现场会上讲了话。他强调，各旗县区要按照“春季提早供应、夏季满足供应、秋季延长供应、冬季补足市场不足”的思路，结合本地实际，突出重点，扩大蔬菜基地的生产和建设规模。

▲2008 中国·呼和浩特春季第10届房展会在内蒙古政府礼堂隆重开幕。自治区和我市领导郝益东、肖黎声、赵刚、李岳清、张亮以及自治区和我市相关部门负责人出席了开幕式。

▲呼和浩特海关与内蒙古邮政公司国际邮件 24 小时通关启动仪式举行。市委常委、副市长武文元出席启动仪式。

▲由市红十字会、市公安局交警支队、市教育局联合举办的以“携手人道、服务奥运、文明出行”为主题的迎奥运暨红十字博爱杯青少年文明交通示范活动知识竞赛启动仪式在新华广场举行。市政府党组副书记、红十字会会长刘承恩，市政协副主席、红十字会副会长鲁剑钧出席启动仪式。

▲我市公路运输指挥调度中心正式运营，市区出租车 GPS 卫星定位系统安装并投入使用。

▲内蒙古永业集团助学扶农捐赠仪式在清水河县喇嘛镇第一小学举行。市委常委、政法委书记李鹤，副市长刘菊茹、白金祥出席捐赠仪式。

9日　全市社区卫生服务现场调度会举行。副市长刘菊茹带领市卫生局、民政局等部门及各旗县区相关部门负责人实地参观了玉泉区和赛罕区的社区卫生服务示范点，并主持召开调度会议布置安排下一步工作内容。

▲全市人工影响天气工作会议召开。会议对2008年前期气候进行分析，并对2008年汛期气候作了预测。市领导高炜明出席会议。

▲我市召开了《呼和浩特市征集集体土地房屋拆迁补偿安置办法（草案）》立法听证会。有 18 名听证代表和10名旁听代表参加了听证会。

11日　全市家禽改良工作会议召开。今年我市家禽改良工作以牛冷配和推广羊人工授精为重点，突出抓好奶牛、肉羊和生猪生产的技术指导工作，规范种畜禽市场，实现农民增收。

12 日　根据国家地震台网最新测定，北京时间 14 时 28 分，在四川汶川县（北纬 31 度，东经 103.4 度）发生 8.0 级地震。四川汶川发生地震后，胡锦涛总书记立即作出重要指示，要求尽快抢救伤员，保证灾区人民生命安全，温家宝总理于今日下午乘专机抵达四川成都，赶赴地震灾区，指挥抢险救灾工作。

▲四川汶川地震发生当日，伊利集团首家启动社会责任应急预案，宣布向灾区捐款 100 万元，并在两小时内从四川邛崃工厂紧急调配了 2 吨伊利金典纯牛奶送至灾区。

13 日　市委副书记、市长汤爱军主持召开了 2008 年中国民族商品交易会组委会第一次工作例会。市领导薄连根、兰恩华、云丽珠、赵刚、李岳清、云公和、白金祥、高炜明、银孝出席会议，市相关部门负责人参加了会议。

▲全市扶贫开发工作会议召开。会议对 2007 年扶贫开发工作进行全面总结，对今年扶贫开发工作进行安排部署。副市长白金祥出席会议。

▲伊利集团又带着从全国调拨的第二批物资挺进灾区。

14 日　市委、市政府致电中共阿坝藏族羌族自治州党委、政府，向灾区人民转达呼和浩特 260 万各族人民的亲切慰问，并且捐赠人民币 100 万元，希望能为灾区人民恢复重建尽一份绵薄之力。

▲市委办公厅、市政府办公厅联合下发《关于在全市开展向地震灾区捐款捐物活动的通知》决定从即日开始，在全市开展为地震灾区捐款捐物活动，为灾区人民早日战胜困难，重建美好家园提供帮助。

▲呼和浩特市机关干部为四川地震灾区紧急捐款仪式在市党政办公大楼二楼大厅举行。市委、人大、政府、政协四大班子机关近 200 名干部响应市委、政府的号召，踊跃参与、慷慨解囊，为帮助地震灾区群众渡过难关奉献爱心。共募捐个人捐款 27075 元。市领导韩志然、汤爱军、吴一微、张彭慧、李鹤、兰恩华、云丽珠、赵刚、武文元、李岳清、赛娜、邢燕菊、云普选、崔世清、银孝、张亮、鲁剑钧参加了捐款仪式并带头捐款。

▲市委副书记、市长汤爱军在内蒙古饭店会见了美国 SUNPOWER 太阳能公司首席运营官 PINPAI 先生，双方就加强 SUNPOW-ER 太阳能公司与内蒙古晟纳吉公司合作等方面的问题进行了诚挚的交流。市委常委、副市长武文元及有关部门负责人参加了会见。

▲市委副书记、市长汤爱军来到呼市文艺大楼，就呼市文艺大楼拆迁建设等问题和有关部门负责人进行了探讨论证。

▲四川汶川县发生 8.0 级大地震，给四川等地人民群众生命财产造成了巨大损失，地震发生后，我市人民群众积极捐助善款。截至今日 16 时，呼和浩特市红十字会已经收到善款 32 万余元，其中许多爱心人士都没有留下姓名。

▲今日早晨 7 时许，呼市公安局 100 名特警队员携带抢险救援器材，搭乘专机从呼和浩特白塔国际机场起飞，飞往四川地震灾区，参加抢险救援。

▲今日下午 3 时，市消防支队 60 名消防官兵组成增援应急机动队，在自治区消防总队的统一领导下，赶赴四川抗震救灾。副市长云公和等领导亲赴机场为广大官兵送行。

▲城市建设 2008 年工作会议召开。自治区建设厅副厅长吴龙，市领导薄连根、兰恩华等出席会议。会上市建委与委属各单位分别签订了城建工作管理目标责任状。

15 日　呼市民间商会（外地驻呼商会）代表人士座谈会在市党政办公大楼会议中心和林厅召开。市委副书记、市长汤爱军，市委常委、统战部长云建东，市人大副主任李岳清，市政协副主席张亮等我市领导及市四区、开发区、相关委办局的主要负责人与温州商会、山东商会、鄂尔多斯商会等十几家外地驻呼商会的代表人士进行了座谈。

▲副市长白金祥在市旅游局有关负责人的陪同下，对新城区旅游工作进行调研。在实地察看了部分在建的重点旅游项目后，白金祥要求新城区进一步拓宽旅游市场，促进旅游工作全面、快速发展。

▲伊利集团第三批救灾物资——40 吨牛奶、奶粉装车驶出呼和浩特西货场紧急运往地震灾区。至此，累计捐赠款物达 1200 万元，捐赠活动还在继续。

16 日　副市长刘菊茹在市卫生局、教育等部门有关负责人的陪同下对回民区、玉泉区及赛罕区的爱国卫生工作开展情况进行了视察。

▲副市长刘菊茹在市教育局有关负责人的陪同下，对我市教师招考报名现场进行了视察。

17 日　阿拉善盟盟委书记王玉明，盟委副书记、盟长鲍常青带领阿拉善盟党政考察团在呼市进行了参观考察。考察团先后对内蒙古晟纳吉光伏材料有限公司、伊利新工业园、蒙牛澳亚国际牧场等处进行了实地考察，随后与我市领导进行了座谈。自治区党委常委、市委书记韩志然参加了座谈会，市委副书记、市长汤爱军陪同考察。

18 日　呼和浩特市民政福利园、流浪未成年人救助保护中心、社会福利院奠基仪式举行。自治区及我市领导韩志然、郭子明、汤爱军、吴一微、陈焕文、兰恩华、吕慧生、包钢、田玉美等出席奠基仪式。自治区政府副秘书长盖文山，自治区民政厅厅长吴金亮、副厅长冯呼和等出席奠基仪式。

▲内蒙古体育彩票管理中心在新华广场举行“顶呱刮”奥运主题即开型体育彩票内蒙古首发仪式，奥运主题即开型体育彩票开始在全区范围内发行。仪式上，内蒙古体育彩票管理中心向地震灾区人民捐款 20 万元，并将善款交给内蒙古红十字会。自治区和我市领导宝音德力格尔、刘新乐、肖黎声、刘菊茹等出席首发仪式。

19 日　在四川汶川大地震发生后的默哀日里，首府呼和浩特和全国其他城市地区一样，首府上空警报长鸣，无论是在政府机关还是企业学校都降半旗，为在汶川大地震灾害中数万个于瞬间陨灭的生命致哀。无论是在新华广场的国旗下，还是中小学校的操场上，无论是机关单位，还是街边商家，每一个人全都站起身低下头，神情凝重地向大地震中遇难同胞默哀三分钟。

▲全市道路安全工作会议举行。副市长云公和出席会议并要求我市为北京奥运会作贡献的首要任务就是要保障安全和稳定，保证奥运火炬在我市的顺利传递。保证大量国内外客人在奥运会期间和会后来我区、我市旅游的道路安全。有关部门领导出席会议。

▲副市长包钢在市公安局、民政局等单位负责人的陪同下亲切慰问了我市赴四川灾区抗震救灾的公安干警和消防官兵的家属。

20 日　以浙江省政府副省长茅临生为团长的浙江省政府代表团在我市考察。自治区党委常委、市委书记韩志然在招待会上致辞。市委常委、副市长薄连根主持招待会。市领导兰恩华、高炜明出席招待会。

▲自治区人大副主任郝益东等阿尔泰游乐园、成吉思汗公园、昭君公园、南湖湿地公园等实地调研了我市城市绿地保护情况后召开座谈后。市领导吴一微、薄连根、邢燕菊出席座谈会。

22 日　全市民委兼职委员第一次会议召开。市委常委、统战部部长云建东，市人大副主任韩钊，副市长云公和，市政协副主席张亮出席会议。自治区民委主任特古斯应邀参加会议，市民委兼职委员及 9 个旗县区分管民族工作的负责人参加了会议。

23 日　市人大召开座谈会，就我市即将出台的《关于保护具有历史文化价值城市建筑和街区的决定》听取了有关领导、专家和学者的意见。市领导韩志然、吴一微、薄连根、兰恩华、赵刚、赛娜、白金祥参加了座谈会。著名专家学者饶及人、火华、张太平、乐奇、潘照东、李悦、曾宪东、王新民、武利平等参加了座谈会并发表了意见和建议。市人大副主任李岳清主持会议。

24 日　呼和浩特市中等职业教育宣传月活动在新华广场拉开帷幕。自治区教育厅副厅长何瑞芝，副市长刘菊茹，市政协副主席彭皓方参加了活动启动仪式。

27 日　全市防震减灾工作会议举行。自治区地震局副局长张建业应邀出席会议。副市长白金祥出席会议并就搞好地震监测预报，抓好队伍建设，全面提升地震系统工作人员专业技术水平讲了话。

28 日　由中央财经领导小组办公室秘书组副组长王韩民牵头的中央党校调研组一行莅临我市考察指导。市委常委、副市长赵刚、市人大副主任李岳清陪同考察。

▲呼市禁毒委部署开展贯彻《禁毒法》工作会议举行。会上对我市社区戒毒和社区康复试点工作进行了具体安排。副市长云公和出席会议。

▲副市长包钢在市民政局、社区办、规划局及回民区相关工作人员的陪同下，对回民区的社区工作进展情况进行了督查。

29 日　市委书记韩志然亲切接见了金海先进事迹报告团的成员。市领导吴一微、陈焕文、薄连根、兰恩华、云丽珠、崔世清参加了会见。

▲由市委、市政府组织的金海同志先进事迹报告会在市党政机关办公大楼 1 号会议厅隆重举行。市教育战线的师生、市直机关干部、驻呼部队和武警官兵共 1000 余人聆听了金海同志先进事迹报告。市领导吴一微、赵刚、云建东出席报告会。市委常委、宣传部部长云丽珠主持报告会。

▲市委常委、副市长薄连根在市水务局调研。薄连根在调研会上对市水务局班子团结、工作扎实、成绩显著给予了肯定，并对下一步的工作提出了指导性意见。

31 日　由市教育局主办的“六一”国际儿童节庆祝大会在呼市少年宫文体馆隆重举行。

▲我市 28 项住宅楼获得“用户满意、工程质量奖”，被评为呼和浩特市“用户满意住宅”工程。

6月

2日—3 日　自治区副主席刘新乐在自治区财政厅副厅长云宗元、卫生厅副厅长白宝玉和我市领导王恒俊、赵刚的陪同下视察了我市新型农村合作医疗及社区卫生服务工作。自治区及呼市相关职能部门负责人陪同视察。

3 日　我市召开动物防疫工作会议，会议总结了我市春季牲畜防疫免疫抗体检测情况，并对夏季牲畜免疫工作的重点进行了安排部署，要求全市所有牲畜的免疫密度必须达到 100%，在推进首府畜牧业健康快速发展的同时，确保奥运期间首府畜产品安全。市领导高炜明出席了会议。

4 日　2008 年呼和浩特市节约用水管理工作座谈会召开。市委常委、副市长薄连根出席会议并在会上要求，要进一步完善节水管理的法规体系，加强对重点企业废水排放、重点单位用水情况的监督检查，加强对饮用水源的保护、对水体、水质和水资源开发、利用情况的监测，真正做到依法管水。

5 日　自治区党委常委、统战部部长伏来旺带领自治区党委统战部、自治区民委、自治区工商联有关负责人在我市进行调研。市领导韩志然、薄连根、王恒俊、云建东陪同调研。

▲公安部副部长孟建柱作出批示，为牺牲在工作岗位上的内蒙古呼和浩特市消防支队清水河县消防大队原副大队长张占春同志追记一等功。

▲经原国家人事部批准，全市首家高校毕业生就业见习示范基地在伊利集团挂牌。自治区人事厅副厅长王顺，市委常委、副市长薄连根出席挂牌仪式。

▲市委常委、副市长武文元在市经委、如意开发区管委会有关负责人的陪同下，对新注册的燕京（呼和浩特）啤酒有限公司进行实地视察。

6 日　2008 年全市健康教育会议暨中央补助地方烟草监测和健康素养项目启动会议召开。会上，市政府对 2007 年度健康教育工作先进单位进行了表彰。

▲市委常委、副市长武文元率视察组对市经济技术开发区金川工业园区内三个即将投产的重点建设项目进行了实地视察。

▲我市对收缴的 2280 把管制刀具集中销毁。

11 日　全市国土资源工作会议召开。市委副书记、市长汤爱军出席会议并要求各旗县区要把土地、矿产资源有机结合起来并合理使用，要按照基础设施、社会事业、服务业、高新技术产业的排序保证重点用地，为首府城建“十年巨变”作出应有的贡献。自治区国土资源厅党组书记、厅长白盾出席会议。市委常委、副市长薄连根、市政协副主席陈曼莉出席会议。

12 日　自治区党委书记储波在新城国宾馆亲切会见了中国航天科技集团公司党组书记、总经理马兴瑞一行。自治区及我市领导巴特尔、韩志然、赵双连、汤爱军、武文元、郭召来参加了会见。

▲丹麦维斯塔斯风力系统有限公司在呼和浩特金山经济开发区投资的维斯塔斯风力系统（中国）有限公司风力发电机组生产项目签约仪式在新城国宾馆举行。自治区和我市领导巴特尔、韩志然、汤爱军、吴一微、张彭慧、武文元等出席，市委常委、土左旗旗委书记王恒俊主持签约仪式。

▲市政府与上海航天技术研究院继续合作建设航天内蒙古光伏产业基地框架协议签字仪式在新城国宾馆举行。内蒙古神舟硅业有限公司年产3000 吨多晶硅的项目正式启动建设。我市领导韩志然、汤爱军、武文元、郭召来出席签字仪式。

▲自治区第一个大型汽配用品商业项目内蒙古华美国际汽配城奠基仪式举行。市委副书记、市长汤爱军，全国工商联汽车（摩托车）配件用品业商会名誉会长霍义光等出席仪式。

▲全市财税工作调度会召开。副市长吕慧生出席会议并要求各级财税部门要明确任务，加大收入征管力度，采取有效措施，堵塞各种漏洞，努力实现应收尽收。市政协副主席、市财政局局长银孝出席会议并通报了 1-5 月份全市财政收入及运行情况。

11 日—13 日　河北省委常委、省纪委书记臧胜业一行莅呼考察。自治区及我市领导乌兰、兰恩华、刘菊茹、李建春，自治区纪委副书记、监察厅厅长张文清陪同考察。

13 日—15 日　以开封市委书记刘长春为团长的开封市考察团在我市进行了为期 3 天的考察。市领导汤爱军、云丽珠、包钢陪同考察。

14 日　2008 全国博鳌房地产论坛在海南博鳌隆重开幕，呼和浩特作为 2008 博鳌房地产论坛的主要合作城市、组团出席了此次中国规格最高、影响力最大的房地产专业性论坛。会上，呼和浩特荣获“改革 30 年中国最具投资潜力城市”称号。

15 日　由自治区人民政府主办、呼和浩特市人民政府承办的内蒙古 2008 年节能宣传周活动启动仪式在新华广场举行。自治区人大副主任郝益东、自治区副主席刘卓志及我市领导汤爱军、韩钊、吕慧生、陈曼莉出席了启动仪式。

▲我市教师招聘考试进行笔试，市领导刘菊茹、彭皓方在我市人事、编办、监察教育等部门负责人的陪同下对部分考场进行了巡查。

▲由中央党校西藏班主任陈富牵头的西藏班考察组来我市进行为期两天的考察学习。副市长云公和陪同考察。

16日　蒙牛荣获2008全国消费者“最喜爱品牌”评选两项大奖。

▲市委副书记、市长汤爱军主持召开全市“创模”工作领导小组会议。会上，汤爱军认真听取了市创模办以及市环保局、发改委、新城区等各相关部门及各地区负责人关于各自承担的“创模”工作任务的情况汇报，以及对下一步工作的意见和建议。汤爱军要求，全市各部门应当全力推进“创模”活动，进一步提升首府城市形象，增强城市综合竞争能力，推动全市经济、社会和环境持续协调发展。自治区环保局副局长潘彦昭、市领导吕慧生、郭召来出席会议。

▲伊利荣获“2007 年度中国最具社会影响力的品牌企业”称号。

17 日　市公安局经侦支队和市工商局联手在西郊垃圾场对在案件侦破中缴获的价值 21 万余元的假酒进行集中销毁。

18 日　国家统计局副局长谢鸿光一行在副市长吕慧生及自治区统计局局长胡敏谦等领导的陪同下，对我市 1—5 月份农业生产、工业生产及消费品市场等项内容进行调研。

18 日—19 日　我市公开选聘呼和浩特市商业银行行长的笔试、面试工作顺利完成。5 名符合报考条件的人员通过平等、公开竞争的方式进行了激烈角逐。市委副书记、市长汤爱军，市委常委、组织部部长杨飞云亲临现场，观看了面试的全过程。市委常委、副市长武文元担任主考官。市纪检委副书记李建春对考试的全过程进行了监督。

19 日　伊利金山新工业园奶粉全球样板工厂竣工投产及总部基地项目开工庆典仪式举行。伊利集团同时宣布：该项目生产的第一批奶粉将无偿捐赠给在汶川地震中受灾的孤儿。全国政协常委、中国轻工业联合会副会长、国际乳品联合会中国国家委员会主席潘蓓蕾，中国奶业协会理事长刘成果，中国乳制品工业协会理事长宋昆冈应邀出席庆典。自治区党委副书记、自治区代主席巴特尔，自治区党委常委、统战部部长伏来旺，自治区副主席刘新乐，自治区政协副主席郭子明及我市领导汤爱军、吴一微、张彭慧、云丽珠、武文元和自治区各有关厅局领导、呼市有关部门负责人出席庆典仪式。伊利集团董事长潘刚致词。

▲市委副书记、市长汤爱军主持召开了 2008 中国民族商品交易会组委会第二次工作例会。市领导云丽珠、云公和出席会议。

20 日　全市肉羊产业发展现场会在和林县召开。与会人员参观了黑老夭乡南夭子村、报马房村肉羊养殖基地及赛澳牧业公司、蒙羊公司。市委副书记、市长汤爱军指出，一定要把大力发展肉羊产业作为我市贫困山区农民脱贫致富的重点工程，进一步统一思想、提高认识，坚定不移地发展肉羊产业。市领导高炜明出席现场会。

▲由市园林局、南湖湿地公园和玉泉区政府主办的“首届铭龙地产玉锦轩南湖湿地热气球节”盛大开幕。市领导白金祥出席了开幕式。自治区旅游局及市建委、园林局、旅游局、玉泉区政府等部门的主要负责人参加了开幕式。

23 日　全市干部大会召开。市委书记韩志然主持大会并作重要讲话。会上，市委副书记、市长汤爱军传达了中央省区市和部门主要负责同志会议以及自治区领导干部大会的主要精神，通报了我市支援抗震救灾的基本情况。并就如何做好下一阶段的工作做了部署。我市党政军领导吴一微、张彭慧、陈焕文、市四大班子有关领导出席会议。

24 日　全区奥运消防安全保卫攻坚战大型电力、化工企业隐患排查整治工作会议举行。自治区副主席连辑，副市长云公和等出席会议。全区各消防部门以及大型电力和化工企业负责人150人参加了会议。

▲国土资源部第八次卫片执法检查督导组一行来呼进行督导检查，自治区国土资源厅副厅长王富友、市委常委、副市长薄连根陪同检查。督导组一行分别到新城区、赛罕区、玉泉区和回民区各重点建设项目用地地区进行实地考察。

24日—25日　市委常委、副市长武文元在市发改委等有关部门负责人的陪同下，分别深入托县和清水河县，就两县的工业运行情况进行实地调研。

25日　由自治区国土资源厅、市政府主办、市国土资源局承办的我市第十八个全国土地日大型宣传活动在新华广场拉开帷幕。国土资源部派部执法监察局张璞副局长一行赴我市参加土地日宣传活动。

26日　市委书记韩志然在市委常委、秘书长兰恩华，市委常委、副市长赵刚的陪同下赴回民区，先后视察了西龙王庙福胜农副产品批发市场、庆元钢材市场、攸攸板村京源港汽配市场、坝口子沟河道绿化及景观整治项目等。市规划、建委、土地收储等相关部门的负责人陪同视察。

▲市领导汤爱军、高炜明等在市水务局等相关部门负责人的陪同下，深入到哈拉更沟、大学园区奎素沟洪泛区、小哈拉沁沟等地进行实地检查。市委副书记、市长汤爱军针对城区防汛工作存在的问题，要求市四区分管负责人要尽快行动，清理河道垃圾和违章建筑，要求责任到人，保障畅通。

▲全市防汛工作会议召开。会议传达了国家防总、自治区防总、自治区防汛抗旱指挥部2008年防汛会议精神，对2007年防汛工作进行了总结，并对今年的工作进行了部署。市领导汤爱军、薄连根、吕景瑞出席会议。自治区防汛抗旱指挥部办公室主任郑春茂出席会议。市领导高炜明主持会议。

▲国土资源部监察局副局长张璞在内蒙古饭店会议室为我市各旗县区、委办局及国土资源部门相关负责人作了一场生动的国土资源监察专题报告。市委常委、副市长薄连根主持报告会。

▲由自治区、呼市两级禁毒委办公室、呼市防治艾滋病工作委员会办公室、呼市第五轮全球基金艾滋病项目办公室联合主办的“6·26”禁毒与预防艾滋病大型宣传活动在呼和浩特市新华广场举行。市领导云公和、张亮及有关部门负责人参加了宣传活动。

27日　2008中国民族商品交易会将于9月在内蒙古国际会展中心隆重举行。目前各项筹备工作进展顺利。市委副书记、市长汤爱军出席了在北京召开的新闻发布会并作了新闻发布。市委常委、宣传部部长云丽珠主持新闻发布会。自治区商务厅厅长吕二喜、副市长云公和出席发布会。

▲副市长刘菊茹在内蒙古饭店会见了以色列驻华大使安泰毅为团长的考察团一行，双方在亲切友好的气氛中进行了交流。

▲我市召开全市农业保险工作会议，制定了《呼和浩特市2008年农业保险保费补贴实施方案》，明确了农业保险保费补贴的总体思路。市政府副巡视员高炜明出席会议。

28日　内蒙古最具影响力的商业联合会——内蒙古新蒙商联合会在内蒙古饭店举行隆重的成立大会。自治区及我市领导任亚平、郝益东、郭子明、董恒宇、赵刚出席了成立大会。

▲市委书记韩志然亲切会见了河北省原副省长郭世昌、石药集团有限公司董事长蔡东晨及印度鲁宾公司集团采购总裁卡娜一行。市领导朝鲁、兰恩华、武文元、郭召来参加了会见。

29日　前来呼市参加2008世界草地与草原大会的全国人大副委员长韩启德在自治区及我市领导储波、韩志然、符太增、雷·额尔德尼、汤爱军的陪同下，对我市城市建设等情况进行了考察参观。

▲全国政协副主席阿不来提·阿不都热西提在自治区及我市领导储波、韩志然、符太增、郭子明、汤爱军、兰恩华、张亮的陪同下，对我市的工业经济及城市建设等情况进行参观考察。

▲由甘肃省定西市政协主席秦素海率领的定西市马铃薯产业考察团莅临我市进行考察。市政协主席张彭慧、市人大副主任吕景瑞、市政府副巡视员高炜明亲切接见定西市马铃薯产业考察团一行。市政协副主席陈曼莉陪同考察。

30日　我市隆重举行庆祝中国共产党成立八十七周年暨“五好三优”表彰大会。市委书记韩志然出席大会并作重要讲话。市委副书记、市长汤爱军主持会议。市领导吴一徵、张彭慧、朝鲁、杨飞云、王恒俊、刘香芸、赛娜、刘菊茹、崔世清、银孝、张亮、李绍华出席会议。

▲以国家民委副主任吴仕民为组长的国家民委民族政策检查组一行莅临我市，就贯彻落实《国务院办公厅关于严格执行党和国家民族政策有关问题的通知》精神的有关情况和我市民族工作的基本情况进行考察。自治区副主席刘新乐、市委副书记、市长汤爱军、副市长云公和陪同考察并出席全市民族工作汇报会。

7月

1日　呼市地产界香港招商之行项目说明会在香格里拉大酒店举行，全球最大的会展主办机构——法国励展博览集团负责人于连·索詹先生就亚洲香港“国际地产投资交易会”的举办情况以及交易会所带来的走出去、引进来的合作机遇和商机进行了详细说明。市委常委、副市长薄连根、市人大副主任李岳清参加了说明会。

▲从今日起，我市增加城镇低保对象补助每人15元，进一步提高城镇居民最低生活保障补助水平。

▲呼市“中国北方旅游网”正式开通。

2日　自治区副主席刘卓志对我市社区建设和劳动保障工作进行视察。自治区民政厅厅长吴金亮、自治区劳动和社会保障厅厅长冀秉峰，我市领导汤爱军、包钢及市有关部门负责人陪同视察。

▲市委副书记、市长汤爱军在内蒙古饭店会见了北京台资企业协会会长林清发。双方就今后的投资合作等问题进行了亲切交谈。市领导云建东、李岳清参加了会见。

2日—11日　中共中央政治局原委员、中央军委原副主席、原国务委员兼国防部长迟浩田在呼和浩特市考察。

3日　市委副书记、市长汤爱军接受《呼和浩特日报》记者的采访。他指出，我们要抓住奥运契机，弘扬奥运精神，全面推进现代化和谐首府的建设进程。

4日　全市马铃薯中棚种植模式现场观摩会在武川县召开。市委书记韩志然出席现场会并指出，要大力推进设施农业、高效农业、现代农业的建设，把我市农村建设的“短板”补起来，实现首府农村经济的可持续发展。市领导汤爱军、吴一微、张彭慧、薄连根、杨飞云、兰恩华、吕景瑞、白金祥、高炜明、银孝出席现场会。我市各旗县区、各相关部门的有关负责人参加了现场会。

▲市政府召开专门会议，就国家监察部、环保部来我市检查第29届奥运会环境质量保障落实情况等有关工作进行安排部署。

5日　自治区政府在全区范围内表彰了8位来内蒙古工作的外籍专家，授予他们“2007年度自治区骏马奖”荣誉称号，其中我市的屋瑞克·斯莱登和毕俊卿两位专家位于其中。

6日　市委副书记、市长汤爱军在市领导云公和、崔世清及有关部门负责人陪同下考察了西龙王庙福胜农副产品批发市场和攸攸板村京源港汽配市场。他强调，村委会在投资建设企业时，在建设改造中一定要结合农民的切身利益，一定要把农民未来的生存问题纳入其中，在未来企业管理方面，要跳出和超越过去“农民企业”的管理模式，向南方一些先进村办企业学习，使企业融入到现代化城市管理之中。

▲西部地区最大的五金机电产业航母——内蒙古金海国际五金机电城举行奠基仪式，市委副书记、市长汤爱军，副市长云公和，市政协副主席崔世清及自治区和我市有关部门负责人参加了奠基仪式。150多家五金机电骨干企业到场祝贺。

▲我市公开招考聘用社区工作人员笔试工作在呼和浩特职业学院进行，1123人在38个考场中参加了笔试。

▲奥运火炬接待大会在市政府举行，参加火炬传递的我市208名火炬手共同观看了奥运火炬宣传片，北京奥运会火炬接力呼和浩特组委会工作人员和北京奥委会工作人员分别就我市火炬传递路线和火炬手在进行过程中需要注意的事项向火炬手做了介绍。市委副书记、市长汤爱军出席会议并讲话。

8日　北京2008年奥运会火炬接力内蒙古自治区暨呼和浩特传递活动在内蒙古博物院民族团结宝鼎广场隆重举行。自治区副主席刘新乐主持起跑仪式。自治区党委副书记岳福洪宣布：北京2008年奥运会火炬接力内蒙古自治区暨呼和浩特市传递活动开始。来自内蒙古的著名蒙古族篮球运动员巴特尔从自治区党委常委、呼市市委书记韩志然手中接过“祥云”火炬，开始第一棒传递。经过208名火炬手6.2公里的心手传递，最后一棒火炬手——伊利集团总裁潘刚到达如意广场，点燃圣火盆。至此2008年奥运会火炬接力内蒙古自治区暨呼和浩特传递活动圆满成功。北京奥组委委员、共青团中央书记处常务副书记杨岳，自治区及我市领导陈光林、岳福洪、任亚平、邢云、韩志然、乌兰、张力、柳秀、刘新乐、郭子明、汤爱军、张彭慧等参加了起跑和结束仪式。

▲以江苏省委常委、苏州市委书记王荣为团长的苏州市党政代表团一行莅临我市考察。代表团一行首先对内蒙古伊利实业集团股份有限公司、金海新工业园、蒙牛高科技乳品研究院及高智能化生产基地等我市龙头企业进行考察。随后，我市还组织召开了座谈会。我市领导韩志然、吴一微、张彭慧、薄连根、朝鲁、兰恩华、王恒俊、武文元、云建东、吴安俊、彭皓方、银孝等陪同考察并出席座谈会。

7日—8日　自治区副主席郭启俊在我市领导汤爱军、高炜明及自治区、呼市相关部门负责人的陪同下，深入到赛罕区舍必崖村奶牛小区、伊利第七牧场、土左旗奶联社、兵州亥奶牛小区进行实地调研，了解呼市奶业的发展情况，并就有关工作提出指导性意见。

9日　“呼和浩特市优质服务迎奥运——全国巾帼文明岗授牌仪式”举行。呼和浩特市市容管理局、玉泉区妇幼保健院、内蒙古维多利商业(集团)有限公司收银部、北京月嫂爱心服务中心呼和浩特分部(分公司)4家单位荣获“全国巾帼文明岗”荣誉称号。

▲市财政局新增市本级应负担的新型农村合作医疗补贴资金371万元，连同年初预算已安排的补助资金共计871万元，一次性下达到各旗县区，让我市9017743名农民得到实惠。

11日　2008年上半年工业经济运行分析会召开。市委常委、副市长武文元出席会议并就今后我市工业经济的发展讲了几点意见。市经委、发改委以及各旗县区、开发区有关负责人出席了会议。

13日　市政府与金盛发有限公司神舟绿能光伏项目签约仪式在香格里拉大酒店举行。自治区党委常委、市委书记韩志然，市委常委、秘书长兰恩华，市委常委、副市长武文元出席签约仪式，金盛发有限公司总经理林和龙介绍了该企业的基本情况。

▲市公安局建设的呼市建国以来第一个专业性DNA检验鉴定机构——DNA实验室现在已经正式投入使用。

14日—15日　由全国人大副委员长周铁农带队，以全国人大委员会委员、全国人大环境与资源保护委员会副主任委员倪岳峰为组长的全国人大常委会《环境影响评价法》执法检查组莅临我市，对自治区及我市贯彻落实《环境影响评价法》情况进行执法检查。执法检查组一行在自治区及我市领导郝益东、刘卓志、汤爱军、王恒俊、邢燕菊、吕慧生的陪同下，先后对我市金山开发区、中化三联塑胶(内蒙古)有限责任公司、金桥热电厂进行了实地检查。并与自治区环科院、煤炭建设生态环境研究所及自治区、呼市环保局等相关部门负责人进行了座谈。

15日　呼市国家级农业标准化示范区达到10个。其中“沙棘种植标准示范区”、“奶牛养殖标准化示范区”、“绿色马铃薯种植标准化示范区”、“红辣椒种植标准化示范区”、“无公害玉米种植农业标准化示范区”被国家标准化管理委员会正式列入第六批全国农业标准化示范区一类项目。

▲市领导吕慧生、银孝在市发改委、环保局、城发公司、财政局、工商局、国税局、地税局等有关部门和单位主要负责人的陪同下，赴托电工

业园清水河区焦化甲醇一体化项目易地改造工程工地进行实地视察。

▲市政府决定从今日起至25日对各旗县区重点行业领域奥运安全生产工作和安全生产隐患排查百日督查情况进行督查。

16日　由自治区科技厅厅长徐凤君牵头的调研组一行深入我市赛罕区金桥开发区，就我市的硅产业建设情况进行调研。副市长刘菊茹陪同考察。

▲今日上午8：30，2008年奥运会内蒙古交通服务保障车队从内蒙古人民会堂出发。自治区交通厅党组书记、厅长常海，自治区交通厅副厅长姜革峰、副市长云公和出席出发仪式，常海宣布车队出发。

▲我市召开武川县可镇扶贫工作协调会。市领导朝鲁、包钢、云院祯出席会议。

▲市领导高炜明一行视察了玉泉区蔬菜生产建设情况。

17日　全市信访工作会议召开。会议总结、通报了2007年以来我市的信访工作情况，并对今年下半年我市的信访工作进行了安排部署。市委副书记、市长汤爱军出席会议并要求各地区各部门主要负责人必须牢固树立“解决问题是信访的根本”的工作思想，把有效降低重访率、提高初信、初访办结率，解决好群众诉求问题，进一步改善民生当作一项重要的政治任务来抓，为促进首府经济又好又快发展和社会和谐稳定而努力奋斗。市委常委、政法委书记李鹤出席会议并讲话。自治区处理信访突出问题及群体性事件联席会议第二督导组组长、自治区劳动和社会保障厅副巡视员范金、督导组副组长、自治区党委政府信访督查专员兴安等应邀参加了会议。市委常委、秘书长兰恩华主持了会议。

▲副市长刘菊茹会见了以秘鲁阿普拉党全国通讯书记赫尔曼·鲁纳·塞古拉为团长的秘鲁阿普拉党考察团一行。

18日　今天，呼和浩特日报社迎来了成立50周年华诞，自治区和我市领导为呼和浩特日报社社庆题词，人民日报驻内蒙古记者站、自治区党委宣传部、内蒙古日报社等单位发来贺信贺电，对呼和浩特日报社50周年社庆表示祝贺。自治区党委常委、市委书记韩志然题词：“忠于党的新闻事业，推动首府经济又好又快发展。”自治区党委常委、宣传部部长乌兰题词：“把握舆论导向、服务工作大局。”市委副书记、市长汤爱军题词：“贺呼和浩特日报社五十年华诞，望继续高扬主旋律，紧贴党心、民心，促进科学发展，创办全区一流新闻媒体。”市人大主任吴一微题词：“祝贺呼和浩特日报社建社50周年，希望首府的新闻事业实现又好又快发展，走进自治区前列。”市政协主席张彭慧题词：“祝贺呼和浩特日报社五十华诞，希望在推进现代化和谐首府建设中做出重大贡献!”内蒙古新闻出版局局长杨红岩题词：“高扬主旋律，高奏和谐曲。”市委常委、宣传部部长云丽珠题词：“以人为本，不断创新，实现首府报业的蓬勃发展。”

▲市委书记韩志然主持召开市委第32次常委(扩大)会议，会议对全市上半年经济运行情况进行了分析。市委副书记、市长汤爱军出席会议并讲话，他要求各地区、各部门一定要增强紧迫感，在今后的发展中要抓关键、抓薄弱、抓重点，要以创建环保模范城为契机，关注民生、挖掘潜力，确保各项经济指标圆满完成，实现首府经济又好又快发展。市领导杨飞云、薄连根、李鹤、朝鲁、兰恩华、陈焕文、赵刚、武文元、云建东、狄瑞明出席了会议。

▲呼和浩特日报社成立50周年庆典活动在呼和浩特日报社印刷厂院内举行。市领导韩志然、汤爱军、张彭慧、杨飞云、兰恩华、云丽珠、狄瑞明、李岳清、刘菊茹及呼和浩特警备区副政委王瑞杰出席庆典仪式。

20日　从今日起，在北京、上海、青岛、呼和浩特等机场实施特别检查工作措施。

▲市委副书记、市长汤爱军，副市长武文元一行在航天科技集团公司吴艳华总会计师的陪同下考察了航天科技集团公司第七研究院，双方就液压支架项目合作事宜进行了深入交流和研讨，并签订了合作框架协议。21日副市长刘菊茹深入清水河县就农村产业体系下一步发展方向进行考察指导。市科技局及清水河县有关负责人陪同考察。刘菊茹参加了清水河县城关镇召开的2008年社会扶贫会。市扶贫办、市市容局等单位主要负责人及清水河县党政领导参加了会议。

▲从今日起，呼和浩特市旗(县、区)委书记大接访活动全面展开。全市9个旗(县、区)委书记、旗(县、区)长要面对面接待来访群众，集中解决一批群众最关心、最直接的利益问题和影响社会稳定的热点、难点信访问题，维护群众合法权益，促进社会和谐稳定。

21日—27日　市委常委、副市长薄连根率市四区区长和市国土资源局相关人员赴上海、天津、沈阳学习考察了城市建设和国土资源执法监察工作。考察组一行学习了上海等地在土地资源科学管理、严格执法监察工作、全方位动态巡查系统及信息化建设等方面的先进经验。薄连根要求各级政府要进一步明确责任，加强协调，要全面理顺国土资源执法监察工作机制，要在制度建设上下大力气，迅速建立健全动态巡查体系，努力开创国土资源管理工作新局面。

22日　在全国县域经济科学发展理论研讨会上，发布了第八届全国县域经济基本竞争力与科学发展评价报告，同时公布了第八届中国西部百强县(市)名单，我市和林县位列其中，这也是和林县连续六年进入中国西部百强县(市)行列。

▲呼市公安局第二批赴川100余名特警载誉归来。自治区党委常委、市委书记韩志然，自治区公安厅厅长赵黎平，市委常委、秘书长狄瑞明、副市长云公和、市公安局局长颜炳强出席欢迎仪式。

24日　我市在建章盖营、公主府污水处理厂工程进展汇报和水环境处理协商会议举行。自治区党委常委、市委书记韩志然出席会议并做重要讲话。会上，副市长吕慧生就确保按时完工通水和保质保量等问题提出了要求。自治区发改委、财政厅、环保局和市发改委、财政局、环保局、春华水务公司等部门和单位有关人员参加会议。

▲由中央电视台一套《中华民族》栏目组拍摄的4集专题片《王昭君》在呼和浩特开机。

25 日　市委副书记、市长汤爱军主持召开全市民生工作第二次汇报会。他指出，各地区、各部门要进一步统一思想，提高认识，主要领导要亲自挂帅，坚持不懈，狠抓任务的落实，目前各项任务进展良好的要继续做好，进展一般的要进一步加强，进展缓慢的要迎头赶上，确保民心工程按年度计划全面完成，使改革成果最大限度地惠及广大市民。市领导云丽珠、狄瑞明、刘菊茹、包钢出席汇报会。各旗县区、各相关部门负责人参加会议。

▲市委、市政府隆重举行庆“八一”党政军联谊会，庆祝中国人民解放军建军 81 周年。市委副书记、市长、市双拥工作领导小组副组长汤爱军在会上讲了话。内蒙古军区副司令员海力斯、装备部部长周力、政治部副主任刘志全、内蒙古预备役 30 师师长朱德明，武警内蒙古总队副政委张旭以及自治区民政厅副厅长冯呼和出席会议。我市党政军领导张彭慧、陈焕文、杨飞云、云丽珠、包钢、张亮、田玉美、姜光玉等出席会议。

▲由市公安局、外事办公室、人事局等 16 个部门组成的呼和浩特市外国人管理工作局协调小组成立。副市长云公和出席会议并讲话。

▲市委、市政府召开市级包扶单位扶持武川县中棚建设动员会。副市长白金祥出席会议。全市各包扶单位主要负责人及扶贫队员参加了会议。

▲自治区副主席刘新乐实地专项检查了北京奥运会期间呼市地区食品供应商伊利集团的生产车间和奶源基地以及大唐药业公司、内蒙古医院、惠丰堂药业公司、九合永龄堂和立安大药房等医疗机构、药品生产经营企业的生产经营情况。

27 日　市委常委、呼和浩特警备区政委、市双拥工作领导小组副组长陈焕文，副市长、市双拥工作领导小组副组长包钢，在市民政局、市双拥办负责人的陪同下，看望并慰问了参加迎奥运建军节汇报演示的全体官兵。

28 日　我市举行重大科技专项启动暨奶牛性控繁育技术示范项目签约仪式。自治区科技厅副厅长田颖男应邀参加会议。副市长刘菊茹出席会议并要求实施重大专项的旗县区政府、企业及有关部门要把奶牛性控繁育技术示范专项工作列入重要议事日程，根据项目需求，有针对性地对管理人员和农民进行培训。完善监督管理，建立健全旗县区与企业、企业与技术人员、企业与农户间的责任关系，以确保科技示范专项的顺利实施。

▲我市召开 2008 年第三次食品安全联席会议，专题研究部署奥运会食品安全保障工作。市食品安全委员会主任，副市长刘菊茹出席会议并就如何做好奥运会食品安全保障工作提出几点要求。市食品药品、农牧业、质监、工商、卫生、商务、粮食、盐务等部门负责人参加了专题会议，机场及铁路、车站负责人也应邀参加了会议。

▲内蒙古京源港国际汽配城开工奠基。市领导白金祥参加了奠基仪式。

29 日　我市就举行中国·呼和浩特第九届昭君文化节工作情况召开了第一次工作例会。市委副书记、市长汤爱军，市委常委、宣传部长云丽珠，市人大副主任李岳清，自治区广电局副局长关方方出席会议。

▲以民政部纪检组副组长、监察局局长朱朝英为组长的检查组一行，就我市“蓝天计划”和“霞光计划”专项资金管理使用运行情况进行执法监察。检查组一行首先听取了自治区民政厅及我市民政局负责人的情况汇报。副市长包钢出席汇报会。

▲全国农村能源行业“保安全、助奥运、送沼气安全知识下乡”活动启动仪式在我市和林格尔县农民科技示范教育基地举行。农业部安全生产委员会办公室主任李辉、农业部科技教育司能源生态处调研员郝生荣、农业部信息中心处长梁宝忠、自治区农牧业厅副厅长赵存方、市政府副巡视员高炜明和自治区生态能源站、市农牧业局及和林县有关负责人参加了启动仪式。

▲以自治区司法厅厅长徐呼和为组长的自治区“五五”普法中期检查组莅临我市检查指导工作。市领导李鹤、吴安俊、云公和、鲁剑钧及各旗县区、市政法委、综合办等相关部门负责人出席汇报会。31 日伊利集团荣获自治区“抗震救灾捐款捐物先进集体”荣誉。

8月

1 日　呼市物业管理处向全市所属开发企业与物业企业正式发出关于今后对新建住宅小区各项服务费用收取的新办法，从今日起正式执行。

▲呼市千手观音院万佛楼奠基暨祈福会举行。市政协主席张彭慧、副市长吕慧生、市政协副主席银孝出席奠基仪式。市委统战部、新城区相关负责人等参加奠基仪式。

▲2008 年全市食品安全新闻发布会举行。会上，市食品药品、农牧、质监、工商、卫生、商务六部门对我市上半年特别是夏季以来开展食品安全监管工作情况进行了通报。

▲以自治区司法厅厅长徐呼和为组长的自治区“五五”普法中期检查组一行 6 人，在对我市基层单位实地检查的基础上，同市委、市政府交换了意见。市领导李鹤、云公和、张亮出席，市法检两院及各旗县区各部门主要负责人和相关部门负责人参加了会议。

▲市政府召开研究会，讨论如何加大执法力度，严格管理用地和建筑事宜。市委常委、副市长薄连根主持会议。市规划局、建委、国土局、房产局和新城区政府等有关部门和单位及首府规划、建设、土地、房产、市容、水务 6 个执法队的主要负责人出席了会议。

▲市领导高炜明在市水务局、水文局、防汛办、武川县政府及相关部门负责人的陪同下，深入到武川县实地检查指导防汛工作。

2 日　由市委、市政府主办、内蒙古书画研究院、市文联承办的第一届当代书画家作品邀请展在内蒙古美术馆举行。市领导云丽珠、白金祥、彭皓方及自治区、呼市部分著名书画家出席了开幕式。

▲无锡西姆莱斯控股有限公司蒙丰特钢和专用钢管生产线投产剪彩仪式在托克托工业园区东区蒙丰特钢公司厂区内举行。江苏省无锡市副市长谈学明，无锡西姆莱斯控股有限责任公司董事长朴龙华，河北毕氏集团有限责任公司董事长毕经安，市领导韩志然、汤爱军、薄连根、朝鲁、云建

东、狄瑞明以及自治区、呼市有关部门负责人出席投产剪彩仪式。

3 日　由鄂尔多斯控股集团投资建设的"鄂尔多斯·怡景·萃华林"经济适用房项目举行开工奠基仪式。市委副书记、市长汤爱军，市委常委、统战部部长云建东出席并为项目开工奠基。

4 日　我市召开中国·呼和浩特第九届昭君文化节新闻发布会，向中央、自治区驻呼新闻媒体及市属新闻媒体通报举办第九届昭君文化节的有关情况。中国·呼和浩特第九届昭君文化节组委会副主任、市委副书记杨飞云，中国·呼和浩特第九届昭君文化节组委会副主任、市委常委、宣传部部长云丽珠、中国·呼和浩特第九届昭君文化节组委会副主任、副市长白金祥，伊利集团副总裁张剑秋，内蒙古电视台导演贺希格图出席新闻发布会。

▲市政府副巡视员高炜明在市水务局、防汛办以及赛罕区、新城区相关部门负责人的陪同下，对我市防汛工作进行了检查。

▲由中国社会科学院财政与贸易研究所和美国巴克内尔大学牵头，多国学者携手完成的本年度《全球城市竞争力报告》在第五届城市竞争力国际论坛上发布。《报告》对全球五百个城市的九项指标数据进行聚类分析。报告指出，北美、欧洲的综合中心和科技中心竞争力最强，亚洲尤其是中国的一些城市竞争力增长最快。在全球经济增长前 20 名的城市排行中，呼和浩特、包头以及烟台、东莞等为近五年全球经济增长最快的城市。新华社、经济日报、内蒙古人民广播电台、呼和浩特日报等多家媒体对市委副书记、市长汤爱军进行了联合专题采访。汤爱军就呼和浩特市经济社会发展情况以及今后的发展思路和目标回答了记者的提问。

▲中共呼和浩特市委员会、呼和浩特市人民政府对 2007 年度旗县区、部委办局党政领导班子和领导干部工作实绩考核结果进行通报。5 日呼和浩特电视台第一辆电视转播车——"6+2"讯道标清全数字电视转播车正式启动。市领导汤爱军、吴一微、张彭慧、杨飞云、云丽珠、郭召来、李岳清、刘菊茹、彭皓方为转播车的正式启用剪彩。

▲大型公益慈善画展"积墨青山走进敕勒川"在内蒙古美术馆开展。自治区原人大副主任陈瑞清、贾才，自治区红十字会副会长桂忠出席开展仪式。市领导张彭慧、杨飞云、吕慧生、白金祥、刘承恩、银孝及市委宣传部、民政局、文化局、爱心企业和书画界知名人士以及书画爱好者出席开展仪式。

6 日　市公交总公司举行"迎奥运开新线、新车投入运营"庆典仪式。市领导吴一微、薄连根、邢燕菊、吴安俊、云普选出席新车上线庆典仪式。

▲市委常委、副市长薄连根在清水河主持召开了窑沟乡侯家圪洞村社会扶贫协调会。同时就清水河县上半年经济运行情况和城关镇建设情况进行调研。

▲副市长刘菊茹深入武川县，就农业科技产业体系下一步发展方向进行了考察指导。

▲副市长云公和在市公安局、消防部门有关负责人的陪同下，对我市奥运安全保卫重点单位、要害部位进行实地检查。他要求各安保重点单位、要害部位均要做好安全防范和消防安全工作，并且制定防突预案。

7 日　乌素图生态园合作项目签约仪式举行。签约仪式上，市林业局与内蒙古大天酒店有限责任公司主要负责人签订了合作协议。自治区党委常委、市委书记韩志然出席。市领导薄连根、狄瑞明、郭召来、银孝等出席。

▲武川县二份子乡 2008 年度社会扶贫项目协调会议在武川县召开，市委常委、副市长赵刚出席会议并讲话。

9 日　自治区督查组到我市督查新型农村合作医疗工作，督查组前往玉泉区红十字医院、西菜园合管办、小黑河镇合管办、部分村卫生室和农户进行调查走访。副市长刘菊茹及市卫生局、药监局等部门负责人陪同。

10 日　位于玉泉区南台什村千亩种养殖科技示范园暨金盘养殖场举行奠基仪式。市委常委、统战部部长云建东，市政府副巡视员高炜明及市农牧业部门相关负责人参加奠基仪式并作重要讲话。

▲《呼和浩特市殡葬管理条例》今日起施行。

11 日　自治区调研督查组就首府城乡居民收入及相关方面事宜来呼调研。副市长吕慧生出席汇报会并提出今后首府一定要在正常增资、就业、养老金发放、低保支农惠农等方面工作取得较大成果的基础上，再接再厉，促进城乡居民收入增加，让城乡居民充分享受经济发展的成果和实惠的工作目标。

12 日　自治区政府发布了"关于我区 2007 年城市环境综合整治定量考核结果的公告"，首府以总分 81.48 分第六次蝉联 12 个盟市首位。这是我市城市环境综合整治成绩已连续 6 年名列全区第一。

▲中国共产党呼和浩特市第十届委员会第六次全体会议举行。自治区党委常委、市委书记韩志然作重要讲话，市委副书记、市长汤爱军作总结讲话。市委常委会主持会议。

▲以乌兰察布市市委副书记刘忠诚为团长、副市长王建国为副团长的党政考察团一行来呼考察。市委副书记杨飞云、市政府副巡视员高炜明及市农牧业局、赛罕区等部门的相关负责人陪同考察。

13 日　市委副书记、市长汤爱军在市领导王恒俊、武文元及市经委等有关部门负责人的陪同下，先后视察了土默川路在建工程、内蒙古亚通塑胶有限公司、维斯塔斯风力系统建设工地、伊利金海工业园、东达小镇建设项目、出口贸易加工区 110KW 变电站等项目，并对裕隆园区的力帆汽配建设项目进行视察。

▲全市流动人口计划生育工作会议在赛罕区西把栅乡前不塔气村召开。副市长刘菊茹出席会议并讲话。

▲由市文化局牵头，市教育局、科技局、体育局、呼市广电局、市文联、市总工会、妇联、团市委、呼市日报社参与的呼和浩特文化人才（库）百人百组百万人工程活动启动仪式举行。副市长白金祥出席了启动仪式。

▲副市长包钢在市民政局、建委等部门负责人的陪同下，来到大青山公墓周边看望慰问了承建大青山公墓周边道路改扩建项目的市政养护一处工人。

14 日　今年上半年新建的新华社

区邻里服务中心及丽苑社区、海西路社区、赛罕路社区、迎春社区、山丹社区服务中心集体举行了剪彩挂牌仪式。市委副书记、市长汤爱军、副市长包钢参加了剪彩挂牌仪式，并对社区工作进行了调研。

▲市红十字会在古林人文纪念园举行了《呼和浩特市遗体捐献管理办法》审议通过捐献遗体纪念碑及主题广场落成仪式。自治区及我市领导牛广明、刘承恩、彭皓方、鲁剑钧以及有关部门人员同我市 147 位遗体捐献志愿者参加了仪式。

15 日　市委副书记、市长汤爱军在副市长刘菊茹及市内四区及市教育局、规划局等有关地区和部门负责人的陪同下，先后对已经改扩建和准备改、扩建的呼铁一中、新民街小学、呼市 6 中、呼和浩特职业学院传媒学院、呼市 35 中、呼市 29 中、金桥小学进行了实地调研。

17 日—18 日　以南宁市市委副书记覃孟征为团长，南宁市建委、房产局、园林局等部门和单位组成的南宁市城建考察团一行 18 人，在呼和浩特市市委副书记杨飞云及我市领导薄连根、郭召来的陪同下，考察了大召建筑群落、蒙古族特色建筑景观街、伊斯兰建筑特色景观街、成吉思汗大街，参观了东河改造工程、重点建设项目内蒙古博物院、乌兰恰特大剧院、白塔国际机场等地。听取了呼和浩特市经济和社会发展以及园林绿化建设、城市管理等方面的介绍。

18 日　赛罕区黄合少镇苏计村移民扶贫工程竣工剪彩仪式举行。市领导汤爱军、吴一微、吕景瑞、高炜明出席剪彩仪式并看望了部分入住村民，了解他们的生活状况，鼓励他们进一步发展生产，过上富裕生活。

19 日　呼和浩特中燃城市燃气发展有限公司焦化甲醇一体化项目易地改造工程一号焦炉举行点火仪式。市领导韩志然、汤爱军、武文元、狄瑞明和中国燃气控股有限公司执行总裁刘明辉参加了点火仪式。

▲全市农村电影工作会议暨呼和浩特新农村数字电影院线有限责任公司成立大会举行。副市长白金祥出席会议，为呼和浩特新农村数字电影院线有限责任公司成立揭牌。

20 日　全市公安机关召开抓基层、打基础、苦练基本功的“三基”工程建设工作会议。会上，全市 9 个旗县区党委、政府有关负责人汇报了各旗县区“三基”工程建设开展情况。市领导薄连根、云公和出席了会议。

▲市委副书记、市长汤爱军主持召开了 2008 中国民族商品交易会组委会第四次工作例会。市领导狄瑞明、李岳清、云公和、高炜明、银孝、颜炳强出席会议，市相关部门负责人参加了会议。

▲呼和浩特市游客集散中心（内蒙古自治区首家游客集散中心）正式开业运营。市委副书记、市长汤爱军、市人大副主任韩钊，副市长白金祥出席启动仪式。自治区旅游局局长赵广华应邀出席。

21 日　市委副书记、市长汤爱军主持召开办公会议，专题研究回民区贝尔路商业街即民族商场和维多利商厦后院、满达商城一带街道的综合整治工作。市领导薄连根、云公和、包钢、银孝出席会议。

22 日　市委副书记、市长汤爱军在市农牧业局、林业局、水务局、扶贫办、石油公司、网通公司等部门和单位主要负责人的陪同下，赴清水河县三岔河村进行扶贫协调。汤爱军一行先后视察了三岔河村改河造地工程、马铃薯储窖以及“三分地”种薯繁育网室等。视察中，汤爱军市长对乡政府和各扶贫单位提出了发展科技含量和附加值较高的产业合理使用扶贫资金等要求。

▲市委书记韩志然主持召开市委第 34 次常委会议。市领导汤爱军、杨飞云、兰恩华、云丽珠、云建东、狄瑞明出席了会议。市人大主任吴一微、市政协主席张彭慧、市人大副主任李岳清、副市长云公和、包钢、白金祥，市政协副主席银孝及有关部门负责人列席会议。

26 日　副市长云公和向各媒体通报了第二届中国民族商品交易会整体工作筹备情况。这次商品交易会的主题是：“稳定、繁荣、和谐、发展”。目前各项筹备工作进展顺利、开馆仪式筹备工作已基本完成。参会的代表团有 5 个，参会的国内城市有 36 个。

27 日　市委召开常委会议，市委书记韩志然主持会议。市领导汤爱军、杨飞云、薄连根、李鹤、朝鲁、兰恩华、陈焕文、王恒俊、狄瑞明出席会议。市政协主席张彭慧、市人大副主任邢燕菊、副市长吕慧生、云公和、白金祥，市政协副主席银孝列席会议。各旗县及相关部门负责人列席会议。

▲北京 2008 残奥会火炬接力呼和浩特站新闻发布会召开。副市长刘菊茹出席会议并向各新闻媒体介绍了残奥会火炬在呼和浩特市传递的基本情况。

▲我市举行了残奥会火炬传递预演。

▲我市召开第二次经济普查领导小组（扩大）会议。市第二次经济普查领导小组组长、副市长吕慧生，以及相关部门负责人出席了会议。

28 日　呼和浩特市老年活动中心成立剪彩仪式举行。市委副书记、市长汤爱军出席并要求有关部门一定要管理和利用好老年活动中心，使其真正丰富老年人的物质文化生活，提高为老年人的服务水平，为推动我市老年人事业健康发展起到应有的作用。市领导韩志然、张彭慧、杨飞云、狄瑞明、银孝、李绍华等出席。自治区关工委常务副主任刘晓旺、自治区关工委副主任图门昌、自治区民政厅厅长吴金亮、自治区老龄委专职副主任张玉忠、市关工委常务副主任郝民等也出席了剪彩仪式。

▲全市地税系统工作会议召开。副市长吕慧生出席会议并讲话。他要求地税系统要在全市经济保持又好又快的发展势头，抓住机遇，健全市地方税收事业随着经济发展继续实现平稳较快增长。

29 日　内蒙古电影放映收藏学会经过 5 年的筹建创办了内蒙古电影博物馆，并举行了开馆揭牌仪式。市委常委、副市长薄连根出席仪式。

30 日　北京 2008 年残奥会圣火从华夏文明发祥地西安转站到草原文化传承地呼和浩特，开始了“中华文明线”的第二站传递。残奥会火炬接力呼和浩特市传递起跑仪式在成吉思汗广场举行。北京奥组委执行副主席蒋效愚点燃了传递活动的第一支火炬，并将火炬交给自治区党委常委、政法委书记邢云。邢云宣布北京 2008 年残奥会火炬接力呼和浩特市传递活动开始。第一名火炬手内蒙古自治区残联理事长杨志民从邢云手中接过火炬，开始了残奥会火炬在呼和浩特站的传递。在全程3.1公里的传递路线上经过70名火炬手心手相传，第70名火炬手陈国义在呼和浩特体育场点燃圣火盆，残奥会火炬接力传递活动取得了圆满成功。市委副书记、市长汤爱军主持起跑仪式并在结束仪式上讲了话。北京奥组委执行副主席蒋效愚，中国人民武警部队副参谋长薛国强，自治区领导邢云、柳秀、刘新乐、娜仁，武警内蒙古总队政委张如平，内蒙古军区政治部副主任刘志全以及我市领导刘菊茹、彭皓方出席了起跑和结束仪式。

▲全国地方金融第十二届论坛在呼和浩特召开。全国政协副主席陈宗兴，全国人大原副委员长蒋正华，自治区人大副主任罗啸天、自治区副主席布小林、自治区政协副主席牛广明，市委副书记、市长汤爱军，中国人民银行副行长刘士余，中国银监会副主席王兆星，中国银联总裁许罗德出席论坛。

▲2008中国内蒙古国际能源产业及节能减排技术博览会在内蒙古国际会展中心举行。自治区及我市领导柳秀、连辑、娜仁、刘菊茹等出席了开幕式。

9月

1日　市委书记韩志然、市委副书记、市长汤爱军深入呼和浩特市体育场视察第九届昭君文化节开幕式晚会各项筹备工作。他们要求：一定要把昭君文化节的各项筹备工作的精细环节做好，将昭君文化节和这台晚会办成一个高水平、有特色、能够充分展示草原文化魅力和内蒙古人民精神风采的草原文化品牌。市领导杨飞云、云丽珠、狄瑞明、云公和及有关部门负责人陪同视察。

▲市委副书记、市长汤爱军召集公安、供电、卫生、新闻媒体等相关部门负责人召开了呼和浩特第九届昭君文化节开幕式工作协调会。市委常委、宣传部部长云丽珠主持协调会。副市长云公和出席会议。

▲呼市公安局抗震救灾和基层模范民警先进事迹巡回报告团在内蒙古师范大学学术报告厅举行首场报告会。市公安局特警支队200多名特警队员聆听了报告。

▲从今日起，2008年我市城乡中小学生已全部实施“两免一补”政策，即免杂费、免课本费、补家庭困难学生生活费。惠及全市城乡中小学生共29万人。

▲我市开展了声势浩大的中山西路和贝尔路商业街周边道路及市容环境综合整治行动，将迎街临建、违建及悬挂构筑物、牌匾等连夜拆除。市公安局、工商局、市容局、回民区政府等部门和单位组成的综合整治指挥部参加了这次统一行动。

▲我市开展城乡就业状况调查工作。

1日—6日　中国·呼和浩特殡葬论坛在我市举行。来自北京、深圳、武汉等全国23个城市的180多名代表参加了论坛。自治区民政厅副厅长冯呼和，市领导包钢、鲁剑钧出席会议。副市长包钢致欢迎词。民政厅副厅长冯呼和在会上讲了话。

2日　全市贯彻落实关于《建立健全惩治和预防腐败体系2008—2012年工作规划》暨干部教育培训、领导班子思想政治建设工作会议召开。市领导韩志然、朝鲁、兰恩华、狄瑞明、韩钊、包钢、银孝出席会议。会议由市委副书记杨飞云主持。

▲市人大主任吴一微、副市长包钢参加了公安厅社区、西村前街社区、牧科社区和中专路社区剪彩、挂牌仪式，并对社区工作进行了视察。

3日　第二届中国民族商品交易会组委会召开工作会议，通报了民交会总体工作情况。市委副书记、市长汤爱军，市委常委、秘书长狄瑞明，市人大副主任李岳清，副市长云公和出席会议。市委书记韩志然在市领导兰恩华、狄瑞明、包钢、银孝及相关地区和部门有关负责人的陪同下，先后视察了新城区中山东路街道新华社区、新城区民生服务大厅、回民区环河街街道太平街社区，并沿路视察了贝尔路综合整治工程，视察了玉泉区昭君路街道天骄社区，并为该社区揭牌剪彩。赴赛罕区视察了大学西路街道学府花园路社区、中专路街道中专路社区。他要求各地区、各部门要继续关心、支持社区工作，要形成从上到下贯穿到底的服务系统，为居民提供规范、公开、高效的服务。

▲由市委宣传部、市质量技术监督局、发改委、经委、总工会、团市委主办，内蒙古民族商场承办的呼和浩特市“2008年质量月”启动仪式暨内蒙古民族商场全国“百城万店无假货示范店”重新确认宣告会在民族商场门前广场举行。副市长刘菊茹出席启动仪式。

▲来自北京、天津、河北、山西等地区18个成员单位的70多名野生动物专业工作人员和代表来到呼和浩特市，出席了中国动物园协会华北协作区2008年年会，共同探讨野生动物的保护和发展大计。

▲我市首批3年支教的10名教师赴武川县和清水河县支教。

4日　第二届中国民族商品交易会暨中国·呼和浩特第九届昭君文化节开幕式“伊利情”大型文艺晚会——天堂草原在呼和浩特市体育场进行预演。市领导汤爱军、云丽珠观看了预演。

5日　第二届中国民族商品交易会和中国·呼和浩特第九届昭君文化节招待晚宴在香格里拉举行。中央纪委交通运输部纪检组组长杨利民，中央纪委驻国家税务总局纪检组组长冯慧敏，中央人民政府驻澳门联络办副主任侯万军，中国工商联副会长姜明，中国市场协会会长俞晓松，中房集团总裁孟晓苏出席晚宴。自治区党委常委、自治区副主席任亚平，自治区党委常委、市委书记韩志然，自治区人大副主任罗啸天、赵忠、自治区副主席连辑，自治区政协副主席郭子明、牛广明，自治区检察院检察长邢宝玉出席晚宴。出席晚宴的国外友人有：阿联酋伊斯兰银行行长阿里·哈里里·萨伊贺，迪拜SSK集团董事长赛义德·哈里凡，蒙古国乌兰巴托政府副市长巴特，蒙古国驻呼总领事馆总领事策·巴桑扎布，新西兰西区代表团议员陈彼得，瑞典青田中国商会会长叶克清。市委副书记、市长汤爱军，市人大主任吴一微，市政协主席张彭慧出席晚宴。副市长云公和主持晚宴。

▲第二届中国民族商品交易会暨

中国·呼和浩特第九届昭君文化节在呼和浩特体育场隆重开幕。中央和国家机关有关方面的领导杨利民等出席开幕式。自治区党委原书记王群同志出席开幕式。自治区领导巴特尔、陈光林、任亚平、伏来旺、韩志然、雷·额尔德尼、赵忠、连辑、郭子明、娜仁、牛广明等出席开幕式。国外友人蒙古国乌兰巴托市政府副市长巴特，蒙古国驻呼总领事馆总领事策·巴桑扎布。自治区党委常委、市委书记韩志然宣布第二届中国民族商品交易会暨中国·呼和浩特第九届昭君文化节开幕。市委副书记、市长汤爱军主持开幕式并致辞。

▲自治区党委常委、市委书记韩志然，市委副书记、市长汤爱军亲切会见了参加第二届中国民族商品交易会暨中国·呼和浩特第九届昭君文化节的有关部委和北京、西藏、乌海等1 5个省区市代表团领导。市委常委、秘书长狄瑞明参加会见。

▲自治区党委常委、市委书记韩志然，市委副书记、市长汤爱军会见了策·巴桑扎布总领事率领的蒙古国驻呼总领事馆代表团，双方在亲切友好的氛围中进行了交流。

▲自治区党委常委、市委书记韩志然会见参加2008呼和浩特投资贸易洽谈会暨经济项目会议和2008中国民族商品交易会乳业发展国际论坛会代表。市领导汤爱军、狄瑞明陪同会见。

▲市委副书记、市长汤爱军在内蒙古饭店会见正大集团农牧食品企业副董事长白善霖一行，双方就100万头猪、300万只蛋鸡、2万头奶牛和20万亩现代种植等四个项目，进行实质性洽谈。市领导吕慧生、银孝及市发改委等有关部门负责人陪同会见。

▲市委副书记、市长汤爱军会见了以乌兰巴托市市长办主任兼市经济总工程师巴特先生为团长的乌兰巴托市政府代表团一行。市委常委、副市长薄连根参加了会见。

▲第二届中国民族商品交易会新闻发布会召开。副市长云公和对第二届民族商品交易会的具体情况、主要内容和意义作了新闻发布。中央、自治区、呼市三级共70多家媒体记者参加了会议。

▲以大兴安岭地委书记、行署专员、大兴安岭林业管理局局长宋希斌为首的大兴安岭党政代表团来呼进行为期两天的考察。市政府秘书长樊卫国陪同考察。

▲呼市商业银行与呼市土地收储中心在锦江国际大酒店举行了新火车站周边整体改造项目合作签约仪式。此次签订6亿元的贷款协议，用于新火车站所在地南地村的整体改造。市委常委、副市长薄连根出席签约仪式。

6日　市委、市政府欢迎昭君文化节文艺晚会演职人员答谢宴会在内蒙古饭店举行。市领导韩志然、汤爱军、杨飞云、云丽珠、狄瑞明等出席宴会。市委副书记杨飞云致祝酒词，市委常委、宣传部部长云丽珠主持。中央电视台著名主持人白岩松，著名歌手韩磊、凤凰传奇组合等区内外著名编导、主持人、艺术家、歌唱家应邀参加了晚宴。

▲由自治区政府、商务部、国际贸易促进会作为支持单位；市政府、中国市场学会、国际贸易促进委员会内蒙古分会、自治区西部开发办公室共同主办的第二届中国民族商品交易会在内蒙古会展中心举行隆重的开馆仪式。中央纪委驻交通运输部纪检组组长杨利民，中央纪委驻国家税务总局纪检组组长冯慧敏，中国工商业联合会副会长姜明，中国市场学会会长俞晓松，国家财政部机关党委书记黄维佳，中央文明办未成年人思想道德建设组组长张英伟，财政部政法条司司长李绍刚，住房和城乡建设部计划财务和外事司司长郑淑玲，商务部流通产业促进中心主任王贵际，商务部投资促进局副局长周铭，国家税务总局税务学会会长李子清，国家工商总局市场司司长赵俊山，国家工商总局商标评审委员会主任侯林，国家贸易促进委员会会展部副部长于晓东，中国市场学会理事长高铁生、秘书长吴涤心出席开馆仪式。自治区领导巴特尔、任亚平、伏来旺、韩志然、赵忠、布小林、郭子明、娜仁、郑福田、乌兰巴特尔、黄·阿拉腾别立格等出席开馆仪式。我市领导汤爱军、吴一微、张彭慧、杨飞云、陈焕文、云丽珠、武文元、云建东、狄瑞明、云公和出席开馆仪式。开馆仪式由中国国际贸易促进委员会内蒙古自治区分会党组书记、副会长李建钢主持。

▲自治区党委常委、市委书记韩志然在新城国宾馆会见了中国商业联合会会长聂梅生、中房集团理事长孟晓苏、SOHO中国有限公司董事会主席潘石屹等前来参加“2008博鳌房地产论坛草原行”活动的贵宾。市领导薄连根、云建东、狄瑞明、李岳清、银孝及我市有关部门负责人陪同会见。

▲2008呼和浩特投资贸易洽谈会暨项目签约仪式在内蒙古国际会展中心国际会议厅举行，本次洽谈会共有25个项目达成合作意向并签约，引进国内外资金157.09亿元。国际投资促进会常务副会长、商务部投资促进事务局副局长周铭，国务院发展研究中心发展战略和区域经济发展研究部副部长侯永志出席会议。自治区商务厅副厅长德顺出席会议。市委副书记、市长汤爱军，市政协主席张彭慧，市委副书记杨飞云出席会议。会议由市委常委、副市长武文元主持。

▲由市委、市政府主办的“2008博鳌房地产论坛草原行”盛大开幕。中国商业联合会副会长姜明，全国工商联房地产商会会长聂梅生，中国房地产住宅研究会常务副会长、秘书长张元瑞、中房集团理事长孟晓苏，华远集团董事长任志强，SOHO中国有限公司董事会主席潘石屹，中国商业地产联盟副会长兼秘书长王永平，美国龙安集团行政总裁饶及人，英国阿特金斯规划公司中国区总裁刘嘉峰，博鳌房地产论坛秘书长陈诗涛，永安信资产管理有限公司董事长乔志杰等国内外众多地产界、财经界、投资界知名人士出席了本届论坛。市领导汤爱军、吴一微、薄连根、李岳清出席开幕式。

▲由市政府主办的呼和浩特企业家投融资座谈及项目对接会举行。市委常委、副市长武文元和市发改委、商务局、经委、贸促会以及各旗县区、开发区等有关地区、部门的主要负责人参加了座谈会。美国国际私募资本管理商会、澳大利亚国际商会驻华代表处、长三角地区的企业家负责人120余人参加了会议。武文元介绍了我市的发展概况和投资环境。8日全市扶贫开发发展规划培训班开班。副市长白金祥出席开班仪式并介绍了我市“一

核双圈”的战略目标，以及扶贫开发的要求和任务。

▲我市今年投资2000万元用于维修改造既有供热管网。

9日 大青山抗日游击根据地创建70周年纪念大会在革命老区武川县隆重举行。自治区党委副书记岳福洪，自治区党委常委、市委书记韩志然、自治区党委常委、宣传部部长乌兰、内蒙古军区副政委陈运火、自治区人大原副主任、自治区老区促进会会长王凤岐出席纪念大会。韩志然主持纪念大会。曾经在大青山抗日游击根据地战斗过的老战士代表，自治区有关部门负责人，包头市、乌兰察布市有关领导及我市党政军领导潘平、朝鲁、兰恩华、云丽珠、狄瑞明、吕景瑞、云公和、鲁剑钧出席纪念大会。

▲自治区爱国主义教育基地、红色教育基地、廉政教育基地揭牌仪式暨红色旅游公路竣工和大青山抗日游击根据地展馆落成剪彩仪式在武川县得胜沟乡蘑菇窑村隆重举行。自治区党委常委、市委书记韩志然，呼市市委常委、宣传部部长乌兰参加了揭牌剪彩仪式并为基地和展馆揭牌剪彩。呼和浩特警备区司令员潘平，市领导朝鲁、兰恩华、云丽珠、狄瑞明、吕景瑞、云公和、白金祥、鲁剑钧及自治区、呼市有关部门负责人参加了揭牌剪彩仪式。

▲“蒙牛情”第六届国际民间艺术节在新华广场圆满结束。以色列、斯里兰卡、印度、蒙古国、加拿大、美国、印度尼西亚及我国8个国家的艺术家们与青城人民欢聚一堂，共祝友谊地久天长。副市长白金祥出席闭幕式晚会并致闭幕辞。

12日 人力资源社会保障部、公安部授予呼和浩特特警队“公安系统抗震救灾英雄集体”荣誉称号；公安部抗震救灾前线指挥部将呼和浩特特警队评为“灾区群众满意的公安特警队”；呼和浩特市公安局特警支队被自治区党委、政府授予“内蒙古自治区抗震救灾抢险救援先进集体”荣誉称号；冯志宏等4名民警被公安部授予“全国公安系统抗震救灾先进个人”荣誉称号；杨保华等9名同志被评为“灾区群众满意的公安特警”；张吉绪等9名民警被自治区党委、政府授予“内蒙古自治区抗震救灾抢险救援先进个人”荣誉称号；特警支队所属5个单位荣立集体二等功；20名民警荣立一等功、50名民警荣立二等功。

▲首次在我市举行的中国东北地区·内蒙古第四届国际农业博览会在内蒙古国际会展中心开幕。全国人大副委员长陈昌智，自治区领导巴特尔、郝益东、郭启俊、郭子明及呼市政府助理巡视员高炜明等参加了开幕式。

13日 我市在2007年建成廉租房200套的基础上，今年再建1000套廉租房提供给住房困难的低保户居住。市财政已下拨并且落实到位的专项配套资金达4000万元。

▲“永远的辉煌”第十届中国老年合唱节在内蒙古乌兰恰特大剧院落下帷幕。文化部副部长周和平、自治区副主席刘新乐出席了闭幕式。副市长白金祥主持闭幕式并致闭幕词。应邀出席闭幕式的还有文化部、中国合唱协会及西藏自治区、四川省、湖南省等部门和地区的相关负责同志。来自全国28个省、自治区、直辖市和单位的55支代表队、共3000名老年人参加了合唱节。

16日 呼和浩特市市区中小学重点建设项目现场观摩会暨15所中小学新教学楼竣工庆典仪式分别在各学校隆重举行。市领导韩志然、汤爱军、吴一微、狄瑞明、刘菊茹、彭皓方、银孝，自治区高校工委书记、教育厅副厅长布和等一行先后对新城区成吉思汗街小学、回民区中山路回族小学、玉泉区民族实验小学、呼市第六中学、呼市第二十九中学、呼市二中东校区进行了现场观摩，详细了解了各学校重点建设项目建成后的使用情况、教育资源配置情况、学生学习生活情况等，并参加了各学校竣工庆典揭牌及剪彩仪式。

▲呼市2008年公开招考聘用社区工作人员培训班开班。市委常委、组织部部长兰恩华、副市长包钢出席开班仪式。

▲市政府投资购买1000余台计算机，全部配发到基层公安机关，为我市基层公安机关开展信息化建设提供便利。副市长云公和出席了配发仪式。

17日 全市两个文明建设经验交流会暨和林格尔现场会在和林县召开。市领导韩志然、汤爱军、吴一微、张彭慧以及我市四大班子有关领导参加了观摩活动。各旗县区及市相关部门负责人参加了观摩活动。与会代表先后参观了内蒙古师范大学盛乐校区、农业产业化示范园区、蒙牛苗圃、白彦兔新农村建设示范点、丰华生物质能热电厂、缘河大桥绿化美化工程、蒙牛六期、蒙牛阿拉公司、盛乐博物馆、翔宇盛乐新城、职业教育基地、和盛路、宝贝河综合治理工程、东山书法艺术园等16个重点观摩项目，全面展示了和林县两个文明建设的成果。

▲以自治区人大副主任柳秀为组长的自治区人大执法检查组一行莅临我市，就《中华人民共和国道路交通安全法》和《内蒙古自治区道路交通违法行为处罚规定》的贯彻实施情况进行执法检查，听取了市政府及呼市公安局交警支队的工作汇报。副市长云公和、市公安局局长颜炳强和市教育局、卫生局及保险公司等部门负责人参加了汇报会。

18日 全市两个文明建设经验交流会暨和林格尔现场会全体会议召开。市委书记韩志然出席会议并讲话。市领导汤爱军、吴一微、张彭慧、薄连根、朝鲁、兰恩华、云丽珠、王恒俊、赵刚、云建东、狄瑞明、邢燕菊、刘菊茹、吕慧生、白金祥、牧峰、郭召来、银孝出席会议。自治区党委宣传部副巡视员单学文出席会议。市委常委、宣传部长云丽珠主持会议。各旗县区、市各相关部门的有关负责人参加了会议。

▲市委、市政府再次召开紧急会议，研究部署了关于加强我市乳品行业食品安全管理工作。市领导韩志然、汤爱军、武文元、狄瑞明、刘菊茹、高炜明及市农牧业局、质量监督局、卫生局、工商局、公安局等有关部门负责人，伊利、蒙牛等乳制品企业负责人参加了会议。

19日 市委副书记、市长汤爱军在市领导高炜明及市农业局、卫生局、质监局等相关部门负责人的陪同下，对赛罕区舍必崖村、根堡村等地的伊利、蒙牛奶站进行了视察。汤爱军指出，在原奶质量安全链中，奶站环节非常重要，各有关部门一定要严抓原奶质量安全，严把原奶质量关，确保从奶站输出的原奶全部安全合格。

▲副市长刘菊茹在市食品安全委员会、工商、卫生等部门负责人的陪同下，对我市问题奶粉下架召回情况以及商场、超市、餐饮业的食品安全情况进行了检查。

▲呼和浩特铁路第一中学建校50周年庆典隆重举行。市领导吴一微、吕景瑞、刘菊茹、彭皓方，呼铁局常务副局长刘彪等出席庆典仪式。

▲市政府召开进一步加强固定资产统计专业会议。市领导狄瑞明、吕慧生出席。

▲呼市公安局“网格化”巡逻改革现场会召开。副市长云公和出席会议并就紧紧围绕发现犯罪、打击犯罪、震慑犯罪这一首要工作任务提出了要求。市公安局局长颜炳强及市公安局有关负责人出席现场会。

20日　市委副书记、市长、市“三聚氰胺”污染奶粉应急处置领导小组组长汤爱军主持召开第三次会议，研究部署《国务院办公厅关于进一步做好婴幼儿奶粉事件处置工作的通知》以及自治区党委、政府一系列指示和决定精神的具体落实意见。

▲黄河流域部分城市水环境论坛在我市开幕，来自天津、郑州、开封、包头、巴盟、乌兰察布和呼和浩特等7个城市的专家、学者分别作了主题报告，就保证水质安全、开源节流、合理分类配置水资源，保护流域水环境，提高水资源利用率等方面广泛交流了经验。水利部水资源管理中心常务副主任万育生、中国黄河研究会副会长唐麒麟，自治区生态文明建设和黄河文化经济促进会第一副会长、全国人大民族委员会副主任哈斯巴根，自治区生态文明建设和黄河文化经济促进会常务副会长吴国忠，以及市人大、政协的有关部门负责人和黄河流域部分城市相关部门负责人参加此次论坛。市委常委、副市长薄连根出席开幕式并讲话。

20日—21日　自治区副主席、自治区食品安全委员会主任、“乳品企业检出三聚氰胺污染奶粉问题应急处置领导小组”副组长刘新乐率自治区农牧业、卫生、食品药品监督管理、质监、公安、工商等相关部门人员对呼和浩特市和包头市乳制品等食品安全生产销售市场进行专项检查。

21日　市委常委、副市长武文元带领市经委、质量技术监督局、工商局等部门的主要负责人赴伊利集团和蒙牛集团就原奶收购和质量监测等方面进行了实地检查。

23日　市委副书记、市长、市“三聚氰胺”污染奶粉应急处置领导小组组长汤爱军主持召开领导小组第四次会议。会议听取了各旗县区负责人对奶站及原奶收购各环节实行监管等有关情况的汇报并提出了加强奶源管理、净化奶源，确保奶农的利益不受影响，所有正常运行的奶站要全部开通收购奶农合格的原奶等八项要求。

▲市委常委、副市长武文元在市工商局、质量技术监督局等相关部门主要负责人的陪同下，对我市部分超市奶制品的销售及质量监督等情况进行了实地检查。

▲第十七届全国少数民族自治区首府城市及部分友好城市爱国卫生工作协作会在我市召开。副市长刘菊茹及相关部门负责人出席会议。

23日—24日　以江西省委书记、省人大主任苏荣为团长、江西省委副书记、省长吴新雄，省委副书记王宪魁为副团长的江西省党政代表团一行莅呼参观考察。自治区党委副书记、自治区代主席巴特尔、自治区政府秘书长乌兰巴特尔和市委副书记、市长汤爱军、市委常委、土左旗旗委书记王恒俊及自治区发改委、经委、财政厅等和我市相关部门负责人陪同考察。考察团一行考察了蒙牛乳业六期工程、蒙牛澳亚示范牧场，赴金山开发区考察了伊利集团的奶粉生产线，参观了昭君博物院和内蒙古博物院等地。

24日　江西省与内蒙古蒙牛集团合作建立乳业生产基地意向签字仪式在新城宾馆隆重举行。江西省委书记、省人大主任苏荣，省委副书记王宪魁、省委常委、省纪委书记尚勇，省委常委、副省长凌成兴，省委常委、秘书长赵智勇，省委常委、组织部长弘强、副省长孙刚，省政协副主席、九江市委书记陈安众以及江西省各市和省有关部门负责人出席。自治区党委副书记、自治区代主席巴特尔出席签字仪式。签字仪式由呼市市委副书记、市长汤爱军主持。

▲全市减排工作调度会召开。自治区环保局副局长潘彦昭，副市长吕慧生，市政府副巡视员、市环保局局长郭召来出席会议并讲话。

▲全市旗县区信息化工作座谈会召开。市委常委、副市长赵刚出席会议并针对近期我市信息化工作重点讲了几点意见。

25日　中国和谐城市可持续发展评价体系研究工作暨首届中国和谐城市可持续发展高层论坛在山东省滕州市举行。呼和浩特市获得“中国十佳和谐可持续发展城市”称号。获此殊荣的还有杭州市、西安市、郑州市、南昌市、中山市、泉州市、新乡市、湘潭市、朝阳市。

▲市委副书记、市长汤爱军在市发改委、财政局、环保局、水务局等部门主要负责人的陪同下，对我市辛辛板污水处理厂、章盖营污水处理厂、公主府污水处理厂等几项重点水环境治理项目进行了实地视察。市领导吕慧生、郭召来陪同视察。

▲市计生委召开全市人口和计划生育工作调度会，总结了2008年度计生工作情况，并安排部署了下一阶段的主要工作。副市长刘菊茹出席并讲话。

26日　市委副书记、市长汤爱军对清水河县、托县偏远山区部分奶站进行视察。在视察中汤爱军要求，奶业是我市的支柱产业，今后还要继续健康快速发展。各有关部门一定要最大限度减少奶农的损失，严把原奶质量关，稳定我市的奶业根基。

▲自治区副主席刘卓志在市委常委、副市长赵刚的陪同下，赴我市北京华联、维多利、民族、王府井等大型超市卖场对奶制品的销售情况进行了视察。

▲我市举行新闻通报会，市委常委、副市长、市“三聚氰胺”污染奶粉应急处置领导小组副组长武文元就我市关于“三聚氰胺”污染奶粉应急处置情况进行了通报。

27日　市委副书记、市长、市“三聚氰胺”污染奶粉应急处置领导小组组长汤爱军主持召开领导小组第五次会议，会议传达贯彻了上级党委、政府对“三聚氰胺”污染奶粉事件作出的一系列指示和决定精神，听取了九个旗县区、乳品企业、各有关部门近期的工作汇报，并对今后工作提出了意见和建议。

▲自治区副主席、自治区食品安全委员会主任刘新乐带领自治区及呼市两级食品安全委员会成员单位负责同志，对国庆期间呼和浩特地区食品安全工作情况进行了专项检查，并召开了座谈会。副市长刘菊茹参加了座谈会。

▲全市安全生产工作会议召开。市委副书记、市长汤爱军出席会议并讲话。他要求我们要不定期进行安全生产大检查，把平时工作与集中检查结合起来，及早发现问题，下大力气纠正，坚决执行，并定期回查，消除隐患。市委常委、副市长武文元出席会议。

10 月

1 日　首府地区庆祝建国 59 周年国庆升旗、成人宣誓仪式在新华广场隆重举行。自治区及我市党政军领导韩志然、乌兰、符太增、郝益东、郭启俊、郭子明、娜仁、郑福田、海力斯、张旭、汤爱军、狄瑞明、刘菊茹、白金祥、陈曼莉、王瑞杰及自治区有关部门负责人出席庆祝活动。市委常委、宣传部部长云丽珠主持仪式。

▲市委副书记、市长汤爱军在副市长刘菊茹及市食品药品监督管理局、工商局、农牧业局、质监局、卫生局、商务局等有关部门负责人的陪同下，先后视察了王府井超市和第一楼、金悦海鲜酒楼等餐饮企业。

6 日　市委举行中心组学习会。市委中心组成员汤爱军、吴一微、张彭慧、薄连根、李鹤、朝鲁、兰恩华、云丽珠、王恒俊、武文元、云建东、狄瑞明、刘菊茹、云公和、白金祥参加学习会。

▲第四届“思想草原”文化之旅大型系列讲座——走进呼和浩特活动在内蒙古农业大学和内蒙古工业大学举行。自治区团委书记胡达古拉、副书记张晓兵聆听了讲座。市委常委、宣传部部长云丽珠，市委常委、秘书长狄瑞明，市人大副主任赛娜，市政协副主席张亮及团市委负责人聆听了讲座。副市长刘菊茹及央视主持人白岩松、纳森主持了讲座。呼和浩特市民政福利园中的新建儿童福利院迎来了第一批入院的孤残儿童。副长市包钢参观了新建呼市儿童福利院的幼儿生活区、活动室、康复室、医务室、陈列室、图书室等地并提出了具体要求。

7 日　市“三聚氰胺”污染奶粉应急处置领导小组召开第六次会议，传达国务院常务会议和自治区婴幼儿奶粉应急处置领导小组第六次全体会议精神，研究当前和今后“婴幼儿奶粉事件”处理的各项重点工作。市委副书记、市长、市“三聚氰胺”污染奶粉应急处置领导小组组长汤爱军主持会议。市领导武文元、刘菊茹、高炜明出席会议。

▲全市征兵工作电视电话会议召开。市委常委、呼和浩特警备区政委陈焕文、呼和浩特警备区司令员潘平、副市长包钢，呼和浩特警备区副政委王瑞杰、参谋长韩伟等出席会议。各旗县区征兵工作领导小组成员在分会场参加了会议。

▲市委常委、副市长薄连根在市建委、市公用局、富泰热力、城发公司等部门和单位主要负责人的陪同下，深入内蒙古电建二公司、长乐宫区域锅炉房、丽苑小区、内蒙古房管一所锅炉房、内蒙古半导体厂、市委供暖处和糖厂锅炉房等存在供热质量不达标等问题的供热死角进行了实地视察。详细了解了各锅炉房的建设、维修以及供热准备情况和存在的问题。8 日全区社区建设工作会议在我市召开。自治区领导任亚平、陈朋山、韩志然、刘卓志出席会议。市委副书记、市长汤爱军出席会议并在会上介绍了我市社区建设的工作经验。

▲由市人大副主任韩钊为组长、部分常委会委员和市人大代表组成的视察组对我市工业结构调整情况进行了视察，并听取了市政府对工业发展情况的工作汇报。市委常委、副市长武文元参加了汇报会。

▲我市经济普查单位清查宣传周宣传日活动在新华广场正式启动。

9 日　呼和浩特市儿童福利院落成剪彩仪式举行。民政部副部长姜力，民政部基层政权和社区建设司副司长王金华等出席剪彩仪式。自治区党委常委、市委书记韩志然，自治区副主席刘卓志，自治区党委组织部副部长董树君，自治区民政厅厅长吴金亮和副厅长冯呼和等出席剪彩仪式。我市领导汤爱军、吴一微、张彭慧、兰恩华出席剪彩仪式。副市长包钢主持剪彩仪式。

▲全区社区建设工作会议经验交流会在我市召开。民政部副部长姜力，民政部基层政权和社区建设司副司长王金华应邀出席会议。自治区及我市领导陈朋山、汤爱军、包钢及自治区党委副秘书长张守孝、自治区政府副秘书长盖文山出席会议。自治区副主席刘卓志主持会议。

▲民政部副部长姜力一行在自治区副主席刘卓志，自治区民政厅厅长吴金亮，呼市市委副书记、市长汤爱军的陪同下，深入到玉泉区天骄社区、赛罕区学府花园社区对我市社区建设工作进行了实地考察。

▲由自治区政府副秘书长盖文山牵头，参加全区社区建设工作会议的部分代表深入我市赛罕区人民路街道山丹社区、中专路街道中专路社区、新城区东街街道老缸房社区、新城区西街街道曙光街社区等 6 个社区进行考察指导。副市长包钢陪同考察。全区各盟市主要领导及民政部门负责人参加了考察。

▲自治区党委常委、市委书记韩志然，市委副书记、市长汤爱军在香格里拉酒店会见了利乐公司全球供应链执行副总裁安驽威、大中华区副总裁兼中国区执行董事李赫逊、全球包材供应链副总裁鲍迪、供应链管理副总裁兼大中华区主管欧磊等一行。

▲市政府副巡视员高炜明会见了来呼考察的老挝驻蒙古国大使蓬·因塔拉一行。

10 日　市委书记韩志然在市政府副巡视员高炜明、市政协副主席银孝及市相关部门负责人的陪同下视察了武川县哈乐镇五福堂村委会赛罕区援建的中棚安装建设进度；视察了哈乐镇耗赖山村委会二号村中棚二茬蔬菜种植基地、上秃亥小厂汉水台村中棚二茬蔬菜种植基地、西乌兰不浪镇红山子村委会中棚二茬蔬菜种植基地，深入中棚视察二茬蔬菜的生长情况、种植品种、产量、上市价格和销售情况，了解明年中棚的扩面情况。

▲呼和浩特市西郊垃圾无害化处理场扩建项目举行了隆重的开工奠基仪式。市领导薄连根、邢燕菊出席仪式并为工程奠基。

▲呼市公交智能综合大厦破土动工，预计2010年投入使用。市领导薄连根、邢燕菊出席奠基仪式。

▲市人大副主任李岳清、副市长刘菊茹会见了由日本北九州工商会议所常务理事羽田野隆士率领的日本北九州工商会议所代表团一行。

15日　内蒙古自治区政府新闻办公室举行新闻发布会，向赴内蒙古采访团的中外新闻记者介绍了自治区经济社会发展情况和“三聚氰胺”污染奶粉应急处置工作情况。自治区党委常委、常务副主席任亚平，自治区党委常委、宣传部部长乌兰、自治区政府副主席郭启俊出席新闻发布会。市委副书记、市长汤爱军，市委常委、宣传部部长云丽珠出席新闻发布会。鄂尔多斯市市长杜梓、包头市常务副市长廉素出席新闻发布会。国务院新闻办组织的赴内蒙古采访团成员单位美联社、法新社、共同社、香港大公报社、台湾中央社、新华社、央视海外中心等24家中外新闻媒体的39名记者参加新闻发布会。

17日　2008年全市军队转业干部安置工作会议召开。会议安排部署了今年我市军转干部安置工作任务。市委常委、副市长薄连根出席会议并要求各地区各部门要以高度的政治责任感和求真务实的作风，统筹规划，精心部署、密切配合，突击重点，狠抓落实，圆满完成2008年军队转业干部和退役士兵安置任务。

18日　呼和浩特市蒙古族幼儿园整体改造建设工程竣工庆典仪式隆重举行。自治区及我市领导韩志然、雷·额尔德尼、郑福田、吴一微、张彭慧、狄瑞明、刘菊茹以及自治区教育厅副厅长满达等参观了新建教学楼并参加竣工庆典仪式。

20日　以全国人大委员、自治区人大副主任郝益东为组长的自治区人大执法检查组莅临我市，就我市贯彻落实《中华人民共和国城市房地产管理法》情况进行执法检查。市领导吴一微、薄连根、邢燕菊分别参加了执法检查和工作汇报。市委常委、副市长薄连根及市政府有关部门向执法检查组作了工作汇报。

21日　以乌兰察布市市委书记吴永新为团长的考察团一行莅临我市，对职业高等教育和基础教育情况进行了考察。考察团一行在市领导薄连根、狄瑞明、刘菊茹以及市建委、教育、房产、规划等有关单位负责人的陪同下深入内蒙古高职教育园区、呼市二中东校区、呼市第二十九中进行了实地考察。

▲副市长包钢在市市容局、市四区政府，市四区市容、城管、环卫等部门主要负责人的陪同下，先后到大南、大北街、北垣街等市内各主次干道对市容环境状况和市内部分垃圾转运站进行了视察。随后参加了在市容局召开的全市市容环境综合整治现场会并作了重要讲话。

21日—22日　由国防大学政委童世平、国防大学教育长任海泉带领的国防大学第三十三期国防研究班一行莅呼考察。北京军区政治部副主任王秉伦，北京军区司令部办公室副主任陆军、北京军区司令部作战部副部长徐向华等随行陪同考察。自治区党委常委、内蒙古军区司令员郑传福、自治区副主席连辑，内蒙古军区副司令员车华松，内蒙古军区参谋长郧建华及市委副书记、市长汤爱军，呼和浩特警备区司令员潘平等陪同考察。

23日　北京奥运会、残奥会火炬接力内蒙古自治区先进集体先进个人表彰大会在内蒙古人民会堂举行。会上，北京奥运会火炬接力内蒙古组委会授予呼和浩特市人民政府等99个集体“北京奥运会残奥会火炬接力内蒙古自治区传递活动先进集体”荣誉称号，授予史荣恩等234人“北京奥运会残奥会火炬接力内蒙古自治区传递活动先进个人”荣誉称号。自治区及我市领导任亚平、赵忠、刘新乐、娜仁、刘菊茹出席会议。

▲市委副书记、市长汤爱军主持召开了全市民生工作第三次汇报会。会上，市改善民生工作专项督查组就前三季度全市改善民生工作进展情况作了督查汇报。汤爱军作了总结讲话，他要求各部门要进一步加大工作力度，切实推进民心工程确保圆满完成今年民生工作的各项任务。市领导杨飞云、薄连根、云丽珠、狄瑞明、刘菊茹、包钢、高炜明出席会议。各旗县区相关部门负责人参加了会议。

▲副市长云公和在武川县主持召开武川县上秃亥乡麻迷兔村扶贫项目落实督促检查汇报会，并对明年中棚建设项目进行了部署。

24日　天津市中环电子信息集团有限公司及上海航天技术研究院与市政府签订了共同建设“内蒙古光伏产业基地”框架协议。市委副书记、市长汤爱军，市委常委、副市长武文元出席签约仪式。

▲市委副书记、市长汤爱军赴托县视察了内蒙古大陆电子材料有限公司多晶硅项目。市委常委、副市长武文元陪同视察。

▲赛罕区援建武川县中棚马铃薯基地建设项目顺利竣工，并在武川县哈乐镇五福堂村举行了隆重的剪彩仪式，市领导吴一微、高炜明以及市农牧业局、武川县、赛罕区的负责人出席了剪彩仪式。

▲呼和浩特市红十字会“651”扶困助学金发放仪式在呼市一中举行。市领导刘承恩、彭皓方、鲁剑钧及相关部门负责人出席仪式。

25日　由内蒙古自治区政协经济委员会、中国经济报刊协会、内蒙古自治区工商业联合会、内蒙古社会科学联合会主办，内蒙古商报社承办的“内蒙古发展模式”高层论坛在呼市举行。高层论坛会上，市委副书记、市长汤爱军就“内蒙古发展模式”下的呼和浩特近年来的发展情况以及今后的发展目标、思路向与会人员作了介绍。自治区政协副主席郭子明，自治区人大原副主任、自治区社科联主席张国民出席高层论坛会。国务院研究室副主任侯云春，中国企业联合会执行副会长、中国经济报刊协会会长冯并，中央宣传部网络工作负责人张虎生应邀出席论坛。

26日　第二届全国亿万学生阳光体育冬季长跑活动内蒙古自治区暨呼和浩特市启动仪式在呼市二中举行。自治区政府副秘书长孙惠民、自治区教育厅副厅长何瑞芝、自治区团委副书记刘春、副市长刘菊茹以及有关部门人员参加了启动仪式。

27 日　全市干部大会召开。市委副书记、市长汤爱军出席会议并就做好当前工作讲了话。他要求各级各部门和全体干部一定要进一步振奋精神，采取更加有力措施，扎扎实实做好当前各项工作，保持我市经济又好又快发展的良好势头。市领导吴一微、张彭慧、杨飞云出席会议。市委副书记杨飞云主持会议。

▲市委副书记、市长、市“三聚氰胺”污染奶粉应急处置领导小组组长汤爱军主持召开呼和浩特市“三聚氰胺”污染奶粉应急处置领导小组第七次会议。会议研究并原则通过《呼和浩特市生鲜乳质量安全管理办法》，并公布《呼和浩特市财政局、农牧业局关于奶农临时救助补贴实施方案》。市领导刘菊茹、高炜明出席会议。

28 日　市委副书记、市长汤爱军在市领导武文元、狄瑞明陪同下，分别出席了内蒙古明阳风电技术有限公司和华能武川李汉梁风电场一期工程在金川开发区和武川县举行的开工奠基仪式。

▲全市人民调解、社区矫正启动暨基层建设工作会议举行。自治区司法厅副厅长王健及我市领导李鹤、吴安俊、云公和、张亮等出席了会议。市法院、检察院、公安局、民政局等 13 个部门及各旗县区的有关负责人参加了会议。

▲副市长云公和一行对全市基层人民调解工作进行了调研。市领导一行听取了赛罕区、清水河司法行政工作经验介绍及赛罕区大台什村调委会、白塔法庭先进经验介绍，参观了赛罕区大台什村调委会、大学西路司法所和巧报司法所。

▲国家住房和城乡建设部检查组一行对我市建筑工程质量安全工作进行了检查。

28 日—29 日　国家工业和信息化部副部长杨学山率国家工业和信息化部调研组莅临我市，就我市工业经济发展现状和信息化工程进行考察。自治区政协副主席肖黎声应邀陪同考察。市领导汤爱军、赵刚、武文元陪同考察。自治区信息办、市信息办及我市各大企业主要负责人参加了考察。

31 日　全市“农家乐”旅游经验推广会在托县举行。副市长白金祥出席经验推广会并指出，通过此次推广会，要将各地发展“农家乐”旅游的先进经验推广到全市，使各旗县区“农家乐”旅游取长补短，借鉴经验，从而促进全市“农家乐”旅游更好、更快地发展。

▲我市召开动物疫病防治第四次调度会。市领导高炜明主持会议。会议听取了各旗县区今年前三季度动物防疫工作的汇报，部署了下一步动物防疫工作任务。

11月

1 日　以广东省佛山市委副书记、市长陈云贤为团长，广东省依法治省领导办常务副主任张宇航为副团长的佛山市经贸代表团一行来呼考察。代表团一行在市委副书记、市长汤爱军和清水河县相关负责人的陪同下，考察了清水河县路易华伦天奴(内蒙古)陶瓷有限公司，参观了陶瓷生产线，并听取了该公司生产、加工及销售等方面的情况汇报。

3 日　呼市检察机关恢复重建 30 周年庆祝大会举行。自治区党委常委、政法委书记邢云、自治区党委常委、市委书记韩志然，自治区检察院检察长邢宝玉及我市领导汤爱军、吴一微、李鹤、朝鲁、兰恩华、陈焕文、王恒俊、云建东、狄瑞明、吴安俊、云公和、银孝、张亮、呼市各政法机关相关负责人及各有关部门负责人出席了会议。

5 日　由呼和浩特市消防支队主办的“‘119’走进内蒙古高校专场文艺晚会”在内蒙古农业大学文体馆举行。副市长云公和及内蒙古自治区消防总队、呼和浩特市消防支队有关负责人和内蒙古大学、内蒙古师范大学等 10 余所高校的 2000 余名师生共同观看了演出。

▲市政府召开会议贯彻落实国务院常务会议精神，专题研究部署我市进一步扩大内需，促进经济平稳较快增长的措施。会议由吕慧生副市长主持。市发改委、环保局、市四区、各旗县区和有关部门主要负责人参加了会议。

6 日　中国文化生态旅游高峰论坛举行。呼和浩特市荣膺“中国十大文化生态旅游城市”称号。市委副书记、市长汤爱军荣获中国文化生态旅游建设突出贡献奖。

▲全市召开旗县区财政局长会议。会议结合近期市财政工作的调研情况，讨论了 2008 年全市地方财政总收入预计完成情况，2009 年任务安排建议以及涉及个人津贴补贴等福利待遇问题等项内容。市领导吕慧生、银孝出席会议。

▲全市道路机械化清扫车辆发放启动仪式在国际会展中心广场上隆重举行。副市长包钢出席启动仪式，并向市四区环卫作业部门发放车辆。

7 日　全市落实党风廉政建设工作会议召开。市委书记韩志然出席会议并在会上讲了话。他指出，落实党风廉政建设责任制必须紧紧围绕全市的中心工作，围绕反腐倡廉工作大局，明确工作重点，改进工作方法，完善工作机制，采取有效措施，促进反腐倡廉工作的深入开展。市领导吴一微、朝鲁、兰恩华、王恒俊、赵刚、狄瑞明、包钢、银孝等出席会议。

▲自治区副主席赵双连一行来呼指导工作。赵双连一行在市委副书记、市长汤爱军及自治区和呼市相关部门负责人的陪同下先后到内蒙古神州硅业有限责任公司、赴托县内蒙古大唐国际再生资源开发有限公司、内蒙古大陆多晶硅太阳能产业集群有限责任公司和内蒙古托克托蒙丰特钢有限公司视察，并参观了企业厂房。

▲市科协、市气象局联合组织召开了 2008 年呼和浩特市人工影响天气学术沙龙。市人大副主任吕景瑞、市政协副主席陈曼莉以及市政府有关方面负责人出席沙龙学术研讨，并对我市人工影响天气提出了建议。

8 日　由我市质监局组织申报的“沙棘种植农业标准化示范区”、“小香米种植农业标准化示范区”、“奶牛养殖标准化示范区”、“绿色马铃薯标准化示范区”、“无公害玉米农业标准化示范区”、“绿色食品红辣椒农业标准化示范区”6 项农业标准化示范区，通过国家标准化管理委员会审批，成为“全国第六批农业标准化示范区”项目。

▲第二十届“国际科学与和平周”

活动启动暨呼和浩特慈善医院揭牌仪式举行。自治区政协副主席、农工民主党内蒙古区委主委牛广明，中国慈善总会副秘书长常寒婴，市政协巡视员、市慈善总会名誉会长刘香芸，副市长包钢，市政协副主席鲁剑钧出席了启动仪式。

10 日　自治区人大副主任雷·额尔德尼、罗啸天、郝益东、赵忠带领自治区人大有关部门负责人莅临我市，对我市教育工作进行专题调研。调研组一行实地视察了呼市一中、呼市第二职业学校、中山西路回族小学、呼市十八中、呼市儿童福利院、呼市蒙古族幼儿园、呼市二十九中、呼市二中东校区、成吉思汗小学。副市长刘菊茹在座谈会上从教育工作基本情况、加强学校基础设施建设、注重教育教学管理、提供政策保障等方面汇报了我市的教育工作。自治区党委常委、市委书记韩志然、市人大主任吴一微及市领导杨飞云、李岳清、吕景瑞、邢燕菊、吴安俊、刘菊茹和相关部门负责人陪同调研。

▲由市委副书记、市长汤爱军为团长的呼和浩特市党政代表团一行三十余人前往河南、山东开始为期一周的考察学习，本次考察的重点是城乡一体化建设、重点工业项目以及城市新区建设。市领导薄连根、兰恩华、狄瑞明、韩钊、包钢、银孝以及呼和浩特经济技术开发区管委会主任李博宏等随同考察。一同考察的还有 9 个旗县区的党政领导以及 8 个委办局的党政负责人。

13 日　市委书记韩志然主持召开落实中央、自治区有关会议精神工作部署会，传达贯彻中央、国务院、自治区关于扩大内需，促进经济平稳较快发展重要会议精神。市领导吴一微、张彭慧、陈焕文、李鹤、云丽珠、王恒俊、赵钢、云建东、吕慧生、云公和、高炜明、牧峰、郭召来出席会议。

14 日　自治区副主席刘卓志在自治区劳动和社会保障厅厅长冀秉峰，呼市政府副巡视员、环保局局长郭召来的陪同下，就呼市现阶段就业再就业工作情况进行调研，广泛听取各方面的意见建议。

▲土左旗奶农临时救助补贴首发式在倘不浪村举行。市政府副巡视员高炜明出席首发式并视察了在建的白庙子牧场。市政府办公厅、农牧业局、财政局及土左旗和伊利集团相关部门负责人参加了首发式。

16 日　自治区副主席刘新乐一行在市卫生局有关负责人陪同下，前往和林县，就科学发展观在农村医疗卫生事业中的实践情况展开了深入调研。

▲呼市观音寺圆通宝殿落成千手千眼观世音菩萨开光大典举行。市领导吴一微、张彭慧、李鹤、云建东、李岳清、吕慧生、云公和及相关部门和玉泉区四大班子领导等出席。

▲以市委副书记、市长汤爱军为团长的呼市党政考察团一行 38 人，赴河南、山东两省的郑州、济南等 5 个主要城市和登封、章丘、寿光 3 个县级市进行了为期一周的考察学习。市领导薄连根、兰恩华、狄瑞明、韩钊、包钢、银孝，市经济技术开发区管委会主任李博宏，以及 9 个旗县区和市经济综合 8 部门的主要负责同志参加了学习考察。在考察期间，河南省洛阳市、郑州市，山东省济南市、潍坊市以及烟台市的党政主要领导陪同参观并进行了深入座谈。

18 日　呼和浩特市蔬菜产业协会成立。内蒙古保全农产品科技发展有限公司董事长陈茂勇被任命为呼和浩特市蔬菜产业协会会长。

19 日　市委副书记、市长汤爱军及副市长吕慧生在市房产局、市发改委等有关部门负责人的陪同下，对我市房地产建设销售、二手房交易、保障性住房建设等情况进行了工作调研。在房产交易大厅，汤爱军详细了解了目前我市二手房交易情况、房地产开发销售情况以及我市房地产业的发展状态等。

20 日　自治区党委常委、市委书记韩志然，市委副书记、市长汤爱军率团赴中国航天科技集团公司第七研究院进行了考察，并出席了呼和浩特市玉泉区政府与航天七院项目合作签约仪式。市委常委、统战部部长云建东和市发改委、经委、建委、玉泉区委政府等部门主要负责人参加考察并出席签约仪式。中国航天科技集团公司、四川省国防科技工业办公室、中国进出口银行等有关部门负责人参加了签约仪式。

21 日　全国人大委员、财经委副主任委员乌日图一行 4 人莅临我市，就我市如何在当前的形势下有效启动农村消费市场和农民群众对《中共中央关于推进农村改革发展若干重大问题的决定》的了解情况进行调研。市委常委、副市长赵刚、市人大副主任韩钊及自治区、呼市有关部门负责人陪同调研。

▲呼市 2008 年危险化学品泄露重大事故应急救援演练在中海石油天野化工股份有限公司甲醇装置中间罐区举行，检验我市危险化学品生产企业自防、自救能力以及我市应急救援预案的实用性和可操作性，检验在重大事故灾难情况下我市各级政府、各部门特别是消防部门的应急救援能力。

23 日　由呼和浩特市人民政府和自治区农牧业厅共同主办，金河生物科技股份有限公司承办的“中国动物保健论坛峰会”在我市隆重举行。中国科学院院士邓子新，国家农业部中国畜牧兽医总站站长、中国饲料工业协会秘书长谷继承，中国畜牧协会常务副会长乔玉峰，自治区农牧业厅副厅长纪大才、兽医局局长蔚洁及中国农业科学院等科研院所的领导、专家和学者、国内外客商参加了论坛会。市领导汤爱军、狄瑞明、吕慧生、银孝等出席会议，副市长吕慧生致欢迎词。

24 日　京包铁路集宁至包头段增建第二双线工程征地拆迁落实会在新城宾馆举行。市委副书记、市长汤爱军主持会议并讲话。市领导薄连根、吕慧生、银孝出席会议。市发改委、财政局、国土局、规划局、林业局、水务局、环保局、拆迁办、土地收储中心和土左旗、赛罕区、玉泉区等部门和地区的主要负责人参加会议。出席会议的还有呼和浩特铁路局、蒙冀铁路有限责任公司、中铁第一勘察设计院的主要负责人。

25 日　市委副书记、市长汤爱军主持召开市长办公会议，会议研究了我市房地产业健康持续发展和当前供热有关事宜。市领导薄连根、吕慧生及市相关部门负责人参加了会议。

▲市政府举行见面会，向港澳媒体“乳都行”采访团的记者介绍了我

市乳业发展的情况。市委副书记、市长汤爱军，市委常委、宣传部部长云丽珠，市政府副巡视员高炜明出席见面会。高炜明向采访团介绍了改革开放以来，特别是进入新世纪以来我市乳业发展的过程和情况，并详细介绍了“三聚氰胺”事件以来市政府采取的具体措施。云丽珠主持见面会。

24日—25日　由荷兰开发银行、澳洲联邦银行、中信嘉华银行组成的参观访问团在中国燃气集团有关负责人的陪同下对我市进行了考察。参观访问团先后参观了呼和浩特中燃城市燃气发展有限公司天燃气门站、天燃气加气站以及中燃公司位于清水河县的焦化项目分公司。副市长吕慧生会见了参观访问团全体成员并向来宾介绍了呼和浩特近几年经济社会快速发展的情况。

26日　华北地区占地面积最大的机动车驾驶人管理中心——内蒙古呼和浩特市机动车驾驶人管理中心举行落成庆典仪式。自治区政法委副书记赵吉瑞，公安部交管局车管处处长李晓东，市领导汤爱军、张彭慧、薄连根、李岳清、邢燕菊、鲁剑钧、陈曼莉等出席仪式。

▲国家住房和城乡建设部派驻呼和浩特市城乡规划督查员姚胜利及我市领导薄连根、邢燕菊、陈曼莉参观了新建成的首府城建大厦，并对入驻单位表示祝贺。市建委、规划局、环保局等部门主要负责人陪同参观。

27日　自治区党委副书记、自治区代主席巴特尔在新城宾馆会见了中国航天科工集团公司党组书记、总经理马兴瑞一行。自治区党委常委、呼和浩特市委书记韩志然，自治区副主席赵双连，呼市市委常委、秘书长狄瑞明，副市长刘菊茹等出席会见。

▲市委召开常委(扩大)会议。会上，市委常委、副市长薄连根就市党政考察团赴河南、山东两省部分城市考察学习情况作了汇报。副市长吕慧生就关于我市拟争取国家投资(2009—2010年)项目储备情况及争取国家四季度新增1000亿元投资落实情况作了汇报。市委副书记、市长汤爱军在会上讲了话。他说，通过学习考察，深切感到市委提出的“跳出西部找差距，瞄准东部谋发展”的指导思想是完全正确的，“一核双圈”的战略是有超前眼光的，是一个很得力的抓手。韩志然作了总结讲话。他指出，此次学习考察活动取得了圆满成功，取到了“真经”，找到了差距，明确了我市的发展方向，达到了预期的目的，对推动我市进一步解放思想，加快发展起到了重要作用。市领导薄连根、李鹤、朝鲁、兰恩华、云丽珠、赵刚、云建东、狄瑞明出席会议。市领导吴一微、张彭慧、韩钊、刘菊茹、吕慧生、白金祥、银孝列席会议。各旗县区、开发区、相关部门负责人列席会议。

28日　“美丽的眼睛看青城”2008呼和浩特旅游形象大使总决赛暨2009中国(呼和浩特)国际冰雪旅游小姐颁奖仪式在蒙古风情园举行。市领导白金祥、彭皓方出席颁奖仪式。

▲市委召开常委扩大会议，专题研究进一步加强全市社会稳定工作。自治区党委常委、市委书记韩志然主持会议并作重要讲话。市委副书记杨飞云，市委常委薄连根、李鹤、朝鲁、兰恩华、云丽珠、赵刚、云建东、狄瑞明出席会议，市人大主任吴一微，市政协主席张彭慧，市政协副主席、市财政局局长银孝及市四区党委书记，市委政法委和市法院、检察院、公安局、司法局、安全局、信访局等相关部门主要负责人列席了会议。

▲市委副书记、市长汤爱军、市委常委、副市长武文元率市发改委、国土局、赛罕区政府等主要负责人会同上海航天八院有关负责人赴天津中环电子信息集团公司考察，并进一步商洽和落实合作的具体事宜，议定合作协议。

12月

1日　我市召开2009中国·呼和浩特国际冰雪旅游节协调会。市委副书记、市长汤爱军出席协调会并指出，市委、市政府下决心举办此次活动，目的是通过冰雪项目，汇聚人气，拉动全市的服务业，树立我市冬季旅游新品牌。市领导杨飞云、云丽珠、吕慧生出席会议。副市长白金祥主持会议。

▲我市金融工作座谈会召开。市委副书记、市长汤爱军出席会议并就如何应对当前严峻的国际经济形势发表重要讲话。市委常委、副市长武文元主持座谈会。市金融办及全市各大银行、大型企业等相关单位主要负责人参加座谈会并就当前我市金融发展形势进行了深入的分析和探讨，并积极建言献策。

2日　全市财税收入工作调度会召开。市委副书记、市长汤爱军出席会议并要求各旗县区对全年的财政收入情况进行分析，为明年的财政预算打好基础。各级财税部门要增强信心、脚踏实地，深挖税源，力争完成年初预定任务。副市长吕慧生主持调度会，市领导银孝及各旗县区有关负责人出席会议。

▲由内蒙古人民广播电台、呼和浩特人民广播电台联合推出的全区广播记者《纪念改革开放30周年“和谐草原行”大型主题直播》——《天堂草原和谐家园》在我市玉泉区清泉街社区直播。市委副书记、市长汤爱军，市委常委、宣传部部长云丽珠等领导走进直播现场，与全区听众共同畅谈并感受改革开放30年来首府呼和浩特在建设天堂草原、共建和谐家园方面取得的辉煌成果。市房产局、玉泉区政府等主要负责人参与了直播采访。

▲以自治区人大教科文卫委员会副主任张晓兵为组长的自治区考核组一行，对我市2008年人口和计划生育工作进行了检查指导。市领导杨飞云、吴安俊、刘菊茹、彭皓方及市发改委、人口计生委、劳动保障局、卫生局、公安局等有关部门负责人出席汇报会。市委副书记杨飞云主持汇报会。

3日　自治区党委副书记、自治区代主席巴特尔在香格里拉大酒店会见了丹麦维斯塔斯集团公司首席执行官迪特列·英格及董事会成员一行，双方共同回顾了维斯塔斯在呼和浩特市投资项目的进展情况，并就中国开发风电的市场前景交换了意见。自治区及我市领导韩志然、汤爱军、王恒俊、武文元、狄瑞明和相关部门负责人参加了会见。

▲2008年金桥开发区工业一区、二区计划新建的12条道路顺利竣工。市领导汤爱军、张彭慧、武文元、韩钊、邢燕菊等出席竣工庆典仪式并剪彩，同时为道路建设施工单位颁发奖章。

▲今日是第十七个国际残疾人日。市残联特举办了全市首届残疾人工艺美术书法摄影展。自治区残联党组书记、理事长杨志明、自治区残联党组成员、副理事长冀育青，市领导杨飞云、包钢出席剪彩仪式并剪彩。

▲自治区消防工作责任状验收检查组在对我市消防工作责任状落实情况进行验收检查并听取市政府及相关单位的情况汇报和实地考察有关部门的消防情况后与市政府进行了经验交流。市委常委、副市长赵刚及有关部门负责人出席了会议。

4日 市委副书记、市长汤爱军主持召开全市工业经济运行情况分析会。会议进一步通报了在全球金融危机及国内市场的影响下，我市工业经济近期发展态势以及明年经济运行趋势和投产企业新的经济增长点，分析了受金融危机影响我市企业存在的困难，提出了应对困难的具体措施。市委常委、副市长武文元及市经委等有关部门负责人以及部分企业负责人参加了会议。

▲市委副书记、市长汤爱军主持召开全市落实国家投资项目工作领导小组会议。会议听取了市发改委有关负责人关于我市争取国家投资储备项目和所需配套资金情况汇报。市领导薄连根、赵刚、武文元、刘菊茹、包钢、白金祥、高炜明出席会议。

5日 全市人才工作表彰大会在市党政机关办公大楼1号会议厅举行。市委书记韩志然、市委副书记、市长汤爱军出席会议并讲话。市人大主任吴一微，市政协主席张彭慧，呼和浩特警备区政委陈焕文出席会议。会议由市委副书记杨云峰主持。市领导薄连根、兰恩华、云丽珠、赵刚、云建东、狄瑞明、李岳清、韩钊、赛娜、刘菊茹、包钢、白金祥、崔世清、鲁剑钧、陈曼莉及呼和浩特经济技术开发区，市法院、检察院、公安局和呼和浩特职业学院的负责人出席会议。

▲市委召开常委会议，会议总结了我市武装工作的基本情况，并对下一步需要重点抓好的几项工作进行了安排部署。市委书记、呼和浩特警备区党委第一书记韩志然主持会议并作重要讲话。市领导汤爱军、杨飞云、薄连根、兰恩华、陈焕文、赵刚、武文元、云建东、狄瑞明出席会议。市人大主任吴一微、市政协主席张彭慧、呼和浩特警备区司令员潘平、副市长包钢，市政协副主席银孝及旗县区、相关部门负责人列席了会议。

▲市政府再次主持召开了呼市征地区片综合地价调整完善成果听证会。自治区国土资源厅、自治区土地勘测规划院及市有关部门、单位、区、乡镇、村等61位听证代表参加了听证会。

▲我市召开2009中国·呼和浩特国际冰雪旅游节展示活动说明会。副市长白金祥出席会议并就举办好本届冰雪节讲了话。

8日 回民区贝尔路商业景观街综合整治改造工程竣工庆典仪式举行。市委副书记、市长汤爱军，市、回民区有关负责人和中山西路各大商场主要负责人出席仪式并为竣工剪彩。

9日 市委副书记、市长汤爱军主持召开了“创建国家环保模范城”领导小组工作调度会。副市长吕慧生，市政府副巡视员、市环保局局长郭召来出席会议。

10日 省道104线呼和浩特至武川段一级公路建设奠基仪式在回民区段家窑村委会新址举行。自治区党委常委、市委书记韩志然，自治区副主席赵双连，自治区政府副秘书长张院忠出席奠基仪式。自治区交通厅厅长常海、驻厅纪检组组长额尔敦仓、副厅长周杰、副巡视员李和平、自治区高建公司总经理包建设，自治区发改委副巡视员贾峰，自治区财政厅副厅长张华，自治区政府纠风办主任王保玉，国家开发银行内蒙古分行行长郭明社等出席奠基仪式。市领导汤爱军、吴一微、狄瑞明和自治区公安厅副厅长、市公安局局长颜炳强及市属有关委办局、回民区、武川县有关负责人出席奠基仪式。副市长云公和主持奠基仪式。

▲金宇保灵荣膺“兽用疫苗国家工程试验室”揭牌仪式在金宇保灵生物药品有限公司举行。中国工程院院士夏咸柱，解放军军事医学科学院军事兽医研究所所长高宏伟，自治区和我市领导柳秀、连辑、牛广明、汤爱军、张彭慧、李鹤、刘菊茹、吕慧生、高炜明及有关高校、有关部门负责人等参加了揭牌仪式。

11日 以自治区纪委驻自治区发改委纪检组长王荣生为组长的自治区落实中央新增投资项目情况监督检查组一行莅临我市检查指导工作。副市长吕慧生以及市发改委、建委等相关部门负责人与检查组一行进行了座谈。

▲市领导高炜明带领市农牧业局、质监局等部门负责人对赛罕区奶牛小区建设、奶站整治、动物防疫及奶农临时救助补贴等工作进行了督查指导。

12日 呼和浩特市事业单位岗位设置管理工作会议召开。会议贯彻落实了全区人事人才工作会议及关于事业单位岗位设置管理工作会议精神，安排部署了全市事业单位岗位设置管理实施工作。市委常委、副市长、呼和浩特市事业单位岗位设置管理工作领导小组组长薄连根出席会议。

▲全市民办教育党建工作会议召开。市委常委、组织部部长兰恩华，副市长刘菊茹以及市委组织部、市教育局的有关领导出席会议。

▲我市召开农牧业工作年终督查总结会议。市领导高炜明出席会议。

14日 呼和浩特市2008年城镇退役士兵安置考试在内蒙古商贸职业学院的8个考场举行。市委副书记杨飞云在市人事局、民政局等相关部门负责人的陪同下，亲临考试现场视察。

15日 天津中环集团、上海航天八院与呼和浩特市人民政府三方框架协议及项目入区协议签字仪式在香格里拉酒店举行，总投资30亿元的太阳能硅片项目正式启动建设。市领导韩志然、汤爱军、狄瑞明出席签字仪式。市委常委、副市长武文元主持签字仪式。

▲全市道路交通安全工作会议召开。副市长云公和出席会议并要求各部门要各尽其责，全力以赴做好今冬明春的交通安全管理工作。

▲呼市公安局“冬季风暴”专项行动第一天治安大清查正式启动。自治区公安厅厅长赵黎平、武警内蒙古总队总队长张国兴，市委副书记、市长汤爱军，副市长云公和亲临呼市公安局110指挥室坐镇指挥。

17 日　由市委、市政府主办、市委宣传部、市文化局承办的呼和浩特市纪念改革开放 30 周年《飞翔吧·呼和浩特》文艺演出在市党政大楼 1 号会议室举行。市领导韩志然、汤爱军、张彭慧、杨飞云、云丽珠、狄瑞明、邢燕菊、云公和与 800 余名干部群众一同观看演出。

▲市委召开常委(扩大)会议。市委书记韩志然主持会议。市领导汤爱军、杨飞云、薄连根、朝鲁、陈焕文、云丽珠、赵刚、云建东、狄瑞明出席会议。市人大主任吴一微、市政协主席张彭慧，副市长白金祥，市政协副主席银孝列席会议。各旗县区、经济技术开发区、相关部门负责人列席会议。

▲以国家电监会副主席史玉波为组长的第九督查组来我市督查。督查组一行深入到中海石油天野化工厂区实地检查并听取了相关汇报。自治区安监局局长史青晓、市委常委、副市长武文元参加了汇报会。武文元代表市政府就我市的安全生产工作进行了汇报。

▲全市冬季森林防火工作会议召开。会上总结了今年春季森林防火工作，对今年冬季森林防火工作和 2009 年春季防火工作进行了安排部署。市政府副巡视员高炜明出席会议并讲了话。

18 日　呼和浩特老科学技术工作者协会正式成立暨第一次代表大会召开。自治区老科技工作者协会副会长王守陆，市领导兰恩华、李岳清、刘菊茹、陈曼莉出席了会议。

▲市政府、市知名商标认定委员会、市工商局评审出了“蒙康”等 20 家 2008 我市知名商标企业。市委常委、副市长赵刚，内蒙古工商局副局长董武参加了评审会。

19 日—20 日　中国共产党呼和浩特市第十届委员会第七次全体会议在呼和浩特举行。会议的主要任务是，认真学习贯彻党的十七届三中全会、中央经济工作会议和自治区党委八届八次全委会精神，总结全年工作，分析当前形势，重点就打造“一核双圈”、推进城乡一体化以及做好明年工作进行研究部署，继续保持首府经济社会平稳较快发展。自治区党委常委、市委书记韩志然代表市委常委会向全委会报告工作，市委副书记、市长汤爱军作总结讲话。会上讨论通过了《市委、市政府关于贯彻落实党的十七届三中全会精神，加快推进首府城乡一体化的决定》和《呼和浩特市“一核双圈”总体规划纲要》两个重要文件。

20 日　自治区保护地蔬菜病虫害冬季防控行动启动仪式在赛罕区西把栅乡合林村举行。市领导高炜明出席启动仪式。

21 日　由内蒙古日报社、《实践》杂志社、内蒙古自治区国有资产监督管理委员会等单位主办的改革开放 30 周年内蒙古高峰论坛暨影响力人物颁奖盛典在锦江国际大酒店举行。邓小平思想研究会(北京)会长乌杰在会上讲话。中国社会科学院研究生院长、教授刘迎秋等在论坛上进行了专题演讲。李岳清、潘照东、吕慧生等 26 人被评为改革开放 30 周年内蒙古最具影响力经济人物。包钢、鄂尔多斯、伊利、蒙牛、小肥羊等 20 个品牌企业被评为改革开放 30 年内蒙古最具影响力品牌企业。

22 日　共青团呼和浩特市第十五次代表大会在内蒙古军区招待所隆重开幕。自治区党委常委、市委书记韩志然，市委副书记、市长汤爱军，市政协主席张彭慧，市委副书记杨飞云，市委常委、纪委书记朝鲁，市委常委、组织部部长兰恩华，市委常委、统战部部长云建东，市委常委、秘书长狄瑞明，市人大副主任吴安俊，副市长刘菊茹，呼和浩特警备区副政委王瑞杰出席开幕式。自治区团委副书记陈晓东出席开幕式并致辞。

▲我市举行了企业家迎新年联谊会。自治区党委常委、市委书记韩志然，市委副书记、市长汤爱军，市人大主任吴一微，市政协主席张彭慧，市委常委、统战部部长云建东，市委常委、秘书长狄瑞明，市人大副主任李岳清出席联谊会。出席联谊会的还有经济技术开发区、各旗县区负责人企业代表。联谊会由市委常委、副市长武文元主持。

▲市委书记韩志然，市委副书记、市长汤爱军视察了利乐包装(呼和浩特)有限公司，详细了解了项目的建设、运行情况。市委常委、副市长武文元、市委常委、秘书长狄瑞明陪同视察。

▲全市学校安全工作会议召开。副市长刘菊茹出席会议并讲话。教育、卫生、公安、消防等学校安全工作成员单位有关负责人，各旗县区分管负责人、教育局领导以及市教育局直属学校、市卫校、市体校、市艺校负责人参加了会议。

23 日　共青团呼和浩特市第十五次代表大会在内蒙古军区招待所胜利闭幕。市委副书记杨飞云、副市长刘菊茹出席闭幕式。

24 日　全市第二次经济普查领导小组会议召开。市第二次经济普查领导小组组长、副市长吕慧生等出席了会议并要求有关部门的工作人员要有实事求是的精神，把经济普查这项工作做好。

25 日　由市委宣传部主办、市委讲师团、市市容管理局、市财政局和呼和浩特电视台共同承办的主题为“思想·创新·和谐·发展”的“青城大讲坛”启动仪式暨首场报告会在市政府一号会议厅举行。市委副书记、市长汤爱军，市委副书记杨飞云出席启动仪式，并共同启动了“青城大讲坛”触摸仪。启动仪式由市委常委、宣传部部长云丽珠主持。

26 日　我市举行纪念改革开放 30 周年全市民营企业表彰大会，回顾总结改革开放 30 年来特别是近年来我市民营经济在党的政策的正确引导下所取得的巨大成就，对在我市建设与发展中做出较大贡献的优秀民营企业家代表进行了表彰。市领导韩志然、汤爱军、吴一微、韩鲁、武文元、云建东、狄瑞明、李岳清、陈曼莉出席表彰大会。市委常委、统战部部长云建东主持会议。市委常委、副市长武文元宣读了表彰决定。

▲我市金融界新年联谊晚会在香格里拉大酒店举行。自治区党委常委、市委书记韩志然、市委副书记、市长汤爱军，市人大主任吴一微，市政协主席张彭慧，市委常委、秘书长狄瑞明，副市长吕慧生以及金融监管机构和驻呼金融机构的负责人出席了联谊会。汤爱军在联谊会上作了新年致辞。市委常委、副市长武文元主持联谊会。

28 日　2008(第四届)首府百姓最满意的品牌大型有奖民意调查活动的颁奖盛典在香格里拉大酒店举行。市政协主席张彭慧、副市长刘菊茹，市政协副主席彭皓方等和我市相关部门主要负责人出席了颁奖盛典。

▲由市政府及中国商业联合会联合主办的挖掘保护大盛魁历史文化活动在北京人民大会堂正式启动。我市领导云丽珠、云建东、白金祥出席启动仪式。

▲市委、市政府邀请各族各界代表人士举行纪念改革开放30周年座谈会，回顾改革开放30年来我市经济社会各项事业取得的伟大成就，为推进现代化和谐首府建言献策。由自治区科学技术厅主持召开的“粉煤灰综合利用生产氧化铝联产活性硅酸钙”技术成果鉴定会在我市召开。自治区科技厅副厅长林莉应邀出席会议。市委副书记、市长汤爱军出席会议并讲话。中国工程院三位院士陆钟武、邱定蕃、孙传尧及相关方面的专家共 8 人作为鉴定组专家，对项目进行了实地考察和讨论，并对项目做了科学的评价鉴定。

30 日　市委召开中心组(扩大)学习会，会议传达了全区经济工作会议精神和全国、全区政法工作会议精神，传达了中央组织部关于进一步加强和改进领导班子思想政治建设的意见。市委书记韩志然主持会议。市领导汤爱军、吴一微、张彭慧、杨飞云、薄连根、李鹤、朝鲁、兰恩华、王恒俊、武文元、云建东、狄瑞明、李岳清、吕景瑞、吴安俊、刘菊茹、吕慧生、崔世清、银孝以及市有关部门负责人参加了学习会。

▲市委副书记、市长汤爱军在内蒙古饭店会见了大唐国际发电股份有限公司党组书记、总经理曹景山。市领导武文元、狄瑞明参加了会见。

▲由呼和浩特市2009年迎新春文艺晚会在呼和浩特市民族剧场举行。市领导韩志然、汤爱军、潘平、陈焕文、狄瑞明出席并观看了文艺晚会。

▲呼和浩特市红十字会 2009 年“红十字博爱送万家”大型送温暖活动启动仪式举行，市领导杨飞云、刘菊茹、彭皓方、刘承恩、鲁剑钧及自治区红十字会等相关部门负责人出席启动仪式。

31 日　自治区党委常委、市委副书记韩志然、市委副书记、市长汤爱军发表新年贺辞。